Kohlhammer

Franziskus Knoll

# Mensch bleiben!
# Zum Stellenwert der Spiritualität in der Pflege

Verlag W. Kohlhammer

*Allen, die mich gefordert und gefördert haben.*

1. Auflage 2015


Gesamtherstellung: W. Kohlhammer GmbH, Stuttgart

Print:
ISBN 978-3-17-029626-8

E-Book-Formate:
pdf: ISBN 978-3-17-029627-5
epub: ISBN 978-3-17-029628-2
mobi: ISBN 978-3-17-029629-9

# Inhaltsverzeichnis

## Kapitel I: Wi(e)der das ganzheitliche Gerede in der Pflege

## Kapitel II: Anthropologisches Fundament professionell-ganzheitlicher Pflege

# Kapitel III: Spiritualität: (K)Ein empirisch verifizierbares Bedürfnis heutiger Menschen

## Kapitel IV: Spiritualität: Bildungsinhalt ohne Bildungsgehalt?

# Vorwort

Wer eine Gesundheits- oder Pflegeeinrichtung betritt, legt sein Mensch-Sein nicht einfach ab! Der Mensch bleibt Mensch mit allen Facetten! Dazu zählt auch die spirituelle Dimension.

Aber: Was versteht man unter dieser spirituellen Dimension oder überhaupt unter Spiritualität? Und welche Anhaltspunkte können für eine Pflegerelevanz der Spiritualität sprechen? Mit welchen limitierenden strukturellen und personellen Faktoren werden Pflegende heute konfrontiert und welche Folgen ergeben sich daraus für ein professionell-ganzheitliches – auch spiritualitätssensibles – Pflegehandeln? Welche historischen Altlasten und welches Pflegewissenschaftsverständnis stehen einem unbefangenen Umgang mit dem Thema Spiritualität möglicherweise entgegen? Wie antworten Lehrbücher der Pflegewissenschaft, Pflegeethik und Pflegeausbildung auf eine denkbare spirituelle Bedürfnislage heutiger Menschen? Welche Orientierungshilfen zu einer umfassenderen Wahrnehmung des Menschen stellt eine jüdisch-christliche Anthropologie bereit? Inwiefern kann Spiritualität überhaupt als ein empirisch verifiziertes Bedürfnis heutiger Menschen gelten und welche möglichen Gegenargumente gibt es aus dem evolutionsbiologischen, neurowissenschaftlichen und kognitionspsychologischen Lager? Welche Diskussionsbeiträge liefern US-amerikanische und deutsche Studien über den vermuteten Zusammenhang zwischen der Befriedigung spiritueller Bedürfnisse, aktiver Krankheitsbewältigung und erfahrener Lebensqualität? Und schließlich: Welche Faktoren haben das US-amerikanische Pflegeverständnis beeinflusst und was resultiert aus all diesen Beobachtungen für die deutsche Pflege?

Am Beispiel Krankenhaus wird der Stellenwert der Spiritualität in und für die deutsche Pflege diskutiert und Folgen für die curriculare Gestaltung des theoretischen Unterrichts in der Gesundheits- und Krankenpflegeausbildung, für die Pflegepraxis und auch für die Seelsorge abgeleitet. Dabei zeigt sich, dass die dargebotenen Inhalte prinzipiell auf alle Pflegebereiche übertragbar sind, d.h. die einzelnen Kapitel auch im Sinne einer ‚Fundgrube' für andere Berufs- und Interessengruppen nutzbar gemacht werden können.

Das vorliegende Buch entstand als Dissertation am Lehrstuhl für Pastoraltheologie und Diakonische Theologie der Philosophisch-Theologischen Hochschule der Pallottiner in Vallendar und wurde für die Veröffentlichung geringfügig überarbeitet. Ein ganz herzlicher Dank gilt Prof. Dr. theol. habil. Dr. med. Doris Nauer für ihre mutige, kreative und inspirierende Begleitung dieser Dissertation (Theologische Fakultät) sowie der Zweitgutachterin Prof. Dr. phil. Helen Kohlen (Pflegewissenschaftliche Fakultät / Lehrstuhl für Care Policy und Ethik in der Pflege). Für die Diskussion und Durchsicht einzelner Kapitel danke ich besonders Diplom-Pflegepädagogin (FH) Regina Assel-

Burmeister, Dr. rer. pol. Ludwig Engels, Pfarrerin Irmgard MacDonald (Evangelische Kirchengemeinde Bergisch-Gladbach) sowie Univ.-Prof. Dr. phil. Markus Stein (Institut für Klassische Philologie der Universität Düsseldorf). Schließlich danke ich der Dominikanerprovinz Teutonia für die Ermöglichung des Promotionsvorhabens, meinen Mitbrüdern in Köln für ihre langjährige Unterstützung sowie den Dominikanern in Leipzig für den inneren und äußeren Raum zur Vorbereitung auf die Rigorosa.

Köln, im April 2015 Franziskus Knoll OP

# Einleitung

## 1. Standortbestimmung

Die Suche nach der ganz persönlichen Spiritualität ist aktueller denn je! Haufenweise finden wir Bücher zur Spiritualität in den Lebenshilferegalen von Buchhandlungen und neuerdings sogar in Drogeriemärkten – dort als alltägliche Medizin für die Seele gepriesen, von Meditationslehrern empfohlen oder von Wellness-Spezialisten feilgeboten. Spiritualität zeigt sich als Wundermittel gegen Alltagsstress und zur Bewältigung beruflicher Herausforderungen.[1] Auch Seminarangebote diverser Akademien verheißen, wie eine spirituelle Praxis zu innerer Stärke, Erfüllung und wirtschaftlichem Erfolg führen wird. Sogar in den Kirchen und theologischen Kreisen ist eine spirituelle Rückbesinnung beobachtbar. Hirnforscher und Psychologen setzen sich mit dem spirituellen Phänomen auseinander und suchen nach einer wissenschaftlichen Erklärung.[2] In jüngerer Zeit diskutieren vor allem ausländische Vertreter der Gesundheitspsychologie, Medizin und Pflegewissenschaft den vermuteten Zusammenhang zwischen Spiritualität, erfahrener Lebensqualität und aktiver Krankheitsbewältigung. Allein in Deutschland scheint die Spiritualität in den Gesundheitswissenschaften – auch in der Pflege – immer noch ein Nischendasein zu fristen. Welche Anhaltspunkte könnten für die Pflegerelevanz der Spiritualität sprechen? Um zu einer ersten Einschätzung zu gelangen, scheint der Blick auf die beiden Hauptakteure des Pflegegeschehens angeraten: die Pflegeempfänger und die beruflich Pflegenden.

### 1.1 Zum Alters- und Krankheitspanorama

Von der Pflegebedürftigkeit im Krankenhaus sind überwiegend Menschen im höheren Lebensalter betroffen. Und die Bevölkerung altert weiter![3] Im Jahr 2008 lebten etwa 4 Millionen 80-Jährige und Ältere in Deutschland. Das sind 5% der Bevölkerung. Ihre Zahl wird weiter steigen und mit über 10 Millionen im Jahr 2050 den bis dahin höchsten Wert erreichen. Für das Jahr 2060 prognostiziert das STATISTISCHE BUNDESAMT, dass jeder siebte Bürger 80 Jahre

---

1 Vgl. KIRCHNER, B. (2004): Benedikt für Manager; Vgl. KÄßMANN, M. (2007): Mit Herzen, Mund und Händen; Vgl. GRÜN, A. (2007): Spiritualität – Damit mein Leben gelingt; Vgl. Ders. (2009): Leben und Beruf – Eine spirituelle Herausforderung.

2 Vgl. BUCHER, A. (2007): Psychologie der Spiritualität; Vgl. BLUME, M. (2009): Neurotheologie; Vgl. DAHLGRÜN, C. (2009): Christliche Spiritualität; Vgl. VAAS, R./BLUME, M. (2009): Gott, Gene und Gehirn.

3 Zu den folgenden Angaben: STATISTISCHES BUNDESAMT (2009): Bevölkerung Deutschlands bis 2060, 16.

und älter sein wird. Dieser Umstand führt nicht nur zu einem längeren Verbleib der Menschen in den sozialen Sicherungssystemen, sondern auch zu Veränderungen im Krankheitspanorama.[4] Aufgrund der demographischen Entwicklung wird künftig die altersbezogene Prävalenz der ‚Krankenhausbehandlungsfälle' steigen. Schon heute gehören Krankheiten des Kreislauf- und Atemsystems sowie Tumorbildungen zu den häufigsten Todesursachen der über 65-Jährigen.[5] Die Zahl älterer Menschen im Krankenhaus zeitigt nicht nur einen stärkeren medizintechnischen Einsatz und eine längere Verweildauer, sondern erfordert auch eine höhere Personalausstattung.[6]

Betrachtet man die spirituelle Dimension[7] der oben beschriebenen Krankenhauspopulation – denn um diese Sphäre dreht sich ja diese Arbeit – so zeigt sich, dass sich in Deutschland die Gruppe der über 60-Jährigen zu 47% als religiös und zu 28% als hoch religiös einschätzen.[8] Angesichts der skizzierten demographischen Zukunftsprognosen sind jedoch nicht allein die religiösen Einstellungen der jetzigen älteren Generation von Belang, sondern auch jene der aktuell Jüngeren. Künftig werden sie die höheren Altersgruppen im Krankenhaus stellen.[9] Derzeit bezeichnen sich in der Altersklasse der 18-29-Jährigen 14% als hoch religiös und 52% als religiös. Und in der Gruppe der 30-39-Jährigen stufen sich immerhin noch 10% als hoch religiös und 64% als religiös ein. Auch eine Internetbefragung von 7.000 Jugendlichen (17-21-Jährige) der BERTELSMANN STIFTUNG im Jahr 2009 ergab, dass offenbar jeder zweite an einen Gott und an ein Leben nach dem Tod glaubt.[10] Ergebnisse der 15. Shell-Jugendstudie aus dem Jahr 2006 wiesen bereits in die gleiche Richtung.[11] Befragt nach Religiosität und Glaube sowie zur Rolle der Kirchen und Religionsgemeinschaften bestätigten dort 30% der Jugendlichen einen Glauben an die Existenz eines personalen Gottes und 19% bekannten sich zu einer überirdischen Macht.[12]

---

4 „Die Relationen zwischen Alt und Jung werden sich stark verändern. Ende 2005 waren 20% der Bevölkerung jünger als 20 Jahre, auf die 65-Jährigen und Älteren entfielen 19%. Die übrigen 61% stellten Personen im so genannten Erwerbsalter (20 bis unter 65 Jahre). Im Jahr 2050 wird dagegen nur etwa die Hälfte der Bevölkerung im Erwerbsalter, über 30% werden 65 Jahre oder älter und circa 15% unter 20 Jahre alt sein." (STATISTISCHES BUNDESAMT (2006): Bevölkerung Deutschlands bis 2050, 5).

5 Vgl. STATISTISCHES BUNDESAMT (2012): Gesundheit: Todesursachen in Deutschland, 1.

6 Für das Jahr 2050 errechnet man eine durchschnittliche Lebenserwartung für Männer von 83,5 und für Frauen von 88 Jahren. Rund 10 Millionen Menschen werden 80 Jahre und älter sein (Vgl. STATISTISCHES BUNDESAMT (2006): Bevölkerung Deutschlands bis 2050, 7).

7 In dieser Arbeit werden nach Möglichkeit die Termini ‚Spiritualität' und ‚spirituelle Dimension' gebraucht. Spiritualität verkörpert für den Autor ein der Religion übergeordnetes Konzept und kann auch religionsbezogene Belange einschließen. Ausführlicher dazu an späterer Stelle dieser Einleitung sowie in den Kapiteln II und IV.

8 Vgl. BERTELSMANN STIFTUNG (Hg) (2009): Woran glaubt die Welt? Analysen und Kommentare zum Religionsmonitor 2008.

9 Vgl. zu den folgenden Angaben: EBERTZ, M. (2007): Je älter, desto frömmer?, 56.

10 Vgl. BERTELSMANN STIFTUNG (2009): Religionsmonitor – Onlinebefragung.

11 Vgl. SHELL DEUTSCHLAND HOLDING (Hg) (2006): Jugend 2006.

12 Vgl. Ebd. 208.211.

Sind hinsichtlich der spirituellen Dimension im Krankenhaus aber nur die höheren Altersgruppen von Belang oder nur jene, die explizit ein spirituelles Bekenntnis zu erkennen geben? – Das, was alle Altersgruppen im Krankenhaus verbindet, ist der Anlass des Krankenhausaufenthaltes. Ob als Notfall, aufgrund einer chronischen Erkrankung oder eines geplanten Eingriffes: die Menschen eint der Anlass zur Symptomabklärung und zur therapeutischen Behandlung. Ungeachtet der medizinischen Kategorisierung variiert dabei das individuelle Krankheitserleben. Während der Krankenhausaufenthalt von einigen als vorübergehender, wenngleich notwendiger Ortswechsel zur Wiederherstellung körperlicher Funktionalität verstanden wird, stößt er bei anderen innerpsychische Prozesse an. Denn wer im Krankenhaus ist, hat vor allen Dingen Zeit – Zeit zum Nachdenken! Herausgelöst aus dem sozialen und arbeitsbezogenen Umfeld, d.h. aus der Distanz zum bisher Gewohnten, eröffnen sich (neue) Erfahrungsfelder. Und während die einen ihre freien Zeiträume mit unterhaltsamer Lektüre oder Fernsehen füllen, kommen andere ins Nachdenken über Vergangenes, die gegenwärtige Lebensgestaltung, ihren Lebenssinn oder über ihre Glaubensüberzeugungen. Eine brauchbare Komplexitätsreduktion mag hier vielleicht die Vorstellung einer ‚Eintrittskarte' sein (= Anlass der Aufnahme in die Institution), die nur bedingte Aussagen darüber trifft, welches Stück (= nur körperliche Wiederherstellung und/oder auch innere Auseinandersetzungen) sich in welcher Weise dann tatsächlich in der ‚Vorstellung' zeigt. Im Zuge eines Behandlungsaufenthaltes öffnen sich Lebenszwischenräume des Fragens, des Hinterfragens und möglicher Neuorientierung: Wie ist das bisherige Leben gelaufen? Was bedeutet die Tatsache des Krankseins im Hier und Jetzt? Wie könnte es weitergehen? Auch der spirituelle Bereich kann stärker wahrgenommen oder erst entdeckt werden. Spiritualität kann sich als positive Ressource auf die erfahrbare Lebensqualität und in der (aktiven) Bewältigung des Erlebten auswirken oder sich als zusätzlicher Stressfaktor erweisen.

## 1.2 Zur Berufsgruppe der Pflegenden im Krankenhaus

Die kranken Menschen und ihre Angehörigen werden in den Krankenhäusern pflegerisch von den Gesundheits- und Krankenpflegenden sowie deren Auszubildenden betreut.[13] Von den 774.000 Beschäftigten im Bereich der Gesundheitswirtschaft entfielen im Jahr 2008 allein 320.000 auf die Gesundheits- und Krankenpflege und 17.500 auf die Krankenpflegehelfer (inkl. Krankenpflegeassistenten).[14] Damit stellen die Pflegenden eindeutig die zahlenmäßig

[13] Im weiteren Text wird nicht ausdrücklich zwischen der weiblichen und männlichen Sprachform im Blick auf die Pflegekräfte unterschieden. Sofern nicht anders hervorgehoben, ist dennoch die jeweils nicht genannte Geschlechtsform mit einbezogen.

[14] Vgl. ISFORT, M./WEIDNER, F. et al. (2010): Pflege-Thermometer 2009, 5.

stärkste Berufsgruppe innerhalb des Krankenhauswesens! Aber auch der Pflegebereich blieb in den vergangenen Jahren von den Kostendämpfungsmaßnahmen im Gesundheitswesen nicht verschont. Rund 50.000 Stellen wurden zwischen den Jahren 1996 bis 2008 gestrichen.[15] Mit Hilfe personeller Sparmaßnahmen sowie der Reduktion von Durchlaufzeiten und Prozesskosten erhoffen sich die Einrichtungen eine Stärkung ihrer Wettbewerbsfähigkeit.[16] Zugleich zeitigt die ökonomische Rationalität jedoch nicht nur positive Effekte auf die Krankenhausbilanz, sondern wirkt sich ganz konkret negativ auf die pflegerische Praxis aus: in Form wachsender Arbeitsverdichtung und Stress.

Trotz der genannten Rahmenbedingungen steht im Krankenhaus die Berufsgruppe der Pflegenden allein schon aufgrund zeitaufwendiger Pflegemaßnahmen immer noch am häufigsten im Kontakt mit den kranken Menschen und deren Bezugspersonen. Welche Grundvariablen bestimmen ein solches Zusammentreffen? – In einer Pflegesituation treffen zwei Menschen in ihren je unterschiedlichen Rollen aufeinander. Ohne diese Begegnung wäre Pflege überhaupt nicht möglich. Das Pflegehandeln ereignet sich also in der Interaktion zwischen Pflegenden und Gepflegten. Hier entsteht der Raum, in dem Pflegende mit den unterschiedlichen Aufenthaltsanlässen, Pflegebedürfnissen, Wünschen und Wertvorstellungen, aber auch mit der individuellen Biographie und Lebenssituation des Einzelnen konfrontiert werden. Die Kunst besteht nun darin, vorhandenes, generelles Regelwissen derart in die Praxis hinein zu transformieren, dass es der jeweiligen Situation und Bedürfnislage des kranken Menschen gerecht wird. Dabei sollte die Grundlegung eines solchermaßen verstandenen Pflegehandelns, die Aneignung theoretischer Expertise sowie die Einübung einer reflektierten und an der Person des Kranken orientierten Anwendung in der grundständigen Ausbildung erfolgen.[17]

## 1.3 Zur Bedürfnislage der Kranken

Wie können Pflegeanlässe und die Bedürfnisse der kranken Menschen im Rahmen ihres stationären Aufenthaltes näher spezifiziert werden? Abgesehen von den behandlungsbedürftigen, akuten oder chronischen Prozessen unterscheidet sich der kranke Mensch zunächst einmal nicht von einem Menschen außerhalb des Krankenhauses. Facetten des Mensch-Seins werden mit dem Überschreiten der Krankenhausschwelle nicht einfach abgestreift und damit außen vor gelassen. Die unterschiedlichen Dimensionen des Menschen bleiben auch im Blick auf die Klärung der Krankheitsgenese, die aktuelle Therapie und die künftige Prognose von Relevanz. Eine einseitige, auf das aktuelle or-

---

15 Vgl. Ebd. 5.

16 Vgl. DEUTSCHES KRANKENHAUS INSTITUT (2008): Krankenhaus Barometer, 14.

17 Vgl. § 3 Ausbildungsziel KrPflG; Vgl. Anlage 1 (zu § 1 Abs.) A. Theoretischer und praktischer Unterricht KrPflAPrV.

ganische Krankheitsgeschehen reduzierte Betrachtungsweise wäre eine unzulässige Verkürzung pflegerischer Perspektive. Dass dem nicht so ist, zeigt die Tatsache, dass im Rahmen pflegerischer Anamnese nicht nur die bisherige Krankheitsgeschichte und aktuelle gesundheitliche Beeinträchtigung erhoben, sondern auch Fragen zur häuslichen Versorgungslage oder dem sozialen Bezugssystem gestellt werden. Wie steht es jedoch bei der Informationserhebung und der kontinuierlichen Einschätzung des Pflegebedarfs um die Ermittlung spiritueller Belange? Wenn im Zentrum der Bemühungen von Krankenschwestern und Krankenpflegern der Umgang mit den Reaktionen der Menschen auf die Erfahrung von Krankheit steht, in welcher Weise werden dann mögliche spirituelle Einflussgrößen wahrgenommen und berücksichtigt? Wenn der Mensch als multidimensionale Einheit von Körper, Psyche und Geist begriffen wird und ein Zusammenhang zwischen der Befriedigung spiritueller Bedürfnisse, erfahrener Lebensqualtät und aktiver Krankheitsbewältigung besteht, kann das Thema Spiritualität nicht einfach außen vorgelassen werden und die angehenden Pflegekräfte wären im Rahmen ihrer dreijährigen Ausbildung dahingehend zu qualifizieren.

# 2. Erkenntnisinteresse

Vor dem Hintergrund des bisher Gesagten stellt sich die Frage nach der Ausgangslage pflegerischen Handelns: Was sind die normativen, strukturellen und personellen Rahmenbedingungen professioneller Pflege und welche Folgen ergeben sich daraus für die pflegerische Praxis? Wie steht es um die Bedürfnislage der kranken Menschen im Krankenhaus und welche Impulse kann die jüdisch-christliche Anthropologie einer sich als ganzeitlichprofessionell verstehenden Pflege für die Reflexion ihres eigenen Pflegeverständnisses anbieten? Handelt es sich bei den anthropologisch-theologischen Impulsen lediglich um theoretische Konstrukte oder zeigen empirische Forschungsergebnisse, dass es sich bei der Spiritualität um ein verifizierbares Bedürfnis heutiger Menschen handelt und ein evidenter Zusammenhang von Spiritualität und Krankheitsbewältigung besteht? Inwiefern ist eine Übertragung US-amerikanischer Forschungsergebnisse über die Bedeutung und Rolle der spirituellen Dimension für den kranken Menschen auf die deutsche Situation legitim? Wie ist es um die Integration spiritueller Bildungsinhalte in die dreijährige Ausbildung in der Gesundheits- und Krankenpflege in Deutschland bestellt und wie stellen sich demgegenüber die Bestimmungen US-amerikanischer Rahmenbedingungen dar? Und schließlich: Wie lässt sich die Aufnahme spiritueller Bildungsinhalte in die staatlich verantworteten Rahmenlehrpläne für die theoretische Ausbildung in der Gesundheits- und Krankenpflege begründen?

# 3. Zielsetzung

Vor dem Hintergrund der oben genannten Fragestellungen will das vorliegende Dissertationsprojekt ein Verständnis dafür entwickeln, dass die spirituelle Dimension wesentlich zum Mensch-Sein dazugehört. Es wird dargelegt, dass ein positiver Zusammenhang zwischen der Befriedigung spiritueller Bedürfnisse, der erfahrenen Lebensqualität und aktiver Krankheitsbewältigung von Menschen im Krankenhaus besteht. Dementsprechend sind Bildungsinhalte zur Wahrnehmung und Befriedigung spiritueller Bedürfnisse durch Pflegende in die Gesundheits- und Krankenpflegeausbildung zu integrieren. Der Aufweis einer notwendigen Integration des Bildungsinhalts spiritueller Begleitung in die dreijährige Krankenpflegeausbildung erfolgt dabei auf der Grundlage folgender Argumente:

- Eine sich als ganzheitlich-professionell verstehende Pflege hat sich an der Bedürfnislage der kranken Menschen zu orientieren.

- Eine sich als dialogfähig verstehende Pflegewissenschaft blendet keine Erkenntnisquellen aus, die ihr dabei helfen, eine adäquate Sorge um den (kranken) Menschen sicherzustellen. Die jüdisch-christliche Anthropologie stellt für die Pflege eine Kategorisierungshilfe bereit, die auch die spirituelle Dimension als Teil des multidimensionalen Menschen begreift.

- Empirische Studien weisen einen Zusammenhang zwischen Spiritualität, erfahrener Lebensqualität und aktiver Krankheitsbewältigung aus und unterstreichen den pflegerischen Beitrag zur Erfüllung spiritueller Bedürfnisse des kranken Menschen.

- In den Kanon der staatlicherseits verantworteten deutschen Rahmenlehrpläne für die dreijährige Ausbildung in der Gesundheits- und Krankenpflege sind spirituelle Bildungsinhalte zu integrieren, da ihre Pflegerelevanz aufgewiesen worden ist.

Die gewonnenen Erkenntnisse streben eine Aufnahme des Bildungsinhalts ‚spirituelle Begleitung durch Pflegende' in die Rahmenlehrpläne der Länder für die dreijährige theoretische Ausbildung in der Gesundheits- und Krankenpflege in Deutschland an. Durch ein vertieftes Verstehen des pflegerischen Alltags sowie einer Verbesserung des Reflexions- und Argumentationsniveaus soll Pflege eine Sprach- und Handlungsfähigkeit im Blick auf die Gewährleistung spiritueller Begleitung kranker Menschen gewinnen.

# 4. Methodologie

In dieser Arbeit wird eine deskriptive Vorgehensweise gewählt, die wissenschaftstheoretisch im Bereich der Phänomenologie resp. Hermeneutik zu verorten ist. Im Zuge dieser Verfahrensweise werden Wissensbestände aus den Disziplinen der Theologie, Anthropologie, Berufssoziologie, Philosophie, Gesundheitspsychologie und Pflegewissenschaft synthetisiert. Dadurch wird deutlich, dass ein transdisziplinärer Diskurs auch für die Bearbeitung wissenschaftlicher Fragestellungen fruchtbar gemacht werden kann. In diesen Dialog fließen wissenschaftliche Erkenntnisse aus den USA ein, da hier (anders als in Deutschland) bereits seit den 1980ziger Jahren eine lange Forschungstradition über den Zusammenhang von Spiritualität, erfahrener Lebensqualität und aktiver Krankheitsbewältigung besteht. Die grundsätzlich deskriptive Ausrichtung der Arbeit wird an jenen Stellen um weitere Verfahrensweisen ergänzt, wo sie im Blick auf den zu erarbeitenden Gegenstand angebracht erscheinen. So erfolgt in Kapitel I ‚Wi(e)der das ganzheitliche Gerede in der Pflege' u.a. eine historische Analyse und im Kapitel III ‚Spiritualität: (K)Ein empirisch verifizierbares Bedürfnis heutiger Menschen' eine systematische Literaturanalyse US-amerikanischer Studien über den Zusammenhang von Spiritualität, erfahrener Lebensqualität und aktiver Krankheitsbewältigung. In Kapitel IV ‚Spiritualität: Bildungsinhalt ohne Bildungsgehalt?' wird eine inhaltliche Analyse gegenwärtiger Rahmenlehrpläne zur Ausbildung in der Gesundheits- und Krankenpflege in Deutschland und in den USA präsentiert. Die Konzentration auf zwei Kulturkreise ist einem möglichen Erkenntnistransfer geschuldet. Daher fokussiert die Literaturauswahl auch fast ausnahmslos deutsche und US-amerikanische Publikationen. Ebenfalls konzentriert sich die Bearbeitung der Themenstellung auf die Situation des stationären Aufenthaltes in Akutkrankenhäusern. Ein Transfer auf andere Gesundheitseinrichtungen, pflegerische Berufsfelder oder den Bereich der Unternehmenskultur bleibt davon unbenommen.

# 5. Verortung des Themas, aktueller Forschungsstand und terminologische Klärungen

## 5.1 Verortung des Themas in der Pastoraltheologie

Im allgemeinen Sprachgebrauch scheint Spiritualität ein Begriff, der oft mit dem weiten Feld des Glaubens in Verbindung gebracht wird. Daher liegt eine Verortung der Thematik innerhalb der Theologie als Disziplin wissenschaftlicher Auseinandersetzung mit dem Glauben und mit Gott sachlogisch nahe. Als

Grenzgängerwissenschaft erscheint die Pastoraltheologie zur Verortung dieser Arbeit geeignet, da sie sich als Teildisziplin im Fächerkanon der Praktischen Theologie mit der Seelsorgelehre (Poimenik) und den sich daraus ergebenden konzeptionellen Fragestellungen von Pastoral auseinandersetzt. Die Pastoraltheologie befasst sich nicht nur mit der Entwicklung von Grundkonzepten der Seelsorge, sondern sie beschäftigt sich mit den Anforderungen an eine glaubwürdige Seelsorge – und damit auch an eine glaubwürdige Krankenhausseelsorge – in der heutigen Zeit. Dabei werden zugleich konzeptionelle Fragen berührt (Gottesbild, Menschenbild, Kirchenbild), die wiederum in der Praxis ein bestimmtes Handeln evozieren.

Geht es um die spirituelle Begleitung kranker Menschen durch Pflegende, so wird damit auch automatisch das weite Feld der Krankenhausseelsorge berührt. Die gängige Praxis zeigt, dass Seelsorge im Krankenhaus in der Regel professionell Seelsorgenden zugeschrieben wird – in Deutschland mehrheitlich kirchlich finanziert und durch kirchliches Mandat legitimiert. Das Zweite Vatikanische Konzil (1962-65) fordert, dass „in der Seelsorge (.) nicht nur die theologischen Prinzipien, sondern auch die Ergebnisse der profanen Wissenschaften, vor allem der Psychologie und der Soziologie, wirklich beachtet und angewendet werden“[18] sollen. Damit anerkennt und öffnet das Konzil die seelsorgliche Reflexion auf Leistungen anderer wissenschaftlicher Disziplinen. Die Pastoraltheologie und Diakonische Theologie greifen diese Einladung zum kritisch-konstruktiven Dialog auf und beschreiten damit einen (wechselseitigen) Lernprozess. Im Zusammenspiel der Disziplinen lernen sie pflegewissenschaftliche Einsichten über den Menschen kennen; sie erfahren mehr über die konkrete „Freude und Hoffnung, Trauer und Angst der Menschen von heute, besonders der Armen und Bedrängten aller Art.“[19] Aus diesen Praxiszusammenhängen wird deutlich, dass sich die Menschen in Bezug auf ihre spirituellen Belange nicht auf bereits vorgegebene Strukturen oder bestimmte Personenkreise (d.h. Seelsorgende) begrenzen lassen, sondern ihre seelsorglichen Ansprechpartner frei wählen. In der Beobachtung, Beschreibung und Analyse der Praxis können Pastoraltheologie und Diakonische Theologie also von der Pflegewissenschaft lernen sowie im Zuge einer praktisch-theologischen Reflexion die eigenen Überzeugungen und Konzeptionen seelsorglichen Handelns im Krankhaus prüfen und ggf. an die Bedürfnislage kranker Menschen (neu) anpassen.

Die Pflegewissenschaft kann ihrerseits aus dem Austausch mit der Pastoraltheologie und der Diakonischen Theologie ebenfalls Impulse für ihren Reflexionsbereich gewinnen, da sie (die Pflegewissenschaft) als „empirisch orientierte Sozial- und Humanwissenschaft“[20] nicht nur nach der Wirkungsweise

---

[18] GAUDIUM ET SPES Nr. 62, in: RAHNER, K./VORGRIMLER, H. (Hg) ($^{32}$1966): Kleines Konzilskompendium.

[19] Ebd. Nr. 1.

[20] BRANDENBURG, H./DORSCHNER, S. (Hg) (2008): Pflegewissenschaft 1, 50.

pflegerischer Interventionen fragt, sondern auch nach potentiellen Einflussfaktoren und Kontextbedingungen guter Pflege, d.h. nach „einer am Stand der Künste orientierten Pflegepraxis, die auch alle Aspekte der Gesundheitsförderung einschließt."[21] Gerade in einer Zeit, in der die Pflege Gefahr läuft, sich selbst dem ökonomischen Diktat zur Wirtschaftlichkeit zu unterwerfen, eigene professionelle Ideale aus dem Blick zu verlieren oder aber zumindest systemstützend zu wirken, kann sich die Pflege aus der Theologie emanzipatorische Impulse zur Einschätzung der Lebenssituation Kranker sowie sich daraus ergebender Anforderungen an das Pflegehandeln aneignen. „Die Pflegewissenschaft kann als moderne und junge Wissenschaft daran gewinnen, wenn sie sich auf ein umfassendes Heilsverständnis bezieht und ihre Beiträge für eine würdige und am christlichen Menschenbild orientierte Versorgung und Betreuung von kranken, alten, pflegebedürftigen und behinderten Menschen erbringt."[22] Nicht Ohnmacht oder Entfremdung sollen die Pflege regieren, sondern auf dem Weg zu einer anerkannten Profession muss Pflege handlungsfähig werden. Dieser Professionalisierungsprozess findet dabei in einer Zeit und innerhalb eines Gesundheitssystems statt, wo neu nach dem Sinn und den Werthaltungen professionellen Handelns gefragt wird. Dabei ist eine moderne, emanzipierte Pflege gefragt, die sich nicht von der Illusion rein ökonomischer Begründungszwänge täuschen lässt. Sie muss selbst aktiv werden, argumentativ das berufliche Ethos und das eigene Handlungssubjekt neu entdecken: den Menschen. Auch hier eint die Sorge um das Heil der Menschen Pflege und Theologie. Und im Blick auf die Frage nach einem dem Handeln zu Grunde liegenden Menschenbild kann die Pflegewissenschaft nicht nur von den empirischen Sozial- und Humanwissenschaften lernen, sondern eben auch von der Theologie.

Schließlich liegt ein letzter Grund der thematischen Verortung dieser Arbeit in der Theologie in der Besonderheit einer personalen Verknüpfung des pastoraltheologischen Lehrstuhls an der ‚Philosophisch-Theologischen Hochschule Vallendar' mit dem Lehrstuhl für ‚Diakonische Theologie'. Innerhalb der deutschen Hochschullandschaft handelt es sich hier um ein absolutes Novum![23] – Einige pastoraltheologische Bezüge wurden bereits angesprochen. In der Diakonischen Theologie richtet sich das Forschungsinteresse darauf, wie christlicher Glaube explizit und implizit in weitgehend säkularisiert erscheinenden Einrichtungen (z.B. Krankenhaus, Altenheim, Psychiatrie, Behinderteneinrichtung) gelebt wird und sich im konkreten Handeln niederschlagen kann. Zwischen der Pastoraltheologie und der Diakonischen Theologie bestehen dabei enge Interdependenzen: (1) Beide setzen sich mit dem christlichen

---

[21] Ebd.

[22] WEIDNER, F. (2009): Zur Heilung berufen, 389.

[23] Der Lehrstuhl für Diakonische Theologie wurde auf Initiative der MARIENHAUS GMBH eingerichtet. Als Träger christlicher Einrichtungen zeigt die MARIENHAUS GMBH ein sehr hohes Interesse, das Spezifikum christlicher Häuser zu erforschen und darauf basierende Führungs- und Handlungsszenarien zu entwickeln.

Gottes- und Menschbild als Fundament seelsorglichen und diakonischen Handelns auseinander; (2) Beide Wissenschaftsbereiche sind auf einen interdisziplinären Austausch angelegt, d.h. sie kooperieren eng mit anderen nicht-theologischen Disziplinen und prüfen in einem konstruktiv-kritischen Dialog ihre gegenseitige Bereicherung, wobei auch widerstreitende Positionen nebeneinander bestehen können. Die vorliegende Dissertation ist eine Arbeit über ein konkret praktisches Handlungsfeld: nämlich das der Pflegekraft-Patient-Beziehung. Unter dem Fokus der Bedeutung von Spiritualität in diesem Beziehungsgeschehen interessieren darum weniger spirituelle Gegenstandsfragen aus der Liturgie, dem Kirchenrecht, der Homiletik oder der Religionspädagogik, sondern Inhalte der Pastoraltheologie und der Diakonischen Theologie – und zwar unter dem Fokus, inwieweit Seelsorge im Krankenhaus in den Handlungsbereich nichtpastoraler Berufsgruppen fällt resp. durch Pflegende zu verwirklichen ist und inwieweit sich aus dieser Diskussion eine Aufnahme spezieller Bildungsinhalte zur spirituellen Begleitung kranker Menschen in den staatlich verantworteten Ausbildungskanon der Gesundheits- und Krankenpflege hinreichend begründen lässt.

Aus dem bisher Gesagten ergibt sich eine grundsätzliche Verortung der vorliegenden Dissertation in den Disziplinen von Pastoraltheologie und Diakonischer Theologie, die jedoch aus sich heraus einen kritischkonstruktiven Wissenschaftsdialog implizieren. Daher trägt die Arbeit in weiten Teilen auch pflegewissenschaftliche Züge.

## 5.2 Spiritualität als Dimension der Pflege im Rahmen der Gesundheitsförderung und Prävention – Zum Forschungsstand

In Deutschland beginnt man sich augenscheinlich erst im 21. Jahrhundert einer umfangreicheren wissenschaftlichen Erschließung von Spiritualität als gesundheitsrelevanter Dimension zu stellen. Obwohl im Vergleich zu den USA und anderen Ländern die Forschungslage hierzulande (immer noch) in den Anfängen begriffen scheint, setzen sich verschiedene wissenschaftliche Disziplinen mit dem Themenkomplex auseinandersetzen. Aus der Vielfalt möglicher Perspektiven konzentriert sich die folgende Auswahl auf die Bereiche Medizin, Psychologie, Theologie und Pflegewissenschaft, da diese Disziplinen auch primäre Wissensquellen für den Argumentationsstrang dieser Arbeit bereitstellen.

### *5.2.1 Medizin und Psychologie*

Die einseitige Konzentration auf rein naturwissenschaftlich-medizinische Maßnahmen zur gesundheitlichen Wiederherstellung wird zunehmend hinterfragt. In den vergangenen Jahren entstanden Studien von Medizinern und (Gesundheits-)Psychologen mit dem Ergebnis einer deutlichen Kritik am gegebenen Therapie- und Beratungsverständnis. Neben rein körperlichen Aspekten sei eine stärkere Aufmerksamkeit auf die Bereiche von Religion und Spiritualität zu lenken. Forscher fanden in Deutschland signifikante Hinweise auf eine spirituelle Bedürfnislage Kranker sowie einen positiven Zusammenhang zwischen spirituellen Grundhaltungen und dem jeweiligen Gesundheitserleben.[24] Die Tatsache des Krankheitsgeschehens wird von den Betroffenen als einschneidende Erfahrung erlebt und Spiritualität als biographische Integrationshilfe sowie als Ressource in der Gesundheitsförderung ausgemacht. Die spirituelle Dimension kann dabei nicht nur den Genesungsprozess beeinflussen, sondern auch Auslöser (neuer) innerer Entwicklungsprozesse werden.[25] Innerhalb der universitären Landschaft trägt man diesen Erkenntnissen erst zaghaft Rechnung. Aus den Gesprächsrunden eines interdisziplinären Arbeitskreises zum Verhältnis von Medizin und Spiritualität an der Ludwigs-Maximilians-Universität (= LMU) in München ging ein facettenreicher Sammelband mit Beiträgen aus der Theorie- und Praxisperspektive klinischer Disziplinen hervor.[26] Ebenfalls richtete man im Jahr 2010 unter dem Dach der medizinischen Fakultät der LMU einen neuen Lehrstuhl für Spiritual Care ein, der sich auch der Qualifikation angehender Mediziner in diesem Bereich annimmt. Erträge einer transdisziplinären Arbeitsgruppe Spiritualität und Krankheit (TASK) bedenken ebenfalls die wissenschaftlichen Grundlagen von Spiritualität im Zusammenhang mit Gesundheit und Krankheit.[27] Gleiches gilt für einen Sammelband von KLEIN et al., der erstmalig versucht, die Befunde aus den deutschsprachigen Ländern zu sichten und in den internationalen Forschungsstand einzuordnen.[28]

Was die deutsche Medizin in jüngster Zeit als empirisches Forschungsfeld neu entdeckt, ist in der psychologischen Stressforschung sowie in den Berei-

---

[24] Vgl. DEISTER, T. (2000): Krankheitsverarbeitung und religiöse Einstellung; Vgl. YEGINER, A. (2000): Spirituelle Praxis als Hilfe zur Bewältigung einer Krebserkrankung, 119/148; Vgl. BÜSSING, A. et al. (2005): The role of religion and spirituality in medical patients in Germany, 321/340; Vgl. Ders. et al. (2009): Reliance on God's help as a measure of intrinsic religiosity in healthy elderly and patients with chronic diseases, 77/90.

[25] Vgl. DEISTER, T. (2000): Krankheitsverarbeitung und religiöse Einstellung, 161; Vgl. YEGINER, A. (2000): Spirituelle Praxis als Hilfe zur Bewältigung einer Krebserkrankung, 132ff; Vgl. BÜSSING, A. et al. (2005): The role of religion and spirituality in medical patients in Germany, 331.334; Vgl. Ders. et al. (Hg) (2006): Spiritualität, Krankheit und Heilung; Vgl. BUCHER, A. (2007): Psychologie der Spiritualität; Vgl. BÜSSING, A. et al. (2009): Reliance on God's help as a measure of intrinsic religiosity in healthy elderly and patients with chronic diseases, 88; Vgl. FRICK, E./ROSER, T. (2009): Spiritualität und Medizin.

[26] Vgl. FRICK, E./ROSER, T. (2009): Spiritualität und Medizin.

[27] Vgl. BÜSSING, A./KOHLS, N. (Hg) (2011): Spiritualität transdisziplinär.

[28] Vgl. KLEIN, C. et al. (Hg) (2011): Gesundheit – Religion – Spiritualität.

chen von Therapie und Beratung schon länger präsent. Hier stellt der Faktor Spiritualität eine Ressource zur Anforderungsbewältigung und Gesunderhaltung des Einzelnen dar. „Stress findet immer dann statt, wenn eine Diskrepanz oder ein Konflikt besteht, zwischen Lebensbedingungen, Zwängen und Erwartungen auf der einen Seite und individuell gegebenen Bedürfnissen, Fähigkeiten und Ressourcen auf der anderen – und dieses Missverhältnis vom einzelnen als sein Wohlbefinden bedrohend oder beeinträchtigend erfahren wird. Die moderne Stressforschung bemüht sich um die objektive (physische, soziale Risiken) und die subjektive (Bedrohungs-, Verlusterlebnisse) Seite dieser Diskrepanz, untersucht ihre strukturellen Randbedingungen und situativen Auslöser, ihre unmittelbaren sozialen, psychischen und somatischen Wirkungen und ihre längerfristigen Konsequenzen für Lebensqualität, Gesundheit und Verhalten.“[29] So legen bspw. FRANKL (Logotherapie), LAZARUS/FOLKMANN (kognitiv transaktionale Stresstheorie), ANTONOVSKY (Salutogenesekonzept) oder CYRULNIK (Resilienzforschung) theoretische Zugänge vor, in denen Glaubensüberzeugungen, Religion und Spiritualität eine Bedeutung im Prozess der Verarbeitung von Stressoren zugesprochen wird.[30] Generell sind diese Ansätze nicht defizit-, sondern ressourcenorientiert. Aus spirituellen Ressourcen erwachsen Selbstvertrauen, Durchhaltevermögen, Widerstands- und Gestaltungskraft.[31] Die Glaubensbeziehung kann Hoffnung stärken und (neue) Perspektiven erschließen. Hier setzt auch eine mögliche spirituelle Unterstützung seitens professionell Pflegender an.

### *5.2.2 Theologie*

Innerhalb der Theologie beschäftigen sich verschiedene Arbeiten mit der biblischen Anthropologie sowie der Bedeutung von Krankheit und Heilung für den Menschen.[32] Nach dem Zeugnis der Bibel wird Kranksein vom Menschen nicht nur als bedrohliches Erleben von Leid und Schmerz erfahren, sondern wirkt sich auch auf das menschliche Innenleben, das soziale Gefüge oder das Gottesverhältnis aus.[33] Aus der Sicht des Glaubens sind Heilwerden und Heilung darum nicht einfach mit der Beseitigung körperlicher Symptome gleichzusetzen, sondern umschreiben vielmehr einen mehrdimensionalen, auch in-

---

[29] BADURA, B./PFAFF, H. (1989): Streß, ein Modernisierungsrisiko, 644f.

[30] Vgl. FRANKL, V.E. ([2]1978): Der Wille zum Sinn; Vgl. LAZARUS, R./FOLKMAN, S. (1984): Stress, appraisal, and coping; Vgl. ANTONOVSKY, A. (1997): Salutogenese; Vgl. CYRULNIK, B. (2007): Mit Leib und Seele.

[31] Vgl. dazu auch: UNTERRAINER, H. (2007): Spiritualität und psychische Gesundheit.

[32] Vgl. SCHOCKENHOFF, E. (2001): Krankheit – Gesundheit – Heilung; Vgl. GRUBER, F. (2003): Das entzauberte Geschöpf; Vgl. JANOWSKI, B. (2009): Anerkennung und Gegenseitigkeit, 181/211; Vgl. WAGNER, A. (Hg) (2009): Anthropologische Aufbrüche; Vgl. WOLFF, H.W. (2010): Anthropologie des Alten Testaments; Vgl. NAUER, D. ([3]2014): Seelsorge, 141/183; Vgl. ETZELMÜLLER, G./WEISSENRIEDER, A. (Hg) (2010): Religion und Krankheit.

[33] Vgl. PAGANINI, S. (2010): Krankheit als Element der alttestamentlichen Anthropologie, 291/299.

neren Wandlungsprozess. Ausgehend vom biblischen Befund und der Wahrnehmung von Gesundheit und Krankheit in den Traditionen der Kirche, stellt sich der von THOMAS/KARLE herausgegebene interdisziplinäre Sammelband „Krankheitsdeutung in der postsäkularen Gesellschaft" einer systematisch-theologischen Reflexion und komplettiert den thematischen Durchgang mit einer praktisch-theologischen Auseinandersetzung zur lebenseinschränkenden Erfahrung von Krankheit.[34] Es wird deutlich, dass (spirituelle) Deutung und Umgang mit dem Thema Krankheit einem deutlichen Wandel unterworfen sind – auch aus der Sicht der Seelsorge. Die Bedeutung der Seelsorge im Kontext des Krankenhausaufenthaltes lässt sich auf empirischer Basis herausarbeiten, die insbesondere dann wichtig wird, „wenn der primäre Zweck des Sozialsystems Krankenhaus nicht mehr erreicht werden kann: die Wiederherstellung von Gesundheit oder doch zumindest die Entlassung eines alltagstauglichen und zur eigenen Lebensgestaltung fähigen Patienten."[35] Mit diesen Erkenntnissen zum Wesen resp. zum Beitrag von Seelsorge wird eine notwendige Einbindung innerhalb der Institution Krankenhaus bekräftigt.[36] In der seelsorglichen Begleitung kranker Menschen gilt es Räume für Sinnfragen, Protest und Klage zu öffnen; Ambivalenzen der Gotteserfahrung zu zulassen, zu benennen und auszuhalten; und schließlich eine Hilfe zur Entdeckung eigener Transzendenzfähigkeit bereit zu stellen. Seelsorge unternimmt dabei den Versuch, die Lebens- und Gottesgeschichte miteinander zu verweben, d.h. eine Betrachtung der konkreten Lebensgeschichte aus der Perspektive Gottes mit den Menschen sowie eine Unterstützung in deren Deutung und Weiterschreibung.[37] Bereits frühere Arbeiten befassten sich aus pastoraltheologischer Sicht mit der besonderen Rolle des Faktors Spiritualität im Zusammenhang mit der Bewältigung kritischer Lebensereignisse sowie den damit verbundenen Herausforderungen an eine pastorale Krisenintervention.[38] Obwohl die genannten theologischen Forschungs- und Handlungsbereiche zeigen, wie der Dialog mit den Human- und Sozialwissenschaften auch die theologische Theorie und Praxis bereichern kann, scheinen hinsichtlich der spirituellen Begleitung kranker Menschen einige Problemfelder immer noch ungelöst. Die Seelsorgetheorie tut sich (noch) schwer mit einem Spiritualitätsbegriff, der material nicht so klar fassbar scheint.[39] Zudem sieht man die Gefahr einer möglichen Instrumentalisierung resp. Ökonomisierung des Glaubens für die

---

34 Vgl. THOMAS, G./KARLE, I. (Hg) (2009): Krankheitsdeutung in der postsäkularen Gesellschaft.

35 ROSER, T. (2009): Vierte Säule im Gesundheitswesen?, 584.

36 Vgl. KLESSMANN, M. (Hg) (³2008): Handbuch der Krankenhausseelsorge; Vgl. Ders. (2008): Seelsorge, 350/365; Vgl. NAUER, D. (³2014): Seelsorge.

37 Vgl. NAUER, D. (³2014): Seelsorge, 199/204.

38 Vgl. WINTER, U.C. (2006): „Wohin soll ich mich wenden in meiner Not?".

39 ROSER stellt sich dieser Herausforderung und entwickelt in seiner Habilitationsschrift Grundzüge eines Seelsorgekonzeptes innerhalb des Krankenhauses im Sinne von Spiritual Care im Kontext einer pluralen Gesellschaft aus praktisch-theologischer Perspektive (Vgl. ROSER, T. (2007): Spiritual Care).

Gesundheit[40] oder im Blick auf Erfahrungen des US-amerikanischen Berufsbilds der Klinikseelsorge weitere Rollen- und Identitätskonflikte.[41] Darüber hinaus ergeben sich aus dem Faktum eines inzwischen interdisziplinären Forschungsgegenstands auch Fragen an die Rolle und das Proprium kirchlich verantworteter Seelsorge im Zusammenspiel mit anderen Berufsgruppen innerhalb des Krankenhauses.[42] Im Gegensatz zu den USA beginnt man sich in Deutschland erst ansatzweise aus theologischer Perspektive (auch innerhalb der poimenischen Theoriebildung) mit dem Beitrag anderer Gesundheitsprofessionen zur Seelsorge zu beschäftigen,[43] obwohl es inzwischen im Bereich der Palliative Care spezielle Qualifizierungsangebote zur spirituellen Begleitung gibt.[44]

### *5.2.3 Pflegewissenschaft*

Krankheiten vorzubeugen, zu behandeln und Heilung anzustreben gehört zum berufsethischen Auftrag der Heilberufe. Spiritualität als Dimension der Gesundheits- und Krankenpflege wird trotzdem innerhalb der pflegerischen und pflegewissenschaftlichen Diskussion recht kontrovers diskutiert. Dieser Umstand hängt nicht zuletzt mit historischen Altlasten zusammen.[45] In Deutschland erfolgte die bisher stärkste Auseinandersetzung mit der spirituellen Dimension in den Forschungen zur Pflegegeschichte – und hier vornehmlich unter dem (kritischen) Blickwinkel der Bedeutung des Glaubens für die Pflegemotivation, das Pflegeverständnis und für die Verberuflichung der Krankenpflege. Zahlreiche Schriften liegen zum Verständnis der Krankenpflege als religiöse Berufung[46], zur Geschichte der Ordenskrankenpflege diverser katholischer Pflegegenossenschaften im 19. Jahrhundert[47], über Diakonissenverbände oder zur jüdischen Krankenpflege[48] vor. Spezielle Arbeiten konzentrieren sich auf die Rolle der Diakonissen im Zusammenhang mit der Seelsorge im Krankenhaus oder zum Umgang mit Tod und Sterben in der klinischen und häuslichen Krankenpflege.[49] Andere Untersuchungen widmen sich schwer-

---

40 Vgl. NAUER, D. ($^3$2014): Seelsorge, 364.

41 Vgl. ENGELHARDT, H.T./DELKESKAMP-HAYES, C. (2009): Der Geist der Wahrheit und die „Legion" der Spiritualitäten, 72/79.

42 Vgl. NAUER, D. ($^3$2014): Seelsorge, 362ff.

43 Vgl. WEIHER, E. ($^3$2011): Das Geheimnis des Lebens berühren; Eine konstruktiv-kritische Auseinandersetzung zur Verhältnisbestimmung von Spiritual Care und Seelsorge beschreitet NAUER (Vgl. NAUER, D. (2015): Spiritual Care statt Seelsorge?).

44 Vgl. HAGEN, T. et al. (2011): Qualifizierungskurs Palliative Care für Seelsorgende.

45 Vgl. dazu auch weiter unten Kapitel I 3.3.3.

46 Vgl. ETZINGER, A. (1859): Der Beruf und Lohn einer barmherzigen Schwester; Vgl. FISCHER, M. (1932): Die Krankenpflege als Beruf.

47 Vgl. GATZ, E. (1971): Kirche und Krankenpflege im 19. Jahrhundert.

48 Vgl. STEPPE, H. (1997): „... den Kranken zum Troste und dem Judenthum zur Ehre...".

49 Vgl. KREUTZER, S./NOLTE, K. (2010): Seelsorgerin ‚im Kleinen', 45/56.

punktmäßig der besonderen Lebens- und Arbeitswelt katholischer Ordensfrauen[50], der Entwicklung der freiberuflichen Krankenpflege im 19. Jahrhundert[51], dem Prozess zur staatlich anerkannten Tätigkeit im 19. und frühen 20. Jahrhundert[52] oder analysieren die Geschichte der Krankenpflege unter feministischer Perspektive.[53] Auch über unterschiedliche Epochen der Pflegegeschichte entstanden Arbeiten: so über die Zeit des Nationalsozialismus, über die beiden großen Weltkriege sowie über die Nachkriegszeit (nach 1945).[54] Leider enden die meisten Abhandlungen bisher mit den 1960er Jahren und bilden somit kaum jüngere Entwicklungslinien der Pflegegeschichte ab.

Einen anderen Zugang zum Verhältnis Spiritualität und pflegerischer Fürsorge erschließt KÄPPELI mit ihrer Untersuchung über den Topos des Mit-Leidenden Gottes als pflegerisches Ur-Motiv und personale Grundhaltung jüdischer, christlicher und freiberuflicher Krankenpflege.[55] Aus der religiösen Berufsmotivation ergibt sich für Pflegende ein Verzicht auf die eigene Bedürfnisbefriedigung sowie eine Sorge um den Kranken in Form von Beistand, Trost, Gebet, Aufforderung zum Sündenbekenntnis sowie physischer Pflege.[56] Ausgehend von einem jüdisch-christlichen Verständnis des Mit-Leidens zeichnet KÄPPELI die Motiventwicklung zum säkularen (angloamerikanischen) ‚compassion', ‚caring', ‚empathy' und ‚sympathy' nach. Die existentielle Anteilnahme Pflegender am Leid des Kranken zählte von jeher zum besonderen Topos der Pflege und auch heute nimmt sie in einem humanistischen Berufsethos einen besonderen Platz ein, obschon KÄPPELI diesen anderen, nicht-religiösen Motiven einen Mangel an spiritueller Kraft attestiert.[57]

Der existentiellen Anteilnahme Pflegender wird auch im Bereich der palliativen Pflege eine besondere Aufmerksamkeit geschenkt. „Gerade die Erfahrung der Begrenztheit, des Schmerzes, des Verlustes, des Abschieds und des unausweichlichen Endes eines Menschenlebens verleihen ethischen und religiös-spirituellen Fragen in der Palliative Care besonderes Gewicht."[58] Daher gehören die eigene Auseinandersetzung sowie die Befähigung Pflegender zur spirituellen Begleitung nicht nur zum Bildungskanon der Fort- und Weiterbildung im Bereich Palliative Care, sondern auch zum festen

50 Vgl. MEIWES, R. (2000): Arbeiterinnen des Herrn.
51 Vgl. HUMMEL, E. (1986): Krankenpflege im Umbruch (1876-1914); Vgl. HELMERICHS, J. (1992): Krankenpflege im Wandel (1890 bis 1933).
52 Vgl. SCHWEIKARDT, C. (2008): Die Entwicklung der Krankenpflege zur staatlich anerkannten Tätigkeit im 19. und frühen 20. Jahrhundert.
53 Vgl. BISCHOFF, C. (1992): Frauen in der Krankenpflege.
54 Vgl. STEPPE, H. ([9]2001): Krankenpflege im Nationalsozialismus; Vgl. KREUTZER, S. (2005): Vom Liebesdienst zum modernen Frauenberuf.
55 Vgl. KÄPPELI, S. (2004): Vom Glaubenswerk zur Pflegewissenschaft.
56 Vgl. Ebd. 189f.240f.
57 Vgl. Ebd. 69.
58 HELLER, B. ([2]2007): Bedeutung religiös-kultureller Unterschiede in der Palliative Care, 432.

Lehrbuchbestand.[59] Obwohl die spirituelle Kompetenz zum Qualitätsmerkmal palliativer Pflege zählt und auch in den Akutkrankenhäusern viele alte, multimorbide und sterbende Menschen zu begleiten sind, haben Lerninhalte im Sinne einer Befähigung zur spirituellen Begleitung jedoch noch keinen umfangreicheren Einzug in die grundständige Ausbildung der Gesundheits- und Krankenpflege gehalten.[60] Lediglich einige wenige Abhandlungen befassen sich mit religiös-kulturellen Spezifika, die in einen direkten Bezug zur pflegerischen Praxis stehen (z.B. Ernährungsgewohnheiten, Körperpflege, Sterben und Tod).[61]

Drei jüngere deutsche Publikationen setzen sich explizit mit der Thematik der Spiritualität in der Pflege auseinander. Zum einen handelt es sich um eine von LUDEWIG bereitgestellte Materialsammlung, die ausgebildete Pflegekräfte anhand verschiedener Texte, Rituale und kleinen Übungen dazu ermutigen möchte, ihre persönliche Spiritualität (neu) zu entdecken und in die Begleitung Kranker einfließen zu lassen.[62] Zum Zweiten bündelt ein Sammelband des DIAKONISCHEN WERKES DER EVANGELISCHEN KIRCHE DEUTSCHLANDs Tagungsbeiträge eines Symposiums mit dem Ziel die Selbstpflege der Pflegenden sowie die Praxis einer ganzheitlichen Pflege zu forcieren.[63] Schließlich setzen sich zwei Bände des gleichen diakonischen Verbandes mit der aktuellen Forschung und praktischen Reflexionen zum Thema existentielle Kommunikation und spirituelle Ressourcen auseinander.[64]

### *5.2.4 Zusammenfassung*

Der kurze Blick auf die gegenwärtige deutsche Forschungslage hat gezeigt, dass Medizin, Psychologie, Theologie und Pflegewissenschaft die spirituelle Dimension des Menschen unterschiedlich rezipieren. Alle Arbeiten weisen auf die bisher vernachlässigte Bedeutung von Spiritualität im Zusammenhang mit den Themenfeldern Gesundheit, Lebensqualität und Krankheitsbewältigung hin. Es fehlt an einer wissenschaftlichen Arbeit, die die Erkenntnisse aus Pflegewissenschaft, Theologie, Medizin und Psychologie systematisch bündelt, mögliche Konsequenzen für die Pflege bedenkt sowie die Möglichkeit einer Einbindung entsprechender Bildungsinhalte auf der Basis des bestehenden Krankenpflegegesetzes in die dreijährige Gesundheits- und Krankenpflegeausbildung prüft. Auf anthropologische, empirische und pflegetheoretische Erkenntnisse gestützt, richtet das vorliegende Dissertationsprojekt daher den

---

59 Vgl. Ebd. 432/437; Vgl. WEIHER, E. ([2]2007): Spirituellle Begleitung in der palliativen Betreuung, 438/453; Vgl. KUNZE-WÜNSCH, E. ([3]2010): Seelsorge an Sterbenden und Angehörigen, 46f.

60 Vgl. dazu weiter unten Kapitel II 1.1.2.

61 Vgl. NEUNER, O./SCHÄFER, K.F. (1990): Krankenpflege und Weltreligionen; Vgl. AL MUTAWALY, S. (1996): Menschen islamischen Glaubens individuell pflegen.

62 Vgl. LUDEWIG, C. (2008): Pflege und Spiritualität.

63 Vgl. DIAKONISCHES WERK DER EKD et al. (2010): Spiritualität in der Pflege.

64 Vgl. DIAKONISCHES WERK DER EKD et al. (2012): Geistesgegenwärtig pflegen; Vgl. Ders. et al. (2013): Spiritualität in der Pflege.

Blick auf die spirituelle Dimension des kranken Menschen, verbleibt dabei nicht allein auf der Ebene normativer Forderungen, sondern unternimmt eine begründete geistes- und naturwissenschaftliche Herleitung.

## 5.3 Spiritualität oder Religion? – Eine notwendige Unterscheidung

Wie bereits oben erwähnt, befasst sich das vorliegende Dissertationsprojekt damit, inwiefern von einer spirituellen Grundkonstante des Menschen gesprochen werden kann, welche Korrelationen zwischen Spiritualität, erfahrener Lebensqualität und aktiver Krankheitsbewältigung bestehen und welche Konsequenzen sich daraus für eine spirituelle Begleitung kranker Menschen durch Pflegekräfte und für die theoretischen Bildungsinhalte einer Ausbildung in der Gesundheits- und Krankenpflege ergeben. In den bisherigen Ausführungen wurden die Begriffe Spiritualität und Religion / Religiosität meist synonym verwandt. Ungeachtet der Tatsache, dass an unterschiedlichen Stellen dieser Arbeit die terminologische Problematik noch einmal aufgegriffen wird, erscheint es eingangs zweckmäßig, zur Gewinnung eines Arbeitsbegriffs erste begriffliche Annäherungen und Unterscheidungen vorzunehmen.

### *5.3.1 Spiritualität*

Der Spiritualitätsbegriff findet sich nicht nur in der populären Gegenwartsliteratur oder im Wellness- und Freizeitbereich, sondern entwickelt sich zum festen Bestand jüngerer Wissenschaftsdisziplinen. Wenngleich sich der Gebrauch des Spiritualitätsbegriffs als ‚terminus technicus' besonders innerhalb der Gesundheitswissenschaften (auch in Deutschland) durchzusetzen scheint, wird eine solche Verwendung durchaus kontrovers diskutiert. Während Spiritualität von den einen als die der Religion / Religiosität übergeordnete Kategorie gefasst wird, tendieren andere dazu, Spiritualität innerhalb der Religion / Religiosität zu verorten.[65] Erschwert wird dieser Dissens durch den Umstand, dass im US-amerikanischen Verständnis Spiritualität auch das zu messen scheint, was in deutschsprachigen Studien vornehmlich mit dem Begriff der Religiosität verbunden wird, d.h. eine Verbundenheit mit Gott oder einer höheren transzendenten Wirklichkeit.[66] Darüber hinaus subsumieren US-amerikanische Untersuchungen aus den Bereichen von Medizin und Pflegewissenschaft unter dem Spiritualitätsbegriff auch solche Aspekte, die in irgendeiner Weise individuellen Kraftzuwachs oder Sinnorientierung in Aussicht stellen –

---

[65] Vgl. dazu: BUCHER, A. (2007), Psychologie der Spiritualität, 55f; GROM, B. (2009): Spiritualität – die Karriere eines Begriffs, 12/17; KLEIN, C. (2011): Religion/Religiosität als grundlegendere Begriffe, 35/45; KOENIG, H. et al. ($^2$2012): Handbook of religion and health, 49f.

[66] Vgl. UTSCH, M./KLEIN, C. (2011): Religion, Religiosität, Spiritualität, 30.

auch ohne Bezug zu einer transzendenten Macht. Spiritualität wird dann inhaltlich mit existentiellen Phänomenen wie innerer Friede, Harmonie, Sicherheit, Lebenssinn, Hoffnung, Liebe, Schuld, Verbundenheit, Getragen sein, Mitgefühl oder Selbsttranszendenz gleichgesetzt. Und so facettenreich sich hier Spiritualität als Dachbegriff zeigt, so vielfältig sind dann auch die möglichen Zugangsweisen, Medien oder Wege zur spirituellen Erfahrung (z.B. soziale Kontakte, Literatur, Meditation, Natur, Musik, Kunst, Tanz, Film, Sport oder die Ernährung). Angesichts einer solchen Vielfalt stellt sich die Frage, ob eine größere begriffliche Klarheit über einen Blick auf den Ursprung des Spiritualitätsbegriffs und dessen Entwicklungslinien gewonnen werden kann.[67] Dadurch soll das Konzept der Spiritualität in seiner Ursprünglichkeit und Entwicklung aufgedeckt und seine mögliche Differenz zur oder Schnittmenge mit der Religion / Religiosität identifiziert werden.

### *5.3.2 Biblisches Zeugnis*

#### *5.3.2.1 Westsemitischer Raum und Altes Testament*

Sowohl das, was inhaltlich mit Spiritualität zu bezeichnen sein wird, als auch die etymologischen Wurzeln des Begriffs finden sich nicht erst im Alten Testament (AT), sondern begegnen uns bereits im westsemitischen Raum als Entsprechungen zur hebräischen ‚ruah' (Wind, Geist).[68] Die Grundbedeutung der ‚ruah' ist zugleich ‚Wind' und ‚Atem', „beides aber nicht als wesenhaft Vorhandenes, sondern als die im Atem- und Windstoß begegnende Kraft, deren Woher und Wohin rätselhaft bleibt."[69]

‚Ruah' in ihrer Bedeutung als ‚Wind' bezeichnet etwas, das in Bewegung ist und über eine Kraft verfügt, anderes in Bewegung zu setzen. In dieser Wirkung der ‚ruah' wird eine geheimnisvolle Kraft unbekannten Ursprungs erfahrbar, welche die biblischen Schriften später Gott als ursächlich Handelnden zuschreiben.[70] Mit der ‚ruah' bezeichnet das AT also häufig das Objekt, Mittel oder die Begleiterscheinung des göttlichen Handelns. Gott hat (im Gegensatz zum Menschen) Gewalt über den ‚Wind'. Der Mensch kann den ‚Wind' zwar beobachten und erfahren, er bleibt für ihn aber eine nicht greifbare, flüchtige und damit unverfügbare Größe.[71]

Der ‚Wind' im Menschen ist sein ‚Atem'.[72] Darum bezeichnet ‚ruah' in ihrer zweiten Grundbedeutung als ‚Atem' nicht etwas dauernd Vorhandenes,

---

[67] Vgl. dazu auch Kapitel II 3.3.5.3.
[68] Vgl. ALBERTZ, R./WESTERMANN, C. (2004): Art. Geist, 726.
[69] Ebd. 728.
[70] Vgl. Ebd. 728/732.
[71] Vgl. Ebd. 731f.
[72] Vgl. WOLFF, H.W. (2010): Anthropologie des Alten Testaments, 65.

sondern eine sich im Atemstoß äußernde Kraft.[73] Dieser dynamische Charakter der ‚ruah' ebnet sich sukzessiv in den biblischen Schriften ein. So analogisiert der Autor des Buches EZECHIEL im Rahmen der Verquickung von geschichtstheologischem (= Rettung) und schöpfungstheologischem Denken (= Menschenschöpfung) die zurückkehrende, vitale Lebenskraft mit der Schöpfung des Menschen sowie der damit verbundenen Einhauchung des Lebensodems.[74] In der Priesterschrift wird Gott als jener angesprochen, der Lebensodem für alles Fleisch gibt (Num 16,22).[75] Damit erfährt die zweite Grundbedeutung der ‚ruah' einen semantischen Wandel von der ursprünglich dynamischen Kraft hin zu einer Bezeichnung des im Menschen verbleibenden Lebensodems, wenngleich er von Gott jederzeit wieder abgezogen werden kann.

Als Gaben göttlichen Ursprungs werden zudem außergewöhnliche menschliche Fähigkeiten oft auf eine übernatürliche, göttliche ‚ruah' zurückgeführt.[76] Im AT besitzen JOSEPH und DANIEL eine besondere Gabe der Traumdeutung, die sie als Träger des göttlichen Geistes auszuzeichnen scheinen.[77] Außerdem spricht man im Kontext der Königssalbung von einer Zurüstung des Menschen mit der göttlichen ‚ruah' und auch der endzeitlich verheißene Messias wird als ein göttlicher Geistträger qualifiziert.[78]

### *5.3.2.2 Neues Testament*

Im Neuen Testament begegnet uns Jesus als Gottessohn und Träger des Geistes Gottes. Bei seiner Taufe im Jordan wird er nach dem Zeugnis der Synoptiker vom Geist (‚pneuma') ergriffen und bleibend vom Heiligen Geist erfüllt.[79] Durch seine Wortverkündigung und in seinem Tun wirkt der Geist Gottes an den Menschen. Jesus verheißt diesen Geist den gläubigen Jüngerinnen und Jüngern als Helfer und Beistand,  der sie in die ganze Wahrheit einführen wird.[80] Nach Jesu Tod, Auferstehung und Himmelfahrt kommt dieser Geist im Pfingstereignis auf die versammelten Gläubigen herab und nimmt in ihnen Wohnung.[81] Das biblische Zeugnis setzt dabei den Geistempfang in eins mit Glauben und Getauftwerden[82]: Wer sich durch die Taufe mit Christus verbindet, tritt in die Sphäre des göttlichen Geistes ein.[83]

PAULUS identifiziert den erhöhten Christus mit dem Geist und qualifiziert die christliche Existenz darum als geistlich-pneumatisch.[84] Durch das Wirken

73 Vgl. ALBERTZ, R./WESTERMANN, C. (2004): Art. Geist, 734.
74 Vgl. Ebd. 737.
75 Vgl. Ebd. 737.
76 Vgl. WOLFF, H.W. (2010): Anthropologie des Alten Testaments, 68f.
77 Vgl. Gen 41,38.
78 Vgl. 1 Sam 16,13; Vgl. Jes 11,1-9; Vgl. Jes 61,1f.
79 Vgl. Mt 3,13-17; Vgl. Mk 1,9-11; Vgl. Lk 3,21ff.
80 Vgl. Joh 14,16f; Vgl. Joh 16,4b-15.
81 Vgl. Apg 2,1-36; Vgl. Gal 4,4-6.
82 Vgl. Joh 3,5f.
83 Vgl. 1 Kor 3,16.
84 Vgl. 2 Kor 3,17; Vgl. 1 Kor 2,10-16.

des Geistes wird der Mensch innerlich verwandelt und zu einer neuen Schöpfung. Gebet und innere Lebendigkeit sind demgemäß Wirkungen eines Lebens aus dem Geist.[85] Weiter spricht PAULUS von der Gemeinde als ‚Leib Christi' oder vom ‚In-Christus-Sein' der Gläubigen sowie von den unterschiedlichen, individuell verliehenen Geistesgaben.[86] Die Gemeinde ist PAULUS zufolge der geisterfüllte Tempel Gottes und die Gemeinschaft der Glaubenden wird deshalb nicht nur zum Zeichen von dessen Gegenwart, sondern auch zum Werkzeug des Geistes in der Welt.[87] Der in die Christen ausgegossene Geist Gottes wird zum innersten geistigen Grund und Antrieb aus dem die Gläubigen ihr Denken und Tun gestalten sollen.[88] Eine solche Geisterfahrung bleibt also nicht innerlich-privat, sondern zeichnet sich durch eine öffentlich-wahrnehmbare Wirkung aus.

#### *5.3.2.3 Ergebnis des biblischen Befunds*

Aus dem westsemitischen Befund wird deutlich, dass die ‚ruah' als eine im Atem- und Windstoß begegnende Kraft unbekannter Herkunft bezeichnet werden kann, die der menschlichen Machbarkeit und Verfügung entzogen bleibt. Zahlreiche alttestamentliche Belege ordnen diese Kraft Gott als ihrem Ursprung zu. In einigen biblischen Erzählungen findet sich die ‚ruah' als Ausstattung des Menschen mit außergewöhnlichen Fähigkeiten. Andere Zeugnisse des AT gebrauchen ‚ruah' in der Bedeutung von Lebendig-Sein. Die Verwendung von ‚ruah' findet sich also als Bezeichnung für die Kraft oder Macht Gottes und als Impuls im Menschen mit einem weiten Bedeutungsfeld, der zu Gott hin oder von Gott her offen ist. Im Neuen Testament wird die ‚ruah' Gottes überwiegend mit dem griechischen Terminus ‚pneuma' wiedergegeben. Durch die Taufe empfängt der Gläubige den göttlichen Geist und wird dadurch zu einem neuen, jetzt geistgeleiteten Leben wiedergeboren. Über diese Form der Anbindung an Jesus Christus und durch ein Leben aus dem unmittelbaren Gottesbezug heraus erhalten die Gläubigen Anteil am Geist Gottes. Dieser Geist wird den Menschen als Helfer zugesagt und stattet sie nach paulinischem Verständnis mit unterschiedlichen Charismen zum Aufbau der Gemeinde und zum Dienst in der Welt aus. Abschließend kann mit Blick auf das biblische Zeugnis festgehalten werden, dass der Geist nicht mehr wie im westsemitischen Raum als eine anonyme Kraft verstanden wird, sondern eine klare Zuordnung zu Gott resp. dem erhöhten Christus als Ursprung erfährt. Folglich steht Spiritualität im biblischen Zeugnis als ein Leben gemäß dem Geist in einem engen, ursächlichen Zusammenhang zur Kraft und zum Geist Gottes.

---

[85] Vgl. Röm 8,15-17; Vgl. 1 Kor 12-14.

[86] Vgl. Röm 12,4-8; Vgl. 1 Kor 1,30; Vgl. 1 Kor 12,4-31a.

[87] Vgl. 1 Kor 3,16; Vgl. Eph 2,19-22; Vgl. Apg 14,3; Vgl. Röm 8.

[88] Vgl. Röm 5,5; Vgl. Röm 8,2; Vgl. Röm 12,9-21.

### *5.3.3 Entwicklungen im Spiritualitätsverständnis bis zur Säkularisation*

Im westlichen Abendland erfährt das biblische Verständnis von einem Leben gemäß dem Geist in den Folgejahrhunderten eine Bedeutungsverschiebung. Dazu tragen mehr oder weniger starke Überschneidungen oder Gleichsetzungen mit den Begriffen Askese, Frömmigkeit oder Mystik bei.

Noch in der Alten Kirche kann Spiritualität als ein Leben im Heiligen Geist gefasst werden und hat nichts mit einem Dualismus zwischen Körper und Geist oder einem Vorrang des Geistes vor dem Körper zu tun.[89] Allerdings deutet sich bereits im beginnenden syrisch-palästinensischen Mönchtum eine asketische Strömung an, die unter einem Leben gemäß dem Geist ein solches versteht, das die sinnlichen Bedürfnisse einer eher geistigen Begegnung des Menschen mit Gott nachordnet.[90] Ob man die Vita des HL. ANTONIUS, das Leben des PACHOMIUS oder die drei von HIERONYMUS verfassten Viten des PAULUS VON THEBEN, des MALCHUS und des HILARION nimmt: immer wieder begegnet man einer Spiritualität des Mönches, dessen Leben dem Kampf gegen die sinnlichen Bedürfnisse gilt, die mit Dämonen verglichen werden.[91] Diese geistlichen Einsichten des Ostens greift JOHANNES CASSIAN (360/365-432/435) auf und erschließt sie dem westlichen Raum. Vierzehn Jahre lebt er bei ägyptischen Einsiedlern und fast seine spirituellen Erkenntnisse in seinen ‚Conlationes patrum' zusammen, die bis in die Neuzeit hinein ein Bestseller bleiben.[92] Eine erstmalige Verwendung des Begriffs Spiritualität als philosophischer Terminus ist im Mittelalter bei dem Alkuin-Schüler CANDIDUS WIZO nachweisbar. Er gebraucht das Wort im Zusammenhang einer Differenzierung zwischen sinnlich Wahrnehmbaren und sinnlich nicht Wahrnehmbaren. Spiritualität steht hier für Unkörperlichkeit, Immaterialität oder Übersinnlichkeit.[93]

Als Reaktion auf die Betonung der weltlichen, institutionellen und gesellschaftlichen Sichtbarkeit der Kirche entstehen im 13. Jahrhundert Reformorden, die ein spirituelles Gegenbild zur Verweltlichung der Kirche und deren Verstrickungen in die Politik entwerfen. Die Ordensspiritualitäten der Mendikanten (z.B. Franziskaner, Dominikaner) versuchen durch das gelebte Zeugnis eines radikalen Christseins und durch ihre Wortverkündigung ein Beispiel für ein zeichen- und vorbildhaftes Christentum mitten in der Welt zu geben. Parallel dazu erfährt der Spiritualitätsbegriff eine weitere materiale Füllung. Bei WILHELM VON AUVERGNE (1180-1249) steht das Wort für die Unkörperlichkeit der Seele und an anderer Stelle als theologischer Gegenbegriff zu den Folgen der Erbsünde mit ihren animalischen Trieben. In letzterer Verwendung steht Spiritualität für eine Vollkommenheit, die mittels Aszese, Disziplin und

---

89 Vgl. HILBERATH, B.J. ($^{2}$2002): Pneumatologie, 490/505.

90 Vgl. SUDBRACK, J. (1973): Art. Spiritualität, 125f.

91 Vgl. SWITEK, G. (1972): Discretio spiritum, 47.

92 Vgl. Ebd. 52.

93 Vgl. SOLIGNAC, A. (1995): Art. Spiritualität, 1416.

Übung durch den Menschen erlangt werden kann. Dadurch versucht der Mensch die Übel von seiner Seele zu entfernen und geistige Güter (Tugenden, Gnadengaben) zu erwerben.[94]

Im Rahmen seiner Abhandlungen über das Ordensleben spricht auch der Dominikanertheologe THOMAS VON AQUIN (1224-1274) von Spiritualität resp. über Merkmale eines Lebens gemäß dem Geist. THOMAS diskutiert darin Instrumente, die einem Leben der Vollkommenheit dienen. Spiritualität kann hier einzelne Mittel (z.B. Gelübde, Studium) oder auch die gesamte Existenzweise des Religiosen qualifizieren.[95] In der thomasischen Tugend- und Gnadenlehre findet sich aber – entgegen dualistischer Ansätze – eine grundsätzliche Wertschätzung menschlicher Natur. THOMAS beurteilt sie als prinzipiell gut und durch das eigene Tun sowie mit göttlicher Unterstützung (Geist, Gnade) gestaltbar. Geist oder göttliche Gnade zerstört oder ersetzt nicht die menschliche Natur, sondern vollendet sie, indem sie als Hilfe Gottes die Seele des Menschen zum Guten, d.h. zu Gott bewegt.[96] THOMAS kommt in seinen Ausführungen schließlich zu dem Ergebnis, dass alles danach strebt, Gott verähnlicht zu werden. Dadurch, „dass die geschaffenen Dinge Gutheit erwerben, werden sie als Gott ähnlich begründet. Wenn also alle Dinge nach Gott als dem letzten Ziel streben, um seine Gutheit zu erlangen, so folgt, dass das letzte Ziel der Dinge darin besteht, Gott verähnlicht zu werden.“[97]

Unter Berufung auf Röm 5,5 und 1 Joh 4,7f. vertritt vor THOMAS VON AQUIN bereits PETRUS LOMBARDUS (1095-1160) eine Identifizierung der Tugend der Caritas mit dem Heiligen Geist. Der Heilige Geist sei „nicht nur die Liebe zwischen Vater und Sohn, sondern auch die Liebe, mit der wir Menschen Gott und den Nächsten lieben. In paradoxer Einheit Geber und Gabe zugleich, teilt sich der Heilige Geist in vielgestaltiger Weise mit und ist als Quasihabitus Subjekt der Rechtfertigung und Heiligung.“[98] Um die Eigenständigkeit der menschlichen Freiheit und ihre Antwort auf die Hinwendung Gottes zum Menschen jedoch nicht zu gefährden, führt PETRUS LOMBARDUS eine Unterscheidung zwischen ungeschaffener und geschaffener Gnade (gratia increata - gratia creata) ein. „Die ungeschaffene Gnade ist Gott selbst als der, der sich in der Menschwerdung des Sohnes und der Einwohnung des Heiligen Geistes (…) selbst gibt (ungeschaffen = Er selbst); die dadurch wie durch alles aktuelle gnädige Sichzuwenden Gottes im Menschen (…) hervorgerufene Wirkung heißt folglich geschaffene Gnade.“[99] Diese Differenzierung wird vor allem für das spätere 19. Jahrhundert für das karitative und pädagogische Engagement religiöser Gemeinschaften von Interesse sein, da man deren praktisches Tun ebenfalls unter dem Spiritualitätsbegriff subsumieren kann (z.B.

---

94 Vgl. Ebd. 1418f.
95 Vgl. HORST, U. (2006): Wege in die Nachfolge Christi.
96 Vgl. S.th. I-II 109, 6; Vgl. S.th. I-II 113, 2 ad 2; Vgl. S.th. I-II 113,3.
97 S.c.g. III 19.
98 HILBERATH, B.J. ($^{2}$2002): Pneumatologie, 516.
99 Ders. ($^{2}$2002): Gnadenlehre, 19f.

Barmherzige Schwestern des hl. Vinzenz von Paul, Franziskanerinnen von Waldbreitbach, Diakonissen).

In der spätmittelalterlichen Mystik fragt KATHARINA VON SIENA (1347-1380) nach den Zeichen der Gegenwart Gottes in der Seele und kommt zur Erkenntnis, dass eine Anregung von Gott kommt, die bleibende Freude auslöst und zum Fortschritt in den Tugenden anregt.[100] Ähnliche Gedanken finden sich zu Beginn der Neuzeit bei IGNATIUS VON LOYOLA (1491-1556) in dessen Exerzitienbüchlein. Gottes Geist und ein Leben gemäß diesem Geist wecken in der menschlichen Seele Gefühle von Trost, Freude und Friede, die wiederum dazu führen, dass sich der Mensch noch intensiver Gott zuwendet.[101]
Bei MARTIN LUTHER (1483-1546) begegnet eine Betonung der Individualität des Glaubenden. Aus der Auseinandersetzung mit der hl. Schrift ergibt sich eine personale Unmittelbarkeit zu Jesus. Geist resp. Gnade ist für LUTHER eine Kraft Gottes, die außerhalb des Menschen liegt. Als Wortgnade wird sie dem Christen zugesagt, d.h. der Mensch kann sich die Gnadengabe gerade nicht durch eine eigene geistliche Leistung verdienen. Die Wirkung der Gnade im Menschen beschränkt sich auf das Ankommen des Wortes Gottes. Im Gegensatz zur Gnadenlehre des THOMAS VON AQUIN wird sie also keine Qualitas im Menschen, vielmehr sind die Werke des Glaubens oder das ethische Tun allein Frucht des Geistes und liefern einen Beweis für die Echtheit des Glaubens.[102]

Im 16. und 17. Jahrhundert entstehen neue gemeinschaftliche Formen religiösen Lebens, die sich durch ein spirituelles Leben auszeichnen, das seinen Niederschlag neben dem Gebet in Gestalt karitativer Betätigung findet (z.B. Vinzentinerinnen, Hospitalorden des hl. Johannes von Gott) oder sich in einem pädagogischen Engagement zeigt (z.B. Ursulinen, Salesianer Don Boscos). Andere (mystische) Strömungen des 17. Jahrhunderts verstehen unter einem spirituellen Leben eine stärkere Abwendung vom äußeren Leben und eine totale, innerliche Hinwendung zu Gott (z.B. der Quietismus).[103] Erstmalig gelingt im 17. Jahrhundert auch der Nachweis des substantivischen Gebrauchs von Spiritualität. Er dient zur Bezeichnung der persönlichen Beziehung des Menschen zu Gott. Seine Verwendung setzt sich zunehmend als wissenschaftlicher Fachausdruck für die spezifische Gestalt christlicher Religiosität durch.[104]

### 5.3.4 *Weitere Entwicklungslinien bis zur Gegenwart*

Im 19. Jahrhundert kommt es in der Theologie zu einer Ausdifferenzierung in eine mehr systematische (z.B. Dogmatik, Moraltheologie) und eine eher spirituelle Richtung. In diesem Kontext befasst sich Spiritualität primär mit dem

---

[100] Vgl. SWITEK, G. (1972): Discretio spiritum, 67.
[101] Vgl. IGNATIUS VON LOYOLA ($^{11}$1993): Die Exerzitien, Nr. 316.336.
[102] Vgl. HILBERATH, B.J. ($^{2}$2002): Gnadenlehre, 26f.
[103] Vgl. WEISMAYER, J. (1999): Art. Quietismus, 772f.
[104] Vgl. SUDBRACK, Josef (1969): Art. Spiritualität, 675f.

inneren religiösen Leben und studiert nicht kognitiv Inhalte des Glaubens.[105] In der Volksfrömmigkeit entsteht eine Fülle affektiver Devotionen wie beispielsweise die Herz-Jesu- und Marienfrömmigkeit, die Eucharistieverehrung oder das Gebetsapostolat.[106] Dadurch kommt es zu einer Kluft zwischen wissenschaftlich betriebener Theologie einerseits und Glaubenspraxis andererseits, welche diverse Neuansätze im 20. Jahrhundert in Form der Liturgischen Bewegung, der Jugendbewegung oder einem wachsenden Interesse an der hl. Schrift zu überwinden suchen.[107] Weiter sind im Gebrauch des Terminus ‚Spiritualität' seit dem 19. Jahrhundert zwei Traditionslinien zu beobachten: die romanische und die angelsächsische Tradition. Während im romanischen Raum das Wort zur Bezeichnung der persönlichen Beziehung zwischen Mensch und Gott herangezogen wird, bezeichnet Spiritualität im angelsächsischen Raum ebenso ein Leben aus direkter, unmittelbarer, persönlicher Erfahrung von Transzendenz außerhalb irgendeiner Form institutioneller Vermittlung.[108] Im letzteren Fall steht Spiritualität für ein Verständnis, das institutionelle und dogmatische Festlegungen übersteigt und damit religiöse und kulturelle Grenzen überschreitet. In einem solchen Sinn kann Spiritualität dann als Bezogenheit auf das umgreifende eine Sein gefasst werden, das den Menschen als unfassbares Geistiges, Transmaterielles, Metaphysisches erscheint.[109]

Gegenwärtig steht der Spiritualitätsbegriff oft als Chiffre für eine echte, authentische und persönliche Lebensweise. Die Zunahme von Mobilität und Migration sowie der modernen Kommunikationsmedien lassen dabei die eigenen spirituellen Überzeugungen nicht unberührt. Bisher exotische oder fremde Spiritualitätsformen rücken in unmittelbare Nähe zu den eigenen (traditionellen) Auffassungen und Praktiken und hinterfragen möglicherweise bisher tragende Überzeugungen. Angeregt durch solche Begegnungen beginnen Menschen aus bisher fremden Spiritualitätstraditionen zu schöpfen, was bspw. an der Rezeption des Zen im christlichen Raum anschaulich wird. Im Rahmen solcher Prozesse eröffnen sich möglicherweise auch wieder neue Zugänge zu abendländischen Traditionen. Vielleicht braucht es ja sogar solche Verfremdungen, um sich von kirchlich-europäischen Altlasten zu lösen und den Kern des Eigentlichen wiederzuentdecken. In der so genannten ‚Neuen Religiosität' (auch unsichtbare Religion, New Age, kultisches Milieu, Esoterik genannt) fungiert Spiritualität als Sammelbegriff für diverse, individuelle Praktiken, die sich zwar von institutionellen Vorgaben großer Organisationen lösen, aber gleichzeitig eigene soziale Formen ausbilden.[110] Hier setzt sich Spiritualität aus Elementen unterschiedlicher Provenienz zusammen, die unbekümmert

---

105 Vgl. SOLIGNAC, A. (1995): Art. Spiritualität, 1420.

106 Vgl. SUDBRACK, J. (1969): Art. Spiritualität, 689f.

107 Vgl. Ebd. 690.

108 Vgl. BENKE, C. (2004): Was ist (christliche) Spiritualität, 31f.

109 Vgl. Ebd. 32.

110 Zu den Begriffen Esoterik, Psychokultur und neue religiöse Bewegungen ausführlicher bei: BOCHINGER, C. (2001): Was die Menschen fasziniert, 39/58; BAIER, K. (2006): Spiritualitätsforschung heute, 23.

miteinander kombiniert werden. Als ein Nebeneffekt verlieren traditionelle religiöse Institutionen ihr bisheriges (spirituelles) Deutungsmonopol.[111]

### *5.3.5 Religion – Religiosität*

Etymologisch ist der Religionsbegriff auf die lateinischen Verben ‚religare' (zurück-, anbinden) und ‚religere' (sorgfältig beachten) sowie das Substantiv ‚religio' (Kult, Verehrung, Religionswesen) rückführbar. Hier deutet sich auch eine Komplexität und Spannweite des Religionsbegriffs an. Ein bereits in der Antike gebräuchliches Religionsverständnis im Sinne von ‚religio' und ‚religere' legt den Akzent auf den (eher äußeren) Vollzug kultischer Vorschriften sowie die sorgfältige Beobachtung dessen, was Gott oder die Götter wollen.[112] Der Begriff ‚religio' betrifft also die Erfüllung dessen, was angeordnet ist.[113] Auch im konventionellen Sprachgebrauch bezeichnet der Religionsbegriff eher bestimmte Orientierungssysteme oder Gemeinschaften, die über rituelle und dogmatische Traditionen verfügen. Je nach kulturellem Kontext antworten die Religionen dabei ganz unterschiedlich auf menschliche Grundfragen und weisen Wege zu deren Bewältigung aus. Hier wäre ein funktionaler Religionsbegriff anzusiedeln, der davon ausgeht, dass Religion dem Einzelnen weltanschauliche Aussagen und (religiöse) Werturteile zur Verfügung stellt, welche die eigene Identitätsbildung und Sozialstabilität fördern, eine Orientierung in der Welt ermöglichen, einen Rahmen zur Kontingenzbewältigung erschließen oder sinnstiftend wirken und dadurch Hoffnungsperspektiven bereitstellen.[114]

Im Zuge der abendländischen Geschichte und einer Suche nach dem allen Religionen gemeinsam Zugrundeliegenden wandelt sich auch der Religionsbegriff. Jenseits spezifisch kultischer, institutioneller oder historisch greifbarer Religionsgemeinschaften und analog zum Begriff des ‚religare' steht Religion für ein Verlangen nach Heil, für eine innere Rückbindung an eine höhere transzendente Wirklichkeit und einer dieser Wirklichkeit geschuldeten Verehrung. Eine solche Bestimmung prägt das Erleben und Denken des Einzelnen, der aus dieser Beziehung und inneren Erfahrung heraus Kraft erfährt und das Leben entsprechend gestaltet. In diese Richtung weist die Rede von einem substantiellen Religionsverständnis. Als ‚religiös' ist jenes Erleben, Denken und Verhalten zu bezeichnen und zu erforschen, „das in seiner kognitiven Komponente ausdrücklich etwas Übermenschliches und Überweltliches annimmt, gleich, ob dieses poly-, mono- oder pantheistisch oder anders aufgefasst wird."[115] Im 18. Jahrhundert geht man schließlich noch einen Schritt weiter,

---

[111] Vgl. SCHMIDT-LEUKEL, P. (2006): Der Einfluß der interreligiösen Begegnung auf die religiöse Identität, 329/344.

[112] Vgl. RATSCHOW, C.-H. (1992): Art. Religion. II. Antike und Alte Kirche, 633/637.

[113] Vgl. Ebd. 634.

[114] Vgl. ZIRKER, H. (1999): Art. Religion. I. Begriff, 1035.

[115] GROM, B. ($^{3}$2007): Religionspsychologie, 16.

indem man zwischen einer inneren, wahren Religion als Liebe zu Gott, zur Wahrheit und zum Nächsten und einer äußeren, bloß formellen Religion als Beachtung von Vorschriften unterscheidet.[116] Die beschriebenen etymologischen Grundlinien mit ihren unterschiedlichen materialen Füllungen finden sich auch im modernen Verständnis von Religion wieder.[117]

### *5.3.6 Zusammenfassung*

Aus dem bisher Gesagten ergibt sich für das Verständnis von Spiritualität, Religion und Religiosität Gemeinsames, aber eben auch Unterscheidendes. Ausgehend von dem analysierten westsemitischen Verständnis, dem biblischen Befund und der weiteren historischen Entfaltung lässt sich die Spannweite des Spiritualitätsbegriffs erkennen. Der alttestamentliche Gebrauch der Metapher vom ‚Wind' oder ‚Atem' Gottes verweist auf die der Spiritualität zugrunde liegende Gotteskraft. Nach neutestamentlichem Verständnis erhalten die Gläubigen Anteil am Geist Gottes, der sie innerlich verwandelt, mit Charismen zurüstet und ihnen stützend zur Seite steht. Auch wenn der Spiritualitätsbegriff in der historischen Rückschau unterschiedliche materiale Füllungen erfährt, kristallisieren sich zwei Merkmale heraus: (1) erfährt der Glaubende durch das Geschenk der (göttlichen) Geistgabe eine innere Verwandlung und Zurüstung mit Kraft sowie (2) findet dieses Geschehen einen äußeren Ausdruck in einem Leben gemäß diesem Geist. Grundsätzlich sind als Empfang transzendenter Kraft, personale Verwandlung sowie lebensweltliche Resonanz also eng aufeinander bezogen. Daher wird Spiritualität in den folgenden Überlegungen als eine Kraft verstanden, die unmittelbar oder mittelbar von einem höheren transzendenten Sein ausgeht, den Menschen prägt und existentielle Antworten hervorruft. Wie der biblische ‚Wind' oder ‚Atem' bleibt diese auf den Menschen wirkende Kraft jedoch eine ihm unverfügbare Größe.

Im Gegensatz zu einem funktionalen Verständnis von Religion, betonen die Begriffe ‚religiös' und ‚Religiosität' die individuelle Seite des Religionsbegriffs. Betrachtet man die Konzeptualisierung von Spiritualität und Religiosität unter dem Kriterium des Transzendenzbezugs, so zeigen beide Begriffe in eine ähnliche Richtung. Hier gelingt eine klare Abgrenzung zwischen Religion und Spiritualität nur dann, „wenn Religion im Sinne von Institutionen bzw. Glaubenssystemen definiert wird und davon dann eine spirituelle Orientierung außerhalb dieser Institutionen und Systeme unterschieden wird."[1]

Der etymologische Durchgang zeigte, dass Spiritualität ursprünglich etwas mit einer zurüstenden Kraft unbekannter Herkunft zu tun hat, die im Menschen selbst und in seiner Lebenspraxis Resonanzen hervorruft. Die Pflege-

[116] Vgl. DIERSE, U. (1992): Art. Religion. VI. 18. Jahrhundert, 655.

[117] Vgl. dazu auch die Untersuchungsergebnisse von UTSCH, M./KLEIN, C. (2011): Religion, Religiosität, Spiritualität, 27ff.

[1] KLEIN, C. (2011): Religion/Religiosität als grundlegendere Begriffe, 37.

praxis zeigt, dass Menschen unabhängig einer bestehenden Religionszugehörigkeit genau diese Phänomene mit ihren eigenen Worten beschreiben. In diesem Sinn wäre Spiritualität mit Religiosität gleichsetzbar. Da der Religiositätsbegriff jedoch eine semantische Nähe zum Religionsbegriff atmet, der auch negativ besetzt sein kann, optiert das vorliegende Dissertationsprojekt für die Verwendung des Spiritualitätsbegriffs. Darüber hinaus steht der Spiritualitätsbegriff in einer älteren Traditionslinie, wohingegen Religion zuerst mit Kultus resp. Gebotserfüllung und erst später als Religiosität mit der individuellen Beziehung zur Transzendenz in Verbindung gebracht wurde. Nicht zuletzt empfiehlt sich der Terminus Spiritualität angesichts eines Übergewichts internationaler, anglo-amerikanischer Studien, die mit dem Spiritualitätsbegriff hantieren. Auch die Weltgesundheitsorganisation (WHO) definiert persönliches Wohlbefinden als Endprodukt körperlichen, sozialen, psychologischen und spirituellen Wohlbefindens.

## 6. Zusammenfassender Überblick

Die vorliegende Arbeit will ein Verständnis dafür entwickeln, dass die spirituelle Dimension wesentlich zum Mensch-Sein dazugehört und potentiell im Rahmen der Krankheitsbewältigung im Krankenhaus wirksam werden kann. Daraus ergibt sich die Notwendigkeit einer Befähigung zur spirituellen Begleitung kranker Menschen durch jene Berufsgruppe, die am häufigsten mit den kranken Menschen und deren Bezugspersonen in Kontakt steht: die professionell-ganzheitlich Pflegenden. Dazu sind bereits in der grundständigen Ausbildung entsprechende Kompetenzen anzubahnen. Pflege ereignet sich dabei nicht unter den idealen Bedingungen einer Laborsituation, sondern findet in einem realen Kontext unterschiedlicher normativer Erwartungen und institutioneller Rahmenbedingungen statt, die es zu bedenken gilt.

Die vorliegende Arbeit umfasst vier Kapitel. Die in Kapitel I herausgearbeiteten Problemanzeigen verweisen auf eine notwendige Klärung des anthropologischen Fundaments ganzheitlich-professioneller Pflege. An dieses Erfordernis knüpft Kapitel II an. Auf der Grundlage einer biblischen Anthropologie sowie philosophischer Beiträge zum Thema Menschenbild zielen die Überlegungen auf den Erweis der Geistdimension als Teilbereich einer ganzheitlich-professionellen Betrachtungsweise des Menschen. Kapitel II geht dabei in drei Schritten vor: (1) Es untersucht Lehrbücher zur Pflegewissenschaft, Pflegeausbildung und Pflegeethik auf ihren anthropologischen Gehalt; (2) Es reflektiert die Zuträglichkeit anthropologischer Überlegungen für die Pflege und erläutert (3) ein biblisch-theologisch fundiertes Verständnis vom Menschen als Angebot an eine sich als ganzheitlich-professionell definierende Pflege. Ausgehend von der Frage, ob es sich bei der Geistdimension allein um spekulative Forderungen einer biblisch-theologischen Anthropologie handelt oder ob sich

Spiritualität als ein empirisch verifizierbares Bedürfnis heutiger Menschen erweisen lässt, konfrontiert Kapitel III die zuvor theoretisch abgeleiteten Erkenntnisse mit Einwänden gegen das Postulat einer transzendenten Dimension aus dem Lager der (Natur)Wissenschaften und Argumenten für deren Existenz aus den empirischen Gesundheitswissenschaften. Kapitel IV untersucht die Rahmenlehrpläne der deutschen Bundesländer für die dreijährige Ausbildung in der Gesundheits- und Krankenpflege auf die Einbindung spiritueller Bildungsinhalte und kontrastiert die deutsche Befundlage mit Beobachtungen aus den USA. Schließlich bedenken die Schlusspostulate mögliche Folgen der Ergebnisse dieser Arbeit für das Spiritualitätskonzept, den Kanon der theoretischen Bildungsinhalte in der dreijährigen Ausbildung in der Gesundheits- und Krankenpflege, für das Pflegewissenschafts- und Pflegeverständnis sowie für eine zukunftsfähige Krankenhausseelsorge im Sinne einer Sorge um die ganze Seele Mensch.

# Kapitel I Wi(e)der das ganzheitliche Gerede in der Pflege

Von Anfang an steht die Sorge um die Bedürfnisse des Kranken und damit die Orientierung am Menschen im Fokus pflegerischen Handelns. Im Dialog mit den jeweiligen gesellschaftlichen und berufsständischen Gegebenheiten unterliegt das (berufliche) Selbstverständnis Pflegender einem ständigen Wandel. Ausgehend von den ersten Zeugnissen pflegerischer Zuständigkeiten in mesolithischer Zeit, über die Arztassistenz im 19. Jahrhundert bis hin zum modernen Dienstleistungsberuf zeigt sich: Die pflegerische Profession ist nichts Starres, sondern sie ist in Bewegung! Dynamisch verändert sie sich im zeitbezogenen Kontext gesellschaftlicher, fachspezifischer, berufspolitischer und wirtschaftlicher Faktoren! Besondere Umbauprozesse im Krankenpflegesektor setzen im 20. Jahrhundert gesetzliche Regulierungen in Gang (so z.B. Kompetenz- und Aufgabenbeschreibungen, einsetzende Akademisierung, Erweiterung beruflicher Handlungsfelder). Auch organisationsbezogene Reformen innerhalb des Krankenhauses – primär angestoßen durch Wirtschaftlichkeitsanalysen, Qualitätssicherungs- oder Zertifizierungsprogramme – zeitigten Konsequenten im Pflegesektor in Form wirtschaftlicher Effizienzsteigerung. Neben solchen Profitabilitätsforderungen werden Pflegende mit normativen Erwartungen konfrontiert. Um welche Ansprüche an die Pflege handelt es sich dabei? Unter welchen Rahmenbedingungen müssen die erwarteten Pflegeleistungen erbracht werden? Wie gelingt es den Pflegenden unter solchen Gegebenheiten die vielseitigen Pflegeerwartungen einzulösen? Wie vertragen sich die erzielten Arbeitsergebnisse mit dem (selbstpostulierten) Anspruch einer professionellen Pflege? Wie steht es angesichts dieses Settings um das Postulat einer ganzheitlichen Pflege und welchen Stellenwert haben darin spirituelle Aspekte? Und schließlich: Inwiefern spielen in all diesen Bereichen auch noch historische Altlasten eine Rolle?

Als Problemaufriss konzipiert, setzt sich der erste Hauptteil dieser Arbeit mit solchen Fragestellungen auseinander. Die genannten Aspekte dienen der vertiefenden Beschreibung pflegerischer Gegebenheiten und zur Anzeige von Problembereichen resp. Potenzialen – immer auch unter der Prämisse einer (notwendigen) spirituellen Begleitung kranker Menschen durch Pflegende. Dabei werden Erwartungen und Begrenzungen gegenwärtiger Pflegepraxis identifiziert sowie Chancen zukunftsfähiger Pflege aufgedeckt – besonders wenn sie tatsächlich danach strebt, dem Postulat einer am kranken Menschen orientierten, professionellen Sorge gerecht zu werden.

# 1. Ideelle Entwürfe – Normative Vorgaben des Pflegeberufs

Die Literatur zeigt ein breites Spektrum jener ideellen Vorstellungen und normativen Erwartungen, die heute an Pflegende herangetragen werden. So bleibt nur der Weg des exemplarischen Vorgehens. Herausgegriffen werden normative Aussagen aus den Bereichen Pflegetheorie und Pflegewissenschaft, aus Pflegelehrbüchern und Pflegeleitbildern, aus Stellungnahmen der Weltgesundheitsorganisation (WHO) sowie aus den Rechtssetzungen des Bundesgesetzgebers zur Gesundheits- und Krankenpflege. In diesen (ideellen) Konzeptionen werden Pflegeansprüche formuliert, die den Pflegenden als (verbindliche) Orientierungshilfen dienen sollen. Dabei können solche normativen Festschreibungen den Pflegenden zur hilfreichen Orientierung oder zur täglichen Last werden.

## 1.1 Aussagen aus der Pflegewissenschaft

### *1.1.1 Pflegeverständnisse von Müttern der Pflegewissenschaft*

Immer wieder bringen sich PflegewissenschaftlerInnen in den Prozess der Beschreibung dessen ein, was Pflege ausmacht. Sie konzipieren Modelle, mit deren Hilfe sie einen Teil der Pflegewirklichkeit (vereinfacht) abbilden und den Pflegenden eine theoriegestützte Orientierung anbieten.[1] Erste umfassendere Ausarbeitungen finden sich im 19. Jahrhundert bei **NIGHTINGALE** (1860-1910). Sie sieht die Aufgabe der Pflege darin, bestimmte Rahmenbedingungen zu gewährleisten, die einer Genesung des Kranken zuträglich sind.[2] Für NIGHTINGALE ist die Krankenpflege keine Ferienarbeit. Sie ist eine Kunst und fordert, wenn sie Kunst werden soll, wenigstens eine ebenso große Hingabe und Vorbereitung, wie das Werk eines Malers oder Bildhauers. Denn was bedeutet die Arbeit an toter Leinwand oder kaltem Marmor im Vergleich zu der am lebendigen Körper, dem Tempel des Geistes Gottes?[3] Hier klingt etwas

---

1 Die exemplarische Auswahl der nachfolgenden pflegetheoretischen Positionen orientiert sich an der inhaltlich begründeten Differenzierung nach MELEIS (Vgl. MELEIS, A.I. (⁴2007): Theoretical nursing, 126ff). Beispielhaft werden Pflegeverständnisse aus der Gattung der (1) Bedürfnismodelle (HENDERSON, ROPER / LOGAN / TIERNEY), (2) der Interaktionsmodelle (PEPLAU), (3) der Ergebnismodelle (ROGERS) sowie (4) der Fürsorge- resp. Entwicklungsmodelle (RIZZO PARSE, WATSON) skizziert.

2 Vgl. NIGTHINGALE, F. (1859): Notes on nursing, 6.

3 Aus einem Brief NIGHTINGALEs an den Herausgeber des Macmillan's Magazine, DAVID MASSON, im April 1867: „Nursing is an art: and if it is to be made an art, it requires an exclusive devotion as hard a preparation, as any painter's or sculptor's work; for what is the having to do with dead canvas or dead marble, compared with having to do with the living body, the temple of God's spirit?" (BALY, M. (ed) (²1997): As Miss Nightingale said,79).

von der spirituellen Dimension des Menschen an, wie sie an sich schon im Neuen Testament beschrieben wird.[4]

Im 20. Jahrhundert stellt **PEPLAU** in ihrem Pflegeentwicklungsmodell (1952) die psychologische Bedeutung von Ereignissen, Gefühlen und Verhaltensweisen heraus. Sie begreift Pflege als einen signifikant interpersonalen, häufig sogar therapeutischen Prozess.[5] Pflege beschreibt eine menschliche Beziehung zwischen einem Individuum, das krank oder hilfebedürftig ist, sowie einer Pflegekraft, die speziell darin ausgebildet wurde, den Hilfebedarf wahrzunehmen und darauf zu reagieren.[6] Demgemäß spricht PEPLAU der Pflegekraft-Patient-Beziehung sowie der Interaktionsfähigkeit der Pflegenden eine besondere Bedeutung zu. Gerade aufgrund der Kontakthäufigkeit bieten sich Pflegekräften – zumindest potentiell – viel bessere Möglichkeiten, eine tiefere Beziehung zu den Kranken aufzubauen, als dies anderen Professionen möglich ist. Im Rahmen eines solchen Beziehungsgeschehens können sowohl der Kranke als auch die Pflegekraft Lernerfahrungen machen und diese als Chance zur Weiterentwicklung der eigenen Persönlichkeit ergreifen.[7] Das Interaktionsgeschehen zwischen den Beteiligten wird als ein wechselseitiges Geschehen verstanden, wobei der kranke Mensch umso mehr aus seiner Situation lernt, je stärker die Persönlichkeit der Pflegekraft gereift ist. Hilfreiches Verstehen ist dafür essentiell und erwächst aus einem adäquaten Begreifen der Situation des Kranken.[8] Deshalb sieht PEPLAU die Aufgabe der Pflege und der Pflegeausbildung in einer die Reife fördernden Entwicklung der Persönlichkeit; dies setzt die Anwendung von Prinzipien und Methoden voraus, die den Prozess des Ringens mit den alltäglichen interpersonalen Problemen und Schwierigkeiten ermöglichen und leiten.[9] Unter diesen Voraussetzungen wird das gemeinsame Tun von Pflegenden und Kranken zu einem edukativ-therapeutischen Geschehen, das in enger Zusammenarbeit mit anderen Beteiligten des therapeutischen Teams und gemeinsam mit den Betroffenen auf eine Bedürfniserfüllung und Entwicklung zielt.[10] Die Fähigkeit zur Weiterentwicklung des kranken Menschen korreliert dabei mit dem sozialen und kulturellen Kontext.[11] Darum muss Pflege nicht nur unter Berücksichtigung der physischen und psychischen, sondern auch unter Einbezug der sozialen und kulturellen Gegebenheiten des Kranken bereitgestellt werden. Bereits in der Ausbildungsphase hat eine Grundlegung professioneller Kommunikationskompetenzen zu erfolgen, damit eine effektive Pflege überhaupt ermöglicht wird. Kennzeichen derartigen Interaktionsvermögens sind u.a. eine Fähigkeit zur

---

4 Vgl. 1 Kor 6,19.
5 Vgl. PEPLAU, H. ([2]1988): Interpersonal relations in nursing, 5.
6 Vgl. PEPLAU, H. ([2]1988): Interpersonal relations in nursing, 6.
7 Vgl. Ebd. IXf.
8 Vgl. Ebd. X.
9 Vgl. Ebd.
10 Vgl. Ebd. 12f.
11 Vgl. Ebd. 296.

Selbst- und Fremdwahrnehmung, das aktive Zuhören, die Befähigung zur Verbalisierung resp. Problemdefinition sowie das Geschick, Fragen zu stellen.[12] Das ist das pflegerische Rüstzeug, um in der Interaktion mit dem Kranken verschiedene Rollen mit therapeutischer und persönlichkeitsfördernder Funktion zu übernehmen. So lässt sich zum Beispiel die Pflegekraft in der Rolle der Beraterin auf den Einzelnen ein und eruiert dessen emotionale Lage und Bedürfnisse. Sie unterstützt ihn in seinem inneren Verstehens- und Verarbeitungsprozess und ist ihm dabei behilflich, seine Schlussfolgerungen aus den gewonnenen Einsichten zu ziehen.[13]

**HENDERSON** charakterisiert in ihrem Essay ‚Basic Principles of Nursing Care' (1960) die besondere, einzigartige Aufgabe der Pflegekraft derart, dass sie dem Einzelnen, ob krank oder gesund, bei der Durchführung jener Aktivitäten zu unterstützen habe, die zur Gesundheit oder Genesung beitragen (oder zu einem friedlichen Tod), welche der Kranke selbst ohne Unterstützung vornehmen würde, wenn er dazu über die nötige Kraft, den Willen oder das Wissen verfügen würde. Auf diese Weise trägt sie dazu bei, dass er so zügig wie möglich seine Unabhängigkeit wiedererlangt.[14] Damit deklariert HENDERSON die Bedürfnislage des kranken Menschen zur Priorität pflegerischer Bemühungen und fordert, dass keine anderen (berufsfremden) Tätigkeiten wie Putz-, Verwaltungs- oder Aufräumungsarbeiten von dieser originären Aufgabe abhalten dürften.[15] Dabei sind auch jene Bedingungen zu beachten, die den Gesundheitsstatus beeinflussen können. Generell erweist sich die Sorge um den Kranken als ein interdisziplinäres Unterfangen. HENDERSON vergleicht alle an der Behandlung Beteiligten (inkl. des Kranken und seiner Angehörigen) mit einem Kreis- resp. Tortendiagramm, mit dessen Hilfe sich sowohl der Einbezug unterschiedlicher Professionen als auch die interdisziplinäre Zusammenarbeit visualisieren lässt. Während der Phasen eines Krankenhausaufenthaltes werden verschiedene Aufgaben von verschiedenen Professionen und in unterschiedlichem Ausmaß übernommen, d.h. in Abhängigkeit vom Bedarf des Kranken verändern sich die Anteile dynamisch.[16] Das komplexe Handeln der Pflegenden zielt auf ein wechselseitiges Verstehen, die Unterstützung in der individuellen Bedürfniserfüllung und auf die Förderung der Eigenständigkeit des kranken Menschen.[17] Um dies alles zu realisieren, muss die Pflegekraft in allen pflegerischen Belangen rechtlich legitimiert und selbstverantwortlich agieren können, wozu sie die erforderlichen Qualifikationen zu erwerben hat.[18] Zur Aufrechterhaltung resp. Wiederherstellung des physischen und emotionalen Wohlbefindens werden 14 Handlungsbereiche resp. Grundbedürfnisse beschrieben, welche die Pflegenden zu beachten haben – darunter

---

12 Vgl. Ebd. 263ff.
13 Vgl. Ebd. 63.
14 Vgl. HENDERSON, V. (1977): Basic principles of nursing care, 4.
15 Vgl. Ebd.
16 Vgl. Dies. (1966): The nature of nursing, 17/23.
17 Vgl. Ebd. 24.31.
18 Vgl. Ebd. 16f.

das Bedürfnis der Kranken nach Kommunikation mit Dritten über seine Gefühle, Bedürfnisse, Ängste oder Überzeugungen sowie das Bedürfnis nach einer religiösen Praxis gemäß der jeweiligen Glaubensüberzeugung.[19] Insbesondere in der letzten Phase des Lebens gilt es, für ein spirituelles Wohlbefinden Sorge zu tragen.[20] Je ausgeprägter das Wissen der Pflegekraft um die verschiedenen Glaubensrichtungen, je größer ihr Vertrauen in die heilende Kraft der Religionen, je stärker sie selbst in spiritueller Hinsicht sensibilisiert ist und je toleranter sie sich gegenüber allen Arten von Glaubensüberzeugungen zeigt, desto wirksamer wird ihr Dienst gegenüber den Kranken sein.[21]

**ROGERS** skizziert in ihrer theoretischen Grundlegung der Pflege einen kulturanthropologischen und evolutionstheoretischen Entwicklungsprozess des Menschen.[22] In seinem Geworden-Sein steht der unitäre Mensch (d.h. der unteilbare Mensch in seiner jeweiligen Umwelt) im Zentrum pflegerischer Sorge.[23] Als integraler Teil des Universums steht der Einzelne in umfassenderen Bezügen und existiert deshalb nicht nur aufgrund physiologischer, psychologischer oder sozialer Systeme. Entgegen einer rein mechanistischen Weltauffassung oder einzelner naturwissenschaftlicher Disziplinen, die sui generis zu einer zerlegenden Betrachtung tendieren[24], versteht ROGERS den Menschen als ein einheitliches Ganzes, der mehr ist als eine funktionierende Ansammlung von Systemen, Organen und Zellen.[25] Weder kann der Mensch auf solche Teile reduziert, der menschliche Geist von der Wirklichkeit seines physikophysiologischen Seins abgetrennt, noch der menschliche Verstand allein als Ausdruck neurologischer Funktionsweisen betrachtet werden.[26] Im ROGERschen Sinn bedeutet Mensch-Sein mehr zu sein, als ein Konglomerat aus verschiedenen Einzelteilen. Genauer gesagt ist der Mensch ein einheitliches, den Naturgesetzen unterworfenes Wesen, das sich durch ein komplexes elektrodynamisches Feld auszeichnet.[27] In dieser Totalität interagiert der Mensch mit seiner Umwelt, die sich ebenfalls mit dem entstehenden Universum entfaltet hat und durch ein Energiefeld charakterisiert ist.[28] Zwischen beiden Größen (Mensch und Umwelt) bestehen dynamische Wechselwirkungen – zuallererst in Form eines Austausches von Stoffen und Energie.[29] So ist die Umwelt nicht nur ein stets präsenter Faktor für den Menschen, sondern beeinflusst ihrerseits kontinuierlich und aktiv Prozesse der Veränderung.[30] Ein Wandel in einem

---

19 Vgl. Ebd. 16.
20 Vgl. Ebd. 27.
21 Vgl. HENDERSON, V. (1977): Basic principles of nursing care, 42f.
22 Vgl. ROGERS, M. (1970): An introduction to the theoretical basis of nursing, 3/27.
23 Vgl. Ebd. 3f.
24 Vgl. Ebd. 26.
25 Vgl. Ebd. 43.
26 Vgl. Ebd. 46f.
27 Vgl. Ebd. 34.
28 Vgl. Dies. (1992): Nursing science and the space age, 30; Vgl. Dies. (1970): An introduction to the theoretical basis of nursing, 44.
29 Vgl. Ebd. 49.52.
30 Vgl. Ebd. 50.

Bereich wirkt immer auch auf das Ganze zurück! Im Krankenhaus hat der Mensch nicht nur eine bestimmte Diagnose, sondern das (medizinisch) feststellbare Krankheitsbild repräsentiert lediglich einen Teil umfassenderer Prozesse, der den ganzen Menschen erfassen.[31] ROGERs begründet ihre Annahmen im Rekurs auf feldtheoretische Überlegungen (insbesondere auf das feldförmige, wechselseitige Wirken von Kräften) und betont die grundsätzliche Unbegrenztheit, Offenheit und Pandimensionalität der Energiefelder von Mensch und Umwelt.[32] Jedes Energiefeld zeichnet sich durch ein individuelles und damit identitätsstiftendes Muster aus, welches wiederum in ein umweltbezogenes Energiefeld eingebettet ist. Das Muster eines Energiefeldes wird als Welle gedacht, unterliegt kontinuierlichen Modulationsprozessen und ist einer direkten Beobachtung entzogen, d.h. es manifestiert sich realiter in Körpern oder rhythmischen Phänomenen (z.B. Erfahrung von Zeitlosigkeit, höhere Wachheit).[33] Gesundheit und Krankheit versteht ROGERS als gesellschaftliche Zuschreibungen, die für sich genommen lediglich Manifestationen bestimmter menschlicher und umweltbezogener Energiefeldmuster widerspiegeln. Trotzdem ist Gesundheit kein willkürlich gesetztes Ideal, sondern beschreibt einen aus der Perspektive des kranken Menschen zu formulierenden, anzustrebenden Zustand. Die Pflege hat sich darum zuallererst am Menschen, seiner Lebenswelt und seinen Prozessen zu orientieren.[34] Sie ist akademische Disziplin und Kunst zugleich: Wissenschaft, da sie aufgrund einer gesellschaftlichen Bedarfslage einen speziellen pflegerischen Wissensbestand zu erarbeiten hat, und Kunst, insofern es um einen kreativen Einsatz dieser Pflegewissenschaft zum Wohl des Menschen geht.[35] Professionelle Pflegepraxis zielt auf eine Unterstützung des sinfonischen Zusammenspiels zwischen Mensch und Umwelt; sie stärkt die Kohärenz und die Intaktheit des menschlichen Feldes. Um ein Höchstmaß an gesundheitlichem Potential bereitzustellen, beeinflusst sie die Musterbildung des menschlichen Feldes sowie seiner Umwelt.[36] Als Umweltkomponenten des Adressaten analysiert die Pflegekraft die je individuellen Feldmuster und wählt eine dem Einzelfall gemäße Intervention aus, die neben technischer Verfahren auch neue Formen einschließen kann (z.B. therapeutische Berührung, Meditation, Entspannungsübungen, Naturerfahrungen oder den Einsatz von Musik, Tanz, Farbe oder Bewegung).[37] Um diesen beruflichen Aufgaben gerecht zu werden, muss die Pflegeausbildung

---

[31] Vgl. Ebd. 65.

[32] Vgl. Dies. (1992): Nursing science and the space age, 31.

[33] Vgl. Dies. (1970): An introduction to the theoretical basis of nursing, 61/65; Vgl. Dies. (1990): Nursing: science of unitary, irreducible, human beings, 7.

[34] Vgl. Dies. (1970): An introduction to the theoretical basis of nursing, 83; Vgl. Dies. (1992): Nursing science and the space age, 27ff.

[35] Vgl. Dies. (1970): An introduction to the theoretical basis of nursing, 88.

[36] Vgl. Ebd. 122.

[37] Vgl. BARRETT, E. (1990): Rogers' science-based nursing practice, 36.

als akademisches Studium ausgelegt sein und anthropologische Bildungsinhalte einschließen.[38] ROGERS fordert ein umfassenderes Curriculum, als es bisher in der Pflegeausbildung üblich war: (1) Grundlagen in den freien Künsten; (2) Kenntnisse aus den Human- und Naturwissenschaften, die das Verständnis für Mensch und Umwelt vertiefen; und (3) theoretische Einsichten aus der Pflegewissenschaft sowie die Fähigkeit einer sicheren und effektiven Umsetzung dieses Wissens in Form pflegerischer Sorge für andere.[39] Ein neuer Lehr-Lernplan müsse Kurse in der Mutter- und Fremdsprache, Mathematik und Geschichte, Astronomie, östliche Philosophie, Logik, Ethik, Kulturanthropologie, Ökonomie, Politik und Informatik beinhalten.[40]

Seit Mitte der 1950er Jahre befasste sich die Pflegewissenschaftlerin und Anthropologin **LEININGER** intensiv mit der Erarbeitung eines transkulturellen, professionellen Pflegeansatzes.[41] Ausgangspunkt ihrer ‚Theory of Culture Care Diversity and Universality' ist die Einsicht, dass das Paradigma der Kultur fundamental die Lebensweise der Menschen bestimmt. Aufgrund ihrer jeweiligen kulturellen Prägung tragen kranke Menschen oft unterschiedliche Erwartungen an Pflegende heran, die nicht oder nur rudimentär mit den unterschiedlichen kulturellen Hintergründen ihrer Klienten und den damit verbundenen Einflüssen auf Glaubensüberzeugungen, Lebensstile und Gesundheitspraktiken vertraut sind.[42] Eine effektive Pflege bleibt daher oft unerreicht. LEININGERs Theorie will diese Lücke schließen! Sie arbeitet die Bedeutung und Rolle Pflegender im Umgang mit Menschen verschiedener Provenienz heraus und verdeutlicht den positiven Beitrag eines auf anthropologischen Kenntnissen basierenden, kultursensiblen Pflegehandelns zur Überwindung von Ethnozentrizität.[43] Der transkulturelle Pflegeansatz setzt sich darum mit anthropologischen Fragestellungen auseinander (z.B. Haltungen, Werte und Lebensweisen spezifischer Kulturen). Er richtet das Forschungsinteresse auf die Identifikation universaler, d.h. allen Kulturen inhärenter Pflegeaspekte. Die so gewonnenen Erkenntnisse finden Eingang in die Bereitstellung kulturspezifischer und kulturuniverseller Pflege zugunsten von Individuen, Familien und Gruppen. Den Menschen versteht die Pflegewissenschaftlerin als ein komplexes Wesen, das sich nach einer umfassenden Wahrnehmung sehnt und eine Reduktion auf (kranke) Organe oder Körperteile ablehnt.[44] Umfassend werden Pflegende den Menschen jedoch erst dann begreifen, wenn sie sich in die zu pflegenden Personen hineinversetzen, d.h. im Einklang mit den kulturellen

---

38 Vgl. ROGERS, M. (1992): Nursing science and the space age, 33.

39 Vgl. Dies. (1985): Nursing education, 13.

40 Vgl. BARRETT, E. (1990): The continuing revolution of Rogers' science-based nursing education, 309.

41 Vgl. LEININGER, M. (1991): The theory of culture care diversity and universality, 14; Vgl. Dies. (1996): Culture care theory, research, and practice, 71.

42 Vgl. Dies. (1994): Transcultural nursing: concepts, theories and practices, 1; Vgl. Dies. ($^2$2006): Culture care diversity and universality theory and evolution of the ethnonursing method, 3f.

43 Vgl. Ebd. 2.

44 Vgl. Dies. (1996): Culture care theory, research, and practice, 75.

Hintergründen der Kranken stehen und ihre professionellen Handlungen an dem Verstandenen ausrichten, um auf diese Weise eine als optimal zu qualifizierende Pflege bereitzustellen. Erst dann berücksichtigt der transkulturelle Pflegeansatz nicht nur physische und psychische Aspekte, sondern bezieht die individuelle, lebenslange Entwicklung, Sozialstruktur, Weltanschauung, Normen, Werte, Lebenspraxis, ökologische Gegebenheiten, sprachliche Ausdrucksweisen, ethnische und berufliche Systeme mit ein.[45] Das Paradigma ‚Kultur' bildet dabei die übergeordnete Kategorie, an der sich das Handeln letztlich zu orientieren hat.[46] Ein solches Pflegehandeln leistet einen wesentlichen Beitrag zur Entfaltung, Gesunderhaltung, Krisenbewältigung, Heilung und zum Wohlbefinden des Einzelnen.[47] Religiöse, spirituelle und/oder philosophische Aspekte sind für das Pflegehandeln als Teil des kulturellen Systems und als Einflussfaktoren auf die Überzeugungen und das innere Erleben des Menschen relevant.[48] Folglich sind sie in einem transkulturellen Pflegeansatz und einer dazu qualifizierenden Ausbildung zu integrieren.[49]

Im Jahr 1976 veröffentlicht **Roper** ein bedürfnisorientiertes Pflegemodell, das in den Folgejahren in Zusammenarbeit mit **Logan** und **Tierney** weiterentwickelt wird.[50] ‚The Elements of Nursing' umfassen vier wesentliche Strukturelemente: (1) Lebensaktivitäten, (2) Lebensspanne, (3) Abhängigkeits- / Unabhängigkeitskontinuum sowie (4) die Lebensaktivitäten beeinflussende Faktoren.[51] Die Rolle der Pflegenden besteht in einer individuelle Unterstützung des kranken Menschen bei der Bewältigung von Problemen, die im Zusammenhang definierter Lebensaktivitäten stehen. Diese pflegerischen Interventionen erstrecken sich dabei nicht nur auf aktuell bestehende Problemlagen, sondern beziehen auch den Präventivbereich mit ein. Dabei gilt es vorhandene Eigenkräfte des Kranken zu identifizieren und zu aktivieren, um dadurch ein größtmögliches Maß an Eigeninitiative und Handlungskompetenz zu erreichen, d.h. die Pflegenden greifen nur dort ein, wo dies im Zusammenhang mit den Gesundheitsproblemen unabdingbar ist. Religion, Spiritualität und weltanschauliche Aspekte verhandeln Roper et al. primär unter dem Bereich der die Lebensaktivitäten beeinflussenden soziokulturellen Faktoren.[52] Der jeweilige soziokulturelle Hintergrund generiert ein persönliches Werte- und Überzeugungssystem, welches nicht nur das (ethische) Verhalten prägt, sondern sich ganz konkret auch in anderen Lebensaktivitäten niederschlägt: Essen und Trinken, Ausscheiden, Sich-Sauberhalten und Kleiden, Ausdruck der Sexualität oder im Sterbeprozess. Pflegende müssen daher eine Sensibilität

---

45 Vgl. Dies. (1994): Transcultural nursing: concepts, theories and practices, 9/17.

46 Vgl. Dies. (²1995): Transcultural nursing: concepts, theories, research & practices, 61f.

47 Vgl. Dies. (1985): Transcultural care diversity and universality, 210.

48 Vgl. Dies. (²2006): Culture care diversity and universality theory and evolution of the ethnonursing method, 9.14f.

49 Vgl. Dies (1994): Transcultural nursing: concepts, theories and practices, 61f.67. 179ff.

50 Vgl. Roper, N. et al. (⁴1996): The elements of nursing.

51 Vgl. Ebd. 19/31.

52 Vgl. Ebd. 27.

für solche Einflussfaktoren entwickeln und ihre möglichen Wirkungen auf die Lebensaktivitäten in Betracht ziehen. Neben der Achtung der klassisch-religiösen Gebräuche fordern ROPER et al. eine besondere pflegerische Sensibilität im Umgang mit den spirituellen Bedürfnissen. Hier geht es um eine ganz persönliche Suche des Menschen nach Lebenssinn, die theistische und nichttheistische Vorstellungen umfassen und sich sowohl auf Agnostiker, Atheisten oder Angehörige klassischer Religionsgemeinschaften erstrecken kann.[53] Besonders ausführlich thematisieren ROPER et al. die Rolle weltanschaulicher Überzeugungen im Kontext der Lebensaktivität des Sterbens.[54] Ein Wissen um diese Einflussfaktoren soll der Pflegekraft bei der Analyse der jeweiligen persönlichen Einstellungen des kranken Menschen zu Leben, Sterben und Tod ermöglichen, um dadurch mögliche Bedürfnislagen im Zuge der letzten Lebensaktivität des Menschen zu adressieren.

Im Jahr 1981 legt **RIZZO PARSE** in ihrem Werk ‚Man-Living-Health: A Theory of Nursing' einen pflegetheoretischen Entwurf mit humanwissenschaftlicher Prägung vor.[55] Im Rekurs auf phänomenologisches, hermeneutisches und existenzphilosophisches Gedankengut sowie auf die Pflegetheorie ROGERs entwickelt RIZZO PARSE einen Ansatz, der die pflegerische Begleitungs- und Beratungsfunktion hervorhebt. Die Theorie, seit 1992 aus etymologischen Gründen umbenannt in ‚Theory of Human Becoming',[56] ruht auf neun Grundannahmen, drei Hauptannahmen sowie drei aus den Hauptannahmen abgeleiteten Prinzipien. Von den erst genannten neun Grundannahmen beziehen sich vier auf den Menschen und fünf auf den Bereich des Werdens (vormals 1981: Gesundheit).[57] Neben dem vorhandenen eigenen Muster steht der Mensch in einem rhythmischen, zeitübergreifenden, energetischen Austausch mit seiner Umwelt und gestaltet Beziehungsmuster zu anderen.[58] Als unteilbare Einheit und offenes Wesen nimmt der Mensch Muster wahr, spricht Situationen einen Sinn zu, trifft Entscheidungen, trägt die Verantwortung für seine Entschlüsse und transzendiert sich in vielfältiger Weise gemäß seiner Möglichkeiten.[59] All das findet einen äußeren Ausdruck in Gesten, Bewegungen, Mimik, Haltung, Berührung oder Sprache. Das ‚Werden' versteht RIZZO PARSE als einen offenen, vom Menschen erfahrbaren Prozess, der sich rhythmisch aus der energetischen Wechselbeziehung zwischen Mensch und Umwelt vollzieht.[60] Es findet seinen Ausdruck nicht nur in den Wertpräferenzen des Einzelnen, sondern schlägt sich in einem intersubjektiven Prozess des

---

53 Vgl. Ebd. 47.

54 Vgl. Dies. ([4]1993): Die Elemente der Krankenpflege, 403/410.

55 Vgl. RIZZO PARSE, R. (1981): Man-living-health, 3.

56 Die Notwendigkeit einer Umbenennung ergab sich für RIZZO PARSE aufgrund des Bedeutungswandelns von ‚man' im Sinne von ‚Mensch/Menschheit' zu ‚Mann'. Die Neubezeichnung will die ursprüngliche Bedeutung abbilden (Vgl. Dies. (1992): Human becoming, 35ff).

57 Vgl. Dies. (1981): Man-living-health, 25/36.

58 Vgl. Ebd. 26.

59 Vgl. Ebd. 27f.

60 Vgl. Ebd. 30ff; Vgl. Dies. (1992): Human becoming, 37f.

Transzendierens entsprechend seiner Möglichkeiten nieder[61]: „The carving out involves one's changing from what one is to what one wants to be.“[62] RIZZO PARSE denkt dieses Geschehen als Energieaustausch zwischen zwei Menschen und/oder dem Menschen und anderer Umweltphänomene.[63] Darüber hinaus beschreibt ‚Menschwerdung‘ eine fortschreitende Entfaltung, die wiederum für die Gesamtentwicklung förderlich oder hinderlich sein kann.[64] Damit vertritt RIZZO PARSE einen dynamischen Gesundheitsbegriff, der einen fortschreitenden, mit wachsender Komplexität sowie individueller Entwicklung einhergehenden Veränderungsprozess beschreibt und eng mit den je eigenen Wertmaßstäben verknüpft ist. In dieser Hinsicht ist Krankheit nicht etwas, an dem eine Person erkrankt, sondern vielmehr ein spezifisches Muster der Wechselbeziehung zwischen Mensch und Welt.[65] Darauf basierend leitet RIZZO PARSE drei spezifische Prinzipien ab[66]: (1) eine multidimensionale Sinngebung im Sinne einer Mitgestaltung der Wirklichkeit durch die Verbalisierung eigener Werte und Vorstellungen; (2) eine Mitgestaltung rhythmischer Beziehungsmuster hinsichtlich der gelebten (paradoxen) Einheit aus Enthüllen/Verbergen und Ermöglichen/Begrenzen bei gleichzeitigem Verbinden/Trennen, sowie (3) ein Mittranszendieren nach dem je Möglichen als Erstarken zu einzigartigen Lebensweisen innerhalb eines Veränderungsprozesses. Die Aufgabe der Pflegekraft besteht darin, den Menschen in der individuellen Sinn- und Entscheidungsfindung eines sich verändernden Gesundheitsprozesses zu begleiten und zu beraten.[67] Dabei achtet, respektiert, orientiert und fördert das pflegerische Tun eine Lebensqualität, wie sie aus der Perspektive des Einzelnen und dessen Familie artikuliert wird.[68] Grundsätzlich weitet damit der pflegetheoretische Ansatz RIZZO PARSEs den medizinischen Monopolanspruch einer Krankenhausbehandlung und ist mit einer entsprechenden curricularen Neukonzeption der Pflegeausbildung verbunden.[69]

Schließlich sei auf die Pflegetheorie von **WATSON** hingewiesen, die sie seit den 1980er Jahren kontinuierlich überarbeitet hat.[70] Jenseits traditioneller Medizinorientierung wirbt WATSONs Ansatz ebenfalls für eine neue Form pflegerischer Sorge um den (kranken) Menschen, denn: „the future of medicine and nursing belongs to *caring* more than *curing*.“[71] Unter ‚caring' versteht

---

[61] Vgl. Dies. (1981): Man-Living-Health, 32.
[62] Ebd. 31.
[63] Vgl. Ebd. 32.
[64] Vgl. Ebd. 30.33.
[65] Vgl. Ebd. 41.
[66] Vgl. Ebd.
[67] Vgl. Ebd. 80ff.
[68] Vgl. Dies. (1992): Human becoming, 39.
[69] Vgl. Dies. (1981): Man-living-health, 89.
[70] Vgl. WATSON, J. ($^2$1985): Nursing: the philosophy and science of caring; Vgl. Dies. (1999): Nursing: human science and human care; Vgl. Dies. ($^2$2012): Human caring science: a theory for nursing. Die folgenden Ausführungen orientieren sich vornehmlich an WATSONs Erstausgabe, da der Kernbestand ihrer Theorie weitgehend konstant geblieben ist.
[71] Dies. (1988): New dimensions of human caring theory, 175.

WATSON ein karitativ-transpersonales Beziehungshandeln, in dem die Faktoren Liebe und Spiritualität einen besonderen Stellenwert einnehmen.[72] Heilung und Sorge um den Menschen bedeuten für WATSON demzufolge mehr als eine rein medizinische Behandlung oder die Eliminierung von Krankheit.[73] Ihr postuliertes Pflegebewusstsein betrachtet den Menschen nicht mehr als Objekt, sondern rückt ihn als Subjekt in den Mittelpunkt umfassender, pflegerischer Sorge.[74] In ihrem Kern basiert eine solche Pflege auf drei Strukturelementen: (1) ‚carative factors', (2) ‚transpersonal caring relationship' und (3) ‚caring moment/caring occasion'.[75] Insgesamt identifiziert WATSON zehn ‚carative factors', die im Prozess der Krankheitsbewältigung wirksam werden – darunter auch unterstützende, schützende und/oder regulierende Umweltbedingungen wie die Spiritualität (Faktor 8) oder der Einbezug existentiell-phänomenologischer und weltanschaulicher Kräfte (Faktor 10).[76] Im Blick auf das zweite Strukturelement, die transpersonale Pflegebeziehung, geht es um ein Überschreiten der Grenzen des eigenen ‚Ich' und um das Einlassen auf eine tiefe, wechselseitige spirituelle Begegnung, die nicht nur das Wohlbefinden und eine umfassende Heilung des kranken Menschen fördert, sondern Pflegekräften wie zu Pflegenden spirituelles Wachstum eröffnen.[77] All das ereignet sich im entscheidenden Anlass oder Augenblick der Zuwendung (Strukturelement 3). Unter Spiritualität versteht WATSON eine Art von Energie oder heilsamer Kraft, die nicht nur im Einzelnen präsent ist, sondern eine größere, umfassendere, komplexere Struktur des Lebens abbildet.[78] Neben diesem holografisch inspirierten Spiritualitätsverständnis denkt sie im Blick auf die Bedürfnislage des Kranken spirituell-religiöse Momente im Sinne eines Bezugs zu einer höheren transzendenten Kraftquelle zumindest mit.[79]

Im Blick auf pflegetheoretische Überlegungen deutscher Provenienz wird vielfach auf **KROHWINKEL** und deren Studie zur Erfassung und Entwicklung ganzheitlich-rehabilitierender Prozesspflege verwiesen.[80] KROHWINKEL postuliert ein ganzheitliches Menschen- und Pflegeverständnis, orientiert sich in ihren Überlegungen an der Pflegetheorie von MARTHA ROGERS und übernimmt theoretische Vorarbeiten von ROPER / LOGAN / TIERNEY, deren Konzept der Lebensaktivitäten von ihr modifiziert, geringfügig erweitert und in

---

72 Vgl. Dies. (²1985): Nursing: The philosophy and science of caring, 10ff.92ff.291ff; Vgl. Dies. (1999): Nursing: human science and human care, 56ff; Vgl. Dies. (²2012): Human caring science: a theory for nursing, 68ff.

73 Vgl. Ebd. 25; Vgl. Dies. (1988): New dimensions of human caring theory, 175f.

74 Vgl. Ebd. 176.

75 In einer späteren Fassung ihrer Theorie spricht WATSON nicht mehr von ‚carative factors', sondern vom ‚caritas process', der jedoch gleichsam spirituelle Aspekte einschließt (Vgl. Dies. (1999): Nursing: human science and human care, 74f).

76 Vgl. Dies. (²1985): Nursing: The philosophy and science of caring, 9f.92ff.205ff.

77 Vgl. Dies. (1988): New dimensions of human caring theory, 176.

78 Vgl. Ebd. 176f.

79 Vgl. Dies. (²1985): Nursing: The philosophy and science of caring, 92; Vgl. Dies. (1999): Postmodern nursing and beyond, 80/87.151ff; Vgl. Dies. (²2012): Human caring science: a theory for nursing, 68ff.

80 Vgl. KROHWINKEL, M. (1993): Der Pflegeprozeß am Beispiel von Apoplexiekranken.

'Aktivitäten und Existenzielle Erfahrungen des Lebens' (AEDL) umbenannt wird.[81] Hervorzuheben ist an KROHWINKELs Ansatz die Erweiterung des Strukturmodells um den Bereich des Umgangs mit existentiellen Erfahrungen des Lebens, der sich in Existenz gefährdende und Existenz fördernde Faktoren untergliedert lässt, denn „Leben und Gesundheit hängen (.) auch davon ab, wie Menschen mit existentiellen Erfahrungen des Lebens umgehen können, die sie im Zusammenhang mit der Realisierung ihrer Lebensaktivitäten machen."[82] Hier spielen auch kulturgebundene Erfahrungen wie Weltanschauung, Glaube und Religionsausübung sowie Ereignisse aus der Biographie des Erkrankten mit hinein.

### *1.1.2 Terminologische Annäherungen an eine Pflegedefinition aus der Perspektive gegenwärtiger Pflegewissenschaft*

Die exemplarischen Bestimmungen von Pflege aus der Sicht US-amerikanischer Pflegetheoretikerinnen zeichnen sich durch unterschiedliche inhaltliche Akzentuierungen aus. Abhängig vom biographischen Hintergrund, der professionellen Tätigkeiten sowie von den jeweiligen wissenschaftlichen und weltanschaulichen Hintergründen wird das Spezifikum von Pflege anders pointiert.[83] Einen Konsens zeigen die pflegetheoretischen Annäherungen darin, „dass Pflegende die Beziehung zwischen dem Patienten und seiner Umgebung mit dem Ziel der Förderung von Heilungs- und Genesungsprozessen managen."[84] Deutschsprachige PflegewissenschaftlerInnen scheinen ebenfalls in diese Richtung zu denken.

**WEIDNER** ist sich der Schwierigkeiten einer allgemein gültigen Pflegedefinition bewusst. Sie ergeben sich aus der Diffusität der Berufsbildproblematik.[85] Retrospektiv beeinflussten immer wieder unterschiedliche Fremdbestimmungen das pflegerische Berufsbild: „die inhaltliche und strukturelle Orientierung an bürgerlichen Weiblichkeitsideologien, an medizinisch-naturwissenschaftlichen Auffassungen und an christlichen Wertvorstellungen."[86] Gleichwohl umfasst der gegenwärtige Pflegepraxisbegriff „neben vielen anderen Tätigkeiten als zentrale Aufgabe die ‚spezifische Interaktion' von Pflegepraktikern mit Patienten in Krankenhäusern, Pflegeheimen und in ambulanten Pflegeräumlichkeiten."[87] In Anlehnung an die Professionalisierungstheorie von OEVERMANN gestaltet sich diese Kommunikation seitens der Pflegepraktiker

81 Vgl. Ebd. 19ff.23/28.
82 Ebd. 23.
83 Vgl. FLASKERUD, J./HALLORAN, E. (1980): Areas of agreement in nursing theory development; Vgl. BRANDENBURG, H./DORSCHNER, S. ($^2$2008): Pflegewissenschaft 1. Lehr- und Arbeitsbuch zur Einführung in das wissenschaftliche Denken in der Pflege, 35.
84 BRANDENBURG, H. (2009): Was ist gute Pflege?, 406.
85 Vgl. WEIDNER, F. ($^3$2004): Professionelle Pflegepraxis und Gesundheitsförderung, 66.
86 Ebd. 76.
87 Ebd. 65.

als hermeneutisches Fallverstehen[88], das analog zum heuristischen Modell multidimensionaler Patientenorientierung WITTNEBENs wesentliches Kennzeichen anzustrebender Patientenorientierung ist, und mit der Übertragung von Verantwortung und Autonomie an die Pflegekraft als Handlungssubjekt verbunden sein muss.[89] Ein wichtiges Element so verstandener, professioneller Pflege ist die Gesundheitsförderung als originär pflegerische Aufgabe. Sie umfasst nicht nur die Bereiche von Gesundheitserziehung und Gesundheitsberatung, sondern schließt Fragen der Rehabilitation mit ein.[90] Wenn sich Pflege darüber hinaus im Sinne eines biblischen Heilungsverständnisses auf den ganzen Menschen als seelisches Wesen bezieht, kann sich ihr Beitrag zur Gesundheitsförderung nicht in der Behandlung und/oder Prävention von Krankheiten erschöpfen, sondern muss umfassender gedacht werden.[91]

**BRANDENBURG/DORSCHNER** verstehen Pflege als ein komplexes Interaktionsgeschehen, „in dem die Gewährleistung und Förderung von Selbstständigkeit und Wohlbefinden der zu pflegenden Menschen im jeweiligen sozialen Kontext im Zentrum stehen."[92] Als zwischenmenschlicher Aushandlungsprozess zwischen den Professionellen, den zu Pflegenden und den Angehörigen umfasst Pflege: (1) Die Unterstützung und Begleitung von Menschen aller Altersgruppen, die ihre Lebensaktivitäten nicht mehr oder nur noch in eingeschränktem Maß dauernd oder zeitlich befristet realisieren; (2) die selbständige und eigenverantwortliche Durchführung und Mitwirkung an präventiven, diagnostischen, therapeutischen und rehabilitativen Maßnahmen; (3) die Beratung, Begleitung und Ausbildung von Menschen zur Optimierung ihrer eigenen Gesundheit resp. Selbstpflegefähigkeit oder solcher, die andere Pflegebedürftige begleiten; sowie (4) die wissenschaftliche Auseinandersetzung mit der Pflege und ihren Rahmenbedingungen, die Weitergabe von Erkenntnissen und Erfahrungen an die Mitpflegenden in der Aus-, Fort- und Weiterbildung sowie die Mitwirkung an Prozessen zur Professionalisierung der Pflege und berufspolitisches Engagement.[93] Insgesamt ist eine ‚gute' Pflege nach BRANDENBURG theoriegeleitet und organisiert. Sie orientiert sich an der subjektiven Perspektive der zu Pflegenden, berücksichtigt deren Umwelt und ist am Wohl des zu Pflegenden interessiert.[94]

**STEMMER** kennzeichnet die pflegerische Grundstruktur als ein Aufeinandertreffen von Personen, „die Unterstützung und Hilfe zur Bewältigung von kurzfristigen oder langdauernden Beeinträchtigungen anbieten, und anderen,

---

[88] Vgl. Ebd. 110/118.
[89] Vgl. Ebd. 77ff.
[90] Vgl. Ebd. 127/138.
[91] Vgl. Ders. (2009): Zur Heilung berufen?, 389.
[92] BRANDENBURG, H./DORSCHNER, S. ($^2$2008): Pflegewissenschaft 1. Lehr- und Arbeitsbuch zur Einführung in das wissenschaftliche Denken in der Pflege, 37.
[93] Vgl. Ebd. 37.
[94] Vgl. BRANDENBURG, H. (2009): Was ist gute Pflege?, 408f.

die diese benötigen."[95] Über den Weg einer kritischen Analyse diverser Konzepte zur Patientenorientierung entwickelt STEMMER ihr Verständnis von Pflege. Dabei identifiziert sie in den bestehenden Entwürfen konkurrierende Vorstellungsgebäude: Formal von gleicher Qualität und inhaltlicher Güte, genügen sie alle den potentiellen Vorgaben eines Gesamtzusammenhangs.[96] „Die verschiedenen Entwürfe von Patientenorientierung versuchen, Grundausrichtungen der Pflege positiv zu bestimmen. Sie definieren Themen, denen im pflegerischen Kontext Relevanz zugesprochen wird, wie Sorge, Zugewandtheit, Selbstpflegekompetenz, Beratungstätigkeit, Bedürfnisbefriedigung etc."[97] Dennoch bleiben logische Spannungen bestehen, wie beispielsweise die rollenimmanente Differenz zwischen Pflegenden und Gepflegten oder die Möglichkeiten einer Übertragbarkeit professionellen Wissens auf den konkreten Fall.[98] Gleichwohl das AngesprochenWerden durch den anderen und die Grundhaltung zugewandten Interesses als Ausgangspunkte pflegerischen Handelns angesehen werden können[99], gelingt es den Pflegenden immer nur annäherungsweise, aus ihrer professionellen Perspektive die Anliegen der Pflegebedürftigen zu erfassen. Des Weiteren bleiben rollenbezogene Differenzen zwischen Pflegekraft und Gepflegten präsent, die ebenfalls in der Interaktion mit bedacht und nicht einfach ausgeblendet oder nivelliert werden können (z.B. der Faktor Macht). Darüber hinaus beeinflussen kontextuelle (z.T. unberechenbare) Bedingungen die Handlungs- und Reaktionsweise der beteiligten Subjekte, welche nur bedingt steuerbar sind.[100] Neben den genannten Faktoren gehört für STEMMER die Grenzziehung zum konstituierenden Element kompetenter Pflege. Dazu muss Pflege ihre professionelle Leistungsfähigkeit und Zuständigkeit nicht nur begründet definieren, sondern auch nach innen und gegenüber Dritten vertreten.[101]

**WITTNEBEN** präsentiert im Jahr 1989 ein „heuristisches Modell der multidimensionalen Patientenorientierung", das sie in den Folgejahren weiterentwickelt.[102] Darin erarbeitet sie nicht nur einen Pflegebegriff, sondern unternimmt den Versuch einer theoretischen Abbildung der Komplexität von Pflegewirklichkeit. Essentieller Bestandteil ihres Modells ist die Annahme, dass sich pflegerisches Handeln zwischen den beiden Polen der Patientenorientierung und Patientenignorierung abspielt. Während unter den Bereich der Patientenorientierung alle Aktivitäten zu fassen sind, die einer multidimensionalen Bedürfnisorientierung gerecht werden, fallen unter die Kategorie der Patientenignorierung all jene Aspekte, die den kranken Menschen als Zentrum

95 STEMMER, R. (2001): Grenzkonflikte in der Pflege, 287.
96 Vgl. Ebd. 265.
97 Ebd. 268.
98 Vgl. Ebd. 272/287.
99 Vgl. Dies. (2003): Zum Verständnis von professioneller Pflege und pflegerischer Sorge, 60.
100 Vgl. Dies. (2001): Grenzkonflikte in der Pflege, 304f.
101 Vgl. Ebd. 306ff.
102 Die nachfolgende Darlegung bezieht sich auf die 5. Auflage 2003 (WITTNEBEN, K. ([5]2003): Pflegekonzepte in der Weiterbildung für Pflegelehrerinnen und Pflegelehrer).

pflegerischer Aktivität vernachlässigen. In Form eines Stufenmodells veranschaulicht WITTNEBEN das pflegerische Tun: Auf die unterste Ebene der Ablauforientierung folgen die Verrichtungs-, Symptom-, Krankheits-, Verhaltens- und Handlungsorientierung.[103] Somit zählen zum pflegerischen Aufgabenbereich die Orientierung an der betrieblichen Ablauforganisation, die Durchführung von Pflegetechniken, die Krankenbeobachtung, die Diagnosekompetenz, die Schaffung einer heilungsfördernden Umgebung sowie die Stärkung der Selbstpflegekompetenz. Quer zu allen Stufen verortet WITTNEBEN die Dimension der Interaktions- und Kommunikationsorientierung sowie der interkulturellen Orientierung von Pflege. Damit betont die Autorin, dass sich pflegerisches Denken und Handeln grundsätzlich auf jeder Stufe innerhalb eines Patientenorientierungs- und Patientenignorierungskontinuums abspielt.[104]

**KÄPPELI** unternimmt eine Wesensbestimmung von Pflege unter dem Hauptmotiv des Mit-Leidens.[105] Seit den Anfängen jüdischer und christlicher Krankenpflege war die Krankenpflege vom biblischen Auftrag der Nachahmung Gottes bestimmt, mit dem Ziel, Leidende zu trösten und Leiden zu überwinden.[106] Auf der Grundlage eines solchen Selbstverständnisses zeigt sich Pflege als ein auf die Heiligkeit des Lebens und von Transzendenz durchdrungener Prozess[107], da der mit-leidende Gott ein relationaler Gott ist, der sich mit seinen Geschöpfen verbindet und durch den sich alle Menschen miteinander verbunden fühlen dürfen.[108] „Ohne Anerkennung dieser der Krankenpflege inhärenten transzendenten Dimension seitens der Pflegenden können diese den Bedürfnissen der Leidenden nicht adäquat Rechnung tragen und die Pflege nicht zur vollen Entfaltung bringen.“[109] Für Christen ergibt sich analog zum Beispiel Jesu die Legitimation und Verpflichtung, sich selbst in der Pflege Bedürftiger hinzugeben.[110] Entsprechende Vorbilder finden sich dazu in diversen biblischen Gestalten (z.B. der barmherzige Samariter, ABRAHAM, ISAAK, JAKOB, HIOB). Derart verstandene Liebeswerke werden im Rekurs auf das Liebesgebot begründet (z.B. Mt 22,34-41), dessen Befolgung „dort am reinsten zu tragen (kommt), wo der Christ Gott und Christus im bedürftigen Mitmenschen erkennt. In dieser Situation wird der Dienst am Nächsten zum Gottesdienst.“[111] Auch das rabbinische Judentum kennt das Gebot der Nächstliebe und der Nachahmung des mitleidenden Gottes. „Der Krankenbesuch schließt die tätige Bemühung um den Kranken in Form von Beistand leisten, trösten und physischer Pflege ein. (…) Der jüdische Mensch soll Kranke nach dem

---

[103] Vgl. Ebd. 14/66.105ff.
[104] Vgl. Ebd. 103/107.
[105] Vgl. KÄPPELI, S. (2004): Vom Glaubenswerk zur Pflegewissenschaft.
[106] Vgl. Ebd. 19.
[107] Vgl. Ebd. 396.
[108] Vgl. Ebd. 399.
[109] Ebd. 400.
[110] Vgl. Ebd. 189f.
[111] Ebd. 191.

Vorbild Gottes besuchen.“[112] Darüber hinaus besteht der Zweck des Krankenbesuchs darin, „Anteilnahme zu bezeugen, gute Genesungswünsche auszusprechen und zu beten. Auch forderten die Besucher die Kranken zum Sündenbekenntnis auf.“[113] In der späteren freiberuflichen und US-amerikanischen Pflege beobachtet KÄPPELI eine Umformung des beschriebenen Topos vom mit-leidenden Gott – weg vom religiös-theologischen Vorbild, hin zum beruflichen Ethos. In Gestalt eines humanistischen Pflegeethos finden sich hier viele Attribute des mitleidenden Gottes wieder, die aber zusätzlich mit Ideologien der jeweiligen Leitwissenschaft vermischt wurden (z.B. aus Philosophie oder Psychologie).[114] In der Zusammenschau KÄPPELIs besteht die Aufgabe von Pflege heute darin, existentiell gegenwärtig, verfügbar, abrufbar, wohlwollend, hingebend, treu und verlässlich zu sein; Pflegende sollen aktiv eingreifen und sich in das Leid der Menschen einmischen; Pflege hat verschiedene Formen des Beistands zu üben und eigenes Leiden als Folge des Mit-Leidens mit den Leidenden auf sich zu nehmen.[115] Dadurch trösten die Pflegenden die Leidenden, vermitteln ihnen Hoffnung resp. Geborgenheit und unterstützen die Erschließung neuer Sinnhorizonte.[116] Eine sich als säkular definierende Pflege steht hier vor der Herausforderung, tragende Antworten auf Fragen nach der Sinngebung der Pflegetätigkeit, des Leidens oder einem Leben nach dem Tod zu finden.[117]

## 1.2 Aussagen der Weltgesundheitsorganisation (WHO)

Die oben vorgestellten pflegetheoretischen und pflegewissenschaftlichen Positionen skizzieren eine Pflege, die sich mit dem Management des Heilungs- und Genesungsprozesses kranker Menschen befasst. Eine Konkretion der darin mitgedachten Zielgröße ‚Gesundheit‘ findet sich auch auf globaler Ebene in Aussagen der Weltgesundheitsorganisation (WHO). Ausgerüstet mit internationalem Mandat setzt sich diese Organisation seit 1948 für ein bestmögliches Gesundheitsniveau der Weltbevölkerung ein.[118] Gesundheit wird von der WHO als Zustand vollständigen körperlichen, psychischen und sozialen Wohlbefindens und nicht allein als ein Fehlen von Krankheit oder Gebrechen verstanden.[119] Bereits 1979 wurde auf einer WHO-Vollversammlung der Versuch unternommen, diese Gesundheitsdefinition um spirituelle Komponenten

112 Ebd. 240.
113 Ebd. 241.
114 Vgl. Ebd. 307.397.
115 Vgl. Ebd. 307.
116 Vgl. Ebd. 399f.
117 Vgl. Ebd. 400.
118 Vgl. CONSTITUTION OF THE WORLD HEALTH ORGANIZATION (1946): 2.
119 Vgl. Ebd.

zu erweitern[120], was bis heute jedoch (noch) nicht gelungen ist.[121] Obwohl die ‚Ottawa Charta zur Gesundheitsförderung' aus dem Jahr 1986 den dynamischen Charakter des Gesundheitsprozesses unterstreicht, einen statisch erreichbaren Gesundheitszustand als utopisch ablehnt und auf die individuellen Ressourcen sowie den eigenen, aktiven Beitrag zur Gesundheitsförderung verweist[122], findet sich eine explizite Erwähnung der spirituellen Dimension erst in der ‚Bangkok Charta' von 2005. Dort heißt es, dass Gesundheit als ein substantieller Bestimmungsfaktor von Lebensqualität zu gelten hat und das psychische und spirituelle Wohlbefinden einschließt.[123] Wesentlich früher fand die spirituelle Dimension eine Einbindung in ein WHO-Instrument zur Erfassung gesundheitsbezogener Lebensqualität: dem WHOQOL-100. Die Entwicklung dieses Erhebungsinstrumentes erfolgt in einer Zeit, in der sich die Erkenntnis durchzusetzen begann, dass zur tatsächlichen Beurteilung eines Behandlungserfolgs lebensverlängernder oder palliativer Maßnahmen chronisch Erkrankter besonders die subjektive Einschätzung der Betroffenen deutlicher einzubeziehen sei.[124] Folgerichtig habe eine umfassendere Einschätzung von Lebensqualität nicht nur körperliche, soziale und psychische Aspekte zu erfassen, sondern auch den spirituellen Lebensbereich.[125]

## 1.3 Aussagen über eine ganzheitliche Pflege in Pflegelehrbüchern

Im Jahr 2014 finden sich auf dem deutschen Buchmarkt zwei bedeutende, auflagenstarke Lehrbücher für die grundständige Ausbildung in der Gesundheits- und Krankenpflege. Zum einen handelt es sich im das Werk ‚Pflege Heute' aus dem Verlag Elsevier (München [6]2014) und zum anderen um das Pflegelehrbuch ‚Thiemes Pflege' aus dem Georg Thieme Verlag (Stuttgart [12]2012). In beiden Titeln können Aussagen zu einem ganzheitlichen Pflegeverständnis ausfindig gemacht werden. Inhalte zum Pflegeverständnis finden sich im Lehrbuch **‚Pflege Heute'** primär im ersten Teil des Lehrbuchs über die Grundlagen der Pflege. Hier wird professionelle Pflege mit einer personenbezogenen Pflege gleichgesetzt, die sich am ganzen Menschen zu orientieren hat. Die so genannte ganzheitliche Verfasstheit des Menschen wird dabei anhand eines

---

120 Vgl. WHO Chronicle (1978): Is spiritual health important?, 90; Vgl. WHO Chronicle (1979): Spiritual health is important, say our readers, 29f.

121 Vgl. CONSTITUTION OF THE WORLD HEALTH ORGANIZATION (2005): 1.

122 Vgl. THE OTTAWA CHARTA FOR HEALTH PROMOTION (2009): First International Conference in Health Promotion, 1.

123 Vgl. THE BANGKOK CHARTER FOR HEALTH PROMOTION IN A GLOBALIZED WORLD (2009): 7.-11. August 2005, 24.

124 Vgl. ANGERMEYER, M. et al. (2000): WHOQOL-100 und WHOQOL-BREF, 7.

125 Vgl. THE WHOQOL GROUP (1998): The World Health Organization quality of life assessment, 1569.

Schichtenmodells illustriert, welches das Nebeneinander verschiedener Aspekte des Menschen-Seins verdeutlichen will: die spirituelle, geistige, psychische/soziale und physiologische Dimension.[126] Essentiell für die Verwirklichung guter Pflege sind die Kommunikation und der Aushandlungsprozess zwischen dem kranken Menschen und der Pflegekraft. „Gemeinsam bestimmen sie, was für diesen speziellen hilfe- und pflegebedürftigen Menschen als ‚gut' bezeichnet werden kann. Das ‚Gute in der Pflege' ist somit kein feststehender Katalog, sondern ein Gütemaß, welches sich einerseits an den Bedürfnissen und Belangen des hilfe- und pflegebedürftigen Menschen anlehnt und andererseits die berufsethischen Regeln und gesetzlichen Bestimmungen aufnimmt."[127] Exemplarisch wird der Ethikkodex des INTERNATIONAL COUNCIL OF NURSES (ICN) aufgeführt, der ein Pflegeverständnis einfordert, das die Gesundheit fördert, Krankheit verhütet, Gesundheit wiederherstellt und Leiden lindert. Demgemäß übt Pflege in Eigenverantwortung „ihre berufliche Tätigkeit zum Wohle des Einzelnen, der Familie und der sozialen Gemeinschaft aus; sie koordiniert ihre Dienstleistungen mit denen anderer Gruppen."[128] Pflegende fördern ein Umfeld, „in dem die Menschenrechte, die Wertvorstellungen, die Sitten und Gewohnheiten sowie der Glaube des Einzelnen, der Familie und der sozialen Gemeinschaft respektiert werden."[129] Um dies zu gewährleisten, bildet sich Pflege kontinuierlich fort, beteiligt sich an der Entwicklung beruflicher Kenntnisse und handelt analog zum aktuellen Stand der Wissenschaft.[130]

Das Lehrbuch **‚Thiemes Pflege'** gliedert sich in vier große Teilbereiche: (1) Grundlagen des Pflegeberufs; (2) ATL – Pflegesituationen erkennen, erfassen und bewerten, Pflegemaßnahmen auswählen, durchführen und evaluieren; (3) Bei der medizinischen Diagnostik und Therapie mitwirken und (4) Gesundheits- und Krankenpflege bei bestimmten Patientengruppen. Im Prolog kommt noch einmal die Begründerin des Lehrbuchs, die katholische Ordensfrau Schwester LILIANE JUCHLI SCSC, zu Wort und unterstreicht die notwendige Einbettung des Pflegehandelns in ein ganzheitliches Pflegemodell, denn nur so könne Pflege dem Menschen in seiner Ganzheit gerecht werden.[131] Dabei entfällt in ‚Thiemes Pflege' nicht nur eine Darlegung des JUCHLIschen Pflegeansatzes, sondern auch eine Verknüpfung desselben zu den Inhalten des folgenden Lehrbuches. Isoliert von jeglicher anthropologischer oder pflegetheoretischer Rückbindung erfolgt die Forderung nach einer ganzheitlichen

126 Vgl. LAUSTER, M. et al. (Hg) ($^{6}$2014): Pflege Heute, 2.
127 Ebd. 11.
128 Ebd. 5.
129 Ebd.
130 Vgl. Ebd. 6.
131 Vgl. JUCHLI, L. ($^{12}$2012): Die ATL (Aktivitäten des täglichen Lebens) – eine Ordnungsstruktur im Kontext eines ganzheitlichen Menschenbildes, IX.

Betrachtungsweise des Menschen allein im Zuge der Erläuterung der Pflegeprozessmethode.[132] Innerhalb des Pflegeprozessmodells nimmt die Kommunikation einen zentralen Stellenwert ein, da sie nicht nur die Beurteilung der durchgeführten Maßnahmen und deren Wirkungen ermöglicht, sondern auch zur Ermittlung (neuer) individueller Probleme, Ressourcen, Wünsche und Bedürfnisse des Kranken notwendig ist, um so eine entsprechende Adaption der Pflege vorzunehmen.[133] Wie das Lehrbuch ‚Pflege Heute' so verweist auch ‚Thiemes Pflege' auf den Ethik-Kodex des INTERNATIONAL COUNCIL OF NURSING (ICN) als Basis ethischen Pflegehandelns.[134] Des Weiteren sind Pflegende dazu aufgerufen, nicht nur den Rat (externer) Pflegesachverständiger einzuholen, sondern ihr eigenes Handeln evidenzbasiert zu planen, durchzuführen und zu rechtfertigen[135], denn „mithilfe forschungsbasierter Pflegeverfahren kann es gelingen, einen Konsens über gute Methoden und Praktiken zu erzielen und unwirksame oder sogar schädliche Pflegetechniken und Pflegeinterventionen zu reduzieren."[136] Dadurch soll das Wohlbefinden und /oder der Genesungsprozess des Kranken gefördert werden.

## 1.4 Aussagen zum pflegerischen Verantwortungsbereich im KrPflG

Obwohl in Deutschland bis dato (2014) weder eine gesetzliche Definition von Pflege, noch eine Festlegung des pflegerischen Handlungsmonopols vorhanden ist, bildet das ‚Gesetz über die Berufe in der Krankenpflege vom 16. Juli 2003 (KrPflG)' den rechtlichen Bezugspunkt zur Identifikation pflegerischer Zuständigkeitsbereiche. Zwar scheint es sich auf den ersten Blick nur auf ein reines Berufsbezeichnungs- und Berufsbezeichnungsführungsrecht zu beschränken[137], doch zeigt eine genauere Analyse durchaus Aussagen zur Qualifikation Pflegender und deren Aufgabenbereiche. Gemäß § 3 Abs. 1 KrPflG soll die Ausbildung „entsprechend dem allgemein anerkannten Stand pflegewissenschaftlicher, medizinischer und weiterer bezugswissenschaftlicher Erkenntnisse fachliche, personale, soziale und methodische Kompetenzen zur verantwortlichen Mitwirkung insbesondere bei der Heilung, Erkennung und Verhütung von Krankheiten vermitteln. Die Pflege (…) ist dabei unter Einbeziehung präventiver, rehabilitativer und palliativer Maßnahmen auf die Wiedererlangung, Verbesserung, Erhaltung und Förderung der physischen und der psychischen Gesundheit der zu pflegenden Menschen auszurichten. Dabei sind die unterschiedlichen Pflege- und Lebenssituationen sowie Lebensphasen

---

132 Vgl. HOHENBECKER-BELKE, E. ([12]2012): Der Pflegeprozess, 75.
133 Vgl. Ebd. 78ff.
134 Vgl. FRIESACHER, H. ([12]2012): Ethik – Herausforderungen und Entscheidungen, 136f.
135 Vgl. HUNDENBORN, G. ([12]2012): Gesundheits- und Krankenpflege – Ausbildung und Beruf, 5.
136 BRANDENBURG, H./WEIDNER, F. ([12]2012): Pflegewissenschaft und -forschung, 55f.
137 Vgl. KrPflG § 1 Abs. 1.

und die Selbstständigkeit und Selbstbestimmung der Menschen zu berücksichtigen."[138] Damit spricht der Gesetzgeber zunächst einmal von jenen Kompetenzen, die unter Einbeziehung wissenschaftlicher Erkenntnisse diverser Disziplinen auf eine Diagnose, Heilung und Verhütung von Krankheiten zielen. In dem sich anschließenden Absatz II werden dann eigenverantwortliche und mitwirkende Aufgabenbereiche unterschieden, für welche die in Absatz I erworbenen Kompetenzen und Kenntnisse die Grundlage bilden.[139] Die Pflegekräfte haben den individuellen Pflegebedarf eines Patienten zu erheben, festzustellen und auf dieser Grundlage die Pflege zu planen, zu organisieren, durchzuführen und zu evaluieren. Des Weiteren gehört die Beratung, Anleitung und Unterstützung der zu pflegenden Menschen (und deren Bezugspersonen) im Rahmen ihrer individuellen Auseinandersetzung mit Gesundheit und Krankheit zum eigenverantwortlichen Aufgabenbereich.[140] Ebenfalls wird von den Pflegekräften eine Befähigung zur interdisziplinären Zusammenarbeit mit anderen Berufsgruppen gefordert, die auf das Wohl der anvertrauten Menschen abzielt.[141] Näheres zur Ausbildung regelt die ‚Ausbildungs- und Prüfungsverordnung für die Berufe in der Krankenpflege (KrPflAPrV)' vom 10. November 2003. Eine Spezifizierung der Ausbildungsziele findet im letzten Satz des Paragraphen statt. Dort ist von einer Befähigung zur eigenverantwortlichen Übernahme folgender Aufgaben die Rede: „a) Erhebung und Feststellung des Pflegebedarfs, Planung, Organisation, Durchführung und Dokumentation der Pflege; b) Evaluation der Pflege, Sicherung und Entwicklung der Qualität der Pflege; c) Beratung, Anleitung und Unterstützung von Menschen aller Altersgruppen und ihrer Bezugspersonen in der individuellen Auseinandersetzung mit Gesundheit und Krankheit; d) Einleitung lebenserhaltender Sofortmaßnahmen bis zum Eintreffen der Ärztin oder des Arztes."[142] Damit umschreibt das Gesetz eigenverantwortliche Aufgabenbereiche der Pflege, bleibt eine Festlegung des Tätigkeitsmonopols aber dennoch schuldig.

## 1.5 Aussagen in Pflegeleitbildern

Abschließend soll noch ein Blick auf den Bereich der Pflegeleitbilder geworfen werden, die ebenfalls Aussagen zum pflegerischen Kompetenz- und Handlungsbereich beinhalten.[143] Idealerweise wird ein solcher Orientierungsrah-

---

[138] § 3 Abs. 1 KrPflG.
[139] Vgl. § 3 Abs. 2 KrPflG.
[140] Vgl. § 3 Abs. 2 Nr. 1 Buchst. a-c KrPflG.
[141] Vgl. § 3 Abs. 3 KrPflG.
[142] § 3 Abs. 2 Nr. 1 Buchst. a-d KrPflG.
[143] Analysiert wurden 13 Pflegeleitbilder von freigemeinnützigen, öffentlichen und privaten Trägern. Eine namentliche Nennung der Unternehmen bleibt an dieser Stelle aus, da es nicht um den einzelnen Träger oder Trägerverbund an sich, sondern um eine Sensibilisierung für das Medium Pflegeleitbild geht.

men für das beruflich-professionelle Pflegehandeln aus der diskursiv gewachsenen, übergeordneten Unternehmensphilosophie abgeleitet. Sie findet dann ihre Konkretisierung in den Leitbildern der jeweiligen Berufsgruppen der Gesundheitseinrichtung. Auf diese Weise konkretisieren sich in den verschiedenen Bereichen jene Strukturen, Aktivitäten und normativen Verhaltensvorgaben wie sie im Gesamtkonzept des Unternehmens hinterlegt sind.[144] Wird nun in der Betriebsphilosophie der kranke Mensch als primärer Existenzberechtigungsgrund eines Krankenhauses genannt, weist beispielsweise das Pflegeleitbild eine ganzheitliche, individuelle Pflege des Kranken als Hauptaufgabe beruflich Pflegender aus.

In den 1990er Jahren hielt die Unternehmens- und Pflegeleitbildentwicklung Einzug in die deutschen Krankenhäuser.[145] Dies erfolgte aufgrund unterschiedlicher Motive. Ein Beweggrund lag in der Einsicht, dass nicht alle Pflegenden in ihrem Urteilen und Handeln von den gleichen (Wert) Haltungen und Annahmen angetrieben wurden, was nicht nur zur Verunsicherung auf Seiten der Leistungsempfänger, sondern auch innerhalb der Berufsgruppe führte. Ein weiteres Motiv gründete im Anliegen der Träger, nach innen und außen deutlicher herauszuarbeiten, wofür die Einrichtung eigentlich steht (z.B. christliche Trägerschaft). Darin eingebettet strebt die Pflegeleitbildentwicklung nach einer Festschreibung träger- und berufsbezogener Grundhaltungen und der Formulierung pflegerischer Handlungsprinzipien. Ein Leitbild erläutert die ideelle Wertorientierung und die spezifischen Verpflichtungen der Berufsgruppe, durch deren Einhaltung die definierten (möglichst konkreten) Ziele erreicht werden sollen.[146] Zum Kernbestand zählen Aussagen über das zugrundeliegende Menschenbild, das Pflegeverständnis, die Durchführung der Pflege, die Kooperation mit anderen Berufsgruppen, die Pflegequalitätssicherung sowie zur Fort- und Weiterbildung.[147]

Tatsächlich zeigt eine inhaltliche Analyse der untersuchten Pflegeleitbilder zwar eine durchgängige Ausrichtung am Menschen, dessen genauere Wesensbeschreibung bleibt jedoch entweder offen, etikettiert ihn als Geschöpf Gottes oder als Einheit von Körper und Seele resp. von Leib, Seele und Geist.

---

144 Vgl. EICHHORN, S. (2007): Von der Krankenhausbetriebslehre zur Krankenhaus-Managementlehre, 118/121.

145 Das Gesetz zur Sicherung und Strukturverbesserung der gesetzlichen Krankenversicherung (GStrukG) fordert von Krankenhäusern eine umfassende Qualitätssicherung. § 135a (2) SGB V verpflichtet die Krankenhäuser zu einem einrichtungsinternen Qualitätsmanagement. § 137a (2) SGB V listet Kriterien für die indikations-bezogene Notwendigkeit und Qualität der im Rahmen der Krankenhausbehandlung durchgeführten Leistungen. §137 (1) SGB V zwingt die gesetzlichen Krankenkassen, den Verband der privaten Krankenversicherer, die Bundesärztekammer sowie die Berufsorganisationen der Krankenpflegeberufe, "Maßnahmen der Qualitätssicherung zu entwickeln, die die Erfordernisse einer sektoren- und berufsgruppenübergreifenden Versorgung angemessen berücksichtigen". Im Jahr 2001 wurde als Ergebnis der Verpflichtungen des Gesetzgebers für den Krankenhausbereich ein umfassendes Qualitätsmanagementkonzept entwickelt (Kooperation für Transparenz und Qualität im Gesundheitswesen; kurz: KTQ).

146 Vgl. KELLNHAUSER, E. (1991): Die Bedeutung einer Pflegephilosophie für die Pflegepraxis, 1100.

147 Vgl. Ebd. 1098/1101; Vgl. DRÖBER, A. et al. (Hg) ($^{3}$2004): Art. Pflegeleitbild, 830.

Einzelne freigemeinnützige Träger sprechen zwar vom Topos des christlichen Menschenbildes, bleiben aber ebenfalls eine Explikation dessen schuldig. In der Zusammenschau zeigt sich die Bestimmungen des Menschen mehr nebulös, als dass sie tatsächlich zu einer Klärung beitragen. Bewusst oder unbewusst wird dessen materiale Füllung vielleicht vorausgesetzt. Aber gerade deshalb bleibt unklar, welche konkreten, verbindlichen Zielvorstellungen und Inhalte mit einem professionellen, individuellen, ganzheitlichen und umfassenden Pflegeverständnis zu verbinden wären. Nun sollen Pflegeleitbilder aber gerade im Blick auf die einzelne Pflegekraft eine Transportfunktion übernehmen, „was unter (guter) Pflege verstanden wird und welche Eigenschaften sich mit der Ausübung von Pflege verbinden.“[148] Ebenso sollen sie berufsinhaltliche Aussagen treffen, „die das Ergebnis und die Grundlage einer minimalen Konsensbildung über Werte und Zielsetzungen darstellen, auf die sich alle Mitglieder einer Berufsgruppe einlassen sollen und die die Merkmale eines Zukunftsprogramms tragen.“[149] Aber sind solche Ziele nicht aussichtslos, wenn die Aussagen der Pflegeleitbilder unspezifisch bleiben? Worin unterscheiden sich konfessionelle von humanistischen Trägern, wenn sie sich über das zugrundeliegende Menschenbild ausschweigen? Oder welche Spezifika bestimmen die Art und Weise pflegerischer Leistung einer freigemeinnützigen Einrichtung im Vergleich zu einem Krankenhaus öffentlicher Trägerschaft? Und falls es Unterschiede gibt: Auf welcher argumentativen Grundlage werden solche Grenzziehungen vorgenommen? Oder ist die Einrichtung letztlich beliebig, weil Pflege überall gleich (un)professionell durchgeführt wird? Die Rede vom ganzheitlich zu umsorgenden Menschen gleicht wohl eher einem Etikett auf einem Koffer, in den alles oder nichts hineingepackt werden kann. Ohne die Beantwortung der Frage ‚Was ist der Mensch?’ bleibt ein zentraler Begriff der Pflege ungeklärt, der nach einem interaktionstheoretischen Verständnis für eine Profession konstitutiv und handlungsleitend ist. Und auch eine Klärung dessen, was unter professionellem Pflegehandeln zu verstehen ist, kann nicht abgelöst werden vom Adressaten des Pflegehandelns, d.h. von zentralen Fragen der Anthropologie.

## 1.6 Zusammenfassung

Das vorangegangene Kapitel zielte auf eine Herausarbeitung ideeller und normativer Erwartungen an das Pflegehandeln im Krankenhaus. Exemplarisch wurden verschiedene Quellen herangezogen und analysiert. Überblickt man die Ansätze aus Pflegetheorie und Pflegewissenschaft so wird ersichtlich, dass das Pflegegeschehen durch bestimmte Strukturelemente gekennzeichnet ist: Es finden sich Annahmen (1) über das Wesen des Menschen, (2) die

---

148 MÜLLER, E. (2001): Leitbilder in der Pflege, 38.
149 Ebd.

pflegerische Berufsrolle, (3) das Umfeld und (4) die Zielvorstellung. Trotz ihrer Diversität kommen die Ansätze darin überein, dass sich der Kontakt zum (kranken) Menschen als komplexer, wechselseitiger, personaler Beziehungsprozess gestaltet und eine sensible Einlassung der Pflegekräfte erfordert, um den Einzelnen umfassend wahrzunehmen und zu verstehen. Je nach Ansatz erfolgt die pflegerische Unterstützung mit unterschiedlicher Akzentuierung: als Bedürfniserfüllung, Begleitung und Beratung, Aktivierung von Eigenkräften, Stärkung von Eigenständigkeit und/oder präventiver Anleitung. Auch der Einbezug und die Gewährleistung förderlicher Umweltbedingungen ist von Bedeutung (wie z.B. das soziale Umfeld, Lebensraum, Kulturkreis, Weltanschauung, Glaube, Religion oder Spiritualität). In Abhängigkeit vom Pflegeverständnis werden unterschiedliche Handlungsziele herausgestellt: die Wiederherstellung von Gesundheit, das Erreichen von Wohlbefinden oder die Optimierung von Lebensqualität. Diese facettenreichen Zielsetzungen spiegeln sich auch in der Gesundheitsdefinition der WHO wieder, wenn sie Gesundheit nicht rein körperlich, sondern umfassender versteht und auch die subjektiv wahrgenommene Lebensqualität oder das Wohlbefinden einbezieht. Der Blick in die Pflegelehrbücher zeigt, dass zum Primat professioneller Pflege die Orientierung am ganzen Menschen und dessen Bedürfnislage gehört – Ganzheit verstanden als Einbezug physiologischer, psychologischer, geistiger und spiritueller Aspekte. Wie in den spekulativen Pflegeansätzen werden auch hier die essentielle Bedeutung der Kommunikation in der Pflegekraft-Patient-Beziehung herausgestellt, insbesondere im Zuge des personenbezogenen Aushandlungsprozesses über die Gütekriterien eines Handelns zum Wohl des Kranken. Weiter erfolgt der Verweis auf den Einbezug empirisch-relevanter Erkenntnisse sowie die Beachtung berufsethischer und gesetzlicher Normen. Eine dem ‚State-of-the-Art' entsprechende, individuelle Pflege zur Wiedererlangung, Verbesserung, Erhaltung und Förderung der Gesundheit des Kranken fordert auch das Krankenpflegegesetz. Darüber hinaus gehört die Unterstützung des Menschen in seiner individuellen Auseinandersetzung mit Gesundheit und Krankheit zum pflegerischen Aufgabenbereich. Als Teil der Unternehmensphilosophie unternehmen Pflegeleitbilder den Versuch eines Zuschnitts des Geforderten auf das Praxisfeld Krankenhaus.

Aus den analysierten Referenzen ergeben sich eine ganze Reihe ideeller Erwartungen an die Qualifikation von Pflegekräften und die Güte pflegerischen Berufshandelns. Gefordert wird eine sich am ganzen Menschen zu orientierende, individuelle, geplante, dem aktuellen Wissensstand entsprechende Pflege, die ihren Beitrag zur Optimierung der Lebensqualität des Kranken leistet und zugleich die berufsethischen und gesetzlichen Vorgaben einhält. Konkludent ist dabei auch an den Einbezug spiritueller Aspekte des Menschen zu denken. Strebt man eine mit diesen Forderungen übereinstimmende pflegerische Praxis an, kann darum auch die Frage nach einer Wahrnehmung und Integration der spirituellen Dimension des Menschen nicht ausgeblendet bleiben. Die anthropologische Fragestellung wird im zweiten Hauptteil dieser

Arbeit aufgegriffen. Zunächst einmal werfen die postulierten Ziel- und Güteansprüche aber die Frage nach ihrer Realisierbarkeit auf: Können diese hohen Anforderungen durch Pflegende überhaupt (noch) erfüllt werden? Stehen einer solchen Verwirklichung die gegenwärtigen gesellschaftlichen und institutionellen Rahmenbedingungen, unter den sich Pflege im Krankenhaus ereignet, nicht diametral entgegen? Im Folgenden sollen Rahmenbedingungen des pflegerischen Praxisfeldes bedacht werden, unter denen Pflege die ideellen und normativen Erwartungen zu erfüllen hat.

## 2. Praxis-Setting: Limitierende strukturelle und personale Fakten

Pflege findet nicht in einem luftleeren Raum statt oder ereignet sich unter den Bedingungen einer künstlichen Laborsituation. Pflege ist eingebunden in äußere Realitäten wie die der bundesdeutschen Gesundheitsversorgung! Die ökonomischen Rahmenbedingungen wirken auf das Pflegepersonal und die pflegerische Leistungserbringung zurück. Als pflegerisch nicht steuerbare Größen treten sie in Spannung zu den oben skizzierten ideell-normativen Erwartungen. Das folgende Kapitel befasst sich mit einigen dieser limitierenden strukturellen und personalen Faktoren, die möglicherweise dem Postulat einer spirituellen Sorge durch Pflegende entgegenstehen.

### 2.1 Das DRG-System und die Auswirkungen auf die Versorgungsqualität der Erkrankten

Allein zwischen den Jahren 1995 und 2012 stiegen die Gesamtausgaben im Gesundheitswesen um 61,2 %, d.h. von 186,3 Mrd. € auf 300,4 Mrd. €.[150] Seit den 1970ziger Jahren gab es immer wieder Anläufe, die Ausgabenexplosion im Krankenhauswesen und damit den größten Kostenfaktor der gesetzlichen Krankenversicherung (GKV) einzudämmen. Im Jahr 1972 wurde das Krankenhausfinanzierungsgesetz (KHG) verabschiedet. Künftig sollten die den Krankenhäusern entstandenen Selbstkosten über eine duale Finanzierung abgegolten werden. Während die Erstattung der Bereitstellungskosten durch die jeweiligen Länderhaushalte erfolgte, übernahmen die Krankenkassen den Ausgleich erbrachter Krankenhausleistungen über tagesgleiche Pflegesätze. Mehr- und Mindererlöse der Kliniken glichen die Kostenträger entsprechend aus. Trotz dieser Regelungen und der wenig später verabschiedeten Bundes-

[150] Vgl. STATISTISCHES BUNDESAMT (2010): Gesundheit – Ausgaben 1995 bis 2008, 15; Vgl. STATISTISCHES BUNDESAMT (2014): Gesundheit – Ausgaben 2012, 13.

pflegesatzverordnung (BPflV) stiegen die Leistungsausgaben aber weiter an[151], so dass ab 1977 eine Reihe weiterer Gesetze und Verordnungen zur Kostendämpfung erforderlich wurden. Alle eingeleiteten Maßnahmen zielten auf eine einnahmeorientierte Ausgabenpolitik von Krankenkassen und Leistungserbringern zur Gewährleistung der Beitragsstabilität. Ab 1993 verfolgte das Gesundheitsstrukturgesetz (GSG) mithilfe medizinisch leistungsgerechter Krankenhausbudgets sukzessiv eine Neutralisierung des bisherigen Kostenerstattungsprinzips. Endgültig abgeschafft wurde diese Finanzierungsform im Jahr 2004 mit der Einführung des Klassifikations- und Vergütungssystems der diagnosebezogenen Fallgruppen (kurz: DRGs = Diagnosis Related Groups).[152]

Die in Deutschland gebräuchlichen ‚German Diagnosis Related Groups' (G-DRG) orientieren sich an den ‚Australian Refined Diagnosis Related Groups' (AR-DRG), die den zu behandelnden Kranken anhand medizinischer Diagnosen klassifizieren und ihn – je nach erforderlichem Aufwand – so genannten Fallgruppen zuteilt, die entsprechend ökonomisch bewertet werden. Im Gegensatz zur früheren zeitraumbezogenen Vergütungsform über tagesgleiche Pflegesätze und/oder Einzelleistungsvergütung erfolgt der Ausgleich der Krankenhausleistungen jetzt pro Behandlungsfall entsprechend eines medizinischen Diagnosekatalogs, der so genannten Fallgruppe.[153] Dazu wird bei operativen Eingriffen ein Operationen- und Prozedurenschlüssel (OPS) und bei nicht operativen Behandlungen die Hauptdiagnose, Nebendiagnosen, Alter, Geschlecht sowie die Verweildauer zugrunde gelegt. Für sehr aufwändige Behandlungen (z.B. Langzeitbeatmungen, Transplantationen) existieren gesonderte Ausgleichsvereinbarungen. Zusätzlich ermöglicht der Gesetzgeber den Kliniken Erlöse für hochspezialisierte Leistungen im ambulanten Bereich oder für die Behandlung seltener Erkrankungen oder solcher mit besonderen Krankheitsverläufen.[154] Die Einführung dieser neuen Entgeltregelungen strebt eine Ausgabenbegrenzung der Leistungserbringer an. Gleichwohl besteht eine systeminhärente Gefahr, „dass die Erlösbegründungen und damit Diagnostik und Therapie des Patienten Mittel zum Zweck der Finanzierung des Krankenhauses werden."[155] Generell variieren die tatsächlichen wirtschaftlichen Folgen des DRG-Finanzierungssystems für die einzelnen Einrichtungen – je nach finanzieller Ausgangslage, hausinterner Faktoren oder Adaptionsfähigkeit der Träger. Durchweg wurden zur Steigerung der Wirtschaftlichkeit eine Optimierung der Versorgungsabläufe angestrebt und Behandlungsabläufe stärker standardisiert (z.B. in Form von Case Management oder des Clinical Pathways).[156]

---

[151] Lag der Beitragssatz der GKV im Jahr1970 noch bei 8,2 Prozentpunkten, stieg er 1976 auf 11,3 Prozentpunkte.

[152] Vgl. § 17b Abs. 4 KHG (17.03.2009); Die Abrechnung nach DRGs wurde für die Krankenhäuser optional seit dem 01.01.2003 und verpflichtend seit dem 01.01.2004 eingeführt.

[153] Vgl. § 17 KHG (17.03.2009); Vgl. KHEntgG (17.07.2009).

[154] Vgl. § 116 SGB V (20.11.2009).

[155] BARTHOLOMEYCZIK, S. (2010): Zur Pflege im Krankenhaus, 211.

[156] Vgl. BRAUN, B. et al. (2009): Einfluss der DRGs auf Arbeitsbedingungen und Versorgungsqualität, 65f; Klinische Behandlungspfade sind durch einen Bezug zu einer bestimmten

Neben der Einführung des DRG-Systems trat ein weiteres Novum hinzu: der Wettbewerb. Ein solcher Wettbewerb erfordert von den Kliniken aber Wettbewerbsfähigkeit! Angesichts wachsender Konkurrenzsituationen auf dem Gesundheitsmarkt bemühen sich die Krankenhausträger um tragfähige, nachhaltige Strategien zur wirtschaftlichen Bestandssicherung. Um Erlöseinbußen zu kompensieren, Marktanteile zu sichern und ggf. sogar auszuweiten, stehen die Kliniken unter dem Zwang, sich von passiven Leistungsanbietern zu aktiv agierenden Gesundheitsunternehmen zu transformieren. Eine Erlössteigerung verzeichnen dabei jene Kliniken, denen es gelingt, eine unter dem Basisfallwert liegende (und damit effizientere) Fallkostenstruktur zu entwickeln. Unter bestimmten Voraussetzungen besteht zugleich ein Ertragssteigerungspotential durch eine Veränderung des so genannten ‚Case Mix Index' (CMI), der sich auf Fallzahlen mit entsprechendem Mehraufwand bezieht. Der Wettbewerb wird indes nicht nur über die Kosten, sondern vor allem über die Leistungsqualität ausgetragen. Neben der Effizienzsteigerung bemühen sich die Kliniken um Qualitätssicherung und Imagegewinn. Dazu stehen auf dem Markt verschiedene Zertifizierungsoptionen bereit und Agenturen, die sich auf die Begleitung von Leitbildprozessen spezialisiert haben.

Speziell für die Pflege liegt eine Schwierigkeit der DRG-Einführung darin, dass im diagnosebezogenen Fallgruppensystem der spezifische Pflegeaufwand nur unzureichend ausgewiesen wird. Die auf die Medizin fokussierte DRG-Systematik basiert auf medizinischen Diagnosen und Prozeduren, welche die speziellen Anforderungen an die Pflege nicht abbildet. Weiter übersieht das DRG-System, dass pflegerische Sorge noch andere Anlässe der Leistungserbringung kennt als jene die medizinische Diagnose und ärztliche Therapie unterstützende.[157] Bereits oben hat sich ja gezeigt, dass für die Pflege noch weitere Dimensionen des (kranken) Menschen bedeutsam sind, wohingegen sich die Systematik der DRG-basierten Krankenhausfinanzierung allein auf die medizinische Linderung oder Therapie von Krankheitssymptomen konzentriert und andere Formen des Pflegebedarfs außen vor lässt. Hier stellt sich die Frage, ob Pflege über eine eigene professionelle Versorgungslogik verfügt und auf welche Weise solche pflegespezifischen Leistungen als wertschöpfende Dienstleistungen bewusst und transparent kommuniziert werden können. Ein Kernproblem liegt sicherlich darin, dass die Pflegebeziehung wesentlich von einer dynamisch-immateriellen Bedürfnislage des Kranken mitbestimmt wird (z.B. Kommunikation, Begleitungs- und Beratungstätigkeit). Dadurch erschwert sich die Formulierung einer Bedarfsnorm, d.h. eine genaue Festschreibung solcher immateriellen Güter. Eine pflegerische Leistung, die

Patientengruppe, durch ein interprofessionelles Behandlungsteam und die Definition eines diagnostischen und therapeutischen Handlungskorridors charakterisiert. Der Einsatz von so genannten Behandlungspfaden bietet die Möglichkeit zur Steuerung des Behandlungsprozesses, der Begrenzung des internen Leistungskonsums, der Reduzierung des Dokumentationsaufwands, der Verbesserung der medizinischen Behandlungsqualität sowie der Optimierung der Patienten- und Einweiserzufriedenheit.

[157] Vgl. BARTHOLOMEYCZIK, S. (2010): Zur Pflege im Krankenhaus, 211.

in enger Anbindung an die medizinische Behandlung erbracht wird, ist dagegen wesentlich leichter quantifizierbar und abbildbar. Wenn es aber nicht gelingt, die immateriell wirksamen Anteile der Pflege an den Produkten und dem Auftrag eines Krankenhauses transparent auszuweisen, ergibt sich für Krankenhäuser ein zusätzlicher Anreiz im Pflegebereich Einsparungen vorzunehmen.[158] Erste Modellinitiativen zum Aufweis pflegerischer Anteile an der Gesamtleistung setzen genau hier an. Seit 01.01.2010 wird beispielsweise der spezifisch pflegerische Arbeitsaufwand (= Pflegekomplexmaßnahmen) für definierte Patientengruppen erhoben. Die so gewonnenen Kennzahlen sollen nach dem Willen der Pflegeberufsverbände in die künftige Kalkulation der DRG-Behandlungskosten einfließen.[159]

## 2.2 Sinkende Personalausstattung bei steigender Personalbelastung

Das teuerste Glied innerhalb der Behandlungskette eines Kranken ist der stationäre Krankenhausaufenthalt. Darum loten Gesetzgeber und Krankenkassen Möglichkeiten zur stationären Kostenreduktion aus. Seitens der Einrichtungen führte der durch das neue DRG-Vergütungssystem hervorgerufene finanzielle Anreiz (oder Druck) zu einer sukzessiven Absenkung der Verweildauer. Während die durchschnittliche Liegezeit im Jahr 1991 noch bei 14 Tagen lag, dauerte ein stationärer Aufenthalt im Jahr 2012 nur noch 7,6 Tage – ein Rückgang um 45,7%![160] Obwohl mit der Verweildauerverkürzung eine Erhöhung der Pflegeintensität einher geht, sparte man im Wissen um den Personalkostenanteil an den betrieblichen Gesamtkosten allein zwischen 1995 und 2007 etwa 15% der Pflegestellen in den Krankenhäusern ein. Daran änderte auch der im Jahr 2008 unternommene Versuch eines bundesweiten Pflegepersonalaufbaus um 1.840 Stellen (0,7%) wenig. Ein weiterer Stellenabbau scheint zwar vorläufig gestoppt, trotzdem sieht sich eine ausgedünnte Belegschaft mit einer steigenden Arbeitslast konfrontiert.

Als grundsätzliche Schwierigkeit in der pflegerischen Stellenbemessung erweist sich der Umstand, dass in Deutschland bisher keine Untersuchung durchgeführt wurde, die die Personalausstattung eines Pflegedienstes mit den Gesundheitsindikatoren Kranker in eine direkte Relation setzt[161], und das, obwohl abzusehen ist, dass angesichts der prognostizierten demographischen Bevölkerungsentwicklung, steigender Chronifizierung und Multimorbidität sowie einer gering ausgeprägten Präventionsbereitschaft die Nachfrage nach pflegerischen Gesundheitsleistungen weiter steigen wird. Langfristig wird nur

---

[158] Vgl. Ebd. 212.
[159] Vgl. DEUTSCHER PFLEGERAT (2011): Pflege Positionen, 55.
[160] Vgl. STATISTISCHES BUNDESAMT (2013): Gesundheit. Grunddaten der Krankenhäuser 2012, 14f.
[161] Vgl. BARTHOLOMEYCZIK, S. (2010): Zur Pflege im Krankenhaus, 218.

eine pflegespezifische Ergänzung des DRG-Systems um Pflegeindikatoren eine angemessene Personalausstattung garantieren können. Zusätzlich scheint es notwendig, besonders pflegeaufwendige Menschen durch einen weiteren Berechnungswert für Pflegekomplexmaßnahmen wie Körperpflege, Ernährung, Bewegen/Lagern und Kommunikation zu erfassen.[162] Demgegenüber argumentieren die Kostenträger, dass mit der DRG-Einführung und der Verkürzung der Verweildauer Aufgaben aus dem Pflegebereich ausgelagert, d.h. auf andere Servicekräfte übertragen wurden, und die vorgenommenen Stellenumwandlungen deshalb gerechtfertigt seien. Unberücksichtigt bleiben jedoch bei dieser Argumentation die gestiegene Pflegeintensität während des stationären Krankenhausaufenthaltes, die Tendenz zum pflegerischen Versorgungszuwachs der Bevölkerung sowie ein Wandel in der Auseinandersetzung mit dem Thema ‚Krankheit' und den daraus resultierenden Herausforderungen für den Pflegedienst im Blick auf Kommunikation, Begleitung und Beratung im Zuge der Krankheitsbewältigung. Ebenso unerwähnt bleiben bei all den Frage- und Problemstellungen das dem pflegerischen Handeln zugrunde liegenden Menschenbild sowie die damit verbundenen Folgen für eine würdevolle Pflegepraxis.

## 2.3 Auswirkungen der Krankenhauswirklichkeit auf die Arbeitsbedingungen Pflegender und die Beziehungsgestaltung mit kranken Menschen

Wie wirken sich die Steuerungsmaßnahmen zur Reduktion stationärer Versorgungsaufwendungen auf die Arbeitsbedingungen Pflegender aus? Auf welche Weise werden Interaktion, Begleitungs- und Beratungstätigkeit davon berührt, die ja als ideelle Forderungen die Güte des Pflegehandelns wesentlich auszuzeichnen scheinen? – Zunächst beinhaltete der Kostendruck für die Krankenhäuser etliche ökonomische Anreize und führte zur Einleitung verschiedener Restrukturierungsmaßnahmen mit dem Ziel einer stärkeren Ausschöpfung personaler, materieller und zeitlicher Ressourcen. Im Zuge der Einführung des DRG-Systems kam es aber auch neben der (erhofften) Implementierung effizienterer Arbeitsabläufe zu Einsparungen im kostenintensiven Bereich der Personalausstattung.[163] Durch die veränderte Finanzlage scheint sich die Spannung zwischen ökonomischen Interessen, pflegerischen Arbeitsbedingungen und der Bedürfnislage Kranker zu erhöhen. Einige Anzeichen deuten auf eine Gefährdung der Patientensicherheit hin. Die Pflege-Thermometer-Befragung des DEUTSCHEN INSTITUTS FÜR ANGEWANDTE PFLEGEFORSCHUNG aus dem Jahr 2009 kommt zu dem Ergebnis, dass aufgrund der steigenden Arbeitsbe-

162 Vgl. Ebd. 212.
163 Vgl. SLOTALA, L. et al. (2008): Pflege unter Bedingungen des ökonomischen Wandels, 383/396.

lastung u.a. Mängel in den Bereichen der Beobachtung Verwirrter, der Mobilisation, der (emotionalen) Begleitung, der Gesprächshäufigkeit, der Lagerung, der Betreuung Sterbender, der Überwachung ärztlicher Anordnungen, der Ganzkörperpflege und der Händedesinfektion zutage treten.[164] Andere Fallstudien berichten über zu frühzeitige Entlassungen Operierter, eine Einschränkung diagnostischer Maßnahmen oder eine mangelnde psychosoziale Versorgung.[165] Solche und andere Defizite gehen dabei nicht nur zu Lasten der Kranken, sondern werden sich auf Dauer auch für ein Unternehmen als wirtschaftlich nachteilig erweisen, wenn Mängel in der Behandlungsqualität zu einer Fallzahlenregression oder zu einem Verlust der Arbeitsmotivation der Beschäftigten beitragen.[166] Die vorgenommenen Stellenstreichungen im Pflegedienst führen jedenfalls zu einer Zunahme der Arbeitsbelastung der verbleibenden Pflegekräfte, die wiederum zu Lasten der pflegerischen Versorgungsqualität geht und zur Rationierung psychosozialer Leistungen der Pflege beitragen.[167] Abseits aller ‚Sonderkonditionen' für privat Krankenversicherte reduziert sich Pflege quasi auf Verrichtungen im Schnellverfahren.[168] „Für ‚Fürsorge', ‚Zwischenmenschliches', ‚Patientengespräche' oder ‚Beratung' fehle (.) zunehmend die Zeit. Daneben führe der Personalabbau zu belastenden Formen der Arbeitsverdichtung, einer Zunahme physischer und psychischer Arbeitsbelastung sowie Erkrankungen beim pflegerischen Personal."[169]

Wie wirken sich die ökonomischen Umstrukturierungen auf die psychosoziale Versorgungsqualität der Kranken aus? HASLBECK arbeitete die Notwendigkeit einer fundierten Begleitungskompetenz professionell Pflegender heraus, die besonders im Zusammenhang mit der Bewältigung komplexer Medikamentenregimes durch chronisch Kranke gefragt ist.[170] Die qualitative Untersuchung belegt, dass sich Kranke in diesem Punkt vielfach unzureichend beraten fühlen und bestehende Anpassungsprobleme nicht gelöst werden. Gerade zu Beginn der Medikamentengabe fehle eine patientenorientierte Interaktion seitens des ärztlichen und pflegerischen Personals. Während die Gesundheitsprofessionen in der Akutphase auf die somatische Bewältigung der Krankheitsprobleme fokussiert sind, steckten die Erkrankten in einer krisenbedingten Handlungsunfähigkeit und suchen nach einer Unterstützung in einem ganz anderen Bereich: dem der Krankheitsbewältigung. Gefangen in mentaler Passivität rauschen Aufklärung und Information an den Erkrankten vorbei! Die primär somatische Orientierung der Pflegenden ignoriert damit

---

164 Vgl. ISFORT, M./WEIDNER, F. et al. (2010): Pflege-Thermometer 2009, 62/76.

165 Vgl. BUHR, P./KLINKE, S. (2006): Qualitative Folgen der DRG-Einführung für Arbeitsbedingungen und Versorgung im Krankenhaus unter Bedingungen fortgesetzter Budgetierung, 23f.

166 Vgl. Ebd. 26.

167 Vgl. Ebd. 23f.

168 Vgl. SLOTALA, L./BAUER, U. (2009): Das sind bloß manchmal die fünf Minuten, die fehlen, 60.

169 Ebd.

170 Vgl. HASLBECK, J. (2008): Bewältigung komplexer Medikamentenregime aus der Sicht chronisch Kranker, 48/61. HASLBECK interviewte primär chronisch Herzkranke (n = 21) und chronisch HIV-infizierte resp. an Aids erkrankte Personen (n = 9).

das situationsspezifische Bedürfnis nach Krisenbewältigung Betroffener und vermindert auf diese Weise die Wiedererlangung eines möglichst autonomen Selbstmanagements.

Um Veränderungen in der Arbeitsstruktur Pflegender rund um die Einführung des DRG-Systems zu erfassen, führten GALATSCH et al. zwischen den Jahren 2003 bis 2005 eine Längsschnittuntersuchung in drei ausgewählten Krankenhäusern durch.[171] Ein strukturierter Fragebogen erhob die subjektive Einschätzung Pflegender und ergänzte sie um eine so genannte Multimomentaufnahme, die mithilfe von Barcodescannern die tatsächlichen Tätigkeiten der Pflegedienstmitarbeiter erfasste. Die Ergebnisse der Studie belegen, dass der Anteil direkter Pflegetätigkeiten in allen Pflegearbeiten von 18,8% (2003) auf 14,3% (2005) zurückging. 65% der Befragten gaben an, dass seit DRG-Einführung einige, bisher zum pflegerischen Kernbestand zählende Aufgaben vernachlässigt würden (z.B. Mobilisation, Aktivierung, Beratung und Anleitung) und das, obwohl gerade auf prophylaktischen Maßnahmen angesichts verkürzter Verweildauer und steigender Pflegeintensität ein besonderes Augenmerk zu richten wäre. GALATSCH et al. beobachteten ebenfalls einen sukzessiven Rückgang in der Pflegekraft-Patient-Kommunikation von 6,6% auf 2,8%. Diese Ergebnisse werden durch Erhebungen von BUHR und KLINKE gestützt, die ebenfalls einen Rückgang psycho-sozialer Leistungen Pflegender in ihrer Untersuchung identifizierten.[172] BRAUN et al. konstatieren im Blick auf die psychosoziale Versorgungsqualität, dass zwar über 75% der Pflegekräfte die soziale und emotionale Zuwendung grundsätzlich als pflegerische Aufgabe begreifen, über 80% der Befragten allerdings aufgrund sonstiger Belastungen nie über die erforderliche Zeit für die Zuwendungsarbeit zu verfügen.[173] Zugleich halten die befragten Pflegekräfte die Erwartungen der Kranken an die psychosoziale Begleitung aber auch für überzogen.[174]

Besondere kommunikative Herausforderungen für Pflegende sehen LUDERER und BEHRENS in Verbindung mit Gesprächen, welche die Pflegekräfte nach erfolgter ärztlicher Aufklärung mit Kranken über deren Erkrankung, Prognose oder andere Interventionen führen (sollten).[175] Grundsätzlich dürfen Pflegende Fragen des Kranken zu seiner Erkrankung und zu medizinischen Maßnahmen nur beantworten, insofern die zu gebenden Informationen nicht über den Umfang oder Inhalt ärztlicher Aufklärung hinausgehen. Allerdings sind bei einem Großteil der Pflegenden keine genauen Kenntnisse darüber vorhanden, ob und in welchem Ausmaß die Betroffenen über ihre Erkrankung

---

[171] Vgl. GALATSCH, M. et al. (2007): Die Auswirkungen der DRG-Einführung aus Sicht der Pflege, 272/276.

[172] Vgl. BUHR, P./KLINKE, S. (2006): Qualitative Folgen der DRG-Einführung für Arbeitsbedingungen und Versorgung im Krankenhaus unter Bedingungen fortgesetzter Budgetierung.

[173] Vgl. BRAUN, B. et al. (2004): Gesundheitliche Belastungen, Arbeitsbedingungen und Erwerbsbiographien von Pflegekräften im Krankenhaus, 115ff.

[174] Vgl. Ebd. 116.

[175] Vgl. LUDERER, C./BEHRENS, J. (2005): Aufklärungs- und Informationsgespräche im Krankenhaus, 15/23.

tatsächlich schon ärztlicherseits informiert worden sind.[176] Dieses unzureichende Wissen schlägt sich beim pflegerischen Personal in Form von Verunsicherungen nieder und mündet in Vermeidungsstrategien (z.B. Verringerung der Verweildauer im Krankenzimmer), um sich belastenden und/oder kompromittierenden Gesprächssituationen zu entziehen. Bei den Kranken führt ein solches Pflegeverhalten wiederum zu Vertrauensverlust, Isolation und Einschränkungen in der Krankheitsverarbeitung.

Eine Studie über die Beziehungsgestaltung zwischen Pflegepersonal und Leistungsempfängern legt auch POHLMANN vor.[177] Die qualitative Studie über die spezifische Arbeitssituation in Krankenhäusern kommt zu dem Ergebnis, dass sich Pflegende zwischen den Polen von Sympathie und Antipathie, emotionaler Beteiligung und emotionaler Belastung, Hilflosigkeit und Helfen-können bewegen und sich von positivem oder negativem Feedback leiten lassen. Insgesamt präsentiere sich die Pflegekraft-Patient-Beziehung oft wenig professionell und hänge stark von der Situation und den beteiligten Individuen ab. Gerade in der Konfrontation mit dem Thema Leid, schwierigen Gesprächssituationen sowie dem Umgang mit Sterbenden erleben sich Pflegende als tendenziell hilflos und eher überfordert. Die Belastungen führen dazu, sich solchen Momenten zu entziehen.[178] Die Studienergebnisse weisen darauf hin, dass die Schaffung zeitlicher Ressourcen oder die Optimierung interprofessioneller Zusammenarbeit allein nicht zu einer zufriedenstellenden Lösung in Bezug auf die Kommunikationsaufgaben Pflegender beitragen werden, sondern dass zur professionellen Beziehungsgestaltung auch eine an die Erfordernisse der Kranken angepasste Qualifizierung Pflegender notwendig ist. Denn die Studien über die Arbeitsbelastungen und die psychosoziale Versorgungsqualität kranker Menschen förderten ein weiteres, interessantes Detail zu tage: den Faktor der mangelnden Qualifikation Pflegender zur Bewältigung schwieriger Gesprächssituationen. „Mit steigender Unsicherheit kam es bei den Befragten öfter vor, dass sie solchen Gesprächssituationen aus dem Weg gingen."[179] In der Untersuchung von LUDERER / BEHRENS gaben 22,3% der befragten Pflegekräfte an, solche Gespräche aus diesen Gründen zu vermeiden.[180] Zu ähnlichen Ergebnissen gelangt POHLMANN, wenn er feststellt, „dass die befragten Pflegenden sicherlich über allgemeines Fachwissen verfügen, nicht aber über die ausreichenden und spezifischen Fähigkeiten, um die Beziehung zwischen Pflegenden und Patienten professionell aufzubauen."[181] Eine solche Unsicherheit in der psychosozialen Begleitung gründet WETTRECK zufolge jedoch nicht allein in einem Bildungsdefizit Pflegender, sondern auch in einem psychologischen Selbstschutz im Umgang mit

---

176 Vgl. WIESING, U. et al. ($^2$2000): Die Aufklärung von Tumorpatienten, 2.

177 Vgl. POHLMANN, M. (2006): Die Pflegende-Patient-Beziehungen, 156/162.

178 Vgl. Ebd. 159.

179 LUDERER, C./BEHRENS, J. (2005): Aufklärungs- und Informationsgespräche im Krankenhaus, 21.

180 Vgl. LUDERER, C./BEHRENS, J. (2005): Aufklärungs- und Informationsgespräche im Krankenhaus, 21.

181 POHLMANN, M. (2006): Die Pflegende-Patient-Beziehungen, 161.

belastenden Situationen, der sich in einem typischen Verarbeitungsstil niederschlägt: der Flucht aus dem Krankenzimmer.[182]

## 2.4 Limitierende psychologische Faktoren der Pflegenden

Die bereits eingangs skizzierten Veränderungen im Krankenhaussystem zeigen, dass es aufgrund steigender Fallzahlen, Verweildauerverkürzung und Personalabbau zu einer Leistungsverdichtung innerhalb der stationären Versorgung der Kranken gekommen ist. Psychische und körperliche Arbeitsbelastungen der Pflegenden haben sich dadurch verstärkt und werden durch weitere Faktoren wie Überbelegung, schlechte Kommunikationsstrukturen, Defizite im Arbeitsklima, im Führungsverhalten oder der fachlichen Qualifikation intensiviert.[183] Zusätzlich erweist sich eine betont ökonomische Ausrichtung der Unternehmen als psychischer Belastungsfaktor, da Pflegende einem Missverhältnis zwischen der unternehmerisch geforderten Arbeitsbewältigung und dem eigenen ethisch-moralischen Pflegeideal hilflos gegenüberstehen.[184] Welche Konsequenzen ergeben sich aus diesem Setting für die Arbeitsfähigkeit Pflegender?

Überproportional sind Pflegende von Gesundheitsstörungen wie Muskel-Skelett-Erkrankungen oder psychischen Belastungsfolgen betroffen, die sich statistisch in einem erhöhten Krankenstand niederschlagen.[185] Im Jahr 2014 analysierte die DEUTSCHE ANGESTELLTENKRANKENKASSE (DAK) in ihrem alljährlichen Gesundheitsreport erneut die Arbeitsunfähigkeitsdaten ihrer Mitglieder.[186] Dabei liegen Mitarbeiter des Gesundheitswesens mit einem Krankenstand von 4,6% an der bundesweiten Spitze.[187] Zu einem ähnlichen Befund kommen frühere Kennzahlen zur Arbeitsunfähigkeit der GMÜNDER ERSATZKASSE (GEK) und der ALLGEMEINEN ORTSKRANKENKASSEN (AOK).[188] Als Ursache für das verhältnismäßig hohe Krankheitsniveau im Gesundheitswesen verweisen die Analysten auf den enormen Zuwachs belastender Arbeitsbedingungen: Arbeitsverdichtung, Rationalisierungen und Personalabbau gelten als

---

182 Vgl. WETTRECK, R. (2001): Am Bett ist alles anders, 59f.

183 Vgl. BRAUN, B. et al. (2004): Gesundheitliche Belastungen, Arbeitsbedingungen und Erwerbsbiographien von Pflegekräften im Krankenhaus, 12; Vgl. ISERINGHAUSEN, O. (2010): Psychische Belastungen und gesundheitliches Wohlbefinden von Beschäftigten im Krankenhaus, 117/127.

184 Vgl. Ebd. 118.

185 Vgl. BRAUN, B. et al. (2004): Gesundheitliche Belastungen, Arbeitsbedingungen und Erwerbsbiographien von Pflegekräften im Krankenhaus, 16; Vgl. DAK FORSCHUNG (2011): DAK Gesundheitsreport 2011, 108.

186 Vgl. Dies. (2014): DAK Gesundheitsreport 2014.

187 Vgl. Ebd. 102f.

188 Vgl. BRAUN, B. et al. (2004): Gesundheitliche Belastungen, Arbeitsbedingungen und Erwerbsbiographien von Pflegekräften im Krankenhaus, 15; Vgl. MACCO, K./ SCHMIDT, J. (2010): Krankheitsbedingte Fehlzeiten in der deutschen Wirtschaft im Jahr 2008, 340.

erschwerende, krankmachende Faktoren und bewirken eine Erhöhung des Krankenstandes.[189]

Der angeschlagene Gesundheitsstatus und der Krankenstand Pflegender verlagern die bestehende Arbeitslast auf die noch verfügbaren Kollegen im Krankenhaus. Aufgrund erkrankter Pflegedienstmitarbeiter oder eines insgesamt hohen Arbeitsanfalls müssen Arbeitszeiten verlängert oder zusätzliche Dienste übernommen werden – und zwar ohne Aussicht auf einen zeitnahen Freizeitausgleich. BRAUN et al. berichten, dass 70,4% der Befragten monatlich Überstunden zu leisten hätten, wobei die mittlere Überstundenzahl bei 16,15 Stunden pro Monat liegt.[190] So werden nicht nur notwendige Ruhe- und Erholungszeiten gefährdet, sondern positiven Ressourcen der noch arbeitsfähigen Mitarbeiter entgegengewirkt, wie sie sich zum Beispiel aus Sozialkontakten oder anderen Freizeitaktivitäten erschließen.[191]

Weitere Erschwernisse erwachsen aus dem gesundheitlich belastenden und zugleich sozial unverträglichen Wechselschichtdienst, der betrieblichen Ablauforganisation des Krankenhauses und dem pflegespezifischen Arbeitsfeld. Der stetige Wechsel von Früh-, Spät- und Nachtdienst gefährdet notwendige Ruhezeiten, wirkt sich negativ auf die circadiane Rhythmik aus und beeinträchtigt die Gestaltung von Erholungszeiten. Nicht unwesentlich wird das Pflegehandeln auch von anderen Betriebsabläufen des Krankenhauses mit- oder fremdbestimmt: durch die Anlieferung der Mahlzeiten, die ärztlichen Visitenzeiten, dem Diktat des Operationsplans oder die Arbeitszeiten der Therapie- und Diagnostikbereiche. Pflegerische Tätigkeiten sind damit nur bedingt eigenständig plan- und umsetzbar. Aber auch aufgrund andere Unwägbarkeiten kommt es immer wieder zur Unterbrechung von Arbeitsabläufen: Telefonanrufe, Patientenrufe, Anfragen von Angehörigen, plötzliche Neuaufnahmen oder Modifikationen im ärztlichen Behandlungsplan. Die Folge: Begonnene Tätigkeiten und Gespräche müssen dann unterbrochen und später erneut aufgenommen werden; ggf. können sie nicht in der Qualität zu Ende gebracht werden, wie sie dem eigenen beruflichen Selbstanspruch oder den situativen Erfordernissen angemessen wären. Die trotz der hohen Unterbrechungsrate der Arbeitsabläufe erwartete Handlungsflexibilität wird neben der generellen Arbeitsverdichtung als zusätzliche Belastung erlebt.[192] Darüber hinaus sind emotional bedrückende Tätigkeiten auszuführen: der Umgang mit Demenzerkrankten, Suchtpatienten, die Versorgung Inkontinenter oder die Betreuung Sterbender. Führt eine funktionale Arbeitsorganisation aber zu einem überwiegend fragmentarischen Arbeiten am Kranken (z.B. nur Verbandswechsel, Puls- und Blutdruckmessen) stellen sich weitere Unzufriedenheiten ein, da der

---

189 Vgl. DAK FORSCHUNG (2014): DAK Gesundheitsreport 2014, 5.

190 Vgl. BRAUN, B. et al. (2004): Gesundheitliche Belastungen, Arbeitsbedingungen und Erwerbsbiographien von Pflegekräften im Krankenhaus, 52.

191 Vgl. ISFORT, M./WEIDNER, F. et al. (2010): Pflege-Thermometer 2009; 53ff; Vgl. RAFFELHÜSCHEN, B./SCHÖPPNER, K.-P. (2012): Glücksatlas Deutschland 2012, 47ff.

192 Vgl. ISFORT, M./WEIDNER, F. et al. (2010): Pflege-Thermometer 2009, 65/68.

Gesamtüberblick verloren geht und die Sorge um den ganzen Menschen aus dem Blick gerät. Hinzu kommen andere körperliche Belastungen in Form langer Wege auf den Stationen, zahlreiche Arbeitsverrichtungen im Stehen, mangelnde Unterstützung durch Kollegen beim Heben und Lagern, Bücken im Zusammenhang mit der Durchführung der Körperpflege oder dem Bettenmachen sowie fehlende technische Hilfsmittel.[193] Schließlich können selbst die gesetzlich vorgeschriebenen Pausenzeiten von vielen (63%) nicht außerhalb des Arbeitsbereichs verbracht werden. Sie sind dadurch immer wieder von Unterbrechungen gefährdet.[194] Insgesamt führen solche Arbeitsbedingung die Pflegenden an die Grenzen ihrer körperlichen und psychischen Belastbarkeit.

Einen weiteren Faktor hinsichtlich der Belastungsfähigkeit Pflegender geben FISCHER und SCHAARSCHMIDT zu bedenken.[195] Sie untersuchten die Bedeutung individueller Persönlichkeitsmerkmale im Zuge der Bewältigung beruflicher Anforderungen. Generell seien innerhalb dieses Prozesses drei persönlichkeitsbezogene Weisen des Erlebens und Verhaltens relevant: (1) das Arbeitsengagement, (2) die Widerstandsfähigkeit gegenüber den Belastungen und (3) die berufsbezogenen Emotionen.[196] FISCHER/ SCHAAR-SCHMIDT ordnen diesen Kategorien elf Dimensionen zu und konzeptualisieren auf der Basis ihrer Studienergebnisse vier charakteristische Bewältigungsmuster Pflegender: „Die Pflegepersonen des Musters G erleben ihre Tätigkeit als herausfordernd, gut bewältigbar und persönlich befriedigend. Die Vertreter des S-Musters grenzen sich davon insbesondere durch geringe motivationale Zuwendung ab. Für die Personen der beiden Risikomuster steht das Überforderungserleben im Vordergrund, wobei es sich im Falle von A um die selbstgemachte Überforderung handelt, während das (besonders ungünstige) Bild des Musters B durch Resignation und Ohnmachtsgefühle gegenüber den Anforderungen gekennzeichnet ist."[197] Das Belastungserleben unterscheidet sich also je nach persönlichem Muster der Pflegekraft, wobei in den Altersgruppen ab 40 Jahren generell eine Zunahme der Risikomuster zu verzeichnen ist. Aus der Studie von FISCHER/SCHAARSCHMIDT wird deutlich, dass neben den Tätigkeitsbedingungen (wie z.B. Zeitdruck, Störungen im Arbeitsablauf) auch persönliche Dispositionen in der Bewältigung von Arbeitsanforderungen eine Rolle spielen.

Aufgrund der hohen körperlichen und psychischen Arbeitsbelastungen hat etwa die Hälfte der Pflegenden schon einmal über einen Berufswechsel nachgedacht.[198] Während junge und gut ausgebildete Pflegekräfte am häufigsten

---

193 Vgl. ESTRYN-BEHAR, M. et. al. (2005): Körperliche Belastungen beim Pflegepersonal, 101/108.

194 Vgl. BRAUN, B. et al. (2004): Gesundheitliche Belastungen, Arbeitsbedingungen und Erwerbsbiographien von Pflegekräften im Krankenhaus; 10; Vgl. ISFORT, M./WEIDNER, F. et al. (2010): Pflege-Thermometer 2009, 56.

195 Vgl. FISCHER, A./SCHAARSCHMIDT, U. (2003): Beanspruchungsmuster im Pflegeberuf, 169/194.

196 Vgl. Ebd. 170ff.

197 Ebd. 190.

198 Vgl. BRAUN, B. et al. (2004): Gesundheitliche Belastungen, Arbeitsbedingungen und Erwerbsbiographien von Pflegekräften im Krankenhaus, 69/76.

andere berufliche Perspektiven oder die Aufnahme eines Pflegestudiums in Betracht ziehen, sinkt die Neigung zum Berufswechsel bei den über 45-Jährigen.[199] Grundsätzlich zeichnen sich die im Beruf Verbleibenden durch einen eher schlechten Gesundheitsstatus, geringe Arbeitsfähigkeit und das Gefühl des Ausgebranntseins aus.[200] MASLACH und JACKSON prägten den Begriff des Burnouts in den 1970er Jahren als Trias aus (1) körperlichem, emotionalem und geistigem Erschöpfungszustand; (2) negativer, gefühllos-ablehnender Haltung gegenüber Dritten sowie (3) stark herabgesetzter persönlicher Leistungsfähigkeit.[201] Für WETTRECK ist der Burnout-Zustand Pflegender das typische Ergebnis eines Pflegeparadoxons: Einerseits sehen sich die Pflegenden selbst unter dem Postulat und Anspruch des individuellen Sich-Einlassen-Sollens auf die (existentielle) Situation des Kranken, aus der eine immaterielle Wertschätzung der Pflegeempfänger resultiert und die den gewählten Beruf als sinnvoll erfahren lässt.[202] Auf der anderen Seite erleben sich Pflegende als verhinderte Profession, die nicht wirklich zum Pflegen kommt, oder zum Selbstschutz oder zur Prophylaxe eigenen Ausbrennens eine „wirkliche Pflege"[203] in Form einer individuellen Einlassung auf den Kranken vermeidet und damit erneut die sinnstiftende, motivierende immaterielle Belohnung verliert.[204] Pflegende zeigen eine Selbstdistanzierung und Routinisierung, welche die eigene existentielle Resonanz gegenüber dem Erleben des Kranken verobjektiviert und emotional neutralisiert.[205] Das Burnout-Risiko Pflegender greifen auch HASSELHORN et al. in ihrer NEXT-Studie (= nurses early exit study) auf.[206] Die Untersuchung zeigt, dass ein Fünftel der Beschäftigten in der Kranken- und Altenpflege in Deutschland ihren Beruf wieder verlassen. Gerade junge und motivierte Mitarbeiter zwischen dem zweiten und vierten Berufsjahr sind besonders ausstiegsgefährdet.[207] Obwohl am Anfang gerade die Arbeit mit Menschen, das Helfenwollen und ein starkes Interesse an der Tätigkeit zur Berufswahl führten und generell eine hohe Begeisterung für den Beruf vorliegt, konfrontiert sie der Berufsalltag mit mangelnder Anerkennung und Personalentwicklung sowie negativen gesundheitlichen Folgewirkungen. Pflegende sehen sich emotionalen Herausforderungen wie aggressive und

---

199 Vgl. Ebd. 69f.

200 Vgl. HASSELHORN, H.-M. et al. (2005): Warum will Pflegepersonal in Europa die Pflege verlassen, 132.

201 Vgl. MASLACH, C./JACKSON, S. (1981): The measurement of experienced burnout, 99f.

202 Vgl. WETTRECK, R. (2001): Am Bett ist alles anders, 197/200.

203 Ebd. 71.

204 Vgl. Ebd. 15/27. 118ff.

205 Vgl. Ebd. 114f.157.

206 Vgl. HASSELHORN, H.-M. et al. (Hg) (2005): Berufsausstieg bei Pflegepersonal. – Im Rahmen der NEXT-Studie 2005 wurden knapp 40.000 Krankenschwestern und -pfleger aus 585 Krankenhäusern, Alten- und Pflegeheimen sowie ambulanten Pflegediensten aus 10 europäischen Ländern zu den möglichen Gründen eines Berufsausstiegs befragt (Belgien, Deutschland, Finnland, Frankreich, Großbritannien, Italien, Niederlande, Norwegen, Polen, Slowakei). In Deutschland lag der Anteil der befragten Krankenschwestern und -pfleger in Krankenhäusern bei 74,9% (n = 2.650).

207 Vgl. Ders. et al. (2005), Wunsch nach Berufsausstieg bei Pflegepersonal in Deutschland, 141.

problematische Patienten, Tod, Krankheit oder Leid ausgesetzt, die als psychosoziale Faktoren stark die eigene Belastungsfähigkeit herabsetzen. Hierbei kommen innere resp. äußere Anforderungen in ein immer stärkeres Ungleichgewicht mit ausgleichenden Faktoren wie Einkommen, Unterstützung und gesellschaftliche Anerkennung. Burnout als Indikator für psychische Erschöpfung wird dabei deutlich mit der Absicht des Berufsausstiegs assoziiert.[208]

## 2.5 Zusammenfassung

Die wirtschaftlichen Umbaumaßnahmen des deutschen Krankenhauswesens zeitigen umgreifende Veränderungen für Erkranke, Krankenhäuser und die dort Beschäftigten. Seit der DRG-Einführung im Jahr 2004 kommt es innerhalb der stationären Einrichtungen zu einer extremen Liegezeitenverkürzung und einer Optimierung medizinischer Behandlungsprozesse. Beide Faktoren tragen zu einer Verschlechterung der Arbeitsbedingungen Pflegender bei. Zusätzlich erschweren Informations- und Kommunikationsprobleme innerhalb des Krankenhausbetriebes die pflegerische Arbeitssituation. Körperliche, psychosoziale und arbeitsorganisatorische Belastungsfaktoren behindern positive Ressourcen der Regeneration und des gesundheitlichen Wohlbefinden. In der Stressverarbeitung werden dabei persönliche Dispositionen und eigene Ressourcen Pflegender wirksam. Überwiegend fühlen sich Pflegende überlastet und ausgebrannt! Obwohl eine pflegerische Begleitung Kranker fachlich geboten ist und die Mehrheit der Pflegekräfte die Kommunikation und emotional-existentielle Zuwendung gegenüber dem Kranken als sinnstiftende und motivierende pflegerische Aufgabe begreift, scheinen ein Mangel an Zeit und innerem Vermögen gegen diese Form der Interaktionsarbeit zu sprechen. Die Schere zwischen Qualitätsforderungen, dem eigenen Berufsverständnis und der tatsächlichen Arbeitsausführung geht immer weiter auseinander. Daneben deuten andere Studien darauf hin, dass auch Mängel seitens der beruflichen Qualifikation im Pflegehandeln wirksam werden.[209] Qualifikationsdefizite liegen in den Bereichen Interaktion, (existentielle) Begleitung und Beratung. Um dem Anspruch einer umfassenden Versorgung Kranker gerecht zu werden und die ökonomische Systemlogik zu durchbrechen, bedarf es folglich neben einem Aufweis pflegebezogener Gesundheitsleistungen und zu optimierender Arbeitsbedingungen auch einer bedarfsgerechten Qualifikation Pflegender. Darüber hinaus werfen die identifizierten Defizite im Arbeitsverhalten und der beruflichen Qualifikation die Frage auf, inwiefern die Pflege dem immer wieder vorgebrachten Anspruch auf Anerkennung als Profession selbst gerecht wird. Welche formalen Voraussetzungen müssten Pflegende

---

[208] Vgl. Ebd. 142.

[209] Vgl. dazu exemplarisch die Studien von: WETTRECK, R. (2001): Am Bett ist alles anders; LUDERER, C./BEHRENS, J. (2005): Aufklärungs- und Informationsgespräche im Krankenhaus; POHLMANN, M. (2006): Die Pflegende-Patient-Beziehungen.

tatsächlich erfüllen, um als Profession anerkannt zu sein? Welche Auswirkungen hätte ein solcher Status auf die Gestaltung des professionellen Verhältnisses zwischen Leistungserbringern und Leistungsempfängern? Welche Bedeutung spielt im professionellen Aushandlungsprozess die Kommunikation und inwieweit wird hier auch die spirituelle Dimension des Kranken im Rahmen einer existentiellen Begleitung wirksam? Oder sind spirituelle Faktoren mit Verweis auf eine zu wahrende professionelle Neutralität nicht generell aus dem Pflegegeschehen auszuklammern? Diesen und anderen Fragen wird im folgenden Kapitel nachgegangen.

# 3. Traumgespinst ganzheitlich-professionelle Pflege?

Immer wieder wird ganzheitliches Handeln als spezifisch-professionelles Merkmal der Pflege hervorgehoben: in Pflegetheorien, Pflegelehrbücher, Pflegeleitbildern, Dokumenten der WHO oder im Krankenpflegegesetz. Es bleibt allein äußerst diffus, welche Kriterien das Handeln Pflegender als ‚professionelles' Handeln qualifiziert, was unter dem Begriff der ‚Ganzheitlichkeit' zu verstehen ist und welche Verantwortlichkeiten aus einem als ganzheitlich-professionell zu qualifizierendem Pflegehandeln auch im Blick auf die spirituelle Dimension des kranken Menschen erwachsen.

## 3.1 Was die Rede von der professionellen Pflege überhaupt meint

Im Alltag steht eine bunte Mischung von Gütekriterien zur Charakterisierung beruflichen Pflegehandelns nebeneinander. Da ist die Rede von kompetenter, umfassender, ganzheitlicher, optimaler, evidenzbasierter oder eben professioneller Pflege. Manchmal grenzt man die professionelle Pflege von einer ‚laienhaften' Ausführung ab und meint damit wohl den Unterschied zwischen dem Handeln fachkundigen Personals und jenem unausgebildeter Arbeitskräfte. Auch Pflegeleitbilder und Pflegelehrbücher konfrontieren den Leser mit dem Gütekriterium einer ‚professionellen Pflege'.[210] Wenn solche Termini fallen, bleibt oft unklar, was eigentlich darunter zu verstehen ist. Eine Klarheit der Begrifflichkeit ist jedoch hilfreich, denn ohne ihre Erläuterung bleiben nicht nur ihr materialer Gehalt, sondern auch die daraus resultierenden

---

[210] Vgl. BRANDENBURG, H./WEIDNER, F. ([12]2012): Pflegewissenschaft und -forschung, 54; Vgl. JACOBS, P. ([12]2012): Wandel der Arbeitsprozesse und Entwicklung neuer Handlungsfelder, 25/30; Vgl. LAUSTER, M. et al. (Hg) ([6]2014): Pflege Heute, 34/37.

Konsequenzen unklar. Mit anderen Worten: Wenn Pflegende im Krankenhaus sich selbst als professionell Agierende verstehen, von dritter Seite als professionell Handelnde etikettiert oder als solche anerkannt werden wollen, dann muss deutlich werden, an welchen Kriterien sich ein solches professionelles Handeln zu orientieren hat und welche Erwartungen Pflegeempfänger an die Pflegeprofessionellen herantragen können.

Während in der Alltagssprache professionelles Handeln häufig ein systematisches oder effizientes Vorgehen beschreibt, bei dem sich der Handelnde nicht von irgendwelchen spontanen Emotionen leiten lässt, qualifiziert sich professionelles Handeln aus professionssoziologischer Sicht durch andere Merkmale.[211] PFADENHAUER unterscheidet professionelles Handeln unter zwei Blickrichtungen: (1) entweder als Handeln einer Profession an sich oder (2) als ein Handeln unter bestimmten Gütekriterien.[212] Dieser Klassifikation lassen sich zwei bedeutende Richtungen innerhalb der Professionssoziologie zuordnen: der klassische, merkmalsorientierte Professionsansatz und ein eher auf das professionelle Handeln bezogener strukturtheoretischer Ansatz.

### *3.1.1 Der merkmalsorientierte Professionsansatz*

Der merkmalstheoretische Ansatz versteht unter professionellem Handeln das Handeln einer Profession. Vertreter dieser klassischen professionssoziologischen Position gehen davon aus, dass eine Berufsgruppe dann als Profession zu bezeichnen ist, wenn sie bestimmte Strukturmerkmale vorweist und innerhalb einer modernen Gesellschaft deshalb klar definierte Macht- oder Statussymbole einnimmt, weil sie für die Allgemeinheit eine exzeptionelle Funktion erfüllt.[213] In Anlehnung an PARSONS wird der merkmalstheoretische Ansatz auch häufig als strukturfunktionalistisches Modell bezeichnet. Dabei erweisen sich die Professionen für ein reibungsloses Funktionieren des Sozialen als unentbehrlich, da die zur gesellschaftlichen Problemlösung notwendige Generierung und Anwendung natur- und geisteswissenschaftlicher Erkenntnisse erst durch das professionelle Setting ermöglicht werden.[214] Die professionelle Dienstleistung zur Bewältigung gesellschaftlicher Herausforderungen vollzieht sich über die Lösung individueller Problemlagen.[215] Zur bestmöglichen Umsetzung solcher Aufgaben bedürfen Professionen einer gewissen Handlungsautonomie, die einer hohen

---

211 Vgl. MIEG, H. (2003): Problematik und Probleme der Professionssoziologie, 21f.

212 Vgl. PFADENHAUER, M. (2005): Die Definition des Problems aus der Verwaltung der Lösung, 9. – Auch andere Autoren unterscheiden zwischen dem Professionalisierungsgrad eines Berufes und der Handlungsdimension. Sie votieren für eine professionelle Pflegepraxis, die sich unabhängig vom Professionalisierungsgrad verwirklichen ließe (Vgl. ISFORT, M. (2003): Die Professionalität soll in der Praxis ankommen, 325/329; Vgl. GIESEKE, M. (2006): Pflege – was ist das?, 3/31).

213 Vgl. PARSONS, T. (1939): The Professions and Social Structure, 457; Vgl. KELLNHAUSER, E. (1994): Krankenpflegekammern und Professionalisierung der Pflege; Vgl. RITZER, G./ WALCZAK, D. ([3]1986): Working, 70.

214 Vgl. PARSONS, T. (1939): The Professions and Social Structure, 457.

215 Vgl. Ebd. 458.

Selbstkontrolle (z.B. Kontrolle über Zugang und Regelung der Ausbildung, ethische Verhaltensvorgaben) unterliegt und unter dem Postulat der Gemeinwohlorientierung steht. Grundsätzlich erfordert der ethische Kodex eine von persönlichen Präferenzen sowie altruistischen oder kommerziellen Motiven unabhängige professionelle Leistungserbringung, die sich an der Bedürfnislage der Empfänger zu orientieren hat.[216] Im Gegenzug werden den Professionellen gewisse Anreize zugestanden (z.B. leistungsgerechte Vergütung, Handlungsautonomie, gesellschaftliches Prestige).

Unter den Soziologen herrscht bis dato kein abschließender Konsens über den Kanon der Professionsmerkmale.[217] Zur Klärung wird oft auf die USA verwiesen, doch auch dort findet sich kein eindeutiger Konsens.[218] Aber trotz abweichender Merkmalszuschreibungen lassen sich Elemente identifizieren, die sich in vielen Definitionen wiederfinden. Dazu zählen (1) die kognitive Dimension mit einem Corpus spezifischen Wissens und besonderen Problemlösungsfertigkeiten, welche die Professionen in der Praxis anwenden und für deren Erwerb eine besondere Ausbildung erforderlich ist; (2) die normative Dimension, die neben der Gemeinwohlorientierung auch einen spezifischen ethischen Kodex einschließt, und dadurch die Selbstverwaltung rechtfertigt; und schließlich (3) die weitgehende Selbstkontrolle auf der Handlungsebene, welche die gesellschaftliche Sonderstellung der Professionen, deren Kompetenz, Verantwortung, Autonomie sowie deren soziales Ansehen unterstreicht, und in welche die Öffentlichkeit oder der Staat wesentlich geringfügiger regulierend eingreift, als das in anderen nichtprofessionellen Berufssparten der Fall ist.[219] Daraus lassen sich als essentielle Professionsmerkmale zur gesellschaftlichen Anerkennung eines bestimmten Berufes als Profession folgende Kriterien ableiten: (1) Das über eine universitäre Ausbildung erworbene theoretische Wissen sowie die Aneignung praktischer Kenntnisse und Problemlösungstechniken[220]; (2) eine Gemeinwohlorientierung; (3) eine professionsspezifische Kultur (Berufsorganisation, Selbstverwaltung und -evaluation, Berufsethik); sowie (4) ein staatlich legitimiertes Handlungsmonopol und eine damit korrespondierende Handlungsautonomie. Die Erfüllung oder Nichterfüllung solcher Charakteristika entscheidet nach dem merkmalsorientierten Ansatz darüber, ob ein Beruf den vollen Status einer Profession beanspruchen kann, wobei letztlich die tatsächliche Anerkennung von der gesellschaftlichen Akzeptanz abhängig bleibt.

---

[216] Vgl. Ebd. 461/467.

[217] Vgl. GOODE, W. (1960): Encroachment, Charlatanism, and the Emerging Profession, 902f; Vgl. PFADENHAUER, M./SANDER, T. (2010): Professionssoziologie, 361f.

[218] HESSE identifizierte in einer Analyse von 20 professionssoziologischen Beiträgen insgesamt 18 übereinstimmende Professionsmerkmale (Vgl. HESSE, H.A. (1968): Berufe im Wandel, 46f).

[219] Vgl. GREENWOOD, E. (1957): Attributes of a Profession, 45/55; Vgl. BARBER, B. (1963): Some Problems in the Sociology of the Professions, 669/668; Vgl. LARSON, M.S. (1977): The Rise of Professionalism, X; Vgl. KELLNHAUSER, E. (1994): Krankenpflegekammern und Professionalisierung der Pflege, 42.

[220] In jenen Professionen, in denen der Wissensbestand einem kontinuierlichen Wandel unterliegt, ist über die grundständige Ausbildung hinaus eine kontinuierliche Aktualisierung erforderlich (Vgl. BARBER, B. (1963): Some problems in the sociology of the professions, 674).

Der merkmalstheoretische Ansatz hat eine lange Tradition, benennt jedoch eher das Endergebnis eines Professionalisierungsprozesses und beschreibt weniger die Kennzeichen professionellen Handelns an sich. Des Weiteren werden die Mechanismen tatsächlicher Selbstkontrolle sowie die professionellen Kontrollinstanzen kontrovers diskutiert. Kritikern zufolge bleibe nicht nur die Art und Weise tatsächlicher Selbstregulierung unbestimmt, sondern das Modell berücksichtige keine alternativen Kontrollinstanzen (wie z.B. den Staat oder die Leistungsempfänger), welche institutionalisierte Machtverhältnisse zugunsten anderer öffnen könnten.[221] Darüber hinaus ist bei Forderungen nach einem Übertrag auf andere Länder der Entstehungskontext des merkmalstheoretischen Ansatzes zu bedenken. Während Professionen in den USA und England in Fragen der Ausbildung und Zulassung oder im Bereich der Sanktionierung von Fehlverhalten per se eigenverantwortlich agieren, zeigt sich in Deutschland aufgrund einer stärkeren Lenkung staatlicherseits eine wesentlich geringere Professionsautonomie. Ein Umstand, der in der Bürokratisierung Preußens gründet und bis heute in den Bereichen staatlicher Ausbildungsregulierung und Berufsaufsicht nachwirkt.[222]

### *3.1.2 Der strukturtheoretische Professionsansatz*

Gegenüber dem merkmaltheoretischen Professionsverständnis erschließt OEVERMANN die Zurechnung beruflich Tätiger zu einer Profession von ihrer Handlungsdimension her. Sie hat sich im Kontext einer systematischen Erneuerung des Klienten durch Krisenbewältigung zu bewähren.[223] Krisenkonstellationen konfrontieren den Professionellen mit nicht standardisierbaren Problemstellungen, in denen schematisierte Formen der Wissensanwendung nicht greifen.[224] Anlass einer klientenbezogenen, stellvertretenden Krisenbewältigung durch den Professionellen ist eine vergangene aktiv-praktische Entscheidung des Hilfesuchenden im Sinne einer spontanen, reflexartigen, intuitiven, von der Richtigkeit überzeugten Entschließung, die der Unausweichlichkeit des Sich-entscheiden-Müssens folgte.[225] Die Handlungen des Klienten zielten auf eine Eliminierung der Krisensituation aus eigener Kraft, erwiesen sich jedoch nicht als zielführend.[226]

In einer solchen Situation strebt das professionelle Handeln nach einer Beseitigung oder Abmilderung der leiblichen und/oder psychosozialen Beschä-

---

221 Vgl. RÜSCHEMEYER, D. (1980): Professionalisierung, 316ff.

222 Vgl. GOODE, W. (1957): Community within a community, 197; Vgl. GREENWOOD, E. (1957): Attributes of a profession, 48f; Vgl. RÜSCHEMEYER, D. (1980): Professionalisierung, 317.324f; Vgl. MIEG, H. (2003): Problematik und Probleme der Professionssoziologie, 13f.

223 Vgl. OEVERMANN, U. (1996): Theoretische Skizze einer revidierten Theorie professionellen Handelns, 82.

224 Vgl. Ders. (2002): Professionalisierungsbedürftigkeit und Professionalisiertheit pädagogischen Handelns, 25.

225 Vgl. Ders. (1996): Theoretische Skizze einer revidierten Theorie professionellen Handelns, 82.

226 Vgl. Ebd. 84.

digung des Empfängers. Ausgangspunkt ist die Annahme, dass die den Menschen umgebende Wirklichkeit nicht allein von materiellen Gegebenheiten, sondern durch eine dem Einzelnen entgegentretende Bedeutungs- resp. Sinnstruktur der psychischen und sozialen Tatsachen konstruiert wird.[227] Mit diesem Wirklichkeitsverständnis korrespondieren zwei materiale Wertbezüge, die für OEVERMANN universal und zwingend mit im Spiel sind: (1) Die Gewährleistung somato-psycho-sozialer Integrität der je konkreten Lebenspraxis und (2) die Sicherstellung von Gerechtigkeit im gesellschaftlichen Zusammenleben, für die ein gemeinsames konkretes Rechtsbewusstsein gilt.[228] „Beide Foci werden erst thematisch unter der Bedingung der Krise bzw. des krisenhaften Scheiterns von Alltagspraxis. Es stehen dann bis dahin für unproblematisch gehaltene Routinen der Lebensführung in Frage."[229] Eine solche Krisensituation tritt ein, wenn der Betreffende aus sich selbst heraus nicht mehr zu einer zufriedenstellenden Bewältigung der gestellten Aufgaben in der Lage und zu ihrer Bearbeitung die Hinzuziehung gesellschaftlich lizensierter Professioneller angezeigt ist. Das professionelle Tun befasst sich mit den bestehenden Geltungsansprüchen und strebt eine Wiedererlangung leiblicher und psychosozialer Integrität der Betroffenen an. „Dessen Logik besteht darin, dass für grundsätzlich nicht standardisierbare Problemstellungen, also genuine Krisenkonstellationen von Lebenspraxis, die dazu passenden ebenfalls nicht standardisierbaren Problemlösungen mit den naturwüchsigen Bordmitteln dieser primären Lebenspraxis nicht mehr entwickelt werden können und an eine wissenschaftlich legitimierte Expertise delegiert werden müssen."[230] Auf der Basis wissenschaftlichen Wissens und der habituell erworbenen Befähigung zur Aufrechterhaltung eines (therapeutischen) Arbeitsbündnisses tritt der professionell Handelnde mit dem Hilfeempfänger in eine Beziehung ein, die unter dem Postulat einer Hilfe zur Selbsthilfe steht und damit einem potentiellen Autonomieverlust vorbeugen will.[231] Das Arbeitsbündnis als widersprüchliche Einheit von diffusen und spezifischen Sozialbeziehungen sowie von Autonomie und Abhängigkeit bildet den unverzichtbaren Rahmen für diese Form der professionellen Praxis als hermeneutisches Fallverstehen. Analog zu einer diffusen Sozialbeziehung soll der Klient, der sich aus freiem Entschluss auf die therapeutische Beziehung einlässt, alles thematisieren können, was ihn beschäftigt. Das gleiche gilt für den Therapeuten, der seinerseits keinen Bereich aussparen sollte, damit er in der Rolle des Übertragungsobjektes alle durch den Klienten übertragenen Gefühle in sich aufsteigen lassen kann. Zugleich verbleibt der Therapeut aber im Modus der spezifischen Rollenbeziehung, indem er zwar einen atmosphärischen Raum öffnet, indem der Klient alles zur

---

[227] Vgl. Ebd. 73.
[228] Vgl. Ders. (2002): Professionalisierungsbedürftigkeit und Professionalisiertheit pädagogischen Handelns, 23.
[229] Ebd.
[230] Ebd. 25.
[231] Vgl. Ebd. 25f.

Sprache bringen kann, selbst aber nur innerlich an der diffusen Sozialbeziehung partizipiert, d.h. die übertragenen Gefühle nicht ausagiert und somit die rollenförmige Differenz wahrt. Demzufolge besteht die Symmetrie zwischen Klient und Therapeut also nur latent. „Der Patient sucht Hilfe als Beschädigter, und der Therapeut bietet kompetente Hilfe an unter der Voraussetzung, dass er seinerseits dafür garantieren kann, dass Beschädigungen auf seiner Seite nicht ins Spiel kommen, sondern im Gegenteil: dass die Bedingungen für eine souveräne Grenzziehung zwischen den spezifischen und diffusen Anteilen der therapeutischen Praxis jederzeit erfüllt sind.“[232] Auf der Grundlage eines bedingungslosen Vertrauens des Betroffenen in die begleitende Person geht es also um ein Verstehensangebot, das sonst nur in intimen Sozialbeziehungen Raum findet, und gleichzeitig die professionellen Grenzen wahrt.

In diesem Setting versucht das hermeneutische Fallverstehen und die damit eng verbundene stellvertretende Krisenbewältigung auf der Basis des erworbenen Wissensbestandes die konkrete, individuelle Krisenkonstellation zu begreifen, d.h. zu rekonstruieren und zu verstehen. „Das ist eine in sich nicht standardisierbare methodische Operation, die der je individuierten Konkretion einer Fallstrukturgesetzlichkeit rekonstruktionslogisch zu folgen hat.“[233] An die diagnostische Phase schließt sich eine dem Einzelfall angemessene Problemlösung an, die den Hilfesuchenden einbezieht, seine Autonomie achtet sowie eine Aktivierung der Eigenkräfte anstrebt. Auf diese Weise wird das professionelle Tun wesentlich zu einem gesellschaftlichen Ort „der Vermittlung von Theorie und Praxis unter Bedingungen der verwissenschaftlichten Rationalität, das heißt unter Bedingungen der wissenschaftlich zu begründenden Problemlösung in der Praxis.“[234]

OEVERMANN differenziert bei den (noch) nicht professionalisierten Tätigkeiten zwischen solchen, die professionalisierungsbedürftig sind, und jenen, für die das nicht gilt. Als professionalisierungsbedürftig werden Dienstleistungen eingestuft, die nicht standardisiert werden können, weil sie sich mit lebenspraktischen Krisen resp. der stellvertretenden Krisenbewältigung befassen.[235] Zum Erweis der Professionalisierungsbedürftigkeit muss hingegen aufgewiesen werden, dass eine Notwendigkeit zur Professionalisierung einer Berufspraxis aus den beschriebenen Gründen besteht, die faktisch jedoch noch nicht erfolgt oder abgeschlossen ist. Die Formation einer Profession reduziert sich für OEVERMANN nicht auf den Erwerb von Wissen, sondern wird als umfassende Heranbildung eines Habitus verstanden, d.h. über die wissenschaftliche Begründungskompetenz hinaus zielt die Professionalisierung auf Kompetenzen im Grenzbereich zwischen Wissenschaft und Praxis, welcher der

232 Ders. (1996): Theoretische Skizze einer revidierten Theorie professionellen Handelns, 118.

233 Ders. (2002): Professionalisierungsbedürftigkeit und Professionalisiertheit pädagogischen Handelns, 31.

234 Ders. (1996): Theoretische Skizze einer revidierten Theorie professionellen Handelns, 80.

235 Vgl. Ders. (2002): Professionalisierungsbedürftigkeit und Professionalisiertheit pädagogischen Handelns, 32.

strukturelle Ort dieser in sich praktischen Vermittlung von Theorie und Praxis ist.[236] Der Professionelle benötigt Kenntnisse der Pathologie (Diagnose, Symptome) und muss bei jemandem Dritten diese Kenntnisse fallverstehend anwenden und die Lebens- und Traumatisierungsgeschichte interpretieren und verstehen können.[237] Aber: Weder die das Wissen resp. die Fähigkeit zur Einordnung noch alleiniges (biographisches) Verstehen sind für sich genommen ausreichend. Beides (Erklären und Fallverstehen) sind für einen professionell Handelnden essentiell. Dabei geht es um eine Zusammenschau von körperlichen und psychosozialen Aspekten bei Betroffenen, „denn (...) die reale Verzahnung oder Verschränkung von sozio- und psychogenetischen Mechanismen mit organischen und physiologischen Vorgängen (ist) je nach Krankheit von unterschiedlichem Gewicht, aber eben grundsätzlich nicht von der Hand zu weisen. (...) Unter diesen Gesichtspunkten drängt sich eine ganzheitliche Betrachtung der therapeutischen Praxis streng erfahrungswissenschaftlich auf, die nicht zwangsläufig wissenschaftsfremden Prämissen einer Esoterik oder Lebensphilosophie geschuldet sind.“[238]

### *3.1.3 Zusammenfassung*

Im Blick auf den Pflegeberuf in Deutschland wurden zwei theoretische Ansätze der Professionssoziologie bedacht und als Analyseinstrumente zur Einschätzung der Professionalisierungsfähigkeit resp. des Professionalisierungsgrades herangezogen. Im Gegensatz zum merkmalstheoretischen Ansatz, in dem stärker Statusprivilegien und das spezifische Handlungsmonopol im Mittelpunkt stehen, konzentriert sich die strukturtheoretische Professionstheorie auf die Aufgabe der stellvertretenden Krisenbewältigung für den Klienten, und zwar in solchen Lebenspraxen, in denen sie ihre Krisen nicht mehr selbst bewältigen können und zu deren Bewältigung einer fremden Expertise bedürfen. Orientieren sich die Professionalisierungsdebatten Pflegender in Westdeutschland Anfang der 1990er Jahre noch sehr stark am merkmalstheoretischen Ansatz, richtet sich der Fokus in den Folgejahren auf die Optimierung fachlicher Kompetenz durch die Rezeption handlungstheoretischer Professionalisierungstheorien aus den Sozialwissenschaften. Der exemplarische Durchgang durch den merkmals- und strukturtheoretischen Ansatz zur Klärung dessen, wie professionelles Handeln auszulegen ist, hat gezeigt, dass der strukturtheoretische Professionalisierungsansatz OEVERMANNs stärker als der merkmalstheoretischen Ansatz die Handlungsdimension hervorhebt und damit eine hohe Anschlussmöglichkeit zum Thema dieser Arbeit bietet – der spirituellen Begleitung kranker Menschen durch Pflegende. Zugleich blendet OEVERMANNs Professionsverständnis andere Aspekte des merkmalstheoretischen

---

236 Vgl. Ders. (1996): Theoretische Skizze einer revidierten Theorie professionellen Handelns, 124.
237 Vgl. Ebd. 126.
238 Ebd. 130f.

Ansatzes nicht aus (z.B. Erwerb eines spezifischen Wissenskorpus). Daher wird im Anschluss an OEVERMANN und mit WEIDNER professionelles Pflegehandeln definiert als „ein personenbezogenes, kommunikativem Handeln verpflichtetes, stellverätretendes und begleitendes Agieren auf der Basis und unter Anwendung eines relativ abstrakten, ‚dem Mann auf der Straße‘ nicht verfügbaren Sonderwissensbestandes sowie einer praktisch erworbenen hermeneutischen Fähigkeit der Rekonstruktion von Problemen defizitären Handlungssinns in aktuellen und potentiellen Gesundheitsfragen betroffener Individuen. Die professionellen Handlungen basieren auf praktisch-technischen, klinisch-pragmatischen und ethisch-moralischen Kompetenzen des Pflegepraktikers und verabfolgen auf der Grundlage der Diagnostizierung des individuellen Pflegebedarfs und der (gemeinsamen) Festlegung von realistischen Pflegezielen, der Planung der angemessenen Pflegemaßnahmen, der Durchführung derselbigen sowie der Überprüfung des Pflegeerfolges und etwaiger, wiederholter, modifizierter pflegeprozessualer Durchläufe.“[239]

## 3.2 Was meint die Rede von der Ganzheitlichkeit?

In den bereits eingangs skizzierten ideellen Entwürfen und normativen Vorgaben des Pflegeberufs wurden verschiedentliche Forderungen nach einer individuellen und ganzheitlichen Pflege artikuliert. So entsteht der Eindruck: „Pflege kann nur von einem ganzen Menschen an einem ganzen Menschen geübt werden.“[240] Wie lässt sich jedoch Ganzheitlichkeit etymologisch erschließen und welche Konsequenzen ergeben sich daraus für ein ganzheitliches Pflegehandeln?

In dem Begriff der ‚Ganzheitlichkeit’ steckt das Wort ‚Ganzheit’ als Abstraktum des Adjektivs ‚ganz’, der die Unverletzlichkeit und Vollständigkeit von etwas herausstellt.[241] Ähnlich verhält es sich mit dem häufig synonym zur Ganzheitlichkeit gebrauchten Begriff des Holismus vom griechischen ‚holon’ (= das Ganze). Der Begriff ‚Holismus’ wurde 1926 von SMUTS geprägt.[242] Er besagt, dass alle Daseinsformen danach Streben Ganze zu sein. „Das höchste konkrete Ganze ist die menschliche Persönlichkeit.“[243] Analog zur etymologischen Bedeutung ist damit eine pflegerische Totalitätsperspektive gemeint, die alle Erfordernisse, Strukturen und Prozesse im Blick behält, wozu auch der kranke Mensch als komplexe Einheit aus verschiedenen Systembestandteilen zählt. Eine solche Totalitätsperspektive richtet sich „gegen eine mechanistische oder

---

239 WEIDNER, F. (³2004): Professionelle Pflegepraxis und Gesundheitsförderung, 126.
240 STICKER, A. (1983): Patientenorientierte Krankenpflege – eine Tradition?, 250.
241 Vgl. KLUGE, F. (²³1995): Art. ganz, 298.
242 Vgl. GOERDT, W. (1974): Art. Holismus, 1167.
243 Ebd.

atomistische Sichtweise, die die Bedeutung der Zusammenhänge zwischen Einzelelementen ignoriert."[244] Indem das holistische Prinzip einem pflegerischen Reduktionismus entgegenwirken will, stellt es das besondere des Ganzen heraus, unterstreicht jedoch zugleich den Eigenwert der einzelnen Elemente.[245]

Bereits in den 1980ziger Jahren stellte ELKELES in einer Studie zur Arbeitsorganisation in der Pflege dem System der Funktionspflege den Entwurf einer ganzheitlichen Pflege gegenüber.[246] Ganzheitliche Pflege versteht ELKELES als Pflegearbeit am und mit dem kranken Menschen, deren Arbeitsinhalt gewissermaßen aus der Patientenperspektive begriffen werden muss.[247] „Arbeitsinhalt ist der Komplex jener Arbeitshandlungen, die ausgelöst werden durch die Existenz eines bestimmten Pflegebedürfnisses. Dieses umfasst Handlungen kommunikativer, planender, pflegetechnischer, im weiten Sinne vermittelnder sowie sonstiger Art. Gerade dieses gemeinsame Auftreten verschiedener Handlungsarten zur Befriedigung eines bestimmten Pflegebedürfnisses (z.B. nach postoperativer Versorgung) verleiht der Pflege den Charakter einer ganzheitlichen Arbeit."[248] Eine Arbeitsorganisation in Form der Ganzheitspflege versteht ELKELES als Gegenmaßnahme zu einer sinnentleerenden Funktionspflege. Ähnlich argumentieren FIECHTER/MEIER, für die eine Pflege des kranken Menschen dann als ganzheitlich zu gelten hat, „wenn der Patient die Dienstleistungen, die er empfängt, auch als ganzheitlich und koordiniert empfindet."[249]

STICKER fokussiert ebenfalls die Art der Arbeitsausführung, wenn sie zwischen medizinisch verordneter Behandlungspflege und pflegerischer Sorge unterscheidet. „In der Behandlung steht das kranke Organ im Mittelpunkt. Die Sorge aber richtet sich auf den kranken Menschen als solchen. Dieser Begriff schließt in sich alles an Pflichten und Anforderungen, die das Pflegertum erfordert. Es muss also derjenige, der Kranke pflegt, ein großes und reifes Wissen besitzen. Er muss wissen, dass der Mensch eine Ganzheit ist. Und um diese Ganzheit muss seine Sorge gehen."[250] Aus der Perspektive des kranken Menschen argumentiert ABHOLZ, wenn er keine Reduktion des Kranken auf seine Krankheit fordert. „Die umfassende Betreuung aller Aspekte des Krankseins unter Beachtung der Lebensbedingungen des Patienten, seiner Vorstellung zu Krankheit und Gesundheit sowie seiner Wünsche am Behandlungsprozess teilzunehmen oder sich in ihm passiv zu verhalten. Ganzheitlichkeit hat also wesentlich den kranken Patienten, das Kranksein, nicht aber die Krankheit als Ziel der Betreuung. Es wird der Mensch, hier der Patient, mit seinen Wünschen und Hoffnungen als Teilnehmer im Betreuungs- und Behandlungsprozess akzeptiert."[251]

---

244 STEMMER, R. (1999): Ganzheitlichkeit in der Pflege – unerreicht, da unerreichbar?, 87.
245 Vgl. Ebd. 89.
246 Vgl. ELKELES, T. (1988): Arbeitsorganisation in der Krankenpflege.
247 Vgl. Ebd. 39.
248 Ebd.
249 FIECHTER, V./MEIER, M. ([9]1993): Pflegeplanung, 25.
250 BUSSE-KENN, M.-L. (1953): Arzt und Schwester im Krankenhaus, 30.
251 ABHOLZ, H.-H. (1989): Problematische Auswirkungen von Ganzheitlichkeit in der Allgemeinmedizin, 129.

In ihrer kritischen Analyse der Krankenpflege als Frauenberuf kommt BISCHOFF ebenfalls auf Gütekriterien der Pflege zu sprechen. „Patientenorientierte Pflegekonzepte sind aus den USA importiert und durch die WHO, vor allem durch das ‚Mittelfristige Programm für das Krankenpflege- und Hebammenwesen' auch in Deutschland verbreitet worden und werden hier seit etwa Anfang der 70er Jahre diskutiert. Eine eindeutige und einheitliche Definition des Begriffs ‚Patientenorientierung' ist noch nicht entwickelt worden. Die Begriffe ‚individuelle', ‚ganzheitliche' und ‚menschengerechte Pflege' werden synonym verwendet. Über die Inhalte scheinen sich jedoch alle mehr oder weniger einig zu sein, betrachtet man diesbezügliche Publikationen in der Fachpresse. Der theoretische Hintergrund wird teilweise von Annahmen und Auffassungen aus der humanistischen Psychologie gestützt. Dies betrifft vor allem das Menschenbild. Der Mensch wird als Individuum und Einheit seiner psychischen, geistigen, physischen und sozialen Elemente gesehen. (…) Im Mittelpunkt der patientenorientierten Pflege steht das Konzept der ‚Ganzheitlichkeit'. Für die Krankenpflege bedeutet dies, dass sie sowohl Krankheit des Patienten als auch seine Befindlichkeit im Erleben der Krankheit sowie seine sozialen Bezüge berücksichtigen muss. Durch die Einbeziehung der physischen, psychischen und sozialen Pflegebedürfnisse bekommt die Pflege ihren ganzheitlichen Charakter."[252] An anderer Stelle plädiert BISCHOFF nach einem Durchgang durch historische Traditionen der Philosophie und Wissenschaft dafür, dass aus der Ganzheitsbewegung die Vorstellung vom Menschen als ganzheitliches Wesen in Interaktion mit der Umwelt, die Einbeziehung des Subjekts in die Pflege, die individuelle Betrachtungsweise, die Eigenverantwortung für Gesundheit und Krankheit, das Konzept der Sterbehilfe, Eigenverantwortung und Aktivität auf dem Boden des jeweiligen wissenschaftlichen Standes und vor dem Hintergrund der jeweils aktuellen gesellschaftlichen Bedingungen zu übernehmen sei.[253]

Kritisch gibt STEMMER in der Holismus-Debatte zu bedenken, ob ein Holismus der Totalitätsperspektive theoretisch überhaupt haltbar sei, denn „Theoretiker der Postmoderne unterstreichen die perspektivische Gebundenheit jeden Erkennens. Dies macht deutlich, dass der Begriff der ‚Totalitätsperspektive' einen Widerspruch in sich darstellt. (...) In dem Moment, in dem Pflegende als Beobachter die Leitdifferenz ‚Ganze versus Teile' wählen und sich für die Seite des Ganzen entscheiden, können sie die Eigenschaften der Teile nicht mehr wahrnehmen und umgekehrt."[254] Trotzdem firmiert der Begriff der Ganzheitlichkeit immer noch als Leitbegriff in der Pflege und da das Ganze theoretisch nicht erfassbar ist, „sind die Inhalte, die als Ganzes deklariert werden, immer abhängig vom Standpunkt und der Intention dessen, der die Definition vornimmt."[255]

---

252 BISCHOFF, C. (1992): Frauen in der Krankenpflege, 175f.
253 Vgl. BISCHOFF, C. (1994): Ganzheitlichkeit in der Pflege, 41.
254 STEMMER, R. (1999): Ganzheitlichkeit in der Pflege – unerreicht, da unerreichbar?, 89.
255 Ebd.

Bleibt also das Postulat einer ganzheitlichen Pflege angesichts struktureller Rahmenbedingungen und logischer Dissonanzen auf der Strecke und verkommt so zu einem Traumgespinst? Wenn Ganzheitlichkeit als eine umfassende, weitsichtige und weit vorausschauende Berücksichtigung möglichst vieler Aspekte des kranken Menschen verstanden wird und eine Forderung nach Ganzheit keine Abgrenzung zulässt, wäre Pflege potentiell für alle Bedürfnisse des kranken Menschen zuständig, was angesichts der bereits skizzierten ökonomischen, institutionellen und personellen Bedingungsfaktoren zu Überforderungen führen wird. Wenn aber die Rede von der Ganzheitlichkeit in der Pflege – wenngleich terminologisch unsauber und logisch irreführend – als Gegenpol zu einer rein somatisch-reduktionistischen Betrachtung des Menschen und damit im Sinne SMUTS Als Achtung der menschlichen Persönlichkeit oder als Chiffre für eine multidimensionale Betrachtung des Menschen steht, kann – trotz aller Kritik – am Terminus festgehalten werden. Eine multidimensional-ganzheitliche Pflege optiert gegen eine Verobjektivierung des kranken Menschen und bedenkt nicht nur dessen körperliche, psychische, kontextuelle und historische Dimensionen, sondern auch die Spirituelle. Unter diesen Vorzeichen stellt sich allerdings im Blick auf die Themenstellung dieser Arbeit die Frage, wie es um eine so verstandene professionell-ganzheitliche Sichtweise auf den Menschen tatsächlich bestellt ist, ob ein Wandel des Pflegeverständnisses im Laufe der jüngeren Berufsgeschichte beobachtet werden kann und welche Erkenntnisse aus der beruflichen Entwicklungsgeschichte auch im Blick auf den Einbezug der spirituellen Dimension gewonnen werden können.

## 3.3 Archäologische Wiederentdeckung der Ganzheitlichkeit

In jüngster Zeit kam eine Fülle von Publikation mit der Forderung nach einer Re-Humanisierung des Krankenhaussystems auf den Markt.[256] In diesen Tenor stimmt das Postulat nach einer Wahrnehmung und Integration spiritueller Bedürfnisse kranker Menschen durch Pflegende ein. Die Meinungen darüber sind jedoch sichtlich geteilt. Während für die einen die Integration spiritueller Bedürfnisse in das moderne Krankenhausbehandlungsgeschehen etwas Neuartiges darstellt, zählt sie für andere nicht zum Verständnis einer aufgeklärten, modernen Gesundheitsprofession. Wirft man einen Blick in die jüngere Medizin- und Pflegegeschichte des 19. und 20. Jahrhunderts so entdeckt man: Altbewährtes und in Vergessenheit Geratenes begegnet heute in einem neuem Kleid! So handelt es sich bei der Forderung nach einem Einbezug der spirituellen Dimension des kranken Menschen in das Pflegegeschehen streng

---

[256] Vgl. EIBACH, U. et al. (2009): Medizin, Ökonomie und der kranke Mensch; Vgl. FROMM, R./ RICKELMANN, R. (2010) Ware Patient.

genommen nicht um ein postmodernes Novum, sondern um die Wiederentdeckung originär pflegerischer Motive. Wie aber konnte die spirituelle Dimension von der Leinwand pflegerischer Aufmerksamkeit verschwinden? Welche Faktoren veränderten das pflegerische Rollenbild? Das folgende Kapitel geht solchen Fragen nach und will zugleich für ein zukunftsfähiges Pflegeverständnis sensibilisieren.

### *3.3.1 Die Etablierung der Medizin als moderne Naturwissenschaft*

Die Forderungen nach einer Integration der spirituellen Dimension des Menschen in das Pflegehandeln können nicht losgelöst von der jüngeren Medizin- und Pflegegeschichte erhoben werden. Der Blick in die Geschichte lehrt, dass die Entwicklung der Medizin zur modernen Wissenschaftsdisziplin und ein Wandel pflegerischen Selbstverständnisses eng mit naturphilosophischen Überlegungen von BACON und DESCARTES sowie den aufkommenden Naturwissenschaften des 19. Jahrhunderts zusammenzudenken sind. Für BACON bergen die Wissenschaften die große Chance, menschliche Abhängigkeiten von den Naturwidrigkeiten zu verringern und die Natur für praktische Zwecke zu nutzen: zum Dienst an der menschlichen Wohlfahrt. Wenn alles Wissen in der Erfahrung gründet, ist auch alles empirische Forschen erlaubt, das dieses Wissen vermehrt und damit dem Wohl des Menschen dient. Zentrale Kriterien der Richtigkeit oder Wahrheit des Erkannten sind die Herrschaft, die sie über die Natur verleiht und die Optimierung menschlicher Lebensbedingungen. Daraus legitimiert sich Forschung! Da die Natur als vollkommen erforschbar gilt, gibt es keine Grenzen oder nichts Heiliges, das dieses Streben untersagt. Dabei besteht die vornehmste Aufgabe der Medizin darin, das Leben zu verlängern resp. den Tod zu besiegen.[257] In ihrer Funktion als Spender und Verwalter des Lebens kommen die Ärzte direkt nach Gott.[258]

Gegenüber der induktiv-empirischen Methode BACONs wählt DESCARTES einen deduktiv-rationalen Zugang. Sicheres Wissen kann nur über den Weg der Vernunft generiert werden. DESCARTES gewinnt die Einsicht, dass in der Welt ausgedehnte (materielle) Körper existieren und es daneben eine geistige (nicht-materielle) Substanz gibt. Körper ist für ihn all das, was durch irgendeine Figur begrenzt, örtlich umschrieben und durch Ausdehnung gekennzeichnet ist. Ferner zählt er alles dazu, was durch Gefühl, Gesicht, Gehör, Geschmack oder Geruch wahrgenommen werden kann. Als nicht-materielle (geistige) Substanz versteht DESCARTES die Seele: jenen Teil im Leib, der auch für das Denken, die Bewegung oder Ernährung verantwortlich ist. Während also DESCARTES die Seele oder den Geist als etwas Immaterielles (res

---

[257] BACON zufolge erstreckt sich die Aufgabe der Medizin auf drei Kernbereiche: (1) Die Erhaltung der Gesundheit; (2) Die Heilung von Krankheiten; (3) Die Lebensverlängerung (Vgl. BACON, F. (1620): Of the advancement of learning, 383).

[258] Vgl. Ebd. 390.

cogitans) versteht, begreift er den Körper als etwas Ausgedehntes (res extensa), als etwas Mechanisches: als eine Gliedermaschine.[259] Gleich der Teile einer Maschine greifen die Abläufe des Körpers gezielt ineinander oder können von außen gesteuert und korrigiert werden.[260]

Die Impulse von BACON und DESCARTES läuten ein Wissenschaftsverständnis ein, das sich auf die Erforschung der Natur und die Funktionsweise des menschlichen Körpers konzentriert. Beide philosophischen Richtungen werden zum Wegbereiter einer modernen Medizin, die eine biologisch-mechanistische Sichtweise des Menschen fördert und seelisch-geistige Belange zunehmend außen vor lässt. Eine sich so verstehende naturwissenschaftlich-medizinische Forschung und Diagnostik führt zur Abkehr von einer spirituellen Krankheitserklärung. Was fortan allein zählt, ist die rational begründbare Therapie. Krankheiten werden allein unter biologischer Perspektive betrachtet. Sie können diagnostiziert und mit Hilfe medizinischer Eingriffe in die menschliche Gliedermaschine behandelt werden. In einem solchen Denkgebäude rückt der individuelle Mensch mit seiner Lebensgeschichte und Identität – also mit all dem, was ihn als Person auch ausmacht und prägt – in den Hintergrund. Dieser Prozess wird von Fortschritten in den Bereichen Anatomie und Physiologie unterstützt. Sie stellen die Weichen für eine Abkehr von der (ganzheitlichen) Humoralpathologie zu einem neuartigen Körper-, Krankheits- und Therapieverständnis. Die Erforschung von Krankheitsursachen sowie Diagnostik und Therapie stehen künftig im Vordergrund. Der kranke Mensch ist nicht mehr krankes Individuum, sondern reines erforschbares Objekt der Medizin.

### *3.3.2 Die Entstehung neuzeitlicher Krankenhäuser*

Wem aufgrund mangelnder sozialer Strukturen oder materieller Armut eine pflegerische Betreuung in den eigenen Räumen versagt blieb, der fand im 19. Jahrhundert zwangsläufig den Weg in die Krankenhäuser. Da sich mit der Entdeckung von Antisepsis, Asepsis und Narkose für die Ärzteschaft neue Möglichkeiten der Behandlung eröffnen, entwickelt sich das moderne Krankenhaus zu einer wirklichen Heilstätte und gewinnt an Prestige. Allein zwischen 1876 und 1900 verdoppelt sich ihre Anzahl.[261] Der Aufschwung des Krankenhauswesens wirkt sich auch auf die Pflege aus. Der kranke Mensch muss rund um die Uhr versorgt werden und die kontinuierliche Beobachtung ermöglicht eine umfassendere Datenerhebung und bessere Einschätzung des Krankheitsverlaufs.

---

[259] Vgl. DESCARTES, R. (³1992): Meditationes de prima philosophia, Med. III 21, IV I, VI 19; Vgl. Ebd. Med. II 5; Vgl. DESCARTES, R. (2003): Treatise of Man, 4.

[260] Vgl. Ebd. 5.

[261] Vgl. MURKEN, A.H. (1988): Vom Armenhospital zum Großklinikum, 8.

### *3.3.3 Der Pflegeberuf als religiöse Berufung*

Im 18. Jahrhundert geht die Epoche der Aufklärung mit allerlei geistigen Aufbrüchen einher. Ein wichtiges Moment realisiert sich im Humanitätsgedanken, d.h. in der Idee nach einer stärkeren Förderung von Menschlichkeit und Menschenliebe.[262] Enthusiastisch gelingt es der Bürgerschaft vor allem durch finanzielle Beiträge in den Bereichen der Armenfürsorge und des Schulwesens positive Akzente zu setzen.[263] Doch diese Freigebigkeit hält nicht lange an. Schon bald müssen wachsende Defizite aus öffentlichen Mitteln gedeckt und Leistungen der Armenpflege eingeschränkt werden.[264] Da sich die öffentliche Hand zur Gewährleistung einer effektiven Armenpflege langfristig als ungeeignet erweist, erhält der Humanitätsgedanke in Form christlicher Liebestätigkeit eine neue Gestalt. Staatlicherseits sieht man sich deshalb schon kurz nach der Französischen Revolution (1789-1799) wieder zur Rücknahme der Repressionen gegen die Kirchen genötigt. Auf protestantischer Seite schließen sich Gläubige zu Vereinigungen zusammen, in denen sie sich mit Glaubensfragen auseinandersetzen und um praktische Nächstenliebe zu sorgen beginnen.[265] Darüber hinaus hängt das neue Wiedererwachen des Glaubens und die neuerliche Wertschätzung der Kirchen mit Erfahrungen aus den Freiheitskriegen (1813-1815) zusammen: „Man hatte gelernt, was ein Volk ohne Gott ist, und ungleich deutlicher hatte man dann in dem Untergange des fremden Eroberers Gottes Finger gesehen und in dem blutigen Ringen wieder gelernt auf den lebendigen Gott (zu) vertrauen."[266] Staatlicherseits erinnert man sich in der ersten Hälfte des 19. Jahrhunderts das segensreiche Wirken der religiös-caritativen Orden und Genossenschaften während der Freiheitskriege und ebnet ihnen darum den Weg zu Neugründungen auf deutschem Boden, um hier entsprechend positiv auf das Krankenpflegewesen einwirken zu können.[267] Auf katholischer und protestantischer Seite gründen sich darüber hinaus neue religiöse Lebensgemeinschaften, in denen Männer und Frauen für die Aufgabe der Krankenfürsorge systematisch erzogen, geschult und organisiert werden. Diese Zusammenschlüsse entwickeln sich zu einer treibenden Kraft in Kirche und Gesellschaft. Gab es vor der Säkularisation auf preußischem Staatsgebiet

---

[262] Vgl. UHLHORN, G. (1890): Die christliche Liebesthätigkeit, 267.

[263] UHLHORN merkt dazu an: „Wir sind gewohnt, etwas von oben herab auf die Aufklärungszeit hinzusehen, als ob sie gerade in Bezug auf die Liebesthätigkeit weit hinter unserer Zeit zurückstände. Das ist völlig irrig, im Gegenteil, je mehr man ins einzelne eingeht, desto mehr erkennt man, daß diese Zeit eine überaus rege Liebesthätigkeit aufweist. Die Gaben flossen überall reichlich, die Sammlungen in den Kirchen erreichten eine (...) für uns (im Jahr 1890; Anm. F.K.) geradezu beschämende Höhe" (Ebd. 290).

[264] Vgl. Ebd. 305.

[265] Die diversen protestantischen Initiativen dieser Zeit werden unter dem Begriff der ‚Erweckungsbewegung' oder der ‚Inneren Mission' zusammengefasst.

[266] UHLHORN, G. (1890): Die christliche Liebesthätigkeit, 338.

[267] Vgl. FISCHER, M. (1924): Die deutsche Krankenpflege in der Neuzeit, 31/38.51/71.

lediglich acht Gemeinschaften, steigt ihre Zahl in den Jahren 1872/1873 auf 57.[268]

Für viele Frauen ermöglicht der Eintritt in eine kirchliche Gemeinschaft – neben der religiösen Berufung – eine Form beruflichen Engagements in einer von Männern dominierten Gesellschaft.[269] Handelt es sich anfangs noch um recht kleine Kommunitäten, die auf Initiative couragierter frommer Frauen oder Männer und oft unter schwierigen Verhältnissen ins Leben gerufen wurden, so etablieren sie sich bald als kirchlich und gesellschaftlich anerkannte Institute. Dabei bringen die Krankenhäuser für die geistlichen Gemeinschaften vor allem etliche Vorteile im Blick auf das religiöse Leben. Während die Mitglieder in der häuslichen Pflege allein und zu unterschiedlichen Zeiten im Einsatz waren, ermöglichte die Tätigkeit im Krankenhaus ein geordneteres Zusammenspiel von Gebet, Arbeit und Gemeinschaftsleben unter einem Dach.

Das Lebensmodell katholischer und evangelischer (Ordens)Gemeinschaften stößt auf personellen Zuspruch! Motiviert durch das Gebot der Gottes- und Nächstenliebe sowie durch eine besondere Berufung zur Nachfolge Jesu schließen sich vor allem Frauen zu konfessionellen Gemeinschaften zusammen.[270] Neben der Nachahmung der christlichen Liebeswerke wird das Ordensleben als Weg verstanden, die Bestimmung zur eigenen Vollkommenheit zu erlangen. Ein solches Streben ist sicherlich der damaligen Theologie geschuldet: „Das Grundgesetz alles christlichen Lebens ist das Gesetz der Liebe, welche alles Gesetzes Erfüllung ist, und welche in Beziehung auf die besonderen Verhältnisse des Menschen zu Gott, zu sich selbst und zu dem Nebenmenschen sich auch zu besonderen Lebensnormen gestaltet."[271] Solche Maßstäbe finden sich in den Gelübden der Armut, der Keuschheit und des Gehorsams sowie in diversen spirituellen und asketischen Übungen. Zusammengenommen gelten sie als eine sich am Beispiel Jesu orientierende, besondere Form menschlicher Ganzhingabe an Gott, die einen nach damaliger Auffassung sicheren und besseren Weg zur Vollkommenheit und damit in die Ewigkeit ebnete.[272] Durch den Verzicht auf eigene Bedürfnisbefriedigung und das Streben nach Vollkommenheit erhofft man sich den Erwerb besonderer Gnaden und Verdienste, die nach dem Tod vor dem Richterstuhl Gottes mit den begangenen Sünden verrechnet würden.

---

[268] Vgl. HINSCHIUS, P. (1874): Die Orden und Kongregationen der Katholischen Kirche in Preussen, 30. Von den bestehenden weiblichen Genossenschaften widmen sich 34 Kongregationen ausschließlich der Krankenpflege (Vgl. Ebd. 19/29).

[269] Vgl. MEIWES, R. (2000): Arbeiterinnen des Herrn, 52.

[270] Im Vergleich zu den Ordensfrauen fällt der Anteil männlicher Mitglieder katholischer Orden und Kongregationen in Preußen wesentlich geringer aus. Lag im Jahr 1855 der Frauenanteil bei 579 und der Männeranteil bei 397 Mitgliedern, liegt die Verteilung im Jahr 1872/73 bei 8.011 Frauen und nur lediglich 1.037 Männern (Vgl. Ebd. 77).

[271] OCHS, J. ($^2$1893): Art. Mönchthum, 1690.

[272] Vgl. dazu auch: ETZINGER, A. (1859): Der Beruf und Lohn einer barmherzigen Schwester dargestellt in einer Predigt bei der Einkleidung von fünfzehn Jungfrauen und der Profeß von eilf Novizinen, 5/7.

Das alles geschieht nicht aus Zwang, sondern als freie Antwort auf die Liebe Gottes zum Menschen. Das Motiv des Ordenslebens ist die Liebe, „welche, als Prinzip des göttlichen Lebens im Menschen lebendig geworden, die schon vorhandene Willensgemeinschaft des Erlösten mit Christo, dem Erlöser und Gnadenspender, immer inniger zu machen sucht. In dieser Sehnsucht nach höherer Vollkommenheit und Einigung mit Gott ist jene Idee ebenso unendlich wie die Liebe. Daher drängt sie eben den Menschen, alles Irdische abzustreifen, damit er Gott allein leben und dienen könne. Sein Ziel ist demgemäß die Reinheit der Seele und ein in Wort und Werk ausgeprägter tugendhafter Wandel. Er fastet, um die Begierden des Leibes zu ertödten und mit dem Ersparten Anderen helfen zu könne; er müht sich ab und arbeitet für Andere; er achtet sein Leben für nichts, um einen Anderen retten zu können; so ist die Liebe erfinderisch, nicht um vor anderen etwas zu gelten, sondern um sich zu bethätigen und Aller Heil zu wirken.“[273]

Zum einen richtet sich also die religiöse Lebensweise auf eine Einigung mit Gott und strebt nach einer Umgestaltung des eigenen Selbst, nach Selbstheiligung und Vollkommenheit. Andererseits nehmen die Ordensleute den kranken Nächsten in den Blick und sorgen sich um dessen Seelenheil.[274] Ein solcher Einsatz für die Kranken versteht sich als Umsetzung der evangelischen Weisung: „Ich war krank, und ihr habt mich besucht.“[275] Im leidenden Nächsten erkennen die Gläubigen also den leidenden Christus, denn „was ihr für einen meiner geringsten Brüder getan habt, das habt ihr mir getan.“[276] Alles, was jemand für einen anderen Notleidenden tut, kann als auf Gott selbst bezogen gelten. So wird der Dienst am kranken Nächsten zum Dienst an Gott: zum Gottesdienst.[277]

### *3.3.4 Ordens- und Diakonissenpflege als Ganzheitspflege*

Im Zuge des religiösen Berufs- und kirchlichen Sendungsverständnisses bemühen sich pflegende Ordenschristen und Diakonissen nicht nur um das körperliche Wohl, sondern verstehen ihren Auftrag als Sorge um die emotionalen und vor allem religiösen Belange der ihnen anvertrauten kranken Menschen. Während sich die Ärzteschaft aufgrund ihrer naturwissenschaftlich-rational ausgerichteten Medizin auf Diagnostik und Therapie konzentriert, fällt der Pflege neben der gewissenhaften Ausführung ärztlicher Anordnungen auch

---

273 OCHS, J. (²1893): Art. Mönchthum, 1690f.

274 Vgl. STATUTEN DER FRANCISCANER-TERTIARIER-SCHWESTERN VON WALDBREITBACH (1869) 3.

275 Mt 25,36b.

276 Mt 25,40.

277 KÄPPELI verweist in ihrer Untersuchung auf das Verständnis der Kirchenväter: „Die Christen sollen mit ihren Liebeswerken in den Bedürftigen Christus und den Vater sehen. Die Liebeswerke werden also als Gottesdienst, zur Anbetung und Heiligung der göttlichen Personen dargestellt und mit der Eucharistie verglichen“ (KÄPPELI, S. (2004): Vom Glaubenswerk zur Pflegewissenschaft, 190).

die Sorge um Kommunikation, menschliche Zuwendung, Anteilnahme und Beistand zu – kurzum: die Schaffung von Geborgenheit. In diesem Sinn kann die katholische und evangelische Krankenpflegetradition ganz gut unter dem Begriff der Ganzheitspflege zusammengefasst werden, weil sie sich auf verschiedenen Ebenen um die Belange der anvertrauten Menschen müht.

Die pflegerischen Tätigkeiten greifen dabei ineinander, d.h. sie zielen nicht nur auf eine Unterstützung der leiblichen Bedürfnisse, sondern streben eine Auseinandersetzung des Kranken mit der spirituell-religiösen – vor allem jenseitigen – Dimension an.[278] In den ‚Konstitutionen der Schwestern vom dritten Orden des hl. Dominikus' heißt es dazu: „Die Kongregation der heiligen Katharina von Siena des dritten Ordens der Buße vom heiligen Dominikus verfolgt als ersten und wesentlichen Zweck die Heiligung ihrer Mitglieder; und als zweiten und besonderen das Heil der Seelen, indem sie an denselben arbeitet durch Gebet und Buße, sowie durch Werke christlicher Liebe und Barmherzigkeit gegen Unwissende und arme Kranke."[279] Aufgrund der christlichen Erlösungsvorstellungen sieht man sich in der Pflicht, den kranken Menschen besonders unmittelbar vor dem Tod dazu zu bewegen, mit sich selbst, seiner Lebensgeschichte und mit Gott ins Reine zu kommen. Durch verschiedene Formen geistlicher Begleitung will man den Sterbenden auf das nahende Gottesgericht vorbereiten und ihn zu Einsicht und Reue über begangenes Unrecht ermutigen. Dadurch soll er vor der ‚ewigen Verdammnis' bewahrt und ihm der Weg ins Paradies geebnet werden. Daneben gehört für die Barmherzigen Schwestern des hl. Vinzenz von Paul auch die Bekehrung so genannter Ketzer (= Protestanten) zur Hauptaufgabe.[280]

In ihrem Tun stehen die Ordenschristen und Diakonissen den hauptamtlichen Seelsorgern helfend zur Seite, arbeiten ihnen zu oder sorgen sich selbst nach einem vorgegebenen Schema um das ewige Heil der ihnen Anvertrauten.[281] Zunächst ist zu überprüfen, wie es um das christliche Menschenbild bestellt ist und hier ggf. nachzurüsten, da ansonsten jede weitere Unterweisung fruchtlos bleibt.[282] Dann soll den Sterbenden verdeutlicht werden, dass ihnen zur Umkehr nur noch wenig Zeit bleibt, und dass es nun um etwas ganz Wesentliches geht: die Art und Weise des Lebens in der göttlichen Ewigkeit.[283]

---

278 Vgl. ETZINGER, A. (1859): Der Beruf und Lohn einer barmherzigen Schwester dargestellt in einer Predigt bei der Einkleidung von fünfzehn Jungfrauen und der Profeß von eilf Novizinen, 11.

279 KONSTITUTIONEN DER SCHWESTERN VOM DRITTEN ORDEN DES HL. DOMINIKUS (1890) Erster Theil. § 1 Zweck, Name und Einheit dieser Kongregation.

280 Vgl. UHLHORN, G. (1890: Die christliche Liebesthätigkeit, 224.

281 Vgl. LÖHE, W. (1856): Einleitende Sätze von der Seelsorge überhaupt und der Krankenseelsorge insonderheit, 1. – NOLTE hat zur Analyse der Seelenpflege durch Diakonissinnen eine Auswertung von Briefen durchgeführt, die von Diakonissen an das Kaiserwerther Mutterhaus geschrieben wurden. Darin bestätigt sich die praktische Umsetzung der Vorgaben von FLIEDER zur Seelenpflege sowie des Schemas von OLEARIUS, das er in seiner Anweisung zur Krankenseelsorge vorlegt (Vgl. NOLTE, K. (2006): Vom Umgang mit Tod und Sterben in der klinischen und häuslichen Krankenpflege des 19. Jahrhunderts, 165/174).

282 Vgl. LÖHE, W. (1856): Dr. Gottfried Olearius Anweisung zur Krankenseelsorge, 18/21.

283 Vgl. Ebd. 24/26.

Von Seiten der Pflegenden soll erforscht werden, inwieweit der Einzelne von Gottes Weg abgekommen ist, ihn ferner zur Gewissenserforschung anleiten und angesichts des nahenden Gottesgerichts zur Umkehr zu bewegen.[284] Die dabei beim Kranken möglicherweise entstehende Angst vor der Hölle gilt es als Wirkung seiner Sünden und die Empfindung des göttlichen Zorns zu deuten.[285] Die Pflegerin soll ihm eröffnen, dass dieser Zustand geändert werden kann, denn ein erstes Zeichen der Gnade Gottes sei schließlich die Tatsache, dass Gott ihm ja jemanden vor seinem Tod geschickt habe: die Ordensfrau! Erst, wenn sich beim Kranken wirkliche Reue regt und sich Abscheu zur Sünde zeigt, könne zum göttlichen Trost übergeleitet werden, d.h. zu jener Zusage, dass Gott bereit sei, auch späte Buße und Umkehr anzunehmen.[286] Jenen, die sich dagegen von vornherein als rechtschaffen einstufen, soll vor Augen geführt werden, „dass der Patient bei genauer Überlegung seiner Werke, Worte und Gedanken leicht spüren werde, dass dieselben solche gesetzlichen Vollkommenheiten nicht an sich haben. (...) Dass solche Werke aus dem Glauben gegangen, er alle seine Gerechtigkeit vor Gott für Unrecht und Sünde, ja wie ein unfläthiges Kleid rechnen müsse."[287] Manche Ordensfrau schießt bei dieser Art der seelsorglichen Begleitung wohl auch weit über das Ziel hinaus, wenn sie sich mehr der religiösen Bedürfnisse der Kranken annimmt als den Körperlichen, bei Sterbenden einen hartnäckigen Bekehrungseifer an den Tag legt oder folgenreiche Bußpredigten hält, die syphilitische Mädchen in den Selbstmord treibt.[288]

Auf protestantischer Seite sind die Diakonissinnen ebenfalls in das seelsorgliche Tun eingebunden. Nach der Aufnahme des Kranken hatten sie die Konfession in Erfahrung zu bringen und dementsprechend ein evangelisches oder katholisches Neues Testament auf das Krankenzimmer zu legen. „Darauf hat sie mir (FLIEDNER; F.K.) und in meiner Abwesenheit meinem geistlichen Gehilfen darüber Bericht zu erstatten. Wenn keiner von uns beiden Zeit hat, ihn den zweiten oder dritten Tag zu sprechen, so hat sie den dritten Tag, wenn sie ihn nicht widerstrebend gegen das Christliche findet, ihn zu fragen, was er lese, im Neuen Testament oder Gesangbuch oder Gebetbuch."[289] Die Diakonisse soll weitere religiöse Kenntnisse (z.B. die zehn Gebote oder den Katechismus) erfragen und im Bedarfsfall den Kranken dazu ermuntern, sich Entsprechendes anzueignen. In jedem Fall sollen die Diakonissen in der Lage sein, dem Seelsorger gegenüber über den Seelenzustand des Kranken zu berichten.[290] Auch im Todeskampf haben die Schwestern mit liebend-sorgender Hand dem Kranken beizustehen und ihm Erleichterung und Trost zu spenden.

284 Vgl. Ebd. 18/28.
285 Vgl. Ebd. 29f.
286 Vgl. Ebd. 30/34.
287 Ebd. 40f.
288 Vgl. MEIER, D.E. (1850): Die neue Krankenanstalt in Bremen, 64.
289 FLIEDNER, T. (o.J.): Instruktionen für die erste Seelenpflege der Kranken, FSAK, Rep. II Fb 18.
290 Vgl. FLIEDNER, T. (1837): Hausordnung und Dienstanweisung der Diakonissenanstalt 1837, § 23.

„Geradc die seelische Betreuung von Kranken und Sterbenden sahen die in Kaiserwerth ausgebildeten Krankenschwestern (.) als einen eigenständigen – d.h. von Ärzten unabhängigen – Kompetenzbereich an.“[291] Eine Unterstützung sollten die Pflegenden ebenfalls bei der Gewissenserforschung anbieten und den Sterbenden mittels biblischer oder erbaulicher Geschichten, Gesängen, Psalmen oder dem Betbuch zurück zum Glauben führen und dadurch einen friedlichen Tod ermöglichen.[292] Insgesamt schreibt FLIEDNER also den Diakonissen eine proaktive, seelsorgende Rolle zu.

Katholische und evangelische Ordensverbände sorgen dafür, dass die angehenden Pflegekräfte neben dem notwendigen medizinischen Grundlagenwissen und der Unterweisung in hygienischen und pflegetechnischen Belangen, auch eine religiöse Bildung erhalten, die aus ihrer Sicht darauf zielt, den religiösen Bedürfnissen der Kranken zu entsprechen.[293] Zwar äußert sich bereits im 19. Jahrhundert Kritik an dem missionarischen Eifer konfessioneller Schwesternschaften, in den Krankenhäusern öffentlicher Trägerschaft sieht man sich jedoch nicht in der Lage, das Ordenspersonal durch weltliches Personal zu ersetzen – und zwar schon damals aus Kostengründen! Die Jahresausgaben für freies Pflegepersonal hätten 15mal höher gelegen.[294] So nimmt man aufgrund ihrer fundierten Ausbildung, ihrem Organisationtalent und ihrer günstigen Kostenstruktur die Nachteile konfessioneller Pflegekräfte in kauf.

### *3.3.5 Sackgasse Mutterhaussystem*

Obwohl die Mitgliederzahl der religiösen Gemeinschaften bis zu Beginn des 20. Jahrhunderts stetig zunimmt und den Ordensangehörigen eine gewisse Art von Ausbildung, Lebensunterhalt und Altersfürsorge garantiert wird, können die konfessionellen Vereinigungen die steigende Nachfrage an Pflegekräften nicht mehr decken. Waren laut erster Berufsstatistik aus dem Jahr 1876 noch rund 87% aller ausgebildeten Krankenpflegerinnen Angehörige einer religiösen Gemeinschaft, ging ihr Anteil im Jahr 1898 auf 74% und wenige Jahre später (1909) sogar auf 61% zurück.[295] Wie ist dieser anteilsmäßige Rückgang konfessioneller Pflegekräfte zu erklären?

---

291 NOLTE, K. (2010): Pflege von Sterbenden im 19. Jahrhundert, 92.

292 Vgl. WEBER-REICH, T. (1999): Pflegen und Heilen in Göttingen, 54.

293 Vgl. BUß, F.J. (1847): Der Orden der barmherzigen Schwestern, 154; Vgl. HOHN, W. (1900): Die sozialökonomischen Beziehungen charitativer Genossenschaften, 30f.

294 Vgl. ZEITSCHRIFT FÜR KRANKENANSTALTEN: Heft 51/52 (1920) 435.

295 Das KAISERLICHE STATISTISCHE AMT führte am 01. April 1876 eine Erhebung durch, wonach im ganzen Deutschen Reich mit pflegerischer Vorbildung 633 frei Praktizierende, 1760 Diakonissen, 5763 barmherzige und andere Ordensschwestern und 525 Angehörige anderer Genossenschaften und Vereine tätig waren (Vgl. KAISER-LICHES STATISTISCHES AMT (Hg) (1877), 10). Eine Erhebung des Kaiserliches Gesundheitsamtes aus dem Jahr 1898 belegt, dass von der Gesamtzahl der berufsmäßigen Krankenpfleger 3.220 frei praktizierten, 4.535 einem weltlichen Verband und 21.822 einem geistlichen Verband oder einer religiösen Anstalt angehörten (Vgl. MEDIZINAL-STATISTISCHE MITTHEILUNGEN AUS DEM KAISERLICHEN GESUNDHEITSAMTE (1901), 3*). Erstmalig differenzierte die Statistik des Kaiserlichen Gesundheitsamtes 1909 zwischen häuslich

Zum einen lassen die Veränderungen in der Krankheitsbehandlung, das Aufkommen von Spezialfächern und neue Arbeitszeitregelungen den Bedarf an Fachschwestern wachsen. Den maßgeblichen Faktor stellt jedoch die Bevölkerungsentwicklung dar.[296] Allein zwischen 1877 und 1910 verdoppelt sich die Zahl der Krankenhäuser von 1.822 auf 4.020.[297] Im Industriestaat kommt es zu einer Zunahme von Betriebsunfällen, die eine vermehrte Inanspruchnahme der Krankenhäuser zeitigt und der allgemeine Wohlstand sowie die Etablierung der Sozialversicherungen erleichtern die Finanzierbarkeit eines Krankenhausaufenthaltes. Es ist also die steigende Zahl der Krankenhäuser, die die katholischen und evangelischen Mutterhäuser vor große personelle Schwierigkeiten stellt! Trotz eines eigenen Personalzuwachses um ca. 30% sind sie zu keiner flächendeckenden Bedarfsdeckung in der Lage.[298] Aus dieser Notsituation erklärt sich der staatliche Eingriff in die bisher kirchlich dominierte Pflegesphäre. Eine Öffnung des konfessionellen Krankenpflegemonopols war zur Personalrekrutierung unumgänglich!

Zunächst versuchen die konfessionellen Mutterhausverbände durch die Ausbildung freier (Hilfs)Schwestern der Personalnot zu begegnen. Sie hatten sich weder der strengen Lebensform, noch der straffen Organisation des Mutterhauses zu unterwerfen, blieben aber dennoch mit einem konfessionellen Mutterhaus affiliiert.[299] Parallel zu den Mutterhäusern mit ihren freien Hilfsschwestern gründen sich andere Vereinigungen zur Sicherstellung konfessioneller Krankenpflege, wie bspw. im Jahr 1894 auf protestantischer Seite durch ZIMMER in Elberfeld der ‚Verein zur Sicherstellung von Dienstleistungen der evangelischen Diakonie' (seit 1900: Evangelischer Diakonieverein). ZIMMER initiiert eine Form von Vereinigung, die dem Bedürfnis unverheirateter Frauen

---

Pflegenden und in Heil- und Pflegeanstalten Tätigen. Insgesamt lag der Anteil der einem geistlichen Verband angehörenden Pflegenden bei 61,6%. In den Heil- und Pflegeanstalten war der Anteil der Konfessionellen höher. Von den dort tätigen 36.786 Krankenpflegerinnen waren 27.686 Pflegende (75%) in einem religiösen oder weltlichen Mutterhausverband organisiert und 9100 ‚freie' Pflegende (25%) (Vgl. HUMMEL, E. (1986): Krankenpflege im Umbruch (1876-1914), 36f).

296 1880: 45095 Einwohner; 1910: 64.568 Einwohner (Vgl. STATISTISCHES BUNDESAMT (2011): Statistisches Jahrbuch 2011, 34).

297 Vgl. KAISERLICHES STATISTISCHES AMT (Hg) (1914): Statistisches Jahrbuch für das Deutsche Reich, 438f.

298 Zwischen den Jahren 1898 und 1909 steigt die Zahl der Pflegenden einer geistlichen Gemeinschaft von 21.822 (gesamt: 29.577) auf 34.490 (Vgl. MEDIZINAL-STATISTISCHE MITTHEILUNGEN AUS DEM KAISERLICHEN GESUNDHEITSAMTE (1901), 3*). Demnach wäre die Einschätzung von HUMMEL nicht zutreffend, dass der prozentuale Rückgang der in einer katholischen Genossenschaft organisierten Krankenpflegerinnen mit den Spätfolgen des Kulturkampfes in Deutschland in Verbindung steht (Vgl. HUMMEL, E. (1986): Krankenpflege im Umbruch (1876-1914), 37). Richtig ist, dass die krankenpflegenden Kongregationen, obwohl sie weitgehend von den Kulturkampfgesetzen des Staates Preußen verschont blieben und ihre Tätigkeitsfelder ausdehnten, während dieser Zeit offiziell keine neuen Mitglieder einkleiden durften (Vgl. MEIWES, R. (2000): Arbeiterinnen des Herrn, 298/301). Nach Beendigung des Kulturkampfes zeigt sich jedoch schon bald ein sprunghafter Anstieg in den Ordenszahlen. Zum Teil verdoppelt sich ihre Mitgliederzahl wie bspw. bei den Paderborner Vinzentinerinnen von 265 (1873) auf 519 Schwestern (1887) (Vgl. MEIWES, R. (2000): Arbeiterinnen des Herrn, 301).

299 Vgl. WEBER-REICH, T. (1999): Pflegen und Heilen in Göttingen, 145ff.

nach persönlicher Freiheit, Selbstbestimmung und Selbstverantwortung zu entsprechen sucht.[300] Die Angehörigen dieser neuen Form von Diakonieschwestern erhalten eine kostenfreie, einjährige Ausbildung und legen ein internes Examen ab. Keineswegs verstand sich der Diakonieverein als Konkurrenz zu den Diakonissenmutterhäusern, sondern eher als eine erweiterte Form zur Sicherstellung evangelischer Gemeinde- und Hospitalpflege sowie als sinnstiftende, soziale Betätigung lediger Frauen gehobener Herkunft bis zu deren Verheiratung oder als Eheersatz.[301] Etlichen Kommunen greifen ebenfalls auf das System ‚Mutterhaus' zurück und gründen städteeigene Schwesternschaften.[302] Dort wird bei der Aufnahme der Probeschwestern zwar auch auf die soziale Herkunft geachtet, doch mehrheitlich rekrutieren sich die angehenden Pflegerinnen aus der unteren Mittelschicht, da vermutlich die schweren Arbeitsbedingungen wenig Anziehungskraft auf Angehörige höherer Bildungsschichten ausüben scheinen.[303] Entgegen der These von der Krankenpflege als einem bürgerlichen Frauenberuf[304], war der tatsächliche Frauenanteil aus bürgerlichen Schichten in der Zeit vor dem Ersten Weltkrieg eine Minderheit. Zwar stammt die Mehrzahl der Gründerinnen von Frauenkongregationen oder der ersten Oberinnen aus bürgerlichen Kreisen, doch dürfte der Anteil am gesamten Krankenpflegepersonal, nicht viel höher als 10% gelegen haben.[305]

Auch staatlicherseits leitet man Maßnahmen zur Öffnung des Pflegemarktes ein und verabschiedet im Jahr 1907 ein Gesetz über eine einjährige Ausbildung in einer staatlich anerkannten Krankenpflegeschule inklusive staatlicher Abschlussprüfung. In die Beratungen um die Gesetzesinitiative werden

---

300 Vgl. KATSCHER, L. (2007): Die Krankenpflege, 154.

301 Vgl. ZIMMER, F. (1901): Warum ‚Evangelischer Diakonieverein', 50ff; Vgl. HELMERICHS, J. (1992): Krankenpflege im Wandel (1890 bis 1933), 42/48.

302 So z.B. der Verein Viktoriahaus in Berlin (1883), die Schwesternschaft der Stadt Berlin (1904) oder die Städtische Schwesternschaft Dresden (1922).

303 Vgl. HOHN, W. (1899): Die Nancy-Trierer Borromäerinnen in Deutschland; Vgl. BEHLA, R. (1911/1912): Die Arbeits- usw. Verhältnisse der in Heilanstalten des preussischen Staates im Krankendienste beschäftigten Personen nach dem Stande vom 15. August 1910, 601/628; Vgl. STÜRZBECHER, M. (Hg) (1997): 125 Jahre Krankenhaus Moabit: 1872-1992, 52ff. – Über die großen Schwierigkeiten, Personen aus den besseren Kreisen der Gesellschaft für die Krankenpflege zu gewinnen, klagte auch schon VIRCHOW im Jahr 1869 auf der Berliner FrauenVereins-Conferenz (Vgl. VIRCHOW, R. ([2]1869): Die berufsmäßige Ausbildung zur Krankenpflege auch außerhalb der bestehenden kirchlichen Organisationen, 86f).

304 Diese These vertreten u.a.: BISCHOFF, C. (1992): Frauen in der Krankenpflege; BÖGEMANN-GROßHEIM, E. (2002): Die berufliche Ausbildung von Krankenpflegekräften, 48ff; SCHROETER, K. (2006): Das soziale Feld der Pflege, 44f.

305 Vgl. MEIWES, R. (2000): Arbeiterinnen des Herrn. 85; Vgl. SCHWEIKARDT, C. (2008): Die Entwicklung der Krankenpflege zur staatlich anerkannten Tätigkeit im 19. und frühen 20. Jahrhundert, 129. – Betrachtet man des Weiteren die Väterberufe katholischer Ordensschwestern wie z.B. der Franziskanerinnen von der Allerseligsten Jungfrau von den Engeln (Waldbreitbach) zwischen den Jahren 1863 und 1906, so kommt man zu dem Ergebnis, dass 60% der eingetretenen Schwestern aus bäuerlichen Verhältnissen oder Arbeiterfamilien stammten (Dokumentation der Elternberufe in: KRACHT, H.-J. (2008): Margaretha Rosa Flesch – Leidenschaft für die Menschen, Bd. 3).

die Pflegeverbände im Vorfeld kaum einbezogen.[306] Während die konfessionellen Genossenschaften die Krankenpflege weiterhin als christliche Liebestätigkeit begreifen, begrüßen die übrigen Verbände und freiberuflich Tätigen die Einführung einer staatlich anerkannten Pflegeausbildung. In beiden Lagern herrscht jedoch Einigkeit über die Notwendigkeit einer berufsethischen resp. sittlichen Qualifikation. Der Gesetzgeber geht jedoch in seinen Ausbildungsverordnungen so gut wie nicht darauf ein, sondern entlässt die (religiöse) Persönlichkeitsbildung in den Verantwortungsbereich der jeweiligen Verbände.

In der Zeit nach dem Ersten Weltkrieg (1914-1918) ist die Zahl der konfessionell organisierten Pflegenden weiter rückläufig. Bereits 1928 wird weit über die Hälfte des Pflegepersonals (52,9 %) von freien Schwestern und Pflegern gestellt.[307] Aufgrund beruflicher Diffusivität, berufspolitischer Zersplitterung, berufsfeindlicher Tendenzen, strikter Unterordnung unter den Arzt, geringer Entlohnung sowie belastender Arbeitsbedingungen leidet der Pflegeberuf aber noch immer an einer mangelnden Attraktivität.[308] Als Ursachen für den Nachwuchsrückgang in den konfessionellen Mutterhausverbänden werden zudem (1) die seit dem 19. Jahrhundert voranschreitende gesellschaftliche Säkularisation und (2) die schwache Anziehungskraft eines nach patriarchalem Stil organisierten Mutterhaussystems auf junge, christlich motivierte Frauen diskutiert. Gerade letzteres ließ per se wenig Raum für persönliche Selbstständigkeit, Eigenverantwortung oder Mitgestaltung.[309] In den Krankenhäusern wird zunehmend so genanntes ‚freies Personal' eingestellt. Im Jahr 1939 gehören von den insgesamt 135.450 tätigen Krankenpflegepersonen nur noch 65.162 (48,1 %) einem konfessionellen Krankenpflegeverband an.[310] Diese freien Schwestern sind jedoch nicht mehr länger bereit, sich der bis dato vorherrschenden Wochenarbeitszeit und dem Arbeitsrhythmus der konfessionellen Ordensschwestern und Diakonissen zu unterwerfen.

Nach dem Zweiten Weltkrieg (1939-1945) steigt der Bedarf an Bettenkapazitäten und Pflegepersonal wiederum sprunghaft an. Doch in den Mutterhausverbänden herrscht ‚Schwesternnot'. Die propagierten Berufsideale von christlichem Liebesdienst, Selbstaufopferung und zölibatären Lebensstil wollen immer weniger zum modernen Lebensgefühl junger Frauen passen.[311] „Auch die Fortschritte in der Medizin und die zunehmende Technisierung der Krankenanstalten ließen das tradierte Pflegekonzept schon bald als antiquiert erscheinen. Gefordert waren immer weniger Selbstaufopferung und Hingabe

306 Vgl. SCHWEICKARDT, C. (2006): Das preussische Krankenpflegeexamen von 1907, 54f.

307 Nach einer Erhebung des Statistisches Reichsamtes vom 31. Dezember 1928 waren unter den im Deutschen Reich tätigen Krankenpflegepersonen 47.847 Angehörige eines konfessionellen Krankenpflegeverbandes, 27.861 sonstige mit staatlicher Anerkennung und 25.961 ohne staatliche Anerkennung (Vgl. STATISTISCHES REICHSAMT (Hg) (1929): Statistisches Jahrbuch für das Deutsche Reich 1929, 383).

308 Vgl. STEPPE, H. ([8]1996): Krankenpflege bis 1933, 36.

309 Vgl. WEBER-REICH, T. (1999): Pflegen und Heilen in Göttingen, 218f.

310 Vgl. STATISTISCHES REICHSAMT (Hg) (1942): Statistisches Jahrbuch für das Deutsche Reich 1941/42, 615.

311 Vgl. KREUTZER, S. (2005): Vom Liebesdienst zum modernen Frauenberuf, 24/27.

aus dem ‚Drang des hilfswilligen Herzens', als vielmehr eine gute, theoretisch fundierte Ausbildung."[312] Zur Nachwuchsgewinnung werden Werbekampagnen initiiert, die das neue Schwesternbild und die Krankenpflege als normalen Beruf einer breiten Öffentlichkeit nahezubringen suchen.[313] So führen Pflegekräftemangel, verändertes Lebensgefühl und medizinischer Fortschritt zum Umbau des Pflegeberufs zu einem modernen Berufsbild, das sich nicht mehr den tradierten konfessionellen Werten und Rahmenbedingungen unterwirft, sondern als frei zu wählende und zu angemessen zu vergütende Berufsarbeit gilt. Künftig soll die Pflege wie alle anderen Berufe eine klare Trennung zwischen Erwerbs- und Privatleben kennen und eine arbeitsvertragliche Festschreibung von Arbeitszeit, Freizeit und Urlaub erhalten. Alle diese Anliegen spiegeln sich in den Krankenpflegegesetzen von 1957, 1965, 1985 und 2003 sowie den damit verknüpften Verordnungen zur Ausbildung in der Gesundheits- und Krankenpflege. Trotzdem gilt die Gesundheits- und Krankenpflege bis dato immer noch als ärztlicher Assistenzberuf und wird inhaltlich stark von einer medizinischen Sichtweise auf den Menschen dominiert.

### *3.3.6 Krankenpflege als normaler Beruf*

Während sich zu Beginn des 20. Jahrhunderts die Mutterhausangehörigen aufgrund ihrer religiösen Haltung und Berufsmotivation um die Realisation der Ganzheitspflege mühen, dominiert innerhalb der Ärzteschaft eine naturwissenschaftlich-pathologische Sichtweise auf den kranken Menschen. Die aufkommenden Naturwissenschaften hatten eine katalysatorische Funktion für die theoretische Medizin und die Krankheitsbehandlung. Mit den sprunghaften Fortschritten der Medizin wird allerdings auch eine neue Art von Pflegepersonal benötigt. „Was nützten all die wunderbar gelungenen plastischen Operationen des berühmten Dieffenbach, wenn die Genesenden durch den vor der Krankenhausentlassung üblichen Aderlaß infiziert wurden und an Sepsis starben?"[314] Folglich richtet sich die Aufmerksamkeit der Ärzte auf eine sorgfältigere und zuverlässige Pflege. Sollte Pflege in diesem Sinn zum Heilmittel werden, war eine bessere Ausbildung notwendig – in ethischer, physischer, intellektueller und technischer Hinsicht.[315] Künftig wird das pflegerische Handeln durch das naturwissenschaftlich-pathologische, medizinische Krankheitsverständnis dominiert und darüber hinaus alles Emotionale von den Ärzten an die Pflegekraft delegiert, denn die „Schwester bestimmt in erster Linie den Geist des Hauses. Sie trägt die besondere Verantwortung dafür, dass der

---

312 Ebd. 8.

313 Vgl. Ebd. 27/30.

314 STICKER, A. (1960): Die Entstehung der neuzeitlichen Krankenpflege, 19; MAI widmet in seinem Lehrbuch ein ganzes Kapitel jenen (tödlichen) Gefahren, die von einer unsachgemäßen oder eigenmächtig ausgeführten Krankenpflege für die Kranken ausgehen können (Vgl. MAI, A. ($^2$1784): Unterricht für Krankenwärter zum Gebrauche öffentlicher Vorlesungen, 83/88).

315 Vgl. JACOBSOHN, P. (1900): Geistliche und weltliche Krankenpflege vom ärztlichtherapeutischen Standpunkt, 715.

Kranke sich geborgen weiß."[316] In dieser Gleichzeitigkeit liegt nicht nur eine besondere Herausforderung des Pflegeberufs, sondern sie umschreibt einen Aufgabenbereich, der neben medizinischen Assistenzaufgaben schwerpunktmäßig in einer Sorge um den kranken Menschen liegt. Und trotzdem wirkt sich die dominierende, ärztliche Sichtweise des kranken Menschen nachhaltig auf die Art und Weise der Krankenpflege aus.

Gegen diese ganzen Entwicklungen regen sich im konfessionellen Lager restaurative Tendenzen zur Stärkung klassischer Schwesternschaften und des Mutterhaussystems. Der Krankenpflegeberuf wird als Opferberuf beschrieben, für den höhere Berufswerte ausschlaggebend zu sein haben: das Ideal des barmherzigen Dienens und des Verzichts.[317] Statt materieller Einstellung und „selbstsüchtiges Rechnen"[318] sollen für die Schwestern der Adel des Dienens und die Würde der Liebe leitend sein.[319] Darüber hinaus müsse die Sorge der Pflegenden umfassend sein, d.h. den ganzen Menschen in den Blick nehmen und sich nicht allein auf Teilbereiche beschränken, wie dies durch eine zu starke medizinische Betrachtungsweise vorangetrieben werde.[320]

Neben dem zahlenmäßigen Rückgang der Ordens- und Diakonissenkrankenpflege und der Zunahme eines sich an anderen Werten orientierenden, ‚freien' Pflegepersonals lässt sich zur Jahrhundertwende der Wandel im Pflegeverständnis anhand der deutschen Pflegelehrbücher ablesen. In ministeriellen Auftrag erarbeitet im Jahr 1909 ein reines Ärztekomitee – ohne Einbezug der Pflegeverbände – für das Land Preußen ein verbindliches Lehrbuch, das in Einklang mit den im Krankenpflegegesetz aufgelisteten Prüfungsgegenständen steht.[321] Diese normativen Regelungen entlassen die Pflegenden weitgehend in eine ärztliche Subordination: „Bei den Formulierungen wurde (.) genau darauf geachtet, klarzustellen, dass die Therapie nur dem Arzt zustehe und dem Krankenpflegepersonal als ausführendem Organ des Arztes ein eng umgrenzter Kompetenzbereich zukomme."[322] Im Blick auf die Ganzheitspflege wird jegliche Form der Krankenbegleitung in Krisensituationen aus dem pflegerischen Tätigkeitskatalog ausgespart und der religiöse Beitrag, wenn denn überhaupt von einem solchen gesprochen werden kann, reduziert sich auf das Fernhalten von Störungen während gottesdienstlicher Handlungen durch Geistliche.[323] Dieses amtliche Krankenpflegelehrbuch wird noch einige Male überarbeitet und erscheint zuletzt im Jahr 1951 in seiner 18. Auflage. Auch in seiner letzten Ausgabe geht das Lehrbuch weder auf zu erwerbende ethische

---

316 DEUTSCHE KRANKENHAUSGESELLSCHAFT (1951): Zwei Empfehlungen der Deutschen Krankenhausgesellschaft, 154.

317 Vgl. RÜTHER, B. (1951): Wirksamere Berufswerbung, 86.

318 Ebd. 87.

319 Vgl. Ebd. 86.

320 Vgl. BUSSE-KENN, M.-L. (1953): Arzt und Schwester im Krankenhaus, 31.

321 Vgl. §§ 13 und 14 der Vorschriften über die staatliche Prüfung von Krankenpflegepersonen (Vgl. RECHTSPRECHUNG UND MEDIZINAL-GESETZGEBUNG (1906) 62f).

322 SCHWEICKARDT, C. (2006): Das preussische Krankenpflegeexamen von 1907, 53.

323 Vgl. MEDIZINALABTEILUNG DES MINISTERIUMS DER GEISTLICHEN-, UNTERRICHTS- UND MEDIZINAL-ANGELEGENHEITEN (Hg) (1909): Krankenpflege-Lehrbuch, 308ff.

Grundhaltungen Pflegender noch auf irgendeine Form der Unterstützung in religiösen Belangen ein.[324]

Parallel zum amtlichen Krankenpflegelehrbuch erscheint seit 1940 das von FISCHER et al. herausgegebene zweibändige Werk ‚Hand- und Lehrbuch der Krankenpflege'. Indem es als unverzichtbare Haltungen der Berufsausübung Elemente wie Hilfsbereitschaft, Nächstenliebe, die Bereitschaft zum rechten Wort zur rechten Zeit sowie eine Behutsamkeit im Umgang mit quälenden Fragen nach dem Sinn des Leidens und der Krankheit herausgestellt, gewichtet das Lehrbuch stärker die eigentliche Krankenpflege.[325] Im Gegensatz zum preußischen Lehrbuch scheint bei FISCHER et al. auch eine Wertschätzung für die spirituell-religiöse Rückbindung der Krankenschwester durch: „Wohl den Kranken, deren Schwestern anzuspüren ist, dass sie sich für ihr eigenes Leben einem Höheren mit ganzem Ernst verantwortlich fühlen; nur solche Menschen werden in Wahrheit und Verantwortung für andere übernehmen können und sich in allen Lagen und in jeder Hinsicht als zuverlässig erweisen."[326] Mit besonderem Gespür hat die Krankenschwester zwischen Geistlichen und Kranken zu vermitteln, dem Seelsorger den Weg zum Kranken zu ebnen und die Amtshandlungen des Geistlichen zu einer wirklichen Feierstunde für den Kranken werden zu lassen, „wozu allein schon die Sorge für größtmögliche Ruhe in der Umgebung des Kranken und auf den Korridoren der Abteilung, das besondere Herrichten des Zimmers oder auch das Bereitstellen eines gesonderten Raumes für diese Feier gehören."[327]

Im Jahr 1951 kommt es zur Gründung der ‚Arbeitsgemeinschaft deutscher Schwesternverbände' (ADS) als Zusammenschluss und Interessenvertretung der Schwesternorganisationen innerhalb der Wohlfahrtsverbände, aus dem sich die ‚Deutsche Schwesterngemeinschaft'[328] (DSG) 1958 aber wieder verabschiedet.[329] Trotz bestehender Spannungen veröffentlichen beide Verbände im gleichen Jahr ein gemeinsames Lehrbuch für die Krankenpflegeausbildung.[330] Darin findet sich auch ein eigenes Kapitel über die Zusammenarbeit zwischen Seelsorger und Pflege. „Da der Mensch eine Einheit von Leib, Seele und Geist ist, werden bei einer Erkrankung nicht nur der Leib, sondern auch Seele und Geist in Mitleidenschaft gezogen. (...) Deshalb darf sich die Behandlung des Kranken nicht darauf beschränken, die körperlichen Beschwerden zu beheben, sondern es muss ebenso an seine geistig-seelische und geistliche Betreuung gedacht werden."[331] Die Pflegekraft hat mit dem Seelsorger bei dessen

---

324 Vgl. HAGEN, W. et al ([18]1951): Krankenpflege-Lehrbuch.

325 Vgl. GRUBER, G. ([6]1957): Einführung in den Krankenpflegeberuf, 9.

326 Ebd. 10.

327 Ebd. 17.

328 Als Zusammenschluss aus dem Bund freier Schwestern und dem Agnes-Karll-Verband.

329 Zu den Differenzen zwischen ADS und DSG ausführlich bei: KATSCHER, L. (1997): Krankenpflege 1945-1965, 42/66.

330 ARBEITSGEMEINSCHAFT DEUTSCHER SCHWESTERNVERBÄNDE/DEUTSCHE SCHWESTERNSCHAFT E.V. (1958): Die Pflege des Kranken Menschen. – Das Erscheinen des Werkes wird mit der 7. Auflage 1970 eingestellt.

331 Dies. ([3]1962): Die Pflege des Kranken Menschen, 658.

Krankenbesuchen zusammenzuarbeiten, Andachten und Gottesdienste auf der Station zu ermöglichen, die Nottaufe zu spenden und Sterbende zu begleiten. Die Pflegekraft übernimmt aber auch selbst eine aktive Seelsorgerolle, wenn sie von Kranken um ein vertrauliches Gespräch, einen tröstlichen Zuspruch oder sogar um das Sprechen eines Gebets aufgefordert wird.[332] Nach insgesamt sieben Auflagen wird das Lehrbuch der ADS/DSG Anfang der 1970er Jahre jedoch eingestellt.

Zu Beginn der 1970er Jahre nimmt LILIANE JUCHLI aufmerksam die Entwicklungen in Medizin und Pflege wahr und veröffentlicht 1971 zunächst ein Manuskript mit dem Titel ‚Umfassende Krankenpflege'.[333] Es wird zum Ausgangspunkt einer ganzen Lehrbuchtradition. JUCHLI, aus der katholischen Ordenskrankenpflegetradition stammend, untergliedert ihr Werk in zwei Hauptbereiche: (1) in die Grundpflege als eigenständiger Bereich der Krankenschwester, die sie aufgrund ihrer Ausbildung, ihres Berufsbewusstseins und ihres Verantwortungsbewusstseins selbständig ausführt und (2) in die dem Arzt unterstellte Behandlungspflege, unter die alle Tätigkeiten fallen, welche die Krankenschwester unter Anweisung, auf Verordnung oder zuhanden des Arztes ausführt.[334] Die Sorge um die seelischen Bedürfnisse rechnet JUCHLI dem Bereich der Grundpflege zu. Krankheit bedeutet für die erfahrene Ordensfrau immer auch ein inneres Geschehen, wo verschiedene Fragen, Ängste und Hoffnungen mit hineinspielen. Darum ist es eine Gabe, „kranke Menschen nicht nur mit umfassender Technik, sondern ganzheitlich zu pflegen, das heißt, sie in dem oben genannten Geschehen zu begleiten. Wir müssen Verhaltensformen im Umgang mit diesen wesentlichen Fragen des Kranken finden. Gespräche am Krankenbett sind eine besondere Kunst, die uns nicht von vornherein zur Verfügung steht."[335] An erster Stelle sind es solche Gespräche, durch die die Schwester den kranken Menschen während der Erfahrung leiblich-seelischer Krisenzeiten begleitet und ggf. den Seelsorger hinzuzieht. „Indem der Patient sein seelisches Gleichgewicht in der Krankheit findet, (…) wird sein körperliches Leiden positiv beeinflusst, und er wird persönlich bereichert."[336] JUCHLI unterscheidet dabei klar die Sorge um die seelischen Bedürfnisse des kranken Menschen von jenen der Sterbenden. Beide Bereiche verweisen zwar auf die spirituell-religiöse Dimension, sie erfordern jedoch ein je unterschiedliches pflegerisches Rollenverhalten.

JUCHLI fasst ihr Pflegeverständnis in dem prägnanten Satz zusammen: „Krankenpflege ist Dienst am kranken Menschen."[337] Klar überschreitet ein solcher Ansatz die Grenzen eines naturwissenschaftlich-medizinischen Koordinatensystems, verlässt die reine Krankheitsorientierung und lenkt den

332 Vgl. Ebd. 661.
333 Vgl. JUCHLI, L./HÖGGER, B. (1971): Umfassende Krankenpflege.
334 Vgl. Ebd. 1.
335 Ebd. 58.
336 Ebd. 60.
337 JUCHLI, L. (1973): Allgemeine und spezielle Krankenpflege, 4.

pflegerischen Fokus auf den Menschen. Alle Ausführungen zur allgemeinen und speziellen Krankenpflege zielen auf die Verwirklichung einer ganzheitlichen Pflege, die sich an den fundamentalen Bedürfnissen des kranken Menschen orientiert und ihn vor allem auch in seinem inneren Erleben begleitet.[338] Zu solchen elementaren Prozessen zählt das Sehnen des Menschen nach dem Absoluten. Eng mit der seelischen Bedürfnislage hat ein Pflegehandeln zu korrespondieren, das sich dieser seelsorglichen Herausforderung stellt.[339]

Während sich in den ersten drei Auflagen des Lehrbuchs noch keine umfassende anthropologische Fundierung findet, stellt JUCHLI ihrer Neukonzeption im Jahr 1983 ein ganzheitliches Menschenbild voran, das zu einer situationsgerechten, ganzheitlichen und personenorientierten Pflege befähigen will. Spekulativ und im Rückgriff auf Positionen von BRESCH, DE CHARDIN, DÜRKHEIM, FROMM, JASPERS, JORES, JUNG, LERSCH, RICHTER und STAEHELIN entwickelt JUCHLI ein Menschenbild, das naturwissenschaftliche, psychologische, philosophische und theologische Ansätze nicht als gegensätzlich begreift, sondern als sich additiv ergänzend. Obwohl sie ein hohes Abstraktionsniveau wählt, der Gedankengang stellenweise unsystematisch wirkt, sich die gewählten Termini nicht ohne zusätzliches Hintergrundwissen erschließen, setzt dieses Menschenbild für die deutsche Pflege doch einen Meilenstein. Erstmalig wird dem beruflichen Pflegehandeln eine anthropologische Fundierung vorangestellt und damit ein konzeptioneller Begründungsrahmen für das pflegerische Handeln geliefert. Bis zur letzten von JUCHLI verantworteten 8. Auflage 1997 baut sie dieses Menschenbild weiter aus. Entgegen einer rein reduktionistischen (naturwissenschaftlichen) Betrachtungs- und Behandlungsweise des kranken Menschen wird darin die unaufhebbare Einheit resp. Wechselwirkung der verschiedenen Aufbauformen des individuellen Menschen herausgestellt, denn „die Person ist etwas *Unteilbares,* sie lässt sich nicht weiter unterteilen, nicht aufspalten, sie ist und bleibt eine Einheit und Ganzheit."[340] Neben der personalen, sozialen und ökologischen Ebene begreift JUCHLI den Menschen in seinem Sein von einer religiös-spirituellen Ebene her. Der Aufweis der transzendenten Überwelt (dem Numinosen, Ewigen) gelingt JUCHLI dabei allein aus dem Rückgriff auf psychologische und psychosomatische Einsichten.[341] Kontinuierlich steht der Mensch mit allen Dimensionen seines Mensch-Seins in Beziehung und muss sich an innere und äußere Veränderungen adaptieren. Diese Herausforderung gelingt ihm selbst aufgrund der vorhandenen Ressourcen oder im Rückgriff auf die Unterstützung Dritter. Daraus leitet sie ein am kranken Menschen orientiertes, ganzheitliches Pflegeverständnis ab, das nicht nur in der Hilfe zur Selbsthilfe bei den Verrichtungen der Aktivitäten des täglichen Lebens seine Konkretion erfährt, sondern eben

---

338 Vgl. Ebd. 22.

339 Vgl. Ebd. 17.

340 Dies. ($^8$1997): Pflege, 25.

341 Nur ein einziges Mal umreißt JUCHLI rudimentär in ihrem Pflegelehrbuch ein dezidiert biblisches Menschenbild und zwar in der 6. Auflage 1991 (Vgl. JUCHLI, L. ($^6$1991): Krankenpflege, 22/26).

auch in der seelsorglichen Begleitung und Krisenintervention. Erst im Jahr 1997 bekommt JUCHLIs Pflegelehrbuch mit dem Lehrbuch ‚Pflege Heute' eine ernstzunehmende Konkurrenz.

Schließlich kommt es im Jahr 2000 zu einem Wechsel in der Herausgeberschaft des Lehr- und Lernbuchs von ‚Thiemes Pflege'.[342] Einleitend wird dem neukonzipierten Werk zwar noch ein Kapitel zum Menschenbild vorangestellt, das jedoch in seiner inhaltlichen Ausführung weitgehend auf eine theoretische Herleitung verzichtet, die jedoch für eine pflegephilosophische Vertiefungsarbeit nicht ohne Belang ist. Zwei aus früheren Auflagen entnommene Grafiken illustrieren die von JUCHLI entfaltete human-ökologische spirituelle Einbindung des Menschen mit den darin enthaltenen vier Beziehungsbereichen, doch wird auf eine Erläuterung des Modells sowie den sich daraus ergebenen Konsequenzen für die Pflege verzichtet. Die Rede von der ganzheitlichen Pflege zeigt sich zwar als Versuch, „die Komplexität des Menschen wenigstens zu denken und zu versuchen, hilfreiche Handlungen als Unterstützung der Wiederherstellung von Ganzheit, von den möglichen und erhofften komplexen Zusammenhängen zu rekonstruieren"[343], doch wird dieses Postulat durch das Gesamtwerk aufgrund fehlender inhaltlicher ‚Tiefenschärfe' leider nicht eingelöst. Zum gegenwärtigen Stand ethischer und anthropologischer Berücksichtigung in den Lehrbüchern ‚Thiemes Pflege' und ‚Pflege Heute' sei an dieser Stelle auf Kapitel I 1.3 sowie Kapitel II 1.1.2 dieser Arbeit verwiesen.

### *3.3.7 Zur Faktizität pflegerischer Praxis*

Die Pflegelehrbücher mit ihren ideell-normativen Vorgaben sind eine Facette der Pflege – die Praxis eine ganz andere. In der Nachkriegszeit spezialisieren sich nicht nur die Krankenhausabteilungen, sondern es kommt auch zur flächendeckenden Einrichtung von Intensivstationen.[344] Im Zuge dessen ist insgesamt ist dabei eine Abkehr vom Subjekt hin zum gesichtslosen Datenfall zu beobachten.[345] „Nicht mehr die einzigartige Körperlichkeit dieses einen Patienten (steht) im Fokus (.), sondern die Steuerung und Optimierung von *Sets* von Indikatoren oder Faktoren, deren Relevanz in Bezug auf statistische Populationen beurteilt wird. Die synästhetische individuelle Wahrnehmung und Empfindung des Kranken hat hier kein Sagen mehr, da die Beurteilung des Zustandes von den Daten im Krankendossier abhängt. Der Kranke wird zum Datenlieferanten, und diese ‚Daten' werden nach den Parametern von statistischen Populationen bewertet. Der Patient wird im tiefen Sinn entkörpert und ist doch im eigentlichen Sinn körperlich erkrankt. Es ist nicht mehr die

---

342 Vgl. KELLNHAUSER, E. et al. (Hg) (⁹2000): Thiemes Pflege.

343 GEIẞNER, U. (⁹2000): Menschenbild – ethische Dimension, 7.

344 Vgl. MURKEN, A. (1988): Vom Armenhospital zum Großklinikum, 235.

345 Vgl. ARMSTRONG, D. (1995): The Rise of Surveillance Medicine, 393/404; Vgl. DUDEN, B. (2010): Mit Kopf und Sinnen, mit Händen und Verstand, 21/25.

Abstraktheit oder Undurchschaubarkeit der klinischen Messwerte von seinem ‚Körper', mit denen der Besitzer dieses ‚Körpers' konfrontiert wird, sondern die Verwandlung in einen gesichtslosen Fall."[346] Besonders augenfällig wird dieser Umstand, wenn sich der Kranke nicht in seinem Zimmer befindet und sich die zur Visite Versammelten über das leere Bett beugen, um sich dann über ‚den Fall', die Untersuchungsergebnisse, den Therapiefortschritt und die nächsten Behandlungsschritte austauschen. Demgegenüber sind die Pflegenden diejenigen, „die am ehesten die Überbleibsel der nicht-verwaltenden, persönlichen Zuwendung dem Kranken gegenüber verkörpern, weil sie körperlich – und das ist immer konkret und einzeln – aufrichten, umbetten, anpacken."[347] Doch auch den Pflegesektor lässt die medizinische Sichtweise auf den Kranken nicht unberührt, denn „die Krankenschwestern ziehen einen großen Teil ihrer Befriedigung aus dem Ansehen, das sie beim Stationsarzt haben. (…) Ärzte beurteilen Krankenschwestern in erster Linie nach deren medizinischen Kenntnissen und Geschick, bei Eingriffen zu assistieren. Zudem sollen sie den medizinisch-technischen Tagesablauf reibungslos organisieren und die durch zunehmende Informationsfülle komplizierter werdenden Krankenkurven korrekt führen."[348] Dagegen sind „die oft sicher vorhandenen psychologischen Fähigkeiten und sozialen Neigungen der Schwestern, ihre Tendenz, Patienten zu trösten, ihnen einen Rat zu geben, sie zu stützen, also zwischenmenschliche Interaktion, die an sich viele Schwestern befriedigen würden, auf der medizinischen Prestigeskala des modernen Krankenhausbetriebes niedrig eingestuft."[349] „Man ist nur gut, wenn man arztnah handelt."[350] Dabei folgt die pflegerische Routine den festen Regeln des Stationsbetriebs. Wichtigstes Kriterium ist die Anpassung und Eingliederung des kranken Menschen in den Krankenhausbetrieb. Jene, die den Ablauf stören oder gar eine individuelle Betreuung einfordern, sind beim Pflegepersonal unbeliebt.[351] Eine Studie von SIEGRIST aus dem Jahr 1978 dokumentiert dazu, dass die Kranken aufgrund ihrer Abhängigkeit und Machtlosigkeit extrem bereitwillig und stillschweigend ungünstige räumliche, soziale und medizinische Bedingungen des Krankenhausalltags hinnehmen.[352] „Die Patienten haben Bedürfnisse und Wünsche, sprechen sie aber von selbst nicht aus. Sie beklagen sich auch dann kaum, wenn ihre Bedürfnisse nicht erfüllt werden. Das gibt nun den Personalmitgliedern die Idee, dass die Patienten keine entsprechenden Bedürfnisse hätten bzw.

---

346 Ebd. 23.

347 Ebd. 25.

348 ENGELHARDT, K. et al. (1973): Kranke im Krankenhaus, 166.

349 Ebd. 167; Vgl. dazu auch die Analyse von OSTNER/BECK-GERNSHEIM: „Viele ältere Stationsschwestern waren eben der Meinung, unterhalten mit dem Patienten ist Zeitverschwendung." (OSTNER, I./BECK-GERNSHEIM, E. (1979): Mitmenschlichkeit als Beruf, 18f). Zu ähnlichen Ergebnissen kommt auch fast zwanzig Jahre später immer noch ELKELES: „Das Sozialprestige (.) steigt mit der Ferne der Tätigkeit vom Patienten und dabei insbesondere von der Grundpflege" (ELKELES, T. (1988): Arbeitsorganisation in der Krankenpflege, 174).

350 GREFE, C./HARTMANN, F. (1988): Fließband-Pflege, 5.

351 Vgl. ENGELHARDT, K. et al. (1973): Kranke im Krankenhaus, 168.

352 Vgl. SIEGRIST, J. (1978): Arbeit und Interaktion im Krankenhaus, 10.

dass sie es selbst schon richtig machen würden. So stabilisiert sich ein unbefriedigendes Arrangement, dass die Patienten enttäuscht zurücklässt, sie gleichzeitig aber zwingt, unbefriedigte Gefühle zu unterdrücken bzw. intrapunitiv umzuinterpretieren."[353] Darüber hinaus konstatiert SIEGRIST, dass kommunikative Anforderungen nicht nur die pflegerische Routine durchbrechen, sondern in Abhängigkeit von der individuellen Disposition der Pflegekraft umso schwerer fallen.[354] Daher ist „eine Reduktion individualisierender Leistungen der Zuwendung (.) nicht nur deswegen zu erwarten, weil diese weitgehend immun gegenüber den Sanktions- und Kontrollsystemen der Organisation und damit relativ folgenlos zu praktizieren ist, sondern auch, weil interaktive Leistungen nicht als Bestandteil professioneller Leistungen betrachtet werden und daher subjektiv leicht verzichtbar sind."[355] Aus der Sicht der Pflegekräfte ist also eine reduzierte Kommunikation verständlich, unter ökonomischen Gesichtspunkten wünschenswert, aus der Sicht des kranken Menschen jedoch von deutlichem Nachteil. Bei Personalknappheit werden zudem grundpflegerische Elemente übergangen oder nur flüchtig ausgeführt (z.B. Körperpflege alle zwei Tage, seltenerer Wäschewechsel).[356] Zudem klagen 63% der Befragten über Belastungen aufgrund von Zeitdruck und 55% beklagen häufige Unterbrechungen.[357] Unter diesen Rahmenbedingungen bildet sich eine fragmentierende Funktionspflege aus.[358]

Im Jahr 1981 untersucht BARTHOLOMEYCZIK die Situation in den Krankenhäusern.[359] Obwohl während der Krankenpflegeausbildung eine Befähigung zur psychosozialen Unterstützung der Kranken angestrebt wird, herrscht nach Abschluss der Ausbildung ein derartiger Konformitätsdruck in den Krankenhäusern, dass eine Verbesserung der Situation nicht möglich scheint.[360] Selbst Minimalforderungen der Kranken nach psychosozialer Unterstützung wird durch die Pflegekräfte nicht entsprochen. Sie kommt völlig zum Erliegen, wenn der Kranke im Sterben liegt.[361] Empathie und Mitfühlen werden vom Pflegepersonal als zusätzliche Belastungen erlebt. Die Betrachtung des Kranken als Objekt vereinfacht dagegen den Umgang.[362] Auch das Argument ‚Zeitmangel' dient oft zur (vorgeschobenen) Rechtfertigung, um eine tiefere Auseinandersetzung mit der persönlichen Problemlage des kranken Menschen zu vermeiden.[363] Denn Studien zeigen, dass selbst bei ausreichenden Zeitressour-

---

353 Ebd. 11.
354 Vgl. Ebd. 13.
355 Ebd.
356 Vgl. Ebd. 66.
357 Vgl. Ebd. 70.
358 Vgl. Ebd. 81/85.
359 Vgl. BARTHOLOMEYCZIK, S. (1981): Krankenhausstruktur, Stress und Verhalten gegenüber den Patienten.
360 Vgl. Ebd. 28.
361 Vgl. Ebd. 26.
362 Vgl. Ebd. 26.
363 Vgl. Ebd. 69.

cen eine solche Zuwendung ausbleibt. Folglich muss ein höherer Personalbestand noch lange nicht zu einer verstärkten Zuwendung zum Kranken führen. Dabei leiden Auszubildende noch stärker als Berufserfahrene darunter, der Betreuung der Kranken nicht angemessen entsprechen zu können. Das hängt BARTHOLOMEYCZIK zufolge mit der (noch) vorhandenen idealistischen Berufsmotivation zusammen. Berufserfahreneren gelingt dic Anpassung an die stationären Gegebenheiten eher – sei es aus Resignation oder Einsicht.[364]

Ebenfalls in den 1980er Jahren untersuchen PRÖLL/STREICH die Arbeitsbedingungen im Krankenhaus.[365] Zweidrittel der Beschäftigten pflegen immer noch funktional.[366] Hohe Belastungen ergeben sich für das Pflegepersonal durch Wechselschicht, Nachdienstteilnahme und Wochenenddienste. Solche Arbeitszeiten erschweren eine Teilnahme am öffentlichen und sozialen Leben.[367] Neben der körperlich fordernden Tätigkeit nennen die Befragten vier weitere Belastungsfaktoren: „Häufiger Zwang, kurzfristig zwischen verschiedenen Anforderungen ‚umzuschalten', starke Anforderungen an Konzentrations- und Reaktionsvermögen und schließlich die seelische Inanspruchnahme durch die Konfrontation mit dem Leid der Patienten."[368] Auch bei PRÖLL/STREICH wird eine dünne Personaldecke als Erklärung für ein schnelleres, oberflächliches Arbeiten sowie den Verzicht auf Gespräche mit dem Kranken ins Feld geführt.[369]

Knapp zehn Jahre später befasst sich eine PROGNOS-Studie erneut mit den Arbeitsbedingungen von Pflegekräften im stationären Pflegedienst.[370] 75% der Pflegenden arbeiten immer noch im Wechselschichtdienst, wovon die Hälfte auch in der Nachtarbeit eingesetzt wird.[371] Neben der körperlichen Arbeitsbelastung leiden die Pflegekräfte unter einer unzureichenden Personalbesetzung sowie unter starken psychischen Druck aufgrund der permanenten Konfrontation mit Leiden und Sterben.[372]

Auf die sich Ende der 1980er Jahre im Pflegebereich einstellende Personalnot reagiert man mit Wiedereingliederungskursen, besserer Bezahlung, Entlastung von berufsfremden Tätigkeiten und neuen Personalbemessungsgrundlagen. Doch obwohl zur Entlastung des Pflegepersonals besondere zentrale Dienste eingerichtet werden (z.B. Bettenzentrale), bleibt es bei einer funktionalen Arbeitsorganisation der Pflegearbeit. Während die Stationsleitung in der Regel als zentrale Umschaltstelle mit Informationsmonopol und exklusiver Visitenteilnahmeberechtigung gilt, erhalten die anderen Teilaufträge, über

364 Vgl. Ebd. 78.
365 Vgl. PRÖLL, U./ STREICH, W. (1984): Arbeitszeit und Arbeitsbedingungen im Krankenhaus.
366 Vgl. Ebd. 6.
367 Vgl. Ebd. 32/44.
368 Ebd. 68.
369 Vgl. Ebd. 59.
370 Vgl. PROGNOS (1989): Möglichkeiten für eine menschengerechte Gestaltung der Arbeitsbedingungen im Pflegebereich des Krankenhauses.
371 Vgl. Ebd. 77f.
372 Vgl. Ebd. 94.

deren Ausführung sie der Stationsleitung berichten, um dann wieder neue Teilaufgaben entgegenzunehmen.[373] Ein solches arbeitsteiliges Vorgehen erweist sich dabei als janusköpfig, denn obwohl die Arbeitszerlegung in so genannte Runden zur Bewältigung der Arbeitslast unausweichlich scheint, steht eine solche funktionale Arbeitsorganisation im Widerspruch zum ganzheitlich, personenbezogenen Charakter pflegerischer Arbeit und führt bei den Pflegenden zu Monotonie, Demotivation, sinnentleerter Arbeit, qualitativer Unterforderung sowie Beziehungslosigkeit zum kranken Menschen.[374] Je größer die Arbeitszerlegung, desto geringer die Kommunikationschancen mit dem kranken Menschen. Und dennoch: Die Zuwendung zum und die Kommunikation mit dem Kranken (als Baustein ganzheitlicher Arbeit) wird nicht von allen Pflegenden als gleichwertig mit anderen Aufgaben (z.B. Medikamente verteilen, Spritzen verabreichen, Essen austeilen oder Kurven schreiben) eingestuft und zum andern oft aus (vorgeschobenem) Zeitmangel vernachlässigt. Auszubildende und Berufsanfänger werden sogar von Berufserfahrenen getadelt, wenn sie sich mit einem Kranken zu lange unterhalten. Wer überdurchschnittlich lange im Krankenzimmer bleibt, steht unter dem Verdacht, sich vor der Arbeit drücken zu wollen.[375]

Dass die oben umrissenen Diskrepanzen zwischen Ausbildungsidealen, ideell-normativen Ansprüchen sowie strukturellen-personellen Gegebenheiten bis in die Gegenwart fortbestehen, darauf deutet auch eine aktuelle Studie der HANS-BÖCKLER-STIFTUNG über die Arbeitsbedingungen im Krankenhaus hin.[376] Obwohl viele Krankenhäuser in der jüngeren Vergangenheit ihre Organisation und Arbeitsteilung verändert haben, zeigt sich auf den Stationen keine Verbesserungen für die Beschäftigten und kranken Menschen. Für 78% der Befragten Pflegekräfte haben sich die Arbeitsbedingungen in den vergangenen 5 Jahren nicht verändert. Bei steigender Arbeitsverdichtung und sinkenden personellen Ressourcen bleibt den Pflegekräften zu wenig Zeit für Kernaufgaben wie das Pflegekraft-Patient-Gespräch sowie zur Information, Anleitung oder Beratung. Fast 83% geben an, dass auf den Stationen wichtige Aufgaben vernachlässigt würden. Nur rund 17% des Pflegepersonals sind damit zufrieden, wie ihr Arbeitgeber sie in der Fort- und Weiterbildung unterstützt. Hier schließt sich der Kreis zu den bereits unter Kapitel I 2. beschriebenen, limitierenden strukturellen und personellen Bedingungen.

### *3.3.8 Zusammenfassung*

Engagierten sich bis zum Mittelalter primär religiöse Ordensgemeinschaften in der Sorge um Arme und Kranke, steigen zu Beginn des 19. Jahrhunderts

---

373 Vgl. ELKELES, T. (1988): Arbeitsorganisation in der Krankenpflege, 67ff.

374 Vgl. Ebd. 287/297; Vgl. Ders. (1994): Arbeitsbedingungen und Taylorismus der Arbeitsorganisation im Krankenhaus, 442.444.

375 Vgl. Ders. (1988): Arbeitsorganisation in der Krankenpflege, 77f.

376 Vgl. HANS-BÖCKLER-STIFTUNG (Hg) (2014): Arbeitsreport Krankenhaus.

auch öffentliche Träger in das sich entwickelnde Krankenhauswesen ein. Die konfessionellen Orden- und Diakonissenverbände lassen sich dabei nicht nur in den eigenen Eichrichtungen, sondern auch in den Krankenhäusern öffentlicher Trägerschaft in den Dienst nehmen. Neben dem Gebot der Gottes- und Nächstenliebe motiviert die Ordenschristen die besondere Berufung zur Nachfolge Christi zu einem Leben nach den Evangelischen Räten, um dadurch schon im Hier und Jetzt auf das kommende Gottesreich hinzuweisen und gleichzeitig zu persönlicher Vollkommenheit zu gelangen. Neben der körperlichen Sorge um den Erkrankten praktizieren die konfessionellen Pflegekräfte eine Form von Ganzheitspflege, die auch spirituell-religiöse Belange einschließt. In ihrem seelsorglichem Tun unterstützen sie aktiv den hauptamtlichen Priester oder Pastor in dessen Sorge um das ewige Heil der ihnen Anvertrauten. Dabei zeigen sich jedoch nicht selten Deformitäten so verstandener Ganzheitspflege. Katholischen Ordenschristen und Diakonissen schießen dann über das eigentliche Ziel hinaus, wenn sie gegen den sichtbaren Willen der Todkranken Religiöses in die Pflege integrieren oder den Krankenhausaufenthalt als Gelegenheit zur Bekehrung zur eignen Konfession ausnutzen.

Zu Beginn des 20. Jahrhunderts sind die religiösen Mutterhausverbände nicht mehr in der Lage, den massiv steigenden Bedarf an Pflegekräften zu decken. In Preußen kommt es erstmalig zur Einführung einer staatlich anerkannten Pflegeausbildung, aus der religiöse Bildungsinhalte ausgespart bleiben. Aufgrund berufspolitischer Notwendigkeiten kommt es zu einer starken Abgrenzung der freiberuflichen Pflegekräfte von der konfessionellen Ordens- und Diakoniepflege. Zwar zeitigt der medizinische Fortschritt eine stärker naturwissenschaftlich-medizinische Qualifikation des Pflegepersonals, doch delegiert die Ärzteschaft zugleich alles Emotionale an die Pflegekraft. Den Krankenhausalltag bestimmend bleibt jedoch das naturwissenschaftlich-pathologische, medizinische Krankheitsverständnis und die zwischenmenschliche Zuwendung gewinnt den Charakter des nicht Entlohnten, des Fakultativ-privaten. Demgegenüber stehen die ideell-normativen Forderungen nach einer Patientenorientierung in den Pflegelehrbüchern und während der Pflegeausbildung, die jedoch unter den realen Arbeitsbedingungen und negativen Rollenvorbildern im Stationsalltag bald fallengelassen werden. Entweder erklären sich arztnahe Pflegekräfte für eine emotionale Zuwendung zum Kranken als nicht zuständig oder die Pflegenden argumentieren ihr Nicht-Tun mit einem bestehenden Zeitmangel. Tatsächlich werden jedoch Zuwendung, Empathie und Mitgefühl vom Pflegepersonal als zusätzliche Belastung erlebt, wohingegen eine Verobjektivierung des Kranken den Umgang zu erleichtern scheint. Eine Verantwortung für spirituell-religiöse Belange rückt dadurch ebenfalls in den Hintergrund.

Zwischen der Art und Weise Pflege zu verstehen und zu praktizieren, gibt es also seit dem 19. Jahrhundert verschiedene Auffassungen oder erhebliche, ideologische Differenzen. Je nach Lager versteht man Krankenpflege als religiöse Berufung oder säkularen Beruf; als unbezahlte Liebestätigkeit, humanitäre Berufung oder reine Erwerbsarbeit; als Angehöriger eines umfassenderen Verbandes oder als ungebundene, freiberufliche Tätigkeit. Während konfessionelle Pflegekräfte aus ihrer religiösen Berufung und ihrem spezifischen Verständnis von Ganzheitspflege heraus handeln, zeigt sich bei Freiberuflichen ein eher säkular-naturwissenschaftliches Pflegehandeln, mit einer Tendenz zur Abdrängung psychosozialer Zuwendung in die Sphäre des Fakultativen. Damit koppeln sich aber beide Lager von der tatsächlichen Bedürfnislage des Kranken ab und instrumentalisieren ihn zur eigenen Zielerreichung. Sie sind mehr mit sich selbst als mit den Anliegen der kranken Menschen befasst.

# 4 Ausblick

Der Durchgang durch verschiedene, das Pflegehandeln beeinflussende Faktoren hat gezeigt, dass den ideell-normativen Entwürfen guter Pflege ein problembeladener Pflegealltag gegenübersteht. Die Dichotomie zwischen den ideellen, als realitätsfern erlebten Entwürfen einerseits und den limitierenden, strukturellen und personellen Faktoren anderseits scheint unüberwindbar. Der pflegegeschichtliche Aufriss verdeutlichte die Licht- und Schattenseiten konfessioneller Ordens- und Diakoniepflege und beleuchtete mögliche Faktoren, die zur Ausblendung der spirituellen Dimension des Menschen beigetragen haben. Die Darlegungen zum Professions- und Ganzheitlichkeitsverständnis haben jedoch gezeigt, dass ein professionell-ganzheitliches Pflegeverständnis die Bedürfnislage des kranken Menschen in den Blick zu nehmen hat, um eine personenorientierte, würdevolle Pflege zu gewährleisten. Dabei geht es nicht um die Neukonstruktion einer weiteren Pflegezwickmühle, sondern um das Postulat einer wertorientierten Pflege. Dazu gilt es wieder stärker den Fokus aus die Pflegeleistungsempfänger zu richten: den Menschen. Um ihn als multidimensionale Einheit wahrzunehmen und auf die Herausforderungen der Pflegepraxis wertorientiert antworten zu können, kommt der Auseinandersetzung mit dem Thema Menschenbild darum eine entscheidende Rolle zu. Das Menschenbild hilft bei der Beantwortung von Fragen nach dem Wesen und Ziel des Mensch-Seins sowie nach einer damit korrespondierenden Gestaltung von Pflege. Mit dem anthropologischem Fundament professionell-ganzheitlicher Pflege setzt sich der zweite Teil dieser Arbeit auseinander.

# Kapitel II Anthropologisches Fundament professionell-ganzheitlicher Pflege

Pflege hat sich im 19. Jahrhundert um ihrer gesellschaftlichen Anerkennung willen an der naturwissenschaftlich ausgerichteten Medizin orientiert. Später versprach sie sich eine Aufwertung durch eine Anpassung an die ökonomische Notwendigkeit der Leistungsquantifizierung und -finanzierung. Es steht außer Frage, dass beide Wege besondere Schwierigkeiten bergen. Eine sich etablierende Pflege als Wissenschaft und Profession sollte aus den vergangenen Erfahrungen lernen und sich nicht vorschnell anderen Wissenschaftsdisziplinen und Professionen unterwerfen oder sich von ihnen fremdbestimmen lassen. Sie hat sich aus den Subordinationsbestrebungen Dritter zu befreien und mit eigenen Methoden und im Rekurs auf bereits generiertes Wissen ihren spezifischen Wissenskorpus zu erweitern, um dadurch eigene Positionen zu finden und argumentativ aufzuweisen. Erst dadurch wird sie dem Anspruch einer eigenständigen Wissenschaftsdisziplin und Profession gerecht.

Weil die Aufgabe der Pflege in einer ganzheitlich-professionellen Sorge um den kranken Menschen besteht, kann sie sich nicht allein auf eine Auseinandersetzung mit Fragen der Prävention, Therapie, Gesundheitsförderung oder Rehabilitation begnügen. Auftrag der Pflege ist die kritische Reflexion und die Weiterentwicklung der eigenen Disziplin durch ein Nachdenken über den Menschen als ihrer Grundkategorie. Unter der Voraussetzung, dass der Mensch, sein Erleben und sein gesundheitliches Wohlbefinden Ausgangs- und Zielpunkt allen pflegerischen Reflektierens, Planens und Handelns ist, stellt sich die Frage nach den leitenden Annahmen, die hinter dem Begriff ‚Mensch' stehen. Ein konkretes Handeln entspringt ja bestimmten Werten und Überzeugungen, die letztlich – bewusst oder unbewusst – mit einer Vorstellung vom Menschen korrespondieren. Daher untersucht der erste Teil dieses Kapitels, inwieweit in den gegenwärtigen pflegewissenschaftlichen Lehrbüchern anthropologische Aussagen zur Geltung kommen und welche möglichen Interdependenzen zum Pflegewissenschaftsverständnis bestehen. Ebenfalls werden aktuelle Pflegelehrbücher sowie pflegeethische Abhandlung daraufhin befragt, ob sie Aussagen zum Menschenbild einschließen. Im Anschluss daran wird die Frage nach der generellen Relevanz von Menschenbildern für die Pflege bearbcitet, um dann im zweiten Teil des Kapitels Beiträge eines jüdisch-christlichen Menschenbildes zu einem ganzheitlich-professionellen Pflegeverständnis zu bedenken.

# 1. Anthropologische Leer-Stellen in pflegewissenschaftlichen Lehr-Büchern?

## 1.1. Lehr- und Studienbücher zur Pflegewissenschaft

Eines vorweg: Die anthropologische Spurensuche innerhalb deutschsprachiger pflegewissenschaftlicher Lehr- und Studienbücher fällt ernüchternd aus! Lediglich vereinzelt finden sich anthropologische Hinweise. Zugleich zeigt die Analyse, wie eng die Bereitschaft zum Einbezug unterschiedlicher – auch geisteswissenschaftlicher – Wissensquellen mit dem jeweiligen pflegewissenschaftlichen Verständnis oder dessen wissenschaftstheoretischer Verortung korreliert.

Die Suche nach einer solchen wissenschaftstheoretischen oder metatheoretischen Beheimatung der Pflegewissenschaft verlangt in einem ersten Schritt die Bestimmung des Forschungsgegenstandes und – damit eng verbunden – die Klärung der spezifischen theoretischen Grundlagen, Methoden und Erkenntnisinteressen. In den systematisierenden Anläufen und methodologischen Überlegungen zur Bestimmung dieser Sachverhalte zeigt sich in den untersuchten Abhandlungen ein recht unterschiedliches Reflexionsniveau. Dieser Umstand mag darin gründen, dass die deutsche Pflegewissenschaft im Vergleich zu den USA oder auch Großbritannien immer noch eine recht junge Disziplin ist.

SCHRÖCK erachtet die Bestimmung eines Konzepts der Krankenpflege als zwingend notwendige Voraussetzung für die Forschung in der (Kranken) Pflege.[1] AXMACHER qualifiziert dagegen ein solches Forschungsverständnis als vorwissenschaftlich-problematisch, denn Wissenschaft lässt sich nach seiner Auffassung ja gerade nicht konzeptionell absichern.[2] Denn ähnlich wie es in der Pädagogik nicht den *einen* Bildungsbegriff gibt oder wissenschaftliche Erkenntnisse dem Lehrer nicht zwingend Handlungs- oder Orientierungssicherheit für das pädagogische Tun liefern, so bezweifelt AXMACHER, dass die Verwissenschaftlichung der Pflege *einen* einheitlichen, tragfähigen, wissenschaftlich gesicherten Pflegebegriff generieren kann, sondern im Gegenteil praxisferne Theorien und Handlungsanweisungen produzieren wird.[3] Wie alle anderen wissenschaftlichen Disziplinen habe sich die Pflegewissenschaft dem Paradigma der Forschung zu unterwerfen, die wiederum im Dienst und in der Offenheit des Erkenntnisgewinns steht und damit gerade nicht unter dem ausschließlichen Primat der Pflegepraxis. AXMACHER tendiert zu einem Verständnis von Pflegewissenschaft im Sinne einer angewandten Wissenschaft,

---

1 Vgl. SCHRÖCK, R. (1988): Forschung in der Krankenpflege: Methodologische Probleme, 84/93.
2 Vgl. AXMACHER, D. (1991): Pflegewissenschaft – Heimatverlust der Krankenpflege?, 120/138.
3 Vgl. Ebd. 125f.

die er mit SCHÄFFTER als „systematisierende Weiterführung der Selbstreflexion ihres Gegenstandsbereichs in einem eigens dafür freigesetzten Tätigkeitsfeld“[4] begreift. Daraus folgt, dass die Pflegewissenschaft zwar ein Verständnis für die Praxis benötige, aber zugleich zu ihr in Distanz treten müsse, um mittels der Instrumente des theoretischen Diskurses Pflege insgesamt zu systematisieren, zu klassifizieren und dadurch zu ordnen. „Pflegewissenschaft stellt sich hier als Reflexivwerden des in der Handlungspraxis ‚immer schon‘ gewussten, im praktischen Diskurs habituell verfügbaren Wissens dar.“[5] SCHRÖCK und AXMACHER eint – wenngleich in unterschiedlicher Offenheit – das Streben nach einer Beschreibung des Forschungsgegenstandes Pflege.

Will man die Pflegewissenschaft in wissenschaftstheoretischer Hinsicht einordnen, so geschieht das im Wissen um die drei Grundunterscheidungen wissenschaftlichen Erkenntnisgewinns: (1) die datenpräsentierenden, empirischen Naturwissenschaften (Positivismus, kritischer Rationalismus), (2) die nicht empirisch arbeitenden Geisteswissenschaften und (3) die sowohl empirisch als auch theoriegenerierend tätigen Sozial- und Humanwissenschaften. Letztere sind zwischen den beiden erstgenannten Richtungen anzusiedeln, nutzen unterschiedliche Weisen des Erkenntnisgewinns (Induktion, Deduktion) und generieren Theorien mittlerer Reichweite, deren Charakteristikum in einer Offenheit in Richtung Universalisierung und Individualisierung besteht.

Da vor allem dem Paradigma der pflegerischen Interaktion eine zentrale Rolle zugesprochen wird, zeigt sich in der Literatur insgesamt eine Tendenz zur Verortung der Pflegewissenschaft im Lager der Sozial- und Humanwissenschaften.[6] Doch auch innerhalb einer sich so verstehenden Pflegewissenschaft gibt es Positionen, die eine stärkere Affinität in Richtung einer datengenerierenden Naturwissenschaft oder einer eher spekulativen Geisteswissenschaft erkennen lassen. Während also einige ihr wissenschaftliches Streben primär anwendungsorientiert ausrichten, d.h. letztlich in einer wissenschaftlichen Fundierung und konkreten Problemlösung der beruflichen Pflegepraxispraxis, des Pflegemanagements oder der Pflegepädagogik sehen[7], konzentrieren sich andere auf abstrakt-theoretische Topoi, die zunächst in der Pflegepraxis so vielleicht niemand aufgeworfen hat. Dazwischen scheinen die Übergänge fließend.

Zu bedenken bleibt, dass empirisches Wissen zwar durchaus einen wichtigen Teil des pflegerischen Praxiswissens repräsentiert, sich ein

---

4 Ebd. 135.

5 Ebd. 136.

6 Aufgrund des zentralen Stellenwerts der Interaktion in der Pflege begreifen z.B. AXMACHER und SCHRÖCK die Pflegewissenschaft als Sozialwissenschaft, wohingegen sie von MAYER den Humanwissenschaften zugeordnet wird (Vgl. AXMACHER, D. (1991): Pflegewissenschaft – Heimatverlust der Krankenpflege?, 135; Vgl. MAYER, H. ($^3$2011): Pflegeforschung anwenden, 41; Vgl. SCHRÖCK, R. (1988): Forschung in der Krankenpflege: Methodologische Probleme, 87).

7 Vgl. hierzu: SCHRÖCK, R. (1988): Forschung in der Krankenpflege. Methodologische Probleme, 84/93; Dies. (1997): Des Kaisers neue Kleider?, 42; WEIDNER, F. (2011): Grundlagen und Erfahrungen anwendungsorientierter Forschung in der Pflege, 260/280.

Rückgriff auf Wissensbestände anderer Disziplinen zur Erhellung des Phänomens Pflege aber durchaus als zielführend erweisen kann. Eine Aufgabe der Pflegewissenschaft liegt darin, der Praxis zur Sprache zu verhelfen, d.h. klinische Problemstellungen, Phänomene und Fragen zu artikulieren; forschungsbasierte Pflegeverfahren sowie Instrumente, Skalen und Dokumentationen zur Erleichterung der Praxis zu entwickelt, zu überprüfen und schließlich die Praxis in den Kontext der jeweiligen Gesellschaft, Weltsicht und Kultur zu einzuordnen.[8] Diese Aufgabe kann die Pflegewissenschaft über unterschiedliche Kanäle und im Rückgriff auf ganz verschiedene Arten von Wissensbeständen erfüllen. Daher wird auch innerhalb einer sozialwissenschaftlich oder phänomenologisch geprägten Pflegeforschung, die sich um die Analyse und um ein Verständnis des menschlichen Verhaltens und Erlebens im Pflegekontext müht, auch mit einem wie auch immer gearteten Vorverständnis vom Menschen hantiert.[9] Dies zeigen beispielsweise US-amerikanischen Pflegetheorien. Allerdings neigen anwendungsorientierte Pflegewissenschaftler dazu, solche pflegetheoretischen Entwürfe mit dem Etikett reiner Doxa (d.h. Meinung) zu versehen, da sie aus ihrer Sicht nur wenig zu einer Theoriebildung im eigentlichen Sinn beitragen und kaum verwertbare Konzepte oder hilfreiche Instrumentarien zur Verfügung stellen, um auf heutige empirische Probleme real anwendbar zu sein.[10] Die Pflegetheorien „folgten (.) dem fälschlich angenommenen immanenten Kriterium der Wissenschaftsentwicklung, ein zusammenhängendes Theoriegebäude zu erzielen, und übersahen, dass dieses Kriterium für den Wissenschaftstypus der Pflegewissenschaft nicht in dieser Form gilt. Pflegetheorien müssen Probleme lösen, die sich von der Praxis her stellen.“[11] Zwar gründen die frühen pflegetheoretischen Annahmen im Verlangen nach einer (begrifflichen) Klärung des originär Pflegerischen, sie stehen jedoch heute für eine Gruppe von Wissenschaftlern einer inzwischen überwundenen emanzipatorischen Entwicklungsphase i.S. einer Abgrenzung von der Medizin.

Eine zumeist positivistisch eingestellte Gruppe von Pflegewissenschaftlern präferiert deshalb eine empirisch-evidenzbasierte und gerade nicht-spekulative Forschung zur Generierung situationsspezifischer Theorien.[12] Hier koppelt sich die Pflegeforschung von der rational-deduktiven Theoriebildung ab. Geisteswissenschaftliche Anstöße tauchen im Forschungsprozess nur noch gelegentlich als Verweise in der theoretischen Fundierung einer ansonsten empirisch dominierten Forschung auf, denn „um pflegerische Probleme zu lösen oder pflegerisches Handeln zu fundieren, müssen Arbeitsvollzüge und Arbeitsprozesse aus der Praxis der Pflege heraus identifiziert und beschrieben

---

8 Vgl. BRANDENBURG, H. (²2013): Pflegewissenschaft zwischen Theorie und Praxis, 253ff.

9 Vgl. hierzu exemplarisch: SHAHA, M. (2009): Heideggers Ontologie des Daseins in der Pflegeforschung und Theoriebildung, 89/105.

10 Vgl. SCHRÖCK, R. (1997): Des Kaisers neue Kleider?, 42.

11 Ebd. 44

12 Vgl. bspw.: SCHAEFFER, D. et al. (Hg) (2008): Optimierung und Evidenzbasierung pflegerischen Handelns.

werden – Heidegger bietet dazu wohl nur eine marginale Hilfe."[13] Ein weiterer Grund für den Primat des Anwendungsbezugs oder Anwendungsdrucks pflegerischer Forschung mag in dem Umstand öffentlicher Auftragsforschung liegen, deren primäres Interesse auf die praktische Verwertbarkeit gewonnener Erkenntnisse gerichtet ist.[14] Jene Bereiche werden gefördert, denen ein Potenzial zur Bewältigung gesellschaftlicher Herausforderungen zugesprochen wird und die auch ökonomisch profitabel erscheinen.

Andere Positionen betonen dagegen ganz klar, dass sich eine etablierende Pflegewissenschaft nicht einfach den Spielregeln des wissenschaftstheoretischen Diskurses entziehen kann. Theorien haben multifunktionale Aufgaben, denn „ohne theoretische Reflexion lassen sich Forschungsprogramme nicht hinreichend begründen, eine fachliche Wissensbasis nicht entwickeln und eine Ausbildung des wissenschaftlichen Nachwuchses nicht seriös gewährleisten."[15] Grob unterscheiden Vertreter dieser Denkrichtung zwischen einer positivistisch-quantitativen und einer interpretativ-qualitativen Richtung. Letztere zielt auf eine Exploration der Bedeutung eines Ereignisses für den Menschen und damit nicht auf eine Untergliederung in einzelne, objektiv-messbare Teile oder die Erforschung von Gesetzmäßigkeiten. Da die Bedeutung von Ereignissen sowie das damit verbundene Erleben und Verhalten individuell verschieden sind, gibt es für die interpretativen Ansätze auch keine, auf alle Menschen zutreffende objektive Wahrheit. Wirklichkeit wird sozial konstruiert und generiert eine je individuelle Lebensweise. Für die Pflege ist eine solche Art wissenschaftlicher Erforschung notwendig, „um Schritt für Schritt explorieren zu können, was es beispielsweise bedeutet krank, pflegebedürftig oder sterbend zu sein. Mit dieser Art von Forschung kann das Unartikulierte der Pflegepraxis ins Wort gebracht und das Pflegerische konzeptualisiert werden."[16]

Einen ganz anderen Weg durch das wissenschaftstheoretisch-methodologische Dickicht schlagen Forscher, die sich um eine Art struktureller Bestimmung pflegewissenschaftlicher Forschungsgegenstände mühen. Der Fokus der Fragestellungen in der Pflegeforschung und Theorieentwicklung wird hier durch pflegerische Schlüsselkonzepte gesteuert. KIM wählt zur Erfassung und Differenzierung pflegerelevanter Phänomene sowie zur Systematisierung des Wissens die vier Bereiche Patient, Patient-Pflegende-Beziehung, Praxis und Umwelt.[17] Damit wird auf die Wahrnehmung von Phänomenen verwiesen, „die abhängig sind von den Erfahrungen, die der Mensch macht, während er Patient ist, also während er gesundheitliche Dienstleistungen ‚erhält'. Sie sind gleichsam das Nebenprodukt seines Patientendaseins als Benutzer des Gesundheitssystems und haben unter Umständen gar nichts zu tun mit den

---

13 SCHRÖCK, R. (1997): Des Kaisers neue Kleider?, 45.

14 Vgl. WEIDNER, F. (2011): Grundlagen und Erfahrungen anwendungsorientierter Forschung in der Pflege, 263.

15 REMMERS, H./FRIESACHER, H. (1997): Wie man Ratlosigkeit in Denkverbote ummünzt, 5.

16 PRAKKE, H. (2007): Naturalistische Designs, 57.

17 Vgl. KIM, S.H. (1990): Zur Strukturierung pflegerischen Wissens – eine Typologie in vier Bereichen, 85/94.

gesundheitlichen Problemen, die ihn in die Hände von Gesundheitsfachleuten gebracht haben; sie können aber durch seine Probleme beeinflusst werden oder ihrerseits die Gesundheit des Patienten beeinflussen."[18] Aus diesem Ansatz ergibt sich eine besondere Bedeutung jener sozialen Interaktion zwischen Pflegekraft und krankem Menschen, die versucht, möglichst viele Elemente der facettenreichen Beziehung zu erfassen, zu analysieren und fruchtbar zu machen. Die Effektivität dieser Interaktion steht und fällt mit der pflegerischen Wahrnehmungsfähigkeit, dem Denken und Entscheiden sowie der Umsetzung. Angewandte Forschung in Form von Fallstudien, Aktionsforschung und Evaluation stellt dabei nur *einen* Aspekt wissenschaftlicher Forschungsmethodik dar. Daneben stehen die Exploration philosophischer und ethischer Fragestellungen, historischer, beschreibender und vorhersagender sowie typologischer und methodischer Studien.[19]

Eine ganz andere Art konzeptioneller Landkarte zeichnet GÖRRES.[20] Analog zu pflegetheoretischen Modellen greift er die Paradigmen Person und deren Biographie (auch die der Pflegenden selbst), Umwelt, Gesundheit und Wohlbefinden sowie den pflegerischen Handlungsprozess als interaktiven Aushandlungsprozess in spezifischen Situationen auf. Der gerade von deutschsprachigen Pflegewissenschaftlern oft eingeworfenen Kritik an dem tatsächlichen wissenschaftlichen Erkenntnisgewinn resp. dem Nährwert, Gehalt oder der Reichweite pflegetheoretischer Entwürfe hält GÖRRES entgegen, dass theoretische Entstehungs- und Begründungszusammenhänge oft verschlissen, d.h. ihrer theoretischen Basis entrissen und auf handliche, für die Praxis brauchbare Checklisten heruntergeschraubt wurden (so etwa HENDERSON, ABDELLAH, OREM und ROPER).[21] Die so zurechtgestutzten Pflegetheorien wurden damit jedoch ihres Gesamtzusammenhangs und ihrer anthropologischen Rückbindung beraubt.

Abschließend sei auf eine neue Form des Wissenschaftsverständnisses aufmerksam gemacht, dessen Erkenntnisse aus dem Anwendungskontext heraus gewonnen werden. Pionierarbeit haben auf diesem Gebiet GIBBONS et al. geleistet.[22] SCHREMS greift diesen Ansatz auf und bringt ihn in den Diskurs der Wissensproduktion innerhalb der Pflege ein.[23] Wissenschaft findet hier nicht mehr in den Elfenbeintürmen von Hochschulen oder wissenschaftlichen Instituten statt, der vom jeweiligen gesellschaftlichen, kulturellen oder wirtschaftlichen Kontext isoliert sind.[24] Vielmehr ist angesichts einer pluralen, sich ständig transformierenden und Flexibilität erfordernden Gesellschaft ein damit interagierender und die Kontexte integrierender, neuer Wissenschaftsmodus gefordert. Dessen Anwendungsbezug geht über das Kriterium einer

---

[18] Ebd. 88.
[19] Vgl. Ebd. 93.
[20] Vgl. GÖRRES, S. (1996): Pflegewissenschaft: Herausforderung für die Forschung, 62/76.
[21] Vgl. Ebd. 70.
[22] Vgl. GIBBONS, M. et al. (1994): The new production of knowledge.
[23] Vgl. SCHREMS, B. (2009): Wissensproduktion in der Pflege, 47/71.
[24] Vgl. GIBBONS, M. et al. (1994): The new production of knowledge, 31.

rein wirtschaftlichen oder politischen Verwertbarkeit hinaus und wird zugleich den Erfordernissen der Sozietät gerecht. Gesellschaft und Wissenschaft stehen in einem ko-evolutionären Prozess. Die moderne, so genannte ‚Modus 2-Wissenschaft' löst zur Problembearbeitung das klassisch-reduktionistische Wissenschaftsverständnis ab, lässt die gängigen wissenschaftstheoretischen Kategorisierungen beiseite und weitet den Blick auf neue Quellen der Wissenserzeugung und Verwertung. Beim wissenschaftlichen Arbeiten in der ‚Modus 2-Wissenschaft' wird Transdisziplinarität praktiziert. Es zeichnet sich dadurch aus, dass innerhalb eines Anwendungssettings fächerübergreifende Lösungen erarbeitet werden. Es wird also nicht zuerst Wissen generiert, das später kontextbezogen Verwendung findet.[25] Dazu schließen sich Forschende in zeitlich befristeten Arbeitsgruppen zusammen, die sich nach erfolgreicher Problembearbeitung wieder auflösen. Da der zur Bearbeitung anstehende Sachverhalt resp. die anwendungsorientierte Problemlösung Kreativität und multiple Fähigkeiten erfordert, die nur durch eine Vielfalt an Akteuren und einer Durchlässigkeit disziplinärer und institutioneller Grenzen erbracht werden kann, ist ein besonderes Kennzeichen der ‚Modus 2-Wissenschaft' die Integration empirischer und theoretischer Wissensbestände aller beteiligten Disziplinen. Dadurch werden neue Wege beschritten, d.h. neuartiges Wissen, neue Methoden und neue Terminologien entwickelt.[26] Aus einer gemeinsam erarbeiteten theoretischen Grundlage und einer wechselseitigen Durchdringung der jeweiligen Erkenntnislehren erwächst die bereits oben benannte Transdisziplinarität.[27] Ein solches Vorgehen steigert die Reflexivität des Einzelnen und beinhaltet eine eigene, offene Strukturdynamik, da entstandenes Wissen in andere Kontexte implementiert und dort weiterentwickelt wird.[28] Innerhalb eines solchen Wissenschaftsverständnisses erfahren auch die Humanwissenschaften, Philosophie, Anthropologie und Geschichtswissenschaften wieder eine steigende Nachfrage nach deren spezifischen Wissensbeständen und erhalten dadurch eine Bedeutung, die sie in der Vergangenheit eingebüßt haben.[29]

## 1.2 Lehrbücher für die Pflegeausbildung

Wie ist es nun um die Einbindung anthropologischer Themen in aktuelle Lehrbücher für die Pflegeausbildung bestellt? In der 12. Auflage des Lehrbuchs ‚Thiemes Pflege' findet sich eingangs ein Plädoyer für eine sich an einem ganzheitlichen Menschenbild orientierenden Pflege. Auch die präsentierten Pflegetheorien implizieren Vorstellungen über das Wesen des Menschen. Und

25 Vgl. Ebd. 5.
26 Vgl. Ebd. 30.
27 Vgl. Ebd. 29.
28 Vgl. Ebd. 5ff.
29 Vgl. Ebd. 7f.

trotzdem mangelt es dem Lehrbuch insgesamt an einer anthropologischen Explikation und Rückkopplung.[30] Weder in den Abschnitten über die Grundlagen der Ausbildung, noch in den TB Ethik oder Sinn taucht der Begriff des Menschenbildes auf. Diese Leerstellen einer handlungsleitenden, anthropologischen Rückbindung ist kritisch zu bewerten, da das Lehrwerk gerade eingangs fordert, dass Pflege, um professionell handeln zu können, einer pflegetheoretischen Rückbindung bedarf. Wenn Pflegetheorien und die daraus resultierenden Modelle die Folgen von Krankheit und Behinderung für den Betroffenen und seine Familie sowie die Prävention von Krankheiten in den Mittelpunkt stellen[31], um eine Wiederherstellung von Gesundheit, Selbstständigkeit und Wohlbefinden des Menschen zu fördern, kann eine vertiefende Explikation des Paradigmas Mensch in einem Lehrbuch der Gesundheits- und Krankenpflege nicht einfach ausbleiben – zumal wenn das Postulat einer sich an einem ganzheitlichen Menschenbild orientierenden Pflege im Raum steht.

Etwas anders verhält es sich in der 6. Auflage des Lehrbuchs und Nachschlagewerks ‚Pflege Heute'.[32] Hier findet sich ein eigenständiges, wenn auch kompaktes Kapitel zu den Themen Menschenbild und Ethik. Einleitend allen anderen Kapiteln vorangestellt[33], skizziert es aber trotzdem nur schlaglichtartig vier anthropologische Grundannahmen: (1) Die Einzigartigkeit, (2) Würdehaftigkeit, (3) Ganzheitlichkeit und (4) Unvollkommenheit des Menschen. Schuldig bleibt der Text eine theoretische Herleitung solcher Postulate. Zudem wird das theologische Menschenbild allein auf ein Verständnis des Menschen als gläubiges Wesen reduziert. Zwar greifen andere Stellen des Lehrbuchs die spirituelle Dimension auf und identifizieren Spiritualität/ Religion als Quelle von Sinnorientierung, gesundheitlichem Wohlbefinden und als Hilfe in der Endphase des Lebens, aber auch hier unterbleibt eine vertiefende Erläuterung spiritueller Mechanismen im Prozess der Krankheitsbewältigung sowie der Beschreibung möglicher pflegerische Unterstützungsangebote.[34]

## 1.3 Lehrbücher zur Pflegeethik

Als wissenschaftliche Disziplin befasst sich die Ethik mit Fragen des guten Lebens, mit dem, was wir tun sollen oder mit Problemen der Verteilungsgerechtigkeit. Die Begründung einer eigenständigen Pflegeethik wird innerhalb Deutschlands kontrovers diskutiert, ist aber inzwischen zum obligatorischen Inhalt von Pflegelehrbüchern und eigenständigen Abhandlungen geworden.

---

30 Vgl. JUCHLI, L. (¹²2012): Die ATL (Aktivitäten des täglichen Lebens) – eine Ordnungsstruktur im Kontext eines ganzheitlichen Menschenbildes, IX.

31 Vgl. KATHOLISCHER KRANKENHAUSVERBAND DEUTSCHLANDS (Hg) (2001): Pflegequalität und Pflegeleistungen, 19.

32 Vgl. LAUSTER, M. et al. (Hg) (⁶2014): Pflege Heute.

33 Vgl. HEFFELS, W. (⁶2014): Menschenbilder und Ethik, 1/3.

34 Vgl. ZIELKE-NADKARNI, A. (⁶2014): Personenbezogene Interaktion, 161f; Vgl. SIMON-JÖDICKE, A. (⁶2014): Pflege in der Endphase des Lebens, 279ff.

Das wachsende pflegeethische Interesse findet darüber hinaus eine Resonanz in Form fachspezifischer Kongresse. Insgesamt wird der Pflegeethik neben einer normativ-orientierenden eine kritische Funktion zugewiesen: Die ethische Auseinandersetzung der Pflege dient der Kritik, der Rückbesinnung auf Werte und der Perspektivenfindung unter den Bedingungen des modernen Gesundheitssystems.

Die pflegeethischen Veröffentlichungen in Deutschland legen ihren Schwerpunkt entweder auf eine abstrakt-begründungstheoretische Ebene, auf konkret-pflegeethische Anwendungsbereiche oder auf eine Diskussion ethischer Entscheidungsfindungsmodelle. Dies steht im Zusammenhang mit recht unterschiedlichen Auffassungen darüber, ob die Pflegeethik letztlich eher dem Bereich einer allgemein-umfassenden oder einer angewandten Ethik zu zuordnen ist.

Einigen Autoren geht es in ihren pflegeethischen Abhandlungen um den Aufweis ethisch-philosophischer Grundlagen für das Handeln der Gesundheitsberufe (z.B. DEDERICH, FRIESACHER, GROßKLAUS-SEIDEL, GRÖSCHKE oder SCHNELL). Sie fordern eine Pflegewissenschaft, die sich dem kritischen Dialog mit der Philosophie stellt.[35] Im Rückgriff auf philosophische Reflexionen über den Anderen (LEVINAS, RICOEUR), der Leiblichkeit (HEIDEGGER, HUSSERL, GURWITSCH, MELEAU-PONTY, PLESSNER und WALDENFELS), dem Kategorischen Imperativ (KANT), metaphysisch-konservativen (KOBUSCH, JOAS, SPAEMANN) oder empirisch-liberalen Vorstellungen vom Personenbegriff (SINGER)[36], zur Interpersonalität (HUSSERL) oder dem Menschenbild (PLATON, christliche Aspekte des Menschen, DESCARTES, DARWIN, LOCKE, PLESSNER, BIOLOGISMUS)[37] wird eine Herausarbeitung dessen angestrebt, was den Menschen ausmacht, warum die Angehörigen der Heilberufe den ihnen Anvertrauten Achtung, Schutz und Würde zu erweisen haben und wie diese Sichtweisen in die Ausgestaltung der Pflegekraft-Patient-Beziehung hineinspielen.[38] SCHNELL setzt sich dabei explizit vom herkömmlichen Personenbegriff und der damit verknüpften Eigenschaftstheorie ab und fordert, dass die Existenz des menschlichen Lebens mit all seinen Möglichkeiten – den Sichtbaren und den nicht Sichtbaren – zur Grundlage des Rechts herangezogen werden müssten.[39] In der Begegnung mit dem konkret Anderen konstituiere sich Person, personale Würde und Angesprochensein[40]: „Im Zeichen der Andersheit der Person wird die Imperativität (dass ich den Anderen zu achten habe)

---

35 Vgl. GRÖSCHKE, D. (2002): Leiblichkeit, Interpersonalität und Verantwortung, 81/108; Vgl. GROßKLAUS-SEIDEL, M. (2002): Ethik im Pflegealltag; Vgl. SCHNELL, M. (2008): Ethik als Schutzbereich; Vgl. DEDERICH, M./SCHNELL, M. (2011): Anerkennung und Gerechtigkeit im Kontext von Bildungs-, Heil- und Pflegeberufen, 7/21; Vgl. FRIESACHER, H. (2011): Anerkennung und Leiblichkeit, 77/105.

36 Einmal wird Personsein als Mensch-Sein und im anderen Fall wird Personsein als Wesen mit dem bestimmten Eigenschaften verstanden.

37 Vgl. LAY, R. (2004): Ethik in der Pflege, 176/178.

38 Vgl. GROßKLAUS-SEIDEL, M. (2002): Ethik im Pflegealltag.

39 Vgl. SCHNELL, M. (2008): Ethik als Schutzbereich, 9.

40 Vgl. Ebd. 74.

vom Imperativ (welcher Eigenschaften zufolge ich ihn zu achten habe) abgelöst."[41]

Andere Autoren beziehen sich in ihren Reflexionen auf so genannte mittlere Prinzipien (z.B. ARNDT, GIESE, FRY, LAY oder NORBERG).[42] Aus solchen (minimal)ethischen Pflichten werden Handlungsgrundsätze und konkrete Handlungsnormen abgeleitet. So werden die Achtung von Gerechtigkeit[43] und Anerkennung[44], von Autonomie[45] und Menschenwürde (i.S. von Lebensqualität und Wohlergehen)[46], Fürsorge[47], ein Sich-Einlassen[48], Dialog[49], Wahrheit[50], Wohltätigkeit[51] oder Solidarität[52] als Leitmaximen einer Bereichsethik für Pflegeberufe postuliert, die im Umgang mit dem bedürftigen Menschen zu achten sind. Gerade die Grundforderungen nach Anerkennung der Menschenwürde oder einer anzustrebenden Lebensqualität beschreiben dabei keine abstrakt-formalen Zielvorstellungen, sondern sind ganz wesentlich mit individuell-konkreten Werthaltungen und persönlichen Erfahrungen verknüpft. Im Zuge ihrer Abhandlungen zur Patientenautonomie weist GIESE auf diesen Umstand hin.[53] KÖRTNER skizziert ein biblisch-diakonisches Ethos der Anerkennung, Rechtfertigung und Gerechtigkeit. Trotz nichtexklusiver Züge (z.B. aufgrund der Verpflichtung zur Nächstenliebe) und der Tatsache, dass eine biblisch begründete Ethik universale Geltungsmomente beansprucht, basiert ein solches Ethos jedoch letztlich auf Prämissen, die für Nichtchristen keine Überzeugungskraft besitzen müssen.[54] Eine biblisch-fundierte, christliche Ethik versteht den Anderen als Geschöpf Gottes und richtet das eigene Handeln am

---

[41] Ebd. 72.

[42] Vgl. FRY, S. (1995): Ethik in der Pflegepraxis, 26ff; Vgl. ARNDT, M. (1996): Ethik denken, 66ff; Vgl. GIESE, C. (2002): Die Patientenautonomie; Vgl. NORBERG, A. (2002): Pflegeethik, 22/31; Vgl. LAY, R. (2004): Ethik in der Pflege, 100ff.

[43] Vgl. FRY, S. (1995): Ethik in der Pflegepraxis, 27; Vgl. SCHNELL, M. (2011): Anerkennung und Gerechtigkeit im Zeichen einer Ethik als Schutzbereich, 25.

[44] Vgl. GROßKLAUS-SEIDEL, M. (2002): Ethik im Pflegealltag, 171/187; Vgl. SCHNELL, M. (Hg) (2002): Pflege und Philosophie; Vgl. Ders. (2011): Anerkennung und Gerechtigkeit im Zeichen einer Ethik als Schutzbereich, 31ff; Vgl. FRIESACHER, H. (2011): Anerkennung und Leiblichkeit, 77/105.

[45] Vgl. FRY, S. (1995): Ethik in der Pflegepraxis, 27f.; Vgl. BOBBERT, M. (2002): Patientenautonomie und Pflege, 134/150; Vgl. GIESE, C. (2002): Die Patientenautonomie, 61/70; Vgl. GROßKLAUS-SEIDEL, M. (2002): Ethik im Pflegealltag, 141/154;

[46] Vgl. BOBBERT, M. (2002): Patientenautonomie und Pflege, 137ff.160f; Vgl. GROßKLAUS-SEIDEL, M. (2002): Ethik im Pflegealltag, 141/154; Vgl. RABE, M. (2009): Ethik in der Pflegeausbildung, 49.93f.

[47] Vgl. WETTTRECK, R. (2001): Am Bett ist alles anders, 210; Vgl. RABE, M. (2009): Ethik in der Pflegeausbildung, 142f.

[48] Vgl. WETTTRECK, R. (2001): Am Bett ist alles anders, 210/216; Vgl. RABE, M. (2009): Ethik in der Pflegeausbildung, 81.

[49] Vgl. Ebd.

[50] Vgl. FRY, S. (1995): Ethik in der Pflegepraxis, 28; Vgl. ARNDT, M. (1996): Ethik denken, 66ff.

[51] Vgl. FRY, S. (1995): Ethik in der Pflegepraxis, 26f.

[52] Vgl. WETTTRECK, R. (2001): Am Bett ist alles anders, 210f.

[53] Vgl. GIESE, C. (2002): Die Patientenautonomie, 111.116f.122.

[54] Vgl. KÖRTNER, U. (2011): Anerkennung, Rechtfertigung und Gerechtigkeit als Kernbegriffe Diakonischer Ethik, 47/76.

Beispiel Jesu aus. Jesus pflegte einen offenen Umgang mit allen gesellschaftlichen Schichten. Er nimmt sich öffentlich der Außenseiter und sozialen Randgruppen an wie z.B. der Ehebrecherin, der Zöllner oder der Sünder. Gegen die alttestamentarisch-jüdische Gesetzesfrömmigkeit postuliert Jesus ein umfassendes Liebesgebot, das die Orientierung am Wohl des Menschen resp. des Nächsten zum höchsten ethischen Handlungsprinzip erhebt. Aber: Gerade trotz der postulierten Ablehnung einer Ausgrenzung atmet ein solches Ethos insofern exklusivistische Züge, als dass es aufgrund der Rechtfertigung des Einzelnen durch Gott einen mit dieser neuen Geschöpflichkeit korrespondierenden Lebensstil einfordert. „Das philosophische Argument, wonach personale Anerkennung bzw. Achtung der Grund von Moral ist, hat seine theologische Pointe darin, dass aller zwischenmenschlichen Anerkennung das Anerkanntsein der Person – und zwar auch derjenigen, welche eigentlich das Recht auf Anerkennung schuldhaft verwirkt hat – durch Gott vorausliegt.“[55] Diese grundlegende Anerkennung soll zu einer erneuerten Lebensgestaltung führen, die den ethischen Forderungen der Bibel entspricht, denn „ist jemand in Christus, so ist er ein neues Geschöpf.“ Damit unterscheidet das christliche Ethos zwischen Person und Handeln. Zwar resultiert aus der Schöpfungslehre ein voraussetzungsloses Daseinsrecht eines jeden Menschen sowie ein damit korrespondierender Anspruch an die Werthaltungen einer Gesellschaft, doch ergeben sich aus der biblischen Theologie auch Spannungen aus der bedingungslosen Anerkennung einerseits und den moralischen Forderungen andererseits, die ihrerseits exklusiv wirkmächtig werden können. Denn in seiner konfessionsbezogenen Auslegung fordert eine solche Ethik zwar einerseits eine vorbehaltlose Anerkennung jedes Menschen, bewertet und/oder sanktioniert ihn jedoch andererseits, wenn sein Lebensstil nicht mit den ethisch-moralischen Grundannahmen der jeweiligen Glaubensgemeinschaft korrespondiert.

Einen anderen pflegeethischen Zugang wählt ARNDT. Ohne erkennbare Herleitung präsentiert die Autorin sieben Grundwerte des Mensch-Seins, die den Sinn menschlichen Daseins und das Gut des Mensch-Seins insgesamt abbilden wollen. Dazu zählen (1) Gesundheit und psychische Integrität; (2) Wissen resp. die Fähigkeit zu denken, lernen, erkennen und Wahrheit anzustreben; (3) Arbeiten, spielen und kreatives Tun; (4) Wahrnehmung ästhetischer Werte, Schönheit, Kunst und Natur; (5) Freundschaft und Kommunikation; (6) Planung des eigenen Lebens und Annahme der Herausforderung des eigenen Daseins sowie (7) die Fähigkeit resp. Möglichkeit zu religiöser Bindung.[56] Erst die Verwirklichung solcher Leitmaximen resp. Werte ermöglichen ARNDT zufolge ein menschengerechtes Leben.

Ein wiederum anderer pflegeethischer Zugang wendet sich sowohl gegen ein Top-down-Vorgehen, das versucht, Entscheidungskriterien aus ethischen Prinzipien zu deduzieren, als auch gegen eine Bottom-up-Methodik, die das

---

[55] Ebd. 58.

[56] Vgl. ARNDT, M. (1996): Ethik denken, 60.

ethische Handeln Bereichsrationalitäten anzupassen sucht. „Ethik verfügt aus dieser Perspektive nicht über ein vorab gültiges Wissen davon, wie in der je konkreten Situation zu handeln sei, lässt sich doch von denjenigen Sprechweisen und Handlungsformen provozieren, die einer exklusiven Verrechnung von Individuen entgegenstehen.“[57] Der Ort des Ethischen sei dort, wo keine klaren Regelungen vorherrschen oder kein gemeinsamer Konsens gefunden werden kann. Die ethische Reflexion wird durch Störungen des Alltags aktiviert und wirkt ihrerseits als Herausforderung auf alltägliche Vollzüge. Dieses Ethikverständnis löst sich von normativen Rückbindungen und steht für eine spezifische Reflexionsform im praktischen Vollzug.

Eine weitere Richtung innerhalb der Pflegeethik plädiert für eine Form normativer Abwägung, die auch empirisch-situative Gegebenheiten im Blick behält. So sucht KOHLEN nach konstanten Leitmaximen für eine Krankenhauspraxis, in der das Gute oder moralisch Richtige in der konkreten Situation oft nicht klar erkennbar ist. Unter Bezugnahme auf BENHABIB, TRONTO, CONRADI und URBAN WALKER entwickelt KOHLEN den theoretischen Rahmen einer so genannten Care-Praxis.[58] „Zu den Anliegen von Care-Theorien gehört, dass sie dem Besonderen, dem je individuellen Menschen sowie dem jeweiligen Kontext Gewicht geben wollen gegenüber allgemein-formalen, scheinbar universal anwendbaren Prinzipien. (...) Care-Ethiken können dann überzeugen, wenn sie sich auf konkrete Praktiken beziehen, oder anders formuliert: Fehlt die Sprache der Fürsorge, werden diese Praktiken und ihre Gerechtigkeitsfragen unsichtbar.“[59] Empirische Studien belegen, dass trotz vorhandener Theorieansätze oder Prinzipien das konkrete Beziehungsgeschehen zwischen Pflegenden und Gepflegten einen entscheidenden Einfluss auf das Ethische ausüben, denn gerade asymmetrische Beziehungen stellen für universalistische Moraltheorien, die Gleichheit postulieren, ein bisher kaum gelöstes Problem dar. Mit URBAN WALKER und BENHABIB unterstreicht KOHLEN die Beachtung der individuellen Bedürfnislage und Biographie des konkret anwesenden Anderen.[60] Moralvorstellungen sind historisch und kulturell mitbestimmt und es gibt keine moralischen Dieale, die unabhängig von den Menschen und deren Leben existieren.[61] Darum geht es KOHLEN analog zu TRONTO um eine Achtsamkeit für die Bedürftigkeit der Anderen, die danach verlangt, Verantwortung zu übernehmen und darüber nachzudenken, wie eine kompetente Unterstützung konkret aussehen kann und dieses Angebot immer wieder neu aufgrund der Reaktionen seitens des Empfängers anzupassen.[62] „Stehen zur Versorgung fachliche Ressourcen nicht zur Verfügung, oder besteht eine eigene Unzulänglichkeit, so sei dafür zu sorgen, dass eine andere fachkundige Person

---

57 HETZEL, M. (2011): Ob Du in Frage kommst?, 137.

58 Vgl. KOHLEN, H. (2011): Care-Praxis und Gerechtigkeit, 225/230.

59 Ebd. 219f.

60 Vgl. KOHLEN, H. (2011): Care-Praxis und Gerechtigkeit, 227.

61 Vgl. WALKER, M. ($^2$2007): Moral Understandings, 262ff.

62 Vgl. TRONTO, J. (2009): Moral Bounderies, 127/137.

die Versorgung übernimmt."[63] Diese Einschätzung KOHLENs spiegelt die Notwendigkeit zum Diskurs Pflegender mit Vertretern anderer Disziplinen wider. Schließlich wird aus der Reaktion auf das (Ver)Sorgen erkennbar, ob eine adäquate Antwort auf die bestehende Bedürftigkeit erfolgt ist. Zusätzlich unterstreicht KOHLEN mit CONRADI die tragende Rolle der Achtsamkeit und Interrelationalität in den Care-Interaktionen[64], die ungehindert (nicht) vorhandener Autonomie, Gegenseitigkeit oder Gleichheit dazu führt, „dass Menschen sich anderen Menschen zuwenden, sie ernst nehmen, auf sie eingehen, für sie sorgen, sowie dass Menschen Zuwendung zulassen, reagieren, sich einlassen."[65] Hier eröffnet sich ein Raum ermutigender Akzeptanz von Einzigartigkeit und Unterschiedlichkeit, der die beteiligten Menschen fordert und fördert.[66]

## 1.4 Zusammenfassung der Analyseergebnisse

Insgesamt zeigt sich in den deutschen Abhandlungen zur Pflegewissenschaft, dass in Abhängigkeit von der eigenen wissenschaftstheoretischen Begründung der Pflegewissenschaft die Legitimation der jeweils anderen Positionen in Frage gestellt wird. In der Hauptsache basiert das pflegewissenschaftliche Vorgehen auf quantitativen oder qualitativen Forschungsmethoden, die auf einen theoretischen Bezugsrahmen rekurrieren. Daneben werden spezifische Interventions-, Trainings- und Qualitätssicherungsprogramme oder Assessmentinstrumente konzipiert und deren Wirksamkeit erprobt. Pflegebildungsarbeiten und pflegehistorische Studien sind weniger stark vertreten. Noch seltener finden sich pflegephilosophische Abhandlungen. Insgesamt scheint die Theoriebildung und Optimierung der Pflegepraxis eher im Rekurs auf empirische als auf geisteswissenschaftliche Methoden und Wissensgrundlagen zu erfolgen. Eine Forschung, die jedoch einen Beitrag zur Weiterentwicklung der eigenen Disziplin leisten will, muss sich mit der Überprüfung und Vervollkommnung von Erkenntnisgrundlagen und Theorien in einem möglichst breiten Rahmen befassen.[67] Sie hat sich insgesamt an den Spielregeln des wissenschaftlichen Diskurses zu orientieren. In diesem Sinn verweisen BRANDENBURG et al. zu Recht darauf, „dass das gesamte Methodenspektrum der Natur-, Geistes- und Sozialwissenschaften für die pflegewissenschaftliche Forschung verfügbar sein muss."[68]

Der Mensch als Interaktionspartner und Zielpunkt pflegerischen Handelns, repräsentiert den zentralen Pflegeforschungsbereich.[69] Das Forschungs-

---

63 KOHLEN, H. (2011): Care-Praxis und Gerechtigkeit, 229.
64 Vgl. Ebd.
65 Ebd. 55.
66 Vgl. Ebd. 237.
67 Vgl. dazu auch: BARTHOLOMEYCZIK, S. et al. (2008): Lexikon der Pflegeforschung. Begriffe aus Forschung und Theorie, 38.
68 BRANDENBURG, H. et al. ($^2$2013): Einleitung, 11.
69 Vgl. AXMACHER, D. (1991): Pflegewissenschaft – Heimatverlust der Krankenpflege?, 121.

interesse richtet sich dabei nicht nur auf das Beobachten, Analysieren und Beschreiben problematischer Aspekte oder auf eine gezielte Entwicklung wissenschaftlich fundierter Strategien zur Gesundheitsförderung, sondern auch auf das Verstehen des inneren Erlebens und der Krankheitsverarbeitungsprozesse. Zur Bewältigung solcher Aufgaben muss die Pflegewissenschaft die theoretischen Grundlagen und die praktische Handlungsebene im Blick behalten. Sie muss zwischen unabhängiger Wahrheitsfindung und Problemlösungsaufträgen eine Balance herstellen.[70] Pflegewissenschaft muss jene Impulse zur theoretischen Durchdringung und Weiterentwicklung der Pflegepraxis annehmen und solche Problemstellungen, Phänomene und Fragen analysieren, mit denen der (kranke) Mensch im Zuge seiner Krankheitserfahrung konfrontiert wird. Folglich ist sie auf eine Offenheit gegenüber geisteswissenschaftlichen Quellen verwiesen, um den (kranken) Menschen umfassender wahrzunehmen, zu erklären und zu verstehen. Erst dadurch gewinnt die Pflegewissenschaft wirklich an Tiefe.

Ein Blick in die beiden Standardwerke für die Ausbildung in der Gesundheits- und Krankenpflege förderte massive anthropologische Leerstellen zutage. Dieser Befund überrascht, da jede Pflegekraft Vorstellungen vom Menschen und dessen Eigenschaften in sich trägt, die mit bestimmten Werten verknüpft sind und ihrerseits das pflegerische Handeln mitbestimmen – auch Vorentscheidungen implizieren. Ein Konsens im Verständnis des Menschen scheint in den Lehrbüchern lediglich an einigen Stellen auf, die ihn als physio-psycho-soziales Wesen ausweisen. Diese Festschreibung spiegelt vortrefflich eine Reduktion des (kranken) Menschen auf die Bereiche von Körper, Psyche und Soziales wieder, klammert sie doch weitere anthropologische Dimensionen aus. Gerade während eines stationären Aufenthaltes im Krankenhaus werden Menschen jedoch an ihre eigenen Grenzen geführt und/ oder mit Fragen nach dem tragenden Sinn ihres Lebens konfrontiert. Hier scheint eine notwendige Ergänzung pflegetheoretischen Verständnisses um anthropologische Einsichten geboten, die einen Transzendenzbezug einschließen und damit auch mögliche spirituelle Bedürfnisse in den Blick nehmen.

Die analysierte pflegeethische Literatur postuliert allgemeinethische Prämissen, deren konkreter Anwendungsbezug jedoch entweder offen bleibt oder eine Unverbundenheit zwischen ethischen Rückbezügen und anwendungsorientierter Ethik offenbart. Die Herleitung minimalethischer Prinzipien wird ebenso wenig transparent wie die Begründung ethischer Schlussfolgerungen. Solange es aber keine generell bindenden, professionellen ethischen Standards gibt, scheinen in der Pflegeethik viele unbekannte Welten, Weltanschauungen, Moralvorstellungen oder Ideen des guten Lebens entdeckt werden zu können. Dagegen beschreiten Vertreter aus dem Bereich der Care-Ethiken einen anderen Weg, der theoretische Annahmen und konkret praktische Erfordernisse in den Blick nimmt. Dort wird nicht nur die Erfüllung von Pflichten reflektiert,

[70] Vgl. MOERS, M. (2000): Pflegewissenschaft, 23.

sondern auch die individuelle Wertentscheidung berücksichtigt. Insbesondere wird eine Achtsamkeit für die konkrete Pflegesituation gefordert, die auch die gegebene Bedürftigkeit des Menschen einbezieht.

# 2. Menschenbilder: Pflegerisch (ir)relevant?

Warum spielt die Frage nach dem Menschenbild heute in anderen Fachdisziplinen immer noch eine Rolle (z.B. in der Pädagogik), aber in der Pflegedisziplin, deren Hauptaugenmerk doch auf der Sorge des kranken, bedürftigen Menschen ruht, eigentlich nicht mehr? Warum klammert die Pflege das Thema aus ihren Überlegungen aus, versteht ein Nachdenken darüber als Problem oder lässt Gedanken zum Menschenbild unverbunden neben mittleren Prinzipien und konkreten Handlungsanweisungen stehen? Warum sollte sich die Pflege im Rahmen ihres professionellen Nachdenkens bewusst damit auseinandersetzen, welche Konturen ihr Menschenbild ausmacht und welche normativen Ansprüche daraus erwachsen? Tut sie das nicht, weil sich die Pflegedisziplin einer besonderen Neutralität oder professionellen Toleranz verpflichtet weiß?

## 2.1 Menschliche Bedürftigkeit als conditio humana sine qua non

Der Mensch handelt so, wie er ist! Das was dem Menschen wichtig ist, was er braucht und will, zeigt sich in dem, wie er lebt und worauf er sein Leben handelnd-gestaltend ausrichtet: in Stimmungen, Bedürfnissen, Präferenzen, Überzeugungen und Zielvorstellungen. Ordnungsversuche menschlicher Bedürftigkeit finden sich bereits in der Antike und Scholastik und im 20. Jahrhundert auch in der Psychologie und Ethnologie. Innerhalb eines facettenreichen Bedürfnisbegriffs können ganz grob zwei Lager unterschieden werden: (1) subjektive Bedürfnisse als individuelles Streben und (2) objektive Bedürfnisse, „die zur Erhaltung oder Steigerung der Existenz eines Lebewesens faktisch notwendige Zielzustände und Mittel der Zielerreichung“[71] beschreiben.

Hinsichtlich der anthropologischen Verfasstheit des Menschen und einer Verständigung darüber, was dessen Bedürftigkeit ausmacht, lohnt ein Blick auf den Begriff der Universalie. Hierbei handelt es sich weniger um normative Wunschvorstellungen einzelner Autoren, sondern um kulturübergreifende, empirische Erkenntnisse. Universalien weisen auf Merkmale und Verhaltenswesen hin, die ubiquitär in kulturellen Einheiten vorkommen. So genannte

[71] PEKRUN, R. (2000): Art. Bedürfnis/Bedürfnisethik, 296.

absolute Phänomene, die in allen bekannten Gesellschaften vorkommen (z.B. atmen, sexuelle Aktivität) unterscheiden sich dabei von Fast-Universalien, die nur in sehr vielen, aber eben nicht in allen bekannten Gesellschaften zu finden sind.[72] Als dritte Gruppe kommen Bedingungsuniversalien ins Spiel, die an das Vorhandensein eines anderen Kriteriums gebunden sind und somit nach einem ‚Wenn-Dann-Schema' funktionieren.[73] Universale Bezugsgrößen sind insgesamt also kulturelle Einheiten, „weil sie in allen Kulturen auftreten, nicht jedoch unbedingt auch bei allen Individuen."[74] Die Ubiquität eines Phänomens muss also nicht ausschließlich genetisch determiniert sein. Dennoch sucht die Universalienforschung nach Gemeinsamkeiten in den rund 7000 bisher weltweit bekannten Kulturen.[75] „Ein stark überzufällig auftretendes Phänomen reicht, um universale Fragen aufzuwerfen."[76] Das Unterscheidungskriterium zwischen den Kulturen ist dabei nicht die exklusive Präsenz oder das Fehlen spezifischer Eigenschaften, sondern die Bedeutung, die den Merkmalen in der jeweiligen Kultur beigemessen wird (z.B. zeigen sich im Blick auf sexuelle Aktivitäten einige gesellschaftliche und kulturelle Besonderheiten).[77] Andererseits kann nichts vom Menschen hervorgebracht werden, was nicht auch in einem besonderen Bezug zur genetischen Disposition steht.[78] MURDOCK zufolge korrespondieren darum kulturelle Verhaltensweisen mit inneren Instinkten und Bedürfnissen, deren Befriedigung angestrebt wird, auch wenn deren Umsetzung je nach kultureller Gegebenheiten variiert.[79] Andererseits spiegeln Universalien die menschliche Natur zwar wider, sind jedoch nicht einfach mit der menschlichen Natur gleichzusetzen. Es gibt auch universale Eigentümlichkeiten in allen Kulturen, die nicht dezidiert auf spezifisch-biologische Bedürfnisse des menschlichen Organismus oder auf unveränderliche Facetten der menschlichen Situation rückführbar sind (z.B. Musik, darstellende Kunst).[80] Des Weiteren gibt es Erscheinungsformen, die zunächst nicht primär aus einer persönlichen Bedürfnisbefriedigung erwachsen, sondern als soziale Erscheinungsformen zu qualifizieren sind, die erfüllt werden müssen, wenn eine Kultur im Wettstreit mit anderen Gesellschaften überleben will. Hierzu zählt der ganze Erziehungs- und Bildungssektor.[81] Wenn eine Kultur überleben will, ist es notwendig, Traditionen, Bräuche und Wissen an nachfolgende Generationen weiterzugeben. Insgesamt interagieren also genetische Vorprägung, soziale Umwelt und kultureller Kontext.

---

72 Vgl. BROWN, D. (1991): Human universals, 39; Vgl. ANTWEILER, C. (2010): Pankulturelle Universalien, 98.

73 Vgl. Brown, D. (1991): Human universals, 46; Vgl. ANTWEILER, C. (2010): Pankulturelle Universalien, 98.

74 Ebd.

75 Vgl. Ebd. 129.

76 Ebd.

77 Vgl. BROWN, D. (1991): Human universals, 42.

78 Vgl. Ebd.

79 Vgl. MURDOCK, G.P. (1945): Common denominator of cultures, 131ff.

80 Vgl. KLUCKHOHN, C. (1954): Culture and behavior, 955.

81 Vgl. MURDOCK, G.P. (1945): Common denominator of cultures, 134.

Demgegenüber lehnt GEERTZ einen wie auch immer gearteten Consenus-Gentium-Ansatz ab.[82] Wenn man von (empirischen) Universalien spreche, müssten die Kategorien den gleichen Inhalt haben. Hier kommen Untersuchungen jedoch zu anderen Resultaten, was sich am Beispiel der Religion, der Hochzeit oder dem Handel belegen lasse. Wenn man hier nach Gemeinsamkeiten sucht, wird man feststellen, dass diese gleichsam verpuffen: die Consensus-Gentium-These könne weder substantielle Universalien belegen, noch spezifische Zusammenhänge zwischen kulturellen und nichtkulturellen Phänomenen erklären.[83] „Mensch zu werden bedeutet individuell zu werden und wir werden individuell unter dem Einfluss kultureller Gewohnheiten sowie historisch gewachsener Sinnsysteme durch die wir unser Leben prägen, organisieren, deuten und eine Richtung geben.“[84]

In eine ähnliche Richtung argumentiert GOSEPATH, wenn er die Bestimmung einer essentialistischen anthropologischen Bedürfnisnatur des Menschen entweder als (a) strittig oder (b) latent trivial qualifiziert.[85] Aufgrund bestimmter (unterschiedlicher) historischer, kultureller, ideologischer oder religiöser Kontexte sei es schwierig, hinreichend substantielle Aussagen zu machen, da bestimmte Bedürfnisse je nach sozialer Situation nicht verspürt werden, aufgrund kultureller Standards variieren oder so weit divergieren, dass kein genügend großer und substantieller Konsens erkennbar wird. Sucht man dann noch nach hinreichend formalen Bestimmungen, erscheint die Liste der Grundbedürfnisse letztlich trivial.

Gegenüber den Positionen von GEERTZ und GOSEPATH bleibt einzuwenden, dass es zwar eine menschliche Bedürfnisstruktur gibt, die je nach sozialem, kulturellem und historischem Kontext unterschiedliche Akzentuierungen zeigt, die jedoch m.E. die Existenz und den Wert universaler Kategorien an sich nicht in Frage stellen. Selbst unter der Prämisse einer substantiellen Ausklammerung bleiben solche Kategorien nämlich nicht inhaltsleer, sondern liefern Anhaltspunkte und Begründungen für weitere Forschungen. Von daher sind sie nicht einfach als überflüssig oder irrelevant zu qualifizieren. Vielmehr sollten Universalien und kulturelle Vielfalt mit ihrer wechselseitigen Erschließung zusammengedacht werden. Für Vertreter des universalen Modells (z.B. MALINOWSKI, WISSLER, WARDEN, REDFIELD oder KEARNEY) stellen Universalien einen Forschungsrahmen bereit, und zwar i.S. von Werkzeugen oder Kategorien zur Erforschung von Phänomenen, die mit ihnen in Beziehung stehen oder gesehen werden können. Hierbei zeichnet sich ein Gerüst abstrakter, analytischer Definitionen oder Annahmen ab, welche die weitere Forschung

---

82 Vgl. GEERTZ, C. (1973): The impact of the concept of culture on the concept of man, 39.
83 Vgl. Ebd. 40.
84 Ebd. 52.
85 Vgl. GOSEPATH, S. (1998): Zu Begründungen sozialer Menschenrechte, 167.

richtungsweisend werden kann.[86] Hier wird also zwischen Ordnungskategorien und konkreten Inhalten unterschieden.[87]

Einen weiteren Denkanstoß bringt OESTERDIECKHOFF in die Universaliendiskussion mit ein, wenn er – gestützt auf Ergebnisse der psychometrischen Intelligenzforschung und Entwicklungspsychologie – darauf verweist, dass es einen progressiven Fortschritt an Intelligenz resp. Denkfähigkeit, Reflexivität und Bewusstheit gibt, der zu einer ständigen Reorganisation von Psyche und Persönlichkeit führt.[88] Diesen Umstand gilt es im Blick auf vorhandene Unterschiede in gegenwärtigen Kulturen und im Vergleich gegenwärtiger zu früheren Kulturen ebenfalls zu bedenken, da (vermeintliche) Abweichungen der material-kategorialen Füllung dann nicht nur mit sozialen oder kulturellen Spezifitäten zusammenhängen, sondern auch als Resultat einer Entwicklung des formal-operationalisierten Denkens zu begreifen sind.

So vielschichtig sich der Themenkomplex der Universalien zeigt, so verweist er doch auf Schlüsselphänomene, die zu einem vertiefenden Verständnis des Menschen beitragen können. Forscher haben inzwischen umfangreiche Listen universaler Qualitäten zusammengestellt. Neben den Kategorien Sprache, Mimik, sozialer Bezug, normative Regulierung, Schutz von Eigentum oder Besitz zählen dazu auch magische Vorstellungen, religiöse Rituale oder ein religiöser resp. übernatürliche Glaube an eine an eine Größe, die weder sichtbar noch greifbar ist.[89] Die Untersuchungsergebnisse legen dabei eine Koevolution von menschlicher Natur und kultureller Entwicklung nahe. Zudem sollten bei der Diskussion um die menschlicher Bedürftigkeit gesellschaftliche und/oder lobbyistische Faktoren bedacht werden, die aus unterschiedlichen Motiven ebenfalls den Anspruch erheben, den Status des Bedürftig-Seins zu definieren (z.B. krankenkassenfinanzierte oder gesundheitspolitisch gewollte Bedürftigkeit).

## 2.2 Kategorisierungshilfe Menschenbild

Um professionelle Pflege als Sorge um den Menschen bestimmbar und erforschbar zu machen, erscheint es hilfreich, ein Menschenbild zu umreißen, das ein Instrument zur Wahrnehmung und Kategorisierung menschlicher Bedürfnisse bereitstellt. Angesichts unterschiedlicher weltanschaulicher Hintergründe sowie damit verbundener individueller Wert- und Berufshaltungen ist die Verständigung auf eine dem professionellen Handeln zugrunde zu legende Landkarte geboten. Pflegeforschung, Pflegeethik und pflegerische Praxis können sich darin Orientierung finden. Eine solche, Orientierung stiftende Basis

---

86 Vgl. BROWN, D. (1991): Human universals, 47.

87 Vgl. MURDOCK, G.P. (1945): Common denominator of cultures, 125.

88 Vgl. OESTERDIECKHOFF, G. (2010): Die Humanisierung des Menschen, 223ff.

89 Vgl. MURDOCK, G.P. (1945): Common denominator of cultures, 124; Vgl. KLUCKHOHN, C. (1954): Culture and behavior, 952; Vgl. BROWN, D. (1991): Human universals, 130/141.

kann einen kriteriologischen Ausgangspunkt anbieten. Kritiker mögen hier einen naturalistischen Fehlschluss unterstellen, doch „der berühmte, auf Hume zurückgehende (...) Satz, aus einem ‚Sein' folge niemals ein ‚Sollen' (we cannot go from Is to Ought), besser: aus einem kognitiven Satz folge niemals eine Norm, ist dadurch zu seiner Berühmtheit gelangt, dass man an die neuzeitliche wissenschaftliche ‚Erkenntnis' und ihre Sätze gewöhnt war und ist, deren Wahrheit oder Falschheit in neutraler Distanz festgestellt werden können. Für den Satz, dass wir Menschen bedürftig und aufeinander angewiesen sind, gilt das aber nicht. Wer die Wahrheit dieses Satzes *einsieht*, der kann ihn nicht als neutralen generellen Satz verstehen. Anders ausgedrückt: Wer diesen Satz als neutralen generellen Satz, als neutrale ‚Tatsachenwahrheit' hört oder liest, der *versteht* ihn eben noch nicht."[90] Ein solches Verstehen meint nicht bloße Verstandestätigkeit, sondern eine praktische Einsicht als Anerkennung von Wahrheit und Geltung von Normen, die dann im Handeln zu realisieren sind, denn „wer die Geltung moralischer Normen einsehend anerkennt, muss (.) aufstehen und das Gebotene tun."[91] Sowohl in Abwesenheit als auch in der konkreten Begegnung soll der Andere in und mit seiner Bedürftigkeit geachtet und beachtet werden, in Form eines aufgeschlossenen Aufmerkens, das dann in Handeln überzugehen hat, und sei es auch nur in aufmerksames Zuhören.[92] Kritisch räumt KAMLAH allerdings ein, dass jemand für die Aussage oder den Apell taub bleibt, der noch nie in einer konkreten Situation eingesehen hat, dass die Bedürfnisse anderer zu achten und handelnd zu berücksichtigen sind.[93] Dennoch gilt die praktische Grundnorm in jeder Situation menschlichen Miteinanders – nicht nur im privaten Umgang, sondern auch im Rahmen von Institutionen, in denen neben dem moralisch Gebotenen berufsethische Verpflichtungen den Einzelnen in die Verantwortung nehmen.[94] KAMLAH vertritt die Norm: „Beachte, dass die Anderen bedürftige Menschen sind wie du selbst, und handle demgemäß."[95] Eine solche moralische Inpflichtnahme erwächst weder automatisch aus der situativen Konfrontation mit der Andersheit des Anderen[96] oder einem ‚Sieh-hin-und-du-weißt'[97]. Ebenfalls hat es sich gegen institutionelle Eigenlogiken und Zwänge zu behaupten. Der gleichen Maßgabe unterliegen (Unternehmens)Leitbilder, deren Zweck nicht darin besteht, kosmetischen Charakter zu atmen, sondern die tatsächliche Bedürftigkeit der kranken Menschen anzuerkennen und deren Erfüllung einzufordern. Im oben erläuterten Sinn könnte die Aufgabe einer wissenschaftlich weiter auszubauenden Pflegephilosophie also darin bestehen, jenseits spezieller Verfahren und Pflegemethoden das Professionshandeln der Pflege in einen übergeordneten

---

90 KAMLAH, W. (1972): Philosophische Anthropologie, 96.
91 Ebd. 98.
92 Vgl. Ebd. 100.
93 Vgl. Ebd. 102.
94 Vgl. Ebd. 110ff.
95 Ebd. 95.
96 Vgl. SCHNELL, M. (2002): Ethik als Lebensentwurf und Schutzbereich, 294f.
97 Vgl. JOAS, H. (1984): Das Prinzip Verantwortung, 235.

oder umfassenderen Begründungszusammenhang zu stellen, wie es in den Pflegetheorien und Pflegemodellen schon vollzogen wurde, d.h. Reflexionen zum Thema Menschenbild anzubieten.

Da es sich bei der Pflege um ein professionelles Tun handelt, müssen allgemein verbindliche professionelle Standards entwickelt und verwirklicht werden. Beim professionellen Handeln geht es um ein reflektiert verantwortetes Handeln, das nicht den Gesetzmäßigkeiten eigener Präferenz, sondern jenen der Leistungsempfänger zu entsprechen hat. Darum sind die dem eigenen Handeln zugrundeliegenden (verdeckten) Wertentscheidungen offen zu legen, kritisch zu hinterfragen und professionelle Grundhaltungen einzuüben. Es gilt die eigenen ethischen Standpunkte zu erkennen und eine reflektierte Auseinandersetzung mit beruflichen Wertmaßstäben zu entwickeln. In diesem Sinne sind Anthropologie und ethische Reflexion eng miteinander verwoben. Wenn sich Pflege um die Wiedererlangung der (Selbstpflege)Fähigkeiten der (kranken) Menschen unter Berücksichtigung der individuellen resp. biographischen Gegebenheiten zu sorgen und/oder in deren Krisenbewältigung zu begleiten hat, dann müssen die Pflegebedürfnisse erfasst und in einer menschenzugewandten Pflege umgesetzt werden, anstatt sich in individueller Unaufmerksamkeit, Routine oder Ignoranz pflegerischerseits zu verlieren. Die Ausgestaltung einer solchen PflegekraftPatient-Beziehung darf keinem Zufall überlassen oder ein zusätzliches Angebot sein, sondern gehört zum pflegerischen Kernbestand. Um das Ausmaß eines solchen pflegerischen Hilfebedarfs zu erheben und eine entsprechende Pflege zu planen und umzusetzen, ist eine Skizzierung dessen erforderlich, was Pflege letztlich ausmacht und auf welche Bereiche sich die pflegerische Sorge zu erstrecken hat. Und eine solche Beschreibung muss letztlich auch Aussagen darüber enthalten, was den Menschen kennzeichnet. Oder anders: jede Art von Pflege wird letztlich von Auffassungen über den Menschen (mit)bestimmt. Umso mehr überrascht die Aussparung des TB Menschenbild aus den gegenwärtigen Pflegelehrbüchern. Umso weniger überrascht das derzeitige Versorgungs- und Finanzierungsmodell des Gesundheitssystems, dem ebenfalls ein (reduziertes) Menschen- und Pflegebild zugrunde zu liegen scheint. Letztlich ist die Neudefinition einer ethisch gebotenen pflegerischen Sorge erforderlich, die mit der anthropologischen Bedürfnisstruktur korrespondiert. Eine solche bedürfnisethische Position muss neu bedacht und bedürftigkeitsethische Strukturen auf ihre Hinlänglichkeit überdacht werden. Gleichberechtigt neben anderen geisteswissenschaftlichen Positionen bietet die Theologie hier mit ihrem jüdisch-christlichen Menschenbild einen Schlüssel zum Verständnis des Menschen an und kann sich mit ihren Positionen in den ethischen Diskurs argumentativ einbringen. Die theologische Anthropologie möchte Pflegenden ein hilfreiches Instrument oder Deutungsschema für die sinnhafte Interpretation von Alltagserfahrungen kranker Menschen anbieten. Das biblische Menschenbild kann zu einem Analyseinstrument und damit zu einer hermeneutischen Hilfe für Pflegende werden, um die zu pflegenden Menschen besser zu verstehen.

## 2.3 Zusammenfassung

Insofern der Mensch die Grundkategorie der Pflege verkörpert und sein Erleben, seine Bedürfnisse und sein (gesundheitliches) Wohlbefinden Ausgangs- und Zielpunkt wissenschaftlichen und professionellen Reflektierens ist, erscheint eine inhaltliche Klärung dessen angezeigt, was unter dem Begriff ‚Mensch' zu subsumiert ist. Dagegen erweist sich die material-anthropologische Befundlage in den Lehr- und Studienbüchern zur Pflegewissenschaft als ausgesprochen dünn. Ebenfalls hat sich gezeigt, dass eine Bereitschaft zum Einbezug geisteswissenschaftlicher Inhalte – und damit auch anthropologischer Erkenntnisse – mit dem Pflegewissenschaftsverständnis resp. der wissenschaftstheoretischen Verortung steht und fällt. Die Analyse zweier Standardlehrbücher für die Gesundheits- und Krankenpflege sowie etlicher pflegeethischer Abhandlungen förderte klar anthropologische Leerstellen zu tage. Vor dem Hintergrund einer solchen Befundlage steht die Pflegedisziplin in der Gefahr, fremdbestimmt und funktionalisiert zu werden, da die Begründung für oder gegen ein bestimmtes Pflegehandeln beliebig, uneinheitlich oder sogar widersprüchlich zu bleiben droht. Pflege bedarf darum einer klaren Bezugnahme auf anthropologische Begründungszusammenhänge, um eine eigene, begründete und umfassende Sicht des Menschen zu gewinnen, die die Pflegeforschung um notwendige Perspektiven erweitert, das professionelle Pflegehandeln legitimiert und ethisch leitet. Zudem konfrontiert sie ein zur Ökonomisierung tendierendes Gesundheitssystem kritisch mit der Vision einer besseren, d.h. wertorientierten Pflege. Gerade die Frage nach einem ethisch-angemessenen, guten Pflegehandeln impliziert die Frage nach dem Menschen. „Ethik als anthropologische Reflexion von Moral verstehen bedeutet, Endlichkeit und Verletzlichkeit, Leiblichkeit, Sprachlichkeit und Interpersonalität sowie Geschichtlichkeit als Sinnhorizont zu sehen, ohne den über existentielle und ethische Fragen, wie sie sich mit den Grenzsituationen des Lebens stellen, nicht sinnvoll nachgedacht werden kann."[98] Um eine solche Pflege bereitzustellen, bedarf es einer hermeneutischen Kompetenz professionell Pflegender. Die Universalienforschung stützt ein solches verstehendes Nachdenken, indem sie kulturübergreifende Bedürfnisstrukturen des Menschen offenlegt. Darin kommen auch spirituelle Momente zum Tragen. Eine Ausklammerung solcher spiritueller Bedürfnisse darf weder aufgrund eigener biographischer und/oder berufsbedingter Erfahrungen erfolgen, noch dürfen sie aufgrund einer (vermeintlich) institutionellen Neutralität einfach ins Private verlagert oder der Beliebigkeit überlassen werden.

Um ein anthropologisches Nachdenken der Pflegedisziplin zu ermöglichen, bedarf es entsprechender Orientierungshilfen, wie sie durch ein Menschenbild bereitgestellt werden. Ein solches Strukturmodell der Conditio humana ist dabei gerade nicht schematisch anzuwenden, sondern es stellt Grundkategorien bereit,

---

[98] RABE, M. (2009): Ethik in der Pflegeausbildung, 106.

die es material zu füllen und in ihrer Bedeutung für die Pflegewissenschaft, die Pflegepraxis und die Pflegeethik zu diskutieren gilt. Einsichten solcher Art kann die Pflegewissenschaft im Diskurs mit der Theologie gewinnen, deren Erkenntnisse zunächst als gleichwertig neben anderen geisteswissenschaftlichen Impulsen zu bewerten sind. Das biblisch-theologische Menschenbild eröffnet einen spezifischen Zugang zum Verständnis menschlicher Existenz und schließt auch dessen Geistdimension mit ein.

# 3. Anthropologische Fund-Stellen aus der jüdisch-christlichen Tradition

Auskünfte über den Menschen geben nicht nur die Naturwissenschaften (z.B. Biologie, Medizin, Neurowissenschaften oder Genforschung), sondern finden sich mehr oder weniger selbst in der Psychologie (z.B. Psychotherapie, personale Systemtheorie), die auf solcher Basis menschliches Tun deutet und therapeutische Konzepte, Interventionen und Therapieziele entwickelt. Je nach wissenschaftstheoretischer Grundentscheidung fällt auch innerhalb der Gesundheitswissenschaften die Antwort auf die Frage nach dem Wesen des Menschen unterschiedlich aus – mit den je eigenen Konsequenzen für die Ausgestaltung der Sorge um den Menschen. All diese anthropologischen Antworten können vielleicht am ehesten mit dem Bild einer Matrix verglichen werden, die wichtige Wertaussagen einschließt und für das Treffen handlungsleitender Entscheidungen herangezogen wird. Eine solche Matrix wird zu einer Art Brille, durch die der andere Mensch von außen gesehen, analysiert und kategorisiert wird. Umgekehrt gilt: anhand unserer eigenen Verhaltensweisen können Rückschlüsse auf unsere möglichen Bilder vom Menschen gezogen werden, denn aus dem, was wir am Menschen schätzen, wozu wir ihn für fähig halten, was wir an ihm fördern oder was wir vermeiden wollen, werden unsere Werthaltungen erkennbar.[99] Insofern geben unsere Werthaltungen Auskunft von unserem Menschenbild, denn Werte sind Überzeugungen nach denen wir uns handelnd ausrichten. Sie gelten als Referenzen zur Begründung des eigenen Handelns. Oder anders: Aus unterschiedlichen Menschenbildern erwachsen damit korrespondierende Entscheidungen – letztlich eine (eigene) Ethik. Dies gilt es bewusst zu halten und transparent zu machen – auch und gerade im Blick auf die praktische Pflege und die Verhaltensweisen Pflegender. Kurzum: Der Mensch tut das, was er ist. Das impliziert nicht nur sein Selbst- und Fremdverständnis, sondern schließt auch den jeweiligen (räumlichen) Kontext sowie die eigene innere Gefühlslage mit ein. Hier gibt es jedoch, wie RABE treffend feststellt, „eine merkwürdige Diskrepanz zwischen der Bedeutung,

[99] Vgl. STÄDTLER-MACH, B. (2007): Vorwort, 8.

die der Ethik in der Pflege allenthalben zugeschrieben wird, und ihrer tatsächlichen Vorfindlichkeit in Curricula, Unterrichtskonzepten oder in praktischen Diskursen.“[100]

## 3.1 Was ist, was will und was kann biblisch-theologische Anthropologie?

Jede Ethik nimmt für die Beschäftigung mit moralischen Herausforderungen in unterschiedlichem Maß bewusst oder unbewusst anthropologische Kenntnisse in Anspruch. Selbst der utilitaristische, kantische oder diskursethische Ansatz rekurriert implizit auf anthropologische Grundannahmen.[101] Daher gibt es keine Ethik ohne Anthropologie.[102] Der Durchgang durch die Universalienforschung legte kultur- resp. gesellschaftsbezogene Kataloge menschlicher Bedürfnisse offen, die den Menschen eigen sind und deren Befriedigung in Abhängigkeit von der jeweiligen Selbstinterpretation mit dem Ziel eines erfüllten oder guten Lebens in ethischer Hinsicht nicht einfach ignoriert werden kann. Solche ethisch relevanten Einsichten über den Menschen können auch aus der Bibel gewonnen werden. Selbst wenn also eine biblisch-theologische Anthropologie für den Nichtchristen keine unmittelbar religiöse Überzeugungskraft besitzt, kann sie durchaus zu einem Impulsgeber für die Ausgestaltung des sozialen Miteinanders und des beruflichen Pflegehandelns werden.

Eine biblisch-theologische Anthropologie begreift den Menschen nicht allein als natürliches, physikalisch-chemisches oder evolutionsbiologisch erklärbares Wesen. Sie versteht ihn im Rückgriff auf Gott, dessen Verhältnis zu den Menschen sowie eine durch die Offenbarung inspirierte Selbsterkenntnis. Darum liegt „das Problematische der Theologischen Anthropologie (.) darin, dass hier *Anthropologie* nicht durch einen Teilaspekt am Menschen spezifiziert wird, sondern mit etwas anderem verbunden wird.“[103] Im Fragen nach dem Menschen sind auch Aussagen zu seinem Ursprung – in der Sprache der Bibel nach seiner Schöpfung – eingeschlossen. Daneben erkennt die Theologie vieles über den Menschen nicht von Gott oder aus dem Offenbarungsgeschehen, „sondern von den menschlichen, endlichen und darum auch überholbaren Aussagen des ‚homo sapiens' über sich selbst.“[104] Zwar nährt sie sich damit qua Definition aus (geoffenbarten) Einsichten über das Wesen des Menschen und ist aus einem bestimmten historisch-kulturellen Kontext heraus er-

---

100 RABE, M. (2009): Ethik in der Pflegeausbildung, 13.

101 Vgl. SIEP, L. (1996): Ethik und Anthropologie, 274/298; Vgl. REHBOCK, T. (2005): Personsein in Grenzsituationen, 48/51.

102 Vgl. SIEP, L. (1996): Ethik und Anthropologie, 274.

103 LANGEMEYER, G. (1995): Die theologische Anthropologie, 499.

104 LEHMANN, K. (2009): Gibt es ein christliches Menschenbild?, 122.

wachsen, dennoch sagt dies noch nichts über den Wahrheitsgehalt einer biblisch-anthropologischen Grundstruktur aus. Biblisch-Theologische Anthropologie steht daher mit LANGENMEYER vor zwei Herausforderungen: „Die Theologische Anthropologie muss auf der einen Seite das Theologische festhalten. Sie muss davon reden, was der Mensch von Gott her, vor Gott und auf Gott hin ist. Sie muss auf der anderen Seite das Anthropologische festhalten. Sie muss von und zu dem Menschen reden, wie er sich erfährt, erkennt und versteht."[105] Die folgenden Ausführungen versuchen Pole in den Blick zu nehmen und aufeinander zu beziehen. Mit der kritischen Anfrage an die empirische Verifikation biblisch-theologischer Aussagen wird sich das nachfolgende Kapitel III befassen.

Obwohl manche theologisch-anthropologischen Ansprüche aus einer göttlichen Offenbarung in der Geschichte erwachsen sind – damit also letztlich nicht abgeschlossen sein müssen oder zeitlos und damit vielleicht sogar kritisch befragbar wären – zeigen sich in den Texten gewisse Konstanten menschlicher Existenz. Es wird sich zeigen, inwiefern die grundlegenden Prämissen über den Menschen auch heute noch Geltung beanspruchen können. Dabei geht es nicht darum, zuallererst bestimmte Normen aus den Aussagen der anthropologischen Verfasstheit abzuleiten. Vielmehr möchten die vorzulegenden, biblisch-theologischen Einsichten Konturen des facettenreichen menschlichen Wesens in den Blick nehmen, um dadurch Pflegenden für verschiedene Dimensionen des Mensch-Seins zu sensibilisieren, d.h. für solche Bereiche, die im Leben wichtig – vielleicht sogar unverzichtbar – sind. Eine solche Matrix kann den Pflegenden einen Orientierungsrahmen für die konkrete Ausgestaltung des Pflegehandelns bereitstellen. Die Rede von Konturen meint zugleich, dass hier nicht das eine, ein für alle Mal abgeschlossene Bild präsentiert wird, sondern dass auf der Basis biblischer Fundstellen Grundkonstanten und Grundbedürfnisse des Menschen herausgearbeitet werden, die möglicherweise sogar über kulturelle Grenzen hinweg bedeutsam erscheinen und darum auch innerhalb der Pflegedisziplin Achtung verdienen; eine Beachtung, die diesen anthropologischen Momenten Rechnung trägt, sie gerade nicht ignoriert und zugleich die Freiheit des Einzelnen achtet, sein Leben entsprechend solcher Zielvorstellungen zu gestalten. Die darzulegenden Impulse einer biblisch-theologischen Anthropologie können schließlich mit der Pflegedisziplin in einen kritisch-konstruktiven Austausch eintreten und Impulse zu einem differenzierten, erweiterten Menschen- und Pflegeverständnis bieten. Und umgekehrt scheint die Frage nach dem Wesen des Menschen je nach wissenschaftlichem Zugang – sei es über die Philosophie, Theologie, Biologie, Medizin, Pflegewissenschaft oder Neurobiologie – unterschiedlich beantwortet zu werden und fordert daher auch ein jüdisch-christliches Menschenbild zum offenen Gespräch mit anderen Disziplinen heraus.

---

[105] LANGEMEYER, G. (1995): Die theologische Anthropologie, 500.

## 3.2 Biblische Koordinaten menschlicher Existenz

Die Bibel stellt kein neuzeitliches Lehrbuch dar, das Menschensein systematisch entfaltet. Die Bibel verkörpert vielmehr eine gewachsene Textsammlung, eine Bibliothek aus verschiedenen Epochen mit je eigener, kultureller und sprachlicher Imprägnierung. Um der Bibel in ihrer Vielfalt gerecht zu werden, müsste man die verschiedenen Menschenbilder, die aus den einzelnen Schriften ableitbar wären, skizzieren, analysieren und in und mit ihren Querbezügen behandeln.[106] Um eine solche Vielfalt dann zu gliedern, böten sich sehr verschiedene Möglichkeiten an: nach Lebensphasen (Jugend, Alter etc.), Textgattungen (Spruchweisheit, Klage etc.), anthropologischen Begriffen (Herz, Fleisch etc.) oder Themen (Arbeit, Sexualität etc.).[107] Zudem finden sich in den Schriften der Bibel nicht nur durch die göttliche Zuwendung gewonnene anthropologische Aussagen oder solche vom antwortenden Menschen her[108], sondern auch von zeitbedingten menschlichen und darum auch überholbaren Aussagen des Menschen über sich selbst.[109] Wenn aber das (geschichtlich-kulturelle) Selbstverständnis des Menschen in biblisch-theologische Aussagen des Mensch-Seins mit hineinspielen, so heißt das eben auch, dass die jeweilige Zeit ihre Spuren hinterlassen hat oder anders gesagt: sie auch einem historischen Wandel oder einer gewissen Offenheit unterworfen bleiben.[110] Darüber hinaus ist nicht einfach ein mit normativen Ansprüchen aufgeladenes Menschenbild auf alle global anwendbar, sondern jeder Einzelne bleibt auf der Suche danach, wer er ist, wer er sein kann und welche Aufgaben ihm in dieser Welt zukommen. Und umgekehrt gilt: „Im Gespräch mit Gott sieht der Mensch sich in Frage gestellt, erforscht und damit viel weniger festgestellt als vielmehr zu Neuem berufen. Der Mensch ist, so wie er ist, alles andere als das Maß aller Dinge."[111] Aufgrund solcher und ähnlicher Einwände mag also eine abschließende Antwort auf die Frage nach *dem* jüdisch-christlichen Menschenbild generell schwierig bleiben. „Das muss aber kein Nachteil sein. Denn das Fehlen eines einheitlichen Menschenbildes wird aufgewogen durch den *Dialogcharakter,* der – bei aller Variabilität im einzelnen – die anthropologi-

---

106 Recht anschaulich werden die divergierenden Menschenbilder der Schriften bei der Frage nach einem Leben nach dem Tod. Während sich sukzessiv die Vorstellung von einem Übergang des Menschen zu einem ewigen Leben bei Gott herausbildet, wird in den kanonischen Weisheitsschriften der Tod als endgültiges Faktum konstatiert, d.h. der Tod ist kein Übergang in ein neues, ewiges Leben, sondern das Ende personaler Existenz. Was bleibt, ist eine Art Nichtexistenz im Schattendasein der Scheol. Eine darüber hinausgehende Hoffnung gibt es nicht.

107 Vgl. DOHMEN, C. (2008): Zwischen Gott und Welt, 8; Vgl. WOLFF, H.W. (2010): Anthropologie des Alten Testaments, 24.

108 Vgl. Ps 8,5; Vgl. Ps 144,3.

109 Vgl. LEHMANN, K. (2009): Gibt es ein christliches Menschenbild?, 122; Vgl. JANOWSKI, B. (⁴2013): Konfliktgespräche mit Gott, 2.

110 Vgl. LEHMANN, K. (2009): Gibt es ein christliches Menschenbild?, 123.

111 WOLFF, H.W. (2010): Anthropologie des Alten Testaments, 24.

schen Texte des Alten Testaments insgesamt auszeichnet. Gemeint ist der Dialog des Menschen mit Gott und Gottes mit dem Menschen."[112]

Weder kann die gesamte Breite biblischer Menschenbilder noch die einzelnen Situationen des Menschen vor Gott im Rahmen dieser Arbeit diskutiert werden. Es ist also eine notwendige Reduktion oder Konzentration aus der Vielfalt biblischer Aspekte über den Menschen geboten, und zwar solche, die erkennbar nach dem Wesen des Menschen fragen. Im Blick auf den Gedankengang dieser Arbeit werden aus den biblischen Befunden Kernaussagen zur existenzialen Grundstruktur des Menschen vor Gott und in der Welt herausgearbeitet, d.h. dass in die Überlegungen anthropologische Phänomene und theologische Deutungen einfließen.[113] In einem ersten Angang folgt eine Erläuterung wichtiger biblischer Grundaussagen über das Mensch-Sein, die sich zu einer Art Koordinatensystem verknüpfen lassen und damit einen Rahmen abstecken, in dem sich der Mensch aus biblischer Sicht bewegt und der seine Lebensgestaltung mitbestimmt: (1) Der Mensch ist fast Gott gleich und doch nur Staub; (2) Er ist erlöst und doch jederzeit fehlbar; (3) Er besitzt Würde und bleibt doch jederzeit antastbar. In einem zweiten, vorbereitenden Schritt wird untersucht, inwiefern sich die altgriechische Übersetzung der Bibel auf das Seelenverständnis auswirkte und zu einer dichotomen resp. trichotomischen Anthropologie führen konnte, die auch noch in unserer Zeit negativ nachwirkt. Schließlich werden in einem dritten Schritt jene Facetten herausgearbeitet, die nach dem hebräischen Urtext den einen ganzen Menschen charakterisieren: der Körper, die Ratio, der Geist sowie kontextuelle Momente der geschichtlichen Mit- und Umwelt.[114]

### *3.2.1 Der Mensch: Fast Gott gleich und doch Staub*

In der Bibel fragt der Mensch nach seinem Ursprung und nach seinem Ziel. Er sucht nach dem Sinn seiner Wirklichkeit. Er fragt nach sich selbst und nach Gott. Er befragt sich selbst nach seinem Gottesverhältnis und er fragt nach den darin enthaltenen Implikationen für seine individuelle Lebensgestaltung. Bei all diesen Überlegungen ist die Bild-Metapher in Gen 1,26 ein wichtiger Bezugspunkt: „Dann sprach Gott: Lasst uns Menschen machen als unser Abbild, uns ähnlich. Sie sollen herrschen über die Fische des Meeres, über die Vögel

---

112 JANOWSKI, B. (⁴2013): Konfliktgespräche mit Gott, 10.

113 Vergleichbare Grundpfeiler jüdisch-christlicher Anthropologie finden sich bei: LEHMANN, K. (2009): Gibt es ein christliches Menschenbild?, 126/138; NAUER, D. (³2014): Seelsorge, 141/183.

114 Auch hier kann keine umfassende Darlegung erfolgen. Sehr ausführlich setzt sich wiederum WOLFF mit der biographischen und soziologischen Anthropologie biblischer Schriften auseinander (Vgl. WOLFF, H.W. (2010): Anthropologie des Alten Testaments). JANOWSKI zufolge ist die WOLFF'sche Anthropologie trotz einzelner kritischer Anfragen heute immer noch überzeugend (Vgl. JANOWSKI, B. (2009): Anthropologie des Alten Testaments, 15). Einen ähnlichen Ansatz zur Darlegung alttestamentlicher Anthropologie wählt JANOWSKI selbst, wenn er sich (1) am Begriff der Person, (2) an der Sphäre des Sozialen und (3) an der Wahrnehmung der Welt orientiert (Vgl. JANOWSKI, B. (2005): Der Mensch im alten Israel, 143/175).

des Himmels, über das Vieh, über die ganze Erde und über alle Kriechtiere auf dem Land." Nur noch an drei weiteren Stellen findet sich eine solche Aussage über den Menschen als Ebenbild Gottes: in Gen 9,6, Jesus Sirach 17,3 und Röm 5,14.[115] Doch trotz dieser quantitativ dünnen Befundlage handelt es sich hier um eine zentrale Aussage biblisch-theologischer Anthropologie.

Wird Gen 1,26 als wesenhafte Ähnlichkeit des Menschen mit Gott ausgelegt, wie sie sich später bei den Kirchenvätern findet[116], so verfehlt sie allerdings die tiefere Bedeutung der Rede von der Gottesbildlichkeit. Zeitgenössischer alttestamentlicher Exegese folgend geht es in Gen 1,26 nicht um eine wesenhafte, sondern um eine funktionale Entsprechung zwischen Gott und Mensch. Das wird bereits aus der Textstruktur erkennbar: Auf die Schöpfungsaussage (Wir wollen Menschen machen), folgt die Bildaussage (als unser/e Bild/Statue; unseresgleichen/etwa unsere Ähnlichkeit) und schließlich die Herrschaftsaussage (damit sie herrschen über die Fische des Meeres etc.).[117] In der Gottesebenbildlichkeitsaussage werden drei Größen zueinander in Beziehung gesetzt, die den Gottes- und Weltbezug des Menschen zum Ausdruck bringen: (1) seine Erschaffung durch Gott; (2) seine Bestimmung zum/r Bild/Statue Gottes und (3) seine Beauftragung zur Herrschaft über die Wasser-, Flug- und Landtiere.[118] Der theologische Sinn solcher Rede meint: Als sein Geschöpf bestimmt sich der Mensch vom ersten Augenblick an von Gott her und auf Gott hin. Das hat nichts mit moderner menschlicher Selbstvergötterung zu tun, sondern der Mensch verdankt allein Gott sein Dasein und dieser Gott lässt den Menschen als seinen erwählten Partner nicht fallen.[119] In ihrem Verständnis vom Gottesbild des Menschen sind sich die Textstellen im Buch Genesis und die Formulierungen in Psalm 8 – trotz feiner Differenzen – recht nah: Der Ebenbildbegriff ist im Sinne einer Statue Gottes zu verstehen, von deren Größe etwas durch den Menschen abgebildet, d.h. repräsentiert wird.[120] Eine solche Vorstellung unterstreicht die Nähe des Menschen zu Gott, der den Menschen quasi royalisiert und dadurch aus dem

---

115 Vgl. KOCH, K. (2000): Imago Dei, 5.

116 Vgl. FREVEL, C. (2003): Arbeit und Ruhe: Die Bestimmung des Menschen, 50f. Mit der griechischen Übersetzung des Alten Testaments verschiebt sich das Verständnis der Gottesbildlichkeitsaussage in Gen 1,26. Der Mensch ist jetzt nicht Bild Gottes, sondern i.S. der griechischen Urbild-Abbild-Spekulation nach dem Bild Gottes erschaffen. Auch im Neuen Testament entwickelt sich die Gottesbildlichkeitsaussage über den Menschen zu einer (verlierbaren) Eigenschaft und Wesensaussage bis hin zur christologischen Aussage, „die ‚Christus als das Bild des Vaters' (2 Kor 4,4; Kol 1,15; Hebr 1,3) begreift. (...) Jetzt richtet sich die Gottesebenbildlichkeitsaussage weniger auf die Aufgabe des Menschen, sondern auf dessen Erneuerung und Neuschöpfung in Christus (Kol 3,10; Eph 4,24)" (FREVEL, C. (2003): Altes Testament, 123).

117 Vgl. JANOWSKI, B. (2008): Die lebendige Statue Gottes, 145.

118 Vgl. Ebd. 145f.

119 Vgl. Weish 11,25; Vgl. Jer 1,5; Vgl. Eph 1,4.

120 Vgl. Gen 1,26f; Vgl. Ps 8,5-9; Vgl. KOCH, K. (2000): Imago Dei, 17; Vgl. GROß, W. (2001): Gen 1,26.27; 9,6: Statue oder Ebenbild Gottes?, 11ff; Vgl. JANOWSKI, B. (2008): Die lebendige Statue Gottes, 146f; Vgl. WASCHKE, E.-J. (2009): Die Bedeutung der Königstheologie für die Vorstellung von der Gottesebenbildlichkeit des Menschen, 242/249.

Staub hebt[121]: „Das Volk, das Jahwe anbetet, ist Gottes Stellvertreter oder Statthalter auf Erden; durch sein Bild erhebt Gott Anspruch auf die Welt als Eigentum.“[122]

Schon im Alten Orient bezieht sich die Bild-Metapher auf Statuen von Göttern und Königen. „Seine *Standbilder stellt der Herrscher* planmäßig in Städten, Tempeln und an den Grenzen seines Reiches auf. Sie werden nicht von dankbaren Untertanen erstellt, wollen auch nicht nur rühmende Denkmäler sein, sondern vertreten als ‚Bild meiner Königsherrschaft' (*salam scharrutija*) den abwesenden Monarchen, erstrahlen mit der Wucht seiner Macht und Autorität auf die Untertanen und nötigen sie dadurch zum Gehorsam. (...) Ein solches Bild *vergegenwärtigt* also *Herrschermacht* der abgebildeten Person.“[123] Hinzu tritt eine zweite Bildauffassung, die nicht nur eine königliche Gegenwart im Herrschaftsgebiet bildhaft repräsentiert, sondern selbst lebendiges Bild des Götterkönigs ist.[124] Diese beiden Bildkonzeptionen der altorientalischen Königsideologie verschmelzen in der biblischen Überlieferung. Jedem, der Menschenantlitz trägt, wird nunmehr die Würde einer *gewissen* singulären irdischen Gottesrepräsentanz zuteil.[125] Jeder Mensch wird zur sichtbaren Vertretung der göttlichen Urkraft und jedem Menschen wird ein königlicher Rang eingeräumt.[126] Ganz im Sinne altorientalischer Verwendung der Bild-Gottes-Metapher, handelt es sich aber hier nicht um eine Wesens- sondern um eine Funktionsaussage.[127] Dem Menschen wird mit der „Gottesbildlichkeit“[128] etwas aufgetragen und zugemutet, dem er auf seine Weise verantwortet zu entsprechen hat. Dabei wird im ersten Schöpfungsbericht nur eine Form göttlicher Tätigkeit thematisiert: „das *wirkungsvolle Wort*, als Ansagen, Benennen oder Segnen.“[129] Begreift man die Entsprechung des Menschen auf dieser Ebene, so bezieht sie sich auf die Fähigkeit zur Sprachlichkeit. Doch dem Menschen werden, nachdem er als Gottesbild geschaffen wurde, Gott also abbilden und ihn repräsentieren soll, weitere Kompetenzen zugesprochen: Er ist mit einer vernunftgesteuerten, freien Gestaltungsmacht ausgerüstet und soll diese von Gott her und auf Gott hin ausüben.[130] Der Mensch wird von Gott dazu ermächtigt, „das Haus der Schöpfung zu betreten und in Besitz zu nehmen, um es zu schützen und zu verteidigen. Es geht also um eine Tätigkeit, die zum Wohl der Lebewesen

---

121 Vgl. KUSCHEL, K.-J. (2010): Der Mensch – Abbild oder Statthalter Gottes?, 47; Vgl. WASCHKE, E.-J. (2009): Die Bedeutung der Königstheologie für die Vorstellung von der Gottesebenbildlichkeit des Menschen, 248.

122 JERVELL, J. (1980): Art. Bild Gottes I, 492.

123 KOCH, K. (2000): Imago Dei, 17f.

124 Vgl. Ebd. 19.

125 Vgl. Ebd. 21.

126 Vgl. Ebd. 22f.

127 Vgl. DOHMEN, C. (2008): Zwischen Gott und Welt, 27.

128 Ebd. 29.

129 KOCH, K. (2000): Imago Dei, 29.

130 Vgl. Gen 1,28; Vgl. Gen 2,15; Vgl. Ps 8,7ff; Vgl. PESCH, O.H. (2008): Katholische Dogmatik aus ökumenischer Erfahrung, 170/178.

eingesetzt ist und sich gegen das von Gott durch seine Schöpfung zurückgewiesene Chaos richtet.“[131] Eine solche (begrenzte) Beteiligung an der Herrschaft und Vergegenwärtigung Gottes meint keine missbräuchliche, eigennützige oder gewalttätige Ausbeutung, sondern ist eine Metapher, „die an der Beziehung Mensch-Tier-Lebensraum die Verantwortung der Menschen für das Lebenshaus verdeutlichen will, insofern die Menschen sorgende und verfügende, schützende und ordnende Repräsentanten des Schöpfergottes selbst ein sollen.“[132] Der Mensch hat sich darin bewährt, wenn das göttliche Diktum „Es war sehr gut“ (Gen 1,31) Bestand hat.[133]

Insofern im ersten Schöpfungsbericht vom Menschen als Ebenbild Gottes die Rede ist, gilt es zu bedenken, dass diese Passage der Priesterschrift im Vergleich zum Schöpfungsbericht in Gen 2,4b-3,24 redaktionell recht jung ist. Der zweite Schöpfungsbericht kleidet die Ähnlichkeit zwischen Mensch und Gott in die Rede einer Fähigkeit zur Unterscheidung von Gut und Böse.[134] Hier wird die sittliche Autonomie des Menschen als bleibende Ausstattung und als Auftrag zum verantwortlichen Umgang mit der Schöpfung hervorgehoben.[135] Nicht nur im Paradiesgarten, sondern vor allem nach seiner Vertreibung aus diesem Paradies muss der Mensch in der Welt Verantwortung übernehmen, und zwar so lange, bis er zu dem Staub, von dem er einst genommen wurde, am Ende seines Lebens wieder zerfällt.[136] Denn: Nimmt Gott ihnen den (Lebens)Atem, so schwinden sie hin und kehren zurück zum Staub der Erde.[137] Im Tod zerfällt der Mensch wieder zu dem, von dem er genommen wurde: Erdboden.[138] Hier wird deutlich, dass sich Schöpfer (Gott) und Geschöpf (Mensch) auch im Blick auf Zeitlichkeit resp. Endlichkeit unterscheiden. Die Kontingenz menschlicher Existenz zeigt sich aber nicht erst am Ende des Lebens, sondern bestimmt deren gesamtes Dasein. Als endliches Geschöpf bleibt der Mensch zeitlebens Krankheit, Leid und anderen Gefahren ausgesetzt. Die biblische Erkenntnis einer Weiterexistenz über die Grenzen des Tods hinweg stellt sich erst schrittweise ein. „Nach und nach wird der Tod entmachtet und in JHWHs Kompetenzbereich integriert, ja schließlich überwunden und vernichtet. Im Zug dieser komplexen Entwicklung werden nicht nur die Gerechtigkeitsvorstellung, sondern auch andere Vorstellungen des JHWH-Glaubens nachhaltig umgeformt.“[139] Diese göttliche Kompetenzausweitung als Herr der Lebenden und der Toten resp. einer intensiveren Gemeinschaft des Verstorbenen mit Gott ist Ende des 7.

---

[131] DOHMEN, C. (2008): Zwischen Gott und Welt, 30.

[132] LÖNING, K./ZENGER, E. (1997): Als Anfang schuf Gott, 154.

[133] Vgl. WASCHKE, E.-J. (2009): Die Bedeutung der Königstheologie für die Vorstellung von der Gottesebenbildlichkeit des Menschen, 249.

[134] Vgl. Gen 3,22.

[135] Vgl. DOHMEN, C. (2008): Zwischen Gott und Welt, 37f.

[136] Vgl. Gen 3,19.

[137] Vgl. Ps 104,29.

[138] Vgl. Gen 2,7; Vgl. Gen 3,19; Vgl. Ps 39,5f; Vgl. Ps 103,14-16; Vgl. Ps 144,4.

[139] JANOWSKI, B. (2008): Der Gott Israels und die Toten, 267.

Jahrhunderts v. Chr. nachweisbar.[140] „Grundlegend ist dabei die in den Klage- und Dankliedern des Einzelnen tradierte Erfahrung, dass der an Feindbedrängnis, Rechtsnot oder Krankheit leidende Mensch mit der Wirklichkeit des Todes in Berührung kommt (vgl. Ps 88,4) – aber gerade das genügt, um ihn die ganze Wirklichkeit des Todes erfahren zu lassen. Dem entspricht die Gegenerfahrung, durch JHWHs Eingreifen nicht nur aus Lebensgefahr, sondern aus dem Tode, aus dem Innern des Totenreichs und aus der Gewalt des Todes errettet zu sein."[141] Die Erfahrung der Präsenz des Todes im Leben und die wirkmächtige Erfahrung Gottes erweitern die Gottesvorstellung also um eine wichtige Dimension.[142] Parallel dazu finden sich außerbiblische Grabinschriften resp. Segenszuschreibungen, in denen sich der Wunsch artikuliert, dass Gott auch an den Toten weiter wirken möge, d.h. ihnen in Treue über den Tod hinaus verbunden bleiben soll.[143] Gott möge sich als ein den Toten schützender, den Tod überwindender Gott erweisen.[144] Mit einem so gelagerten Glauben an JHWH wird die Hoffnung verknüpft, dass Gott die Grenze zwischen Diesseits und Jenseits überwinden kann – ohne damit zu einem antiken Totengott zu mutieren.[145] Die Gesamtentwicklung zeigt, dass „die Grenzen zwischen den Aspekten ‚Errettung vom Tod', ‚Ewiges Leben' und ‚Unsterblichkeit (der Gottesbeziehung)' (...) fließend sind und die (.) Texte der Idee eines die individuelle Lebenszeit übergreifenden Sinnhorizonts Schritt für Schritt vorgearbeitet und dabei zahlreiche Stadien durchlaufen und mannigfaltige Umbrüche gezeigt haben."[146] Gott dringt immer weiter in den Bereich des Todes vor, umgreift und entmachtet ihn.[147] Die Hoffnung auf ein Leben nach dem Tod ist also nicht erst ein spezifisch neutestamentliches Phänomen, sondern findet ihre Vorläufer in alttestamentlichen Schriften spätvorexilischen Zeit.

Die oben umrissene alttestamentliche Vorgeschichte wird in den neutestamentlichen Schriften aufgegriffen und weitergedacht. Der Mensch ist als Gottes Geschöpf nicht einfach ein Stück Natur, das einfach vergeht, sondern Gott bleibt mit dem Menschen in Kontakt – auch über das Ende des irdischen Lebens hinaus. Diese Gott-Mensch-Beziehung ist ewige Beziehung. Gott sammelt sich ein ewiges Volk. Er schenkt ein ewiges Dasein in Gerechtigkeit, auf das alle hoffen dürfen.[148] Er verwirklicht seine Bundeszusagen, dass er den Menschen nicht fallen lässt. Und spezifisch christlich bei PAULUS: Die Menschen in Christus werden dessen Auferstehungs- und Neuschöpfungsschicksal

---

140 Vgl. Ebd. 270f; Vgl. Ders. ($^4$2013): Konfliktgespräche mit Gott, 256/263.
141 Ders. (2008): Der Gott Israels und die Toten, 279.
142 Vgl. Ebd. 279/282.
143 Vgl. Ebd. 283/286.
144 Vgl. Jes 25,8; Vgl. JANOWSKI, B. (2008): Der Gott Israels und die Toten, 289.
145 Vgl. Ebd. 287.
146 Ebd. 294.
147 Vgl. Ps 16,10f; Vgl. Ps 49,14-16; Vgl. Ps 73,23-28; Vgl. Jes 25,8; Vgl. JANOWSKI, B. (2008): Der Gott Israels und die Toten, 297ff.
148 Vgl. 2 Makk 7,1-14; Vgl. Lk 20,35f.

teilen.[149] Folglich ist zu unterscheiden „zwischen den Phänomenen, in denen sich das Sein des Menschen bekundet und wahrgenommen wird, und dem Sein, das ihnen zugrunde liegt."[150] Der gläubige Mensch ist zwar Staub, bleibt jedoch nicht auf sein irdisches Todesschicksal festgelegt, sondern er lebt aus dem Geist Jesu Christi und in der Hoffnung auf die Auferweckung von den Toten.

### *3.2.2 Der Mensch: Fehlbar und erlöst zugleich*

Mit der Schöpfung wird die Zeit erschaffen. Sie eröffnet dem Menschen eine begrenzte Spanne irdischer Lebens- und Beziehungsgestaltung. Sie bietet ihm alternative Wahlmöglichkeiten, die ihn immer wieder vor Entscheidungen stellen. Faktisch steht der Mensch dabei von Anfang an in der Gefahr, hinter seiner göttlichen Bestimmung zurückzubleiben, d.h. seine von Gott übertragene Gestaltungsmacht zu missbrauchen; an der Unterscheidung von Gut und Böse zu scheitern; sich in der Beantwortung der Frage nach einem guten Leben selbst und andere zu täuschen; an seinem Glauben und Vertrauen in Gott zu zweifeln oder sich sogar ganz aus der Gemeinschaft mit ihm und anderen herauszulösen. Dazu gehört auch die Fähigkeit den Glauben an Gott abzulehnen. Als Wesen aus Staub ist der Mensch nicht vollkommen und als Wesen der Freiheit kann er sich selbst verfehlen. In seiner Selbstbezogenheit, seinem Stolz und seinem Unglauben durchkreuzt er faktisch die Pläne Gottes und verstrickt sich in die Folgen seiner Taten. So betrachtet macht der Mensch in seinen Verhältnissen und Lebenszusammenhängen immer wieder Fehler, er kann sich selbst verfehlen, anderen gegenüber schuldig werden oder auf Kosten anderer an strukturellen Beeinträchtigungen von Freiheit (z.B. in der Gesellschaft, der Politik, innerhalb von Institutionen) mitwirken. Auf diese Weise bleibt er im menschlichen Miteinander dem anderen die geforderte Gerechtigkeit und Liebe schuldig. Die Bibel gebraucht hier häufig das Bild eines verhärteten, verschlossenen oder tauben Herzens, das sich gegenüber Gott verschließt oder sich von ihm abwendet.[151] „Aus dem *Versuchten* wird der *Gefallene,* aus dem Gefallenen der *sich vor Gott Versteckende,* aus dem sich Versteckende wird der *Vertriebene,* aus dem Vertriebenen wird der *Tötende* (Gen 4), aus dem Tötenden wird ein *Kollektiv der Bösen* (Gen 5; 11,1-9)."[152] Der Mensch bleibt fehlbar oder – um in der Sprache der Bibel zu bleiben: Sünder.

Wenn von Fehlbarkeit die Rede ist, so ist damit ein weiterer wichtiger biblischer Leitbegriff verknüpft: die menschliche Freiheit. „Gott ist derjenige, der den Menschen Freiheit vorgängig ermöglicht. Alle relationalen Bestimmungen von Freiheit fußen somit immer auf dem grundlegenden Verhältnis Gottes

---

[149] Vgl. Röm 3,26; Vgl. Röm 8,1-11; Vgl. Röm 8,31-39; Vgl. 1 Kor 15,42-50; Vgl. WISCHMEYER, O. (2003): Wie verstehen die neutestamentlichen Schriften den Menschen?, 90.

[150] VON LÜPKE, J. (2010): Ebenbild im Widerspruch, 116.

[151] Vgl. Ex 4,21; Vgl. 2 Chr 36,13; Vgl. Ijob 17,4; Vgl. Jes 6,10.

[152] GRUBER, F. (2003): Das entzauberte Geschöpf, 49.

zu den Menschen. Dieser alttestamentliche Freiheitsbegriff ist eben nicht autonom und unterscheidet sich daher grundlegend von modernen Konzeptionen.“[153] Da diese Freiheit von Gott ermöglicht und geschenkt wird, sind die Bindung an Gott und die Freiheit des Menschen alttestamentlich immer zusammenzudenken.[154] Freiheit wird hier zu einer göttlichen Gabe, die sich in der engen Anbindung an Gott realisiert.[155] Gleichwohl ist Freiheit im Sinne des Alten Testaments prinzipiell immer von dem Grundprinzip des In-Beziehung-Stehens geprägt.[156] In den menschlichen Entscheidungen spielen auch immer Beziehungsaspekte der Gemeinschaft eine Rolle. Zwar hat der Mensch in der biblischen Tradition eine freie Wahl des Erkennens zwischen Gut und Böse oder zwischen unterschiedlichen Formen des Handelns, gleichzeitig hat das Tun des Menschen aber auch Folgen, für die er entsprechend einzutreten hat.[157] Wenn also von menschlicher Fehlbarkeit die Rede ist, so erstreckt sich ein solches Versagen auf die Trias Gott, Selbst und Mitwelt.[158]

Nach dem Schöpferwillen ist der Mensch jedoch nicht von vornherein ein sündiges Wesen, denn die Schöpfung wird ja ursprünglich als sehr gut qualifiziert.[159] Erst später erfährt das Gottesverhältnis eine Störung, als sich nämlich der Mensch über Gottes Gebot hinwegzusetzen beginnt.[160] Weil sich Gott aber um den Menschen als Teil seiner idealen Schöpfung und auch als Gesprächspartner sorgt; weil er ihn wieder neu seinem ursprünglichen Schöpfungsbild annähern will, darum lässt er ihn nicht los, geht er immer wieder auf ihn zu, bietet ihm erneut seinen Bund an, segnet ihn und will mit ihm in Beziehung stehen.[161] Der Mensch bleibt in den Augen Gottes wertvoll und darum sorgt sich Gott um das menschliche Geschick – um dessen Heil. Gott lässt den Menschen nicht los, auch wenn er sich selbst von Gott immer wieder lossagen will. Deshalb nimmt Gott in seiner Geschichte mit den Menschen immer wieder einen neuen Anlauf, der schließlich so weit geht, dass er durch das Erlösungshandeln Jesu Christi einen neuen, ewigen Bund stiftet und dadurch den Menschen zu einem neuen Sein befreit.[162] Im Schicksal Jesu vollzieht sich die Rekapitulation der biblischen Urgeschichte.[163] „Eben dieser eine Mensch, der in einzigartiger Weise den wahren Menschen, die wahrhafte Menschlichkeit repräsentiert, wird von allen anderen verworfen, verurteilt,

---

153 SCHMITZ, B. (2019): Freiheit als Thema alttestamentlicher Anthropologie, 209f.
154 Vgl. Ebd. 210.
155 Vgl. Ebd. 198f.
156 Vgl. Ebd. 209ff.
157 Vgl. Dtn 30,15-20.
158 Vgl. Mk 12,29-32.
159 Vgl. Gen 1,31.
160 Vgl. Gen 3,1-24.
161 Vgl. Gen 1,28; Vgl. Gen 9,1-17; Vgl. Gen 15,1-21; Vgl. Ex 24; Vgl. Ps 103,13-18; Vgl. Spr 17,12.
162 Vgl. Lk 22,19f; Vgl. Röm 6,3-5.
163 Vgl. Röm 5,19-21.

gekreuzigt."[164] Jesus greift hier erlösend ein und jeder, der zu Gott umkehrt, sich zu ihm bekennt und an ihn glaubt, tritt in diese eine neue Seinsweise ein. Wer an Christus glaubt, lässt als neuer Mensch den alten Menschen zurück, er hat Frieden mit Gott, Zugang zu seiner Gnade und Hoffnung auf die Herrlichkeit.[165] Darum ist für die, die ‚in Christus sind', die letzte Konsequenz der Sünde ausgeschlossen: das Verdammungsurteil.[166] Dem Menschen steht der Weg zu Gott (wieder) offen.

Biblisch wird der Mensch also zu einem neuen, erlösten Menschen in Jesus Christus – zumindest nur potentiell! Denn trotz Aufhebung des Verdammungsurteils bleibt er ein Wesen der Freiheit. Wie zum alttestamentlichen so gehört zur Realität des in Christus erneuerten Menschen die freiheitliche Entscheidungsfähigkeit und damit die Möglichkeit, sich aufgrund eigener Begierden willentlich gegen bestehende Gesetze, Normen und den Willen Gottes zu wenden und damit also erneut zu sündigen.[167] Deshalb PAULUS die Gemeinde: „Ihr seid zur Freiheit berufen (.). Nun nehmt die Freiheit nicht zum Vorwand für das Fleisch."[168] Freiheit meint hier die Freiheit von Sünde, denn die Sünde führt in eine Unfreiheit, die sich auch in einer Unfreiheit des Willens zeigt.[169] Der Mensch tut nicht das, was er will, sondern das, was er eigentlich ablehnt.[170] Dann aber handelt nicht mehr der Mensch selbst, sondern die in ihm wohnende Sünde.[171] „Solche Sünde ist Rückfall in abgetane Vergangenheit, Rückschritt des neuen Menschen in den Zustand des alten Menschen."[172] Obwohl der Tatbestand der Sündenanfälligkeit bleibt, verändert sich der Umgang Gottes mit der durch den Menschen aufgeladenen Schuld.[173] In Jesus Christus spricht Gott erneut sein bedingungsloses ‚Ja' zum Menschen und bleibt ihm dadurch in Liebe verbunden. Gottes Angebot an den Menschen steht vor aller Leistung und trotz aller Schuld. Angesichts dessen ist der Mensch eingeladen, zu sich selbst und zu Gott finden, auf dass er sich von seiner selbstbezogenen Verherrlichung lossagt, von seinem Unwillen befreit und sich allein Gott verdankend ihm wieder zuwendet.

Gerade trotz seiner Anfälligkeit und Fehler bleibt der Mensch also in den Augen Gottes hoffnungsbetont. Und Gott geht dem Menschen immer wieder nach. Gott vergibt ihm, weil er retten und vollenden will.[174] „Wer seine Freiheit in Gott gegründet weiß und sich diesem Wissen nicht verweigert, muss sich (.) keine Sorgen mehr machen, sich selbst zu bewahren und den guten

---

164 VON LÜPKE, J. (2010): Ebenbild im Widerspruch, 143.
165 Vgl. Röm 5,1f.
166 Vgl. Röm 8,1.
167 Vgl. Röm 7,22f.
168 Gal 5,13.
169 Vgl. Gal 5,17.
170 Vgl. Röm 7,15.
171 Vgl. Röm 7,17.
172 PESCH, O.H. (2008): Katholische Dogmatik aus ökumenischer Erfahrung, 30.
173 Vgl. Ebd. 32.
174 Vgl. Gen 6,18; Vgl. Gen 9,9; Vgl. Gen 17,7; Vgl. Ex 19,5; Vgl. Lk 15,1-7; Vgl. Lk 19,1-10; Vgl. 1 Tim 1,12-17.

Sinn seines Lebens selbst zu stiften. Er oder sie kann ungeheuer viel an Misserfolg und Misslingen ertragen, weil er oder sie von Erfolg und Anerkennung in der Mitwelt nicht mehr abhängig sind.“[175] Der Mensch gewinnt so die Fähigkeit, sich neben sich selbst zu stellen, seinem Bemühen zu zusehen und sich selbst zu sagen: das bin ich also auch, das bin ich noch nicht und trotzdem bin ich von Gott geliebt und nicht losgelassen.[176] Diese Einsicht öffnet den Weg zur Umkehr, zur Hinkehr zu Gott und zur Vorbereitung auf Gottes (endzeitliches) Kommen.[177]

### *3.2.3 Der Mensch: In (un)antastbarer Würde*

„Die eigentümliche Gottesrelation, die kommunikativ geprägte Mitmenschlichkeit, das Vermögen zur Gestaltung der Erde und dasjenige zur Beherrschung der Tierwelt“[178] in Genesis 1 werden zwar oft als konstitutive Momente menschlicher Würde angeführt, trotzdem ist die Gottesbildaussage in Gen 1,26 zur universalen Begründung menschlicher Würde völlig ungeeignet. Warum ist das so? – Als funktionale Eigenschaft göttlicher Repräsentanz offenbart der Bezug auf Gen 1,26 seine argumentative Schwäche gerade im Blick auf jene Personen, denen eine bewusste Gestaltungsfähigkeit und die Ausübung treuhänderischer Herrschergewalt temporär oder dauerhaft verwehrt bleibt.[179] Deshalb führt ein Rekurs auf Gen 1,26 als allgemeingültiges Herleitung menschlicher Würde nicht weiter. Es ist nach einem anderen argumentativen Aufweis zu suchen.

Biblisch existiert jeder Mensch als ein von Gott gewolltes, geschaffenes, geliebtes und freies Wesen. Der Schöpfungsakt begründet ein enges, relationales Verhältnis zwischen Gott und Mensch. Diese Bestimmung zur Gemeinschaft mit Gott ist weder aufhebbar noch verlierbar und überdauert selbst den biologischen Tod.[180] Weil Gott also in jedem Menschen als innerer Existenz-

---

175 PESCH, O.H. (2008): Katholische Dogmatik aus ökumenischer Erfahrung, 152.

176 Vgl. Ebd.

177 Vgl. Mt 3,2; Vgl. Lk 13,1-5.

178 KOCH, K. (2000): Imago Dei, 54.

179 Insofern die Gottesebenbildlichkeitsaussagen in Gen 1,26-31 und in Ps 8 als eine Funktionsaussage verstanden werden, sprechen sie dem Menschen keine qualitative Wesenseigenschaften zu, sondern eine göttliche Funktionsähnlichkeit. „Ist man einmal aus der ontologischen Interpretationsschiene heraus, kann man der Gottesebenbildlichkeit durchaus ‚qualitative' Anteile zugestehen, wobei der funktionale Aspekt im Vordergrund bleibt“ (FREVEL, C. (2009): Gottesbildlichkeit und Menschenwürde, 267). Gottesbildlichkeit und Herrschaftsauftrag i.S. einer Erhaltung und Entfaltung der von Gott geschaffenen Welt sind folglich nicht voneinander zu trennen. Damit ist die dem Menschen qua Schöpfung gegebene Würde vor allem als *Verantwortung* zu konkretisieren. Damit eignet sich die Aussage (jedoch) nur noch bedingt zur Begründung einer unveräußerlichen Menschenwürde. Die traditionelle Deutung einer wesenhaften Ebenbildlichkeit, die als Würde gefasst, den konstitutiven Leitbegriff einer Anthropologie darstellt, ist somit ausgeschlossen (Vgl. Ebd. 269).

180 Vgl. zur Begründung der menschlichen Würde aufgrund seiner Bestimmung zur Gemeinschaft mit Gott auch: PANNENBERG, W. (1991): Systematische Theologie, 203/209.

grund gegenwärtig ist, kommt jedem Einzelnen eine fundamentale und unantastbare Würde zu. Diese Auffassung findet sich bereits in dem traditionsgeschichtlich älteren Psalm 8. Dort ist die Rede davon, dass Gott den Menschen mit Herrlichkeit und Ehre krönt.[181] „Die Demokratisierung der Königsvorstellung wird durch die Metaphorik des ‚Bekrönens' noch bestärkt, denn die Krone ist Insignie der Herrschaft und Macht. (...) In der Ausstattung des Menschen geht es nicht nur um Respekt und Anerkennung, sondern um ein unverlierbares Moment des Menschseins, das dem Menschen ganz und gar von Gott her zukommt."[182] Solche königstheologischen Elemente werden auf alle Menschen bezogen und erfahren dadurch eine anthropologische Qualität.[183] Darüber hinaus wird in den Psalmversen ein weiteres deutlich: Gott verschafft sich ausgerechnet durch den Mund der Anfälligen, Unfähigen und Machtlosen Präsenz und Respekt gegenüber seinen Feinden und gegenüber solchen Widersachern, die seine Macht bestreiten.[184] Die besondere Position und Würde des Einzelnen entspringt also aus der heilsamen, von Gott gegebenen Zuwendung und Verbundenheit mit dem Menschen, die eine von Grund auf verdankte ist und damit deutlich im Bewusstsein hält, dass Rechte und Achtung nicht nur denen zukommen, die sie aktiv einfordern können, sondern eben allen Menschen – besonders jenen, die sozial schwach, krank oder in sonstiger Weise abhängig oder nicht mehr mitteilungs- und handlungsfähig sind.[185] Auf diese Weise formuliert Psalm 8 „eine in der Bibel einmalige staunende Aussage (.) göttlicher Präsenz auf Erden, wie sie aus dem Mund der schwächsten Menschenkinder erfahrbar wird."[186] Gerade die Wehrlosen und nicht erst die Menschen mit hohem Status, idealer Kraft und besonderen Fähigkeiten bezeugen die Herrlichkeit Gottes auf Erden.[187] „Nach Ps 8 nimmt sich Jahwe eines jeden einzelnen Menschen an, der doch gegenüber der unendlichen Weite des nächtlichen Himmels klein und verloren scheint."[188] Damit bietet der Psalm einen Entwurf gegen jegliche Form menschlicher Erniedrigung, Fremdbestimmung oder Ausgrenzung.

Weitere Schützenhilfe findet ein derart gelagertes, relationales Würdekonzepts in anderen Psalmen oder dem Buch Jeremia.[189] Die „unaufhebbare Verwiesenheit und Bezogenheit auf Gott berechtigt den Beter, Gott gegenüber Gerechtigkeit einzuklagen. Den begrifflich nicht gefassten Bezugspunkt kann man mit dem Würde-Konzept beschreiben. Analog zum modernen Verständnis ist diese Würde nicht positiv fassbar, sondern nur negativ zu bestimmen.

---

181 Vgl. Ps 8,6.
182 FREVEL, C. (2004): Eine kleine Theologie der Menschenwürde, 255.
183 Vgl. HILBRANDS, W. (2004): Du hast ihn nur wenig geringer gemacht als Gott, 96ff.
184 Vgl. Ps 8, 3.5-9.
185 Vgl. NEUMANN-GORSOLKE, U. (2001): Mit Ehre und Hoheit hast Du ihn gekrönt (Ps 8,6b), 63.
186 IRSINGER, H. (1997): Die Frage nach dem Menschen in Psalm 8, 21.
187 Vgl. Ebd. 41.
188 Ebd. 37.
189 Vgl. Ps 22; Vgl. Ps 139; Vgl. Jer 11,18-22; Vgl. Jer 20,11-13; Vgl. FREVEL, C. (2009): Gottesbildlichkeit und Menschenwürde, 272.

Diese Würde ist begrifflich wie normativ nicht präzise gefasst, ist aber doch als konstitutive Grundlage des Menschseins festgehalten. Sie ist nicht übertragbar, unverrechenbar und aufhebbar."[190] Eine solche Schöpfungswürde kommt dem Menschen nicht aufgrund eigener Leistung zu, sondern die in der Geschöpflichkeit begründete Gotteskindschaft gilt universal für jeden Menschen qua seines Mensch-Seins. „Daraus leitet sich ein unveräußerlicher Wert ab, den – wie die Klagen im AT zeigen – selbst der Schöpfer nicht mehr in Frage stellen darf. (...) Neben die Verwiesenheit auf den Schöpfer tritt die schöpfungsgemäße Kulturalität und Sozialität des Menschen als Ausdruck seiner Relationalität."[191] Im Neuen Testament wendet sich Gott dem Menschen in Jesus Christus erneut in besonderer Weise zu. In der Inkarnation des ewigen Sohnes in Gestalt eines Menschen findet das Verhältnis des Geschöpfs zum Schöpfer seine höchste und endgültige Realisierung.[192] „Indem der ewige Sohn in einem Menschen Gestalt annahm und durch ihn alle übrigen Menschen die Aufnahme in die Sohnschaft zugänglich machte, hat das Verhältnis des Geschöpfs zum Schöpfer im Prinzip die höchste überhaupt denkbare Vollendung gefunden."[193] In der an den Menschen weitergegebenen Gottessohnschaft Jesu erneuert sich der alttestamentliche Gedanke der Gotteskindschaft.[194] Gott ruft den Menschen zur Umkehr und begründet einen neuen, ewigen Bund. Im Handeln Jesu kommt nicht nur die Sorge des Schöpfers zum konkreten, bedürftigen Geschöpf zum Ausdruck, sondern er wendet sich auch immer an alle anwesenden Zuhörer.[195] Ohne menschliche Vor- oder Gegenleistung wird Christus durch sein Leiden am Kreuz zum Erlöser aller Menschen, denn Gottes Vergebung richtet sich an alle.[196] Für die, welche in Christus sind, gibt es keine Verurteilung mehr.[197] Auf diese Weise stellt Gott die Beziehung zwischen ihm und den Menschen wieder her – er gibt ihm seine ursprüngliche Würde zurück. Als von Gott durch Jesus Christus befreit, handelt der Mensch als neuer Mensch in dieser Welt, wirkt am Aufbau des Reiches Gottes mit und nimmt damit schon etwas von der in der Zukunft (genauer nach seinem Tod) auf ihn zukommenden Welt – dem Sein bei Gott vorweg. „Die Hoffnung aus dem Glauben an Gott als die Zukunft des Menschen und damit an Gott als die unerschöpfliche Freiheit des Menschen: das ist die alles tragende Grundlage des christlichen Handelns in der Welt."[198] Aus dieser eschatologischen Hoffnung heraus verhält sich der Mensch gestaltend in der Welt.

---

190 Ebd.
191 Ebd. 273.
192 Vgl. PANNENBERG, W. (1991): Systematische Theologie, 203.
193 Ebd.
194 Vgl. BIESER, E. (2008): Von der Würde des Menschen, 33f.
195 Vgl. Lk 5,27-32; Vgl. Lk 7,12-17; Vgl. Lk 19,1-10; Vgl. WISCHMEYER, O. (2003): Wie sprechen die neutestamentlichen Schriften von den Menschen?, 82f.
196 Vgl. Röm 5,14f.
197 Vgl. Röm 8,1ff.
198 PESCH, O.H. (2008): Katholische Dogmatik aus ökumenischer Erfahrung, 267.

Der Achtung gegenüber dem Anderen oder dem Anspruch der Relationalität hat der Mensch durch ein damit korrespondierendes Handeln zu entsprechen. Er kann sie – wie bereits erwähnt – willentlich verfehlen, indem er nicht seiner Bestimmung gemäß handelt. Seine Wahrnehmung kann so stark getrübt sein, dass er den anderen nicht mehr mit dem geforderten Respekt und der ihm geschuldeten Gerechtigkeit begegnet; sich stattdessen konkurrierend, egoistisch und destruktiv und damit würdelos verhält.[199] Der Andere wird entstellt und menschliche Würde so antastbar! Von einer solchen Grenzüberschreitung ist aber nicht nur die horizontale, sondern auch die vertikale Ebene betroffen. Jesus mahnt: „Was ihr für einen meiner geringsten Brüder getan habt, das habt ihr mir getan" (Mt 25,40). Mit anderen Worten: Alles, was den anderen antastet, verletzt nicht nur dessen Würde, sondern entehrt gleichzeitig Gott als Schöpfer jedes einzelnen Menschen. Und umgekehrt gilt: Die Würde ihrer Bestimmung wird zum Gericht über das würdelose Verhalten jener, die die Würde ihrer göttlichen Bestimmung nicht achten und sich entfremden.[200] Trotz der potenziellen Fehlbarkeit des Menschen und der Weigerung sein Leben von seiner Bestimmung, d.h. aus der Beziehung mit Gott und seiner Verantwortung für Anderen heraus zu verstehen, bleibt das göttliche Beziehungsangebot bestehen. Gott erkennt auch in der Schwachheit des schuldigen Menschen sein Geschöpf. Darum geht Gott immer wieder auf den Menschen zu, sucht die Gemeinschaft mit ihm, lädt ihn zur Umkehr ein und wartet auf die freie Antwort des Menschen. „Die Beziehung zwischen Schöpfer und Geschöpf ist unaufhebbar, unzerstörbar und unvertretbar."[201]

### *3.2.4 Zusammenfassung*

Ein erster Angang erläuterte wichtige biblisch-theologische Grundaussagen über das Verhältnis zwischen Gott und Mensch. Sie lassen sich mit einem Koordinatensystem vergleichen, in dem sich menschliche Existenz ereignet. Dabei hat sich gezeigt, dass der Mensch als Geschöpf aus seiner engen Gottesrelation heraus zu verstehen ist und die alttestamentliche Anthropologie damit theologischen Charakter atmet. Als Gottesebenbild entspricht der Mensch in funktionaler Weise Gott und vertritt ihn verantwortlich gestaltend in der Welt. „Gottes- und Weltbezug zusammen charakterisieren also das Wesen des Menschen, der seinem Weltbezug nur dann gerecht wird, wenn er ihn *in Rückbindung an den Schöpfer* und in diesem Sinn *verantwortlich* wahrnimmt."[202] Trotz dieses göttlichen Auftrags bleibt der Mensch ein anfälliges und sterbliches Geschöpf. Das Wissen um diese existenziale Fragilität begleitet ihn (un)bewusst sein Leben lang. Ihn trägt dabei die Zuversicht auf Gottes Beistand und die Hoffnung auf ein ewiges, jenseitiges Leben. Obwohl der Mensch

---

[199] Vgl. Gen 4,1-12; Vgl. Gen 6,5; Vgl. Gen 9,6.
[200] Vgl. PANNENBERG, W. (1991): Systematische Theologie, 206.
[201] FREVEL, C. (2009): Gottesbildlichkeit und Menschenwürde, 273.
[202] BESTER, D./JANOWSKI, B. (2009): Anthropologie des Alten Testaments, 16.

von Gott her in eine besondere Verantwortung gestellt ist, kann er hinter diesem Auftrag zurückbleiben, das Gute aus dem Blick verlieren oder sogar bewusst die Gemeinschaft mit Gott aufkündigen. Trotz solcher Schuldgeschichte bleibt das in Christus erneuerte, göttliche Beziehungsangebot bestehen. Er lädt den fehlbaren Menschen immer wieder zur Umkehr ein und spricht ihm Vergebung zu, so dass ein Neuanfang möglich wird. Zur Grundbedingung der Conditio humana gehört schließlich die jedem Menschen inhärente und unverlierbare Würde. Sie gründet nicht in einer funktionalen Bestimmung zum Gottesebenbild, sondern entspringt der im Schöpfungsakt grundgelegten Gottesrelation und nimmt die Menschen wechselseitig in die Pflicht. Auch wenn diese Würde durch das Fehlverhalten Dritter angetastet wird, geht die Gotteskindschaft nicht verloren. Dieses Band mahnt die Täter zur Umkehr, ermutigt die Opfer und spricht ihnen Beistand und Kraft zu.

Die bisherigen verschiedenen Hinweise zum biblisch-theologischen Menschenbild stimmen darin überein, „dass sich der Mensch nach alttestamentlicher Auffassung durch Geschöpflichkeit (Gott/Mensch-Bezug), Gemeinschaftstreue (Mensch/Mensch-Bezug) und Endlichkeit (Mensch/LebenBezug) auszeichnet.“[203] Dabei bringen die Grundbedingungen des Daseins die durchgehenden Ambivalenzen des Mensch-Seins vor Gott und der Welt zum Ausdruck. Bevor in einem nächsten Schritt weitere anthropologische Grundbegriffe einer näheren Betrachtung unterzogen werden, muss in einem Zwischenschritt geklärt werden, warum der Mensch aus biblischer Sicht kein dualistisches Wesen ist, wie diese Deutungsverschiebung in den das menschliche – auch theologische – Denken und Sprechen Einzug gehalten hat und inwiefern sie bis heute nachwirkt.

## 3.3 Eine fatale Deutungsverschiebung: Warum der Mensch (k)ein dualistisches Wesen aus Körper und Seele ist

Populärreligiöse Ratgeber arbeiten gerne mit dem Topos der Seele. Sie steht dort für einen Teil des Menschen, die seinen personalen Wesenskern ausmacht, dessen Lebensäußerungen essentiell mitbestimmt und den Tod überdauert. Die Seele gilt als treue Weggefährtin, die den Menschen wie ein Schutzengel begleitet.[204] Als innere Stimme führt sie den Menschen und erweckt die Liebe zu anderen.[205] Im Gottesdienst, im inneren Verweilen, im Gebet und im Feiern drückt sich die Seele auf religiöse Weise aus und in Kultur

---

203 JANOWSKI, B. (2009): Anthropologie des Alten Testaments, 40.
204 Vgl. MÜLLER, W. (2010): Trau deiner Seele, 7.
205 Vgl. Ebd. 23ff.30f.

oder Natur kann sie der Einzelne (neu) entdecken.[206] Mehr oder weniger theologisch-psychologisch reflektiert, fragt solche Ratgeberliteratur auch nach den Schmerzen von Leib und Seele und beschreibt die Seelensuche nach Trost und Heil. Die literarischen Lebenshelfer beschreiben Reisen zu den Quellen neuer, seelischer Kraft. Sie fragen nach Heilmitteln für eine verwirrte Seele, nach der Aktivierung von Ressourcen und lenken die Achtsamkeit des Lesers auf die Sprache des Körpers als Resonanzraum seelischen Erlebens. Solche Leitfäden stellen das Körperliche der Seele entweder antagonistisch gegenüber oder verstehen den recht umsorgten Leib als fruchtbaren Boden, auf dem sich ein wirklich vitales Seelenleben erst richtig entfalten kann.[207] Die Lebensratgeber animieren zur Pflege des Körperlichen, damit die Seele (wieder) Lust hat, darin zu wohnen.[208] Auch in der Lyrik finden sich Reflexionen zur Seele als eigenständiger Teil oder als Wesensträgerin des Menschen.[209] Wie korrespondieren solche Seelenzuschreibungen und anthropologischen Sichtweisen mit dem biblischen Befund?

### *3.3.1 Die Seele in der Bibel*

Das Alte Testament bezeichnet den ganzen lebendigen Menschen als Seele und spricht an keiner Stelle von einer göttlichen Seelengabe! Wenn man alttestamentlich von einer göttlichen Gabe an den Menschen argumentieren will, so kann man hier nur vom göttlichen Atem im Sinne des Geistes sprechen, der im Menschen Wohnung nimmt und ihn zu einer ganzen lebendigen Seele Mensch werden lässt. „Er ist das Prinzip, das den Menschen zum Subjekt macht, ohne freilich an das Leben dieses Subjektes gebunden zu sein. Er wird von dessen Tod nicht betroffen, sondern kehrt, wenn der Mensch stirbt, den Geist aufgibt, zu Gott zurück. Er (nicht die Seele) ist im Unterschied zum menschlichen Subjekt unsterblich."[210] Es ist also das menschliche Lebensprinzip, das sich dem göttlichem Atem ‚nesamah' verdankt, d.h. der Mensch empfängt keine göttlich-unsterbliche Seele, sondern in Gen 2,7 angesprochene Gabe bedeutet nicht mehr – aber auch nicht weniger – als die Belebung des Menschen.[211] Ohne diesen göttlichen Atem gibt es kein Leben! Die Quelle des Lebens liegt also außerhalb des Menschen. Trotzdem ist dem biblischen Menschenbild ein dualistisches oder trichotomes Denken fremd. Die ‚näfäsch' (Seele) ist nicht lösbar vom Menschen zu verstehen, denn „die israelitische

206 Vgl. Ebd. 35.
207 Vgl. GRÜN, A. (2012): Lob der sieben Tröstungen.
208 Vgl. BAUER, G. (2012): Halt doch einfach mal an!
209 Vgl. exemplarisch folgende Gedichte: Nennt ihr das Seele, was so zage zirpt (R. M. RILKE), Mondnacht (J. K. Benedikt FREIHERR VON EICHENDORFF), Die Grablegung (H. M. ENZENSBERGER) oder Sterbegedicht (J. C. GÜNTHER).
210 LINK, C. (⁴2004): Art. Seele. III. Christentum: 3. Systematisch-theologisch, 1104.
211 Vgl. VRIEZEN, T. (1956): Theologie des Alten Testaments in Grundzügen, 171; Vgl. LAMBERTY-ZIELINSKI, H. (1986): Art. nesamah, 670f.

Anthropologie ist monistisch.“[212] Das Buch Genesis versteht den Menschen als Einheit und Ganzheit. Wenn Gen 2,7 den Menschen als lebendiges Seelenwesen bezeichnet – als ein Wesen des Atemholens, so wird damit zum Ausdruck gebracht, dass er aufgrund des Atmens ein lebendiges Wesen ist, und dass ihm dieser Atem als göttliche Gabe eingehaucht wurde. Zwar bezeichnet das Alte Testament punktuell mit dem Begriff ‚näfäsch' auch Bedürfnisse sowie emotional-irrationale Komponenten des Menschen, doch begreift es das Sein des Menschen stets ganzheitlich als untrennbare Einheit.[213] Daher ist dem Alten Testament auch der Gedanke einer präexistenten und unsterblichen Seele, die losgelöst vom Körper existieren soll, fremd (siehe dazu: 3.4).[214]

Warum ist aber heute dennoch oft von einer unsterblichen Seele die Rede, die den Körper verlässt, um zu Gott zurückzukehren? – Sprachliche Äußerungen erfolgen im Allgemeinen kontext- und kulturgebunden, d.h. bei einem Übertrag in eine andere Sprache ist ein Ausdruck zu wählen, der den semantischen Eigenschaften der Ausgangssprache resp. -kultur möglichst nahe kommt. Das ist jedoch nicht immer möglich. Bei einem mangelnden Äquivalent werden darum Begriffe auch manchmal unübersetzt übernommen.[215] Im 3. Jahrhundert v. Chr. hatten die ersten Genesisübersetzer ins Griechische offenbar den Eindruck, aufgrund der griechischen Bedeutung von ‚psychḗ' den biblischen Begriff der ‚näfäsch' richtig wiedergegeben zu haben.[216] Der hebräische Ausdruck findet sich in den kanonischen Schriften des Alten Testaments insgesamt 754mal und wird in ca. 680 Fällen von der LXX mit ‚psychḗ' übersetzt.[217] Dieser sprachliche Transfer bleibt aber nicht ohne semantische Neuakzentuierungen. Exemplarisch kann dies an Gen 1,30 verdeutlicht werden, wo der Urtext davon spricht, dass alles, was Lebensatem in sich hat, die Grünpflanzen zur Nahrung erhält, wohingegen die LXX betont, dass Gott die Grünpflanzen jedem Tier zur Nahrung gegeben hat, das in sich die Seele des Lebens hat.[218] Auch in anderen Verse, die ursprünglich vom Verlassen des Lebensatems sprechen, heißt es nunmehr in der LXX, dass die Seele den Menschen verlässt[219], oder dort, wo Gott gemäß Ps 34,23 die Lebenskraft seiner Knechte errettet, ist nun die Rede davon, dass Gott die Seele seiner Knechte erlöst.[220] Der Seelenbegriff mutiert in der Übersetzung zu einer eigenen Entität.

Ein weiterer Aspekt, der im Zusammenhang mit dem Glauben an eine göttliche Seelenzurüstung des Menschen eine Rolle spielt, findet sich in Gen

212 JACOB, E. (1973): Art. Ψυχή B. Die Anthropologie des Alten Testaments, 629.

213 Vgl. SCHÖPFLIN, K. (1999): Art. Seele II. Altes Testament, 739f.

214 Vgl. Ebd. 740.

215 Dazu zählt zum Beispiel das deutsche Wort „Gemütlichkeit". Im Französischen heißt es „la Gemütlichkeit" und im Englischen „the Gemütlichkeit". Gemütlichkeit scheint etwas typisch Deutsches zu sein.

216 Vgl. RÖSEL, M. (2009): Die Geburt der Seele in der Übersetzung, 160ff.

217 Vgl. SEEBASS, H. (1986): Art. naepeas, 536f.

218 Vgl. RÖSEL, M. (2009): Die Geburt der Seele in der Übersetzung, 163.

219 Vgl. Gen 35,18.

220 Vgl. RÖSEL, M. (2009): Die Geburt der Seele in der Übersetzung, 168.

2,7 im Kontext des Einblasens des göttlichen Lebensodems. Mit wenigen Ausnahmen wird im Alten Testament der Begriff ‚neshamah' synonym mit ‚ruah' gebraucht[221], der für einen Geist oder das Leben steht, der alle Körperlichkeit überschreitet. Am Lebensende kehrt der Körper wieder zur Erde zurück. Aber das, was am Lebensende mit dem (eingehauchten) Lebensatem passiert, ist nicht die Fragestellung des Buches Genesis. Erst jüngere Texte zeugen davon, dass Gott seinen Geist einsammelt oder dass der Odem zu Gott wieder zurückkehrt, der ihn gegeben hat.[222] „Aus diesen Texten wird deutlich, dass überall dort, wo von der grundsätzlichen Konstitution des Menschen die Rede ist, nicht ausdrücklich von einer dem Menschen eigenen rûah gesprochen wird (...), sondern eher von Gottes rûah (oder von ihm herkommend) im Menschen; eben weil sie Gottes rûah oder rûah von Gott her ist, kehrt sie beim Tod zu ihm zurück."[223] Im Blick auf den Geist trifft das Alte Testament allerdings keine Unterscheidung zwischen der rûah als göttlich-belebenden Gabe und dem geschöpflich-eigenständigen Geist resp. Leben im Menschen.[224] Zusammen mit der biblischen Frage nach einer personalen Fortexistenz über den irdischen Tod hinaus wandelt sich nun die Lesart von der göttlichen Gabe des Lebensodems hin zu einer Interpretation als göttliche Seelengabe an (= Traduzianismus, Präexistentianismus) oder im Zuge der Erschaffung im Menschen (= Kreatianismus).[225] Dieser Prozess setzt sich in der christlichen Patristik und (Frömmigkeits)Geschichte fort. Das Ganze wird durch die Gleichsetzung von ‚Atem' und ‚Leben' unterstützt, denn wenn der Atem entzogen wird, schwindet das Leben.[226] Da im Griechischen ‚psychḗ' auch ‚Atem' bedeutet und ursprünglich mit ‚hauchen' zusammenhängt, wird der eingehauchte göttliche Lebensodem mit einer eingehauchten, göttlich gestifteten ‚psychḗ' (i.S.v. Seele als Lebensprinzip) gleichgesetzt resp. diese Bedeutung mitgehört und findet später einen Niederschlag in den Reflexionen der Kirchenväter.[227]

In den neutestamentlichen Schriften begegnet der Begriff der ‚psychḗ' etwa 103mal, jedoch weder als zentraler anthropologischer Begriff noch als Gegenstand eines eigenständigen paulinischen Traktats.[228] „In den synoptischen Evangelien bewahrt der Seelenbegriff seine alttestamentlich-jüdische Prägung und bezeichnet die Lebendigkeit des Menschen."[229] DAUTZENBERG diagnostiziert jedoch in der LXX-Übersetzung der synoptischen Evangelien ebenfalls eine Bedeutungsverschiebung des ‚psychḗ'-Begriffs in Richtung einer Psychologisierung[230], denn die meisten Belege handeln von der ‚psychḗ'

---

221 Vgl. FABRY, H.-J. (1993): Art. ruah, 399f.

222 Vgl. Ebd. 408; Vgl. Ps 104,29f; Vgl. Koh 12,7.

223 FABRY, H.-J. (1993): Art. ruah, 408.

224 Vgl. Ebd. 409.

225 In der röm.-kath. Seelenlehre setzt sich die Auffassung des Kreatianismus durch.

226 Vgl. MAIBERGER, P. (1985): Art. napah, 519f.

227 Vgl. KARPP, H. (1950): Probleme altchristlicher Anthropologie, 59ff.

228 Vgl. zur paulinischen Anthropologie: GUTBROD, W. (1934): Die paulinische Anthropologie.

229 ZUMSTEIN, J. ([4]2004): Art. Seele. III. Christentum: 1. Neues Testament, 1100; Vgl. dazu auch: SCHWEIZER, E. (1973): Art. Ψυχή D. Neues Testament, 638.643.

230 Vgl. DAUTZENBERG, G. (1999): Art. Seele. IV. Neues Testament, 745.

in den das Leben bedrohenden Grenzsituationen.[231] Daneben erfordern Nachfolge und Mission den Einsatz der ‚psychḗ' resp. des Lebens, genauso wie die Endzeitwirren oder das Vernichtungsgericht das Leben des Menschen bedrohen.[232]

Obwohl PAULUS in seinen Schriften anthropologische Überlegungen vornimmt, gebraucht er den Begriff ‚Seele' nur selten (elfmal). Eine spezifische Bedeutung der ‚psychḗ', dass sie mit Staub verbundenes höheres oder inneres Leben ist, findet sich bei PAULUS gar nicht.[233] Der ‚psychḗ-Begriff' taucht in der (auch alttestamentlichen) Bedeutung von physischem Leben sowie von Mensch, jedermann oder als einfache Umschreibung für ‚Ich' auf.[234] Zudem ist auffällig, dass der Seelenbegriff bei PAULUS keine prominente Rolle spielt – nicht einmal dort, wo man es am ehesten erwarten würde: im Kontext der paulinischen Auferstehungsreflexionen.[235] Vielmehr: „Nicht die Trennung der Seele vom Leib, sondern das schöpferische Handeln Gottes bestimmt die Auferstehung."[236] Für den Apostel gibt es keine neue, leiblose Existenz des Menschen nach dem Tod: „So sehr es bei Paulus klar ist, dass der Mensch nicht nur Leib ist, so klar ist es, dass er nicht ist ohne Leib."[237] An einigen wenigen Stellen gebraucht PAULUS den ‚psychḗ-Begriff' dann aber doch zur Bezeichnung des (christlichen) Innenlebens resp. der Erkenntnisfähigkeit des Menschen.[238]

Das griechische Seelenmodell beeinflusst über den Weg der lateinischen Bibelübersetzung auch die deutsche Rezeption.[239] Die Vulgata übersetzt in Gen 2,7 aus dem Griechischen ‚ἐγένετο ὁ ἄνθρωπος εἰς ψυχὴν ζῶσαν' mit ‚factus est homo in animam viventem'. Im Deutschen steht dann später für die griechische ‚psychḗ' resp. die lateinische ‚anima' der Begriff ‚Seele'. Dieser Terminus ist im Germanischen mit ähnlichen Seelenvorstellungen aufgeladen wie im Griechischen (siehe: 3.3.2).[240] Im germanischen Raum finden sich Dokumente eines Glaubens an eine Seele, die den schlafenden Körper verlässt und andere Menschen aufsuchen kann.[241] Auch in Sagen und Zeugnissen über das Sterben finden sich Vorstellungen einer umherwandernden oder den Körper endgültig verlassenden Seele.[242] Obwohl die Seelen-Semantik im Germanischen kein moralisches Persönlichkeitskontinuum kennt, ist ihr die Idee einer das vortodliche Dasein übergreifenden Kontinuität inhärent, die die

---

231 Vgl. Ebd.
232 Vgl. Ebd.
233 Vgl. GUTBROD, W. (1934): Die paulinische Anthropologie, 77.
234 Vgl. Ebd. 77f.
235 Vgl. 1 Kor 15,38-59.
236 ZUMSTEIN, J. ($^4$2004): Art. Seele. III. Christentum: 1. Neues Testament, 1100.
237 GUTBROD, W. (1934): Die paulinische Anthropologie, 33.
238 Vgl. Ebd. 78f.
239 Vgl. BREMMER, J. (2012): Die Karriere der Seele, 186.
240 Vgl. HASENFRATZ, H.-P. (1986): Seelenvorstellungen bei den Germanen und ihre Übernahme und Umformung durch die christliche Mission, 19/31.
241 Vgl. Ders. (1986): Die Seele, 20.
242 Vgl. Ebd. 21/26.

christliche Lehre aufgreift und in ihrem Sinne zu nutzen weiß.[243] Geschickt arbeitet die christlichen Mission mit solchen Seelenkräften (saiwalo[244]), die zwischen vor- und nachtodlichem Dasein am ehesten noch eine Art von Kontinuität vermitteln und passt sie in die christliche Lehre einer den Tod überdauernden personalen Kontinuität ein.[245] Wenn die späteren deutschen Bibelübersetzungen auf das Wort Seele zurückgreifen, so ist der Begriff nur in bestimmten, aber eben nicht in allen Fällen mit dem gemeinten Sinn des hebräischen Urtextes zutreffend. Während es dem Hebräischen gelingt, mit der ‚näfäsch' sprachlich verschiedene Aspekte dessen zu benennen, was den Menschen ausmacht, ist die deutsche Sprache wesentlich begrenzter. Zwar greifen die Übersetzer auf den traditionellen und im Deutschen mehrdeutigen Seelenbegriff zurück, doch handelt es sich hier letztlich um eine Übersetzungsverlegenheit: „Im Deutschen fehlt schlicht ein Wort, dass all die Dimensionen abdecken könnte, die im hebräischen *näfäsch* mitschwingen."[246] Und zugleich schwingen mit dem deutschen Begriff Inhalte mit, die das Hebräische mit dem ‚näfäsch-Begriff' gar nicht in Verbindung bringen würde.

Anhand der aufgezeigten biblischen Befunde wird deutlich, dass mit der griechischen Übersetzung und späteren deutschen Rezeption eine Bedeutungsverschiebung des Seelenbegriffs erfolgt: Er wandelt sich zu einer eigenständigen Größe, die sich auf das Lebensprinzip und das Wesen des Menschen bezieht und zu einem wesentlichen, unsterblichen Bestandteil des Menschen aufgewertet wird. Dafür sind die im griechischen und germanischen Raum vorhandenen Seelenvorstellungen aus der paganen Literatur wesentlich mitverantwortlich.

### *3.3.2 Pagane Seelenimprägnierung*

Die aufgezeigten, übersetzungsgeschuldeten Neuakzentuierungen führen zusammen mit einem pagan imprägnierten ‚psychē-Begriff' zu einer Bedeutungsverschiebung des hebräischen Urtextes. Wie bereits angedeutet, waren im griechischen Raum Seelenvorstellungen der antiken Literatur und Philosophie wirksam (z.B. in der homerischen ‚Ilias' oder in PLATONs Dialogen mit Phaidon und Phaidros).[247] Bei HOMER begegnet dem träumenden ACHILLEUS die Seele seines Freundes PATROKLOS, die dessen Körper nach dem Tod verlassen hat, fortan im Hades ein Schattendasein führt und nunmehr im Traum ACHILLEUS aufsucht.[248] Während in der ILIAS und ODYSSEE die ‚psychē' keine wie auch immer geartete psychologische Konnotation atmet, sondern

---

[243] Vgl. Ders. (1996), Seelenvorstellungen bei den Germanen und ihre Übernahme und Umformung durch die christliche Mission, 29.

[244] Vgl. Ebd. 28.

[245] Vgl. Ebd. 28.

[246] SCHWAGMEIER, P. (2012): Was steht da, wenn da Seele steht?, 13.

[247] Vgl. HASENFRATZ, H.-P. (1986): Die Seele, 15/29; Vgl. PLATON (1991): Phaidon, 57a/118a; Vgl. PLATON (1991): Phaidros, 227a/279c.

[248] Vgl. HOMER (1997): Ilias. XXIII, 62-107.

der Thymos als Sitz der Emotionen gilt[249], ändert sich das deutlich bei PLATON.

In den platonischen Dialogen entwickelt sich die Auffassung einer unsterblichen, mehrstufigen und immateriellen Seele; immateriell deshalb, weil sie sonst nicht in der Lage wäre, die nicht materiellen, göttlichen Ideen zu erkennen oder den physischen Tod des Leibes zu überdauern. Die platonische ‚psychḗ' gilt als Ort des Bewusstseins und Kern inneren Erlebens. Um in den Bereich des Göttlichen oder Ewigen und Wahren vorzudringen, hat sich der vernünftige Teil der Seele von allen niederen Begierden und Lastern des Leibes zu befreien. Die irdische Existenz des Menschen gewinnt also an höchster Bedeutung für das Seelenschicksal, denn die Seele wird entweder aufgrund (un)tugendhafter Handlungen verurteilt und bestraft oder eben belohnt. Darum versteht PLATON den Körper auch als Fessel seelischer Existenz; als ein irdisches Gefängnis, in dem die göttlich-unsterbliche Seele bis zur Abbüßung ihrer Schuld zu verbleiben hat und aus dem sie sich schließlich befreit, um in die wahre, ewige Welt der Götter einzukehren. Die Beurteilung der menschlichen Seele findet in der Unterwelt statt, wo der Lohn der Tugend Trunkenheit, die Ungerechtigkeit aber Strafe nach sich zieht.[250] Die Seele steht bei PLATON also nicht nur für das Lebensprinzip, sondern erhält als Kern des eigentlichen ‚Ich' moralische Bedeutung. Demgemäß zeigt sich bei PLATON ein dualistisches Menschenbild aus Seele und Körper. Sein Seelenbegriff steht am (vorläufigen) Endpunkt einer Entwicklung, die Vorstellungen einer Exkursions-, Ich- und Vitalseele göttlichen Ursprungs in einem einheitlichen ‚psychḗ-Begriff' zusammendenkt, der sowohl aktives Lebensprinzip als auch eine bewusste nachtodliche Existenz einschließt.[251]

In der nachplatonischen Entfaltung bricht der bei PLATON mehrstufig gedachte Seelenbegriff wieder auf: „Einem unsterblichen und dreiteiligen Platonischen Seelenganzen gegenüber behauptet jetzt allein der (.) oberste Teil seine Unsterblichkeit (...). Die (.) beiden unteren Teile werden dem Körper und seinen vitalen Funktionen zugeordnet und zur Sterblichkeit degradiert."[252] Die Seele steht an der Schnittstelle zwischen intelligibler und wahrnehmbarer Welt. Um die klare Trennung zwischen geistiger Welt und Materie zu wahren, führt PLOTIN eine weitere Hypostase ein, und zwar „ein Abbild der Seele, ein Lichtstrahl, den die Seele in die Körperwelt aussendet als (..) Spur ihrer selbst."[253] Dadurch schlägt er eine Brücke zwischen der unaffizierten geistigen Welt einerseits und der Wahrnehmung resp. dem sinnlichen Sein andererseits.[254] Es kommt zu einer sukzessiven Erweiterung des platonisch-dualistischen Menschenbildes hin zu einer trichotomen Sichtweise des

---

249 Vgl. DIHLE, A. (1973): Art. A. Ψυχή im Griechischen, 606; Vgl. BREMMER, J. (2012): Die Karriere der Seele, 175.

250 Vgl. PLATON (1991): Politeia, 363cd.

251 Vgl. HASENFRATZ, H.-P. (1986): Die Seele, 63.

252 Ebd. 68f.

253 ZINTZEN, C. (1991): Bemerkungen zur neuplatonischen Seelenlehre, 52.

254 Vgl. Ebd. 53.

Menschen: er wird als eine Art Kompositum aus Körper, Seele und Geist gedacht.[255]

Parallel zum Neuplatonismus taucht im 2. und 3. Jahrhundert n. Chr. eine weitere Strömung auf, deren Gedankengut besonders die Sphäre des Religiösen berührt: die Gnosis. Blieb die Abwertung des Materiell-leiblichen bei PLATON noch ein primär akademisch-theoretischer Diskurs, verlässt dieser Ansatz bei den Gnostikern die Akademiegrenzen, d.h. er gewinnt an realem Weltbezug. Die Gnostiker kennen zwar ein trichotomisches Welt- und Menschenbild, aber sie bewerten den ganzen materiellen Bereich generell als Teil eines Reiches der Finsternis, das nicht von Gott stammt und darum den Menschen von der wahren göttlichen Lichtwelt abbringt.[256] „Die Seele hat nur ein Verlangen: sich aus diesem Leibes-Gefängnis zu lösen, dem Haus der Leidenschaft und des Leides, wo die einzige Nahrung Bitternis ist."[257] Nur der überirdische Logos und der damit korrespondierende göttlich-impersonale Geistfunke im Menschen sind gut. Daher gilt es alle Seelenteile gött-licher Geist- und Lichtsubstanz aus der weltlich-materiellen Verstrickung zu befreien und dem göttlichen Lichtreich zuzuführen.[258] Da aber Tiernahrung und menschliche Fortpflanzung im Verständnis gnostischer Erlösungslehre Seelensubstanz materiell binden, werden sie mit einem Tabu belegt und damit auch alles Sexuelle abgewertet.

### *3.3.3 Theologische Kollateralschäden*

In der Auseinandersetzung mit dem (Neu)Platonismus und der Gnosis wirken Teile des (neu)platonischen, trichotomen sowie gnostischen Gedankenguts auch in die Theologie der philosophisch geschulten griechischen Kirchenväter hinein (z.B. JUSTIN, CLEMENS VON ALEXANDRIEN, ORIGENES).[259] Diese Theologen wollen keine antike Schulmeinung in die christliche Kultur hinüber retten, aber sie versuchen den christlichen Glauben und philosophisch-wissenschaftliche Erwägungen zusammenzudenken. Unter Zuhilfenahme paganer Philosophie entwerfen sie eine Antwort auf die Frage nach der menschlichen Seele aus dem christlichen Glauben heraus. Die Kirchenväter greifen also Fragen ihrer Zeit auf, beziehen aus christlicher Perspektive Stellung und denken die Themen theologisch weiter. Im Rückgriff auf philosophische Seelenkonzepte entwickeln sie so ihre eigenen Seelenlehren: traduzianische (TERTULLIAN), kreatianische (CLEMENS VON ALEXANDRIEN) oder präexistentianische Anschauung (ORIGENES). Zusammengenommen erwächst aus des Seelenvorstellungen des griechischen und germanischen Raums das theologische Bild einer unsterblichen Einzelseele als Lebensprinzip und Trägerin individueller Eigenschaften.

---

255 Vgl. HASENFRATZ, H.-P. (1986): Die Seele, 69.

256 Vgl. Ebd. 70f; Vgl. BLEIBTREU-EHRENBERG, G. (1991): Der Leib als Widersacher der Seele, 77ff.

257 COURCELLE, P. (1976): Art. Gefängnis (der Seele), 301.

258 Vgl. HASENFRATZ, H.-P. (1996): Die Seele, 71.

259 Vgl. COURCELLE, P. (1976): Art. Gefängnis (der Seele), 303f; Vgl. Ders. (1982): Art. Grab der Seele, 460ff.

In den Reflexionen der Kirchenväter konstituieren zwar Leib und Seele zusammen die menschliche Wirklichkeit, trotzdem werden sie als eigenständige Entitäten unterschieden.[260] Der unsterblichen Seele wird häufig sogar ein Vorrang eingeräumt und der vergängliche Körper demgegenüber als Gefängnis abgewertet. Das Körperliche wird als Käfig, finsterer Kerker und Höhle der Lust ausgelegt. Weil Gott Schöpfer und Ziel des menschlichen Lebens ist, steht die Seele Gott näher als der Leib. Die Seele wird mit dem gleichgesetzt, was die eigentliche ‚imago dei' und damit das eigentliche Sein des Menschen ausmacht. Zusammen mit ihrer Eigenschaft der Unsterblichkeit dienen die Vorstellungen als Grundlage einer Sühnelehre sowie zur argumentativen Entfaltung des christlichen Auferstehungsglaubens.[261] Für das Religiöse entwickelt sich die Vereinigung mit Gott immer mehr zu einem Akt der Seele und die Sphäre des Körperlichen rückt in den Bereich des Ungöttlichen oder auch Gottwidrigen.[262] Körper und Seele werden einander antagonistisch gegenüber gestellt. „Das Gottesverhältnis des Menschen vollzieht sich darin, diese Zweiheit im Menschen genauestens zu unterscheiden und sich entsprechend zu verhalten, das heißt: die leibliche Wirklichkeit des Menschen als ständige Bedrohung seiner Geistigkeit zu betrachten und damit als ständige Quelle möglicher Sünde unter Kontrolle zu halten."[263] In solcher theologischer Auslegung werden u.a. philosophische Voraussetzungen des (Neu)Platonismus wirksam, die den Menschen als Kompositum aus Materie und Geist resp. gottfernem Körper und gottverbundener Seele denken. Auch wenn für das Christentum ‚Welt und Mensch' Gottes gute Schöpfung sind, so werden der christlichen Lehre doch durch (Neu)Platonismus und Gnosis „eine gehörige Dosis Leibfeindlichkeit und Weltfeindschaft eingeimpft (..), an der es sich heute noch schwertut, mit der es andererseits kritische Distanz zu dieser Welt und ihren Strukturen dazugewonnen hat."[264]

### 3.3.4 *Neuzeitliche Meilensteine*

Im neuzeitlichen Diskurs wird ein weiterer folgenreicher Meilenstein für das Verständnis des Menschen gesetzt. DESCARTES unterscheidet zwischen einem (materiellem) Körper und einem (denkendem) Geist, der damit auch am Anfang einer Entwicklung steht, die zur Gleichsetzung von Geist resp. der Vernunft mit der Seele führt und damit zu einer Gleichsetzung der Seele resp. dem Geist mit der Denkfunktion. Schließlich leisten unter Streichung jeglichen religiösen Bezugs Rationalismus, Empirismus und Positivismus weitere

---

[260] Vgl. PANNENBERG, W. (1991): Systematische Theologie, 211.

[261] Vgl. KARPP, H. (1950): Probleme altchristlicher Anthropologie, 46/56; Vgl. COURCELLE, P. (1976): Art. Gefängnis (der Seele), 295f.305ff; Vgl. Ders. (2001): Art. Käfig der Seele, 917ff; Vgl. BREMMER, J. (2012): Die Karriere der Seele, 186.

[262] Vgl. GUTBROD, W. (1934): Die paulinische Anthropologie, 86.

[263] PESCH, O.H. (2008): Katholische Dogmatik aus ökumenischer Erfahrung, 13f.

[264] HASENFRATZ, H.-P. (1986): Die Seele, 75.

Beiträge zu einem Ersatz des Seelenbegriffs durch den des Geistes resp. Theorien des Selbstbewusstseins. Die Seele als Lebensprinzip resp. Lebensursache des ganzen Menschen ist hier nicht mehr bedeutsam, sondern das Verständnis verlagert sich auf einen vergänglichen, auch messbaren Teilbereich: den Verstand und andere psychische Funktionen. Aus den neuzeitlich-philosophischen Diskursen heraus erwächst die Begründung der Psychologie als autonome empirische Wissenschaft und unter Abschneidung ihrer philosophischen Nabelschnur.[265] Als ‚Seelenkunde' bemüht sie sich seit Mitte des 19. Jahrhunderts als empirisch-experimentelle, quantitative Wissenschaft um das Verstehen des Seelenlebens, worunter sie u.a. (un)bewusste psychische Funktionsabläufe und funktionale Zusammenhänge fasst.

### *3.3.5 Zusammenfassung*

Der Seelenbegriff präsentiert sich je nach mythischem, philosophischem, theologischem oder psychologischem Zugang recht unterschiedlich. Biblischerseits zeigen sich übersetzungsgeschuldete Bedeutungsverschiebungen. Die Vielzahl literarischer und semantischer Konnotationen mit dem Seelenbegriff zeigt, dass er keineswegs einheitlich zu fassen ist, sondern verschiedene Konzeptionen darunter subsummiert werden. Durch die Zusammenschau biblischer Anhaltspunkte und philosophischer Seelenlehren suchen die Kirchenväter eine christlich-theologische Antwort auf die Frage, was das Wesen des einzelnen Menschen ausmacht und letztlich dessen biologischen Tod überdauert. Der neuzeitliche und zeitgenössische Gebrauch des Seelenbegriffs zeigt, dass die Seele teilweise für einen Personenkern steht und/oder das Erkenntnisvermögen des Einzelnen ausmacht und/oder für ein unsterbliches Prinzip, das den körperlichen Tod überlebt, in der Unterwelt umherwandert, im Jenseits für diesseitigen Taten zur Rechenschaft gezogen oder wiedergeboren wird. In der heutigen, römisch-katholischen Seelenlehre wird vorausgesetzt, dass die individuelle Seele göttlichen Ursprungs und damit unsterblich ist. Nach dem Tod existiert sie also weiter. Obwohl nach der Analyse NEUNERs kirchlicherseits die Lehre eine präexistenten und unsterblichen Seele zurückgewiesen wurde, „erscheint die Überzeugung von der unsterblichen Seele weiterhin als einer der zentralen Gehalte der christlichen Botschaft. Oft wird sie mit der Lehre von der Auferstehung identifiziert oder mit ihr verwechselt."[266] „Im Christentum hat sich inzwischen die Exkursionsseele als alleinige Trägerin der religiös-moralischen Verantwortung für das irdische Leben gegen eine Vielzahl von seelischen Erscheinungsformen durchgesetzt."[267] Darum lehrt der Katechismus der Katholischen Kirche, „dass jede Geistseele unmittelbar von Gott geschaffen (...) und dass sie unsterblich ist: sie geht nicht zugrunde, wenn sie

[265] Vgl. BRUDER, K.-J. (1991): Zwischen Kant und Freud: Die Institutionalisierung der Psychologie als selbständige Wissenschaft, 319ff.

[266] NEUNER, P. (2013): Art. Seele (katholisch), 95.

[267] HASENFRATZ, H.-P. (2012): Was ist das: die Seele?, 10.

sich im Tod vom Leibe trennt, und sie wird sich bei der Auferstehung von neuem mit dem Leib vereinen."[268] Schließlich empfängt jeder Mensch im Moment des Todes in seiner unsterblichen Seele die ewige Vergeltung.[269] „Dies geschieht in einem besonderen Gericht, das sein Leben auf Christus bezieht – entweder durch eine Läuterung hindurch oder indem er unmittelbar in die himmlische Seligkeit eintritt oder indem er sich selbst sogleich für immer verdammt."[270] Der biblische Befund zeigt jedoch, dass der ganze individuelle Mensch keine Seele *hat*, sondern als Ganzer eine lebendige Seele *ist*.

## 3.4 Ganzheitliches, geheimnisvolles Seelenverständnis

Die oben skizzierten Phänomene leisten verschiedene, überkommene Ursachenbeiträge zur inhaltlichen (Neu)Akzentuierung des Seelenbegriffs sowie zur Herausbildung eines dualistischen (Leib – Seele) resp. trichotomischen Menschenbildes (Leib – Seele – Geist). Auch die christliche Aneignung wird davon imprägniert. Wenn man den verschiedenen Seelenkonzeptionen aus christlicher Sicht etwas Positives abgewinnen möchte, so liegt es im menschlichen Streben nach einer Antwort darauf, was das Wesen des Menschen zutiefst ausmacht, in welcher Relation dieser Personenkern zum Göttlichen zu denken ist und wie das Individuelle den physischen Tod überdauert. Im Gegensatz zur griechischen Auslegung des Menschen als Kompositum zwischen (sündigem) Leib und (gottverbundener) Seele versteht das Buch Genesis den Menschen insgesamt als sehr gut (Gen 1,31) und die zeitlich ältere zweite Schöpfungserzählung (Gen 2,4b-3,24) als einheitliches Wesen und damit gerade nicht als (gottverbundene, gefangene) Geistseele in einem (sündigen) Körper! Insofern stellt der zweite Schöpfungsmythos des Buches Genesis eine Seelenlehre bereit, die sich jedoch komplett von jener der jüngeren Rezeptionen unterscheidet.[271]

---

[268] KATECHISMUS DER KATHOLISCHEN KIRCHE (2003): Nr. 366.

[269] Vgl. KATECHISMUS DER KATHOLISCHEN KIRCHE (2003): Nr. 1022.

[270] Ebd.

[271] Selbst wenn ‚näfäsch', ‚ruach' und ‚leb' in alttestamentlichen Texten Bedeutungsnuancen aufwiesen, die im Griechischen auch dem traditionellen Konzept von Seele zukommen, so trägt der Begriff ‚näfäsch' an keiner Stelle auch nur annähernd die Bedeutung von Seele im traditionellen metaphysischen Sinn, auch wenn dies in (grammatisch falschen) Standardübersetzungen so suggeriert wird (z.B. Ps 42,7). Als aus dem Staub vom Ackerboden gebildete, lebendige Seele ist der Mensch der Vergänglichkeit in der Welt unterworfen. Dieser Umstand wirkt auf die Lebensgestaltung und das Gottesverhältnis zurück und zwar insofern, als dass der Mensch völlig diesseitsbezogen lebt und sich im Hier und Jetzt ein gelingendes Leben erhofft. Erst sukzessiv taucht in den biblischen Texten das Motiv des Glaubens an eine Weiterexistenz nach dem Tod und damit die Frage nach dem Teil des Menschen auf, der diesen irdischen Tod überdauert (Vgl. 1 Sam 2,6; Vgl. 2 Makk 7,1-14; Vgl. Ps 49,16; Vgl. Ps 73,23f; Vgl. Weish 3,1.13.4,14.8,19-21.16,13). „Je stärker aber die Erkenntnis reift, dass Gott hier auf Erden seine Gerechtigkeit nicht durchsetzt, dass es dem schlecht Handelnden durchaus ein Leben lang gut gehen kann und auch das Leben des gottesfürchtigen Weisen vom Leid gemindert sein kann, je stärker die Erkenntnis der Begrenzungen des Diesseits wird, desto mehr Raum gewinnt die Vorstellung, dass es ein ‚danach' gibt.

„Es gehört zur Eigenart hebräischen und allgemein semitischen Denkens, dass man in der literarischen Form einer *Anfangs*aussage eine *Wesens*aussage macht.“[272] Die zentrale Wesensaussage über den Menschen in Gen 2,7 lautet: „Da formte Gott, der Herr, den Menschen aus Erde vom Ackerboden und blies in seine Nase den Lebensatem. So wurde der Mensch zu einem lebendigen Wesen.“ Dem Akt der Erschaffung in Form des (1) Bildens und der (2) Belebung folgt am Schluss die (3) Definition des Ergebnisses.[273] Auf die Formung des Menschen aus der Materie resp. dem Staub des Ackerbodens folgt die Belebung durch die Gabe des Lebens resp. das Einblasen des göttlichen Lebensatems. Gott wendet sich dem Menschen in besonderer Weise (fürsorglich) zu, indem er ihn mit seinem Atem belebt.[274] So wird der Mensch zu einem lebendigen, der Zeitlichkeit unterworfenen Wesen (näfäsch).

Wenn in Gen 2,7 von der Erschaffung des Menschen als lebendiges Wesen (näfäsch) die Rede ist, so ist hier keine Zurüstung des Menschen mit einer unsterblichen Seele gemeint. Der Mensch im Alten Testament hat keine Seele, sondern er *ist* Seele im Sinne eines lebendigen, multidimensionalen Lebewesens.[275] Gott erschafft den Menschen nicht in oder mit Einzelteilen zu einer lebendigen Kreatur, sondern der Mensch wird durch Gott in einer Ganzheit geschaffen, die keinen Dualismus und keine Trichotomie kennt. Insofern beleuchten die einzelnen, unterscheidbaren Dimensionen des Mensch-Seins lediglich verschiedene Facetten der einen ganzen lebendigen Seele Mensch, die bereits im ‚näfäsch-Begriff‘ selbst angelegt sind. In der Bibel bezeichnet ‚näfäsch‘ nicht nur das menschliche Sein an sich, sondern bedeutet auch ‚Schlund‘, ‚Rachen‘ oder ‚Kehle‘ – also das Organ der Nahrungsaufnahme und der Sättigung.[276] Damit werden sowohl menschliche Bedürftigkeit, aber auch dessen Gier nach Befriedigung zum Ausdruck gebracht. Diese Bedeutungen zeichnen ein Wesen der Bedürftigkeit und Begierde, das auf alles angewiesen und auf der Suche ist, was diese Begierde und Bedürftigkeit stillt (vgl. zur Bedürftigkeit auch oben: 2.2). Solche Lebensäußerungen lassen sich in verschiedenen Dimensionen systematisieren. Zugleich bleibt menschliche Vitalität nie vollständig ergründbar und behält somit ihren Geheimnischarakter.

---

Hinzu kommt die Vorstellung, dass Gott der Herr über Leben *und* Tod ist, (...) die Grenze des Todes durchbricht“ (FREVEL, C. (2003): Die Hoffnung des Menschen im Land der Lebenden, 57).

272 PESCH, O.H. (2008): Katholische Dogmatik aus ökumenischer Erfahrung, 27.

273 Vgl. WASCHKE, E.-J. (2009): Die Bedeutung der Königstheologie für die Vorstellung von der Gottesebenbildlichkeit des Menschen, 236/242.

274 Vgl. SCHÜLE, A. (2009): Die Urgeschichte (Gen 1-11), 59ff.

275 Unklar hier GRUBER, der einmal davon spricht, dass der Mensch eine näfäsch *ist* und wenig später davon, dass der Mensch nur deshalb lebt, weil er eine näfäsch *hat*, die er mit dem Tod aushaucht (Vgl. Gruber, F. (2003): Das entzauberte Geschöpf, 36f).

276 Vgl. WOLFF, H.W. (2010): Anthropologie des Alten Testaments, 34/38.41ff.

## 3.5 Dimensionen des Seelenwesens Mensch

Im Spiegel der Bibel zeichnet sich der Mensch durch eine gewisse natürliche Grundstruktur aus und er ist ein freies Wesen, das sich reflektierend zu seinen natürlichen Anlagen verhält, nach Erkenntnis strebt sowie das innerweltlich Gegebene suchend transzendieren kann. Der Mensch ist ein vielschichtiges Wesen, das um seiner Ganzheit willen zwar nicht auf bestimmte Merkmale reduzierbar, zugleich aber durch gewisse Eigentümlichkeiten gekennzeichnet ist. Um den einen ganzen Menschen aus biblischer Sicht besser zu verstehen, werden im Folgenden menschliche Facetten beleuchtet. Dabei wird der Mensch aus verschiedenen Blickwinkeln betrachtet, ohne eine Aufspaltung vollziehen oder ihn in seiner Einheit aus dem Blick verlieren zu wollen.

### *3.5.1 Der Mensch als lebender Organismus*

Der Körper des Menschen wird heute von einer vorgestalteten zu einer gestaltbaren Größe. Damit geht eine Verobjektivierung des Körperlichen einher. Einen Körper zu haben, heißt seinen Körper selbst zu definieren und zu perfektionieren. Dieses Ziel wird durch eine ganze Industrie in den Bereichen Fitness, Wellness, Chirurgie, Körperpflege oder Ernährung beflügelt. Um den eigenen Wünschen oder gesellschaftlichen Schönheitskonventionen besser zu entsprechen, werden Gesicht und Figur kosmetisch inszeniert oder mittels Operationen dauerhaft perfektioniert. Menschen versuchen den Alterungsprozess der Haut zu verlangsamen und versprechen sich von plastischen Korrekturen ein stärkeres Selbstbewusstsein und eine höhere Lebensqualität. Mittels ‚Social freezing' wird die biologische Uhr angehalten und der Reproduktionszeitpunkt individuell auf die berufliche Karriere abgestimmt. Möglichkeiten des genetischen Designs und der embryonalen Selektion werden diskutiert.

Die Bibel wählt einen eigenen Zugang zum Körperlichen. Zwar kennt die Bibel keinen einheitlichen Körperbegriff, wie wir ihn heute gebrauchen, aber sie nutzt eine Semantik, die sich jeweils auf verschiedene Aspekte des Körperlichen beziehen.[277] Während für die Benennung innerer Strukturen das Wort ‚aesaem' (Knochen) herangezogen wird[278], steht für das nach außen Sichtbare der Begriff ‚basar' (Fleisch), der hin und wieder auch für den ganzen menschlichen Körper stehen kann.[279] Neben dieser körperbezogenen Funktion begegnet ‚basar' im Kontext der Paarbeziehung als Resultat partnerschaftlicher Bindung oder generell zur Markierung verwandtschaftlicher

[277] Die folgenden Ausführungen zur alttestamentlichen Begriffsbestimmung orientieren sich an: WOLFF, H.W. (2010): Anthropologie des Alten Testaments, 56/63.

[278] Vgl. Ijob 2,5.

[279] Vgl. Gen 2,21; Vgl. Num 8,7; Vgl. Ijob 4,15.

Verhältnisse.[280] Nicht zuletzt charakterisiert ‚basar' das menschliche Leben generell mit dessen ethischer Schwäche und Vergänglichkeit.[281]

Wie bereits mehrfach erwähnt, ist der Mensch in der hebräischen Bibel als Ganzer, d.h. in und mit seiner Beschaffenheit ein sehr gutes Werk Gottes.[282] Angesichts religiös negativ besetzter, abendländischer Körpergeschichte kann das gar nicht oft genug betont werden. Die Abwärtsspirale in der Einschätzung des Körperlichen beginnt mit der LXX-Rezeption durch die Kirchenväter. Zu einer verhängnisvollen Fehlinterpretation biblisch verwendeter Körperterminologien kommt es mit dem Versuch, das griechisch-anthropologische Bezugssystem mit dem hebräisch-theologischen zur Deckung zu bringen. Folgenschwer werden in der Auslegungsgeschichte die Begriffe Fleisch, Leib und Körper mit dem Begriff der Sünde gleichgesetzt.[283] Dagegen kennt das Buch Genesis als biblische Ouvertüre weder eine dualistische Aufspaltung noch eine körperliche Abwertung. Als Gottes gewollte, sehr gute Schöpfung besitzt der Körper einen fundamentalen Wert und Reichtum an sich. Ein solches Körperverständnis gilt es wiederzuentdecken – im Sinne einer Achtung und Annahme der Immanenz Gottes, denn umgekehrt gilt mit MOLTMANN-WENDEL, „wer an seinem Körper vorbeisieht, sieht an Gott vorbei."[284] Das menschliche Leben ist körperlich und es braucht diese Körperlichkeit, um zu existieren, zu erfahren, zu gestalten und in der Welt und auf Gott hin ‚Leben in Beziehung' zu sein, d.h. dem Körper kommt eine zutiefst existentielle, intra- und interpersonale sowie transzendente Bedeutung zu.

Der Mensch wird mit einem natürlichen Geschlecht geboren, dessen Entwicklung sozial-kulturellen Einflüssen unterliegt, vor allem aber zum Erlebnisort unerschöpflicher, gottgewollter Sexualität, Sinnlichkeit und Lust wird[285] – auch wenn das Alte Testament bezüglich der sexuellen Thematik kein durchgängig einheitliches Bild zeichnet.[286] Wenn am Ende des ersten Schöpfungsberichtes Gott seine gesamte Schöpfung als sehr gut qualifiziert, dann ist auch der Mensch und insbesondere dessen Körperlichkeit damit absolut positiv bewertet. Diese Einschätzung teilt auch das spätere Hohelied. Auch wenn in der Bibel die Wörter Sexualität, Geschlechtlichkeit und Erotik nicht vorkommen, so gehört die Sexualität doch zur körperlich-anthropologischen Grundkonstitution: Sie ist Teil personaler Identität und Bezogensein auf den Anderen.[287] Damit steht der biblische Befund konträr zu jeglicher Form von Leibfeindlichkeit oder Körpervergessenheit.

---

280 Vgl. Gen 2,24; Vgl. Gen 37,27.

281 Vgl. Ps 56,5; Vgl. Ps 65,3; Vgl. Jer 17,5.7.

282 Vgl. Gen 1,26f; Vgl. Gen 1,31; Vgl. Gen 2,7.

283 Vgl. GRUBER, M./MICHEL, A. (2009): Art. Körper, 307.

284 MOLTMANN-WENDEL, E. (1989): Wenn Gott und Körper sich begegnen, 46.

285 Vgl. NAUER, D. (³2014): Seelsorge, 166.

286 Während bspw. das Hohelied Sexualität und Erotik in besonderem Maß wertschätzt, wird Sexualität im System der Reinheitsvorschriften den Verunreinigungen zugerechnet (Vgl. FECHTER, F./SUTTER REHMANN, L. (2009): Art. Sexualität / Sexuelle Beziehung, 518f).

287 Vgl. FREVEL, C. (2003): Mensch-Sein im Alten Testament, 42f.

Der Körper des Menschen ist (über)lebensnotwendig! Atmen, essen, trinken, sich bewegen und verhalten, wach sein und schlafen, sich beschäftigen und sich pflegen sind Ausdrucksformen dieser Selbstorganisation des Lebendigen und dienen dem Lebenserhalt. Darüber hinaus fungiert der Körper als Ausdrucksmedium des inneren Erlebens in Form von Tanz, Musik, Gesang, Theater, Zärtlichkeit, Mimik oder Gestik.[288] Wie bereits erwähnt steht die menschliche Körperlichkeit mit Gen 1,31 von Anfang an unter einem positiven, göttlichen Vorzeichen und kulminiert mit der göttlichen Inkarnation, wenn es in Joh 1,14 heißt: „Und das Wort ist Fleisch geworden und hat unter uns gewohnt." Gott wird Körper und sammelt in Jesus Christus körperliche Erfahrungen! Am Beispiel Jesu wird deutlich: Leben hat etwas mit Lebenslust zu tun, und zwar in dem Sinn, dass es auch emotional-körperlich erlebt und genossen werden darf.[289] Gleichwohl gilt es diese Körperlichkeit und Bedürftigkeit maßvoll zu gestalten und zu kultivieren, denn trotz seiner positiven Anlage steht der Mensch in der Gefahr, über das Ziel, d.h. über das für den Einzelnen Gute hinauszuschießen. Die Bibel bleibt also in ihrer positiven Sicht auf den Körper nicht einfach blind gegenüber falschen Instrumentalisierungen oder Maßlosigkeiten. Der Körper kann zu einem „Einfalls-Ort"[290] destruktiver Begierde und Unzucht werden, worauf PAULUS aufmerksam macht, wenn er in Röm 13,13 Erinnerung ruft: „Lasst uns ehrenhaft leben wie am Tag, ohne maßloses Essen und Trinken, ohne Unzucht und Ausschweifung, ohne Streit und Eifersucht."

In all seiner Lebensorganisation bleibt der menschliche Körper aber nicht nur willentlich, sondern auch aufgrund seiner Konstitution anfällig, schwach und endlich.[291] Altes und Neues Testament kennen Phänomene wie Krankheit und Vergänglichkeit, die an vielen Stellen mit Gott und dem eigenen Glauben in Verbindung gebracht werden.[292] „Gesund und heil sein werden zusammen gesehen. Körperliche und seelische Integrität sind Ausdruck des Heils und Zeichen göttlicher Zuneigung bzw. einer intakten Gottesbeziehung."[293] Alttestamentlich wird deshalb Gesundheit mit Segen gleichgesetzt, eine Krankheit dagegen als Zeichen für den Zorn Gottes oder als Folge begangener Sünden und / oder von Versagen gewertet. Ein Erkrankter muss irgendwie etwas Schlechtes getan haben. Und der Betroffene erlebt dann nicht nur Schmerzen, die Bedrohung des eigenen Lebens, materielle Not oder die Ausgliederung aus der sozialen Gemeinschaft sondern auch die Infragestellung seiner Beziehung

---

288 Vgl. Ex 15,20f; Vgl. 1 Sam 18, 6f; Vgl. Ps 87,7; Vgl. Hld 1,1; Vgl. Jer 9,16f; Vgl. Apg 19,19.

289 Vgl. Lk 7,34; Vgl. Lk 7,36-50.

290 NAUER, D. (³2014): Seelsorge, 166.

291 Vgl. Klgl 33,21; Vgl. Spr 5,11; Vgl. Jes 40,6f; Vgl. Ijob 10,11; Vgl. WAGNER, A. (2009): Wider die Reduktion des Lebendigen, 188ff.

292 Vgl. Ijob 2,7; Vgl. Lev 26,14-16; Dtn 28,21-29; Vgl. 1 Sam 5,6; Vgl. Mt 15,30; Vgl. Mk 7,31-37; Vgl. Lk 7,21.

293 FREVEL, C. (²2009): Art. Krankheit/Heilung, 285.

zu Gott bis hin zum Erleben massiver Gottesferne.[294] Gleiches gilt für das Kollektiv, dessen Seuchen und Krankheiten als Folge einer Bundesuntreue ausgelegt werden. Daneben stehen in der Bibel aber auch andere Erklärungsoptionen. Das Buch IJOB wendet sich ganz klar gegen einen Tun-Ergehens-Zusammenhang, d.h. gegen den Automatismus, dass einer erfahrenen Not oder einer aktuellen Krankheit irgendwelche Sünden vorausgegangen sein müssen. IJOB wird völlig unschuldig von der Wucht des Leids getroffen und das Buch IJOB schweigt sich über ein ‚Warum' resp. den Sinn des Leidens aus. Sowohl das Buch IJOB als auch das vierte Lied über den Gottesknecht in Jes 53,3-5.10 widersprechen damit einer standardisierten Erklärung, wonach Krankheit die Folge persönlicher Schuld und eine Strafe Gottes sei.[295]

Im Neuen Testament spricht Jesus weder davon, dass irgendein Sinn in einer Krankheit liegt oder darüber, dass ein Kranker oder dessen Vorfahren gegen Gott gesündigt haben müssten. Im Gegenteil: Er widerspricht entschieden solchen Einschätzungen![296] Im Neuen Testament sieht Jesus den Menschen nicht nur in und mit seinem konkreten (auch kranken) Körper, sondern immer auch in seiner Ganzheit. „Jesus berührt gelähmte (Mk 2,1-12) und abgestorbene Gliedmaßen (Mk 3,1-16), taube Ohren, blinde Augen (Mk 8,22-26; 10,46-52), aussätzige Haut (Lk 5,12-16; 17,11-19), blutende Frauenkörper (Mk 5,25-34), fiebrige (Mk 1,30), epileptische, von Dämonen gequälte (Mk 5,1-20; 7,24-30; 9,14-29) und sogar tote Körper (Mk 5,35-43; Lk 7,11-17). Die körperliche Unversehrtheit wird in zeichenhaft eschatologischer Perspektive (vgl. Jes 61,1f und Mt 11,5; Lk 4,18) zum Hinweis auf ein umfassendes Heil, das dem Menschen als Person von Gott zugedacht ist (Mk 2,1-12)."[297] Die Botschaft von der Gottesherrschaft und das heilende Handeln Jesu stehen also eng beieinander: Das hereinbrechende Heil und das Heil-Sein des Menschen müssen zusammen gedacht werden.[298]

Im Bereich des Sozialen wird der menschliche Körper zum Erlebnisort sinnlich-wahrnehmender Erfahrung von und der Begegnung mit den Mitmenschen. Der Mensch ist ein beziehungsreiches Wesen. Die kommunikative Seite des menschlichen Körpers kommt in der Rede vom (An)Gesicht zum Ausdruck, wobei neben dem Mund, den Lippen und der Zunge auch die Augen und Ohren eine zentrale Rolle spielen.[299] Ebenso wird der Körper zum Resonanzraum äußerer und Repräsentant innerer Energien, Prozesse und Bedürfnisse, dessen Repräsentationen mehr oder weniger stark der bewusst-mentalen Lenkung unterliegen.

Vielfach war bisher von existentieller, intra- und interpersonaler Körpererfahrung die Rede. Wenn es darüber hinaus zutrifft, dass der „Körper Tempel

---

[294] Vgl. Lev 13-14; Mk 5,19f; Vgl. Lk 17,11-19.
[295] Vgl. RUWE, A./STARNITZKE, D. (2009): Art. Krankheit/Heilung, 316.
[296] Vgl. Mk 2,1-11; Vgl. Joh 9,1-3.
[297] GRUBER, M./MICHEL, A. (2009): Art. Körper, 308f.
[298] Vgl. FREVEL, C. ([2]2009): Art. Krankheit/Heilung, 287.
[299] Vgl. GRUBER, M./MICHEL, A. (2009): Art. Körper, 308.

des Heiligen Geistes ist, der in euch wohnt und den ihr von Gott habt“[300], wie es der Apostel PAULUS im Korintherbrief unterstreicht, dann muss der Mensch den Körper auch als Erfahrungsort Gottes wertschätzen, würdigen und pflegen. Jesus Christus kann darum nicht gegen, sondern nur im und durch den Körper verherrlicht werden: „Darauf warte und hoffe ich, dass ich in keiner Hinsicht beschämt werde, daß vielmehr Christus in aller Öffentlichkeit (…) durch meinen Leib verherrlicht wird, ob ich lebe oder sterbe.“[301] Die Bibel verdeutlicht, dass jüdisch-christlicher Glaube körperlich-konkret ist. „Es ist fast eine Provokation: Wir sind leiblich, wir sind endlich – wir sind in unserem Geschlecht. Und darin ist Gott erfahrbar, in der Liebe und in der Freude, im Leid und im Schmerz. In Geburt und Tod – Gott ist, wo Leben ist, an seinem Anfang und seinem Ende, an seinen Höhen und Tiefen.“[302]

Den eigenen Körper mit seinen Stärken und Schwächen, in seiner Bedürftigkeit und seinem lebenserhaltenden Bedarf, mit seinem Potential und seiner naturgegebenen Anfälligkeit zu entdecken, zu verstehen und anzunehmen; ihn zu pflegen und zu entfalten, bleibt eine lebenslange Aufgabe. Erst auf diesem Weg wird der Körper zu einem wirklichen Aushängeschild des Menschen – zu seiner Visitenkarte. Das wiederum verweist auf seine Identität. „Der Mensch (...) *hat* keinen Körper, er *ist* Körper.“[303] Diese Einsicht ist nicht in erster Linie das Resultat körperlicher Prozesse, sondern vielmehr ein weiterer Beleg dafür, dass die Bibel den Menschen als Gesamt betrachtet, dessen einzelne Facetten sich erst in der Zusammenschau mit anderen Dimensionen wechselseitig erschließen – auch und besonders mit seinen rationalen Anteilen.

### *3.5.2 Der Mensch als animal rationale*

Wie bereits bei der Klärung des biblischen Seelenbegriffs angesprochen, legt sich Anfang des 19. Jahrhunderts ein ganzer Wissenschaftszweig die Bezeichnung Psychologie (griech. Seelenlehre) zu, der sich mit dem Bereich des Mentalen beschäftigt. Dezidiert erforscht diese neue akademische Disziplin das Erleben und Verhalten des Menschen sowie dessen Ursachen und Veränderungen im Gesamt der Lebensspanne. Einige Theorien richten ihr Augenmerk sogar auf das Spirituelle. Der Bezug und Stellenwert wird dabei recht unterschiedlich begründet und auch bewertet. Während für C.G. JUNG Religion zur Begegnung mit dem tiefsten Bereich im Menschen, seiner Seele führt, die „die Dignität eines Wesens hat, dem es gegeben ist, einer Beziehung zur Gottheit bewusstzuwerden“[304], teilen andere Ansätze diese enge (positive) Zusammenschau von Psychologie und Spiritualität nicht. Als typischer Vertreter einer solchen Position gilt bekanntermaßen FREUD, der im Religiösen eine reine

---

300 1 Kor 6,19.
301 Phil 1,20.
302 KOHLER-SPIEGEL, H. (2006): Im Leib (zu Hause) sein, 403.
303 FREVEL, C. (2003): Mensch-Sein im Alten Testament, 27.
304 MÜLLER, W. (1992): Art. Psychologie/Psychotherapie, 1019.

Zwangsneurose sieht, deren Gott nichts anderes ist als ein erhöhter Vater.[305] Unabhängig davon, ob man nun die Sphäre des Spirituellen als eigenständige Kraft anerkennt und Schnittmengen zur Psychologie entdeckt oder eine solche psychologische Zuständigkeit für das Spirituelle zurückweist: die Psychologie bleibt die wissenschaftliche Disziplin zur Erforschung des Mentalen und zur Entwicklung geeigneter Therapieformen.

Im Gegensatz zur Psychologie als Seelenlehre bezeichnet die Seele im Alten Testament weder einen isolierbaren humanen Wesensanteil, noch das Gesamt des Mentalen. Vielmehr repräsentiert das menschliche Denken, Erleben und Verhalten – also das, womit sich die Psychologie primär beschäftigt – nur *eine* Facette der ganzen lebendigen Seele ‚Mensch'. Die Rede von der Psychologie als Seelenlehre oder die Auseinandersetzung der Psychiatrie mit seelischen Erkrankungen ist darum aus Sicht biblisch-theologischer Anthropologie irreführend. Wie bereits bei der Körperdimension angedeutet, tragen einzelne Körperteile in den biblischen Schriften eine mehrdimensionale, metaphorische Bedeutung – auch für verschiedene rationale, emotionale und voluntative Phänomene und schließen darin selbst spirituelle Bezüge ein: die Nieren als Sitz des Gewissens, die Kehle als Sitz elementarer Lebensbedürfnisse oder das Herz als Erkenntnis-, Gemüts- und Willensorgan. Die Rede von den Organen mag ein Hinweis darauf sein, dass rationale, emotionale und voluntative Vollzüge immer auch körperliche Resonanzen einschließen und insofern mehrdimensionale Prozesse sind.

Ein zentraler Begriff in der Rede vom Menschen als animal rationale – so widersprüchlich es auf den ersten Blick auch scheinen mag – ist das hebräische Wort ‚leb' (Herz). Ein erster Hinweis darauf, dass auch das vermeintlich *nur* Rationale – wie der Mensch in der Bibel ja überhaupt – als ein umfassendes, ganzheitliches Geschehen zu fassen ist. Gefühle werden im Zuge der (Gottes)Erkenntnis nicht einfach ausgeklammert und spielen im Zusammenhang mit Intuition, Wahrnehmung oder Bedeutungszuschreibung eine wichtige Rolle.[306] „In der geläufigen Form *leb* kommt es im hebräischen Alten Testament 598 mal, in der Form *l^e^bab* 252 mal vor, dazu aramäisch im Danielbuch *leb* einmal und *l^e^bab* 7mal; insgesamt findet es sich 858 mal und ist somit der häufigste anthropologische Begriff."[307] Selten gebraucht das Alte Testament das Wort ‚Herz' tatsächlich für körperliche Funktionen, was vermutlich damit zusammenhängt, dass der hebräische Sprachgebrauch um dessen wirkliche anatomische Funktion nicht wusste.[308] Folglich sind wesentliche Funktionen des Herzens aus biblischer Sicht anderer Art.[309]

---

[305] Vgl. Ebd. 1020.

[306] Exemplarisch sei auf das Phänomen der Liebe verwiesen, die Menschen aufeinander zu und auf Gott hin bewegen.

[307] Wolff, H.W. (2010): Anthropologie des Alten Testaments, 75.

[308] Vgl. Ebd. 76/80.

[309] Die Ausführungen im folgenden Abschnitt orientieren sich an: WOLFF, H.W. (2010): Anthropologie des Alten Testaments, 80/96; KRÜGER, T. (2009): Das ‚Herz' in der alttestamentlichen Anthropologie, 103/118.

In den meisten Fällen bezieht sich die Rede vom Herzen auf Vorgänge des Verstehens. Das Herz verfehlt dann seine Aufgabe, wenn es in Verstockung gerät und die Einsicht versagt.[310] Im Herzen des Menschen vollziehen sich (kluges) Denken, Durchdenken, Überlegen und Erinnern.[311] Das ist ein Lernprozess, weshalb SALOMON Gott um ein hörendes Herz bittet.[312] Ein so beschaffenes Herz wird zu einem weisen und einsichtigen Erkenntnisorgan, das zur Bewältigung schwieriger Herausforderungen, zur moralischen Unterscheidung und zu begründeten Handlungsentscheidungen befähigt.[313] Wenn das Alte Testament dann von einem ‚Mangel an Herz' spricht, so ist damit keine Gefühlskälte gemeint, sondern die fehlende Einsicht oder vorherrschende Gedankenlosigkeit.[314] Dagegen trachtet der nach Weisheit Strebende nach einer bleibend präsenten, klugen Einsichtsfähigkeit.[315]

Ein weiterer Aspekt des Herzbegriffs bezieht sich auf die Sphäre der Gefühle und Gemütsbewegungen. Hier geht es um Mitgefühl, Barmherzigkeit und Stimmungen wie Liebe, Freude, Kummer, Schmerz, Angst oder auch (Hoch)Mut.[316] Auch für das innere Wünschen, seine Lust und sein (heimliches) Verlangen und Begehren kann der Terminus gebraucht werden.[317] Ein solches inneres Erleben wird auch nach außen hin sichtbar, denn „ein fröhliches Herz macht das Gesicht heiter, Kummer im Herzen bedrückt das Gemüt."[318] Gefühltes und Gemütsbewegungen können also über körperliche Reaktionen, Gestik und Mimik, mit Hilfe von Affektlauten, Veränderungen im Sprechtempo oder der Stimmlage zum Ausdruck gebracht werden.[319] Und umgekehrt wirkt das Äußere auf das Innere zurück, denn „strahlende Augen erfreuen das Herz, frohe Kunde labt den Leib."[320] Gefühle zu haben und sie auszudrücken, bilden in den Texten also eine Einheit[321], was erneut auf eine (notwendige) Vernetzung mit der Körperdimension hinweist.

Der Begriff des Herzens steht ferner für das voluntative Vermögen des Menschen: den Willensentschluss.[322] Bei aller Nähe zum Tier unterscheidet sich der Mensch dadurch von ihm, dass er ein denkendes, planendes, urteilendes, entscheidendes und reflektierendes Wesen ist. Das Buch Jesus Sirach

---

310 Vgl. Dtn 29,3; Vgl. Spr 15,14; Vgl. Jes 6,10.

311 Vgl. Gen 17,17; Vgl. 1 Sam 27,1; Vgl. Ijob 12,3; Vgl. Spr 12,23; Vgl. Spr 26,24f; Vgl. Hos 7,11; Vgl. Lk 2,15; Vgl. Röm 12,2; Vgl. 1 Kor 14,14-19.

312 Vgl. 1 Kön 3,7-9.

313 Vgl. 1 Kön 3,9; Vgl. Spr 16,23.

314 Vgl. Spr 10,13; Vgl. Spr 15,28; Vgl. Spr 24,30.

315 Vgl. Dtn 6,6; Vgl. Spr 7,3; Vgl. Jer 17,1.

316 Vgl. Gen 43,30; Vgl. Ri 18,20; Vgl. Neh 1,10; Vgl. Ps 40,13; Vgl. Ps 55,3-6; Vgl. Ps 104,15; Vgl. Spr 17,22; Vgl. Spr 23,17; Spr 15,15; Vgl. Jes 7,2.

317 Vgl. Ijob 31,7; Vgl. Ps 21,3; Vgl. Spr. 6,25; Vgl. Spr 13,12.

318 Spr 15,13. Alternativ gebraucht die Bibel an manchen Stellen für die Bezeichnung von Gemütsbewegungen auch den Begriff der ‚ruah' (z.B. Ijob 15,13; Koh 7,8; Spr 18,14).

319 Vgl. dazu mit zahlreichen biblischen Belegen: GILLMAYER-BUCHER, S. (2010): Emotion und Kommunikation, 282/285.

320 Spr 15,30.

321 Vgl. JANSSEN, C./KESSLER, R. (2009): Art. Emotionen, 108.

322 Vgl. Jes 63,4; Vgl. Röm 6,17.

versteht diese menschlichen Qualitäten als Gaben Gottes: „Er bildete ihnen Mund und Zunge, Auge und Ohr und ein Herz zum Denken gab er ihnen. Mit kluger Einsicht erfüllte er sie und lehrte sie, Gutes und Böses zu erkennen."[323] Der Mensch hört, sieht, begreift, bewertet und richtet sein Handeln willentlich-planend auf ein bewusst erkanntes resp. selbstgesetztes Ziel aus. Im konkreten Handeln greifen Erkenntnis und Wille dann ineinander. „Voraussetzung für die Gutheit oder Schlechtigkeit einer Handlung ist dabei die (endliche) Freiheit des Willens."[324] Diese Freiheit fordert den Menschen zur Entscheidung zwischen verschiedenen Handlungsoptionen heraus, wodurch das Herz eben auch zur Quelle des Bösen werden kann (vgl. dazu auch: 3.2.3).[325] Im Wissen um solche Anfälligkeit und Schwäche bittet der Mensch daher Gott um die notwendige Kraft, Klugheit, Weisheit und Beständigkeit zur rechten Erkenntnis des Guten und zur Erfüllung des göttlichen Willens.[326] Auch PAULUS weiß um diese Herausforderungen und spricht daher vom ‚Herz' als Sitz des Gewissens.[327] Gottes Wille „richtet sich an den Menschen und fordert den Einklang des menschlichen Willens mit dem Willen Gottes ein. So pflanzt Gott seinen Willen dem Menschen ins Herz (Jer 31,31-34; 32,37-41; Ez 11,19f; 36,24-28). Die Erfüllung des Willens Gottes ist auch Heilsbedingung im Neuen Testament (vgl. Mt 7,21; 1 Joh 2,17)."[328] Gott offenbart seinen Willen u.a. in Form von Geboten, durch die Botschaft der Propheten und in der Verkündigung Jesu. Allein die Erfüllung des göttlichen Willens wird den Menschen in die eigentliche Freiheit und zum Ziel der Gemeinschaft mit Gott führen.[329] Damit ist zugleich eine erste Antwort auf die Frage nach dem Lebenssinn beschritten: Gott zu suchen, aus der Beziehung mit ihm heraus zu leben und seine Weisungen zu befolgen.[330]

Der Mensch erkennt und weiß, dass er erkennt und kann darum auch nach dem Sinn und dem Zweck seiner Existenz fragen: „Sinn zu erkennen, ist ein Vorgang des Verstehens."[331] Als solcher geht es um die Frage nach dem Sinn des eigenen Daseins im Wissen darum, nicht existieren zu müssen und (zumindest physisch) nicht unsterblich zu sein. Der Mensch stellt die Frage nach dem Grund und der (transzendenten) Grundlage seines Lebens. Aber auch Phänomene wie Liebe und Hoffnung verweisen auf die diesseitige Welterfahrung und zugleich über die Grenzen des eigenen Ichs hinaus. All das deutet auf eine geistige Dimension hin: der Mensch als Wesen der Transzendenz. Der Mensch überschreitet sich mental und transzendiert auf ein größeres Ganzes

---

323 Sir 17,6-7.
324 GÄDE, G. (2013): Art. Wille (katholisch), 628.
325 Vgl. Gen 8,21; Vgl. Ps 28,3; Vgl. Mk 7,20-23; Vgl. Lk 6,45; Vgl. Röm 7,14-25; Vgl. Jak 3,14f.
326 Vgl. Dtn 6,5; Vgl. 2 Sam 7,27f; Vgl. 1 Kön 3,9; Vgl. Ps 20,5; Vgl. Ps 51,12ff.Vgl. Spr 3,5ff; Vgl. Spr 16,9; Vgl. Ez 11,19f; Vgl. Röm 7,15-24.
327 Vgl. Röm 2,15.
328 GÄDE, G. (2013): Art. Wille (katholisch), 629.
329 Vgl. Röm 12,1f; Vgl. 1 Kor 1,9; Vgl. Gal 5,1.13-26.
330 Vgl. Koh 12,13.
331 GRUBER, F. (2003): Das entzauberte Geschöpf, 109.

hin. Für den spirituellen Menschen verweist eine solche Bewegung über das immanent Gegebene hinaus auf eine Sphäre, die die Grenzen seiner innerweltlichen Existenz überschreitet; eine Hoffnung die ihn trägt; eine Kraft, die ihn unterstützt und auf den Umgang mit den Realitäten des individuellen, kontingenten Lebens zurückwirkt.

### *3.5.3 Der Mensch als Wesen der Transzendenz*

Heilsteine, magische Schutzamulette, Pendel, Rituale, Telepathie, Astrologie, Geisterbeschwörung, Menschen mit einem ‚sechsten Sinn', Bach-Blütentherapie, Klangmassagen, nächtliches Tanzen auf Waldlichtungen und weitere Praktiken gleicher Art erfreuen sich eines steigenden Interesses. Übersinnliches fasziniert! Was (natur)wissenschaftlich nicht erklärbar ist, zieht an. Der Markt des Paranormalen wirkt geradezu unüberschaubar. Auch in den Printmedien und der Film- und Fernsehindustrie findet der Trend seinen Widerhall.[332] Das menschliche Bedürfnis nach Transzendenz ist groß, d.h. etwas zu entdecken, das möglichweise hinter dem Sichtbaren und Erfahrbaren steht. So glaubt eine Mehrheit der Deutschen (53%) daran, dass es irgendeine überirdische Macht gibt.[333] Die Sehnsucht nach einer Teilhabe an solchen Kräften und nach einem tiefen Erleben dieser Sphäre treibt die Menschen an. Flexible spirituelle Ersatzangebote treten an die Stelle institutionell vermittelter, religiöser Heilslehren. Individuell sucht sich jeder das zusammen, was ihn anspricht. Gleichzeitig ist das Spirituelle für viele moderne Menschen ein Ort der Sinnsuche: eine Suche nach dem, was dem eigenen Leben Bedeutung gibt – das es trägt.

Welche Spuren finden sich in der Bibel zur transzendenten, spirituellen Dimension des Menschen? – Wenn es um eine Kontaktaufnahme mit dem Übersinnlichen oder einer jenseitigen Welt geht, kommt der biblischen ‚ruah' eine zentrale Bedeutung zu. Bei einem Gesamtvorkommen von 389 Nennungen bezeichnet ‚ruah' in erheblichem Umfang eine Naturkraft (113 Fälle). „Zum anderen wird ru$^{a}$h öfter auf Gott (136mal) als auf Menschen, Tiere und Abgötter (129mal) bezogen."[334] Aus diesem Ergebnis folgert WOLFF, dass die ‚ruah' ein theo-anthropologischer Begriff ist[335], d.h. ein Terminus, dessen Folgen für den Menschen nur aus der Kommunikation mit Gott heraus zutreffend verstanden werden können. „Dies bedeutet, dass einerseits Gott selbst als *Heiliger Geist* bezeichnet wird und andererseits davon gesprochen wird, dass auch der Mensch *Geist* hat."[336]

---

[332] Vgl. exemplarisch die Filme/Serien: The Darkisde (2013), Carrie (2013), Paranomal Activity 4 (2012), Insidious (2010), The Sixth Sense (1999), Akte X.

[333] Vgl. DER SPIEGEL – WISSEN (2013): Mein Glaube, 25.

[334] WOLFF, H.W. (2010): Anthropologie des Alten Testaments, 64.

[335] Vgl. Ebd.

[336] NAUER, D. ($^{2}$2010): Seelsorge, 135.

Nach dem biblischen Befund kennzeichnet die ‚ruah' Phänomene wie den Wind, den Atem, die Lebenskraft, den Geist oder die Triebkraft.[337] In ihrem Gebrauch als Wind bezieht sich die ‚ruah' auf meteorologische Phänomene in Form bewegter Luft[338], vor allem aber auf die Kraft Gottes, die Veränderung bewirkt.[339] Als stürmische ‚ruah' mit strömendem Regen und Hagel tritt sie als Werkzeug des göttlichen Zorns in Erscheinung.[340] Insgesamt bezeichnet die ‚ruah' im Phänomen des Windes ein machtvolles, der göttlichen Verfügungsgewalt unterliegendes Instrument. Auch in der Kontrastierung zwischen göttlicher Größe und menschlicher Schwachheit kommt der Begriff zum Einsatz.[341]

In ihrer Eigenschaft als göttlicher Atem erfüllt die ‚ruah' den Menschen mit Leben.[342] Nach dem Tod entweicht sie aus seinem Körper und kehrt zu Gott als ihrem Geber zurück.[343] Aber nicht nur Leben und Tod sind an die göttliche Gabe der ‚ruah' gebunden, sondern der Schöpfungsakt begründet auch ein einmaliges und unverlierbares Verhältnis zwischen Gott und Mensch. Aufgrund des eingehauchten göttlichen Lebensatems und der bleibenden Präsenz der ‚ruah' Gottes innerhalb seiner Schöpfung, steht der Mensch in einer außergewöhnlichen Beziehung zu diesem Schöpfergott.[344] Der Mensch versteht sich fundamental aus dieser Relationalität heraus und nicht primär als Angehöriger irgendeiner Religion. Wie bereits oben diskutiert, impliziert das Geschöpf-Sein jedoch nicht, dass ein göttlicher Atem-Funke im Sinne eines göttlichen Seelenrestes im Menschen schlummert.[345]

Die ‚ruah' Gottes ist freilich nicht nur eine belebende Kraft, sondern vor allem eine Lebenskraft, die den Menschen innerlich stärkt und zu besonderen Taten befähigt[346]: „Fürchte dich nicht, denn ich bin mit dir; hab keine Angst, denn ich bin dein Gott. Ich helfe dir, ja, ich mache dich stark, ja, ich halte dich mit meiner hilfreichen Rechten."[347] Aus diesem göttlichen Grundvertrauen heraus, kann der Mensch sein Leben gestalten. In der Hoffnung auf Gottes Geist und dessen Kraft muss er sein Leben nicht auf sich selbst geworfen meistern, sondern er darf sich von Gott getragen und unterstützt wissen[348]; von einer ‚ruah' Gottes, die in ihm gegenwärtig ist[349] und ihn mit Charismen und

337 Die folgende Analyse orientiert sich an: WOLFF, H.W. (2010): Anthropologie des Alten Testaments, 64/74.

338 Vgl. Gen 1,2; Vgl. Gen 3,8; Vgl. Jes 7,2;

339 Vgl. Gen 8,1; Vgl. Ex 10,13.19; Vgl. Ex 14,21; Vgl. Num 11,31; Vgl. Ez 3,12ff.

340 Vgl. Ez 13,13.

341 Vgl. Gen 6,3; Vgl. Jes 31,3.

342 Vgl. Ez 37,6.10. Vgl. auch Gen 2,7, denn bereits im Kontext des Seelenbegriffs wurde im Zusammenklang mit ‚neshamah' in Gen 2,7 die Nähe zum ‚ruah-Begriff' angesprochen (Vgl. 3.3.1).

343 Vgl. Ps 104,29: Vgl. Ps 146,4.

344 Vgl. NAUER, D. (2007): Seelsorge in der Caritas, 42.

345 Vgl. Ebd.

346 Vgl. Ri 3,10.14,6.

347 Jes 41,10.

348 Vgl. Ez 36,26f.

349 Vgl. 1 Kor 3,16.

Vollmacht ausstattet.[350] Durch diese Zurüstung wird der theologische Begriff der ‚ruah' zugleich ein anthropologischer[351]: „Der bevollmächtigte Mensch ist ohne die Energie der *ru$^a$h* Gottes nicht zu verstehen."[352] Diese Vollmacht begegnet im Alten und im Neuen Testament. Jesus Christus wird durch den heiligen Geist gesalbt, der ihn fortan erfüllt, begleitet, führt und trägt.[353] Aus dieser Zurüstung heraus verkündet er die Botschaft vom kommenden Reich Gottes[354], treibt Dämonen aus[355] und heilt Kranke.[356] Allen, die zum Glauben kommen, wird als bleibender Beistand die Gabe des göttlichen Geistes zugesagt.[357] Nach Jesu Tod und Auferstehung erfüllt sich diese Zusage nicht nur an den Jüngern, die dem Auferstandenen begegnen[358], sondern wird im Pfingstereignis allen Aposteln, Jüngerinnen und Jüngern geschenkt.[359] Die Gabe des Geistes wird denen zugesprochen, die um diesen Geist bitten und so wird auch jeder, der sich zu Jesus Christus bekennt und sich auf seinen Namen taufen lässt, zu einem Geistträger.[360] Der Geist ist die Gabe Gottes zu einem menschlichen Leben aus diesem, von ihm geschenkten Geist heraus. Er rüstet den Einzelnen mit unterschiedlichen, besonderen Gnadengaben (griech. charismata) aus, in deren dynamische Wirkungen für die (christliche) Gemeinschaft der eine Geist wahrnehmbar wird.[361] Zugleich verweist die Rede vom Geist auf die größte Gnadengabe: das ewige Leben.[362]

Als göttliche Triebkraft im Menschen wirkt sich die ‚ruah' auf dessen Willenskraft aus. Hier stehen die Begriffe ‚ruah' und ‚leb' recht nah beieinander, jedoch nicht primär als Vermögen des Menschen aus sich selbst heraus, sondern im Sinne einer göttlichen Gabe zur Erkenntnis des Guten sowie die Ausstattung mit der zur Zielerreichung notwendigen Kraft und Beständigkeit.[363] „Kraft und Freiheit menschlichen Willens sind demnach abhängig vom Wirken der Energie Jahwes."[364] Der Mensch, der im Geist wandelt, wird zum neuen Menschen, der von Liebe, Glaube und Hoffnung bestimmt ist.[365] Der Mensch, der aus dem Geist der Liebe lebt, zeigt menschenfreundliches Verhalten.[366] „Der Glaube ist die Kraft des Christen, die sich im gegenwärtigen

---

350 Vgl. Num 11,25-29; Vgl. Num 24,2ff; Vgl. 2 Kön 2,9f.15; Vgl. Hos 9,7.
351 Vgl. Ex 31,1-5; Vgl. Jes 42,1; Vgl. Ez 11,5.
352 WOLFF, H.W. (2010): Anthropologie des Alten Testaments, 69.
353 Vgl. Mt 3,13-17; Vgl. Mk 1,9-11; Vgl. Lk 3,21f; Vgl. Lk 4,1; Vgl. Joh 1,29-34.
354 Vgl. Mk 1,15.
355 Vgl. Lk 11,20.
356 Vgl. Mk 6,53-56.
357 Vgl. Joh 14,26.
358 Vgl. Joh 20,19-23.
359 Vgl. Apg 2,1-13.
360 Vgl. Joh 4,9f; Vgl. Joh 15,16; Vgl. Röm 8,1-17.
361 Vgl. Mt 7,16; Vgl. Röm 12,6-8; Vgl. 1 Kor 12,8-10.28-31; Vgl. Eph 4,7-12; Vgl. 1 Petr 4,9-11.
362 Vgl. Röm 6,3f.23.
363 Vgl. Ps 51, 12f; Ez 36,26f.
364 WOLFF, H.W. (2010): Anthropologie des Alten Testaments, 73.
365 Vgl. 1 Kor 13,13.
366 Vgl. Röm 14,15; Vgl. 1 Kor 13,4ff; Vgl. WISCHMEYER, O. (2003): Wie verstehen die neutestamentlichen Schriften den Menschen?, 98.

Leben entfaltet und das gegenwärtige Leben des Christen ermöglicht. (...) Der Glaube lässt sich des näheren als die Haltung verstehen, mit der der Christ die Heilsbedeutung des Todes und die Auferstehung Jesu Christi auf seine Person bezieht."[367] Die Hoffnung ist der Modus des Wartens auf die Herrlichkeit resp. künftige Wirklichkeit bei Gott.[368] Eine solche Erwartung mündet jedoch in keiner Weltflucht oder Verleugnung, sondern die Hoffnung auf das Sein bei Gott lässt den Mensch geduldig sein diesseitiges Leben aus dem Geist Gottes heraus gestalten.[369] Unabdingbare Voraussetzung für ein solches Wirken göttlicher ‚ruah' ist der Kontakt und die Kommunikation zwischen Mensch und Gott.

Aus der skizzierten biblisch-theologischen Sicht zeichnet sich der Mensch als ein Wesen der Transzendenz aus[370], d.h. dass für ihn das in der Welt Vorfindbare nicht der letzte Maßstab ist und er über das Sichtbare, Hörbare und Fühlbare hinaus nach dem fragt, was den Phänomenen zugrunde liegen mag. RAHNER zufolge kann der Mensch versuchen, „die unheimliche Unendlichkeit, in die er fragend ausgesetzt ist, auf sich beruhen zu lassen; er kann aus der Angst vor dem Unheimlichen sich zu dem Vertrauten und Alltäglichen flüchten; aber die Unendlichkeit, in die er sich ausgesetzt erfährt, durchdringt auch sein alltägliches Tun. Er bleibt grundsätzlich immer unterwegs."[371] Realitätsbezogen räumt RAHNER dabei ein, dass „ein Mensch an dieser Transzendenzerfahrung achselzuckend vorbeigehen und sich der Konkretheit seiner Welt, seiner Aufgabe, seinem kategorialen Tun in Raum und Zeit, der Bedienung seines Systems an bestimmten Hebeln und Schaltern seiner Wirklichkeit widmen"[372] kann.[373] Den Menschen als Wesen der Transzendenz zu verstehen, meint aber dennoch eine apriorische Offenheit des Subjekts auf das Sein überhaupt, „die gerade dann gegeben ist, wenn der Mensch sich als sorgend und besorgend, fürchtend und hoffend der Vielfalt seiner Alltagswelt ausgesetzt erfährt."[374] Als transzendental Verwiesener kann sich der Mensch dann von dieser transzendental-göttlichen Erfahrung getragen wissen und diese Erfahrung verweist wiederum über die Grenzen von Welt und menschlicher Existenz hinaus; der Mensch öffnet sich gegenüber dem unverfügbaren Gott und strebt danach, durch spirituelle Praxis mit ihm in Kontakt zu treten, der von sich selbst sagt: „Ich bin der ‚Ich-bin-da'."[375] Dieser Grund, der den Menschen trägt, bedeutet nicht Entfremdung oder Einschränkung, sondern Ermöglichung menschlichen Lebens – trotz Kontingenz.[376] Der Mensch sieht sich durch ein

---

367 Ebd. 98f.

368 Vgl. Röm 5,2; Vgl. Röm 8,18-23.

369 Vgl. Röm 8,25; Vgl. 1 Kor 12,1-11; Vgl. Gal 5,16.22f.

370 Vgl. NAUER, D. (2007): Seelsorge in der Caritas, 42.

371 RAHNER, K. ([12]2008): Grundkurs des Glaubens, 43.

372 Ebd.

373 Vgl. dazu auch: Ps 78,22; Sir 2,13; Mt 17,17; Mt 21,32; Lk 8,12; Lk 22,67; Lk 24,25; Joh 6,64; Joh 12,37.

374 RAHNER, K. ([12]2008): Grundkurs des Glaubens, 45.

375 Ex 3,14.

376 Vgl. DIRSCHERL, E. (2008): Über spannende Beziehungen nachdenken, 50.

Höheres als er selbst und durch den Kontakt mit ihm herausgefordert, den Spielraum des Vorhandenen zu überschreiten, neue Möglichkeiten des Guten zu entdecken, seinen Blick über das Bedingte hinaus zu weiten und sich für eine bessere Welt, für Gerechtigkeit, Einheit, Freiheit oder Gemeinschaft einzusetzen.[377] Wenn der Mensch also als ein Wesen der Transzendenz ausgelegt wird, so ist damit seine innere Potenzialität zur Kontaktaufnahme mit dem Transzendenten, die Wahrnehmung der Präsenz des Transzendenten innerhalb der Schöpfung sowie seine angelegte Empfänglichkeit für die Wirkungen des Transzendenten gemeint, der in seiner Schöpfung transzendent wie immanent gegenwärtig ist. „Trifft der Mensch in seiner Selbstüberschreitung auf Gott und lässt er sich von ihm ansprechen bzw. begeistern, dann findet er Anschluss an die in ihm selbst verborgen liegenden spirituellen Kraftquellen und ist in der Lage, seine spirituellen Traumflügel im Kontext der eigenen Kultur- und Religionszugehörigkeit zu entfalten.“[378]

Diese menschliche Entfaltung findet nicht in einer kultur- und sprachfreien Laborsituation statt, sondern ereignet sich in der geschichtlichen Mit- und Umwelt, in der Gott als der „Ich bin der ‚Ich-bin-da'“[379] bleibend gegenwärtig erfahrbar ist. In der geschichtlichen Begegnung spricht er den Menschen immer wieder neu an, der befähigt ist, den Anruf Gottes resp. dessen Selbstoffenbarung gerade auch im Alltäglichen ganzheitlich zu entdecken, spirituell zu deuten und in freier, antwortender Liebe anzunehmen.

### *3.5.4 Der Mensch in seiner geschichtlichen Mit- und Umwelt*

Aktuelle Untersuchungen zur Lebenszufriedenheit deuten darauf hin, dass neben einer Partnerschaft auch das soziale Umfeld für den Menschen von großer Bedeutung ist.[380] Gerade „soziale Beziehungen gehören zu den kraftvollsten Quellen positiver Gefühle, und diese positiven Gefühle sind leichter zu bewahren, wenn wir mit anderen zusammen sind.“[381] Als weiterer Einflussfaktor gilt die Umwelt, in die der Mensch mit seiner Geburt entlassen wird. Sie stellt nicht nur den äußeren Rahmen notwendiger Existenzbedingungen bereit, sondern wirkt auf den Menschen innerlich zurück. Der Mensch passt sich dabei nicht nur einfach an vorhandene Umweltbedingungen oder ein gegebenes soziales Gefüge an, sondern bildet im Zuge der Interaktion mit diesen und anderen Faktoren seine Persönlichkeit aus.[382] Folglich ist ein solcher Prozess nicht deterministisch zu begreifen, „sondern als eine komplexe Wechselwirkung, in

---

377 Vgl. LEHMANN, K. (2009): Gibt es ein christliches Menschenbild?, 127.
378 NAUER, D. ($^3$2014): Seelsorge, 171.
379 Ex 3,14.
380 Vgl. RAFFELHÜSCHEN, B./SCHÖPPNER, K.-P. (2012): Glücksatlas 2012, 47ff.
381 EID, M. (2011): Stolz und Bescheidenheit, 49.
382 Vgl. GEULEN, D. (1995): Art. Sozialisation, 1409.

der das Subjekt selbst aktiv beteiligt ist und in der es sich auch zu einem individuellen bildet.“[383] In dieses Geschehen fließen zudem lebensgeschichtliche Erfahrungen ein. Dieser sozialwissenschaftliche Befund deckt sich mit Beobachtungen der Bibel. Auch aus biblischer Sicht existiert der Mensch nicht als isoliertes ‚Ich', sondern weiß sich in grundlegende, relationale Konstellationen eingebunden, in denen er sich entfaltet: Menschliches Leben bedeutet die Einbindung in soziale Zusammenhänge, in die umgebende Lebenswelt sowie in die jeweiligen historisch-kulturellen Wirklichkeiten.[384]

#### *3.5.4.1 Relationalität*

Der Mensch ist ein Beziehungswesen! Die Grundkonstellation zweier aufeinander bezogener Menschen findet sich in vielen biblischen Schriften.[385] Konstitutiv ist für den Menschen nicht nur die Relation zum göttlichen Schöpfer (wie in 3.2.3 und 3.5.3 dargelegt), sondern auch das Verhältnis zu seinen Mitgeschöpfen. Biblisch gestaltet sich dieses ‚In-Beziehung-Stehen' also in zwei Richtungen: vertikal-göttlich und horizontal-mitmenschlich. Im Folgenden liegt der Fokus auf dem zwischenmenschlichen Bereich.

Schon im Buch Genesis berichten beide Schöpfungserzählungen von einer Paarbeziehung, innerhalb derer der Mensch im partnerschaftlich-dialogischen Zueinander sein volles Mensch-Sein entfaltet.[386] Dagegen wird das Alleinsein als für den Menschen nicht gut konstatiert.[387] Auch im Buch KOHELET werden in der Gegenüberstellung zur Einsamkeit die Vorteile der Zweisamkeit herausgestellt; das Hohelied handelt von (nicht verheirateten) Liebenden, die sich in einer von Achtsamkeit und Zuneigung geprägten partnerschaftlichen Beziehung verbunden wissen und sich nacheinander sehnen, sich suchen und schließlich finden; im 1 Korintherbrief verfasst PAULUS einen der schönsten Texte, der je über die Liebe zwischen zwei Menschen geschrieben wurde.[388] Eine solche partnerschaftliche Gemeinschaft von Mann und Frau findet neben dem Liebesverhältnis[389] einen wenngleich nicht ausschließlichen[390], aber dennoch bedeutenden Sinn in der Nachkommenschaft.[391] Später fällt in den primären Aufgabenbereich der Eltern nicht nur die Erziehung, sondern auch die Eingliederung in einen Beruf.[392] Ebenfalls lernt der Mensch im Raum des

---

[383] Ebd.

[384] Vgl. JANOWSKI, B. (2005): Der Mensch im Alten Israel, 162; Vgl. Ders. (2009): Anerkennung und Gegenseitigkeit, 182.

[385] Vgl. Gen 1,27; Vgl. Gen 2,18; Vgl. Ex 20,12; Vgl. Ex 34,10; Vgl. Ri 21,24; Vgl. 1 Sam 18,1-9; Vgl. Spr 17,17; Vgl. Sir 20,16; Vgl. Ps 128,3ff; Mk 3,25; Vgl. Joh 15,13.

[386] Vgl. Gen 1,27; Vgl. Gen 2,21-25.

[387] Vgl. Gen 2,18.

[388] Vgl. Gen 2,21-24; Vgl. Koh 4,7-12; Vgl. Koh 9,9; Vgl. 1 Kor 13,1-13.

[389] Vgl. 1 Sam 1,5-8.

[390] Vgl. Koh 6,3.

[391] Vgl. Gen 1,28; Vgl. Dtn 25,5-10.

[392] Vgl. Gen 4,20-22; Vgl. Dtn 8,5; Vgl. Dtn 32,7.46f; Vgl. Spr 1,8f; Vgl. Kol 3,20f.

Sozialen die göttlichen Heilsordnungen, Gebote und Satzungen[393] sowie die Herausbildung seiner eigenen Identität und die Entdeckung der eigenen Sendung im sozialen Dialog resp. in der Auseinandersetzung mit Gott.[394]

Der Mensch ist von Anfang an ein Wesen, das auf menschliche Gemeinschaft ausgelegt ist. Er erlebt sich nicht nur auf wechselseitige Hilfe zum Überleben angewiesen oder als partnerschaftlich-liebend unterwegs, sondern eingebettet in immer weiter werdende Kreise (verwandtschaftlicher) Beziehungsnetze. Die eigene (Groß)Familie resp. das Haus, enge Freunde, die Sippe, der Stamm und das Volk bilden Formen des Sozialen, in welchen der Einzelne lebt und von denen er sich angenommen und getragen weiß.[395] Gerade Freundschaften sind besonders wertvolle relationale Konstellationen und können sogar qualitativ bedeutsamer werden als verwandtschaftliche Bezüge oder Partnerschaften[396]: „Zu den Aufgaben des Freundes gehört es, guten Rat zu geben (Spr 27,9) und tröstende Worte zu finden (Klgl 1,2), ggf. aber auch schweigend Leid zu teilen (Hi 2,11-13). Die ehrliche Kritik durch den Freund ist wertvoller als alle Schmeicheleien (Spr 27,5f.).“[397] Soziale Beziehungen bieten jedoch nicht nur stabilisierende oder emotionale Konstanten, sondern werden im Blick auf die Frage nach dem ‚Warum' einer Bindung auch zum Ort der Sinnerfahrung.

Alleinsein als ersehnte oder beglückende Wohltat ist dem Alten Testament grundsätzlich fremd[398], denn während der Alleinstehende in besonderer Weise den Gefahren des Lebens ausgesetzt bleibt[399], können solche Gefährdungen durch menschliche Gemeinschaft besser bewältigt werden. Sobald sich aber soziale Bindungen lockern, keiner mehr da ist, der sich des Menschen annimmt, wird er nicht mehr wirklich lebensfähig und fühlt sich in seiner Existenz bedroht.[400] Besondere soziale Herausforderungen stellen sich in Form von Missachtungen, die Angriffe auf die physische, soziale und moralische Integrität der Person und ihrer Interaktionsfähigkeit darstellen.[401] Solche Art sozialer Diskriminierung bedeutet nicht nur die Erfahrung von Vereinzelung, sondern kann bis zum Ausschluss aus der sozialen Gemeinschaft gehen und für den Betroffenen lebensbedrohlich werden.[402] Ihnen gegenüber stehen Liebe, Freundschaft und soziale Wertschätzung, welche personale Selbstentfaltung

---

393 Vgl. Ex 12,26-28; 13,14-18; Vgl. Dtn 4,10; 6,6.20; 30,11-14; Vgl. Spr 8,33; Vgl. Hos 4,1-3; Vgl. Mt 5,1f; Vgl. Mk 1,21f; 6,6b.30; Vgl. Lk 2,41f; Vgl. Apg 17,22-34.

394 Vgl. Ex 3, 10-15; Vgl. 1 Sam 3; Vgl. Jer 1,4-10; Vgl. Ez 1,1-3,15; Vgl. Mk 1,16-20; Vgl. Joh 1,35-42; Vgl. 1 Kor 13,11.

395 Vgl. Gen 5,1ff; Vgl. Gen 6,9ff; Vgl. Gen 10,32; Vgl. Ex 19,5; Vgl. Dtn 26,5-10; Vgl. Ri 21,24; Vgl. Rut 1,16-19; Vgl. 1 Sam 10,18-21; Vgl. 1 Sam 18,1-9; Vgl. Neh 7,26-33; Vgl. Apg 10,1f.

396 Vgl. 2 Sam 1,26; Vgl. Spr 18,24.

397 KREUTZER, S./SCHOTTROFF, L. (2009): Art. Freundschaft, 169.

398 Vgl. WOLFF, H.W. (2010): Anthropologie des Alten Testaments, 303.

399 Vgl. Ps 25,15f; Vgl. Ps 102.

400 Vgl. Ps 41; Vgl. Ps 142.

401 Vgl. Ps 3,7; Vgl. Ps 35,16.19; Vgl. Ps 41,10; Vgl. Ps 69,8; Vgl. ausführlich dazu: JANOWSKi, B. (2009): Anerkennung und Gegenseitigkeit, 192ff.

402 Vgl. Ebd. 195.

und Gemeinschaftsbeziehungen ermöglichen.[403] Biblisch gesehen kann der Mensch daher ohne Beziehungen zu anderen weder erfüllt leben, noch seine Anlagen zur Gänze entfalten. BUBER bringt es treffend zum Ausdruck, wenn er sagt, dass der Mensch erst am ,Du' wirklich zum ,Ich' wird.[404] Erst wenn jemand mich meint, mich vertraut mit ,Du' anredet, mich anschaut – vielleicht anlächelt – trotz meiner Charakterschwächen und meiner Unzulänglichkeiten, erst dann kommt mein wahres Wesen wirklich zur Geltung und ich werde zu einem ,Ich'. Auch die Gleichnisse Jesu von Fest- und Hochzeitsmählern als Bilder vollendeter Gemeinschaft im Reich Gottes lassen Rückschlüsse auf die Bedeutung zwischenmenschlicher Beziehungen zu. Unbenommen der Konstellationen auf der zwischenmenschlichen Ebene steht die Beziehung zu Gott, mit dem (auch berufungsbedingtes) Alleinsein ertragen und überwunden werden kann.[405]

Das Beziehungsgeflecht des Menschen erstreckt sich nicht nur auf den mitmenschlichen Umgang oder die wechselseitige Unterstützung, sondern das Relationale spielt auch in die Sphäre des Religiösen hinein. So wie die gemeinschaftliche Suche nach Gott den Zusammenhalt und die soziale Identität stärkt, wirken umgekehrt Verfehlungen des Kollektivs auf den Einzelnen zurück. Als von Gott erwähltes Volk fühlt sich Israel privilegiert und Jahwe verpflichtet. Beides zusammen schlägt sich im Vertrauen auf Gott und einer kollektiv-spirituellen Praxis nieder; in Ritualen und Feierformen, die zum Teil an besonderen Orten vollzogen werden (öffentliche oder private Kultstätten, Tempel)[406]: Es gibt Opferriten, Feste, Salbungen (z.B. König), Amtseinsetzung (z.B. Hohepriester), Übergangsriten (z.B. Beschneidung), oder Trauerriten, die von besonderen Gebeten begleitet werden. In den neutestamentlichen Schriften können die Einsetzungsworte des Abendmahls als Ritualanweisung verstanden werden. Dadurch wird Gemeinschaft konstituiert und auch der Einzelne erneuert und transformiert.[407]

Im Umgang miteinander sollen die Menschen etwas von dem abbilden, was sie selbst durch Gott erfahren. Dazu zählen Aufmerksamkeit, Sensibilität, Verantwortlichkeit und Vergebungsbereitschaft gegenüber dem Anderen, denn: „Was ihr dem geringsten meiner Brüder getan habt, habt ihr mir getan."[408] Indem sich Gott in den zwischenmenschlichen Beziehungen inkarniert, übernimmt er auch hier eine beziehungsstiftende und beziehungsfördernde Rolle, die Momente religiöser Nachfolge atmet.[409] Da sich Glaubenserleben in alltäglichen Vollzügen ereignet und bewährt, ebnen sich die Grenzen zwischen profaner und spiritueller Sphäre ein. Zudem übernimmt das spirituell-ethische resp. das göttliche Beispiel eine das menschliche Verhalten

403 Vgl. Ebd. 193.
404 Vgl. BUBER, M. (¹¹1983): Ich und Du, 28f.
405 Vgl. Gen 12,1; Vgl. Ex 24,2; Vgl. Ps 4,9; Vgl. Jes 51, 2; Vgl. Jer 15,17; Vgl. Ez 2,6f.
406 Vgl. KRATZ, R. (²2009): Art. Kult, 31f.
407 Vgl. Ebd. 32.
408 Mt 25,40.
409 Vgl. GRÜMME, B. (2012): Menschen bilden?, 285ff.

regulierende Funktion. Gott denkt an den Menschen und sorgt sich um ihn. Gott zeigt Interesse am Geschick des Menschen und überlässt ihn in Situationen der Bedürftigkeit nicht sich selbst.[410] Bevor Gott den Menschen aus dem Paradies vertreibt, macht er ihm ein schützendes Kleid.[411] Das zeigt sich nicht nur im Alten Testament, sondern auch die Evangelien berichten von der Begegnung Jesu mit den Menschen. Ihnen gilt sein ganzes Interesse. Er begegnet ihnen respektvoll, hört ihre Anliegen und stellt das Ganze immer wieder in den größeren Zusammenhang von Glaube, Umkehr und nahendem Gottesreich. Punktuell scheint das Reich Gottes bereits in dieser Welt auf. Das zeigt sich in den Heilungen, der Mahlgemeinschaft oder in Form der Sündenvergebung.[412]

#### *3.5.4.2 Kontextualität*

Der Mensch lebt nicht nur in einer pluriformen sozialen Welt, sondern eingebettet in natürlich-kosmologische und kulturelle Lebenskontexte. Dazu gehört die vorgegebene Naturwelt sowie all das, was der Mensch selbst durch Kunst, Wissenschaft, Politik, Technik oder Institutionen hervorbringt. In diesen Wirklichkeiten ist der Mensch unterwegs, wird sesshaft und richtet sich ein. Die Bibel spricht von einer Beheimatung des Menschen in der göttlichen Schöpfung, der Zuweisung eines Lebensraumes sowie der Übertragung eines Gestaltungsauftrages.[413] Die Schöpfung Gottes „ist ein Haus des Lebens, das er schafft zum Segen für alles Leben und zum Heil der Menschen."[414] Zu diesem natürlichen Lebenshaus zählt im Alten Israel die geomorphologische Beschaffenheit des Landes, die Pflanzen, die Tiere, das Klima und die daraus (zunächst) folgende agrarische Lebensweise seiner Bewohner.[415] Der Mensch wird von Gott in die Pflicht genommen. Er soll für die Schöpfung Verantwortung zu übernehmen und sie sachgemäß, d.h. angemessen gebrauchen. Unter Achtung lebensweltlicher Eigengesetzlichkeiten hat der Mensch den weltlichen Lebensraum im Blick auf seine Bedürfnisse und Wünsche zu bewahren und zu kultivieren. Er will zum menschlichen Überleben, dessen Freude und Wohlbefinden beitragen.[416] Auch die Evangelien sprechen von einer grundsätzlichen, den Menschen erhaltenden göttlichen Fürsorge.[417] Als guter Vater sorgt Gott für seine Kinder.[418]

Neben der positiven Welterfahrung ist sich der Mensch der ständigen Bedrohung durch Mächte des Chaos bewusst. Im alttestamentlichem Verständnis

---

410 Vgl. Ps 8.
411 Vgl. Gen 3,21.
412 Vgl. WISCHMEYER, O. (2003): Wie verstehen die neutestamentlichen Schriften den Menschen?, 87.
413 Vgl. Gen 1,31; Vgl. Gen 1,26.
414 GRUBER, F. (2003): Im Haus des Lebens, 61.
415 Vgl. Gen 1,6-13.20-25.8,22.
416 Vgl. Ps 104,14f; Vgl. 1 Kor 9,9.
417 Vgl. Mt 6,5-14; Vgl. Mt 6,25-34.
418 Vgl. Mt 6,8-13.

werden sie bildhaft durch das ‚Meer' und dessen Repräsentanten Leviathan (Ps 74,14), Rahab (Jes 51,9) und Tannin (Ps 74,13) symbolisiert.[419] Mit antagonistisch-ambivalent wirkenden Kräften wie Kosmos/ Chaos, Licht/Finsternis, Leben/Tod, Reinheit/Unreinheit, Gesundheit/Krankheit, Fruchtbarkeit/ Sterilität hat sich der Mensch auseinanderzusetzen und diese Faktizität innerhalb seiner Lebenswelt auch kultisch-rituell zu bewältigen. Darin weiß er sich trotzdem irgendwie von Gott getragen.[420] Gott ist es, der sich einst im urzeitlichen Kampf gegen die Chaosmächte behauptet hat. Darin gründet die göttliche Autorität als fortdauernder Erhalter der Schöpfungsordnung.[421] Dabei bleibt es für den in dieser Welt lebenden Menschen ein unbegreifliches Wunder, dass die von Gott über dem Nichts gehaltene Erde nicht einfach in den Chaosfluten versinkt.[422]

Zugleich schafft sich der Mensch in der Welt eine Behausung als Lebens- und Schutzraum vor meteorologischen resp. kosmologischen Einflüssen (Hofhaus[423], einfache und aufwendigere Häuser[424]) und definiert Räume des sozialen Miteinanders (Dorf, Stadt[425]). Ebenfalls versammeln sich Juden zu sakralen Feiern am Zelt des Herrn, in Synagogen und Tempeln sowie später die Christen (zumindest teilweise) in Privathäusern.[426] Vermutlich verbringt der Mensch den größten Teil seines Lebens wohnend. Im Blick auf die den Menschen umgebenden räumlichen Begrenzungen gebraucht FUNKE die Metapher von der ‚dritten Haut'.[427] „Die erste Haut als Teil unseres Körpers erweitert sich als zweite Haut in der Gestalt von textilen Umhüllungen und als dritte Haut in Form von Wänden, Decken und Böden in den Raum der Kultur. Die dritte Haut ist somit Teil unseres Körpers und unseres Ichs und gleichzeitig Teil der Außenwelt."[428] Indem FUNKE aufzeigt, wie wohnen und Mensch-Sein miteinander verbunden sind, wendet er sich gegen eine Raum- und Wohnvergessenheit. Der Mensch bildet seinen Innenraum in der Raumgestaltung ab. Er teilt etwas von sich mit und zugleich wirkt Raumerfahrung auf den Menschen zurück. Über ihren praktischen Wert des Schutzes, der Sicherheit und der Abgrenzung hat der den Menschen umgebende Raum also eine tiefere, personale – auch spirituelle Bedeutung.[429] Wohnen kann zu einer heilsamen und spirituellen Erfahrung werden, wenn Einrichtung und meditativ-betrachtende Prä-

---

419 Vgl. JANOWSKI, B. (2003): Das biblische Menschenbild, 12.
420 Vgl. Ebd. 14.
421 Vgl. Ps 93.
422 Vgl. Ijob 26,7.
423 Vgl. Ri 3,20-25; Vgl. 1 Kön 17,19; Vgl. 2 Kön 4,10f.
424 Vgl. Mk 1,29; Vgl. Mk 14,15; Vgl. Apg 20,9.
425 Vgl. Lev 25,29-31; Vgl. Mk 6,56.
426 Vgl. 2 Sam 7,5; Vgl. 1 Kön 8; Vgl. Mt 6,5; Vgl. Mk 1,21; Vgl. Röm 16,3.5; Vgl. Apg 17,17; Vgl. 1 Kor 16,19.
427 Vgl. FUNKE, D. (2006): Die dritte Haut.
428 Ebd. 13.
429 Vgl. Ebd. 20.

senz einen Zugang zum inneren, unbewussten Selbst – auch als Ort des schützenden Rückzugs – öffnen.[430] „Wer diesen inneren Raum in sich selbst aufspürt und ihn betritt, wird Teil jener ursprünglichen Einheit, die aller Dualität, Differenz und Geschiedenheit vorausgeht."[431]

Auch das Arbeiten des Menschen gehört ganz wesentlich zur Kontextualität dazu. Zu arbeiten heißt, der schöpfungsgemäßen Bestimmung und damit einer Lebensaufgabe zu entsprechen.[432] „Solange kein Mensch existiert, um den Ackerboden zu bearbeiten (...), kann die Erde nichts produzieren."[433] Umgekehrt dient der Ackerbau dem (mühseligen) Überleben in der gegebenen Mitwelt. Daneben kommen im Laufe der Zeit weitere Arbeitsgebiete zur Sicherung des eigenen Lebensunterhalts dazu.[434] „Von herausragender Bedeutung sind die alttestamentlichen Bestimmungen zur Arbeitsruhe am Sabbat (...). Der siebte Tag ist der Tag der Arbeitsruhe. Das heißt, Arbeit und Arbeitsleistungen von Menschen und Tieren sind nicht pausenlos und täglich zu erbringen, es bedarf eines Ruhetages, an dem unterschiedslos alle Arbeitenden keine Arbeit verrichten müssen."[435]

Die natürlichen Lebenskontexte haben auch eine spirituelle Bedeutung, insofern Gott die Welt geschaffen hat und damit im Kosmos und in seinen Geschöpfen erfahrbar präsent ist: die Erde und der Himmel sind voll von Gott, seiner Herrlichkeit, seiner Güte und seinem Geist.[436] Der Mensch begegnet in den Tieren, Pflanzen oder überhaupt in der Natur dieser göttlichen Gegenwart. Solche Orte können darum für ihn zu einer Quelle der Kraft, der Inspiration, des Wohlbefindens und der Gottesbegegnung werden, denn der Mensch bekennt: „Staunenswert sind deine Werke."[437] Für das Volk Israel atmet Palästina als Land göttlicher Verheißung eine besondere religiöse Dimension als Gottes Gabe an sein Volk. Dadurch verschmelzen örtliches Territorium und spirituelle Identität auf engste miteinander.

---

430 Vgl. Ebd. 250f.

431 Ebd. 251.

432 Vgl. Gen 2,5.15, Vgl. Gen 3,23; Ex 20,8-11; Vgl. Dtn 5,12-15; Vgl. Ps 104.

433 KEGLER, J./EISEN, U. (2009): Art. Arbeit / Lohnarbeit, 16.

434 Die unterschiedlichen Beschäftigungen zeigen sich in der Bibel u.a. in der Rede von Bauern, Hirten, Winzern, Handwerkern, Musikern, Händlern, Soldaten, Tempelbediensteten, Lehrenden oder priesterlichen Kreisen (Vgl. Gen 3,23; Vgl. Gen 4,2; Vgl. Gen 4,21; Vgl. Gen 9,20; Vgl. Ex 2,17; Vgl. Ez 29,19). Im Neuen Testament tauchen ähnliche und andere Berufe wie die des Hirten, Fischers, Zöllners, Steuerpächters, Soldaten, Gerbers, Kaufmanns, Tagelöhners, Arztes, Schriftgelehrten, Priesters oder Regierenden auf (Vgl. Mt 20,1-8; Vgl. Apg 18,3; Vgl. 2 Kor 11,13; Vgl. Kol 4,14). Auch die Verkündigung des Reiches Gottes gilt als Arbeit, die der Nahrungsversorgung wert ist (Vgl. Mt 10,10).

435 KEGLER, J./EISEN, U. (2009): Art. Arbeit/Lohnarbeit, 21.

436 Vgl. SCHROER, S./KEEL, O. (2009): Die numinose Wertung der Umwelt in der Hebräischen Bibel, 541.

437 Ps 139,14.

### *3.5.4.3 Historizität*

Die Bibel kennt keinen von Gott unabhängigen Zeitfluss, was sowohl am schöpferischen Anfang, als auch an der Apokalyptik ablesbar ist, wenn Gott auch hier als Herr über die Zeit verstanden wird. Zeit und damit Geschichte sind göttliche Schöpfungsgabe. Gott hält die Welt und die Zeit in seinen Händen. In seinem Sohn inkarniert er sich in die Zeit. Der Mensch lebt innerhalb zeitlicher und geschichtlicher Zusammenhänge. In der Bibel tauchen an verschiedenen Stellen Geschlechterfolgen auf, die Geschichte darstellen wollen.[438] Auch im Neuen Testament finden sich solche mehr oder weniger umfangreiche Genealogien zur Herkunft Jesu, JOHANNES DES TÄUFERs und PAULUS.[439] Der Mensch lebt also in der Gegenwart, die von der Vergangenheit und Tradition bestimmt ist und sich vorausblickend auf Zukunft hin öffnet. „Mensch-Sein spielt sich deshalb aus bibel-theologischer Sicht als ein punktuelles Geschehen ab, das eingebettet ist in einen über-individuellen *Geschichtsbogen*, der sich von der anfänglichen Schöpfungs- und Bundesgeschichte über die in Jesus Christus verdichtete Erlösungsgeschichte bis hin zur eschatologischen Vollendungsgeschichte spannt."[440] Insgesamt ist die von Gott jeweils bemessene Lebenszeit als eine geschenkte Zeit anzunehmen, die es zu gestalten – aber eben auch zu genießen gilt: „Iss freudig dein Brot und trink vergnügt deinen Wein; denn das, was du tust, hat Gott längst so festgelegt, wie es ihm gefiel."[441]

Das menschliche Leben ereignet sich von der Formung im Mutterleib bis hin zum Tod.[442] Genauso wenig wie dem Menschen Zeitpunkt und Ort seiner Geburt obliegen, bestimmt er über sein natürliches Lebensende: „Alles hat seine Stunde. Für jedes Geschehen unter dem Himmel gibt es eine bestimmte Zeit."[443] „Der glaubende Mensch sieht seine Lebensspanne (.) in die Verfügung Gottes hineingegeben. Es sind die Schwellen des Wovon-her und des Worauf-hin des Menschen, zentrale Schnittpunkte des Daseins."[444] In diesem Prozess des Werdens und Vergehens weiß das biblische Zeugnis um verschiedene Spannungen, wie sie beispielsweise in einem vermeintlichen Zusammenhang zwischen Gott, Schuld und Tod bestehen.[445] Ein vorzeitiger Tod wird stellenweise als selbstverschuldeter Tod ausgelegt.[446] Es finden sich aber auch ganz andere Beobachtungen wie etwa im Buch KOHELET: „In meinen Tagen voll Windhauch habe ich beides beobachtet: Es kommt vor, dass ein gesetzestreuer Mensch trotz seiner Gesetzestreue elend endet, und es kommt vor, dass

---

438 Vgl. DIRSCHERL, E. (2008): Über spannende Beziehungen nachdenken, 56.
439 Vgl. Mt 1,1-16; Vgl. Lk 1,5ff; Vgl. Röm 11,1.
440 NAUER, D. ($^3$2014): Seelsorge, 177f.
441 Koh 9,7.
442 Vgl. Ps 90,10; Vgl. Ps 103, 15f; Vgl. Ps 139,13.
443 Koh 3,1.
444 FREVEL, C. (2003): Mensch-Werdung im Alten Testament, 12.
445 Vgl. WOLFF, H.W. (2010): Anthropologie des Alten Testaments, 171.
446 Vgl. Ijob 22,15f; Vgl. Ps 90,7.9; Vgl. Am 5,4.

einer, der sich nicht um das Gesetz kümmert, trotz seines bösen Tuns ein langes Leben hat."[447]

Als Geschöpf Gottes ist der Mensch nicht nur in das übergreifende Werden und Vergehen eingebettet, sondern auch irdisch-messbaren Zeitstrukturen unterworfen: Tages- und Jahreszeiten, Wochenrhythmus und Jahre, Alltag und Festzeiten.[448] Schon der erste, vierte und siebte Schöpfungstag kreisen am Anfang des Buches Genesis um das Thema Zeit als grundlegende Ordnungskategorie des Lebens.[449] „Dieses Regiment der Gestirne ist ein geordnetes, gesetzmäßig reguliertes; anders als die Herrschaft des Menschen über anderes Seiendes auf Erden, die ohne genaue gesetzliche Regulation sich vollzieht."[450] In diesen objektiven Zeitrahmen, der das biographische und soziale Dasein bestimmt, hat sich der Mensch einerseits einzupassen, andererseits entfaltet, entwickelt und verändert sich der Mensch, seine Beziehung zu anderen und zu Gott im Laufe seiner Lebenszeit. Seine Identität, seine Existenz und sein Beziehungsleben sind also mit der Geschichte verwoben, in der sie sich auch erst individualisieren: Jungsein und Altern, Arbeits- und Ruhezeiten, Alltag und Festtag.[451] Gerade Letzteres – das Gedächtnis gemeinsamer kultischer Festzeiten – wird zum festen Bestandteil im Jahresrhythmus und ermöglicht einen Gegenpol zum Alltäglichen, indem sie einen besonderen Rahmen zur Begegnung mit Gott bereitstellen.[452] Auch Feste im Lebenszyklus (d.h. Passageriten wie die Beschneidung, die Hochzeit oder das Begräbnis) werden von gemeinschaftlichem Singen, Essen und Trinken begleitet. Das Fest zeigt sich im Gegensatz zum Alltag als eine Zeit gemeinschaftlichen Lebensgenusses und als eine rituell-symbolisch vollzogene Erfahrung, in welcher ein Mangel an Sinn aufgehoben, die Monotonie des Alltags durchbrochen und die Wirkmächtigkeit Gottes als präsent wahrgenommen wird.[453] Eine solche spirituelle Festerfahrung wirkt positiv in den Alltag zurück.

Es gibt kein Verstehen der Gegenwart losgelöst vom geschichtlichen Gesamtzusammenhang: „Denk an die Tage der Vergangenheit, lerne aus den Jahren der Geschichte. Frag deinen Vater, er wird es dir erzählen, frag die Alten, sie werden es dir sagen."[454] In einen solchen Kontext gehört für den gläubigen Menschen auch die Heilsgeschichte. Gott steht zwar außerhalb der Welt, er handelt jedoch selbst in der Geschichte oder mittelbar durch andere Menschen (z.B. Könige, Engel, Propheten, Apostel) und Erkenntnisquellen (z.B. die hl. Schriften). In den biblischen Texten finden sich darum immer wieder Belege erlebter Heilsgeschichte, wodurch die Vergangenheit geordnet, verstanden

447 Koh 7,15.

448 Vgl. Gen 1,3-4.14-18; Vgl. Gen 2,1-3; Vgl. Gen 8,22; Vgl. Ex 23,14-17; Vgl. Lev 16,1-34; Vgl. Dtn 16,1-17; Vgl. Ps 104.

449 Vgl. LÖNING, K./ZENGER, E. (1997): Als Anfang schuf Gott, 143.

450 KOCH, K. (2000): Imago Dei, 52.

451 Vgl. GRUND, A./ JANOWSKI, B. (2009): Solange die Erde steht, 514/521.

452 Vgl. Ebd. 520.

453 Vgl. JANOWSKI, B. (2008): Jenseits des Alltags, 41/57.

454 Dtn 32,7.

und verstehbar gemacht wird, sie Kohärenz und Sinn gewinnt – bezogen auf das Heute und hoffend auf Zukunft hin,[455] denn „wenn du (.) den Herrn, deinen Gott, vergisst und anderen Göttern nachfolgst, ihnen dienst und dich vor ihnen niederwirfst (...): dann werdet ihr völlig ausgetilgt werden."[456] Künftiges gestaltet sich also heute im Dialog mit dem Menschen und vor dem Hintergrund vorangegangener, gegebener Geschichte und kommt zugleich unverfügbar auf den Menschen zu.[457] Dass Geschichte und Zeit nicht losgelöst von dem zu betrachten und zu beurteilen ist, was in ihr geschieht[458], wird besonders am Beispiel Jesu deutlich. Durch sein Kommen in die Welt und seine Hingabe am Kreuz eröffnet sich für den Menschen eine neue Heilszeit, die herkömmliche zeitliche Begrenzungen überschreitet und Ewigkeit verheißt.[459] Die Zeit wird damit zu einem potentiellen, wenngleich befristeten Ort heilvoller Begegnung und Umkehr; zum Türöffner eines unbefristeten Seins bei Gott, dessen Reich mit dem Kommen Jesu bereits anfanghaft anbricht.[460] Diese Zusage und Perspektive fordert Wachsamkeit[461] und wirkt für den Gläubigen auf die Gegenwartsgestaltung zurück[462], die sich zugleich nicht darin erschöpft, sondern auf das noch kommende, endzeitliche Reich und dessen Gerechtigkeit offen bleibt.[463]

## 3.6 Der biblische Mensch: Ein ambivalentes, multidimensionales Wesen

Die Zusammenschau ausgewählter anthropologisch-theologischer Fundstellen suchte eine Antwort auf die Frage nach dem Wesen des Menschen, d.h. darauf, was ihn aus biblischer Sicht essentiell ausmacht. Dabei wurde deutlich, dass der Mensch weder ein dualistisches Wesen aus Leib und Seele, noch trichotomisch zu denken ist. Der Mensch hat keine unsterbliche Seele sondern er ist als Ganzes ein lebendiges Seelenwesen. „Der gottgewollte Mensch ist aus biblischer Sicht ein denkendes, kluges, weises, (nach sich selbst) fragendes, sich erinnerndes, sinnsuchendes, frohsinniges, hoffendes, (mit)fühlendes, lieben-

455 Vgl. Ex 20,2; Vgl. Dtn 5,1-3; Vgl. Dtn 26,1-11; Vgl. Ps 114; Vgl. GRUND, A./JANOWSKI, B. (2009): Solange die Erde steht, 521.

456 Dtn 8,19.

457 Vgl. WOLFF, H.W. (2010): Anthropologie des Alten Testaments, 136f.

458 Vgl. Ps 85.

459 Vgl. Röm 9-11.

460 Vgl. Lk 11,20; Vgl. Lk 13,18-21.

461 Vgl. Mt 24,42; Vgl. Mt 25,13; Vgl. 1 Thess 5,1-11.

462 Vgl. Eph 2,13-22.

463 Der Evangelist Lukas macht daraus einen drei-, implizit jedoch fünfgliedrigen Geschichtsentwurf: (1) Schöpfung (Heil), (2) die Zeit der Propheten (Heil / Unheil), (3) die Zeit Jesu (Heil / Unheil), (4) die Zeit der Kirche (Heil / Unheil) und (4) das endzeitliche Heil (Vgl. KNAUF, E./ZANGENBERG, J. ($^2$2009): Art. Zeit, 433).

des, trauerndes, entscheidungsfähiges, moralisches und aktiv handelndes Wesen."[464] Das belegen die anthropologischen Aussagen des Alten Testaments, die um neutestamentliche Aspekte ergänzt wurden. „Im Alten Testament wird, grob gesagt, stärker über die Herkünftigkeit des Menschen, im Neuen Testament über die Zielgerichtetheit gehandelt. Während das Alte Testament in den Schöpfungsberichten und der gesamten Weisheitsliteratur über das So-Sein und das Sein-Sollen des Menschen reflektiert, handelt das Neue Testament (...) vor allem bei Paulus über das in Christus veränderte Mensch-Sein. Während im Neuen Testament aufs ganze gesehen die Anthropologie von der christologisch gefüllten Soteriologie her entworfen wird, entfaltet das Alte Testament seine Aussagen zum Menschen schöpfungstheologisch."[465] Beide Ansätze unterstreichen verschiedene Dimensionen des Mensch-Seins und ergänzen einander. Aus den diskutierten anthropologisch-theologischen Grundannahmen wird deutlich, dass sich Mensch-Sein in einem ambivalenten Koordinatensystem bewegt und entfaltet. Es erstreckt sich zwischen den Polen der Gottähnlichkeit und Vergänglichkeit, zwischen Heilszusage und Fehlbarkeit und zwischen gotteskindlicher Würde und menschlicher Antastbarkeit. Die menschlichen Ambivalenzen zeigen sich auch in den anderen Dimensionen. Der Mensch existiert in einer polar-dynamischen Spannung als körperliches, rational-emotionales, spirituelles Wesen, das in seiner jeweiligen Zeit sozial und kontextuell eingebunden ist. Die identifizierten Facetten des Mensch-Seins stehen sich dabei nicht antagonistisch gegenüber, sondern die biblischen Texte beschreiben den Menschen als eine multidimensionale Einheit, die in geschichtlich-kontextuelle Zusammenhänge eingebunden und stets in Relation zu sich selbst, zum Mitmenschen und zu Gott zu denken ist. Dieses komplexe Zusammenspiel der unterschiedlichen Dimensionen zeigt, dass die einzelnen Facetten nicht isoliert betrachtet werden können, d.h. dass die anderen Dimensionen im Blick auf ihren möglichen Beitrag jeweils mitzudenken sind. Anthropologischen Facetten bereichern und ergänzen einander, weshalb es um des Menschen willen keine Ausklammerung oder Dominanz von Teilaspekten geben kann. Zugleich sind die beschriebenen Konturen eines biblischen Menschenbildes nicht umfassend im Sinne von abschließend zu verstehen, sondern besitzen eher einen heuristischen Wert. Bei allem Definitionsstreben bleibt mit NAUER zu bedenken: „Sowohl aus bibel-theologischer als auch wissenschaftlicher Sicht ist und bleibt der Mensch lebenslang sowohl *für sich selbst* als auch *für alle (!) anderen* ein Geheimnis. Gelingt die Enträtselung eines Teil-Geheimnisses, wird zumeist nur der Blick auf weitere, noch komplexere Geheimnisse geschärft."[466]

---

464 NAUER, D. ($^3$2014): Seelsorge, 167.
465 FREVEL, C. (2003): Altes Testament, 122.
466 NAUER, D. ($^3$2014): Seelsorge, 180f.

# 4. Zusammenfassung

Selbst wenn man aufgrund der je eigenen weltanschaulichen Position oder einer (vermeintlich) professionellen Neutralität jüdisch-christliche Sichtweisen auf den Menschen außen vor lässt, so können dennoch biblisch-anthropologische Einsichten für eine Pflege fruchtbar gemacht werden, die sich auf der Suche nach der eigenen wissenschaftstheoretischen Verortung und ihrem eigenen professionellen Wissenskorpus befindet. Insofern der Mensch für die Pflege die zentrale Grundkategorie verkörpert und die Bibel Antworten auf Fragen nach den multidimensionalen Facetten des Mensch-Seins bereitstellt, können ihre Aussagen zu einem wertvollen Bezugs- und Analyseschema für die Pflege werden, die sich eine umfassende Sorge um den (kranken) Menschen zur Aufgabe gemacht hat und einer inhaltlichen Klärung dessen bedarf, was unter dem Begriff ‚Mensch' material zu verstehen ist. Gleichberechtigt mit anderen wissenschaftlichen Positionen liefern die umrissenen biblisch-anthropologischen Konturen bedenkenswerte Argumente zur Begründung einer solchermaßen umfassenden Pflege. Das biblisch-theologische Menschenbild verkörpert und vermittelt gewisse Werte und bringt sie in den Diskurs um pflegerisches, d.h. ethisch angemessenes Verhalten ein und leistet damit einen Beitrag zur Suche nach dem, was pflegerische Güte ausmacht. Im Blick auf die Pflegedisziplin hat ein solches Menschenbild keinen dogmatischen Anspruch zu erheben, sondern muss seine Geltung und Reichweite im Zuge diskursiver Überprüfung aufweisen, denn Menschenbilder können generell auf ihre Konsistenz, Kohärenz und damit auf wissenschaftliche Wohlbegründetheit hin kritisch befragt werden.[467] „Dementsprechend kann es Menschenbilder geben, die zu Recht als konfus oder irrig zurückgewiesen werden können – und solche, die zu Recht einen Anspruch darauf erheben (.), sich gegenüber anderen behaupten zu können."[468] Da Konturen eines jüdisch-christlichen Menschenbildes u.a. auf offenbarte Quellen basieren sowie aus einem bestimmten historischen und kulturellen Kontext erwachsen sind, muss es sich kritischen Einwänden stellen (lassen). Unter den skizzierten Topoi ist sicherlich der Gottesbezug resp. die transzendente Dimension am umstrittensten. Ob also unter den skizzierten biblisch-anthropologischen Beiträgen insbesondere der Geistdimension ein Lebenswirklichkeitsbezug zukommt oder ob sie kein logisch konsistentes resp. empirisch verifizierbares Bedürfnis heutiger Menschen repräsentiert, wird zu diskutieren sein. Handelt es sich bei der postulierten Geistdimension um eine reine Spekulation ohne empirische Manifestation? Dieser Frage wendet sich das folgende Kapitel zu.

---

[467] Vgl. KAPLOW, I. (2009): Über Faktizität und Geltung von Menschenbildern, 13.
[468] Ebd.

# Kapitel III Spiritualität: (K)Ein empirisch verifizierbares Bedürfnis heutiger Menschen

## 1. (Natur)Wissenschaftliche Gottesverdunstung

Als ein Wesen der Freiheit muss der einzelne die in der jüdisch-christlichen Anthropologie umrissene, transzendente Dimension nicht zwangsläufig anerkennen. Damals wie heute ist für manche die spirituelle Dimension sowie deren mögliche Wirkungen nicht präsent, für die eigene Weltsicht irrelevant oder aus wissenschaftlichen Gründen nicht haltbar. Wie nach dem biblischen Zeugnis Gott von den Menschen ignoriert oder sich der Mensch von Gott abwenden kann, so finden sich auch in der Gegenwart Positionen, die eine transzendente Dimension oder eine höhere, außerhalb der Welt stehende Realität zurückweisen, an deren Existenz zweifeln oder an einer naturwissenschaftlichen Erklärung solcher (vermeintlicher) Transzendenzphänomene festhalten. Die Theologie muss solche wissenschaftlichen Einlassungen ernst nehmen, „nicht, um die Wahrheit ihres Glaubens, wohl aber den Bezugspunkt ihrer theologischen Theoriebildung zu überprüfen. Die Naturwissenschaftler, umgekehrt, *können* sich auch für die theologischen Aspekte ihrer Forschungsgegenstände und Forschungsergebnisse interessieren, und zwar nicht nur etwa deswegen, weil solches auch heute erstaunlicherweise immer noch das Ansehen in der ‚Zunft' kosten kann, sondern vor allem, weil grundsätzliche naturwissenschaftliche Methoden als solche ‚atheistisch' sind und sein müssen.“[1] Selbst wenn man aber aus geisteswissenschaftlicher Perspektive eine spirituelle Dimension postuliert und sich eine spirituelle Bedürfnislage empirisch belegen lässt, steht und fällt eine solche These mit der Beweisbarkeit Gottes resp. einer transzendenten Dimension als Quelle und spirituellem Bezugspunkt. Nachfolgend sollen daher einige wichtige wissenschaftliche Strömungen und Argumente zu Wort kommen, die die Gottesexistenz und damit auch Spiritualität als Realität in Frage stellen. Dabei kann hier keine umfassende Würdigung aller Positionen geleistet werden. Vielmehr geht es um eine Sensibilisierung für das Meinungsspektrum an sich, mit dem es sich auseinanderzusetzen gilt, wenn man die Existenz eines höheren transzendenten Seins als spirituelle Quelle postuliert und Spiritualität als ein empirisch verifizierbares Bedürfnis heutiger Menschen aufweisen will.

---

[1] PESCH, O.H. (2008): Katholische Dogmatik aus ökumenischer Erfahrung, 190.

## 1.1 Evolutionsbiologische Erklärungsmuster

Eine rein naturwissenschaftliche Deutung der Welt wird von dem Evolutionsbiologen DAWKINS vertreten, der jegliche Art von Gottesexistenz leugnet. Das Leben auf der Erde sei durch keinen (göttlichen) Schöpfungsakt entstanden, sondern das Ergebnis spezifisch-physikalischer Konstanten, die so exakt auf die Goldilocks-Zone abgestimmt waren, dass auf der Erde eben Leben entstehen konnte.[2] Mit Verweis auf den Evolutionsgedanken und dessen natürliche Selektionsprozesse lehnt DAWKINS die These einer Existenz Gottes, eines absichtlichen Gestalters oder einer übernatürlichen Kraft jedweder Art kategorisch ab.[3] Vielmehr vertritt er einen anthropologischen Reduktionismus, der spirituelle Deutungsmomente als empirisch nicht belegbar und damit trivial oder als (schädliche) Selbsttäuschung des Menschen begreift. Gott gilt als rein menschliche Projektion und Illusion. Als solche gibt es weder für institutionell verfasste Religionen, noch für irgendeine andere Form von Spiritualität eine Existenzberechtigung. Was allein zählt, sind Materie und das naturwissenschaftlich Messbare. Da der Tod das Ende jeglicher Bewusstseinsaktivität bedeutet, erscheint der Glaube an ein Leben nach dem Tod – egal ob in Form eines anderen Bewusstseinszustandes oder eines jenseitigen Reiches Gottes – als reine Wunschvorstellung von Menschen, die das Faktum des eigenen Lebensendes einfach nicht akzeptieren könnten.

Gleichwohl DAWKINS die Hypothese von der Existenz Gottes widerlegt, gibt es für ihn – ganz im Sinne darwinistischer Ökologie – keine überflüssigen Weltphänomene. So kommen Religion und religiösen Ritualen ganz pragmatische Funktionen zu. Religiöser Glaube mag auf (stressbedingte) Krankheiten einen Placebo-Effekt oder eine lebensverlängernde Wirkung ausüben. Sein eigentlicher Nutzen zeigt sich jedoch erst in seinem positiven Effekt auf das menschliche Überleben. Als Nebenprodukt intentionalen Denkens verschafft religiöser Glaube nämlich einen entscheidenden Überlebens- und damit Selektionsvorteil. Religion füllt mit ihren Funktionen eine psychologische Lücke, die von den Wissenschaften nicht geschlossen werden kann. Dazu gehören Erklärung, Ermahnung, Trost und Inspiration.[4] Dem Individuum bieten religiöse Mythen also Verständnishilfen zur Welterklärung oder zur Deutung innerer Erlebnisinhalte, die zu einer kognitiven Entlastung und/ oder Kontingenzbewältigung beitragen. Durch die Zusage eines jenseitigen Ausgleichs werden Menschen im Ertragen diesseitiger Daseinsgrenzen ermutigt. Praktizierte Spiritualität wirkt sich (positiv) auf die körperliche Gesundheit aus. In ihrer Ermahnungsfunktion besitzt Religion das Potenzial zur Aktivierung einer ethisch angemessenen Lebensführung und damit zur Realisation von

---

[2] Vgl. DAWKINS, R. ([10]2011): Der Gotteswahn, 199/212.

[3] Als Evolutionsbiologe richtet DAWKINS seine Kritik insbesondere gegen die Theorie des Intelligent Design resp. des Gottesbeweises der Kreationisten.

[4] Vgl. DAWKINS, R. ([10]2011): Der Gotteswahn, 479f.

Formen guten Lebens (z.B. in Form wechselseitiger Unterstützung). Aber auch sozialen Gruppen bietet Spiritualität insofern evolutionäre Selektionsvorteile, dass sie die Stabilität des Sozialen fördert, wodurch sie zusätzliche Vorteile gegenüber Einzelgängern verschafft. Evolutionsbiologisch spielt die (imaginäre) Größe ‚Gott' hier die Rolle eines Gefährten oder Vertrauten mit tröstend-beratender Funktion, obwohl die Stimme natürlich tatsächlich dem eigenen menschlichen Bewusstseins entspringt.[5] Aus diesen Gründen halten Menschen Gott und Spiritualität zwar für wahr, obwohl sie real gar nicht existieren. Der Mensch unterliegt also einer erkenntnistheoretischen Fehlleistung, denn er schließt vom intentionalen Denken auf ein reales Sein außerhalb der eigenen Existenz.

So schlüssig auf den ersten Blick die Argumente aus dem Lager solcher evolutionsbiologisch-neurowissenschaftlicher Herleitungen oder Gottesverdunstungen klingen mögen, so ‚dünn' scheint doch das Eis, auf dem sie sich bewegen. Kritisch wirft KREINER ein, warum aus der Urknalltheorie ausgerechnet ein Universum mit jenen physikalischen Eigenschaften entstand, aus denen sich Leben und Bewusstsein – letztlich auch der Mensch – entwickeln konnte.[6] Die extreme Unwahrscheinlichkeit des Vorfindbaren verlangt aber geradezu nach einer Erklärung: Entweder durch einen Gott oder durch die Annahme eines Multiversums. Und selbst die Existenz eines Multiversums wäre mit einer theistischen Erklärung immer noch in Einklang zu bringen, denn die theistische These impliziert nicht, dass Gott kein ewiges Universum erschaffen hat.[7] Zudem ist für die Exegese die Bibelstelle Gen 1-2 keine Herkunftsaussage, sondern die Situation des Menschen vor Gott wird in Form einer Anfangsaussage zum Ausdruck gebracht, d.h. im Modus einer Vordatierung als Wesensbeschreibung.[8] Sie besagt: Der Mensch ist trotz seiner Fehler und Anfälligkeit gut, d.h. von Gott her geschaffen, dem er sich verdankt. Die Schöpfungsaussage als Anfangsaussage und der Schöpfungsglaube als Wesensaussage sind also voneinander zu unterscheiden.[9]

Neben diesen Einwänden von KREINER bleibt schon seit KANT kritisch zu bedenken, dass Gott kein Gegenstand der empirischen Erkenntnis oder eines streng naturwissenschaftlichen Erfahrungswissens sein kann, da die Existenz einer immateriell-geistigen Realität durch Experimentieren weder verifiziert oder falsifiziert werden kann.[10] Die Behauptung, dass es kein höchstes Wesen gibt, liegt außerhalb möglicher empirischer Erfahrung und gerade deshalb auch außerhalb der Grenzen aller menschlichen Einsicht.[11] Da eine solche Realität also mit naturwissenschaftlichem Erfahrungswissen oder deren Methoden gar nicht beweisbar ist, kann Gott auch nicht als naturwissenschaftliche

---

5 Vgl. Ebd. 480/487.
6 Vgl. KREINER, A. (2006): Das wahre Antlitz Gottes, 257/305.
7 Vgl. Ebd. 283/291.
8 Vgl. PESCH, O.H. (2008): Katholische Dogmatik aus ökumenischer Erfahrung, 197.
9 Vgl. Ebd. 198.
10 Vgl. KANT, I. (⁷2011): Werke in sechs Bänden, Band II, B 274.B 780ff.
11 Vgl. Ebd. B 782.

Hypothese gefasst werden. Deshalb darf man sich im naturwissenschaftlich-materialistischen Lager auch nicht darüber wundern, dass nicht gefunden wird, was vorher – qua Methodik – ja explizit ausgeschlossen wurde. Die Frage nach der Existenz Gottes kann also nicht im Modus der Naturwissenschaften beantwortet werden. Während Spiritualität eine transzendente Wirklichkeit postuliert, reduziert die Naturwissenschaft das Wahrgenommene auf reale, empirisch-messbare, neurobiologische Manifestation. Selbst wenn es also eine andere Dimension geben mag, existiere aus naturwissenschaftlicher Sicht keine Methode zu deren Verifizierung.[12]

Wirft man einen Blick in den Bereich des Wissenschaftsverständnisses, so zeigt sich, dass eine rein positivistisch-materialistisch Sichtweise, die sich nur auf sinnlich wahrnehmbare Bereiche oder Erfahrungen konzentriert und theologisch-philosophische Erkenntnisse ausklammert, heute als überholt anzusehen ist.[13] Denn würde man dem materialistischen Monopolanspruch zur Weltdeutung folgen, blieben zahlreiche andere Themen der menschlichen Sprache und des Erlebens wohl ebenfalls von einem ernsthaften Diskurs ausgeschlossen, da sie nicht Gegenstand einer objektiven Betrachtung sein könnten, wie sie die Naturwissenschaften einfordern. Darunter fallen beispielsweise Phänomene wie Liebe, Treue, Hoffnung, Wahrheit oder auch das Gute. Zudem weist WILBER daraufhin, dass die empirische Wissenschaft ja sogar selbst „zu einem großen Teil auf inneren Strukturen und Wahrheiten ruht, die *nicht* von den Sinnen geliefert oder von den Sinnen bestätigt werden können (wie z.B. die Logik und Mathematik)."[14] Überhaupt wird der klassische Empirismus oder logische Positivismus als unhaltbar angesehen, denn „wenn die Wissenschaft anerkennt, dass sie der Welt mit einem ganzen Aufgebot innerer Strukturen entgegentritt, dann sind damit nicht die objektiven inneren Merkmale der äußeren Welt aufgehoben; es bedeutet aber eine Anerkennung der Realität und Bedeutung des subjektiven und intersubjektiven Bereichs für die Gewinnung von Erkenntnis."[15] Des Weiteren ist ein legitimer Geltungsanspruch nicht positivistischer Inhalte auch insofern gegeben, wenn sich aufweisen lässt, dass die inneren Erkenntnismodi den drei fundamentalen Erkenntnissträngen aus Injunktion, Beobachtung und Betätigung resp. Widerlegung folgen.[16] Insofern hat ein integrierendes oder zumindest dialogisch ausgerichtetes Wissenschaftsverständnis die eigenständigen Beiträge von Naturwissenschaft und Geisteswissenschaft zu achten und ihre möglichen Beiträge zu einer inklusiven Metaphysik zu bedenken. Dabei verfügen beide Disziplinen über unterschiedliche Methoden, Sprachen und Aufgaben, die sich auf der Suche nach Antworten gerade in Grenzbereichen ergänzen können.[17] Auch wenn sich die

---

12 Vgl. WILBER, K. (1998): Naturwissenschaft und Religion, 186.
13 Vgl. BARBOUR, I. (1990): Religion in an age of science, 3/30.
14 WILBER, K. (1998): Naturwissenschaft und Religion, 187.
15 Ebd. 190.
16 Vgl. Ebd. 188.
17 Vgl. BARBOUR, I. (1990): Religion in an age of science, 28ff.

Frage nach der Existenz Gottes also einer naturwissenschaftlichen Rationalität entzieht, ist die Gottesfrage deshalb noch lange nicht obsolet, denn die Ausweitung eines naturwissenschaftlichen Fragehorizonts liefert eine Hilfe zur Beantwortung existenzieller Sinnfragen.

Das evolutionsbiologische und das jüdisch-christliche Erklärungsangebot unterstreichen beide die Geschichtlichkeit alles Gewordenen und die Selbstentfaltung der Welt. Aber im schöpfungstheologischen Sinn hat eben kein Zufall, sondern Gott die Welt erschaffen und ihr einen Raum übereignet, in dem sie sich nach und nach entwickeln kann. Gott formt die Welt nicht aus einem vorgegeben Material, „sondern er erschafft aus nichts. Dies ist aber nur ein anderer Ausdruck für das Erschaffen einer in sich selbständigen Welt, denn es bedeutet: die Welt ist nicht auf irgendeine Vor-Welt zurückzuführen, sondern verweist in ihren welthaft fassbaren Bedingungsbezügen überall nur auf sich selbst. Für die Naturwissenschaft heißt dies: Ihre Begründungssuche trifft immer und überall nur auf Welt.“[18] Auch aus theologischer Perspektive verwiest die Welt in ihren Begründungen zwar auch immer und überall auf sich selbst, bleibt aber am Ende im Blick auf ihre Eigenständigkeit begründungbedürftig und die lässt sich nur außerweltlich und damit unbedingt denken.[19] Ein solcher Denkansatz bleibt jedoch naturwissenschaftlichen Methoden fremd, da die Existenz Gottes nicht den naturwissenschaftlichen Fragestellungen zu zuordnen ist.[20] In dem vorgenannten Sinn zeigen sich also Schöpfung als Selbstsein, Selbstgestaltung und Selbstentfaltung mit der Vorstellung von Evolution vereinbar, zugleich unterscheidet sie sich jedoch von einer Theorie des ‚Intelligent Design'.[21]

## 1.2 Gottes-Gen-Hypothese

Eine andere Erklärung wie die Evolutionsbiologen zur Existenz von Spiritualität vertritt der Genetiker HAMER. Er forschte nach biologischen Grundlagen spiritueller Phänomene und identifizierte dabei eine zeit- und kulturübergreifende, erbliche Veranlagung des Menschen zur Spiritualität – eine in den Kulturen graduell variierende Disposition.[22] Obwohl phänotypisch weitere Gene und Umweltfaktoren an der Ausprägung von Spiritualität beteiligt sind, will HAMER eine Gensequenz lokalisiert haben, die er mit einer Skala zur Messung der Selbsttranszendenz in Verbindung setzt und als Maßstab zur Erhebung der Intensität spiritueller Gefühle resp. Spiritualität dienen soll.[23] Eine Neigung

---

[18] SCHMIDT, J. (2009): Evolution und Schöpfungsglaube, 254.

[19] Vgl. Ebd.

[20] Ein Ansatz, der von DAWKINS als illegitime Immunisierungsstrategie qualifiziert wird (Vgl. DAWKINS, R. ([10]2011): Der Gotteswahn, 216f). Eine vernünftige Argumentation wird nach DAWKINS allein durch naturwissenschaftliche Rationalität resp. Methodik gewährleistet.

[21] Vgl. SCHMIDT, J. (2009): Evolution und Schöpfungsglaube, 255f.

[22] Vgl. HAMER, D. (2006): Das Gottes Gen.

[23] Vgl. Ebd. 32.90ff.

zur Selbsttranszendenz wird von ihm zum Indikator für das Ausmaß an Spiritualität. Oder anders: Wer über eine bestimmte genetische Codierung verfügt, die den Dopamin-, Serotonin- und Noradrenalinhaushalt beeinflusst, besitzt eine anlagebedingt Prädisposition zum Spirituellen. Das Erleben solchermaßen verstandener Spiritualität erfolgt über biochemische Prozesse, die wiederum durch eine bestimmte Gensequenz (Vesicular Monamine Transporter 2; kurz: VMAT2) ausgelöst werden. Durch die Beeinflussung der Dopaminausschüttung im Gehirn verschafft der Polymorphismus A33050C auf dem Chromosom 10 dem Menschen insofern einen evolutiven Vorteil, dass es ihm einen Sinn für Optimismus verleiht. Menschen mit der C-Variante im Gen zeigen eine höhere Selbsttranszendenz als jene mit der A-Variante.[24] „Auf psychologischer Ebene ist Optimismus der Wille zur Selbst- und Arterhaltung, auch wenn der eigene Tod letztlich unausweichlich ist. Untersuchungen zufolge ist der Optimismus auf psychischer Ebene dafür verantwortlich, dass ein Mensch gesünder ist als ein anderer und sich schneller von Krankheiten erholt, Vorteile, die dazu beitragen, länger zu leben und Kinder zu zeugen, an die das genetische Erbe weitergegeben werden kann."[25] Da diese spezifische Gensequenz das Überleben und die Fortpflanzung des Menschen positiv beeinflusst, wird sie auch weiter vererbt. Ansonsten wäre sie längst auf dem „Müllhaufen der fehlgeschlagenen evolutionären Experimente"[26] gelandet. Als weiteren Beleg für eine genetische Disposition von Spiritualität führt HAMER Untersuchungsergebnisse eineiiger Zwillingen ins Feld, die bei verschiedenen Eltern, in zum Teil unterschiedlichen Gegenden und in unterschiedlichen Religionen aufwuchsen und unabhängig voneinander spirituell lebten.[27]

Kritisch bleibt gegenüber HAMER einzuwenden, dass er Spiritualität mit einer Neigung zur Selbsttranszendenz koppelt – also nur mit einer Facette des Gesamtphänomens. Darüber hinaus räumt HAMER selbstkritisch ein, dass mit seinem genetischen Erklärungsansatz das Phänomen der Spiritualität nur teilweise erklärt werden könnte, d.h. man weiß zwar, warum Menschen spiritueller als andere sind, nicht jedoch warum sie überhaupt eine spirituelle Veranlagung haben.[28] Ebenso identifiziert er zwar eine Gen-Sequenz, die in einem Bezug zur Selbsttranszendenz zu stehen scheint, tatsächlich aber nur 1% der Gesamtvarianz ausmacht, obwohl Zwillingsstudien nahelegten, dass 40-50% der Selbsttranszendenz erblich sein müssten.[29] Die meisten genetischen Auswirkungen auf die Selbsttranszendenz können also nicht durch die VMAT2-Sequenz erklärt werden, d.h. die von HAMER identifizierte genetische Sequenz ist nur ein Indiz, aber kein stichhaltiger Beweis! Spiritualität mag genetisch prädisponiert sein und sich im Wechselspiel von Genen herausbilden, generell

---

24 Vgl. Ebd. 93.
25 Ebd. 26.
26 Ebd. 163.
27 Vgl. Ebd. 59/63.
28 Vgl. Ebd. 28ff.
29 Vgl. Ebd. 95f.

abzulehnen ist aber die Vorstellung irgendwelcher Erbsubstanzen, die im Extremfall sogar für irgendeine bestimmte Religionszugehörigkeit disponieren würden. Zudem sind die jeweiligen Umwelt- resp. Sozialisationsbedingungen zu bedenken, die erst im Wechselspiel mit den genetischen Dispositionen zur tatsächlichem Ausbildung von Verhaltenseigenschaften führen.

Auch der Psychologe KIRKPATRICK verwirft die These eines evolutionsbiologischen Überlebensvorteils von Religion resp. deren psychologische Leistungen für den Menschen, in deren Folge das Phänomen durch das Gehirn internalisiert und genetisch reproduziert worden sei. Stattdessen sei die natürliche Selektion blind gegenüber rein psychologischen Effekten, da der Umstand selbst zufriedener als andere zu sein, noch nicht aus sich selbst heraus in einer Weitergabe zufriedenheitsfördernder Gene münden müsse.[30] Evolution konstruiert die Organismen nicht, um glücklicher oder in psychischer Hinsicht gesünder zu sein, sondern die Evolution interessiert sich nur für das Überleben und die Optimierung des genetischen Erfolgs. Selbst wenn genetische Faktoren in psychischer Hinsicht eine Rolle spielen sollten, so besagt das noch lange nicht, dass auch ein spezielles spirituelles Glaubenssystem genetisch hinterlegt sein muss.[31] Ebenso sagt die Erbbarkeit religiositätsbezogener Faktoren noch nichts über die Vererbarkeit von Religiosität insgesamt aus.[32]

## 1.3 Neurowissenschaftlicher Gottesverfall

Während DAWKINS evolutionsbiologisch-materialistisch und HAMER genetisch-biologistisch argumentieren, setzen andere Wissenschaftler das Phänomen eines religiösen Glaubens, das Gefühl göttlicher Gegenwart oder das Erleben spirituelle Ekstasen in Relation zu neurobiologischen Strukturen und deren biochemische Prozesse.[33] SINGER zufolge haben Neurowissenschaftler keine immaterielle Seele unter der menschlichen Schädeldecke gefunden, sondern ein hochkomplexes Organ, dessen neuronale Prozesse alle mentalen Phänomene hervorbrächten. Im Sinne eines naturalistischen Reduktionismus versteht SINGER darum Spiritualität als das Produkt eines konstruierenden, rekonstruierenden und simulierenden Hirnorgans, das im Laufe der Evolution aufgrund einer quantitativen Vermehrung bestimmter Hirnstrukturen dazu befähigt wurde.[34] Als Antwort auf den Umgang mit existentiellen Bedrohungen und Fragestellungen verhalf Spiritualität zu einem Überlebensvorteil, den das Gehirn internalisierte, d.h. Spiritualität ist das reine Produkt biologischer Evolution. Vermeintlich objektiv empfundene Wahrnehmungen sind das Ergebnis

---

30 Vgl. KIRKPATRICK, L. (2006): Religion is not an adaption, 167ff.

31 Vgl. Ders. (2005): Attachment, evolution, and the psychology of religion, 219f.

32 Vgl. Ebd.

33 Vgl. SINGER, W. (2003): Unser Menschenbild im Spannungsfeld zwischen Selbsterfahrung und neurobiologischer Fremdbestimmung.

34 Vgl. Ebd. 27/30.

konstruierender Vorgänge in und zwischen den Nervenzellen. Immateriell-mentale Phänomene, die als spirituelle oder mystisch-religiöse Erfahrung erlebt und als real bewertet werden, sind in Wahrheit nur die neurophysiologisch nachweisbaren Folgen eines Dopaminregens in bestimmten Arealen der Großhirnrinde und entspringen keiner Teilhabe an einer irgendwie gearteten geistig-spirituellen Realität, „die von den Phänomenen der dinglichen Welt unabhängig und ontologisch verschieden ist."[35] Für SINGER steht zwar außer Frage, dass der Mensch in organischer Hinsicht potentiell mehr oder weniger spirituell angelegt ist, aber alles über den naturwissenschaftlichen Befund Hinausgehende, fällt in den Bereich reiner Spekulation und trägt die Beweislast seiner Existenz in sich. SINGER steht für einen Determinismus resp. neuen Naturalismus, der die These vertritt, dass es keine geistige Dimension des Menschen gibt, die unabhängig von Gehirnprozessen existieren könnte. Demzufolge sind auch Überlegungen über ein mögliches Eingreifen oder eine Kommunikation Gottes mit dem menschlichen Geist obsolet.

Wenn aber die (theologische) Rede von der menschlichen Freiheit aus der Sicht der Hirnforschung als eine Illusion zu gelten hat und allein Hirnprozesse das menschliche Handeln determinieren und steuern, so bleibt dennoch offen, warum gerade zu einem bestimmten Zeitpunkt ein ganz spezifischer Hirnprozess einsetzt und kein anderer. „Gehirnprozesse, die dem ‚freien' Handeln vorausgehen und es auslösen, sind voraussetzungsgemäß *notwendige* Ursache dieses Handelns, aber für sich allein genommen noch *nicht die zureichende* Ursache."[36] Darüber hinaus kann die Hirnforschung bis dato nicht erklären, auf welche Weise das Gehirn bestimmte Bewusstseinsinhalte mit bestimmten Erlebnisinhalten verknüpft und wahrnimmt.[37] Ein weiteres, noch zu entschlüsselndes Phänomen ist die menschliche Fähigkeit zur Subjekterfahrung, Selbstdistanz und Selbsttranszendenz.[38] Eine alleinige Rückführung auf Hirnprozesse stößt bei der Erklärung von Entitäten wie das ‚Ich' oder das ‚Selbst' an ihre Grenzen. Daher muss sich die Hirnforschung fragen (lassen), ob hier nicht doch eine Wirklichkeit im Spiel ist, die sich ihren wissenschaftlichem Zugang entzieht, weil Subjektsein und Freiheit wohl mehr zu bedeuten scheinen, als neurophysiologisch abbildbar ist.

Für andere Forscher wie HARRIS oder MCNAMARA, ist die Fähigkeit zur Spiritualität ein Produkt biologisch-kultureller Anpassungsleistungen angesichts bestimmter kontextueller Herausforderungen.[39] Ähnlich wie SINGER unterstreichen sie die Bedeutung bestimmter biochemischer Botenstoffe und spezifischer Hirnregionen im Zusammenhang mit spirituellen Erfahrungen.[40] Gestützt wird diese Annahme dadurch, dass Menschen nach dem Ausfall

---

35 Ebd. 22.

36 PESCH, O.H. (2008): Katholische Dogmatik aus ökumenischer Erfahrung, 225.

37 Vgl. Ebd. 226f.

38 Vgl. Ebd. 227.

39 Vgl. HARRIS, E./MCNAMARA, P. (2008): Is religiousness biocultural adaption?, 79.

40 Vgl. Ebd. 81; Vgl. MCNAMARA, P. (2006): The frontal lobes and the evolution of cooperation and religion, 191f.

bestimmter Hirnregionen von einem Verlust spiritueller Erfahrbarkeit berichten. So zeugen Untersuchungsergebnisse bei Probanden von einer Abnahme spirituellen Interesses, wenn es zu einer Störung der Dopaminausschüttung oder einer Beeinträchtigung der Dopaminrezeption im präfrontalen Cortex kommt (z.B. im Zuge einer Parkinsonerkrankung).[41] Insofern ein erhöhter Dopaminspiegel mit einem stärkeren Ausmaß an Spiritualität einhergeht, führt ein Abfall des Dopaminspiegels zu einem entsprechend negativen Ergebnis.[42] Umgekehrt berichten Schläfenepilepsieerkrankte von Erfahrungen mit besonderem spirituellem Gepräge (z.B. das Gefühl Sohn Gottes zu sein, Gedanken lesen zu können oder Krebs heilen zu können).[43] Andere Forscher stufen spirituelle Erfahrungen bedeutender Persönlichkeiten wie beispielsweise MOSE, PAULUS, MOHAMMED oder BUDDHA als Begleiterscheinungen von Epilepsien ein, da sich in ihren Zeugnissen Anzeichen akustischer und visueller Halluzinationen mit religiösem Inhalt finden lassen (z.B. das Hören der Stimme Gottes, Sehen von einem offenen Himmel oder Erzengeln).[44] Während der epileptische Anfall aus medizinischer Sicht mit einer starken neuronalen Aktivität verknüpft ist und sich die vermeintlich wahrgenommenen – auch spirituellen – Phänomene naturwissenschaftlich erklären lassen, bleibt offen, warum sich bei einem Teil der Betroffenen eine biographische Veränderung im Zuge dieser, als spirituell gedeuteten Erfahrung einstellt. Und umgekehrt hat ja auch nicht jeder spirituell Empfindende auch gleichzeitig epileptische Anfälle. Die naturwissenschaftlichen Befunde liefern also bestenfalls Hinweise darauf, dass bestimmte Hirnregionen an dem Zustandekommen spiritueller Phänomene beteiligt sind. Das trifft aber auch auf eine ganze Reihe anderer Wahrnehmungen ebenfalls zu. Darum erklären die naturwissenschaftlichen Einsichten letztlich weder das Gesamt spirituellen Erlebens, noch können sie Gott als mögliche Ursache zweifelsfrei ausschließen.[45]

Neben den angesprochenen pathologischen Ursachen können spirituelle Erfahrungen auch künstlich durch den Konsum halluzinogener Substanzen ausgelöst werden (z.B. Psilobycin, LSD). Solche Entheogene stimulieren bestimmte Neurorezeptoren des Gehirns (z.B. innerhalb des limbischen Systems oder im präfrontalen Cortex), bewirken eine verstärkte Dopaminausschüttung und führen zu Wahrnehmungsveränderungen, wie sie auch im Zuge spiritueller Erfahrungen beschrieben werden.[46] Das induzierte Absinken des

[41] Vgl. Ders. (2006): The chemistry of religiosity: evidence from patients with Parkinson's disease, 6ff; Vgl. Ders. et al. (2006): Religiosity in patients with Parkinson's disease, 346.

[42] Vgl. Ders. (2006): The frontal lobes and the evolution of cooperation and religion, 191f.

[43] Vgl. SAVER, J./RABIN, J. (1997): The neural substrates of religious experience, 499/504; Vgl. MCNAMARA, P. (2009): The neuroscience of religious experience, 80/93.

[44] Zu finden bei: SAVER, J./RABIN, J. (1997): The neural substrates of religious experience, 501f; SCHACHTER, S. (2006): Religion and the brain: evidence from temporal lobe epilepsy, 178ff.

[45] Vgl. Ebd. 498f.

[46] Zum Beispiel: Einheitserfahrungen; überschreiten von Raum und Zeit; Wahrnehmung von Heiligkeit; tiefere Einsichten in die Bedeutung des Lebens; Begegnung mit Gott oder einer anderen spirituellen Größe; Aufmerksamkeit für eine Präsenz des Heiligen im Alltag; komplexe visuelle

Serotoninspiegels durch halluzinogene Blockaden führt zu einer Zunahme der Dopaminausschüttung, die wiederum auf das limbische System und den präfrontalen Cortex einwirkt, die temporalen Schläfenlappen stimuliert und hier Glücksgefühle i.S. einer positiven Stimmungslage hervorruft.[47] Insofern die genannten Hirnregionen und biochemischen Systeme im Zuge spiritueller Praktiken oder Rituale zusammenarbeiten und halluzinogene Substanzen gerade auf diese Systeme zurückwirken, wundert es nicht, dass nach Einnahme solcher Entheogene über (vermeintlich) spirituelle Erfahrungen berichtet wird, wenngleich in einer Weise, die wesentlich eingeschränkter von statten geht und geringere Auswirkungen auf das Alltagsleben und die Persönlichkeitsentwicklung haben, als eine intrinsische Spiritualität infolge kontinuierlich geübter spiritueller Praxis.[48] Erfahrungen als Folge eines Entheogenkonsums sind zwar in phänomenologischer Hinsicht von anderen mystischen Erfahrungen per se nicht unterscheidbar, trotzdem handelt es sich aber nach Einschätzung von Wissenschaftlern nicht um gleichwertige Erlebnisse wie sie aus einer dauerhaft spirituellen Praxis erwachsen (können). [49] Entheogeninduzierte Formen mystischer Erfahrung werden mehrheitlich als pseudo-mystisch eingestuft, d.h. dass sie sich von der transformatorischen Langzeitwirkung einer kontinuierlich eingeübten spirituellen Praxis und einer wirklichen, freiheitlichen Begegnung mit einer außerweltlichen, transzendenten Realität merklich unterscheiden.[50] Denn in der regulären, wiederholbaren spirituellen Erfahrung, durchläuft der einzelne ein klassisches Muster, wenn er sich auf den Weg des spirituellen Lebens einlässt: (1) Auf eine Initialerfahrung und zügigem Wachstum folgt (2) eine Phase der Prüfung und schließlich (3) eine Spanne der Überwindung und des beständigen Reifens.[51] Insofern kann nur eine dauerhaft geübte, spirituelle Praxis einen positiven Einfluss auf die Persönlichkeitsentwicklung und das Sozialverhalten des einzelnen zeigen, der auch durch spirituelle Ideale oder Vorbilder angeregt wurde und dadurch neue, bisher ungeahnte kognitive, emotionale und verhaltensbezogene Ressourcen freilegt.[52]

---

Bilder oder die Verwendung von Metaphern zur Beschreibung des Erfahrenen oder positive Einstellungs- und Verhaltensänderung (Vgl. McNamara, P. (2009): The neuroscience of religious experience, 15f).

47 Vgl. Ebd. 139ff.

48 Vgl. Ebd. 135ff.162ff.

49 Vgl. Griffiths, R. et al. (2008): Mystical-type experience occasioned by psilocybin mediate the attribution of personal meaning and spiritual significance 14 months later, 621/632; Vgl. Smith, H. (2012): Do drugs have religious import?, 18.

50 Vgl. Walsh, R. (2012): From state to trait, 28f.; Vgl. Grof, S. (2012): The potential of entheogens as catalysts of spiritual development, 39. – Zwar belegt eine Langzeitstudie in Folge von Pahnke's Good-Friday-Experiment, dass die Probanden auch etwa 30 Jahre nach der einmaligen Psilocybin-Erfahrung noch über langanhaltende, positive Effekte auf die Lebensgestaltung und persönliche Spiritualität berichten, doch werden diese Ergebnisse dadurch relativiert, dass es sich bei der homogenen Population um gut gebildete, spirituell bereits praktizierende Theologiestudierende handelte (Vgl. Doblin, R. (2012): Pahnke's Good Friday experiment, 84/93).

51 Vgl. McNamara, P. (2009): The neuroscience of religious experience, 19.

52 Vgl. Ebd. 53.

## 1.4 Kognitionspsychologische (De)Konstruktion Gottes

Für den Kognitionspsychologen und Sozialwissenschaftler BOYER verfügt das menschliche Gehirn über keinen spirituellen Trieb, über keine bestimmte Veranlagung zu spirituellem Denken, über kein Religionszentrum und auch über kein besonderes spirituelles Rindenfeld.[53] Ebenso besitzt der Mensch kein spezifisch neuronales Netzwerk, das sich mit Gedanken über Gott befasst.[54] In ihren kognitiven Fähigkeiten unterscheiden sich spirituelle Menschen überhaupt nicht von der Gruppe der Nichtspirituellen. Spirituelle Gedanken und Ideen oder Religion als Konglomerat theoretischer Vorstellungen entspringen normalen kognitiv-mentalen Anlagen Fähigkeiten und Bedürfnissen des Menschen (z.B. die Bereitschaft zur Übernahme kontraintuitiver Ideen, Anpassungsleistungen des sozialen Bewusstseins oder das abgekoppelte Denken).[55] BOYER zufolge suchen die Menschen einfach von Natur nach brauchbaren Erklärungen für Abläufe oder Ereignisse in der Welt.[56] Dazu produzieren die Erkenntnissysteme des Gehirns entsprechende Kandidaten. Alle Objekte auf die der Mensch stößt, werden mental in unterschiedliche ontologische Kategorien einsortiert, die wiederum mit bestimmten, unbewussten Erwartungen oder interpretierten Schlussfolgerungen verknüpft sind. Auch religiöse Vorstellungen arbeiten nach diesem Schema. Zusätzlich ordnen sie der ontologischen Kategorie eine neue Information oder ein weiteres Merkmal zu, die zu der mit der ontologischen Kategorie bereits gesetzten Information in einem Widerspruch steht[57], d.h. es gibt einen herkömmlichen Begriff der mit einer minimalen Variation versehen wird. Dabei ist „Unglück (.) eine der Hauptanlässe, um Vorstellungen von Göttern und Geistern zu aktivieren. (...) Wir sehen Götter und Geister mit großer Macht ausgestattet, die sie nicht zuletzt einsetzen können, um Unheil über uns heraufzubeschwören oder von uns abzuwenden. Menschen, die von einem Unglück betroffen sind, suchen nach einer Erklärung dafür und nach ein bisschen Trost; genau dies scheinen religiöse Ideen zu bieten. (...) Ein Unglück passiert, die Menschen wollen wissen, warum, und wenn sie Götter und Geister haben, lässt sich die Frage nach dem Warum beantworten."[58] Wenn sich nun Menschen Gott als einen persönlichen Akteur vorstellen, mit dem sie interagieren können, bitten sie ihn *nicht* um die Veränderung irgendwelcher, physikalischer Umstände, sondern um eine Beeinflussung anderer Menschen,

---

[53] Vgl. BOYER, P. (2004): Und Mensch schuf Gott, 373.397.

[54] Vgl. Ebd.

[55] Vgl. Ebd. 11.375; Zum gleichen Ergebnis kommt KIRKPATRICK, wenn er Religiosität resp. religiöse Bedürfnisse und Verhaltensweisen als vielfältige Begleiterscheinungen und Produkt psychischer Anpassungsleistungen wertet. Kulturelle Unterschiede in Bezug auf die Religiosität gründen in kulturspezifischen Unterschieden der psychologischen Verarbeitungssystemen der Menschen (Vgl. KIRKPATRICK, L. (2006): Religion is not an adaption, 174).

[56] Vgl. BOYER, P. (2004): Und Mensch schuf Gott, 21ff.

[57] Vgl. Ebd. 80ff.

[58] Ebd. 210.

um ihnen zu helfen.[59] BOYER zufolge handelt es sich also um eine von Menschen gemachte Formulierung oder Erfindung religiöser Begriffe, die nicht mit einer realen Gottesexistenz korrespondiert und darüber hinaus diffus oder gar widersprüchlich sein kann. So bringt es der Mensch fertig, einem „unwirklichen Nichts Wohnstatt und Namen"[60] zu geben.

Die institutionalisierte Religion repräsentiert für BOYER ein Kompositum gemeinschaftlicher Vorstellungen.[61] Die spezifischen Morallehren einer solchen Religion erwachsen aus menschengemachten, intuitiven moralischen Gewissheiten. Und dennoch müssen offizielle Lehraussagen und individuell-intuitives Gottesverständnis nicht immer deckungsgleich sein, sondern erweisen sich oft sogar konträr. Der Alltag zeigt nämlich, dass sich religiöse Gedanken weit weniger auf theoretische Aussagen der Religionen beziehen, sondern auf die Erfahrungs- und Gefühlebene. Es gibt also eine Spannung zwischen offiziellen und impliziten religiösen Vorstellungen. Kritisch bleibt ebenfalls einzuwenden, dass sich BOYER scheinbar beliebig aus spirituell-religiösen Wissensbeständen unterschiedlicher Stammeskulturen bedient, um sie zur Stützung seiner Argumentation mit jenen moderner Gesellschaften in Beziehung zu setzen. Ähnlich wie bei DAWKINS und HAMER wird der Glaube auf eine anlagebedingte Funktionalität reduziert, die Sinnperspektive eliminiert und die Realität von Transzendenz bestritten.

## 1.5 Gott als evolutionspsychologische Nebenwirkung

An die Überlegungen BOYERs lassen sich die evolutionspsychologischen Reflexionen KIRCKPATRICKs nahtlos anknüpfen. Ausgangspunkt seiner evolutionspsychologischen Analyse der Religion ist das menschliche Gehirn als fortdauerndes Selektionsergebnis und Quelle des Denkens und Verhaltens.[62] Religiöse Vorstellungen und Verhaltensweisen gründen seiner Ansicht nach in hirnorganischen Konstruktionszwecken und Arbeitsmechanismen. Dabei handelt es sich beim Gehirn und dessen Funktionsweise um das Ergebnis einer Adaption auf verschiedenste Herausforderungen der natürlichen und sozialen Umwelt. Darunter fallen die Identifikation, das Auffinden und die Einnahme von Nahrungsmitteln; die Schutzmechanismen gegenüber Raub oder Naturgewalten; die Identifikation, Beschaffung und Verteidigung geeigneter Fortpflanzungspartner oder die Gestaltung des sozialen Beziehungssystems. Diese Anforderungen wirken im Zuge der natürlichen Selektion auf die genetische Ebene zurück, indem sich Genfrequenzen modifizieren und sich Menschen mit solchen Anlagen fortpflanzen, die im Blick auf die veränderten Umweltbedin-

59 Vgl. Ebd. 175f.
60 Ebd. 398.
61 Vgl. Ebd. 390.395.
62 Vgl. KIRKPATRICK, L. (2005): Attachment, evolution, and the psychology of religion.

gungen Adaptionsleistungen erbringen, welche dem Überleben und dem reproduktiven Erfolg am besten dienen. Diese Anpassungen arbeiten sehr gezielt und sind auf spezielle Problemlagen zugeschnitten.

KIRKPATRICK vertritt die These, dass es im Zuge einer natürlichen Selektion und genetischen Modifikation nicht nur zu den beschriebenen Adaptionsvorgängen kommt, sondern gewissermaßen auch zu Nebenwirkungen, die von der natürlichen Selektion an und für sich nicht vorgesehen waren. Zu einem solchen evolutionären Nebenprodukt zählt die Religion, die nicht deshalb hervorgebracht wurde, um irgendwelche adaptive Funktionen zu erfüllen, sondern als Ergebnis anderer alltäglicher Adaptionen zu bewerten ist, die ursprünglich nicht zur Erfüllung irgendwelcher religiöser Zwecke konzipiert wurden.[63] Demzufolge ist die Religion ein Nebenprodukt wie Kunst oder Literatur.[64] Wenn die Religion jedoch keine originäre Anpassung eines natürlichen Selektionsprozesses verkörpert, scheiden zugleich andere Erklärungsansätze wie jene der kulturellen Universalität oder neurowissenschaftlichen Provenienz aus, die entweder mit genetischen Ursachen begründet werden oder den Menschen schlicht und ergreifend als neurobiologisch konzipiertes, religiöses Wesen verstehen. Tatsächlich hält KIRKPATRICK keine dieser Erklärungsansätze für zureichend, denn es gibt für ihn begründete Zweifel an der Existenz eines einzigartigen, sich speziell entwickelten, religiös-psychologischen Mechanismus. Der Mensch verfügt weder über ein Gottesmodul, noch über ein speziell religiös-psychologisches System. Überhaupt bleibt für den Kognitionspsychologen unklar, worin dessen adaptive Funktion bestehen sollte. Stattdessen sind solche religiösen Einstellungen und Verhaltensweisen als Nebenprodukt anderer Adaptionen zu begreifen, die sich im Laufe der Evolution zur Lösung alltäglicher Probleme herausgebildet haben. Der Einfluss und der Erfolg der Religion gründet in der Nutzung oder besser Umwidmung solcher psychologischer Mechanismen, die vor allem in der sozial-kognitiven Verarbeitung eine Rolle spielen. Aus evolutionspsychologischer Perspektive kommen hier Elemente des Bindungssystems sowie Strukturen der naiven Physik, der naiven Biologie und der naiven Psychologie zum Tragen. Bindungsmechanismen, die in anderen sozialen Kontexten von Belang sind, werden auf die Gottesbeziehung transferiert. Bevor also Religion als Adaptionsmechanismus qualifiziert wird, muss man zuerst fragen, ob das Phänomen nicht auf andere Weise und sogar viel sinnvoller erklärt werden könnte. Der Mensch verfügt über ein psychologisches System, dessen evolutionäre Funktion darin besteht, das Überleben hilfebedürftiger Nachkommen und die elterliche Fürsorge und Verfügbarkeit zu fördern. Dieser zwischenmenschliche Mechanismus wird genutzt und um weitere kognitiv-kontraintuitive Elemente des Denkens an Götter (oder andere religiöse Figuren) ergänzt, denn ein wichtiger Aspekt von Religion ist ja das In-Beziehung-Stehen mit übernatürlichen

[63] Vgl. Ebd. 234.
[64] Vgl. Ebd. 235.

Wesen sowie einer Nutzung der daraus resultierenden positiven Effekte. Daraus entwickeln sich dann religiöse Ideen und Verhaltensweisen. Religion stützt also als Nebenprodukt das Bindungssystem und andere psychologische Effekte.[65] Mit Rekurs auf BOWLBY gibt es für KIRKPATRICK drei Hauptursachen zur Aktivierung des Bindungssystems: (1) Furcht, Angst oder stressauslösende Umweltereignisse; (2) Krankheit, Unfälle oder Erschöpfung sowie (3) die Trennung, Unverfügbarkeit, Verlust oder auch die Gefahr einer Isolierung von einer Bindungsperson.[66] Der Religion kommt insbesondere bei psychischem Stress, in Gesundheits- oder Lebenskrisen, während der Trauerphase um eine verlorene Bindungsperson oder in Zeiten der Angst um den eigenen Tod eine besondere Bedeutung zu, da der Mensch in solchen Phasen nach bindungs-stabilisierenden Erfahrungen strebt.[67] Gott kommt hier als sichere, alternative Anbindungsfigur ins Spiel, denn der religiöse Glaube verleiht die fehlende Kraft zur Krisenbewältigung. [68] Grundvoraussetzung zur Anwendbarkeit der Bindungstheorie auf den religiösen Sektor ist die Möglichkeit zur Kontaktaufnahme mit Gott sowie die Fähigkeit zur Wahrnehmung religiöser Erfahrungen seitens des Menschen. Erst unter diesen Voraussetzungen wendet sich der Mensch Gott zu und erlebt Gefühle des Wohlbefindens, der Geborgenheit und der Zufriedenheit – vergleichbar mit sicheren menschlichen Beziehungen.[69] Umgekehrt können sich in der vertikalen Gestaltung resp. den Erwartungen an die Bindung mit Gott auch jene individuellen Unterschiede in der Beziehungsgestaltung wiederfinden, wie sie auf der horizontal-menschlichen Ebene gelebt werden.[70]

Kritisch räumt KIRKPATRICK selbst ein, dass das Bindungssystem oder das Bindungsbedürfnis des Menschen nur eines von vielen psychischen Systemen ist, das im religiösen Denken, Fühlen und Handeln des Menschen wirksam wird. Die Bindungstheorie BOWLBYs erscheint also im Blick auf die Religionspsychologie ergänzungsnotwendig. Darum werden neben der Bindungstheorie weitere, so genannte mittlere Theorien mit Bezug auf Themen der Unterordnung, der Sippenselektion, dem sozialen Austausch, über Macht und Ansehen, dem wechselseitiger Altruismus oder den Dynamiken der Gruppenzugehörigkeit relevant. Eine rein motivationale Begründung menschlicher Religiosität (z.B. zur Sinnstiftung oder Angstreduktion) greift dagegen zu kurz, da sie offen lässt, warum eine solche Sinnstiftung oder Angstreduktion erleichternd sein soll.

Alle von KIRKPATRICK dargebotenen Erklärungsansätze zum religiösen Phänomen finden ihren metatheoretischen Bezugsrahmen unter dem Dach einer evolutionären Psychologie, die wichtige Forschungsfragen definiert und

---

65 Vgl. Ebd. 237.

66 Vgl. Ebd. 61.146/153; Vgl. BOWLBY, J. (1969): Attachment and loss.

67 Vgl. KIRKPATRICK, L. (2005): Attachment, evolution, and the psychology of religion, 62ff.

68 Vgl. Ebd. 63f.

69 Vgl. Ebd. 61.69.

70 Vgl. Ebd. 104ff.114f. KIRKPATRICK verweist im Zusammenhang menschlicher Bindungserfahrungen und Religiosität auch auf das Korrespondenz- und Kompensationsmodell (Vgl. Ebd. 132).

einen spezifischen Wissenskorpus bereitstellen will.[71] Dazu weicht sie klassische, subdisziplinäre Grenzen der Psychologie auf und bringt sie in den Dialog mit Nachbardisziplinen wie der Anthropologie oder der Biologie. Aus evolutionsbiologischer Sicht kommt der Religiosität keine Rolle als eigenständiger, sich adaptiv direkt oder indirekt auf die Reproduktion positiv auswirkender Mechanismus zu.[72] Natürliche Selektion ist für Wirkungen des Wohlbefindens oder der Angstreduktion blind. Auch wenn sich solche Faktoren auf die körperliche Gesundheit oder die Lebensdauer auswirken mögen, so haben sie doch keinen unmittelbaren Effekt auf das Paarungsverhalten und die Reproduktion. Für KIRKPATRICK birgt die Religion überhaupt keinen Gruppenvorteil und fördert auch nicht die Kooperation innerhalb einer Gruppe, denn eine solche theoretische Herleitung zeigt sich als zu komplex und schwierig.[73] Insgesamt werden religiöse Glaubenseinstellungen durch psychologische Mechanismen und Systeme konstruiert, gestaltet und aufrechterhalten, die sich bereits zu einem sehr frühen Zeitpunkt der menschlichen Entwicklungsgeschichte herausgebildet haben, um alltägliche Herausforderungen zu bewältigen. BOYER und KIRCKPATRICK stehen für einen (psychologischen) Determinismus, demzufolge sich für den Menschen als freihandelndes Wesen die religiöse Frage im eigentlichen Sinn nicht stellt, sondern letztlich nur das Täuschungsprodukt psychologischer Prozesse verkörpert resp. darauf rückführbar ist.

Gegen KIRKPATRICKs Verständnis einer Religion als Neben- oder Abfallprodukt, kann aus evolutionsbiologischer Sicht eingewandt werden, dass nichts überflüssiges oder zweckfreies in der Welt existiert. Zum anderen würdigt und erläutert KIRKPATRICK zwar die (psychologische) Innenperspektive menschlichen Erlebens und Verhaltens, weist jedoch eine Rückführung des subjektiven Erlebnisgehalts auf Gott zurück, eine Einschätzung, die vor dem Hintergrund der Qualia- resp. Bewusstseinsdebatte auch anders gedeutet werden könnte.

## 1.6 In dubio pro reo? – Die Unentscheidbarkeit transzendenten Seins

Weitaus vorsichtiger als SINGER, BOYER, MCNAMARA oder KIRKPATRICK fällt bei NEWBERG die Interpretation neurowissenschaftlicher und kognitionspsychologischer Befunde aus.[74] Der US-amerikanische Hirnforscher, Radiologe und Religionswissenschaftler gilt als Pionier der Neurotheologie, die von einer Gleichwertigkeit religiösen und naturwissenschaftlichen Wissens ausgeht, das jedoch vernünftig, wissenschaftlich aufzuweisen ist. Im Dialog mit

[71] Vgl. Ebd. 88.
[72] Vgl. Ebd. 224f
[73] Vgl. Ebd. 226f.
[74] Vgl. NEWBERG, A. et al. ($^{2}$2003): Der gedachte Gott.

verschiedenen Wissensdisziplinen, will die Neurotheologie das Zusammenspiel zwischen Gehirn und Theologie resp. Verstand und Religion erforschen.

Gemeinsam mit anderen Forschern gelang NEWBERG die bildliche Darstellung aktiver Hirnregionen während einer tiefer Meditationserfahrung, indem den Probanden im Augenblick der tiefsten Versenkung radioaktive Substanzen injiziert und dann das Durchblutungsmuster der Hirnregionen mittels bildgebendem Verfahren (SPECT-Kamera) erfasst wurde.[75] Dabei zeigte sich eine ungewöhnliche, signifikant zurückgefahrene Aktivität im oberen Scheitellappen, der dem Menschen zur räumlichen Orientierung dient. Die Forscher schlussfolgerten daraus, dass mystische Erfahrungen real und naturwissenschaftlich nachweisbar sind. NEWBERG et al. unterstreichen mit ihren Forschungen die neuronalen Grundlagen von Spiritualität, denn Wahrnehmung, Geist und Gehirn sind auf engste miteinander verknüpft. Das, was der Mensch mit seinem Geist als Realität bezeichnet, wird vermittelt wahrgenommen, denn „alles, was der Geist wahrnimmt – sämtliche Gedanken, Gefühle, Ahnungen, Erinnerungen, Erkenntnisse, Bedürfnisse und Offenbarungen – wurde von den Verarbeitungskräften des Gehirns aus den umherwirbelnden Nervenimpulsen, Sinneseindrücken und wirren Wahrnehmungen, die in seinen Strukturen und Nervenbahnen auftreten, Stück für Stück zusammengesetzt."[76] Vor diesem Hintergrund weisen NEWBERG et al. darauf hin, dass auch das tatsächliche Vorhandensein einer transzendenten Wirklichkeit im Gehirn ja nur jene messbaren Charakteristika erzeugen könnten, wie auch bei anderen Wahrnehmungen des Geistes.[77] Gott findet nur über das Gehirn einen Weg zum Menschen. Wie muss man sich das vorstellen?

Während einer tiefen mystischen Erfahrung werden NEWBERG et al. zufolge bestimmte Hirnregionen voneinander abgekoppelt; mit der Folge, dass sie dann nicht mehr unter dem Einfluss anderer, benachbarter Regionen stehen und die eigenen Impulse eine Eigendynamik entwickeln. So führt die Abschaltung oder Isolierung des Orientierungssystems zu einem Verlust des Raum-Zeit-Gefühls oder zur sogenannten ‚unio mystica'. Um einen solchen Zustand zu erreichen, können zwei Wege beschritten werden: (1) Durch die Befreiung/das Los-Lassen von Gedanken, wobei sich die Aufmerksamkeit auf das Nicht-denken richtet, oder (2) durch die Konzentration auf ein Objekt (ein Bild, eine Figur, ein religiöses Symbol, eine Person, ein Geräusch oder ein Wort). Über beide Kanäle kann ein Zustand des Raum-Zeit-Verlustes erreicht werden. Während einer solchen absoluten Einheitserfahrung wird ein reines Bewusstsein erfahren, d.h. ein Bewusstsein ohne Inhalt, das weder subjektiv noch objektiv erlebt wird – ein Zustand, in dem für den Menschen die Kategorien Subjekt und Objekt aufgehoben sind. Ein derartiges *reines Bewusstsein* liegt der Unterscheidung oder Wahrnehmung von Subjektivität und Objektivität voraus, d.h. die Subjekt-Objekt-Kategorienbildung erfolgt erst in einem

---

[75] Vgl. Ebd. 9/16.
[76] Ebd. 56.
[77] Vgl. Ebd. 57.

zweiten Schritt danach. Diverse Assoziationsfelder des Gehirns tragen nun entscheidend dazu bei, das menschliche Bewusstsein gegenüber mystischen Erfahrungen zu öffnen, was durch die bereits eingangs erwähnten Untersuchungen der Gehirnaktivitäten während tiefer Meditationserfahrungen erwiesen wurde: Das Orientierungsfeld, das Aufmerksamkeitsfeld und das sprachlich-begriffliche Assoziationsfeld waren aktiviert.[78]

NEWBERG vertritt die Position, dass im Blick auf ein tieferes Verstehen spiritueller Erfahrungen sowohl die phänomenologischen als auch die physiologischen Aspekte in einer Zusammenschau bedacht und berücksichtigt werden müssten. Die Biologe trägt zur naturwissenschaftlichen Erklärung spiritueller Erfahrung bei; die spirituelle Deutung eröffnet ein tieferes Verständnis der menschlichen Person. „Dass das absolute Einssein real ist, ist kein endgültiger Beweis für die Existenz eines höheren Gottes, doch es spricht sehr dafür, dass das menschliche Leben mehr umfasst, als das rein Materielle. Unser Geist wird von der Ahnung dieser tieferen Wirklichkeit angezogen, diesem äußersten Gefühl der Einheit, in dem alles Leid aufhört und alles Begehren Frieden findet. Solange unser Gehirn so eingerichtet ist, wie es ist, und solange unser Geist diese tiefere Wahrheit zu spüren vermag, wird die Spiritualität die menschliche Existenz weiterhin prägen, und Gott – egal was wir unter diesem majestätischen, mysteriösen Begriff verstehen – wird nicht verschwinden.“[79]

## 1.7 Zusammenfassung

Der Gang durch die ausgewählten (natur)wissenschaftlichen Positionen unterstreicht die Bedeutung von Spiritualität bis in die Gegenwart. Dabei legt die Diversität der (natur)wissenschaftlichen Erklärungsansätze schon beinahe ihre eigene Selbstrelativierung nahe und spricht eher für eine Zurückhaltung als für eine Verabsolutierung einer Position. Viele wissenschaftliche Erklärungsversuche mögen dafür sprechen, dass Gott innerhalb und nicht außerhalb des Kopfes existiert; dass Gott also nicht die Gehirne geschaffen hat, sondern die Gehirne ihn. Die Frage, ob Gott tatsächlich existiert oder ob es sich nur um eine rein neuronale Fiktion handelt, kann naturwissenschaftlich bis dato nicht beantwortet werden. Denn auch das (reale) Vorhandensein einer transzendenten Wirklichkeit außerhalb des Menschen kann im Gehirn nur jene Effekte erzeugen, die so messbar sind, wie eben auch andere Wahrnehmungen durch den Geist. So sind unterschiedliche Mess- und Darstellungsverfahren relativ konsistent darin, dass spirituelle Praktiken in einem Zusammenhang mit Aktivitäten im präfrontalen und temporalen Lappen (insbesondere in der rechten Hirnregion) sowie dem limbischen System stehen und auch die Dopamin- und

[78] Vgl. Ebd. 44/50.
[79] Ebd. 234.

Serotoninsysteme involviert sind. Ebenso werden Amygdala (emotionales Erleben) und Hippocampus (Aufmerksamkeit und Erinnerung) eingebunden. Insofern die Parietallappen im Zuge einer ausgeprägt religiösen Erfahrung ihre Aktivitäten herabsetzen, verändern sich räumliche Wahrnehmung und jene des eigenen Selbst. Unbestritten ist also die Wahrnehmung von spirituell gedeuteten Momenten durch das menschliche Bewusstsein an sich sowie die Rückkoppelung eines solchen Bewusstseins an das Gehirn. Insofern spezifische Hirnregionen die notwendige biologische Grundlage von Spiritualität bilden, führen alle organischen Veränderungen oder Störungen der neurochemischen Prozesse auch zu einer Veränderung in der Wahrnehmung der spirituellen Dimension. Aber selbst wenn das, was als Spiritualität bezeichnet wird, an organisches Geschehen resp. neuronale Aktivitäten rückgebunden ist, sagt das noch lange nichts über die Nichtexistenz oder Existenz Gottes aus. So lässt sich bestenfalls das ‚Wie' hirnorganischer Prozesse, letztlich aber nicht das ‚Warum"' abschließend (natur)wissenschaftlich erklären. Ob Gott also existiert oder nicht, lässt sich mit den Methoden der (Natur)Wissenschaft weder belegen noch widerlegen. Die im mystisch-spirituellen Modus erfahrene Wirklichkeit ist naturwissenschaftlich nicht beweisbar und wird daher von streng materialistisch orientierten Forschern auch nicht als real angesehen werden können. Während einige daraus schließen, dass Gott als reines Produkt des menschlichen Gehirns zu gelten hat, sehen andere Forscher in einer substanzgeschuldeten Aktivierung des religiösen Zentrums keine zwingende Widerlegung der Existenz Gottes. Sie vermeiden Totalaussagen und bleiben dadurch offen – auch mit hoher Anschlussfähigkeit an die biblisch-theologische Anthropologie. Darüber hinaus erinnern die neurobiologischen Überlegungen daran, dass Bewusstsein und Körper eng miteinander verbunden sind; dass ein Selbst immer nur verleiblicht begegnen kann. Das Gehirn spielt also eine wichtige Rolle für das kognitive Begreifen von Spiritualität, für das spirituelle Erleben, die spirituellen Ausdrucksformen, das spirituell-ethisch motivierte Handeln und schließlich für das menschliche Wohlbefinden insgesamt. Dabei unterscheidet sich eine spirituelle Deutung von einer nicht-spirituellen Interpretation der Wahrnehmungsvorgänge nur insofern, als dass die erstgenannte auf eine transzendente Größe rekurriert. Mit dem verleiblichten Erleben der spirituellen Dimension des Menschen und ihrer Evidenz setzt sich das folgende Kapitel auseinander.

# 2. Spiritualität kein Placebo-Effekt!

## 2.1 Spiritualität als Teilbereich des Quality-of-Life-Konzepts und Ressource in der Krankheitsbewältigung

Ist Spiritualität empirisch erforschbar? Besteht ein nachweisbarer Zusammenhang zwischen Spiritualität und gesundheitlichem Wohlbefinden? Welche Rolle kommt der spirituellen Dimension im Prozess der Krankheitsbewältigung (Coping) zu? Und schließlich: Gibt es theoretische Ansätze, die dazu diskutiert werden? – Solchen Fragen stellt sich das folgende Kapitel. Als wirkmächtige Konzeptionen werden dazu exemplarisch das Quality-of-Life-Konzept, das transaktionale Stressmodell und – als Sonderfall der Stressbewältigung – das spirituelle Coping skizziert, um dann im Rahmen einer Literaturanalyse zu prüfen, inwieweit Spiritualität für kranke Menschen in der Krankheitsbewältigung empirisch nachweisbar von Bedeutung ist. Im Blick auf die Erörterung des Quality-of-Life-Konzepts geht es dabei auch um eine kompakte Darlegung von dessen gesellschaftlicher Genese, die – wie sich später in Kapitel IV dieser Arbeit noch zeigen wird – auch als ein Bedingungsfaktor des Stellenwerts von Spiritualität innerhalb der Pflege gilt. Erst die gesellschaftspolitische Auseinandersetzung mit dem Thema Lebensqualität rückte die Bedeutung von Spiritualität für das menschliche Wohlbefinden in das öffentliche Bewusstsein und regte die Entwicklung von Instrumenten zur Erforschung des Zusammenhangs zwischen Spiritualität und erfahrener Lebensqualität an.

### *2.1.1 Das Quality-of-Life-Konzept*

Eine öffentliche Diskussion über das Thema Lebensqualität setzt in den USA mit einer Rede von Präsident JOHNSON im Jahr 1964 ein. Im Rahmen einer Wahlkampfansprache zählt der Präsident Aspekte auf, die zum persönlichen und gesellschaftlichen Wohlergehen beitragen.[80] Die Rede JOHNSONs im Madison Square Garden bringt dabei den Faktor Lebensqualität auf die öffentliche Agenda. Fünf Jahre später veröffentlicht das U.S. DEPARTMENT OF HEALTH, EDUCATION AND WELFARE einen Bericht über die gesellschaftliche Situation in den USA.[81] Neben den gängigen Indikatoren aus Wirtschaft, Gesundheit, öffentlicher Ordnung und zur sozialen Lage (Armutsrate) zeigt sich die Behörde davon überzeugt, dass ein Ermittlungsbedarf weiterer sozialer

---

80 Vgl. JOHNSON, L.B. (1964): Remarks of Madison Square Garden.

81 Vgl. U.S. DEPARTMENT OF HEALTH, EDUCATION AND WELFARE (1969): Toward a social report, 95.

Indikatoren besteht.[82] Zwei Jahre später tritt im April 1971 die erste ,White House Conference on Youth' zusammen.[83] Dort optiert die Arbeitsgruppe ,Values, Ethics and Culture' dafür, „that every person has the right to worship and believe in any transcendent being, beings or force(s) in any manner not detrimental to others, without fear of suffering in any way, be it social, economic, or physical."[84] Weiter zeigen sich die Tagungsteilnehmer davon überzeugt, dass Religion „as the patterns of thought and the way of life stemming from faith and belief in a transcendent being(s) or force(s) – tends to nurture, enrich and strengthen ethical values, and therefore is urgently necessary to social progress and national welfare."[85] Im November 1971 tagt unter Präsident NIXON eine ,White House Conference on Aging', die sich ebenfalls mit dem Thema Lebensqualität auseinandersetzt. Bewusst wählt die vorbereitende Expertengruppe den Begriff des ,spiritual well-be-ing', denn „in referring to man's spiritual well-being, we consider those aspects of life (...) pertaining to man's inner resources, especially his ultimate concern the basic value around which all other values are focused, the central philosophy of life – whether religious, anti-religious, or non-religious – which guides a person's conduct, the supernatural and non-material dimensions of human nature."[86] Spirituelles Wohlbefinden umfasst hier die Befriedigung von Bedürfnissen aus dem Bereich des Immateriellen und darf aus dem Gesamt der Überlegungen zum Streben nach menschlicher Erfüllung nicht ausgespart bleiben, denn auch die spirituelle Dimension ist Teil menschlicher Natur.[87] Um religiöse oder konfessionelle Reduktionismen zu vermeiden findet der Begriff des ,Spiritual-well-being' Aufnahme in das Abschlussdokument der Konferenz, wenngleich sich inhaltlich immer noch eine große Nähe zum Bereich des klassisch Religiösen zeigt.[88]

Angeregt durch gesellschaftspolitische Diskussionen beginnt sich auch die Soziologie eingehender mit dem Lebensqualitätskonzept zu befassen. Für MCCALL atmet das Konzept drei Momente: (1) Erfüllte Bedürfnisse, die für jeden Menschen zutreffend sind (general happiness requisites); (2) Befriedigte Bedürfnisse des Einzelnen (idiosyncratic happiness requisites); und (3) das Ausmaß gegenwärtig erfüllter Bedürfnisse (happiness itself).[89] Da die individuellen Bedürfnisse recht verschieden, oft sogar widersprüchlich sind, kann

---

82 Vgl. Ebd. 101.

83 Vgl. REPORTS OF THE WHITE HOUSE CONFERENCE ON YOUTH (1971). Seit dem Jahr 1909 fanden in den USA in einem 10-jährigen Rhythmus solche Konferenzen für Kinder und Jugendliche statt.

84 Ebd. 245.

85 Ebd.

86 WHITE HOUSE CONFERENCE ON AGING (1971), 35.

87 Vgl. Ebd.

88 Vgl. NATIONAL RETIRED TEACHERS ASSOCIATION (1971): The 1971 White House Conference on aging: the end of a beginning?, 57. Die erste ,White House Conference on Aging' tagte im Jahr 1961.

89 Vgl. MCCALL, S. (1975): Quality of life, 234; MCCALL bezieht sich bei den ersten beiden Kriterien auf RESCHER. Für RESCHER umfasst (1) *Consensus happiness requisites* jene Bereiche, die für eine Gruppe von Menschen einer bestimmten Region und Gesellschaft von Bedeutung sind

sich McCALL zufolge das QOL-Konzept nur auf den Grad jener befriedigter Bedürfnisse beziehen, die für alle Menschen innerhalb einer Gesellschaft oder Region Gültigkeit besitzen.[90]

Demgegenüber erstreckt sich für den Wirtschafswissenschaftler LIU das QOL-Konzept sehr wohl neben materiell bestimmbaren Gütern auch auf immateriell-spirituelle Komponenten.[91] Diese spirituellen Faktoren seien zwar aufgrund eines Mangels an geeigneten Erhebungsinstrumenten derzeit noch nicht quantitativ bestimmbar; die erfahrene soziale Lebensqualität könne jedoch nur aus einer Zusammenschau materieller und nicht-materieller Daten ermittelt werden.[92] Zu einem ähnlichen Ergebnis kommen im Jahr 1978 die Soziologen MOBERG und BRUSEK. Obwohl theoretische Abhandlungen und empirische Studien auf einen Zusammenhang zwischen religiösen Glaubensüberzeugungen, Religionszugehörigkeit und Religionsausübung sowie persönlicher Anpassungsfähigkeit, Lebenssinn, Glück und Zufriedenheit hindeuten, erfährt die religiöse Dimension insgesamt kaum eine Berücksichtigung als anthropologische Variable im Rahmen der so genannten „social indicator movement"[93] oder im Zuge der Erhebung erfahrener Lebensqualität.[94] Als mögliche Gründe für diese Leerstelle führen MOBERG/BRUSEK verschiedene Faktoren ins Feld[95]: Die geringe Bereitschaft zur staatlichen Förderung solcher Forschungsvorhaben aufgrund der verfassungsmäßig verankerten Trennung zwischen Staat und Kirche; den Mangel einer allgemein anerkannten Definition von Lebensqualität (QOL); konzeptionelle Probleme im Blick auf die Weite des Religionsbegriffes sowie nicht zuletzt – wie LIU – die Inexistenz geeigneter Erhebungsinstrumente. Um potentiellen Schwierigkeiten von Forschungseinrichtungen und Forschern mit dem Religionsbegriff zu begegnen, postulieren MOBERG/BRUSEK die Konzentration auf das Konzept des spirituellen Wohlbefindens (Spiritual Well-Being; SWB). „Even more important, however, is the fact that SWB is closer to the ultimate goals of religious institutions than most indicators of religiosity."[96] MOBERG/BRUSEK zufolge konstituiert sich ein solches spirituelles Wohlbefinden aus zwei Dimensionen[97]: (1) Einer vertikalen Dimension, die sich auf das Wohlbefinden des Einzelnen

---

(z.B. allgemeines gesundheitliches Wohlbefinden, Vermögenswerte, Umgebungsqualität (Umweltfaktoren, gesellschaftliche und politische Rahmenbedingungen), Status, Arbeitszufriedenheit, persönliche Freiheit oder Freizeitgestaltungsmöglichkeiten. Davon zu unterscheiden sind die (2) *Idiosyncratic happiness factors*, die nach Einschätzung des einzelnen in seinem ganz persönlichen Bereich für seine Lebenszufriedenheit relevant sind (Vgl. RESCHER, N. (1972): Welfare, 62f).

90 Vgl. McCALL, S. (1975): Quality of life, 235.

91 Vgl. LIU, B.-C. (1975): Quality of life: concepts, measure and results, 3.

92 Vgl. Ebd. 4.

93 MOBERG, D./BRUSEK, P. (1978): Spiritual well-being, 314.

94 Vgl. O'DEA, T. (1966): The sociology of religion; Vgl. YINGER, J.M. (1970): The scientific study of religion; Vgl. NOTTINGHAM, E. (1971): Religion.

95 Vgl. SHELDON, E.B./FREEMAN, H.E. ([6]1972): Notes on social indicators, 166/173; Vgl. MOBERG, D./BRUSEK, P. (1978): Spiritual well-being, 310/312.

96 Ebd. 313.

97 Vgl. Ebd. 303/323.

im Blick auf seine Beziehung zu Gott bezieht; und (2) einer horizontalen Dimension, die abseits irgendwelcher besonderen religiösen Bezüge auf die individuelle Erfahrung von Lebensziel und Lebenszufriedenheit rekurriert. Auch wenn diese beiden Ausrichtungen theoretisch klar unterscheidbar sind, kann im Menschen dennoch eine wechselseitige Beeinflussung nicht ausgeschlossen werden, da beide ihren Ursprung im menschlichen Geist haben. Im Blick auf eine wissenschaftliche Untersuchungen des menschlichen Wohlbefindens müssten also auch potentielle Schnittmengen beider Perspektiven bedacht werden. Zudem existiert die spirituelle Dimension nicht isoliert von psychischen oder körperlichen Anteilen, sondern korreliert mit anderen Bereichen des Mensch-Seins.

Im Jahr 1979 legt MOBERG Indikatoren zur Bestimmung des Ausmaßes spirituellen Wohlbefindens vor, verknüpft mit der Hypothese, dass Menschen mit spirituellem Wohlbefinden eher zu einer positiven Einschätzung des körperlichen und psychischen Wohls neigen.[98] Etliche Jahre später befasst sich auch die Weltgesundheitsorganisation mit Fragen der Lebensqualität. Obwohl die WHO bereits im Jahr 1997 ein Instrument zur Einschätzung der Lebensqualität vorlegt (WHOQOL-100), das eine Domäne zu Spiritualität und Religion einschließt, hält die spirituelle Dimension aber erst im Zuge der BANGKOK-CHARTA im Jahr 2005 Einzug in ein offizielles WHO-Dokument.[99] Laut WHO-Resolution ist Gesundheit nunmehr ein Bestimmungsfaktor menschlicher Lebensqualität, der auch das psychische und spirituelle Wohlbefinden umfasst.[100]

### *2.1.2 Erschließungen des Phänomens Krankheitsbewältigung*

Die Konfrontation mit einer schweren oder lebensbedrohlichen Erkrankung führt Menschen an ihre körperlichen und emotionalen Grenzen. Vieles bisher Tragende steht für den einzelnen plötzlich auf dem Prüfstein: Das Selbstbild und die sozialen Beziehungen; Werteorientierungen und Priorisierungen; Zukunftsentwürfe und Hoffnungen. Alle Lebensbereiche können von solchen Anfragen betroffen sein. Aus den Veränderungen des Gesundheitszustandes, den therapeutischen Behandlungsfolgen und den möglichen sozialen Stigmatisierungen ergeben sich Belastungen, die so noch nicht durchlebt wurden. Die kranken Menschen müssen sich neu orientieren und Formen finden, um mit den veränderten Bedingungen zurechtzukommen. Sie werden mit krankheitsspezifischen Symptomen und behandlungsbezogenen Nebenwirkungen

---

98 Vgl. MOBERG, D. (1979): The development of social indicators of spiritual well-being for quality of life research, 1/14.

99 Die sechs übergeordneten Domänen zur Bestimmung der Lebensqualität sind nach WHO-Definition: (1) Die körperliche Dimension; (2) die psychische Dimension; (3) der Grad individueller Eigenständigkeit; (4) soziale Beziehungen; (5) Umgebungsfaktoren sowie (6) Spiritualität/Religion/persönliche Überzeugungen (Vgl. THE WHOQOL GROUP (1998): The World Health Organization quality of life assessment, 1572).

100 Vgl. WHO (2005): The Bangkok Charter for health promotion in a globalized world.

konfrontiert. Sie erleben Ängste und machen Stresserfahrungen. In einer solchen Lage beginnen sich Menschen neu mit Lebenszeit-, Sinn- und Zukunftsfragen zu beschäftigen und nach Wegen emotionaler Stabilität und Quellen der Kraft zu suchen – auch spirituellen Ressourcen.

#### *2.1.2.1 Das transaktionale Stressmodell*

Was den Betroffenen dabei hilft, mit ihrer Erkrankung und den damit verwobenen Erfahrungen umzugehen, kann so unterschiedlich sein, wie auch die Belastungen individuell verschieden erlebt werden. Zur wissenschaftlichen Erschließung des Phänomens ‚Stressverarbeitung' existieren inzwischen verschiedene theoretische Zugänge.[101] Einen bedeutenden Erklärungsansatz liefern LAZARUS/FOLKMAN mit ihrem transaktionalen Stressmodell, das den menschlichem Umgang mit Stressanforderungen zu erklären sucht. Die beiden Forscher analysieren die sich ständig verändernden kognitiven und verhaltensbezogenen Bemühungen eines Menschen, um mit spezifischen externen und/oder internen Anforderungen zurechtzukommen, die entweder mittels vorhandener Ressourcen bewältigt werden oder eben darüber hinausgehen und den Betroffenen überfordern können.[102] Das Ausmaß, in dem eine Situation als stressproduzierend erlebt wird, hängt dabei nicht nur von der stressauslösenden Situation an sich, sondern auch von der jeweiligen Person, ihren kognitiven Bewertungen und dem Kontext ab.
LAZARUS/FOLKMAN unterscheiden drei Stufen innerhalb des Gesamtprozesses. In einer ersten Einschätzung wird eine Situation aufgrund persönlicher Erfahrungen, Überzeugungen und Werthaltungen entweder als irrelevant, positiv oder bedrohlich eingestuft. Handelt es sich um eine gefährdende Belastungssituation, prüft der Betroffene in einem zweiten Schritt die persönlichen Möglichkeiten und Fähigkeiten zur Bewältigung, d.h. er sucht nach geeigneten Strategien zur Bearbeitung der als belastend erlebten Situation – auch ‚Coping' genannt. Die erfolgreiche Bewältigung hängt dabei von der Quantität und Qualität vorhandener Ressourcen sowie der eingesetzten Strategie ab. Als Coping-Ressourcen gelten unmittelbar vorhandene Mittel (z.B. physische Gesundheit, mentale Kräfte, positive Lebenseinstellung, Problemlösungsstrategien, soziale Fähigkeiten, soziale Unterstützung, materielle Güter) oder auch Kompetenzen zur Erschließung von Ressourcen, die zur Bearbeitung benötigt werden – aktuell aber noch nicht verfügbar sind.[103] Idealtypisch differenzieren LAZARUS/FOLKMAN zwei Arten von CopingStrategien[104]: (1) Eine problemorientierte und (2) eine emotionsorientierte Verarbeitung. Die problembezogene Bewältigung sucht das bestehende Problem auszuräumen und dadurch

---

[101] Zum Beispiel das transaktionale Stressmodell von LAZARUS/FOLKMAN (1984), das Salutogenesekonzept von ANTONOVSKY (1997) oder die Resilienztheorie nach CYRULNIK (2007).

[102] Vgl. LAZARUS, R./FOLKMAN, S. (1984): Stress, appraisal, and coping, 141.

[103] Vgl. Ebd. 158ff.

[104] Vgl. Ebd. 150ff.

die vorhandenen inneren Belastungen zu überwinden. Demgegenüber zielt eine emotionsorientierte Bearbeitung auf eine Abmilderung bestehender affektiver Belastungsmomente (u.a. durch die Förderung von Hoffnung und Lebensmut oder durch eine distanzierende Ausblendung des Stressors).[105] Schließlich findet in einer dritten Phase des Stressbewältigungsprozesses eine erneute Bewertung statt, d.h. Erfolg der eingesetzten Bewältigungsstrategie und Gefährdungspotential der Situation werden neu eingeschätzt.[106] Damit beginnt der Regelkreis von neuem, bis eine Situation nicht mehr als bedrohlich und stressauslösend erlebt wird.

Später arbeitet FOLKMAN das Moment der Neubewertung in der dritten Phase des transaktionalen Stressmodells noch stärker heraus. Ein noch bestehender negativer Lebensumstand erhält eine positive Sinnzuschreibung und/oder wird als Herausforderung begriffen.[107] Unrealistische Ziele werden vom einzelnen aufgeben und neu formuliert. Der Mensch versteht, was passiert und entdeckt darin auch Positives[108]: Einen Zuwachs an Weisheit und Glauben; verbesserte soziale Beziehungen; innere Stärke; ein höheres Selbstwertbewusstsein oder ein stärkeres Selbstwertgefühl. Auf diese Weise erwachsen aus stressbeladenen Situationen positive, bedeutungsvolle Alltags- und/oder personale Transformationserfahrungen, die nicht nur einen besseren Umgang mit dem Stressor ermöglichen, sondern auch zu einer Stressunterbrechung beitragen, die zu weiteren Bewältigungsanstrengungen motivieren.[109]

Bereits LAZARUS/FOLKMAN hatten in ihrem Modell im Zuge der Erörterung personenbezogener Einschätzungs- und Bewertungsprozesse auch existentielle Überzeugungen bedacht (wie z.B. den Glauben an Gott, an das Schicksal oder an eine ordnende Natur innerhalb des Universums, die Menschen dazu befähigen, in ihrem Leben Sinn zu finden und Hoffnung aufrecht zu erhalten), doch arbeitet wiederum erst FOLKMAN später den Beitrag spiritueller Glaubensauffassungen und Praktiken als positive Ressourcen innerhalb des Bewältigungsprozesses prägnanter heraus.[110] FOLKMAN belegt den signifikanten Zusammenhang zwischen spirituellen Faktoren und einer positiven Neubewertung von Stresssituationen.[111] Spirituelle Glaubensauffassungen, Erfahrungen und Rituale unterstützen die positive Neubewertung einer als schwierig erlebten Situation und eine solche Einschätzung fördert wiederum

---

105 Vgl. LAZARUS, R./FOLKMAN, S. (1984): Stress, appraisal, and coping, 150f; Vgl. LAZARUS, R. (1993): Coping theory and research, 238; Vgl. FOLKMAN, S. (1997): Positive psychological states and coping with severe stress, 1209/1212.

106 Vgl. LAZARUS, R./FOLKMAN, S. (1984): Stress, appraisal, and coping, 150ff.

107 Vgl. FOLKMAN, S. (1997): Positive psychological states and coping with severe stress, 1212f; Vgl. Dies./GREER, S. (2000): Promoting psychological well-being in the face of serious illness, 12f.

108 Vgl. Ebd. 13f.

109 Vgl. FOLKMAN, S. (1997): Positive psychological states and coping with severe stress, 1215ff; Vgl. Dies./GREER, S. (2000): Promoting psychological well-being in the face of serious illness, 12f.

110 Vgl. LAZARUS, R./FOLKMAN, S. (1984): Stress, appraisal, and coping, 77.

111 Vgl. FOLKMAN, S. (1997): Positive psychological states and coping with severe stress, 1214.

positive Gefühle und Gemütszustände.[112] Darüber hinaus kann der einzelne durch den Einbezug spiritueller Glaubensauffassungen und Erfahrungen neuen Lebenssinn entdecken.[113] Zudem wird Spiritualität auch in problem- und emotionsbezogenen Bewältigungsstrategien als Ressource wirksam.[114] Eine negative Stresssituation mag also die Betroffenen bewusst oder unbewusst dazu motivieren, positive und damit entlastende Faktoren zu mobilisieren und fruchtbar werden zu lassen, auch wenn die bestehende Kernbedrohung (z.B. die Krankheit) an sich nicht ausgeräumt werden kann.

#### *2.1.2.2 Das religiöse Coping*

LAZURUS/FOLKMAN stellen mit ihren Studien einen Rahmen bereit, der auch anderen konzeptionellen Überlegungen Anschlussmöglichkeiten bietet.[115] Seit Jahrzehnten untersucht PARGAMENT die Bedeutung der Religion im Leben der Menschen.[116] Als Suche nach und Kontakt mit dem Heiligen unterstützt sie den einzelnen auf vielfältige Weise.[117] Sie stellt religiöse Rituale bereit, fördert das persönliche Wachstum und vermittelt Schutz und Geborgenheit. Durch die Religion entdeckt der religiöse Mensch in seinem Alltag und in seinem Leben als Ganzes einen Sinn, da der religiöse Glaube Erfahrungen und Welt verstehbar werden lässt. Die Religion stiftet Hoffnung und unterstützt den Gläubigen in der Problemlösung. Als wichtiger Teil des menschlichen Orientierungssystems begleitet sie den einzelnen in der Auseinandersetzung mit kritischen Lebensereignissen, in denen bisher Bedeutsames und Tragendes – auch die Religion selbst – angefragt werden. Ausgehend von der transaktionalen Stressbewältigungstheorie von LAZARUS/ FOLKMAN fragt PARGAMENT also ganz

---

[112] Vgl. Ebd.

[113] Vgl. Ebd. 1216.

[114] Vgl. Ebd. 1214ff.

[115] Das Konzept der Salutogenese von ANTONOVSKY unterscheidet sich allerdings von dem transaktionalen Stressmodell dadurch, das es sich nicht primär mit der Bearbeitung einer Stresssituation befasst, sondern nach jenen Mechanismen fragt, die Menschen gegenüber Stressanforderungen widerstandsfähiger bleiben lassen (Vgl. ANTONOVSKY, A. (1997): Salutogenese).

[116] Eine terminologische Erörterung von Religion und Spiritualität sowie eine begründete Entscheidung für den Spiritualitätsbegriff erfolgte bereits in der Einleitung dieser Arbeit und wird in Kapitel IV erneut aufgegriffen. Da das folgende Teilkapitel aber den Ansatz PARGAMENTs zur religiösen Krankheitsbewältigung wiedergibt, wird auch dessen Religionsbegriff durchgängig beibehalten. PARGAMENT optiert für den Gebrauch des Terminus Religion, da er für ihn das umfassendere Konzept repräsentiert und der Spiritualitätsbegriff die Suche nach dem Heiligen als ein Kernelement des Religionskonzepts verkörpert. Religion versteht er nicht zwingend als organisierten, institutionalisierten Glauben, sondern als Suche nach Sinn durch und in Beziehung zum Heiligen. Darüber hinaus sieht er angesichts des Einsatzes des Spiritualitätsbegriffs im Kontext säkularer (d.h. sozialer, psychologischer oder biologischer) Phänomene, die Gefahr einer Verwirrung und Vermischung im Blick auf den klaren Transzendenzbezug wie er für PARGAMENT im Religionsbegriff treffender enthalten ist (Vgl. PARGAMENT, K. (1997): The psychology of religion and coping, 32; Vgl. Ders. (1999): The Psychology of religion and spirituality?, 3/16).

[117] Vgl. Ebd. 44.48f.

gezielt nach dem besonderen Beitrag der Variable ‚Religion' innerhalb des Coping-Prozesses.[118]

PARGAMENT zeigt sich davon überzeugt, dass für religiöse Menschen Religion mit ihren unterschiedlichen Facetten eine bedeutende Rolle in vielen, wenn nicht gar in allen Phasen des Bewältigungsprozesses spielt.[119] Religion wird innerhalb von Sinnzuschreibungen wirksam, beeinflusst den einzelnen bei der Entscheidung für oder gegen bestimmte Lösungswege und sorgt für eine emotionale Stützung. Nach PARGAMENTs Überlegungen kommt der Faktor Religion bereits im ersten Schritt des von LAZARUS/ FOLKMAN beschriebenen Modells zum Tragen, d.h. bei der Einstufung einer internen und/oder externen Anforderung als irrelevant, positiv oder negativ[120]: Ist das Ereignis der Wille Gottes? Möchte er den Menschen für etwas bestrafen? Wird das eigene spirituelle Wohlbefinden durch das Ereignis bedroht?

In der Auseinandersetzung mit einer als bedrohlich klassifizierten Erfahrung werden für einen religiösen Menschen auf der zweiten Stufe des Bewältigungsprozesses nicht nur die vorhandenen säkularen Ressourcen wirksam, sondern auch die Variable Religion. Dabei sind zwei Aspekte zu bedenken: Das Problem an sich und die mit dem Problem verknüpften Emotionen. Folglich mögen religiöse Praktiken und Glaubensauffassungen den einzelnen nicht nur bei der Auswahl von Lösungsmethoden leiten, sondern ihn zugleich in Zeiten besonderer Stresserfahrung und im Problemlösungsprozess emotional stützen.[121] Analog zu LAZARUS/FOLKMAN werden hier zwei idealtypische Bewältigungsmomente wirksam: (1) Problemlösungsorientierte und (2) emotionsstabilisierende Faktoren.

Im Zuge einer problemlösungsorientierten Bewältigung unterscheiden PARGAMENT et al. drei klassische Formen der Rollenverteilung zwischen Gott und Mensch[122]: (1) Die Wahrnehmung menschlicher Eigenverantwortung aufgrund der von Gott gewährten Freiheit und der geschenkten Ressourcen (Self-Directing-Style); (2) Die Verantwortungsdelegation an Gott und passiv-abwartendes Verhalten des Menschen (Deferring-Style) sowie (3) die kooperative Zusammenarbeit zwischen Gott und Mensch zur Problemlösung (Collaborative-Style). Während der ‚Self-Directing-Style' nur auf die vorhandenen menschlichen Ressourcen zielt und der ‚Deferring-Style' den einzelnen von einer wirklichen Problembearbeitung und einer damit verbundenen Zunahme an Kompetenzen abhält, ist der Mensch im ‚Collaborative-Style' als Partner Gottes aktiv an der Problemlösung beteiligt.[123] Darüber hinaus sprechen sowohl der ‚Deferring-Style', als auch der ‚Collaborative-Style' Gott eine aktive

---

[118] Vgl. Ebd. 96ff; Vgl. zu den folgenden Ausführungen auch: HOOD, R. et al. (⁴2009): The psychology of religion, 460ff; Genauso bei: KLEIN, C./LEHR, D. (2011): Religiöses Coping, 337.

[119] Vgl. PARGAMENT, K. et al. (1988): Religion and the problem-solving process, 91.

[120] Vgl. PARGAMENT, K. (1997): The Psychology of religion and coping, 184f.

[121] Vgl. Ders. et al. (1988), Religion and the problem-solving process, 91.

[122] Vgl. Ebd. 91ff.

[123] Vgl. Ebd. 93.

und damit die Situation (mit)kontrollierende Rolle zu.[124] Hier werden Ressourcen wie religiöse Rituale, das Gebet, die Bearbeitung von Schuld, der Kontakt zu Mitgliedern der eigenen Glaubensgemeinschaft oder ein Gespräch mit Seelsorgenden wirksam.[125]

Aber: Das Streben nach Problembearbeitung ist nicht alles! Auch die emotionale Ebene des Menschen ist vom Bewältigungsgeschehen betroffen. Hier zeigen sich Gefühle wie Angst, Verzweiflung oder Wut gegenüber Gott und den Angehörigen der eigenen Glaubensgemeinschaft. Dadurch wird Religion zu einem zusätzlichen, affektiven Belastungsfaktor.[126] Wie FOLKMAN so bedenkt auch PARGAMENT in seiner Theorie des religiösen Copings den Faktor der Neubewertung und modifizierten Sinnzuschreibung. Im Zuge der Konfrontation mit einem Stressor entdecken Menschen u.U. ihre Religiosität wieder und/oder antworten in Form personaler und/oder spiritueller Transformationen[127]: Mit einer Umdeutung der Situation, der eigenen Person oder der Gottesbeziehung; mit neuer Sinnfindung, mit einer Stärkung des Gottvertrauens oder durch eine Entwicklung von Zuversicht. Was der Sinnsuche und Sinnerfahrung dabei eine religiöse Qualität verleiht, ist die Annahme, dass der Lebenszweck letztlich transzendentaler Natur ist, d.h. die Bestimmung nicht vom, sondern für den einzelnen außerweltlich entworfen wird und von ihm (neu) zu entdecken ist.[128] All diese Faktoren entfalten ihrerseits emotional stabilisierende und stärkende Wirkungen für den Menschen. Auch in der Annahme selbst Teil eines größeren, wenngleich geheimnisvollen, aber letztlich guten Plans zu sein oder in der Vermutung, dass der liebende Gott dem einzelnen eine persönliche Lehre erteilen möchte, liegt für einzelne sinnstiftendes Potential, das mit positiven Gefühlen verknüpft wird.[129] Die Konfrontation mit einer schweren, chronischen oder lebensbedrohlichen Erkrankung kann zu einem entscheidenden Wendepunkt im Leben führen: Persönliches und/oder spirituelles Wachstum; in der Beziehungsgestaltung zu anderen; Vergebungsbereitschaft und Annahme oder Gewähren von Vergebung (i.S. von Frieden mit sich selbst, Frieden mit anderen und Frieden mit Gott). Auch wenn das Problem also an sich nicht ausgeräumt werden kann – da der Bedrohungskern wie z.B. bei schweren, chronischen und lebensbedrohlichen Erkrankungen bestehen bleibt – kann sich der kognitive und emotionale Umgang damit verändern und stützende Effekte hervorbringen. Der Einsatz religiöser Ressourcen im Zuge einer Krisenerfahrung kann also wie bei LAZARUS/FOLKMAN zweifach wirksam sein: (1) In der Auseinandersetzung mit einem bestehende Problem und (2) mit den damit verknüpften Gefühlen. Und in beiden Fällen kann

---

[124] Vgl. Ebd. 102.

[125] Vgl. PARGAMENT, K. (1997): The psychology of religion and coping, 185ff.208/221; Vgl. Ders. et al. (2005): The religious dimension of coping, 484.487.

[126] Vgl. Ebd. 484.

[127] Vgl. PARGAMENT, K. (1997): The psychology of religion and coping, 147ff.185f.221/232; Vgl. Ders. et al. (2005): The religious dimension of coping, 481.

[128] Vgl. PARGAMENT, K. (1997): The psychology of religion and coping, 237.

[129] Vgl. Ders. et al. (2005): The religious dimension of coping, 481.

der einzelne im Status quo verharren oder sich auf eine personale und spirituelle Transformation einlassen: „The choice in coping is to conserve or to transform.“[130]

## 2.2 Empirische Untersuchungsergebnisse über den Zusammenhang zwischen Spiritualität, erfahrener Lebensqualität und aktiver Krankheitsbewältigung

### *2.2.1 US-amerikanische Studienergebnisse – Eine Literaturanalyse*

LAZARUS/FOLKMANs Theorie und PARGAMENTs Ansatz der religiösen Stressbewältigung kann inzwischen als empirisch gut belegt gelten.[131] Auch andere Wissenschaftler erforschen die Bedeutung des Faktors Spiritualität/ Religion[132] für Menschen in stressgeladenen Lebensereignissen wie beispielsweise im Zuge der Konfrontation mit einer schweren, chronischen oder lebensbedrohlichen Erkrankung. Spielt Spiritualität/Religion eine Rolle in der Krankheitsbewältigung? Und wenn ja: werden spirituell-religiöse Faktoren eher als hilfreich oder belastend erfahren? Lassen sich signifikante Zusammenhänge zwischen Spiritualität/Religion, erfahrener Lebensqualität und Krankheitsbewältigung entdecken?

Die nachfolgende Literaturauswertung stellt sich solchen und ähnlichen Fragen. Sie entstand im Rahmen eines durch den ‚Deutschen Akademischen Austauschdienst‘ (DAAD) geförderten dreimonatigen Forschungsaufenthaltes im Jahr 2008 am ‚George Washington Institute for Spirituality & Health‘ der ‚George Washington University‘ (Washington D.C.) unter der Begleitung von Prof. CHRISTINA PUCHALSKI, MD. Die Analyse berücksichtigt Studien zwischen den Jahren 2003 und 2008, die in den USA mit einer US-amerikanischen Population (19 Jahre und älter) durchgeführt wurden.[133] Zur Literaturrecherche diente die Datenbank Medline unter folgenden Suchbegriffen: spirituality and quality of life; religion and quality of life; spirituality and mental health; religion and mental health; spirituality and health; religion and health. Unter

---

[130] PARGAMENT, K. (1997): The psychology of religion and coping, 198.

[131] Vgl. KLEIN, C./LEHR, D. (2011): Religiöses Coping, 338/350.

[132] In der folgenden Auswertung wird durchgehend der gekoppelte Terminus Spiritualität/Religion gebraucht, da die Studien in den USA entweder den einen oder anderen Terminus gebrauchen oder beide Termini. Die Forscher nehmen häufig keine umfassenden terminologischen Differenzierungen vor und/oder gebrauchen die Begriffe synonym. Dieses Problem wird in Kapitel IV erneut thematisiert.

[133] Die Ergebnisse der vorliegenden Literaturanalyse werden auch durch jüngere Untersuchungen erhärtet und haben daher nichts an ihrer Aktualität eingebüßt (Vgl. zu neueren Forschungsergebnissen umfassend: KOENIG, H. et al. ([2]2012): Handbook of religion and health).

diesen Kriterien ergab die Recherche 752 Artikel. Um das Setting Krankenhaus sowie die Bedeutung von Spiritualität/Religion für die Lebensqualität, das psychische Wohlbefinden und die Krankheitsbewältigung zu fokussieren, wurden solche Studien ausgeschlossen, die sich mit den folgenden Themen befassten: yoga, acupuncture, meditation, alternative medicine, veterans, nursing home residents, drug abuse, pregnancy, anthroposophic, eurythmy therapy, Alzheimer, homeless und psychiatric. Aufgrund bestehender empirischer Bedenken hinsichtlich der unmittelbaren Wirkungen von Spiritualität/Religion auf die körperliche Gesundheit wurden ebenfalls solche Studien ausgeschlossen, die sich mit diesem Bereich befassten.[134] Es fanden nur solche quantitativen und qualitativen Studien eine Aufnahme, die sich mit behandlungsbedürftigen Menschen im Kontext Krankenhaus auseinandersetzten, d.h. sogenannte Literaturreviews blieben ebenfalls außen vor. Ebenso fanden keine Studien eine Aufnahme, die sich mit Auswirkungen spiritueller Interventionsmaßnahmen befassten. Nach einem zusätzlichen visuellen Screening wurden 33 Forschungsaufsätze als relevant für diese Analyse erachtet. Sie berücksichtigen die Daten von 6.511 Erwachsenen. Das Verhältnis zwischen den befragten Männern und Frauen war etwa gleich stark. 47% der Befragten waren protestantisch, 31% katholisch und 9% jüdisch. Hinsichtlich der ethnischen Verteilung waren 58% kaukasischer, 38% afro-amerikanischer und 4% hispanischer Abstammung. Einige Fachaufsätze machten über die ethnische Zusammensetzung und/oder formale Religionszugehörigkeit ihrer Population keine Aussagen. Dieser Umstand mag so interpretiert werden, dass möglicherweise ethnische und/oder formal religiöse Kriterien keine Rückschlüsse auf eine tatsächlich intrinsisch vorhandene Spiritualität/Religion zulassen und daher außen vor gelassen wurden.

Die identifizierten Artikel lassen sich fünf Erkrankungskategorien zuordnen: (1) Herz-Kreislauferkrankungen; (2) Krebserkrankungen; (3) Lungenerkrankungen; (4) Andere chronische Erkrankungen (wie z.B. HIV/AIDS, dialysepflichtige Nierenerkrankungen oder Erkrankungen des Bewegungsapparats) sowie (4) sonstige krankenhausbehandlungsbedürftige, internistische Erkrankungen.[135] Die letztgenannte Kategorie wurde deshalb in die Analyse einbezogen, um zu prüfen, ob Spiritualität/Religion nur für lebensbedrohlich und/oder chronisch Erkrankte von Bedeutung ist oder auch für Menschen mit anderen krankenhausbehandlungsbedürftigen Erkrankungen Relevanz besitzt. Nach der Zuordnung der Studien zu den fünf Kategorien ergibt sich folgende Verteilung:

---

[134] Zu einigen Bedenken gegen ein unmittelbares, körperliches Potential von Spiritualität/Religion siehe: BUCHER, A. (2007): Psychologie der Spiritualität, 114f; GROM, B. (2011): Wie gesund macht der Glaube?, 101/112.

[135] In den USA gelten Herz-, Kreislauf-, Krebs- und chronische Lungenerkrankungen als häufigste Todesursachen (Vgl. U.S. DEPARTMENT OF HEALTH & HUMAN SERVICES (2012): National vital statistics reports, 4f).

| Art der Erkrankung | Anzahl der analysierten Studien |
|---|---|
| Herz-Kreislauferkrankungen | 4 |
| Krebserkrankungen | 17 |
| Lungenerkrankungen | 2 |
| Andere chronische Erkrankungen | 9 |
| Krankenhausbehandlungsbedürftige, internistische Erkrankungen | 1 |

### *2.2.1.1 Spiritualität/Religion in Herz-Kreislauferkrankungen*

Menschen mit einer chronischen Herzinsuffizienz berichten über Einschränkungen ihrer Lebensqualität im Zuge des Krankheitserlebens.[136] Für spirituell-religiöse Menschen mit Herz-Kreislauferkrankungen verkörpert Spiritualität/Religion einen positiven Faktor in der Generierung von Lebenszufriedenheit und psychischem Wohlbefinden.[137] Menschen, die sich einem herzchirurgischen Eingriff zu unterziehen hatten, berichten prä- und postoperativ über eine den Optimismus fördernde Wirkungen des Gebets.[138] Parallel zu diesen Ergebnissen zeigen sich bei einigen Erkrankten mit Eingriff am offenen Herzen aber auch Zusammenhänge zwischen dem Gebet und einer erhöhten Stressreaktion. Der Faktor Gebet kann mit religiös-spiritueller Verunsicherung verknüpft sein, wenn er zum Anlass einer Suche nach neuem Lebenssinn oder neuer Lebensorientierung wird. Auf diese Weise kann die gebetgestützte Suche nach Halt und Unterstützung durch eine Kontaktaufnahme mit einer höheren transzendente Macht auch zu negative Folgen für einen Teil der Befragten führen. Per se steht die Gebetspraxis also nicht zwingend für eine positive spirituelle Bewältigungsstrategie. Als eine weitere Beobachtung zeigt sich bei intrinsisch-religiösen Menschen angesichts einer bevorstehenden, lebensbedrohlichen Bypass-Operation eine stärkere Auseinandersetzung mit den Folgen eines möglichen Lebensendes, als dies bei formal-religiösen Menschen der Fall war.[139]

### *2.2.1.2 Spiritualität/Religion in Krebserkrankungen*

Am stärksten waren im Sample die Studien über die Bedeutung von Spiritualität/Religion für Krebserkrankte vertreten (n = 17). Die lebensbedrohliche Diagnose Krebs stürzt die Menschen in eine existentielle Krise. Überlebende einer Knochenmarkstransplantation berichten nach ihrer Behandlung über

---

136 Vgl. BLINDERMAN, C. et al. (2008): Symptom distress and quality of life in patients with advanced congestive heart failure, 594/603.

137 Vgl. KAMM-STEIGELMAN, L. et al. (2006): Religion, relationships and mental health in midlife women following acute myocardial infarction, 141/159.

138 Vgl. AI, A. et al. (2007): The influence of prayer coping on mental health among cardiac surgery patients, 580/596.

139 Vgl. Dies. et al. (2008): Spiritual and religious involvement relate end-of-life decision-making in patients undergoing coronary buypass graft surgery, 113/132.

einen Zuwachs an spirituellem Wohlbefinden und an persönlichem Wachstum.[140] Im Endstadium der Erkrankung stehen für die Betroffenen eine spirituell-religiöse Praxis, aktive Krankheitsbewältigung und Steigerung der Lebensqualität in einem positiven Verhältnis zueinander.[141] Aber nicht erst angesichts des nahenden Todes wird die unterstützende Rolle von Spiritualität/Religion in der Aktivierung eigener Bewältigungsaktivitäten erfahren. Bei Frauen mit Eierstockkrebs zeigt sich während der ersten chemotherapeutischen Behandlung, dass ein hohes Maß an gelebter Spiritualität/ Religion mit einem aktiven Copingverhalten korreliert, d.h. die Erkrankten warten nicht passiv auf ein göttliches Eingreifen, sondern spirituell-religiöse Menschen handeln selbst proaktiv.[142]

Eine andere Studie belegt, dass sich Kranke mit ausgeprägten körperlichen Krankheitssymptomen auf der Suche nach mehr Kraft, Trost und Orientierung verstärkt der Spiritualität/Religion zuwenden.[143] Krebserkrankte, die nicht allein auf ihre eigenen Kräfte setzen, sondern sich einer höheren transzendenten Macht anvertrauen, fühlen sich innerlich gestärkter und selbstbewusster. Eine spirituell-religiöse Bewältigung kann Langzeitkrebserkrankte darin unterstützen, mit den alltäglichen, negativen Folgen für das persönliche Wohlbefinden und das erlebte Selbstwertgefühl zurechtzukommen (z.B. mit Problemen bei der Harnausscheidung, in der Ausübung der Sexualität oder bei Partnerschaftsproblemen).[144] Ähnlich wie bei den Herz-Kreislauf-Erkrankten kommt dem Gebet als spirituell-religiöse Praxis eine prominente Rolle zu. Etliche der Befragten berichten davon, dass ihnen das Gebet oder das Gespräch mit einer höheren transzendenten Macht dabei geholfen hat, mit ihrer Krankheit zurecht zu kommen.[145]

---

[140] Vgl. ANDRYKOWSKI, M. et al. (2005): Long-term health-related quality of life, growth, and spiritual well-being after hematopoietic stem-cell transplantation, 599/608.

[141] Vgl. LAUBMEIER, K. (2004) The role of spirituality in the psychological adjustment to cancer: a test of the transactional model of stress and coping, 48/55; Vgl. MCCLAIN-JACOBSON, C. et al. (2004): Belief in an afterlife, spiritual well-being and end-of-life despair in patients with advanced cancer, 484/486; Vgl. DAUGHERTY, C. et al. (2005): Trusting god and medicine: spirituality in advanced cancer patients volunteering for clinical trials of experimental agents, 135/146; Vgl. KRUPSKI, T. et al. (2006): Spirituality influences health related quality of life in men with prostate cancer, 121/131; Vgl. MORGAN, P. (2006): Spiritual well-being, religious coping, and the quality of life of African American breast cancer treatment: a pilot study, 73/77; Vgl. TARAKESHWAR, N. et al. (2006): Religious coping is associated with the quality of life of patients with advanced cancer, 646/657; Vgl. HAMRICK, N./DIEFENBACH, M. (2006): Religion and spirituality among patients with localized prostate cancer, 345/355.

[142] Vgl. CANADA, A. et al. (2006): Active coping mediates the association between religion/ spirituality and quality of life in ovarian cancer, 102/107.

[143] Vgl. TARAKESHWAR, N. et al. (2006): Religious coping is associated with the quality of life of patients with advanced cancer, 646/657.

[144] Vgl. GALL, T. (2004): The role of religious coping in adjustment to prostate cancer, 454/461; Vgl. KRUPSKI, T. et al. (2006): Spirituality influences health related quality of life in men with prostate cancer, 121/131.

[145] Vgl. GALL, T. (2004): The role of religious coping in adjustment to prostate cancer, 454/461; Vgl. HAMPTON, D. et al. (2007): Spiritual needs of persons with advanced cancer, 42/48.

Wenn Menschen kritisch auf ihr Leben zurückblicken, entdecken sie dort auch Erfahrungen von Schuld. Spiritualität/Religion ermutigt denjenigen zum Verzeihen, der an sich selbst, gegenüber anderen oder einer höheren transzendenten Macht schuldig geworden ist. Und umgekehrt können aber auch andere Menschen an ihnen selbst schuldig geworden sein. Demzufolge kann Verzeihen unter intra-, inter- und transpersonaler Perspektive bedacht werden. Frauen mit Brustkrebs berichten davon, dass sich Spiritualität/ Religion und Vergebungsbereitschaft gegenüber sich selbst und anderen positiv auf ihre Stimmungslage und Lebensqualität auswirken.[146] Die sich selbst vergebende Person akzeptiert ihre eigenen Fehler und reduziert dadurch Schuldgefühle, die auch eine häufige Ursache für Depressionen sind. Ebenso reduziert das Verzeihen gegenüber Dritten die eigenen negativen Gedanken, wirkt sich körperlich entlastend aus und setzt (neue) Energien frei. An die Stelle von Kränkung und Wut treten innere Erleichterung und Ruhe.

Wenn spirituell-religiöse Menschen mit negativen Lebensereignissen wie einer Brustkrebserkrankung konfrontiert werden, deuten sie diese nicht als göttliche Strafe und erleben dadurch die Tatsache der lebensbedrohlichen Erkrankung auch als weniger stressfördernd. Im Gegenteil: Spirituell-religiöse Praktiken gehen mit einer Steigerung der erfahrenen Lebensqualität, Lebenszufriedenheit und des erlebten Wohlbefindens einher.[147] In der Auseinandersetzung mit und der Akzeptanz von ihrer Krankheit erleben Frauen mit Brustkrebs und Unterleibskrebserkrankungen spirituelle und persönliche Transformationen. In solchen Prozessen verkörpert Spiritualität/Religion eine bedeutsame Sinn-Ressource. Die Entdeckung von Sinn hilft den Frauen im Verstehen ihrer Lebenssituation und wird mit Gefühlen innerer Harmonie und Frieden verbunden.[148] Gerade die Generierung neuen Lebenssinns gilt also ein zentraler Faktor in der spirituell-religiösen Krankheitsbewältigung.[149] Wenn ein solcher Sinn wiederentdeckt ist, wird eine Vielfalt weiterer Ressourcen aktiviert, die in der Bewältigung der Erkrankung hilfreich sein können. Die Sinngenerierung vermittelt ein neues Gefühl von Kontrolle und damit ein gewisses Maß an Beherrschbarkeit inmitten einer als unsicher und schwierig erlebten

---

146 Vgl. ROMERO, C. et al. (2006): Self-forgiveness, spirituality, and psychological adjustment in women with breast cancer, 29/36.

147 Vgl. LAUBMEIER, K. (2004): The role of spirituality in the psychological adjustment to cancer, 48/55; Vgl. MILLER, B. (2005): Spiritual journey during and after cancer treatment, 129f; Vgl. MANNING-WALSH, J. (2005): Spiritual struggle: effect on quality of life and life satisfaction in women with breast cancer, 120/144; Vgl. ROMERO, C. et al. (2006): Self-forgiveness, spirituality, and psychological adjustment in women with breast cancer, 29/36; Vgl. CANADA, A. et al. (2006): Active coping mediates the association between religion/spirituality and quality of life in ovarian cancer, 102/107; Vgl. MORGAN, P. (2006): Spiritual well-being, religious coping, and the quality of life of African American breast cancer treatment: a pilot study, 73/77.

148 Vgl. JIM, H. et al. (2006): Measuring meaning in life following cancer, 1355/1371.

149 Vgl. JOHNSON, M. et al. (2007): Measuring spiritual quality of life in patients with cancer, 437/442.

Krisensituation.[150] Schließlich wünschen sich etliche der Krebserkrankten ein Gespräch über ihre spirituellen Bedürfnisse und Fragen.[151]

Der Redlichkeit halber muss im Kontext spirituell-religiöser Krankheitsbewältigung aber auch auf ein weiteres Ergebnis hingewiesen werden. In vergleichenden Studien zeigte sich, dass es der nicht spirituell-religiösen Kontrollgruppe genauso gut ging, wie der spirituell-religiösen Population, denen Spiritualität/Religion und die spirituell-religiöse Praxis wichtig waren.[152] Wohlbefinden und Lebensqualität mögen also Folgen einer spirituell-religiösen Verbundenheit sein, sie sind aber nicht zwingend an den Faktor Spiritualität/Religion gebunden.[153]

#### *2.2.1.3 Spiritualität/Religion in chronischen Lungenerkrankungen*

An dritter Stelle der US-amerikanischen Todesursachenstatistik stehen die Folgen chronischer Lungenerkrankungen. Die Zufriedenheit während solcher Krankheitserfahrungen oder im Angesicht des nahenden Todes korreliert für diese Menschen mit emotionalem und spirituellem Wohlbefinden.[154] Spirituell-religiöse Überzeugungen begünstigen eine aktive Krankheitsbewältigung und erleichtern das Ertragen von Krankheitssymptomen. Begleitende Gespräche werden von den Todkranken als gute Hilfe zur Artikulation spiritueller Bedürfnisse (z.B. Gebet, Bibellektüre) oder von Glaubensauffassungen (z.B. über die höhere transzendente Macht, ein Leben nach dem Tod) erlebt.[155] Darüber hinaus eröffnen sich Möglichkeiten des spirituellen und/ oder persönlichen Wachstums.[156] Am Lebensende zufrieden oder innerlich mit sich ‚im Reinen' zu sein, wird von den befragten Menschen mit Gott in Verbindung gebracht. 89% der Erkrankten geben an, dass es ihnen angesichts des nahenden Todes wichtig sei, mit Gott Frieden zu schließen. [157]

---

150 Vgl. TARAKESHWAR, N. et al. (2006): Religious coping is associated with the quality of life of patients with advanced cancer, 652.

151 Vgl. MILLER, B. (2005): Spiritual journey during and after cancer treatment, 130; Vgl. JOHNSON, M. et al. (2007): Measuring spiritual quality of life in patients with cancer, 437/442.

152 Vgl. HAMRICK, N./DIEFENBACH, M. (2006): Religion and spirituality among patients with localized prostate cancer, 345/355.

153 Vgl. EDMONDSON, D. et al. (2008): Deconstructing spiritual well-being: existential well-being and HRQOL in cancer survivors, 161/169.

154 Vgl. SCHWARTZ, C. et al. (2003): Honing an advance care planning intervention using qualitative analysis: the living well interview, 593/603; Vgl. STEINHAUSER, K. et al. (2006): Are you at peace?, 101/105.

155 Vgl. SCHWARTZ, C. et al. (2003): Honing an advance care planning intervention using qualitative analysis: the living well interview, 599ff.

156 Vgl. Ebd. 602.

157 Vgl. STEINHAUSER, K. et al. (2006): Are you at peace?, 102.

#### *2.2.1.4 Spiritualität/Religion in anderen chronischen Erkrankungen*

Schwer erkrankte Menschen mit HIV/AIDS berichten über einen signifikanten Einfluss von Spiritualität/Religion auf ihr mentales Wohlbefinden, den physischen Gesundheitsstatus (z.B. Schlafqualität, HIV-Symptomatik) sowie über einen positiven Zusammenhang zwischen dem Ausmaß an Spiritualität/Religion und der erfahrenen Lebensqualität.[158] Über gleiche Erfahrungen berichten Menschen mit anderen schweren, chronischen Erkrankungen.[159] In der Krankheitsbewältigung gilt Spiritualität/Religion als ein Schlüsselinstrument und Gott wird als konstante, unterstützende und stärkende Quelle erfahren.[160] Nephrologisch Erkrankte mit einem ausgeprägten Glauben scheinen zufriedener mit ihrem Leben, als Menschen mit rein formaler Religionszugehörigkeit.[161] Eine hohe intrinsische Spiritualität/Religion korreliert offenbar mit einer hohen Lebenszufriedenheit. Darüber hinaus erleben chronisch Erkrankte ihren Glauben auch dann als stützend, wenn sie aufgrund des Krankheitsverlaufs in der Lebensgestaltung Korrekturen vornehmen müssen.[162]

Menschen mit einer fatalen Diagnose wie HIV stehen vor der Herausforderung, diese Information in ihr Leben zu integrieren und mit ihren bisherigen Antworten auf die Frage nach ihrem Lebenssinn abzugleichen. Lebenssinn ist ja weder angeboren noch eine einmalige Antwort, sondern bedarf angesichts biographischer Veränderungen oder der Konfrontation mit kritischen Lebensereignissen einer ständigen Aktualisierung. Studien belegen auch hier den signifikanten Einfluss von Spiritualität/Religion auf die Entdeckung neuen Lebenssinns, der die Widerstandsfähigkeit der HIV-Betroffenen zu stärken scheint.[163]

Auch wenn das Gros der Studien eine andere Sprache spricht: Es scheint Menschen mit chronischen Krankheitsbildern zu geben, für die nicht bestätigt werden kann, dass Spiritualität/Religion die Fähigkeiten zur Krankheitsbewäl-

---

158 Vgl. COLEMAN, C. (2003): Spirituality and sexual orientation: relationship to mental well-being and functional health status, 457/464; Vgl. PHILLIPS, K. et al. (2006): Spiritual well-being, sleep disturbance, and mental and physical health status in HIV-infected individuals, 125/139; Vgl. GRIMSLEY, L. (2006): Spirituality and quality of life in HIV-positive persons, 113/118.

159 Vgl. BERMAN, E. et al. (2004): Religiosity in a hemodialysis population and its relationship to satisfaction with medical care, satisfaction with life, and adherence, 488/497; Vgl. TANYI, R. et al. (2006): Perceptions of incorporating spirituality into their care: a phenomenological study of female patients on hemodialysis, 532/538; Vgl. TANYI, R./WERNER, J. (2007): Spirituality in African American and Caucasian women with end-stage renal disease on hemodialysis treatment, 141/154; Vgl. HAYNES, D./WATT, P. (2008): The lived experience of healthy behaviors in people with debilitating illness, 44/53.

160 Vgl. Ebd. 47.50f.

161 Vgl. BERMAN, E. et al. (2004): Religiosity in a hemodialysis population and its relationship to satisfaction with medical care, satisfaction with life, and adherence, 494.

162 Vgl. HAYNES, D./WATT, P. (2008): The lived experience of healthy behaviors in people with debilitating illness, 44/53.

163 Vgl. LITWINCZUK, K./GROH, C. (2007): The relationship between spirituality, pupose in life, and well-being in HIV-positive persons, 13/22.

tigung oder das mentale Wohlbefinden in dem Maß verbessern, wie das für Menschen mit anderen Erkrankungen der Fall ist. Ein Beispiel dafür sind Menschen mit chronischen Schmerzen im Bewegungsapparat.[164] Die Krankheitssituation dieser Population scheint insofern eine besondere zu sein, da hier viele Faktoren gleichzeitig zusammenkommen: Verlust des Arbeitsplatzes, Veränderungen im familiären Umfeld und die Konfrontation mit einer bisher nicht gekannten materiellen Unsicherheit. Diese Stressbelastungen werden durch juristische Streitigkeiten mit Arbeitgebern oder Sozialversicherungsträgern zusätzlich verstärkt. Über die Hälfte der Befragten leidet daher unter Depressionen. Im Gegensatz zu anderen Erkrankten (z.B. mit Krebs oder HIV/AIDS) geht es bei den Menschen mit chronischen Rückenschmerzen nicht primär um den Lebenserhalt, sondern sie fragen nach dem Lebenswert. Sie fragen danach, ob es dieses Leben weiterhin wert ist, gelebt zu werden. Spiritualität/Religion spielt in dieser Auseinandersetzung scheinbar eine nachgeordnete Rolle. Gleichwohl sich Krankheitsbewältigung und mentales Wohlbefinden durch Spiritualität/ Religion nicht signifikant verbessern, können bei spirituell-religiös praktizierenden Menschen mit chronischen Schmerzen im Bewegungsapparat trotzdem positive körperliche Resonanzen festgestellt werden.

#### *2.2.1.5 Spiritualität/Religion in weiteren krankenhausbehandlungsbedürftigen, internistischen Erkrankungen*

Abschließend seien im Rahmen dieser Literaturauswertung noch Ergebnisse einer Studie bedacht, die den Zusammenhang von Spiritualität/Religion und Wohlbefinden im Erleben von Menschen mit krankenhausbehandlungsbedürftigen, internistischen Erkrankungen fokussiert.[165] Auch diese Menschen werden nicht nur mit den Folgen ihrer körperlichen Erkrankung, sondern auch mit einer Vielzahl an Stressoren konfrontiert: Dem ungewohnten Krankenhausumfeld; einer temporären Separation von den sozialen Unterstützungssystemen; dem Ablegen bisheriger sozialer Rollen und dem Einfinden in eine neue Abhängigkeitsrolle; der Ungewissheit des Krankheitsverlaufs; den Erfahrungen von Kontrollverlust; die Tatsache einer eingeschränkten Mobilität und einem begrenztem Komfort. Eine Befragung von 838 kranken Menschen zeigt, dass solche, denen Spiritualität/Religion wichtig ist, von einem höheren sozialen Stützungssystem profitieren, weniger depressive Verstimmungen und bessere kognitive Funktionen aufweisen. Sie verhalten sich wesentlich kooperativer und die spirituell-religiösen Glaubensauffassungen unterstützen die Kranken bei der (erneuten) Sinnfindung und der Integration gesundheitlicher Veränderungen in das bisherige Lebenskonzept.

---

[164] Vgl. RIPPENTROP, A.E. et al. (2005): The relationship between religion/spirituality and physical health, mental health, and pain in chronic pain population, 311/321.

[165] Vgl. KOENIG, H. et al. (2004): Religion, spirituality, and health in medically ill hospitalized older patients, 554/562.

### 2.2.2 *Zusammenfassung der Analyseergebnisse*

Konfrontiert mit der Tatsache einer schweren chronischen und/oder letalen Erkrankung sowie dem damit verknüpften aggressiven Behandlungsregime berichten viele Betroffene von einer enormen Beeinträchtigung ihrer Lebensqualität und einer Konfrontation mit massiven Stresserfahrungen. Das Krankheitswissen löst Ängste, Depressionen, Schmerzen und andere krankheitsspezifische Symptome aus (z.B. sexuelle Funktionsstörungen, Müdigkeit oder Übelkeit). In solchen Situationen suchen Menschen nach (neuen) Antworten auf die Frage nach ihrem Lebenssinn. Übereinstimmend zeigt die analysierte Literatur den positiven Beitrag von Spiritualität/Religion auf die erfahrene Lebensqualität und/oder die Krankheitsbewältigung. Sie reduziert das Angst- und Stresserleben und lässt die Betroffenen neue Antworten auf die Fragen nach dem Sinn und Zweck ihres Lebens finden. Menschen berichten über persönliche und spirituelle Transformationen. Dabei belegen die Studien die Notwendigkeit einer kompetenten Begleitung gerade in solchen Phase der Neuorientierung. Auch für Menschen mit anderen krankenhausbehandlungsbedürftigen, internistischen Erkrankungen ist Spiritualität/Religion relevant. Demzufolge ist der Einbezug der spirituellen Dimension nicht allein auf den palliativen Bereich begrenzbar, sondern bedarf einer Ausweitung auf alle Krankenhaussektoren. Etliche Befragte berichten über einen Zugewinn an persönlicher Spiritualität fernab einer rein formalen Religionszugehörigkeit und einer damit verbundenen spirituell-religiösen Praxis (z.B. regelmäßiger Gottesdienstbesuch). Im Gegenteil: Intrinsisch spirituell-religiöse Menschen setzen sich sogar stärker mit den Folgen eines baldigen Lebensendes auseinander. Daher verdient das Thema Spiritualität/Religion unabhängig von einer offiziellen Religionszugehörigkeit der Erkrankten eine Aufmerksamkeit. Demgegenüber muss es spirituell-religiös Unmusikalischen aber nicht schlechter gehen, wie vergleichende Studien belegen. Andere Menschen nutzen andere Bewältigungsressourcen. Für Spirituell-Religiöse bleibt der spirituelle Faktor jedoch im Blick auf die erfahrene Lebensqualität und/oder die aktive Krankheitsbewältigung von Bedeutung und ist deshalb im Zuge eines Krankenhausaufenthaltes zu eruieren und adressieren. Folglich geht es beim Einbezug der spirituell-religiösen Dimension nicht um die Forderung nach einem spirituell-religiösen ‚Gießkannenprinzip', sondern um die individuelle Ermittlung und Stützung in einer spezifischen Bedarfslage.

Aufgrund der gleichstarken Beteiligung von Frauen und Männern in der Gesamtpopulation, scheint das Ausmaß vorhandener Spiritualität/Religion und deren Bedeutung geschlechterunabhängig zu sein. Die befragte US-amerikanische Population war mehrheitlich kaukasischer Abstammung (ca. 58%), so dass die identifizierte Bedeutung von Spiritualität/Religion für die erfahrene Lebensqualität und Krankheitsbewältigung nicht mit einer afro-amerikanischen Abstammung zu erklären ist (38%), die sich selbst im Vergleich zur übrigen Bevölkerung als überwiegend religiöser versteht.[166] Im Jahr 2012 lag das ethnische Verhältnis in den USA bei einem 63% kaukasischen, 17% hispanischen und 13% afro-amerikanisches Bevölkerungsanteil.[167] Damit waren die hispanisch-stämmigen Einwohner der USA waren mit ca. 4% in den Studien unterrepräsentiert.

# 3. (Un)Zulässige Vergleichbarkeit zwischen den religiösen USA und dem säkularen Deutschland?

Wie steht es nun um eine mögliche Übertragbarkeit der dargelegten US-amerikanischen Studienergebnisse auf die Situation in Deutschland? Wenn die vorangegangene Literaturanalyse den Zweck einer empirischen Verifizierung von Spiritualität/Religion als wirksame Variable auf die Lebensqualität und im Prozess der Krankheitsbewältigung verfolgte und die vorliegende Arbeit insgesamt auf eine Begründung von Spiritualität als Bildungsinhalt für den theoretischen Unterricht in der Gesundheits- und Krankenpflegeausbildung zielt, stellt sich die Frage, ob vor dem möglichen Hintergrund bilateraler religiös-kultureller Diversitäten die gewonnenen US-amerikanischen Erkenntnisse überhaupt für das oft als säkular bezeichnete Deutschland relevant sind oder ob es sich hier möglicherweise um einen nicht zulässigen Übertrag handelt.

## 3.1 Zur religiösen Lage in den USA

Spiritualität ist in den USA ein weit verbreitetes Phänomen. Auf dem spirituell-religiösen Markt zeigt sich eine unübersichtliche Präsenz von Religionsgemeinschaften. Nach einer Erhebung von GALLUP identifizierten sich im Jahr 2012 77% der Bevölkerung mit einer christlichen Religionsgemeinschaft[168]: 52% waren Protestanten oder fühlten sich einer anderen, nicht-katholischen christlichen Gemeinschaft zugehörig; 23% bekannten sich zum römisch-katholischen Glauben und 2% gaben an, dass sie der Kirche Jesu Christi der Heiligen der letzten Tage angehörten. Im Vergleich dazu fühlten sich nur 7% einer

---

[166] Vgl. zur afro-amerikanischen Selbsteinschätzung: TANYI, R./WERNER, J. (2007): Spirituality in African American and Caucasian women with end-stage renal disease on hemodialysis treatment, 141/154.

[167] Vgl. STATISTICA (2012): USA: Zugehörigkeit zu den Ethnien im Jahr 2012 und Prognose für 2060.

[168] Vgl. zu den folgenden statistischen Angaben zu Religionszugehörigkeit in den USA: GALLUP (2012): In U.S., 77% identify as Christian.

nicht-christlichen Religion verbunden (z.B. 1,7% Juden). Im Vergleich zu den Befragungsergebnissen aus dem Jahr 2011 ist die Zahl der Protestanten und Katholiken leicht rückläufig. Hinsichtlich der spirituell-religiösen Praxis bekannten sich im Jahr 2008 39% der Befragten zu einem wöchentlichen Gottesdienstbesuch und 68% der US-Amerikaner gaben an, häufig zu beten.[169]

Trotz der spirituell-religiösen Dynamik auf dem US-amerikanischen Markt wenden sich aber auch Menschen mit steigender Tendenz von den offiziellen Religionsgemeinschaften ab. Gaben im Jahr 12,1% der US-Amerikaner an, keine religionsgebundene Identität zu besitzen, waren es im Jahr 2012 bereits 15,6% der Befragten.[170] Dabei zeigt sich im Lager der Religionslosen ein interessantes Detail: Über ein Drittel bezeichnen sich hier trotzdem als religiös oder sehr religiös.[171] Hier wird deutlich: Genauso wie die offiziellen Zahlen zur formalen Religionszugehörigkeit nur bedingt Rückschlüsse auf eine tatsächlich gelebte Spiritualität zulassen, lässt sich aus dem Anteil von Menschen ohne offizielle Zugehörigkeit zu einer Religionsgemeinschaft nicht ableiten, dass sie sich nicht trotzdem als spirituell erleben. Wirft man daher einen Blick auf die religiöse Selbsteinschätzung der Menschen in USA zeigt sich folgende Verteilung[172]:

| **Selbsteinschätzung** | **Anteil der Befragten** |
|---|---|
| Sehr religiöse | 16% |
| Ziemlich religiös | 21% |
| Mittel religiös | 37% |
| Wenig religiös | 13% |
| Gar nicht religiöse | 11% |

Zusammengenommen bezeichnen sich nach den Erhebungen des Religionsmonitors also 89% der Befragten als wenig bis sehr religiös. Ähnliche Beobachtungen finden sich hinsichtlich der Zentralität von Religiosität: 62% der befragten Personen zeigen eine hohe und 27% eine mittlere Ausprägung persönlicher Relevanz von Religiosität in ihrem Leben.[173]

Abschließend sei noch ein weiterer Umstand bedacht, der möglicherweise bei der Einschätzung der Forschungsarbeiten zum Thema Spiritualität/ Religion und deren Bedeutung für die Befragten im Zuge der Krankheitsbewältigung zu bedenken ist. Er betrifft die Provenienz der Studien. Unter den einzelnen Bundesstaaten existiert eine stark schwankende, religiöse Binnendifferenzierung. Während sich beispielsweise im Jahr 2014 im Staat Mississippi 61% der Bewohner einer Religionsgemeinschaft zugehörig fühlten, fällt diese

169 Vgl. JOAS, H. (2009): Die religiöse Situation in den USA, 331; Vgl. GALLUP (2013): In U.S., four in 10 report attending church in last week.

170 Vgl. GALLUP (2012): In U.S., 77% identify as Christian; Vgl. STATISTICA (2014): USA: Religionszugehörigkeit im Jahr 2007.

171 Vgl. VAAS, R./BLUME, M. ([2]2009): Gott, Gene und Gehirn, 102.

172 Vgl. JOAS, H. (2009): Die religiöse Situation in den USA, 334.

173 Vgl. Ebd. 332.

Quote in den Staaten Vermont (22%) oder New Hampshire (24%) wesentlich geringer aus.[174] Mögliche regionale Besonderheiten in der befragten Population sollten also bei der Bewertung von Studienergebnissen mitbedacht werden.

## 3.2 Säkulares Deutschland?

Im 21. Jahrhundert fühlt sich eine Mehrheit der Deutschen immer noch einer der großen christlichen Konfessionen verbunden[175]: 30,2% Katholiken, 28,5% Protestanten, 3,9% Muslime und 1,3% gehören sonstigen religiösen Gemeinschaften an. 36,3% der Bevölkerung bezeichnen sich als konfessionsfrei. In den vergangenen vier Jahren haben die Austrittszahlen aus den beiden großen christlichen Kirchen in Folge sexueller und finanzieller Missbrauchsskandale stark angezogen.[176] Im Blick auf die spirituell-religiöse Praxis liegt nach Daten des Religionsmonitors von 2013 der wöchentliche Gottesdienstbesuch bei 22% und was die private spirituelle Praxis angeht, so geben 24% der Befragten an, täglich zu beten.[177] Damit hat sich für den Bereich der spirituell-religiösen Praxis gegenüber dem Religionsmonitor von 2008 kaum etwas verändert.

Wirft man einen Blick auf die religiöse Selbsteinschätzung der Menschen in Westdeutschland zeigt sich folgende Verteilung[178]:

| **Selbsteinschätzung** | **Evangelisch** | **Katholisch** | **Konfessionslos** |
|---|---|---|---|
| sehr religiös | 3,8% | 7,6% | 2,2% |
| ziemlich religiös | 10,8% | 17,6% | 2,2% |
| mittel religiös | 47,7% | 42,1% | 13,7% |
| wenig religiös | 26,5% | 24,1% | 27,3% |
| gar nicht religiös | 10,5% | 8,3% | 54,7% |

88,8% der Protestanten und 91,4% der Katholiken bezeichnen sich dem Religionsmonitor zufolge als wenig bis sehr religiös. Aber auch außerhalb einer religiösen Mitgliedschaft spielt Religiosität im Leben von 45,4% der befragten Konfessionslosen eine geringe bis starke Rolle. Ähnliche Beobachtungen finden sich in der Analyse zur Zentralität von Religiosität[179]:

174 Vgl. GALLUP (2014): Mississippi most religious state, Vermont least religious.

175 Vgl. zu den folgenden Angaben: FORSCHUNGSGRUPPE WELTANSCHAUUNGEN IN DEUTSCHLAND (2012): Religionszugehörigkeit Deutschland.

176 Vgl. KÖCHER, R. (2010): Schwere Zeiten für die Kirchen, 5; Vgl. FLORIN, C. (2014): Was die Katholiken aus der Kirche treibt; Vgl. BINGENER, R. (2014): Zahl der Kirchenaustritte steigt dramatisch.

177 Vgl. BERTELSMANN STIFTUNG (Hg) (2013): Religionsmonitor: verstehen was verbindet, 10f.

178 Vgl. GABRIEL, K. (2009): Die Kirchen in Westdeutschland, 112.

179 Vgl. Ebd. 117.

| Zentralität | Evangelisch | Katholisch | Konfessionslos |
|---|---|---|---|
| hochreligiös | 15,0% | 27,2% | 3,6% |
| religiös | 66,9% | 57,6% | 43,9% |
| nichtreligiös | 15,3% | 13,8% | 50,4% |
| keine Angabe | 2,8% | 1,4% | 2,2% |

Zwar fällt eine erwartete Parallelität zwischen der Kirchenmitgliedschaft von Protestanten, Katholiken und dem hohen Grad an Zentralität der Religiosität auf, doch ebenso interessant sind die Ergebnisse im Lager der Konfessionslosen: 47,5% der Befragten geben an, dass für sie Religiosität auch ohne offizielle Kirchenmitgliedschaft von persönlicher Relevanz ist. Analog zu den USA lässt sich für Deutschland ebenfalls bedenken: Genauso wie die offiziellen Zahlen zur formalen Religionszugehörigkeit nur bedingt Rückschlüsse auf eine tatsächlich gelebte Spiritualität/Religion zulassen, lässt sich daraus nicht ableiten, dass Menschen, die sich keiner offiziellen Religionsgemeinschaft zugehörig fühlen, nicht weniger spirituell erleben.

Wie in den USA so gilt auch in Deutschland, dass bei der Bewertung der Studien über den Zusammenhang von Spiritualität/Religion, erfahrener Lebensqualität und aktiver Krankheitsbewältigung die religiöse Binnendifferenzierung bzw. die Herkunft der befragten Population zu beachten ist. Während sich im Blick auf Westdeutschland in Baden-Württemberg Katholiken (37%) und Protestanten (33%) in etwa die Waage halten, liegt der Anteil der katholischen Bevölkerung mit 63% im Saarland am höchsten (Protestanten dort: 19%) und mit 6% in Schleswig-Holstein am niedrigsten (Protestanten dort: 53%).[180] Im Blick auf die Religionszugehörigkeit sind die Unterscheide zwischen West- und Ostdeutschland aber wesentlich gravierender. Während sich in Westdeutschland 78% der Befragten zum Christentum bekennen, gehören in Ostdeutschland nur 32% einer christlichen Religionsgemeinschaft an.[181] 15% der westdeutschen und 68% der ostdeutschen Bevölkerung sind nicht Mitglied einer Religionsgemeinschaft. Nach der Wiedervereinigung im Jahr 1989 hatte man für Ostdeutschland – wie in anderen vormals sozialistisch geprägten Staaten auch – mit einer Renaissance von Spiritualität/Religion und der Kirchenzugehörigkeit gerechnet. Diese Nachwenderwartungen haben sich jedoch in Ostdeutschland nicht erfüllt. Nur 23% bekennen sich zum evangelischen und 7% zum katholischen Glauben.[182] Ergänzt wird dieser konfessionelle Landkartenbefund um eine Erhebung zur Frage: „Wie stark glauben Sie daran, dass es Gott, Gottheiten oder etwas Göttliches gibt?". Hierauf antworten 7% „sehr", 5% „ziemlich", 14% „mittel", 23% „wenig" und 50% „gar nicht". Noch geringer fällt die Resonanz aus, wenn nach der Relevanz einer individuellen Transzendenz gefragt wird. Auf die Frage „Wie stark glauben

[180] Vgl. STATISTICA (2014): Religionszugehörigkeit der Deutschen nach Bundesländern im Jahr 2011.

[181] Vgl. GABRIEL, K. (2009): Die Kirchen in Westdeutschland, 103.

[182] Vgl. PETZOLDT, M. (2009): Zur religiösen Lage im Osten Deutschlands, 126.

Sie daran, dass es ein Leben nach dem Tod gibt – zum Beispiel Unsterblichkeit der Seele, Auferstehung von den Toten oder Reinkarnation?", antworten 8% mit „sehr", 5% mit „ziemlich", 8% mit „mittel" und der Anteil derer, für die ein solcher Glaube „wenig" (18%) oder „gar nichts" (60%) bedeutet, zeigt sich hier besonders deutlich. Wird der Fokus auf die Konsequenzen von Religiosität im Alltag verlagert, sinken die Werte für Ostdeutschland noch weiter ab.[183] In der sozialreligiösen Rangordnung der europäischen und nordamerikanischen Länder nimmt das Gebiet der ehemaligen DDR Platz 25 von 27 ein – gefolgt von Schweden und der Tschechischen Republik.[184]

## 3.3 Unzulässige Vergleichbarkeit? – Kein Schnellschuss in Sachen Spiritualität!

Als einer der Gründe für die unterschiedliche Bedeutung von Spiritualität/ Religion zwischen Deutschland und den USA werden das deutsche Staatskirchentum und der amerikanische Denominalismus ins Feld geführt.[185] Während sich in den USA seit den Anfängen der Kolonialisierung ein pluralistisch-religiöses System etabliert hat, das Konkurrenzmechanismen zwischen den Religionsgemeinschaften fördert und die Mitglieder stärker einbindet, zeigt sich in Deutschland eine historisch gewachsene Tradition staatskirchlicher Monopole von Katholischer und Evangelischer Kirche, die eine Routinierung spirituell-religiösen Lebens fördert und ihre Mitglieder in einer eher passiven Rolle hält. „Der US-amerikanische Protestantismus entwickelte sich trotz seiner europäischen Wurzeln in wesentlichen Punkten völlig anders als der Protestantismus in Europa. Im Unterschied zur zentralistischen Organisationsstruktur der protestantischen Landeskirchen in Europa fühlten sich viele Denominationen in den USA dem Prinzip des Kongregationalismus verpflichtet, bei dem die einzelne Gemeinde über ein hohes Maß an Autonomie gegenüber der Gesamtkirche verfügte. Dieses Prinzip begünstigte die Verselbständigung einzelner Gruppen und förderte die Tendenz zur periodischen Reaktivierung des religiösen Lebens."[186] All diese Umstände wirken auf die religiöse Dynamik der Kirchen und kirchlichen Gemeinschaften und auf die Intensität der Spiritualität der Bevölkerung diesseits und jenseits des Atlantiks zurück.

Ein weiteres US-amerikanisches Sonderphänomen zeigt sich in einer Art Zivilreligion, die ihren klassischen Ausdruck in den Amtsantrittsreden von Präsidenten oder anlässlich nationaler Feiertage findet.[187] Aufgrund der Vorerfahrungen der europäischen Einwanderer legte man in den USA einerseits

---

[183] Vgl. Ebd. 127.

[184] Vgl. ZULEHNER, P.M./DENZ, H. (1993): Wie Europa lebt und glaubt, 47.

[185] Vgl. zu dieser These: HÖLLINGER, F. (2009): Die Erfahrung der Präsenz des Göttlichen, 462; JOAS, H. (2009): Die religiöse Situation in den USA, 336.

[186] HÖLLINGER, F. (2009): Die Erfahrung der Präsenz des Göttlichen, 468.

[187] Vgl. JOAS, H. (2009): Die religiöse Situation in den USA, 339.

zwar Wert auf eine klare Trennung zwischen Staat und Kirche, d.h. der Staat hatte sich aus den Kirchen und kirchlichen Gemeinschaften herauszuhalten, aber umgekehrt konnten staatlich Verantwortliche aufgrund dieser deutlichen Trennung wesentlich unbefangener und unverdächtiger religiöse Bezüge herstellen, als dies in Deutschland der Fall wäre. Deshalb sind in der US-amerikanischen Gesellschaft bis heute Politik und Religion viel stärker miteinander verzahnt und tragen auf diese Weise auch zur gesellschaftlichen Stabilität bei. „Diese Zivilreligion darf mit keiner einzelnen Religionsgemeinschaft identifizierbar, muss aber an viele anschlussfähig sein.“[188] Während die USA also eine starke Zivilreligion ohne Vermischungen zwischen Staat und Kirche vertragen, zeigt sich in Deutschland eine starke Kooperation zwischen Kirche und Staat, die aber nur wenig Zivilreligion verträgt.

Und dennoch: Ein vorschneller Verweis auf die bestehende kulturell-religiöse Diversität zwischen den USA und Deutschland zur Begründung einer unzulässigen Übertragbarkeit der oben erläuterten Studienergebnisse mag das Gewissen mancher Kritiker beruhigen – der Sache dient es nicht! Lässt man nämlich die Polarisierungen zwischen den ‚religiösen USA' und dem ‚säkularen Deutschland' einmal beiseite, zeigen die Erhebungen zur spirituell-religiösen Lage, dass sich in beiden Ländern Spiritualität auch jenseits kirchlicher Institutionalisierung ereignet. Wenn diese Deutung zutrifft, dann sollte man eher von einer tendenziellen Entkirchlichung Westdeutschlands sprechen und weniger von einer Verdunstung persönlicher Spiritualität. Die Situation in den ostdeutschen Bundesländern ist sicherlich sehr speziell, doch gehören auch dort immerhin 32% einer Religionsgemeinschaft an und etwa 49% glauben an die Existenz von etwas Göttlichem.

Unter solchen Vorzeichen sind die US-amerikanischen Theorien zur spirituell-religiösen Stressbewältigung und die Studienergebnisse zur Bedeutung von Spiritualität/Religion für die erfahrene Lebensqualität und Krankheitsbewältigung starke Argumente, um sich auch in der deutschen Forschung und Praxis intensiver mit der spirituellen Dimension und ihren Wirkungen auf den Menschen zu befassen. Auch wenn sich hinsichtlich Häufigkeit und Intensität spirituell-religiöser Erfahrungen eindeutig Länderunterschiede feststellen lassen, so zeigt sich dennoch für beide Länder, dass sowohl hinsichtlich der Zentralität von Religiosität als auch im Blick auf die Bedeutung von Spiritualität im Leben der Religionslosen nicht von einem Schwinden persönlicher Spiritualität gesprochen werden kann. Daher sind die Theorien und Studienergebnisse der USA sehr wohl einen Blick wert und können auch Forschung, Praxis und Lehre in Deutschland inspirieren. Teilweise wurde das im Rahmen der Psychoonkologie, der Gesundheitspsychologie und der Palliativmedizin bereits erkannt.

---

188 Ebd.

## 3.4 Deutsche Studienergebnisse

Obwohl sich seit einigen Jahren in unseren Breitengraden ein Interesse an einer Klärung möglicher Zusammenhänge zwischen Spiritualität/Religion, erfahrener Lebensqualität und/oder aktiver Krankheitsbewältigung zeigt, fällt das hiesige Studienaufkommen im Vergleich zu den USA immer noch verhalten aus.[189] Aufgrund ihrer überschaubaren Zahl werden die deutschen Studien daher keiner umfassenden Literaturanalyse unterzogen, sondern einige, für diese Arbeit relevanten Ergebnisse erörtert. Wie in den USA so gelten auch in Deutschland Herz-Kreislauf-, Krebs- und chronische Lungenerkrankungen als häufigste Todesursachen.[190] Bisher konzentrierten sich deutsche Untersuchungen vornehmlich auf Krebserkrankte und schwer chronisch erkrankte Populationen.[191]

### *3.4.1 Spiritualität/Religion in Krebskranken und chronisch Erkrankten*

Frühe Studien führten im Jahr 2000 DEISTER aus der Perspektive der Religionspsychologie und YENIGER aus der Sicht der Gesundheitspsychologie durch.[192] In einer empirischen Querschnittsuntersuchung forschte DEISTER nach möglichen Zusammenhängen zwischen religiösen Einstellungen und der Art der Krankheitsverarbeitung von onkologisch, kardiologisch und HIV-Erkrankten. Für alle drei Erkrankungsgruppen bestätigte sich die angenommene Korrelation zwischen aktiver Krankheitsverarbeitung und positiven religiösen Einstellungen.[193] Je stärker das bedrohliche Erleben einer Erkrankung, desto ausgeprägter war die positiv-religiöse Orientierung. Erkrankte mit einer solchen positiv-religiösen Einstellung neigten zu einer aktiven Auseinandersetzung mit ihrer Erkrankung und nicht zu Ablenkung, Gefühlskontrolle oder sozialem Rückzug.[194]

Hinsichtlich psychologischer Forschungen zur Krankheitsverarbeitung konstatiert YEGINER, dass zwar unterschiedliche Bewältigungsverhalten un-

---

[189] Wie bei den US-amerikanischen Studien wird auch im Blick auf die zu präsentierenden deutschen Studienergebnisse der Doppelbegriff ‚Spiritualität/Religion' beibehalten, da auch die deutschen Forscher entweder Spiritualität oder Religion oder beide Begriffe zusammen (undifferenziert) gebrauchen.

[190] Vgl. STATISTISCHES BUNDESAMT (2012): Gesundheit: Todesursachen in Deutschland, 1.

[191] Wie in den USA werden auch bei der Analyse für Deutschland Studien aus der Psychiatrie nicht berücksichtigt. Ergebnisse zur Relevanz von Spiritualität für das psychiatrische Personal und für psychiatrisch erkrankte Menschen finden sich zum Beispiel bei: LEE, E. (2014): Religiosität bzw. Spiritualität in Psychiatrie und Psychotherapie.

[192] Vgl. DEISTER, T. (2000): Krankheitsverarbeitung und religiöse Einstellung; Vgl. YEGINER, A. (2000): Spirituelle Praxis als Hilfe zur Bewältigung einer Krebserkrankung, 119/148.

[193] Vgl. DEISTER, T. (2000): Krankheitsverarbeitung und religiöse Einstellung, 154/165.

[194] Vgl. Ebd. 161.

tersucht wurden, die spirituelle Dimension aber bis dato so gut wie ausgeklammert blieb. „Taucht der Begriff ‚Religiosität' doch einmal auf, so nur in untergeordneter Position, quasi als Fußnote."[195] In ihrer Untersuchung setzt sich YEGINER darum mit der Frage auseinander, inwiefern eine spirituell-religiöse Praxis als Hilfe zur Bewältigung einer Krebserkrankung angesehen werden kann. Mittels leitfadenorientierter Interviews „wurde der Bereich der Hingabe an eine Höhere Macht untersucht und der Frage nachgegangen, ob und inwieweit die Einbettung in einen spirituellen Zusammenhang Lebensqualität erschaffen und den Umgang mit der Erkrankung und deren Folgen erleichtern kann."[196] YEGINER bildet drei Kategorien, denen sie die Gesprächsinhalte zuordnet: (1) Die Ebene der Selbstwahrnehmung; (2) die Ebene der Wahrnehmung des Lebens und der Natur sowie (3) die soziale Ebene. Es zeigt sich, dass auf der Ebene der Selbstwahrnehmung die Ausübung einer spirituellen Praxis zu einer Ressourcenbildung für die Betroffenen führt, „d.h. sie fühlten sich gestärkt und gekräftigt. Außerdem habe sich ein höheres Vertrauen in die Überzeugung ausgebildet, dass die schwierige Lebensphase gut überstanden werde."[197] Mit der spirituellen Praxis hat sich des Weiteren eine allgemein gedrückte Gemütslage positiv verändert und dazu beigetragen, „den möglicherweise bald bevorstehenden Tod zu akzeptieren und das Leben loszulassen."[198] Auf der Ebene der Wahrnehmung des Lebens und der Natur wurde von den Interviewpartnern fast übereinstimmend die Existenz eines höheren Wesens bzw. einer inneren Führung beschrieben.[199] Des Weiteren intensivierte sich das Erleben der umgebenden Natur. Sie wurde als wunderbar, schön und Kraft spendend erfahren.[200] Auf der sozialen Ebene zeigte das Spirituelle ebenfalls Effekte. Die Befragten entwickelten ein positives Selbstverhältnis, d.h. es bildete sich ein tieferes Mitgefühl für andere Menschen heraus.[201] Im Blick auf bestehende Sozialkontakte konnten Spannungen geklärt und Kontakte vertieft werden. Oberflächliche Beziehungen hätten sich dagegen von selbst gelöst.[202] Vor dem Hintergrund ihrer Untersuchung kommt YEGINER zu dem Ergebnis, dass die Ausübung einer spirituellen Praxis im Leben eines Menschen auf unterschiedlichen Ebenen wirksam werden kann. Schließlich entwickelt YEGINER ein Gesundheitsmodell, in dem der Faktor der spirituellen Einstellung der Kranken im Zuge der Krankheitsbewältigung eine stärkere Gewichtung erfährt.[203]

Weitere deutsche Studien belegen inzwischen ebenfalls den positiven Zusammenhang zwischen intrinsischer Spiritualität/Religiosität und erfahrener

---

[195] YEGINER, A. (2000): Spirituelle Praxis als Hilfe zur Bewältigung einer Krebserkrankung, 120.
[196] Ebd. 119.
[197] Ebd. 132.
[198] Ebd. 132.
[199] Vgl. Ebd. 133.
[200] Vgl. Ebd. 133f.
[201] Vgl. Ebd. 134.
[202] Vgl. Ebd.
[203] Vgl. Ebd. 134/144.

Lebensqualität sowie aktiver Krankheitsbewältigung. „In ihren Aussagen drücken sich zum einen die Suche nach externer Hilfe und ein großes Vertrauen in ein göttliches Getragensein aus, und zum anderen, dass Krankheit eine auf Änderung hinweisende Bedeutung haben kann.“[204] Spiritualität/ Religion leistet einen wichtigen Beitrag zur Erfahrung von Lebenssinn und in der aktiven Krankheitsbewältigung von Krebskranken[205] und chronisch Erkrankten[206] oder erhöht die Widerstandskraft im Alter.[207] Bei einem Teil der Krebskranken lässt sich eine Intensivierung des Glaubens im Zuge ihrer Erkrankung beobachten.[208] Aber auch im Blick auf die aktive Krankheitsbewältigung zeigen sich ähnliche Beobachtungen wie in den USA – auch die bereits angesprochenen Variationen je nach Krankheitsbild. In einer Studie von BÜSSING et al. äußerten chronisch Schmerzerkrankte eher gering ausgeprägte spirituell-religiöse Bedürfnisse[209], „was möglicherweise darauf zurückzuführen ist, dass es sich bei den Untersuchten überwiegend um Patienten mit chronischen Schmerzerkrankungen handelt, für die Themenbereiche, welche mit einer drohenden Finalität konfrontieren, von vergleichsweise geringer Bedeutung sind.“[210] Zu einer ähnlichen Einschätzung gelangten auch APPEL et al. in einer vergleichenden Studie von chronischen Schmerzerkrankten und brustkrebserkrankten Frauen.[211] Während in der Gruppe der Brustkrebserkrankten das religiöse Coping deutlich stärker ausgeprägt war, zeigten sich in der chronischen Schmerzgruppe eher unspezifisch religiöse Copingbemühungen.[212]

---

204 BÜSSING, A. (2011): Spiritualität/Religiosität als Ressource im Umgang mit chronischer Krankheit, 111.

205 Vgl. BÜSSING, A. et al. (2005): Search for meaningful support and the meaning of illness in German cancer patients, 1449/1456; Vgl. MURKEN, S. et al. (2010): Geschlechtsspezifische Unterschiede in der Bewältigung einer Darmkrebserkrankung, 95/104.

206 Vgl. BÜSSING, A. et al. (2005): Engagement of patients in religious und spiritual practices, 1/11; Vgl. BÜSSING, A. et al. (2007): Relevance of religion and spirituality in German patients with chronic diseases, 39/57; Vgl. BÜSSING, A./FISCHER, J. (2009): Interpretation of illness in cancer survivors is associated with health-related variables and adaptive coping styles, 1/11; Vgl. BÜSSING, A. et al. (2012): Engagement of patients with chronic diseases in spiritual and secular forms of practice, 28/38; Vgl. BÜSSING, A. et al. (2013): Spiritual needs among patients with chronic pain diseases and cancer living in a secular society, 1362/1372.

207 Vgl. ALBANI, C. et al. (2004): Religiosität und Spiritualität im Alter, 43/50.

208 Vgl. MURKEN, S. et al. (2010): Geschlechtsspezifische Unterschiede in der Bewältigung einer Darmkrebserkrankung, 100f.

209 Vgl. RIPPENTROP, A.E. et al. (2005): The relationship between religion/spirituality and physical health, mental health, and pain in chronic pain population, 311/321; Vgl. BÜSSING, A. et al. (2012): Zusammenhänge zwischen psychosozialen und spirituellen Bedürfnissen und Bewertung von Krankheit bei Patienten mit chronischen Erkrankungen, 57/73.

210 Ebd. 69.

211 Vgl. APPEL, C. et al. (2010): Subjektive Belastung und Religiosität bei chronischen Schmerzen und Brustkrebs, 455.

212 Vgl. Ebd. 456.

### 3.4.2 *Spiritualität/Religion im Geschlechtervergleich*

In einer geschlechtervergleichenden Untersuchung stellten MURKEN et al. fest, dass spirituell-religiöse Menschen zwar unabhängig von ihrem Geschlecht Spiritualität/Religion zur Krankheitsbewältigung einsetzten, sie bei den befragten Frauen jedoch besonders stark ausgeprägt war.[213] Diese Ergebnisse sind für MURKEN et al. konsistent mit Hinweisen aus anderen nationalen und internationalen Studien.[214] Frauen zeigten eine höhere Neigung zu Affekten, ein größeres Bedürfnis nach emotionaler Bewältigung, eine stärkere Suche nach sozialer Unterstützung sowie einen höheren Einsatz von Spiritualität/Religion in der Krankheitsbewältigung, wohingegen an Krebs erkrankte Männer rational-kognitive Bewältigungsstrategien und aktive Modi der Problemlösung nutzten sowie ein geringeres Maß spirituell-religiöser Copingmechanismen.[215] „Die oft als Schwäche und Versagen erlebte Krebserkrankung bedeutet eine Bedrohung der männlichen Identität, sodass Strategien, die in Richtung Stärke und Kontrolle zielen, für männliche Patienten zentral sein können."[216] Die Befunde der geschlechtervergleichenden Studie von MURKEN et al. deuten insgesamt darauf hin, dass eine Sensibilität seitens der Gesundheitsprofessionen für geschlechtsspezifische Bewältigungsformen im Umgang mit einer (Darm-)Krebserkrankung angezeigt ist.

### 3.4.3 *Spiritualität/Religion und ihre negativen Folgen*

Spiritualität/Religion scheint nicht nur positive, sondern auch negative Effekte im Kontext der Krankheitsbewältigung hervorrufen zu können. Während sich positive, spirituell-religiöse Bewältigungsstrategien gemeinhin in Form einer vertrauensvoll-zuversichtlichen Hinkehr zu Spiritualität/Religion ausdrücken und mit einer heilsamen Unterstützung inmitten einer als stressvoll erfahrenen Zeit einhergehen, kann sich der Faktor auch negativ in Form einer spirituell-religiösen Krise äußern, die mit ausgesprochen negativ-stressvollen Erfahrungen für den Betroffenen verbunden sind. In einer Untersuchung von ZWINGMANN et al. waren Spiritualität/Religion bei den befragten Brustkrebserkrankten mit überwiegend positiven Effekten auf den Bewältigungsprozess verknüpft. Aber in geringen Ausmaß (14%) zeigten sich bei Älteren und Alleinstehenden eben auch negative spirituell-religiöse Auswirkungen (Ängste, depressive Stimmungslage) – allerdings nur indirekt korreliert mit dem Faktor des depressiven Copings.[217] In einer anderen Studie von APPEL et al. erwiesen

---

213 Vgl. MURKEN, S. et al. (2010): Geschlechtsspezifische Unterschiede in der Bewältigung einer Darmkrebserkrankung, 95/104.

214 Vgl. Ebd. 96.100.

215 Vgl. Ebd. 96f.101.

216 Ebd. 101.

217 Vgl. ZWINGMANN, C. et al. (2006): Positive and negative religious coping in German breast cancer patients, 541f.

sich bei chronisch Schmerzerkrankten und Brustkrebserkrankten Hadern und Ringen mit dem eigenen Glauben als dysfunktional für eine gelingende Krankheitsbewältigung. „In beiden Gruppen geht negatives religiöses Coping mit schlechterer psychischer Lebensqualität einher."[218] Jedoch ließ sich hier keine direkte Kausalität nachweisen, d.h. möglicherweise tragen auch andere Faktoren zu dieser negativen Wirkung bei (z.B. die Erfahrung von Hilflosigkeit).[219]

# 4. Zusammenfassung

Die (natur)wissenschaftlichen Positionen, die die Gottesexistenz und damit auch die Relevanz von Spiritualität/Religion kritisch anfragen, bleiben einen Letztbeweis der Nichtexistenz Gottes schuldig. Dabei zeigt sich ein breites Spektrum, das von atheistischer Ablehnung der Gotteshypothese bis hin zur neurotheologischen Offenheit in der Gottesfrage reicht. Gerade die Neurotheologie bietet dabei gute Anschlussmöglichkeiten für die Theologie und liefert mit ihren neurobiologischen Einsichten wertvolle Hinweise für eine Erklärung physiologischer Grundlagen spirituell-religiösen Erlebens. Diese biologische Rückbindung wird auch in der empirischen Bestimmung von Spiritualität/Religion als Faktor der aktiven Krankheitsbewältigung und des individuellen Wohlbefindens erkennbar. Die dargelegten US-amerikanischen Studienergebnisse belegen die Relevanz von Spiritualität/Religion nicht nur für lebensbedrohlich Erkrankte, sondern auch für Menschen mit anderen chronischen oder stationär behandlungsbedürftigen Krankheitsbildern. Obwohl im Ländervergleich Unterschiede in der religiösen Landkarte zwischen den USA und Deutschland deutlich wurden, konvergieren beide Länder nicht nur darin, dass für die Menschen Spiritualität/Religion unabhängig von ihrer formalen Religionszugehörigkeit bedeutsam bleibt, sondern es zeigen sich auch Übereinstimmungen in den Resultaten US-amerikanischer und deutscher Studien. Für viele Menschen diesseits und jenseits des Atlantiks bedeutet die Konfrontation mit einer Krisensituationen die Infragestellung von Lebenssinn und Kontrolle über das eigene Leben. Die Variable Spiritualität/Religion bringt in den Coping-Prozess einen Aspekt hinein, der über säkulare Variablen hinausgeht. Die Studien identifizierten Menschen, die angesichts der Krankheitskonfrontation das Erfahrene zu verstehen, zu verarbeiten und in ihr Leben zu integrieren suchen. Eine wichtige Ressource in diesem Prozess ist die Verbundenheit mit einem höheren transzendenten Sein als Ursprung und Quelle spirituell-religiöser Erfahrung. Eine spirituell-religiöse Praxis unterstützt die Kranken in der Kontaktaufnahme mit einer höheren transzendenten Macht und

218 APPEL, C. et al. (2010): Subjektive Belastung und Religiosität bei chronischen Schmerzen und Brustkrebs, 456.

219 Vgl. Ebd.

aus dieser transzendenten Beziehung heraus schöpfen sie Kraft für den Prozess der Krankheitsverarbeitung, entdecken neuen Lebenssinn und gewinnen eine veränderte Sichtweise auf die verbleibende Lebenszeit. Vor dem Hintergrund dieser Erkenntnisse kann Spiritualität als ein empirisch verifiziertes Bedürfnis heutiger Menschen gelten. Deshalb bedarf eine solche Bedürfnislage auch einer probaten Antwort seitens der Pflege. Ob und inwieweit das Thema Spiritualität in der Qualifizierung angehender Pflegekräfte in der Gesundheits- und Krankenpflege bedacht wird, soll im folgenden Kapitel dieser Arbeit untersucht werden.

# Kapitel IV Spiritualität: Bildungsinhalt ohne Bildungsgehalt?

## 1. Spiritualität als Bildungsinhalt in der deutschen Krankenpflegeausbildung

Die dreijährige Ausbildung in der Gesundheits- und Krankenpflege in Deutschland zielt u.a. auf eine Befähigung der Pflegenden, Pflegesituationen vor dem Hintergrund multidisziplinärer Erkenntnisse zu analysieren, einen individuellen Bedarf an Pflege oder Prävention zu ermitteln und entsprechende pflegerische Unterstützungsangebote fachkundig vorzuhalten. Leitkriterium für die Aufnahme von Lerninhalten in die Curricula ist dabei der Aufweis ihrer Pflegerelevanz, d.h. all jene Kenntnisse, Fertigkeiten und Haltung sind im theoretischen und praktischen Unterrichtsgeschehen zu berücksichtigen, deren Bedeutung für die Pflege wissenschaftlich belegt wurde! Normativ-ideelle Forderungen (vgl. Kapitel I) und theologisch-anthropologische Überlegungen (vgl. Kapitel II) weisen auf die spirituelle Dimension des Menschen hin und empirische Studien (vgl. Kapitel III) belegen, dass im Kontext gesundheitlicher Veränderungen nicht nur psychische, materielle, soziale und umweltbezogene Faktoren zu bedenken sind, sondern eben auch Spirituelle. Selbst wenn die genauen Wirkmechanismen zwischen dem Ausmaß der Befriedigung spiritueller Bedürfnisse und dem erlebten, mentalen und körperlichen Wohlbefinden bis dato noch nicht hinreichend geklärt werden konnten, scheint ein wechselseitiges Zusammenspiel doch evident. Wenn zu den Aufgaben professionell Pflegender die Anbahnung größtmöglichen gesundheitlichen Wohlbefindens zählt sowie die Unterstützung und Begleitung kranker Menschen in besonderen Belastungskonstellationen, kann die spirituelle Dimension hier – als wissenschaftlich nachgewiesen wirksames Element – nicht ausgespart bleiben. Wenn also Spiritualität gesundheitliche Relevanz besitzt, sie zum Menschsein dazu gehört und potentiell aktiviert werden kann, stellt sich die Frage nach ihrem Ort im Ausbildungskanon während der dreijährigen Ausbildung in der Gesundheits- und Krankenpflege in Deutschland und damit nach der Qualifizierung Pflegender zur Wahrnehmung der spirituellen Dimension und zur Gewährleistung spiritueller Fürsorge. Welcher Stellenwert kommt den genannten Faktoren aber bisher zu? Die folgende Untersuchung nimmt die Vorgaben des Bundes sowie der länderspezifischen Rahmenlehrpläne unter dem Kriterium der Berücksichtigung spiritueller Bildungsinhalte in den Blick und prüft zugleich einen etwaigen spirituell-religiösen Bildungsinhalt auf dessen Bildungsgehalt.

## 1.1 Gesetzliche Rahmenbedingungen

Am 01. Januar 2004 trat das neue Krankenpflegegesetz (KrPflG) vom 16. Juli 2003 mit der dazugehörigen Ausbildungs- und Prüfungsverordnung (KrPflAPrV) vom 10. November 2003 in Kraft. Beide Regelungen lösten die bisherigen gesetzlichen Vorgaben aus dem Jahr 1985 ab. Die dreijährige Ausbildung in der Gesundheits- und Krankenpflege erfolgt weiterhin an staatlich anerkannten Gesundheits- und Krankenpflegeschulen in öffentlicher, privater oder freigemeinnütziger Trägerschaft. Die Schulen kooperieren in der praktischen Ausbildung mit diversen Krankenhäusern oder sind diesen angegliedert.

Bereits das Krankenpflegegesetz vom 1985 legte fest, dass das so genannte Berufsbildungsgesetz von 1969 auf die Ausbildung in der Krankenpflege grundsätzlich keine Anwendung findet, obwohl in einem speziellen Abschnitt zur Regelung des Ausbildungsverhältnisses Teile der Bestimmungen des Berufsbildungsgesetzes übernommen wurden (z.B. Ausbildungsvergütung, Probezeit, Sozialversicherungspflicht).[1] Diese besondere Stellung der Krankenpflegeausbildung innerhalb der beruflichen Ausbildung in Deutschland liegt in der geschichtlichen Entwicklung der Krankenpflege begründet, die zu einer Positionierung zwischen dualer Ausbildung nach dem Berufsbildungsgesetz und einer durch landesrechtliche Verordnungen zu regelnden Berufsfachschulausbildung führte.

Gegenüber dem KrPflG vom 04. Juni 1985 enthält das neue KrPflG aus dem Jahr 2003 sowie die dazugehörige Ausbildungs- und Prüfungsverordnung Änderungen in Bezug auf die Unterscheidung eigenverantwortlicher und mitwirkender Aufgaben der Pflegekräfte, auf die qualifikatorischen Anforderungen an Schulleitungen und Lehrkräfte (d.h. Hochschulabschluß), die Erhöhung des Anteils von theoretischem und praktischem Unterricht von 1.600 auf 2.100 Unterrichtsstunden sowie eine Neustrukturierung und Zuordnung der Unterrichtsinhalte auf 12 fächerübergreifende Themenbereiche (Kurz: TB). Durch die Einführung der TB wird die bisher übliche Fächerorientierung der theoretischen Ausbildung durch einen fächerintegrativen Ansatz ersetzt.[2] Die 12 TB operationalisieren die übergeordneten Ausbildungsziele gemäß § 3 KrPflG, ohne jedoch Angaben über Unterrichtsinhalte oder Stundenzahl einzuschließen. Aus der gesetzlichen Vorgabe wird lediglich ersichtlich, dass zur Zielerreichung Kenntnisse in einem festgelegten Stundenumfang aus folgenden vier Grundlagenbereichen zu vermitteln sind, wobei keine Zuordnung der Wissensgrundlagen zu den TB vorgenommen wird[3]:

---

[1] Vgl. KrPflG von 1985 III. Abschnitt §§ 12-22.

[2] Vgl. zur bisherigen Fächerorientierung: Anlage 1 zu § 1 Abs. 1 KrPflAPrV vom 16. Oktober 1985.

[3] Vgl. Anlage 1 zu § 1 Abs. 1 KrPflAPrV.

| Wissensgrundlage | Stundenzahl |
|---|---|
| Kenntnisse der Gesundheits- und Krankenpflege, der Gesundheits- und Kinderkrankenpflege sowie der Pflege- und Gesundheitswissenschaften | 950 |
| Pflegerelevante Kenntnisse der Naturwissenschaften und der Medizin | 500 |
| Pflegerelevante Kenntnisse der Geistes- und Sozialwissenschaften | 300 |
| Pflegerelevante Kenntnisse aus Recht, Politik und Wirtschaft | 150 |
| Zur Verteilung | 200 |
| Stundenzahl insgesamt | 2.100 |

## 1.2 Spirituelle Aspekte als Bildungsinhalte in den Rahmenlehrplänen

Die bisherige Fächerorientierung – und damit auch das frühere Unterrichtsfach Berufsethik – wurde zu Gunsten eines fächerintegrativen Ansatzes resp. einer Lernfeldorientierung aufgegeben. Diese Neuregelung korrespondiert mit den ‚Handreichungen für die Erarbeitung von Rahmenlehrplänen der Kultusministerkonferenz (KMK) für den berufsbezogenen Unterricht in der Berufsschule und ihre Abstimmung mit den Ausbildungsordnungen des Bundes für anerkannte Ausbildungsberufe'.[4] Sie strebt nach einer stärkeren Entwicklung beruflicher Handlungskompetenz, die durch ein Ineinander von Fach-, Personal- und Sozialkompetenz erreicht werden soll und um eine Methoden- und Lernkompetenz komplettiert wird. Ähnliche Aussagen wie in den Handreichungen der KMK finden sich in den unter § 3 KrPflG beschriebenen Ausbildungszielen und den dort angeführten fachlichen, persönlichen, sozialen und methodischen Kompetenzen. Implizit ist darin auch die Entwicklung und Förderung einer berufsethischen Kompetenz enthalten.

Die Ausbildung in der Gesundheits- und Krankenpflege wird qua Bundesgesetz geregelt, da nach Art. 74 Abs. 1 Nr. 19 GG dem Bund im Zuge der konkurrierenden Gesetzgebung das Recht zusteht, die Zulassung zu ärztlichen und anderen Heilberufen zu regeln. Alle Belange, die der Bund nicht im KrPflG oder der KrPflAPrV regelt, fallen unter die Kompetenz der Bundesländer. Zur Konkretisierung der Bundesvorgaben haben die Bundesländer verbindliche Rahmenlehrpläne für den theoretischen Unterricht an Krankenpflegeschulen vorgelegt, auf die sich die folgende Analyse bezieht. Während sich von den 16 Bundesländern die Länder Berlin, Mecklenburg-Vorpommern und Sachsen-Anhalt an der nordrhein-westfälischen Ausbildungsrichtlinie orientieren, verfügen Hamburg und Schleswig-Holstein über keinen eigenen Rahmenlehrplan. Ein Sonderfall stellt das Land Bremen dar, das in Kooperation

4 Vgl. KULTUSMINISTERKONFERENZ (2000): Handreichungen für die Erarbeitung von Rahmenlehrplänen der Kultusministerkonferenz (KMK) für den berufsbezogenen Unterricht in der Berufsschule und ihre Abstimmung mit den Ausbildungsordnungen des Bundes für anerkannte Ausbildungsberufe.

mit der Universität Bremen in die grundständige Ausbildung zur Gesundheits- und Krankenpflege sieben Module integriert hat, die nach erfolgreichem Bestehen mit 70 Credit-Points von der Universität Bremen auf einen anzustrebenden Bachelorabschluss angerechnet werden kann.

Damit die Analyseergebnisse intersubjektiv nachvollziehbar bleiben, erfolgt für jedes Bundesland eine Beschreibung der Bildungsinhalte mit einem expliziten Bezug zum Thema Spiritualität/Religion samt tabellarischem Auszug aus dem jeweiligen Rahmenlehrplan sowie ein Zwischenfazit. Am Ende der Untersuchung werden die identifizierten spirituellen und/oder religiösen Lerninhalte der Rahmenlehrpläne in einer Zusammenschau noch einmal aufgeführt.

### *1.2.1 Baden-Württemberg*

Das Land Baden-Württemberg veröffentlichte seinen Landeslehrplan für die Ausbildung in der Gesundheits- und Krankenpflege im Jahr 2004.[5] Der Lehrplan gliedert sich in einige einführende Vorbemerkungen und orientiert sich in seiner Gesamtstruktur an den 12 Themenfeldern der KrPflAPrV. „Die Zielsetzungen der TB werden im Wesentlichen übernommen, allerdings als Kompetenzen formuliert."[6] An den Kern der Ausbildungsrichtlinie schließt sich ein Literaturverzeichnis sowie eine Auswahl von Internetadressen an. Ein Index sowie eine tabellarische Übersicht zur schriftlichen, mündlichen und praktischen Prüfung komplettieren die Landesvorgaben. Insgesamt strebt der Lehrplan eine handlungsorientierte Themenbearbeitung an, die eine strikte Fächerorientierung überwinden und problemorientiertes Arbeiten fördern will.[7] „Handeln meint in diesem Kontext: ein durch Bildung ermöglichtes bewusstes, zielgerichtetes, planvolles, menschliches, affektiv durchdrungenes Tun."[8] Durch eine Befähigung zu reflektiertem Urteilen sollen die Pflegenden später in konkreten Berufssituationen problemlösend handeln können.[9]

#### *1.2.1.1 Lehrplananalyse*

Jeder TB des vorläufigen Landeslehrplans folgt dem gleichen schematischen Aufbau: (1) Vorbemerkungen; (2) Prüfungsrelevanz; (3) handlungsorientierte Themenbearbeitung sowie (4) Ziele und Schwerpunkte. Den Erläuterungen zur handlungsorientierten Themenbearbeitung und zu den Schwerpunkten werden jeweils Zeitrichtwerte sowie eine Stundenverteilung auf die vier Wissensbereiche gem. KrPflAPrV beigeordnet.

---

5 Vgl. LAG BADEN-WÜRTTEMBERG E.V./SOZIALMINISTERIUM BADEN-WÜRTTEMBERG (2004): Vorläufiger Landeslehrplan Baden-Württemberg für die Ausbildung zur Gesundheits- und Krankenpflegerin oder zum Gesundheits- und Krankenpfleger und zur Gesundheits- und Kinderkrankenpflegerin oder zum Gesundheits- und Kinderkrankenpfleger.

6 Ebd. 8.

7 Vgl. Ebd. 9.

8 Ebd.

9 Vgl. Ebd. 9.

| **2. TB: Pflegemaßnahmen auswählen, durchführen und auswerten** | |
|---|---|
| **2.4 Ziele:**<br>Die Schülerinnen und Schüler richten pflegerische Interventionen in ihrer Zielsetzung, Art und Dauer am Pflegebedarf aus.<br>Sie berücksichtigen bei pflegerischen Interventionen die unmittelbare vitale Gefährdung, den akuten oder chronischen Zustand bei einzelnen oder mehreren Erkrankungen, bei Behinderungen, Schädigungen sowie physischen und psychischen Einschränkungen und in der Endphase des Lebens.<br>Sie führen die Pflegemaßnahmen im Rahmen der pflegerischen Beziehung mit einer entsprechenden Interaktion und Kommunikation alters- und entwicklungsgerecht durch.<br>Sie beziehen bei der Planung, Auswahl und Durchführung der pflegerischen Maßnahmen den jeweiligen Hintergrund des stationären, teilstationären, ambulanten oder weiteren Versorgungsbereichs mit ein.<br>Sie evaluieren den Erfolg der pflegerischen Interventionen und passen zielgerichtetes Handeln an den sich verändernden Pflegebedarf an. | |
| **2.4.11 Schwerpunkt: Lebensprinzipien** | |
| Ursächliche und beeinflussende Faktoren, bezugswissenschaftliche Erkenntnisse, Merkmale und Kennzeichen von Pflegebedarf, Pflegeziele, Interventionen und Evaluationskriterien zu | Zeitrichtwert 32<br>Wissensbereich 1 24<br>Wissensbereich 2 4<br>Wissensbereich 3 4<br>Wissensbereich 4 0 |
| Spirituelles Wohlbefinden | Handlungsleitende Werte und Glaubensgrundsätze |

TB 2 befasst sich mit der Auswahl, Durchführung und Auswertung pflegerischer Interventionen. Diese Maßnahmen „zielen auf die Erhaltung von Wohlbefinden und Gesundheit, auf den Schutz vor gesundheitsgefährdenden bzw. krankmachenden Faktoren wie auch auf die Folgen von Erkrankung und von Lebenskrisen und die Ermöglichung einer bestmöglichen Lebensqualität."[10] Unter Einbezug bezugswissenschaftlicher Erkenntnisse hat eine solche Pflege die Lebensprinzipien kranker Menschen im Rahmen des Pflegeprozesses zu bedenken. Darunter zählen auch jene handlungsleitenden Werte und Glaubensgrundsätze der kranken Menschen, die eine Verwirklichung spirituellen Wohlbefindens anstreben.

| **5. TB: Pflegehandeln personenbezogen ausrichten** |
|---|
| **5.4 Ziele:**<br>Die Schülerinnen und Schüler berücksichtigen in ihrem Pflegehandeln das Selbstbestimmungsrecht und die individuelle Situation der zu pflegenden Person.<br>Sie beziehen dabei das soziale Umfeld von Pflegenden Personen ein.<br>Sie beachten ethnische, interkulturelle, religiöse und andere gruppenspezifische Aspekte sowie ethische Grundfragen. |

10 Ebd. 18.

| **5.4.4 Schwerpunkt: Kultur und Religion** | |
|---|---|
| | Zeitrichtwert 12<br>Wissensbereich 1 8<br>Wissensbereich 2 0<br>Wissensbereich 3 4<br>Wissensbereich 4 0 |
| Religiöse Selbstbestimmung | Religion und Kultur, ethnische Einflüsse |

TB 5 ergänzt die Auswahl pflegerischer Interventionen des TB 2 um eine personenbezogene Ausrichtung, die das Selbstbestimmungsrecht des kranken Menschen und dessen Grundrecht auf individuelle religiöse Überzeugungen und der damit verbundenen Praxis achtet.

### *1.2.1.2 Ergebnis*

Der vorläufige Landeslehrplan von Baden-Württemberg erörtert unter TB 1 die Gegenstandsbereiche, Fachlogik, prägende Ordnungsstrukturen sowie Theorien der Geistes- und Sozialwissenschaften, worunter auch die Theologie fällt. In den Vorbemerkungen zum TB 2 wird der Beitrag pflegerischer Interventionen zur Erhaltung von Wohlbefinden und Gesundheit sowie zum Schutz vor gesundheitsgefährdenden und krankmachenden Faktoren herausgestellt. Im Blick auf das spirituelle Wohlbefinden kranker Menschen gilt es handlungsleitende Werte und Glaubensgrundsätze zu achten.[11] Solche Werte und Grundsätze sind von genereller Bedeutung für die Lebensgestaltung und kommen in unterschiedlichen Lebensäußerungen – auch in Krisensituationen – zum Tragen. Sie stellen wichtige Bewertungskriterien und Orientierungshilfen in schwierigen Lebenssituationen bereit. Seitens der Pflegekräfte bedarf es einer Sensibilität für die spirituelle Dimension der Kranken sowie eines Verständigungsprozesses über und einer Einbeziehung solcher Wert- und Glaubensvorstellungen in das professionelle Pflegehandeln, um pflegerische Interventionen anzubahnen, die das spirituelle Wohlbefinden des anvertrauten Menschen individuell fördern. Der Lehrplan stellt an dieser Stelle jedoch weder Bezüge zum Pflegeverständnis oder den zu konsultierenden Bezugswissenschaften her, noch erfolgt eine Spezifikation dessen, was unter spirituellem Wohlbefinden zu verstehen ist. Auch an anderer Stelle des Lehrplans findet sich keine Kompetenzanbahnung zur spirituellen Begleitung durch Pflegende.

### *1.2.2 Bayern*

Im Jahr 2005 verabschiedete das BAYERISCHE STAATSMINISTERIUM FÜR UNTERRICHT UND KULTUS seine ‚Lehrplanrichtlinien für die Berufsfachschule

11 Vgl. Ebd. 27.

für Krankenpflege und für Kinderkrankenpflege'.[12] Dieser Erlass gliedert sich (1) in eine Einführung und (2) die eigentlichen Lehrplanrichtlinien für die Dauer von drei Schuljahren – komplettiert um einen Anhang mit den Mitgliedern der Lehrplankommission. Insgesamt strebt die bayerische Berufsfachschulausbildung nicht nur eine Vorbereitung auf die Berufstätigkeit an, sondern möchte auch die Allgemeinbildung der Auszubildenden fördern. Dadurch erhofft man sich eine „berufliche Flexibilität zur Bewältigung der sich wandelnden Anforderungen in Arbeitswelt und Gesellschaft (...) zu entwickeln."[13] Ebenso gelte es, immer wieder neu „auf die Kernprobleme unserer Zeit"[14] einzugehen.

#### *1.2.2.1 Lehrplananalyse*

Die Lehrplanrichtlinien des Freistaates Bayern sehen für alle drei Ausbildungsjahre einen gleichen Fächerkanon vor, wobei sich die einzelnen Schuljahre durch ihre Stundenverteilung, ihre Inhalte sowie ein zunehmendes Anforderungsniveau voneinander unterscheiden. Die einzelnen Fächer werden in diverse Lernfelder gegliedert, die eine enge Verknüpfung von Theorie und Praxis anstreben. Durch eine Verschränkung von theoretischem und praktischem Unterricht sollen die theoretischen Grundlagen und Erkenntnisse praxisorientiert vermittelt werden, so dass sie ein kompetentes, berufliches Handeln ermöglichen.[15]

| **Fach: Grundlagen der Pflege** | | |
|---|---|---|
| **2. Schuljahr** | | |
| **Lernfeld 2** | **Ziele** | **Inhalte** |
| Besonderheiten in der Endphase des Lebens erkennen. | Die Schülerinnen und Schüler setzen sich mit ethischen, religiösen und rechtlichen Fragestellungen im Grenzbereich des Todes auseinander. Sie reflektieren gesellschaftliche und persönliche Einstellungen zur aktiven und passiven Sterbehilfe. Sie kennen verschiedene Vorschriften und Bräuche unterschiedlicher Religionen, die im Zusammenhang mit dem Tod eine Rolle spielen. | Palliative Care<br><br>Patientenverfügung<br><br>Testament |

Die Lernfelder des Faches ‚Grundlagen der Pflege' setzen sich mit Themen auseinander, die das Fundament beruflicher Gesundheits- und Krankenpflege bilden. Eines ihrer Kennzeichen ist die Fähigkeit zur komplexen Wahrnehmung oder das Verstehen des Menschen samt seiner Entwicklung und Sozialisation. Der Einbezug von Methoden und Erkenntnissen aus den Begleitwis-

[12] Vgl. STAATSINSTITUT FÜR SCHULQUALITÄT UND BILDUNGSFORSCHUNG (Hg) (2005): Lehrplanrichtlinien für die Berufsfachschule für Krankenpflege und für die Kinderkrankenpflege.

[13] Ebd. 1.

[14] Ebd.

[15] Vgl. Ebd. 4.

senschaften, der Pflegewissenschaft und der Pflegetheorie dient nicht nur der Beschreibung dessen, was Mensch-Sein ausmacht, sondern will die potentiellen physischen, psychischen und sozialen Einflüsse erfassen helfen, um den Menschen in seiner Komplexität zu entsprechen. Explizit werden religiöse Fragestellungen und Bräuche m Blick auf das Lebensende diskutiert.

| **Fach: Gesundheits- und Krankenpflege (Theorie und Praxis)** | | |
|---|---|---|
| **3. Schuljahr** | | |
| **Lernfeld 3** | **Ziele** | **Inhalte** |
| Menschen in der letzten Lebensphase begleiten. | Die Schülerinnen und Schüler werden sich ihrer eigenen Sterblichkeit bewusst und reflektieren ihre persönliche Einstellung zum Tod als Teil des Lebens.<br><br>Die Schülerinnen und Schüler begleiten Sterbende in Abhängigkeit deren kulturell-religiösen Hintergrundes in den Phasen des psychischen Sterbeprozesses. Sie stellen dabei die Wünsche und Bedürfnisse der Sterbenden in den Mittelpunkt ihrer Arbeit und beziehen Angehörige mit ein. Sie kommunizieren mit sterbenden Pflegeempfängern, den Angehörigen und dem Betreuungsteam und erkennen Veränderungen der Wahrnehmung des Sterbenden.<br><br>Die Schülerinnen und Schüler wirken bei der Verbesserung der Lebensqualität von Sterbenden mit. | Hospizgedanke<br><br>Palliative Pflege<br><br>Supervision |

Im Fach ‚Gesundheits- und Krankenpflege' trägt das erste Lernfeld den gewandelten beruflichen Anforderungen Rechnung, indem es die Bedeutung von gesundheitserhaltenden und gesundheitsfördernden Verhalten betont und den pflegerischen Beitrag herausstellt. Eine explizite Auseinandersetzung mit religiös-kulturellen Aspekten konzentriert sich erneut auf ein Lernfeld, dass sich auf Begleitung von Menschen in ihrer letzten Lebensphase konzentriert.

### *1.2.2.2 Ergebnis*

Insgesamt bleiben die Zielformulierungen der bayrischen Lehrplanrichtlinien und die zugeordneten Inhalte vage. Einer der Gründe für das gewählte Abstraktionsniveau mag in der übergeordneten Vorgabe liegen, dass die Ausbildung immer wieder neu dem Wandel der Zeit anzupassen sei. Demgegenüber bleibt kritisch anzumerken, dass Lehrplanrichtlinien generell auch Lernergebnisformulierungen enthalten und deren inhaltliche Ausgestaltung daher einer stärkeren Konturierung bedarf. In den Ziel- und Inhaltsformulierungen der pflegerischen Grundlagen wird eine komplexe, d.h. umfassende oder möglichst vielschichtige Pflege angestrebt. Allerdings bleiben hier spirituelle oder religiöse Aspekte ungenannt. Ebenfalls finden sich in den Bereichen Kommunikation und Interaktion Leerstellen, wo spirituelle oder religiöse Themen im Zuge einer Befähigung Pflegender zur existentiellen Kommunikation mit

Menschen in Krisensituationen angezeigt wären. Lediglich in der letzten Lebensphase des Menschen kommen religiöse Momente zum Tragen.

### *1.2.3 Brandenburg*

Das Land Brandenburg verabschiedete im Jahr 2008 seinen ‚Rahmenplan für den theoretischen und praktischen Unterricht und die praktische Ausbildung zur Gesundheits- und Krankenpflegerin und zum Gesundheits- und Krankenpfleger sowie zur Gesundheits- und Kinderkrankenpflegerin und zum Gesundheits- und Kinderkrankenpfleger'.[16] Dieser Rahmenplan gliedert sich in die drei Bereiche: (1) Vorbemerkungen zum Rahmenplan für den theoretischen und praktischen Unterricht und die praktische Ausbildung; (2) Rahmenlehrplan für den theoretischen und praktischen Unterricht sowie (3) Rahmenausbildungsplan für die praktische Ausbildung. Die Lerninhalte und Ausbildungsziele des Rahmenplans strukturieren sich wiederum anhand der 12 TB der KrPflAPrV. Sie streben eine berufliche Handlungskompetenz an, die sich in eine fachliche, methodische und personale Kompetenz aufschlüsseln lässt.[17]

#### *1.2.3.1 Lehrplananalyse*

Jedem TB des Rahmenplans wird eine Übersicht vorangestellt, die neben einer Zuordnung der Unterrichtsstundenzahl zu den vier Wissensgrundlagen des Krankenpflegegesetzes auch die dort hinterlegten Ziele einschließt. Im Anschluss daran findet sich eine Auflistung von Unterrichtsinhalten mit Zeitrichtwerten in Stunden.

| **TB 1: Pflegesituationen bei Menschen aller Altersgruppen erkennen, erfassen und bewerten** |
|---|
| **Ziele:**<br>Die Schülerinnen und Schüler sind zu befähigen,<br>- auf der Grundlage pflegewissenschaftlicher Erkenntnisse und pflegerelevanter Kenntnisse der Bezugswissenschaften, wie Naturwissenschaften, Anatomie, Physiologie, Gerontologie, allgemeine und spezielle Krankheitslehre, Arzneimittellehre, Hygiene und medizinische Mikrobiologie, Ernährungslehre, Sozialmedizin sowie der Geistes- und Sozialwissenschaften, Pflegesituationen wahrzunehmen und zu reflektieren sowie Veränderungen der Pflegesituationen zu erkennen und adäquat zu reagieren,<br>- unter Berücksichtigung der Entstehungsursachen aus Krankheit, Unfall, Behinderung oder im Zusammenhang mit Lebens- und Entwicklungsphasen daraus resultierenden Pflegebedarf, den Bedarf an Gesundheitsvorsorge und Beratung festzustellen, |

[16] Vgl. MINISTERIUM FÜR ARBEIT, SOZIALES, GESUNDHEIT UND FAMILIE DES LANDES BRANDENBURG (2008): Rahmenplan für den theoretischen und praktischen Unterricht und die praktische Ausbildung zur Gesundheits- und Krankenpflegerin und zum Gesundheits- und Krankenpfleger sowie zur Gesundheits- und Kinderkrankenpflegerin und zum Gesundheits- und Kinderkrankenpfleger.

[17] Vgl. Ebd. 4f.

| - den Pflegebedarf unter Berücksichtigung sachlicher, personenbezogener und situativer Erfordernisse zu ermitteln und zu begründen,<br>- ihr Pflegehandeln nach dem Pflegeprozeß zu gestalten. | |
|---|---|
| **1.3 Pflegesituationen** | |
| **1.3.16 Pflegesituationen bei sterbenden Menschen erkennen, erfassen und bewerten** | |
| **Wissensgrundlage 3** | **Inhalte** |
| | Religionen und deren Vorstellungen bzgl. Tod und Sterben |

Die Auseinandersetzung mit dem Pflegeprozess bildet im Rahmenlehrplan des Landes Brandenburg die zentrale Grund- und Ausgangslage pflegerischen Handelns. Für die Planung einer professionellen Pflege kommt insbesondere der Informationssammlung ein wichtiger Stellenwert zu, für die eine Schulung der Wahrnehmung und Beobachtung essentiell ist. Religiöse Momente kommen explizit im Zuge des Erkennens, Erfassens und Bewertens von Pflegesituationen sterbenden Menschen zum Tragen, die auch deren spezielle Wünsche und Bedürfnisse einschließen. Ebenso werden in diesem Rahmen Reflexionsprozesse über Euthanasie sowie über die Themen Leben und Tod insgesamt angestoßen. Auch Fragen der Begleitung von Menschen in ihrer letzten Lebensphase werden in diesem Kontext bedacht. Explizit thematisiert TB 1 das weite Feld der Religionen und deren Vorstellungen von Tod und Sterben.

| **TB 2: Pflegemaßnahmen auswählen, durchführen und auswerten** | |
|---|---|
| **Ziele:**<br>Die Schülerinnen und Schüler sind zu befähigen:<br>- pflegerische Interventionen in ihrer Zielsetzung, Art und Dauer am Pflegebedarf auszurichten,<br>- die unmittelbare vitale Gefährdung, den akuten oder chronischen Zustand bei einzelnen oder mehreren Erkrankungen, bei Behinderungen, Schädigungen sowie physischen und psychischen Einschränkungen und in der Endphase des Lebens bei pflegerischen Interventionen entsprechend zu berücksichtigen,<br>- die Pflegemaßnahmen im Rahmen der pflegerischen Beziehung mit einer entsprechenden Interaktion und Kommunikation alters- und entwicklungsgerecht durchzuführen,<br>- bei der Planung, Auswahl und Durchführung der pflegerischen Maßnahmen den jeweiligen Hintergrund des stationären, teilstationären, ambulanten oder weiteren Versorgungsbereichs mit einzubeziehen,<br>- den Erfolg pflegerischer Interventionen zu evaluieren und zielgerichtetes Handeln kontinuierlich an den sich verändernden Pflegebedarf anzupassen. | |
| **2.3 Pflegemaßnahmen** | |
| **2.3.16 Pflegemaßnahmen bei sterbenden Menschen auswählen, durchführen und auswerten** | |
| **Wissensgrundlage 3** | **Inhalte** |
| | Interaktion und Kommunikation mit Sterbenden<br>Trauer-, Verabschiedungsund Aufbahrungskultur |

Nachdem im TB 1 bereits die erste Phase des Pflegeprozesses vermittelt wurde, komplettiert TB 2 das Pflegeprozessmodell um die übrigen, jeweils individuell anzupassenden Schritte der Auswahl, Planung und Durchführung von Pflegemaßnahmen. Bei allen Pflegemaßnahmen spielen Interaktion und Kommunikation eine zentrale Rolle, die bei der Pflege sterbender Menschen um Inhalte der Trauer-, Verabschiedungs- und Aufbewahrungskultur ergänzt werden.

| **TB 5: Pflegehandeln personenbezogen ausrichten** | |
|---|---|
| **Ziele:**<br>Die Schülerinnen und Schüler sind zu befähigen,<br>- in ihrem Pflegehandeln insbesondere das Selbstbestimmungsrecht und die individuelle Situation der zu pflegenden Personen zu berücksichtigen,<br>- in ihr Pflegehandeln das soziale Umfeld von zu pflegenden Personen einzubeziehen, ethnische, interkulturelle, religiöse und andere gruppenspezifische Aspekte sowie ethische Grundfragen zu beachten. | |
| **5.5 Pflegebedürftige aller Altersgruppen verschiedener Kulturen und Religionen** | |
| **Wissensgrundlage 3** | |
| | Besonderheiten der Weltreligionen/Glaubensrichtungen (Christentum, Judentum, Islam, Hinduismus, Buddhismus) |

Die Qualifikation zur personenbezogenen Ausrichtung des Pflegehandelns streben die Ziele und Inhalte des TB 5 an. Neben ethischen Unterrichtsinhalten werden Aspekte einer kultursensiblen Pflege genannt, die auch Besonderheiten der Weltreligionen resp. Glaubensrichtungen einschließen. Der Rahmenplan für die Ausbildung in der Gesundheits- und Krankenpflege des Landes Brandenburg verweist in diesem Kontext auf Lerninhalte der TB 1 und 2, d.h. dass ethische, kulturelle und religiöse Momente insbesondere bei der Pflege von Menschen mit Schmerzen (1.3.13), bei Sterbenden (1.3.16; 2.3.16) sowie bei Menschen mit psychischen Störungen zu beachten sind.

### *1.2.3.2 Ergebnis*

Mit Verweis auf die der jeweiligen Ausbildungsstätte überlassene Entwicklung spezifizierter Curricula begrenzt sich der Rahmenplan des Landes Brandenburg in seinen Zielformulierungen auf die Vorgaben des Krankenpflegegesetzes zu den einzelnen Themenfeldern.[18] Dadurch soll den Schulen ermöglicht werden, „ihre Schwerpunkte und Spezialisierungen entsprechend dem Profil der Trägerkrankenhäuser und der Kooperationseinrichtungen anzupassen."[19] Die Auflistung der zu unterrichtenden Inhalte des Rahmenplans erscheint jedoch insgesamt eher wie eine Aneinanderreihung von Worthülsen, aus denen eine materiale Füllung nur unzureichend erkennbar bleibt. Welche

[18] Vgl. Ebd. 4.
[19] Ebd. 6.

Inhalte zu den einzelnen Phasen des Pflegeprozesses zu unterrichten sind, bleibt ebenso offen, wie eine genauere Umschreibung spezieller Wünsche und Bedürfnisse Sterbender. Beim Lerninhalt Krankheitsbewältigung durch tumorerkrankte Menschen (1.3.17) wird weder auf spirituelle, religiöse, kulturelle noch ethische Besonderheiten explizit eingegangen. Zwar greift TB 5 ethische, kulturelle und religiöse Momente auf, doch geschieht dies in einem recht eingeschränkten Stundenumfang und ohne pflegetheoretische Rückbindung. Hier würde man das weite Thema Menschenbild und Lebensqualität erwarten. Insgesamt sind die Pflegesituationen (nur?) unter Berücksichtigung des Lebensalters, der Lebensphase, des körperlichen und geistigen Zustandes zu erkennen, zu erfassen und zu bewerten.[20]

### *1.2.4 Bremen*

Die Freie Hansestadt Bremen stellt hinsichtlich seiner Regelungen zur Ausbildung in der Gesundheits- und Krankenpflege einen Sonderfall dar. Während etliche Schulen in anderen Bundesländern den Auszubildenden durch die Kooperation mit einer Hochschule die Option zum Erwerb eines Bachelorabschlusses mittels Ergänzungsunterricht und den Erwerb von Leistungspunkten ermöglichen, sind im Land Bremen Teile des Studieninhaltes des universitären Bachelorstudiums obligatorischer Inhalt der theoretischen Ausbildung in der Krankenpflegeschule und zwar für alle Auszubildenden.[21] Mit Ausnahme dieser 7 Module für die Gesundheits- und Krankenpflege existiert kein für alle Ausbildungsstätten verbindlicher Rahmenlehrplan für das Land Bremen.

#### *1.2.4.1 Analyse der obligatorischen Bachelomodule*

Das duale Studienprogramm für den Bachelorstudiengang Pflegewissenschaft der Freien Hansestadt Bremen wurde im Jahr 2012 etabliert. Die sieben Pflichtmodule der außeruniversitären Ausbildung in der Gesundheits- und Krankenpflege entstanden in enger Kooperation zwischen dem ‚Institut für Public Health und Pflegeforschung' an der Universität Bremen (Fachbereich 11), dem Senator für Gesundheit sowie den betroffenen Ausbildungsschulen.[22] Die erfolgreich bestandenen Modulprüfungen und damit außeruniversitär erworbenen 70 Creditpoints werden von der Universität Bremen auf ein Studium zum Erwerb eines ‚Bachelor of Arts Pflegewissenschaft' angerechnet. Die Modulbeschreibungen beinhalten Vorgaben zum Stundenumfang, stellen Bezüge zur KrPflAPrV her, geben Hinweise zu den Lehr- und Lernformen, listen Lerninhalte auf, beschreiben die anzustrebenden Lernergebnisse und benennen die Voraussetzungen zur Vergabe der Creditpoints.

---

[20] Vgl. Ebd. 21.

[21] Vgl. FACHSPEZIFISCHE PRÜFUNGSORDNUNG FÜR DEN BACHELORSTUDIENGANG ‚PFLEGEWISSENSCHAFT (DUALES STUDIENPROGRAMM)' DER UNIVERSITÄT BREMEN (2012).

[22] Vgl. UNIVERSITÄT BREMEN (2014).

| Modul PA 5 Pflege lebensbedrohlich erkrankter und sterbender Menschen | |
|---|---|
| **Studiengang** | Bachelor of Arts Pflegewissenschaft |
| **Modulverantwortlicher** | Jeweils durch die kooperierende Berufsfachschule benannt |
| **Modulart** | Pflicht |
| **CP und Stundenbelastung der Studierenden** | 10 CP, 300 h (umfasst Präsenz- und Selbstlernzeiten)<br>- Theoretische Grundlagen: 150 h<br>- Berufspraxis und ihre Reflexion: 150 h (Altenpflegeheim od. internistische/geriatrische Station, auch Hospiz oder Palliativstation) |
| **Bezug zur KrPflAPV** | Wissensgebiet(e) / Pflegerelevante Kenntnisse aus:<br>- Pflege- u. Gesundheitswissenschaft<br>- Naturwissenschaft und Medizin<br>- Geistes- u. Sozialwissenschaften<br>- Recht, Politik und Wirtschaft<br><br>TB(e):<br>1: Pflegesituationen erkennen, erfassen und bewerten<br>2: Pflegemaßnahmen auswählen, durchführen und auswerten<br>5: Pflegehandeln personenbezogen ausrichten<br>7: Pflegehandeln an Qualitätskriterien, rechtlichen Rahmenbestimmungen sowie wirtschaftlichen und ökologischen Prinzipien ausrichten<br>10: Berufliches Selbstverständnis entwickeln |
| **Lehr- und Lernformen Konzeptionelle Aspekte** | (...) |
| **Dauer** | 2 Semester |
| **Inhalt** | - Tod und Sterben in verschiedenen Gesellschaftsformen, kulturelle und religiöse Rituale des Sterbens und des Todes<br>- Physische, psychische, soziale und religiöse Bedürfnisse von Sterbenden und ihren Angehörigen – Modelle zur Deutung der Verläufe von Sterbeprozessen und in der Trauer |
| **Lernergebnisse/ Kompetenzen** | Die Studierenden sollen...<br>- über ein kritisches Verständnis von naturwissenschaftlichen, philosophischen und religiösen Konzepten von der Endlichkeit des Lebens verfügen |

Modul PA 5 fokussiert den Erwerb von Wissen und Kompetenzen im Kontext der Pflege lebensbedrohlich erkrankter und sterbender Menschen. Die Studierenden setzen sich hier u.a. mit religiösen Ritualen des Sterbens und des Todes auseinander. Sie berücksichtigen religiöse Bedürfnisse Sterbender und ihrer Angehörigen und verfügen auch über ein kritisches Verständnis von religiösen Konzepten zur Endlichkeit des Lebens.

#### *1.2.4.2 Ergebnis*

Von den sieben außeruniversitären Pflichtmodulen zum Erwerb eines ‚Bachelor of Arts Pflegewissenschaft' berücksichtigt nur das Modul PA 5 im Zuge einer Pflege lebensbedrohlich erkrankter und sterbender Menschen religiöse Aspekte. Keine Erwähnung findet hier eine interdisziplinäre Zusammenarbeit mit den Seelsorgenden im Krankenhaus. Obwohl Modul PA 1 das Lebensumfeld pflegebedürftiger Menschen in den Blick nimmt und ein breites Wissen zu möglichen pflegerischen Aufgaben im Handlungsfeld der Gesundheitsförderung anstrebt, konzentrieren sich die Lerninhalte zur Gesundheitsförderung, Lebensstil und Lebensqualität auf die Bereiche Kultursensibilität, Bewegung, Ernährung, Arbeit und Beschäftigung oder das Wohnumfeld. Spirituelle oder religiöse Aspekte bleiben hier außen vor.

### *1.2.5 Hessen*

Das HESSISCHE SOZIALMINISTERIUM hat auf der Basis der Ausbildungs- und Prüfungsverordnung für die Berufe in der Krankenpflege und mit Unterstützung einer landesweiten Arbeitsgruppe im Jahr 2004 einen Rahmenlehrplan für die Gesundheits- und Krankenpflege sowie für die Gesundheits- und Kinderkrankenpflege erarbeitet.[23] Die Richtlinie strukturiert die Ausbildung entlang der 12 TB der KrPflAPrV, enthält Literaturempfehlungen zu den jeweiligen TB und definiert im Anhang Stundenempfehlungen zu jedem TB. Während die TB 3 bis 12 neben den gesetzlichen Zielformulierungen zusätzlich operationalisierte Ziele einschließen, beschränken sich die beiden komplexen TB 1 und 2 auf die Zielvorgaben des Gesetzgebers. Darüber hinaus werden die TB 1 und 2 nach so genannten Pflegephänomenen strukturiert. Diese Pflegephänomene stehen in Bezug zur internationalen Klassifikation für die Pflegepraxis (ICNP). Sie orientieren sich weder an Krankheitsbildern, noch an einem bestimmten Pflegemodell. Weiter erlaubt die Mehrdimensionalität der Pflegephänomene – nach Ansicht der Verfasser – einen vielseitigen didaktischen Zugang.

#### *1.2.5.1 Lehrplananalyse*

| **TB 1: Pflegesituationen bei Menschen aller Altersgruppen erkennen, erfassen und bewerten** |
|---|
| **Ziele:**<br>Die Schülerinnen und Schüler sind zu befähigen, |

[23] Vgl. HESSISCHES SOZIALMINISTERIUM (2005): Rahmenlehrplan für die Gesundheits- und Krankenpflege und die Gesundheits- und Kinderkrankenpflege in Hessen auf der Basis der Ausbildungs- und Prüfungsverordnung für die Berufe der Krankenpflege (KrPflAPrV) vom 10. November 2003.

- auf der Grundlage pflegewissenschaftlicher Erkenntnisse und pflegerelevanter Kenntnisse der Bezugswissenschaften, wie Naturwissenschaften, Anatomie, Physiologie, Gerontologie, allgemeine und spezielle Krankheitslehre, Arzneimittellehre, Hygiene und medizinische Mikrobiologie, Ernährungslehre, Sozialmedizin sowie der Geistes- und Sozialwissenschaften, Pflegesituationen wahrzunehmen und zu reflektieren sowie Veränderungen der Pflegesituationen zu erkennen und adäquat zu reagieren,
- unter Berücksichtigung der Entstehungsursachen aus Krankheit, Unfall, Behinderung oder im Zusammenhang mit Lebens- und Entwicklungsphasen daraus resultierenden Pflegebedarf, den Bedarf an Gesundheitsvorsorge und Beratung festzustellen,
- den Pflegebedarf unter Berücksichtigung sachlicher, personenbezogener und situativer Erfordernisse zu ermitteln und zu begründen,
- ihr Pflegehandeln nach dem Pflegeprozeß zu gestalten.

| **Pflegephänomen** | **Bezugswissenschaft** | **Inhalte** |
|---|---|---|
| Atmung | Geistes- und Sozialwissenschaften | Bedeutung von Atmung in religiösen und kulturellen Zusammenhängen |
| Fortpflanzung und physische Entwicklung | Geistes- und Sozialwissenschaften | Umgang mit Tod und Sterben |

Lediglich schlagwortartig werden zum TB 1 Pflegephänomene mit religiösen Konnotationen aufgeführt. Dazu zählt explizit die Bedeutung der Atmung in religiösen und kulturellen Zusammenhängen sowie implizit der Umgang mit Tod und Sterben, der in TB 2 erneut aufgegriffen wird.

**TB 2: Pflegemaßnahmen auswählen, durchführen und auswerten**

**Ziele:**

Die Schülerinnen und Schüler sind zu befähigen,

- pflegerische Interventionen in ihrer Zielsetzung, Art und Dauer am Pflegebedarf auszurichten,
- die unmittelbare vitale Gefährdung, den akuten oder chronischen Zustand bei einzelnen oder mehreren Erkrankungen, bei Behinderungen, Schädigungen sowie physischen und psychischen Einschränkungen und in der Endphase des Lebens bei pflegerischen Interventionen entsprechend zu berücksichtigen,
- die Pflegemaßnahmen im Rahmen der pflegerischen Beziehung mit einer entsprechenden Interaktion und Kommunikation alters- und entwicklungsgerecht durchzuführen,
- bei der Planung, Auswahl und Durchführung der pflegerischen Maßnahmen den jeweiligen Hintergrund des stationären, teilstationären, ambulanten oder weiteren Versorgungsbereichs mit einzubeziehen,
- den Erfolg pflegerischer Interventionen zu evaluieren und zielgerichtetes Handeln kontinuierlich an den sich verändernden Pflegebedarf anzupassen.

| **Pflegephänomen** | **Bezugswissenschaft** | **Inhalte** |
|---|---|---|
| Fortpflanzung und physische Entwicklung | Pflegewissenschaft | Sterbebegleitung |

Das Thema ‚Tod und Sterben' wird im TB 2 unter der Perspektive der Sterbebegleitung wieder aufgenommen und vertieft.

| **TB 5: Pflegehandeln personenbezogen ausrichten** | | |
|---|---|---|
| **Ziele:**<br>Die Schülerinnen und Schüler sind zu befähigen,<br>- in ihrem Pflegehandeln insbesondere das Selbstbestimmungsrecht und die individuelle Situation der zu pflegenden Personen zu berücksichtigen,<br>- in ihr Pflegehandeln das soziale Umfeld von zu pflegenden Personen einzubeziehen, ethnische, interkulturelle, religiöse und andere gruppenspezifische Aspekte sowie ethische Grundfragen zu beachten. | | |
| **Ziele** | **Pflegehandeln** | **Inhalte** |
| | **Pflege in spezifischen Lebenssituationen** | |
| Die Schülerinnen und Schüler setzen sich mit den unterschiedlichen Formen des Fremdseins konstruktiv auseinander. Sie kennen ethnien-, religions- und kulturspezifische Aspekte von Menschen in verschiedenen Kulturen und können diese in ihrem pflegerischen Handeln berücksichtigen. | Fremdsein in einer Gesellschaft | Bedeutung von Glauben und Religiosität in verschiedenen Kulturen |

TB 5 richtet seinen Fokus auf die konkrete personenbezogene Ausrichtung des Pflegehandelns, so dass die Lernenden befähigt werden, „in ihr Pflegehandeln das soziale Umfeld von zu pflegenden Personen einzubeziehen, ethnische, interkulturelle, religiöse und andere gruppenspezifische Aspekte sowie ethische Grundfragen zu beachten."[24] Im pflegerischen Geschehen finden die besonderen Lebensumstände, die vorhandenen Ressourcen, die persönlichen Deutungen sowie das subjektive Erleben von Gesundheit und Krankheit besondere Beachtung. Metaphysische Orientierungen der zu Pflegenden können dabei ebenfalls den individuellen Krankheits- und Heilungsverlauf beeinflussen und müssen darum bedacht werden. Demzufolge wird ein besonderes Augenmerk auf den Einbezug kultur-, religions- und glaubensspezifischer Aspekte in das Pflegehandeln gelegt.

| **TB 8: Bei der medizinischen Diagnostik und Therapie mitwirken** |
|---|
| **Ziele:**<br>Die Schülerinnen und Schüler sind zu befähigen,<br>- in Zusammenarbeit mit Ärztinnen und Ärzten sowie den Angehörigen anderer Gesundheitsfachberufe die für die jeweiligen medizinischen Maßnahmen erforderlichen Vor- und Nachbereitungen zu treffen und bei der Durchführung der Maßnahmen mitzuwirken,<br>- Patientinnen und Patienten bei Maßnahmen der medizinischen Diagnostik und Therapie zu unterstützen, |

24 KrPflAPrV Anlage 1 zu § 1 Abs. 1 A. Theoretischer und praktischer Unterricht, Nr. 5.

| - ärztlich veranlasste Maßnahmen im Pflegekontext eigenständig durchzuführen und die dabei relevanten rechtlichen Aspekte zu berücksichtigen. | | |
|---|---|---|
| | **Pflegehandeln** | **Inhalte** |
| Die Schülerinnen und Schüler können diagnostische und therapeutische Maßnahmen fachgerecht vorbereiten, bei der Durchführung den Arzt, die Ärztin oder Angehörige anderer Fachberufe unterstützen und das Material sachgerecht nachbereiten. Sie übernehmen die Vorbereitung, Begleitung und Überwachung und pflegerische Nachsorge des Patienten oder der Patientin unter Berücksichtigung der individuellen, sozialen, psychischen und körperlichen Situation. | Mitwirkung bei diagnostischen und therapeutischen Maßnahmen | Transfusionen: Umgang des Patienten oder der Patientin mit der Tatsache, „fremde" Zellen in seinen / ihren Körper aufzunehmen (z.B. aus religiösen Gründen). |

Im Rahmen der pflegerischen Mitwirkung an der medizinischen Diagnostik und Therapie erfolgt ein Verweis auf behandlungsrelevante religiöse Aspekte (z.B. im Zuge von Bluttransfusionen).

#### *1.2.5.2 Ergebnis*

Der hessische Rahmenlehrplan für die Gesundheits- und Krankenpflege strebt eine pflegerische Orientierung an den persönlichen Ressourcen sowie den individuellen Deutungen und dem Erleben von Gesundheit und Krankheit der Menschen an. Im Zuge dessen sollen die Lernenden auch für pflegerelevante ethische, kulturelle und religiöse Aspekte sensibilisiert werden. Allerdings zeigt die Analyse des hessischen Rahmenlehrplans, dass gerade die religiösen Momente nur sehr eingeschränkt eine Erwähnung finden und gegenüber den Lerninhalten mit ethischem und kulturellem Bezug insgesamt zurückstehen.

### *1.2.6 Niedersachsen*

Die ‚Rahmenrichtlinien für die Berufe in der Gesundheits- und Krankenpflege und in der Gesundheits- und Kinderkrankenpflege' verabschiedete das NIEDERSÄCHSISCHE KULTUSMINISTERIUM im Jahr 2006.[25] Inhaltlich gliedern sich die Richtlinien für den theoretischen und praktischen Unterricht in 5 Bereiche: (1) Grundsätze; (2) Erläuterungen der Struktur der Rahmenrichtlinie, (3) Hinweise zur praktischen Ausbildung; (4) Kompetenzfeststellung und Leistungsbewertung sowie (5) die Lernfelder. Prinzipiell wollen die Rahmenrichtlinien die Schülerinnen und Schüler dazu befähigen, „nach ethischen Grundsätzen zu handeln sowie religiöse und kulturelle Werte zu erkennen und zu achten."[26]

---

25 Vgl. NIEDERSÄCHSISCHES KULTUSMINISTERIUM (2006): Rahmenrichtlinien für die Berufe in der Gesundheits- und Krankenpflege und in der Gesundheits- und Kinderkrankenpflege.

26 Ebd. 1.

Darüber hinaus streben die Vorgaben eine Kompetenz- und Handlungsorientierung an.

### *1.2.6.1 Lehrplananalyse*

Das NIEDERSÄCHSISCHE KULTUSMINISTERIUM strukturiert die so genannten Lernfelder seiner Rahmenrichtlinien entlang der TB der KrPflAPrV. Neben dem Titel des Lernfeldes findet sich eine Zuordnung zum jeweiligen TB der KrPflAPrV, ein Zeitrichtwert, Erläuterungen, Zielformulierungen sowie die eigentlichen Lerninhalte.

| **Lernfeld: Pflegesituationen bei Menschen aller Altersgruppen erkennen, erfassen und bewerten** |
|---|
| **Ziele:**<br>- Die Schülerinnen und Schüler erheben und erfassen die aktuelle Lebenssituation der Pflegebedürftigen.<br>- Sie werten die gewonnenen Informationen aus und ermitteln und begründen unter Berücksichtigung unterschiedlicher Erfordernisse den individuellen Pflegebedarf.<br>- Die Schülerinnen und Schüler analysieren kontinuierlich die Pflegesituation, stellen ggf. Veränderungen fest und korrigieren den ermittelten Bedarf. |
| **Inhalte:** Spezifische Lebenssituationen: (...) Religion (...) |

Das erste Lernfeld nimmt den großen Bereich der (kontinuierlichen) Ermittlung des individuellen Pflegebedarfs in den Blick. Zu den Lerninhalten zählen neben der Wahrnehmung, Beobachtung oder Pflegeanamnese auch die Pflegediagnostik, Pflegetheorien und Pflegemodelle, das weite Feld der Krankheit sowie die Auseinandersetzung mit spezifischen Lebenssituationen, in denen explizit kulturelle und religiöse Aspekte zum Tragen kommen.

| **Lernfeld: Pflegemaßnahmen auswählen, durchführen und dokumentieren** |
|---|
| **Ziele:**<br>- Ausgehend vom Pflegebedarf entwickeln die Schülerinnen und Schüler Pflegeziele.<br>- Die Schülerinnen und Schüler wählen geeignete Pflegemaßnahmen aus, um die Pflegeziele zu erreichen. Sie erstellen einen individuellen Pflegeplan und führen die Pflegemaßnahmen durch.<br>- Das gesamte Pflegehandeln stimmen sie mit den Pflegebedürftigen und den Angehörigen bzw. den Bezugspersonen ab.<br>- Sie dokumentieren den vollständigen Pflegeprozess. |
| **Inhalte:**<br>- Pflegerelevante Grundlagen und Interventionen aufgrund akuter oder chronischer Zustände (...) in der Endphase des Lebens |

Neben weiteren Lerninhalten zu den Schritten des Pflegeprozesses sollen sich die Auszubildenden in dem Lernfeld zur Auswahl, Durchführung und Dokumentation von Pflegemaßnahmen mit pflegerelevanten Grundlagen und Interventionen aufgrund akuter und chronischer Zustände auseinandersetzen. Ebenfalls wird die besondere Situation der Endphase des Lebens diskutiert, in der auch kulturelle und religiöse Aspekte wirksam werden können.

#### *1.2.6.2 Ergebnis*

Die Rahmenrichtlinien des Landes Niedersachsen wollen die angehenden Pflegekräfte dazu befähigen, komplexe berufliche Anforderungen und Aufgabenstellungen zu bewältigen, die sowohl konkrete berufliche Handlungen, als auch nicht direkt erschließbare innere Prozesse wie bspw. Einstellungen, Bewertungen und Haltungen einschließen.[27] Die Rahmenrichtlinien postulieren eine handlungsorientierte Ausrichtung, d.h. der Unterricht ist vor dem Hintergrund eines ganzheitlich verstandenen und subjektorientierten Bildungsbegriffs durchzuführen.[28] Gleichzeitig wird ein exemplarisches Auswahlverfahren berufstypischer Problem- und Aufgabenstellungen gewählt, wobei die Rahmenrichtlinien so offen sind, dass schulische oder regionale Bedingungen eine Berücksichtigung erfahren oder auf Gegebenheiten und Erfordernisse der Praxiseinrichtungen eingegangen werden kann.[29] Diese Offenheit erweist sich insofern als zwiespältig, da sie zwar eine aktive Mitgestaltung der Ausbildung durch die Akteure vor Ort ermöglicht, aber eine für alle Pflegekräfte zutreffende Güte beruflicher Mindestqualifikationen doch offen lässt. Obwohl in der Erhebung des Pflegebedarfs eine Analyse der spezifischen Lebenssituation auch unter religiösen Gesichtspunkten gefordert wird, taucht die religiöse Dimension in den übrigen Themenfeldern nicht mehr auf. Lediglich im Blick auf pflegerelevante Grundlagen und Interventionen in der Endphase des Lebens können religiöse Momente angenommen werden.

### *1.2.7 Nordrhein-Westfahlen*

Recht zeitnah zum neuen KrPflG erließ das Gesundheitsministerium von Nordrhein-Westfalen im Jahr 2003 seine ‚Ausbildungsrichtlinie für staatlich anerkannte Kranken- und Kinderkrankenpflegeschulen'[30], die sich wie folgt gliedert:

| | | |
|---|---|---|
| Teil A: | Intensionen und didaktische Kommentierung der Ausbildungsrichtlinie | |
| Teil B: | Erläuterungen zu den vier Lernbereichen: | |
| | Lernbereich I: | Pflegerische Kernaufgaben |
| | Lernbereich II: | Ausbildungs- und Berufssituation der Pflegenden |

[27] Vgl. Ebd. 4.
[28] Vgl. Ebd. 2.
[29] Vgl. Ebd. 4.
[30] Vgl. MINISTERIUM FÜR ARBEIT, GESUNDHEIT UND SOZIALES DES LANDES NORDRHEIN-WESTFALEN (2003): Richtlinie für die Ausbildung in der Gesundheits- und Krankenpflege sowie in der Gesundheits- und Kinderkrankenpflege.

| | | |
|---|---|---|
| | Lernbereich III: | Zielgruppen, Institutionen und Rahmenbedingungen pflegerischer Arbeit |
| | Lernbereich IVa: | Gesundheits- und Krankenpflege bei bestimmten Patientengruppen |
| | Lernbereich IVb: | Gesundheits- und Kinderkrankenpflege bei bestimmten Patientengruppen |
| Teil C: | Anhang mit Vorschlägen zur Verteilung der Lerneinheiten für die integrierte und differenzierte Ausbildungsphase sowie Zuordnung der Lerneinheiten zu den TB der KrPflAPrV | |

### *1.2.7.1 Lehrplananalyse*

| **Lernbereich I: Pflegerische Kernaufgaben** | | |
|---|---|---|
| **Teilbereich: Gespräche führen, beraten und anleiten** | | |
| **Lerneinheit** | **Ziele** | **Inhalte** |
| I. 21: Gespräche mit Pflege-bedürftigen und Angehö-rigen führen | (…) Im Mittelpunkt stehen hierbei Gespräche, die mit Pflegebedürftigen und Angehörigen a) zum „Gesund- und Kranksein" und b) in besonderen Krisensituationen geführt werden. U.a. sollen die SchülerInnen ausprobieren und reflektieren, wie sie den Betroffenen neue Wege für das Leben mit der Krankheit aufzeigen, wie sie mit ihnen über Vorstellungen und Deutungen von Krankheit sprechen und wie sie in Krisen emotional unterstützen können. | Über Vorstellungen, Phantasien und Deutungen von Krankheit und Tod sprechen |

Die Pflegeanamnese und die grundlegenden pflegerischen Tätigkeiten sind eingebettet in Phasen verbaler und nonverbaler Kommunikation. Darum sollen die Schülerinnen und Schüler in diesem Teilbereich lernen, wie man Gespräche führt und welche kommunikationsfördernden und -hemmenden Haltungen dabei wirksam sind. Die Gespräche dienen neben einer Erhebung von pflegerelevanten Informationen und der Anleitung zu gesundheitsförderndem Verhalten auch der (Lebens)Beratung. In der Auseinandersetzung mit Krankheit und Tod sollen die Auszubildenden mit den kranken Menschen über deren Deutungen sprechen lernen. Da dieser Lerninhalt relativ breit angelegt ist, kann eine Beschäftigung mit religiösen Vorstellungen und Deutung von Krankheit seitens der kranken Menschen nicht ausgeschlossen werden, sie werden aber auch nicht explizit im Lehrplan genannt.

| **Lernbereich I: Pflegerische Kernaufgaben** | | |
|---|---|---|
| **Teilbereich: Menschen in besonderen Lebenssituationen oder mit spezifischen Belastungen betreuen** | | |
| **Lerneinheit** | **Ziele** | **Inhalte** |
| I. 38: Sterbende Menschen pflegen | Im Sinne der existentiellen Bedeutung des Themas soll den SchülerInnen genügend Freiraum gelassen werden, über ihre eigene Haltung zum Leben und Tod, Sterben und Trauern zu reflektieren. Eine Auseinandersetzung mit Ergebnissen aus der Sterbeforschung soll ihnen u.a. eine erste | Pflege von Sterbenden mit unterschiedlichen religiöskulturellen Überzeugungen und Bedürfnissen |

| | | |
|---|---|---|
| | Orientierung zum Umgang und Kontakt mit Sterbenden und Trauernden bieten. Konkrete pflegerische Aufgaben bzw. Hilfen bei der Begleitung Sterbender und ihrer Angehörigen sind dann sowohl im Blick auf unterschiedliche institutionelle Bedingungen als auch individuelle Anforderungen herauszuarbeiten. Dies ist wiederum um Diskussionen über ethische und religiöse Fragen bzw. über die Rechtslage im Zusammenhang mit der „Sterbehilfe" zu ergänzen. Empfohlen wird, aus der Lerneinheit eine kurze Sequenz (ca. 4 Std.) herauszunehmen, mit der die SchülerInnen direkt zu Ausbildungsbeginn auf das Thema „Tod und Sterben" vorbereitet werden. | Sterben und Tod aus der Sicht verschiedener Weltreligionen<br><br>Euthanasieauffassungen in Geschichte und Gegenwart |

Wie bereits oben angesprochen, wird die anzustrebende Beratungs- oder Begleitungskompetenz aus der Lerneinheit I.21 in der Betreuung von Menschen in besonderen Lebenssituationen oder unter spezifischen Belastungen auf die Probe gestellt. Sterbende Menschen zu pflegen, wird gerade für jüngere Menschen zu einer besonders fordernden Aufgabe. Neben psychologischen Kenntnissen und emotionalen Unterstützungsangeboten werden hier kulturelle und religiöse Aspekte bedacht.

| **Lernbereich III: Zielgruppen, Institutionen und Rahmenbedingungen pflegerischer Arbeit** | | |
|---|---|---|
| **Teilbereich: Zielgruppen pflegerischer Arbeit** | | |
| **Lerneinheit** | **Ziele** | **Inhalte** |
| III. 4: Menschen aus fremden Kulturen | Erstens sollen sich die SchülerInnen mit ihrer eigenen Haltung gegenüber Fremden auseinandersetzen und sich dabei bewusst(er) werden, wie sie auf diese reagieren. Zweitens sollen sie Hintergrundinformationen zur soziokul-turellen und religiösen Situation verschiedener MigrantInnen-Gruppen erhalten. Drittens sollen sie ausgewählte Erkenntnisse und Ergebnisse aus dem wissenschaftlichen Teilgebiet „trans- bzw. interkulturelle Pflege" beleuchten. | Religiöse Vorstellungen und Traditionen, Riten und Gebräuche aus fremden Kulturen |

Der Lernbereich III fokkusiert mit seinen Sektionen den Pflegebedarf besonderer Zielgruppen wie bspw. jenen von Angehörigen unterschiedlicher Kulturen. Gerade mit Blick auf den Umgang mit MigrantInnen ist eine Sensibilität für deren religiöse Traditionen, Vorstellungen, Riten und kulturellen Bräuche vonnöten.

Ein IV. Lernbereich der Ausbildungsrichtlinie von NRW ist in einen gesundheits- und krankenpflegerischen und einen gesundheits- und kinderkrankenpflegerischen Teil gegliedert. Lernbereich IVa befasst sich speziell mit der Gesundheits- und Krankenpflege Erwachsener mit bestimmten Erkrankungen (z.B. Herzerkrankungen, Störung oder Einschränkung der Beweglichkeit, Erkrankungen der Atemorgane). Hier sollen die bereits erworbenen Grundkenntnisse, Fähigkeiten und Fertigkeiten aus den Lernbereichen I bis III integriert resp. angewandt werden, d.h. hier werden ebenfalls kulturelle und religiöse Momente wirksam.

#### *1.2.7.2 Ergebnis*

Insgesamt setzt sich die Ausbildungsrichtlinie von Nordrhein-Westfalen in verschiedenen Lernbereichen und unter verschiedenen Blickwinkeln mit kulturellen und religiösen Momenten auseinander. Die Lernenden sollen eine Begleitungskompetenz erwerben, um mit kranken Menschen über deren Vorstellungen und Deutungen von Krankheit sprechen zu können. In Krisensituationen stellen sie emotionale Unterstützungsangebote bereit. Der Erwerb einer spirituellen oder religiösen Begleitungskompetenz ist dabei nicht explizit vorgesehen. Während der Ausbildung begrenzt sich eine Beschäftigung mit religiösen Belangen auf die Pflege von Menschen am Lebensende sowie auf eine trans- resp. interkulturell sensible Pflege, in der auch religiöse Momente wirksam werden können.

### *1.2.8 Rheinland-Pfalz*

Im Jahr 2005 erließ das MINISTERIUM FÜR ARBEIT, SOZIALES, FAMILIE UND GESUNDHEIT einen ‚Rahmenlehrplan und Ausbildungsrahmenplan für die Ausbildung in der Gesundheits- und Krankenpflege', der seit Januar 2006 für alle Kranken- und Kinderkrankenpflegeschulen in Rheinland-Pfalz verbindlich ist.[31] Formal gliedert sich die Richtlinie in vier Teile. Eine Einführung enthält Hinweise zur Genese des Rahmenlehr- und Ausbildungsrahmenplans sowie Formalien hinsichtlich der Verbindlichkeit, der Umsetzung am Lernort Praxis, zur Gesamtverantwortung der Schule sowie zur Gestaltung der staatlichen Prüfung. An didaktische Erläuterungen und Empfehlungen des zweiten Teils schließt sich im dritten Bereich eine umfassende Erläuterung der 30 Lernmodule an, die den drei Ausbildungsjahren zugeordnet sind. Ein Anhang stellt Bezüge zwischen der didaktischen und inhaltlichen Konzeption des Rahmenlehr- und Ausbildungsrahmenplans zu den Bestimmungen der KrPflAPrV und deren TB und Wissensgrundlagen her. Der bisher übliche, klassische Fächerbezug wurde im Sinne der Handreichungen der Kultusministerkonferenz zur Erarbeitung von Rahmenlehrplänen zugunsten eines Lernfeldkonzeptes aufgegeben, das die Entwicklung umfassender Handlungskompetenz anstrebt (d.h. Fachkompetenz, Personalkompetenz und Sozialkompetenz).[32] Die 30 Module des Rahmenlehr- und Ausbildungsrahmenplans enthalten folgende Strukturelemente: Titel, Kompetenzen, Angaben zur Kompetenzanbahnung

---

[31] Vgl. MINISTERIUM FÜR ARBEIT, SOZIALES, FAMILIE UND GESUNDHEIT DES LANDES RHEINLAND-PFALZ (2005): Rahmenlehrplan und Ausbildungsrahmenplan für die Ausbildung in der Gesundheits- und Krankenpflege und der Gesundheits- und Kinderkrankenpflege des Landes Rheinland-Pfalz.

[32] Vgl. Ebd. IX/XII

und zu den Inhalten sowie didaktisch-methodische Empfehlungen zur Gestaltung der Lernsituationen in den Lernorten Schule und Praxis. Die Erläuterungen zu jedem Lernmodul werden um Angaben zum Stundenumfang komplettiert.[33] Der modularisierte rheinlandpfälzische Lehr- und Ausbildungsplan folgt dem Ansatz einer spiralförmigen, entwicklungslogischen Kompetenzanbahnung über drei Stufen nach RAUNER.[34]

### *1.2.8.1 Lehrplananalyse*

| **Lernmodul 1: Mit der Pflegeausbildung beginnen** | |
|---|---|
| **Kompetenzen**<br>(...) Die Lernenden verstehen die Notwendigkeit der Koordination und der Kooperation der an der Gesundheitsversorgung beteiligten Einrichtungen und Berufsgruppen / Personen. Die Lernenden reflektieren und entwickeln ein berufliches Selbstverständnis als Auszubildende in einem Pflegeberuf. | |
| **Lernort Schule**<br>**Kompetenzanbahnung / Inhalte** | **Lernort Praxis**<br>**Kompetenzanbahnung / Inhalte** |
| **Die Organisation von Einrichtungen der betrieblich-praktischen Ausbildung kennen lernen und im Gesundheitswesen verorten**<br>- An der Gesundheitsversorgung beteiligte Berufsgruppen (u.a. Pflege, Ärzte, Ergo-, Logo-, Physiotherapeuten, Diätassistentinnen, Seelsorger)<br>- Aufgabenschwerpunkte und Leistungsangebote<br>- Gespräche im interdisziplinären Team | **Die Organisation von Einrichtungen der betrieblich-praktischen Ausbildung kennen lernen und im Gesundheitswesen verorten**<br>- Am Lernort an der Gesundheitsversorgung beteiligte Berufsgruppen und deren Aufgabenschwerpunkte<br>- Kommunikation und Kooperation der Berufsgruppen untereinander |

Zu Beginn der Ausbildung erfolgt eine Auseinandersetzung mit den Themen Gesundheit und Krankheit sowie den Konsequenzen, die aus unterschiedlichen Grundannahmen für das berufliche Pflegehandeln resultieren können. Des Weiteren wird eine Sensibilisierung der Lernenden für eine interdisziplinäre Zusammenarbeit im Team und mit anderen Berufsgruppen angestrebt (z.B. den Seelsorgenden). In diesem Kontext ist eine Klärung des eigenen pflegerischen Zuständigkeitsbereichs sowie der Berührungspunkte mit den Aufgabenbereichen anderer Professionen notwendig.

| **Lernmodul 15a: Pflegebedürftige Menschen aller Altersgruppen, Angehörige und Bezugspersonen von der Aufnahme bis zur Entlassung begleiten und die Überleitung in andere Versorgungsstrukturen gestalten** |
|---|
| **Kompetenzen**<br>Die Lernenden führen und gestalten ein Aufnahmegespräch mit dem pflegebedürftigen Menschen, seinen Angehörigen und Bezugspersonen. (...) Sie berücksichtigen die Individualität des pflegebedürftigen Menschen in allen Schritten des Pflegepro- |

[33] Vgl. Ebd. XIX.
[34] Vgl. Ebd. XIII/XVI.

| zesses und beziehen pflegebedürftige Menschen, deren Angehörige und Bezugspersonen konsequent in ihr pflegerisches Handeln ein. (...) | |
|---|---|
| **Lernort Schule Kompetenzanbahnung / Inhalte** | **Lernort Praxis Kompetenzanbahnung / Inhalte** |
| **Die Aufnahme der pflegerischen Beziehung gestalten**<br>- Pflegerisches Erstgespräch / Aufnahmegespräch<br>- Rolle des Erstgesprächs im Rahmen des Pflegeprozesses<br>- Einbezug von Angehörigen und Bezugspersonen<br>- Pflegetheorie V. Henderson, N. Roper et al., M. Krohwinkel<br>**Die pflegerische Beziehung gestalten**<br>Anspruch und Erwartungen pflegebedürftiger Menschen / der Lernenden selbst an berufliches Handeln von Pflegepersonen<br><br>Gespräche mit pflegebedürftigen Menschen, ihren Angehörigen und Bezugspersonen im Rahmen des Pflegeprozesses<br><br>Aspekte der Patientenorientierung / des „Für jemanden Sorge tragen“ (caring) | **Die Aufnahme der pflegerischen Beziehung gestalten**<br>- Pflegerisches Erstgespräch / Aufnahmegespräch<br>- Rolle des Erstgesprächs im Rahmen des Pflegeprozesses<br>- Einbezug von Angehörigen und Bezugspersonen<br><br>**Die pflegerische Beziehung gestalten**<br>Gespräche mit pflegebedürftigen Menschen, ihren Angehörigen und Bezugspersonen im Rahmen des Pflegeprozesses |

Lernmodul 15a unterstreicht die besondere Bedeutung des pflegerischen Aufnahmegesprächs. Dieses Erstgespräch dient neben dem Aufbau einer vertrauensvollen Beziehung zum kranken Menschen zur Erfassung der individuellen Probleme und Ressourcen. Die gewonnenen Informationen bilden die Grundlage zur Festlegung der Pflegeziele und zur Initiierung entsprechender Pflegemaßnahmen. Im Rahmen der Pflegeanamnese und Pflegediagnose sollen dabei auch pflegetheoretische Erkenntnisse von HENDERSON, ROPER et al. und KROHWINKEL bedacht werden. HENDERSON führt zwar nicht explizit die Befriedigung spirituell-religiöse Bedürfnisse als pflegerische Aufgabe an. Sie bezeichnet diese jedoch allgemein als gültige Bedürfnisse, die durch die Menschen auf unterschiedliche Weise befriedigt werden können.[35] Den Kern des bedürfnisorientierten Modells von ROPER et al. bilden 12 Lebensaktivitäten. Darunter fällt die Lebensaktivität des Sterbens. Im Kontext des Angesichts des Todes sprechen die Autorinnen auch über den religiösen Glauben. Er spielt eine Rolle in der Interpretation und Bewältigung des Todes.[36] KROHWINKEL berücksichtigt in ihrer Abhandlung den Umgang des kranken Menschen mit existentiellen Erfahrungen des Lebens. Darunter zählt sie kulturgebundene Erfahrungen aus Weltanschauung, Glauben und Religionsausübung.[37]

[35] Vgl. HENDERSON, V. (1977): Grundregeln der Krankenpflege, 12f; Vgl. dazu auch Kapitel I 1.1.1 dieser Arbeit.

[36] Vgl. ROPER, N. et. al. ([4]1993): Die Elemente der Krankenpflege, 685.

[37] Vgl. KROHWINKEL, M. (1993): Der Pflegeprozeß am Beispiel von Apoplexiekranken, 24ff

| **Lernmodul 16: Menschen aus verschiedenen Kulturen pflegen** | |
|---|---|
| **Kompetenzen**<br>Die Lernenden orientieren ihr pflegeberufliches Handeln an ethischen, kulturbezogenen und religiösen Gewohnheiten pflegebedürftiger Menschen. Sie begegnen pflegebedürftigen Menschen aus verschiedenen Kulturkreisen und mit anderen Bekenntnissen, deren Angehörigen und Bezugspersonen vorurteilsfrei. Sie setzen sich für einen toleranten Umgang im Hinblick auf die Bedürfnisse und Gewohnheiten von Menschen aus verschiedenen Kulturen ein. Sie planen und führen ein pflegerisches Aufnahmegespräch mit einem pflegebedürftigen Menschen aus einem anderen Kulturkreis. | |
| **Lernort Schule**<br>**Kompetenzanbahnung / Inhalte** | **Lernort Praxis**<br>**Kompetenzanbahnung / Inhalte** |
| **Pflegehandeln an religiösen Aspekten orientieren**<br>Grundkenntnisse verschiedener Religionen<br>Berücksichtigung religiöser Gewohnheiten und Rituale pflegebedürftiger Menschen im pflegerischen Handeln<br>Unterstützung pflegebedürftiger Menschen in der Ausübung religiöser Gewohnheiten | **Pflegehandeln an religiösen Aspekten orientieren**<br>Lernort bezogene Angebote zur Unterstützung religiöser Gewohnheiten und Rituale pflegebedürftiger Menschen<br>Berücksichtigung religiöser Gewohnheiten und Rituale pflegebedürftiger Menschen im pflegerischen Handeln<br>Unterstützung pflegebedürftiger Menschen in der Ausübung religiöser Gewohnheiten |

Die Art und Weise pflegerischer und gesundheitsfördernder Unterstützungsmaßnahmen kann für Angehörige diverser Kulturkreise aufgrund der kulturellen Gewohnheiten und der religiösen Praxis recht unterschiedlich ausfallen (z.B. Christen, Moslems, Juden). Dieser Einsicht versucht Lernfeld 16 Rechnung zu tragen.

| **Lernmodul 26: Pflegebedürftige Menschen aller Altergruppen, Angehörige und Bezugspersonen in der Endphase des Lebens und beim Sterben begleiten** | |
|---|---|
| **Kompetenzen**<br>Die Lernenden reflektieren ihre persönliche Einstellung zu menschlichem Sterben und Tod. Sie begleiten sterbende Menschen, deren Angehörige und Bezugspersonen in der Endphase des Lebens und nach Eintreten des Todes unter Einbezug spezieller Unterstützungsangebote. Sie versorgen den verstorbenen Menschen respektvoll und beziehen Angehörige und Bezugspersonen entsprechend individueller Bedürfnisse ein. | |
| **Lernort Schule**<br>**Kompetenzanbahnung / Inhalte** | **Lernort Praxis**<br>**Kompetenzanbahnung / Inhalte** |
| **Sterbende Menschen, deren Angehörige und Bezugspersonen in der Endphase des Lebens begleiten**<br>Individuelle Bedeutung von Sterben und Tod für die Lernenden<br>Psychologische und kulturelle Aspekte: Phasen der Auseinandersetzung mit Sterben und Tod<br>Gespräche mit sterbenden Menschen, Angehörigen und Bezugspersonen | **Sterbende Menschen, deren Angehörige und Bezugspersonen in der Endphase des Lebens begleiten**<br>Psychologische und spirituelle / religiöse Aspekte: Phasen der Auseinandersetzung mit Sterben und Tod<br>Gespräche mit Sterbenden Menschen, Angehörigen und Bezugspersonen |

| **Verstorbene Menschen versorgen** | |
|---|---|
| Rituale | |

Die Berücksichtigung religiöser Aspekte kommt in der Begleitung von Menschen aller Altersgruppen in der Endphase des Lebens zum Tragen. Neben einer Reflexion der eigenen Einstellung zu Sterben und Tod strebt Modul 26 eine Gesprächs- resp. Begleitungskomptenz der Lernenden mit sterbenden Menschen sowie deren Angehörige und Bezugspersonen an. Ebenso sollen sie mit Ritualen für die Versorgung Verstorbener vertraut gemacht werden. Auch wenn die vorliegende Lernplananalyse die Bildungsinhalte der theoretischen Ausbildung fokkussiert, lohnt im Lernmodul 26 der rheinland-pfälzischen Ausbildungsrichtlinie ein Blick auf den Lernort Praxis. Dort ist in Bezug auf sterbende Menschen explizit von der Anbahnung einer pflegerischen Begleitungskompetenz die Rede, die neben psychologischen Aspekten auch spirituelle und religiöse Momente einschließt.

### *1.2.8.2 Ergebnis*

Der rheinland-pfälzische Rahmenlehr- und Ausbildungsrahmenplan strebt eine interdisziplinäre Zusammenarbeit der Pflege mit anderen Professionen an, die auch eine Kooperation mit der Seelsorge berücksichtigt. Das Modul ‚Menschen aus verschiedenen Kulturen pflegen' zielt auf die Praxis einer kultursensiblen Pflege, die sich durch eine achtsame Unterstützung religiöser Gewohnheiten und Rituale pflegebedürftiger Menschen ausweist. Im Zuge der Begleitung Sterbender werden ebenfalls religiöse Aspekte wirksam – explizit spirituelle Momente jedoch nur in der Sterbebegleitung am Lernort Praxis bedacht. Insgesamt bleiben zahlreiche Leerstellen spiritueller oder religiöser Erwähnung. So wird zwar im Kontext der Unterstützung pflegebedürftiger Menschen bei Nahrungs- und Flüssigkeitsaufnahme (Lernmodul 6) von der Erfassung individueller Pflegeprobleme gesprochen, spirituell-religiös relevante Momente finden hier jedoch keine Erwähnung. Ebenfalls werden spirituell-religiöse Aspekte der zu Pflegenden im Kontext der Haut- und Körperpflege (Lernmodul 3a) nicht erwähnt oder bei der Ressourcenorientierung pflegerischen Handelns (Lernmodul 7a) nicht als fördernde oder hemmende Faktoren erkannt. Lernmodul 14a postuliert zwar eine Anbahnung ethischer Kompetenz, allerdings finden sich in den Formulierungen zur Kompetenzanbahnung keine Hinweise über notwendige Kenntnisse aus den Bereichen Philosophie und Theologie oder anderen anthropologischen Vorstellungen.

### *1.2.9 Saarland*

Im Jahr 2002 begann das Bundesinstitut für Berufsbildung (BIBB) mit der Entwicklung von Ausbildungscurricula und weiterführenden Ausbildungsmaterialien für die Berufsausbildung in der Gesundheits- und Krankenpflege. Die zweibändige Veröffentlichung über die Ausbildung in den Pflegeberufen erfolgte im Jahr 2006.[38] Während sich der erste Band mit einer empirischen Begründung, theoretischen Fundierung und praktischen Umsetzung der ‚dualisierten' Ausbildungen für die Altenpflege und die Gesundheits- und Krankenpflege befasst, stellt der zweite Band alle vom BIBB entwickelten Curricula, konkrete Materialien, Hilfsmittel und Unterlagen zur Unterstützung von Lehrkräften und Ausbildern/innen bereit. Die Erarbeitung beider Bände erfolgte in enger Kooperation mit dem MINISTERIUM FÜR SOZIALES, GESUNDHEIT, FRAUEN UND FAMILIE IM SAARLAND, so dass seitens des saarländischen Landesministeriums das BIBB-Curriculum später den Schulen als orientierende Richtlinie zur Erarbeitung ihrer jeweiligen theoretischen und praktischen Ausbildungscurricula an die Hand gegeben wurde.

#### *1.2.9.1 Lehrplananalyse*

Das BIBB-Curriculum transportiert die TB der KrPflAPrV in sachlich und zeitlich systematisch gegliederte Lernfelder. „Jedem Lernfeld sind Lernziele zugeordnet, die jeweils spezifische berufliche Handlungskompetenzen abbilden und die in ihrer Gesamtheit die mit dem Lernfeld dargestellte Schlüssel- oder Leitkompetenz ausfüllen."[39] Schließlich erfolgt eine Beschreibung von Lernsituationen, die als eine Art Operationalisierung und Verknüpfung der Lernfelder des Lernorts Schule ein auf den Beruf bezogenes Lernen ermöglichen sollen. Sie eröffnen berufspädagogische Möglichkeiten, wie die in den Lernfeldern der schulischen Ausbildung festgehaltenen Lernziele erreicht werden können.[40] Diese Lernsituationen wollen keine normativen Festschreibungen sein, sondern sich als Angebote verstehen, anhand derer berufspädagogisch qualifizierte Lehrkräfte die jeweiligen Lernsituationen konzipieren können.[41]

| **Lernfeld 4 1. Ausbildungsjahr** | |
|---|---|
| **Kultursensible Pflege** | |
| **Bezug zur APO** | **Zielformulierungen** |
| 1.1, 2.2, 5.1, 5.2 | 4.2 Sie beherrschen Maßnahmen und Methoden der Grundpflege; dabei beachten sie die Gewohnheiten, den Lebensraum, die religiöse Prägung sowie das kulturelle Umfeld der zu Pflegenden. |

[38] Vgl. BECKER, W. (Hg) (2006): Ausbildung in den Pflegeberufen Bd. 1 + Bd. 2.
[39] Ders. (2006): Rahmenlehrplan für die schulische Ausbildung in der Gesundheits- und Krankenpflege, 49.
[40] Vgl. Ders. (2006): Altenpflege und Gesundheits- und Krankenpflege: Die Lernsituationen, 65.
[41] Vgl. Ebd.

**Inhalte:**
Grundlagen und Techniken kultursensibler Pflege

- Soziale und persönliche Gewohnheiten, kulturelle Normen und Multikulturalität, Kultursensibilität
- Ethische und anthropologische Grundfragen

Lernfeld 4 legt den Schwerpunkt auf eine Sensibilisierung der Pflegenden für die religiöse Prägung der zu Pflegenden im Rahmen der Grundpflege. Aus den für die Schulen als Grundlage für die Erarbeitung vorgelegten, exemplarisch formulierten Lernsituationen wird deutlich, dass diese (religiösen) Prägungen nicht nur für Maßnahmen und Methoden grundpflegerischen Tuns von Bedeutung sind (z.B. für die Körperpflege oder die Ernährung), sondern darüber hinaus für die Schulung der Wahrnehmung und Beobachtung sowie die Achtung von Nähe und Distanz insgesamt.[42] Ebenso wirken sich religiöse und/oder kulturelle Prägungen auf die Art und Weise beruflicher Interaktion und Kommunikation sowie auf die Unterstützung der zu Pflegenden bei deren Lebensumfeldgestaltung aus (z.B. im Krankenzimmer).[43] Zudem streben die Lerninhalte des Lernfelds 4 eine Beschäftigung mit anthropologischen Grundfragen an, worunter spirituelle und religiöse Momente subsummiert werden können. Im Ausbildungsrahmenplan für die Praxis, die gemäß der Konzeption des BIBB-Curriculums ebenfalls als Vermittlungsort theoretischer Inhalte verstanden wird, kommen religiöse Momente in der Begleitung Sterbender und ihrer Angehörigen zum Tragen.[44]

### *1.2.9.2 Ergebnis*

Obwohl das BIBB-Curriculum einleitend für die Ausbildung in der Gesundheits- und Krankenpflege ein klar erkennbares salutogenetisches Profil und eine damit verknüpfte Ressourcenorientierung postuliert[45], findet sich im Lehrplan keine Berücksichtigung der spirituellen Dimension des Menschen. Insgesamt verbleiben die Lerninhalte der Lernfelder auf einem abstrakten Niveau, wodurch sich für die Schulen Freiräume inhaltlicher Ausgestaltung eröffnen. Diese Offentheit kann jedoch auch als Schwäche ausgelegt werden, da eine Ausbildung klare Mindestqualifikationen anstreben sollte. Eine Zusammenarbeit mit anderen Berufen und die Achtung von Professionalitätsansprüchen wird zunächst auf Berufe des Gesundheits- und Sozialwesens begrenzt (Lernfeld 2.2), später um Berufe und Aufgaben im Einsatzgebiet der Gesundheits- und Krankenpflege erweitert (Lernfeld 8.3). In beiden Fällen

---

42 Vgl. Ders. (2006): Die Lernsituationen für die Gesundheits- und Krankenpflege – 1. Ausbildungsjahr, 109ff.120f.

43 Vgl. Ebd. 111.

44 Vgl. Ders./BENNEKER, G. (2006): Die Erläuterungen zum Ausbildungsrahmenplan für die praktische Ausbildung in der Gesundheits- und Krankenpflege, 290ff.

45 Vgl. BECKER, W. (2006): Rahmenlehrplan für die schulische Ausbildung in der Gesundheits- und Krankenpflege, 50.

findet die Seelsorgeprofession keine Erwähnung. Allerdings wird auf eine Zusammenarbeit mit einschlägig qualifizierten Fachkräften auf seelsorglichem Gebiet in einer Musterlernsituationen zur Begleitung Sterbender verwiesen (Lernsituation 10 – 3. Ausbildungsjahr). Außen vor bleibt der spirituell-religiöse Bereich ebenfalls bei der Beachtung von Entstehungszusammenhängen gesundheitlicher Veränderungen und Erkrankungen (Lernfeld 3.3) sowie bei der Förderung der Selbsthilfekompetenz Pflegebedürftiger (Lernfeld 10). Hier wird Gesundheit lediglich als sozialer, psychischer und biologischer Veränderungsprozess definiert resp. als Ergebnis des individuellen physischen, psychischen und sozialen Wohlbefindens bestimmt (Lernfeld 10.1). Durchgängig fehlt ein Verweis auf spirituell-religiöse Aspekte im Zuge des Sterbens sowie im Umgang mit der Verarbeitung von Tod (Lernfeld 12.4, 12.5 und 12.6). Insgesamt überrascht dieser Befund, da das BIBB-Curriculum – wie bereits erwähnt – ein salutogenetisches Profil postuliert und die Theorie der Salutogenese Spiritualität ja als eine mögliche Ressource für den Menschen ausweist.

### *1.2.10 Sachsen*

Das SÄCHSISCHE STAATSMINISTERIUM FÜR KULTUS legte im Jahr 2005 seinen ‚Lehrplan für die Berufsfachschule Gesundheits- und Krankenpflege / Gesundheits- und Kinderkrankenpflege' vor.[46] An allgemeine Vorbemerkungen schließen sich eine Kurzcharakteristik der Bildungsgänge, eine Stundentafel, Erläuterungen zum Aufbau und zur Verbindlichkeit des Lehrplanes sowie Erläuterungen, Lernziele und Lerninhalte zu den 12 TB der KrPflAPrV an. Komplettiert wird der Lehrplan um einen Anhang mit Empfehlungen zur Gestaltung der berufspraktischen Ausbildung. Das Staatsministerium verweist auf eine notwendige, detailliertere Erarbeitung von Curricula in den jeweiligen Schulen. Auch die inhaltliche Definition eines Wahlbereichs zur fachlichen Vertiefung im Umfang von 200 Stunden hat dort zu erfolgen.[47] Grob gliedert sich der Lehrplan in einen (1) berufsübergreifenden Bereich, der die Fächer Deutsch (100 Std.), Englisch (40 Std.) sowie Ethik oder Evangelische Religion oder Katholische Religion (60 Std.) umfasst und (2) einen berufsbezogenen Bereich mit Lernfeldern zu den 12 TB der KrPflAPrV (1900 Std.) sowie schließlich (3) den bereits genannten Wahlbereich (200 Std.).

#### *1.2.10.1 Lehrplananalysen*

##### *1.2.10.1.1 Berufsübergreifender Bereich – Ethik*

Da die Mehrzahl der anderen Bundesländer berufsethische Themen in den allgemeinen Lehrplan für die Gesundheits- und Krankenpflege integriert, erfolgt

[46] Vgl. SÄCHSISCHES STAATSMINISTERIUM FÜR KULTUS (2005): Lehrplan für die Berufsfachschule Gesundheits- und Krankenpflege/Gesundheits- und Kinderkrankenpflege.

[47] Vgl. Ebd. 7f.

auch für den Freistaat Sachsen eine Auswertung des Lehrplans für das Unterrichtsfach Ethik, das nicht nur philosophische, sondern auch religionskundliche Kenntnisse sowie kulturelle Traditionen zu vermitteln sucht.[48] Die Lehrpläne für Evangelische und Katholische Religion bleiben somit außen vor. Der Lehrplan für das Fach Ethik gilt für den berufsübergreifenden Bereich der dualen Berufsausbildung, für das Berufsgrundbildungsjahr und für die berufsbildenden Förderschulen sowie den berufsübergreifenden Bereich in der Berufsfachschule. Er gliedert sich in die beiden Gebiete ‚Grundlagen' und ‚Fachlehrplan Ethik'. „Entsprechend dem Kenntnisstand der Schüler, den jeweiligen beruflichen Anforderungen und den Vorgaben der Stundentafel des Berufes ist der Lehrplan in freier pädagogischer Verantwortung zu akzentuieren bzw. zu reduzieren."[49] Auf der Makroebene gliedert sich der Lehrplan in vier größere Lernbereiche[50] sowie neun Lernbereiche mit Wahlpflichtcharakter, von denen jeweils ein Lernbereich pro Ausbildungsjahr zu wählen ist.[51] Während der Lehrplan Ethik auf eine Gesamtstundenzahl im Umfang von 88 Unterrichtsstunden ausgelegt ist, sieht der Lehrplan in der Gesundheits- und Krankenpflege eine Reduktion auf 60 Stunden vor.

| **Lernbereich 4: Phänomen Religion** |
|---|
| **Lernziele:**<br>Die Schüler erweitern ihr religionskundliches Wissen. Sie kennen und diskutieren den Einfluss der Religion auf das kulturelle Leben in unserer Gesellschaft.<br>Sie respektieren religiöse Überzeugungen und daraus resultierende Verhaltensweisen anderer Menschen. |
| **Lerninhalte:**<br>- Begriffsbestimmung von Religion anhand ausgewählter Merkmale<br>- Funktionen von Religion<br>- Erscheinungsformen von Religion im Alltag<br>- Gemeinsamkeiten und Unterschiede in den Religionen<br>- Missbrauch von Religion |

Der 4. Lernbereich befasst sich mit dem weiten Feld des Religionsphänomens. Neben der Beschäftigung mit spezifischen Kenntnissen (z.B. ausgewählter Merkmale oder Funktionen von Religion), erfolgt eine Auseinandersetzung mit Erscheinungsformen des Religiösen im Alltag oder Formen religiösen Missbrauchs in gesellschaftlichen und politischen Kontexten. Darüber hinaus strebt der Lernbereich ein respektvolles Verhalten der Schüler in der Begegnung mit religiösen Überzeugungen resp. Verhaltensweisen anderer Menschen an.

48 Vgl. SÄCHSISCHES STAATSMINISTERIUM FÜR KULTUS (2009): Lehrplan Berufsschule/Berufsfachschule Ethik, 13.

49 Ebd. 4.

50 Die vier größeren Lernbereiche sind: (1) Werte und Normen; (2) Arbeit und Beruf; (3) Pluralismus und ethischer Grundkonsens sowie (4) Phänomen Religion.

51 Lernbereiche mit Wahlpflichtcharakter: Sterben ist Leben; Wissenschaft, Technik und Verantwortung; Naturschutz; Die 10 Gebote; Religiöse Symbole; Aktuell – Ethischer Diskurs zum Pluralismus; Ethische Entscheidungshilfen; Entwicklung der moralischen Urteilsfähigkeit; Kunst und Ethik.

| Wahlpflicht 1: Sterben ist Leben | |
|---|---|
| **Lerninhalte** | **Bemerkungen** |
| Sterbebegleitung: Verpflichtung für Familie und Gesellschaft | Rituale, Sitten, Bräuche, Sterbekultur |
| | |
| **Wahlpflicht 4: 10 Gebote** | |
| **Lerninhalte** | **Bemerkungen** |
| Aktualität der 10 Gebote | 10 Gebote im Alten Testament<br>Bergpredigt und Nächstenliebe im Neuen Testament |
| | |
| **Wahlpflicht 5: Religiöse Symbole** | |
| **Lerninhalte** | **Bemerkungen** |
| Bedeutung und Herkunft religiöser Symbole | Zahlen, Tiere, Pflanzen, Gegenstände, Farben |
| | |
| **Wahlpflicht 7: Ethische Entscheidungshilfen** | |
| **Lerninhalte** | **Bemerkungen** |
| Sittliche Prinzipien bei der Lösung von ethischen Problemen | Goldene Regel |

Von den neun möglichen Wahlpflichtfächern weisen vier religiöse Bezüge auf. Wahlpflichtfach 1 versteht Sterben als Teil des Lebens und setzt sich u.a. mit Ritualen, Sitten, Bräuchen sowie dem Thema Sterbekultur auseinander. Wahlpflicht 4 stellt die Aktualität der 10 Gebote im Alten Testament heraus und reflektiert die ethische Bedeutung der jesuanischen Bergpredigt und der Nächstenliebe im Neuen Testament. Mit der Bedeutung und Herkunft religiöser Symbole beschäftigt sich Wahlpflicht 5. Schließlich erfolgt eine Auseinandersetzung mit der ‚Goldenen Regel' als sittlichem Prinzip bei der Lösung ethischer Probleme. Für jeden der genannten Wahlpflichtbereiche sind 4 Unterrichtsstunden veranschlagt.

###### *1.2.10.1.2 Berufsbezogener Bereich – Gesundheits- und Krankenpflege*

Jeder der 12 TB des berufsbezogenen Bereichs ist mit Erläuterungen, Zielformulierungen, Lerninhalten sowie didaktisch-methodischen Hinweisen zur Umsetzung im Unterricht versehen. Einige TB resp. Lernfelder sind entsprechend der drei Klassenstufen weiter gegliedert.

| TB 5: Pflegehandeln personenbezogen ausrichten |
|---|
| **Lernfeld: Pflegehandeln personenbezogen ausrichten** |
| **Klassenstufe 1** |
| **Zielformulierung:**<br>Die Schülerinnen und Schüler stimmen ihr Pflegehandeln auf die individuellen Bedürfnisse des Menschen ab.<br>Die Schülerinnen und Schüler verstehen und tolerieren verschiedene soziale Einflüsse, Kulturen, Religionen und Anschauungen. |

| **Inhalte:** |
| --- |
| Religiöse (..) Einflüsse auf das pflegerische Handeln |

Die einleitenden Erläuterungen zur personenbezogenen Ausrichtung des Pflegehandelns weisen explizit auf eine inhaltliche Abstimmung mit dem Fach ‚Ethik oder Evangelische Religion oder Katholische Religion' hin. TB 5 ergänzt die im TB 2 postulierte Orientierung des Pflegehandelns an den individuellen Bedürfnissen des Menschen um religiöse, kulturelle und weitere weltanschauliche Momente. Zudem werden Inhalte zur Unterstützung im Prozess der Krankheitsbewältigung, zur ethischen Entscheidungsfindung und in pflegerischen Grenzsituationen angeboten.

### *1.2.10.2 Ergebnis*

Der Lehrplan des Freistaates Sachsen strebt eine umfassende Vermittlung berufsspezifischen Wissens sowie eine Anbahnung weiterer Kompetenzen zur Gewährleistung einer professionellen Pflege in ambulanten und stationären Einrichtungen an.[52] „Das Anliegen der Ausbildung besteht darin, bei den Schülerinnen und Schülern ein Pflegeverständnis entsprechend dem allgemein anerkannten Stand pflegewissenschaftlicher, medizinischer und weiterer bezugswissenschaftlicher Kenntnisse zu entwickeln sowie fachliche, personale, soziale und methodische Kompetenzen auszuprägen."[53] Um die beruflichen Anforderungen zu erfüllen, sollen die Schülerinnen und Schüler im Rahmen der Ausbildung ganzheitlich denken und zu handeln lernen. Sie sollen u.a. dazu befähigt werden: eigenverantwortlich den Pflegebedarf zu erheben und festzustellen; umfassend zu beobachten; verantwortungsbewusst bei der Entwicklung von Pflegequalität und deren Sicherung mitzuwirken; pflegewissenschaftliche Erkenntnisse in ihr pflegerisches Handeln einzubeziehen sowie die eigene Gesundheit zu erhalten und in Konfliktsituationen angemessen zu reagieren.[54] Die Lerninhalte des berufsübergreifenden Ethikunterrichts mit religiösen Bezügen konzentrieren sich im Lernbereich 4. Er strebt eine Vermittlung religionskundlicher Aspekte an und will die Schüler für einen respektvollen Umgang mit religiösen Menschen sensibilisieren. Positiv hervorzuheben ist an dieser Stelle die Auseinandersetzung mit Erscheinungsformen von Religion im Alltag oder der Bedeutung und Herkunft religiöser Symbole (Wahlpflicht 5), da hier ein Anknüpfungspunkt für den berufsbezogenen Bereich im Blick auf eine Identifikation und Befriedigung spiritueller und/oder religiöser Bedürfnisse potentiell gegeben ist. Die übrigen religiösen Lerninhalte aus den Wahlpflichtbereichen konzentrieren sich auf das klassische Feld

52 Vgl. SÄCHSISCHES STAATSMINISTERIUM FÜR KULTUS (2005): Lehrplan für die Berufsfachschule Gesundheits- und Krankenpflege/Gesundheits- und Kinderkrankenpflege, 5.

53 Ebd.

54 Vgl. Ebd. 5f.

der Sterbebegleitung, suchen jedoch darüber hinaus religiös begründete Prinzipien für eine ethische Problemlösung fruchtbar zu machen. Paradox zu diesem Befund – und nicht stimmig mit dem Postulat einer ganzheitlichen und individualisierten Pflege – zeigt sich im berufsbezogenen Bereich ein reduziertes Verständnis vom Menschen als rein biopsychosoziale Einheit. Fast durchgängig findet sich im berufsbezogenen Ausbildungslehrplan eine Ausklammerung religiöser Momente. Das Lernfeld ‚Pflegerische Interventionen nach Pflegebedarf auswählen, durchführen und auswerten' (TB 2) fordert gemäß Lehrplan eine Gewährleistung von Pflegemaßnahmen, die sich an den zu ermittelnden Grundbedürfnissen sowie dem zu bestimmenden Pflegebedarf orientieren und die vorhandenen Ressourcen einbeziehen. Es werden unter den zugeordneten Lerninhalten fast alle Aktivitäten des täglichen Lebens gelistet – mit Ausnahme des Bereichs ‚Sinn finden'! Ebenfalls wird eine interdisziplinäre Kooperation bei der Planung von Pflegemaßnahmen gefordert, wobei offen bleibt, welche Berufsgruppen daran zu beteiligen sind. In TB 3 beschäftigen sich die Auszubildenden mit der professionellen Gesprächsführung. Sie sollen die zu betreuenden Menschen in existentiell bedrohlichen Situationen begleiten und ganzheitlich unterstützen. Wie das Kriterium der Ganzheitlichkeit inhaltlich zu füllen ist, bleibt aber offen. Obwohl bei etlichen Lernfeldern durchaus eine deutlichere Verknüpfung zum berufsübergreifenden Ethikunterricht angezeigt wäre, erfolgt dies lediglich an zwei Stellen.[55] Daraus resultiert nicht zuletzt die Frage nach der Sinnhaftigkeit einer inhaltlichen Trennung zwischen berufsübergreifenden und berufsbezogenem Bereich. Ebenso bedenklich zeigt sich die fakultative Wahlmöglichkeit zwischen Ethik, evangelischer und katholischer Religion, da eine Ausbildung in der Gesundheits- und Krankenpflege keine explizit konfessionsbezogene Auseinandersetzung, sondern die Aneignung berufsethische Kompetenzen anzustreben hat. Während die berufsübergreifenden Lerninhalte des Faches Ethik eine Vermittlung berufsethischer Kenntnisse, Fähigkeiten und Fertigkeiten verfolgen, vermitteln die konfessionsgebundenen Fächer zwar auch allgemeine Grundhaltungen und Verhaltensnormen, zielen aber generell auf eine Vertiefung der spezifischen Konfession und werden darüber hinaus inhaltlich von einer dritten Instanz, nämlich den Kirchen mitverantwortet. Alle drei Fächer führen mit ihrer inhaltlichen Unterscheidung auch zu unterschiedlichen Lernergebnissen. Das sollte im Blick auf allgemeinverbindliche Gütekriterien einer Ausbildung nachdenklich stimmen.

Schließlich erweist sich ein folgenschweres Detail in der Verordnung des SÄCHSISCHEN STAATSMINISTERIUMS FÜR KULTUS FÜR DIE BERUFSFACHSCHULE IM FREISTAAT SACHSEN vom 27. April 2011 (BFSO) als problematisch. Dort heisst es in § 8 Abs. 2 BFSO hinsichtlich des berufsübergreifenden

---

[55] Hinweise auf eine Abstimmung mit dem Fach ‚Ethik oder Evangelische Religion oder Katholische Religion' finden sich nur in der Erläuterung zum TB 5 (Pflegehandeln personenbezogen ausrichten) sowie zum TB 10 (Berufliches Selbstverständnis entwickeln und lernen, berufliche Anforderungen zu bewältigen).

Fächerkanons: „Kann aus zwingenden Gründen Unterricht in einzelnen Fächern des berufsübergreifenden Bereichs nicht oder nur teilweise erteilt werden, wird Unterricht in anderen Fächern des berufsbezogenen Bereichs erteilt."[56] Damit eröffnet sich den Schulen in öffentlicher Trägerschaft auf Antrag die Möglichkeit, entweder die 60 Unterrichtsstunden des Faches Ethik oder Evangelische Religion oder Katholische Religion auf andere berufsbezogene Fächer resp. TB zu verteilen oder aber selbst berufsethische Momente in den berufsbezogenen Unterricht zu integrieren.[57] Im ersten Fall wäre eine solche Entscheidung für die berufsethische Qualifikation der angehenden Pflegekräfte fatal. Die zweite Möglichkeit ist jedoch nicht weniger problematisch. Da es hinsichtlich einer ethischen Integration in den berufsbezogenen Unterricht staatlicherseits keine Vorgaben sowohl bzgl. der Qualifikation der Lehrenden als auch der ethischen Lerninhalte gibt, steht und fällt die Qualität mit der Qualifizierung und dem Anspruch der Lehrenden selbst. Daraus resultiert erneut die Frage nach der Ergebnisqualität von Ausbildung – zumindest bezogen auf den Bereich der berufsethischen Qualifikation.

### *1.2.11 Thüringen*

Das THÜRINGISCHE KULTUSMINISTERIUM setzte im Jahr 2007 den ‚Lehrplan Gesundheits- und Krankenpflege' in Kraft.[58] Er gliedert sich in eine Auflistung der Lehplankommissionsmitglieder, eine Einführung in den Lehrplan Gesundheits- und Krankenpflege, eine Rahmenstundentafel, eine Stundenübersicht für den theoretischen und praktischen Unterricht, Empfehlungen zur Gestaltung der praktischen Ausbildung und schließlich in eine Darstellung der Lernziele und Lerninhalte samt didaktisch-methodischen Hinweisen zu den 12 TB der KrPflAPrV. Das Lerngebiet ‚Berufsethische Fragen' wird durch den ‚Thüringer Lehrplan für berufsbildende Schulen (HBFS) für die Fachrichtungen Krankenpflege, Kinderkrankenpflege, Entbindungspflege und Altenpflege' abgedeckt.[59] Die nachfolgende Analyse gliedert sich – wie bereits beim Freistaat Sachsen – in zwei Schritte: (1) Die Auswertung des Lehrplans über berufsethische Grundfragen sowie (2) die Untersuchung des Lehrplans Gesundheits- und Krankenpflege im Blick auf die Berücksichtigung spirituell-religiöser Lerninhalte.

---

[56] SÄCHSISCHES STAATSMINISTERIUM FÜR KULTUS UND SPORT (2011): Verordnung des Sächsischen Staatsministeriums für Kultus und Sport über die Berufsfachschule in Sachsen.

[57] Den Schulen in freier Trägerschaft wird diese Option grundsätzlich eingeräumt.

[58] Vgl. THÜRINGER KULTUSMINISTERIUM (2007): Lehrplan Gesundheits- und Krankpflege.

[59] Vgl. Ders. (2004): Thüringer Lehrplan für berufsbildende Schulen.

### *1.2.11.1 Lehrplananalysen*

#### *1.2.11.1.1 Thüringer Lehrplan für berufsbildende Schulen - Lehrgebiet berufsethische Grundfragen*

Der Lehrplan zur Auseinandersetzung mit berufsethischen Grundfragen ist auf der Makroebene in sechs Bereiche unterteilt: (1) Vorbemerkungen, (2) Mitarbeiter der Lehrplankommission, (3) didaktische Konzeption, (4) Stundenübersicht, (5) Lernabschnitte sowie (6) ein Literaturverzeichnis. Als oberste Lernziele werden der Schutz menschlicher Würde sowie die Aneignung berufsethischer Kompetenzen angestrebt. Insgesamt sieht der Lehrplan 80 Unterrichtsstunden vor (inkl. pädagogischem Freiraum und Leistungskontrollen).

| **1. Lernabschnitt: Sinn des Lebens und berufliche Motivation** | |
|---|---|
| **1.1 Fundamentalentscheidung, Lebensentscheidung, Einzelentscheidung** | |
| **Kompetenzbezogene allgemeine Lernziele:**<br>Die Schüler entwickeln ein Bewusstsein dafür, welche ihrer eigenen Werte, Ideale und Anschauungen sie zu fundamentalen Entscheidungen im Rahmen ihres persönlichen Lebenskonzeptes führen. Dabei wird ihnen einerseits deutlich, dass diese Grundhaltungen Auswirkungen auf die nachfolgenden Entscheidungsebenen haben und andererseits entsteht Klarheit über die Facetten ihrer Identität und Individualität, die sowohl ihre Berufswahl als auch ihr berufliches handeln (F.K.: sic!) beeinflussen. Die Schüler sind in der Lage, den Kausalzusammenhang Motivation – Sinnsuche – berufliche Identität – Selbstentfaltung und Berufszufriedenheit auf dem Hintergrund ihrer persönlichen Sozialisation. (F.K.: sic!) | |
| **Lernziele** | **Lerninhalte** |
| Die Schüler haben eigene Positionen zur Gestaltung eines gelungenen sinnerfüllten Lebens unter besonderer Berücksichtigung der Fundamentalentscheidungen entwickelt.<br>Die Schüler begreifen die Berufsentscheidung als private Sinnfindung vor dem Hintergrund gesellschaftlicher Erwartungen. | Die drei Ebenen der individuellen Entscheidung in ihrem Zusammenhang (Fundamentalentscheidung (Haben oder Sein, atheistische oder religiöse Gebundenheit), Lebensentscheidungen, Einzelentscheidungen).<br>Pflegeberuf als Berufung, Auftrag, Job, als Dienst für die Gemeinschaft. |

Ausgehend von der eigenen Biographie erfolgt im ersten Lernabschnitt zum ‚Sinn des Lebens und berufliche Motivation und Identifikation' eine Auseinandersetzung mit ethischen Grundlagen (z.B. Normen und Werte, philosophische Positionen). Das Bewusstsein um die eigenen Werte, Ideale und Anschauungen sowie die Klärung der Beweggründe für die Berufswahl (z.B. atheistische oder religiöse Gebundenheit) hilft die eigene Identität sowie die Entscheidung für berufliche Handlungsoptionen besser zu erkennen und zu verstehen.

<table>
<tr><td colspan="2">3. Lernabschnitt: Grundlegende Einstellungen des Handelnden in Pflegeberufen</td></tr>
<tr><td colspan="2">3.1 Persönliche Einstellungen zu Krankheit, Schmerz usw.</td></tr>
<tr><td colspan="2">Kompetenzbezogene allgemeine Lernziele:<br><br>Den Schülern wird klar, dass Krankheit nicht einseitig als naturwissenschaftlicher Befund im Sinne einer Dysfunktion verstanden werden darf, sondern als ein zu interpretierender Zustand. Sie verstehen, dass die Interpretation von Krankheit auch eine ethische Aufgabe mit weitreichender Bedeutung für pflegerisches und ärztliches Handeln ist. Sie machen sich eigene Krankheits-, Leidens- und Schmerzerfahrungen bewusst und verstehen die Sinnlosigkeit der Suche nach Glaubwürdigkeitskriterien für Krankheit und Schmerz. Ihnen wird deutlich, dass sich ihre eigenen Bewertungen von Krankheit, Schmerz, usw. im Umgang mit dem Patienten widerspiegeln können, ihn aber nicht in seinem Recht auf eigene Bewertung seiner Situation einschränken darf. Sie suchen als zukünftige Pflegekräfte nach einem ausgewogenen Verhältnis zwischen Kampf- und Akzeptanzverhalten in der Unterstützung des Patienten bei seiner Leidbewältigung.</td></tr>
<tr><td>Lernziele</td><td>Lerninhalte</td></tr>
<tr><td>Die Schüler besitzen ein entwickeltes Bewusstsein für die Begriffe: Schmerz, Leid, Normalität, usw. in ihrer Relativität und Abhängigkeit von der individuellen und gesellschaftlichen Interpretation.<br><br>Sie erkennen die konstituierende Funktion der subjektiven Bewertung von Krankheit, Leid, usw. und die sich daraus ergebende Verantwortung.</td><td>Schmerz, Krankheit und Leid in ihren individuellen und kollektiven Bedeutungszuschreibungen vor dem Hintergrund der Sinnsuche in der Krise (z.B. als Strafe, Lebensprüfung vom Schicksal, ‚Gericht Gottes', Warnsignal u.a.)</td></tr>
<tr><td colspan="2"></td></tr>
<tr><td colspan="2">3.2 Konfliktfeld: Lebensanfang</td></tr>
<tr><td colspan="2">Kompetenzbezogene allgemeine Lernziele:<br><br>Die Schüler erkennen die Notwendigkeit des Prinzips Menschenwürde. Ihnen wird deutlich, dass der Beginn des Menschseins und damit die Würdezuschreibung von der Interpretation des biologischen Entwicklungsstadiums abhängt, vor dem Hintergrund der jeweiligen ontologischen und moralischen Basisüberzeugung des Betrachters. Den Schülern wird sowohl der logische als auch der ethisch prinzipielle Zusammenhang der Position zur Abtreibung und zur Embryonalforschung bewusst. Wer davon ausgeht, dass dem Embryo bereits nach Abschluss des Befruchtungsgeschehens Menschenwürde und Lebensschutz zukommt, wird dies auch für das Stadium anerkennen müssen, in dem Abtreibungen vorgenommen werden. Sie finden zu einem Verständnis unterschiedlicher Positionen zum Beginn menschlichen Lebens und setzen sich mit den daraus folgenden Konsequenzen auseinander.</td></tr>
<tr><td>Lernziele</td><td>Lerninhalte</td></tr>
<tr><td>Die Schüler besitzen anwendungsbereites Wissen zum Begriff Menschenwürde.<br><br>Sie kennen unterschiedliche Auffassungen zum Begriff Menschenwürde und Beginn des menschlichen Lebens und finden hierzu eigene Positionen.<br><br>Den Schülern wird deutlich, dass die Entscheidung für oder gegen einen Schwangerschaftsabbruch von bestimmten moralischen Überzeugungen abhängig ist.</td><td>Lebensanfang im Blick auf das Prinzip der Menschenwürde: Philosophische und theologische Begründungsversuche von Menschenwürde in ihrer Kompatibilität als Minimalkonsens<br><br>Konfliktfall: Schwangerschaftsabbruch</td></tr>
</table>

| | |
|---|---|
| Die Schüler erfassen, dass sowohl die Entscheidung für als auch die Entscheidung gegen einen Schwangerschaftsabbruch mit den Prinzipien von Menschenwürde und Autonomie verbunden ist. | |
| Die Schüler besitzen Überblickswissen zur Embryonalforschung. | Konfliktfall: Embryonenforschung |
| Die Schüler lernen ethische Positionen zur Embryonalforschung kennen, die es ihnen erlauben, selbständig über deren Zuständigkeit nachzudenken. | |
| Die Schüler wenden ihre Kenntnisse zur Beurteilung ethischer Konflikte und Wertekonkurrenz an. | |

**3.3 Konfliktfeld: Lebensende**

**Kompetenzbezogene allgemeine Lernziele:**

Die Schüler lernen, sich den Fragen der menschlichen Endlichkeit zu stellen und eine Haltung des hilfreichen Beistandes bei der Vollendung der letzten Lebensphase zu gewinnen. Sie orientieren sich in der Vielfalt der Möglichkeiten zur Sterbehilfe unter dem Aspekt der Menschenwürde und Autonomie des Sterbenden und des Helfers. Die Schüler lernen das Altern als eine Lebensphase kennen, die wie jede andere auch ihre spezifischen Krisen, Gefährdungen und Chancen besitzt. Die alten Menschen auf diesem Weg in moralischer Verantwortung und nicht nur in legaler Pflichterfüllung zu unterstützen, begreifen die Schüler als berufliches Anliegen. Die Schüler werden dabei sensibel für die Wahrnehmung von demütigenden und entwürdigenden Maßnahmen im Betreuungsalltag. Dabei entwickeln sie eine Motivation zur Auseinandersetzung mit unbefriedigenden Zuständen, Ausnutzung von persönlichen Entscheidungsspielräumen und Suche nach beruflichen Handlungsalternativen (trotz knapper finanzieller Mittel).

| **Lernziele** | **Lerninhalte** |
|---|---|
| Die Schüler verknüpfen und ergänzen ihre Erkenntnisse zu Tod und Trauer und sind in der Lage, diese unter dem Menschenwürdeaspekt neu zu betrachten. | Lebensende im Blick auf das Prinzip Menschenwürde: Theodizee-Frage |
| Den Schülern ist deutlich geworden, dass jede Sterbehilfeart unter dem Menschenwürde-Aspekt einen Konfliktfall darstellen kann bzw. darstellt. | Konfliktfall: Sterbehilfe |

**3.4 Suche nach der eigenen Position im Rahmen der Konfliktbereiche Lebensanfang und Lebensende**

**Kompetenzbezogene allgemeine Lernziele:**

Im Schutz der Gruppe lernen die Schüler sowohl die Berechtigung ihres eigenen Urteils als auch die Vielfalt der Standpunkte und Entscheidungen anderer zu respektieren. Dabei wächst in ihnen die Sicherheit zu ihrer eigenen Position zu stehen, weil ihnen die Bedeutung ihrer Überzeugung in Abgrenzung zu anderen Sichtweisen bewusst wird. Die Schüler verstehen, dass die Versorgung alter und sterbender Menschen ein Bekenntnis zur eigenen Endlichkeit und Unvollkommenheit voraussetzt. Die Schüler versuchen gemeinsam einen Blick für die Potenzen der unterschiedlichen Standpunkte zu entwickeln und diese in ihrer Bedeutung für das Betreuungsverhältnis zu erkennen, eventuell sogar zu nutzen.

| Lernziele | Lerninhalte |
|---|---|
| Die Schüler reflektieren Übereinstimmungen ihrer momentanen Position zu ethischen Fragen am Lebensanfang und Lebensende.<br><br>Sie sind in der Lage, schrittweise ihre Standpunkte argumentativ und kontrovers zu diskutieren und zu vertreten. | Die persönliche Orientierung in der Vielfalt der angebotenen Sichtweisen zu Lebensbeginn und Menschsein, Personsein; Schwangerschaftsabbruch, Embryonenforschung<br><br>Eigene Positionen zu Alter und Altern, Sterben und Tod, Sterbehilfe<br><br>Bedeutung der eigenen Positionsfindung in ihrer Auswirkung auf den Umgang mit den Patienten und Heimbewohnern |

Die Schülerinnen und Schüler reflektieren im dritten Lernabschnitt ihre Haltungen gegenüber Herausforderungen wie Krankheit, Schmerz und Leid. Sie verstehen, dass Krankheit und Gesundheit, Lebensqualität und Normalität immer auch individuell interpretierte Zustände sind, die unterschiedlich auf den Einzelnen, dessen Sinnsuche und Krankheitsbewältigung, aber auch auf das berufliche Handeln Pflegender zurückwirken (z.B. Schmerz, Leid und Krankheit als Gericht Gottes). Lebensanfang und Lebensende erfordern dabei eine besondere ethische Sensibilität, die auch die Schüler zur persönlichen Positionierung herausfordern. Je nach ontologischer und moralischer Basisüberzeugung, die auch philosophische und theologische Begründungsversuche einschließen kann, zeigen sich hier unterschiedliche ethische Einschätzungen und daraus resultierende Handlungsoptionen. Im Blick auf die gesellschaftliche Ebene wird den Lernenden einsichtig, dass geltendes Recht nach ethisch vertretbaren Kompromissen sucht, um die Menschenwürde und die unterschiedliche Überzeugungen zu respektieren. In der Auseinandersetzung mit der letzten Lebensphase wird auch die Theodizee-Frage diskutiert, d.h. warum Gott Leid und Krankheit in der Welt zulässt, wo er doch die Macht und die Liebe besitzen sollte, solches Leiden zu verhindern. Schließlich sensibilisiert ein weiterer Lernabschnitt für den Umgang mit dem persönlichen Gewissensspruch, der in Spannung zu gesellschaftlichen und/oder berufsethischen Übereinkünften treten kann.

#### *1.2.11.1.2 Lehrplan Gesundheits- und Krankenpflege*

Für die übrigen Lerninhalte der dreijährigen Ausbildung in der Gesundheits- und Krankenpflege des Landes Thüringen liegt ein Lehrplan vor, der sich an den 12 TB der KrPflAPrV orientiert. Jedem dieser TB werden kompetenzbezogene allgemeine Lernziele sowie eine tabellarische Übersicht vorangestellt, aus denen die einzelnen Lernfeldabschnitte und die darauf zu verwendenden Unterrichtsstunden zu entnehmen sind. Jeder Lernfeldabschnitt ist in weitere

Teilbereiche untergliedert und enthält Angaben über Lernziele, Lerninhalte und didaktisch-methodische Hinweise.

| **1 LF: Pflegesituationen bei Menschen aller Altersgruppen erkennen, erfassen und bewerten** | |
|---|---|
| **Kompetenzbezogene allgemeine Lernziele:**<br>Ausgehend vom erworbenen Fachwissen können die Schüler Pflegesituationen bei Menschen aller Altersgruppen erkennen, erfassen und bewerten. Sie sind in der Lage, Pflegesituationen und deren Veränderungen wahrzunehmen, zu reflektieren und adäquat zu reagieren. Grundlage des Fachwissens sind pflegewissenschaftliche Erkenntnisse und pflegerelevante Kenntnisse der Bezugswissenschaften. Die Schüler erlernen das Erfassen und Bewerten von Situationen im Hinblick auf körpernahe Unterstützung, existentielle Lebenssituationen und Erkrankungen, die durch einen unterschiedlichen Pflegebedarf geprägt sind. Der Pflegebedarf bezieht das erforderliche Maß an Gesundheitsberatung und Gesundheitsvorsorge ein und ist unter Berücksichtigung sachlicher, personenbezogener und situativer Erfordernisse zu ermitteln und zu begründen. Die Schüler werden befähigt, ihr eigenes Erleben im Hinblick auf die Pflegesituationen zu reflektieren. Sie erlernen ihr Pflegehandeln nach dem Pflegeprozess zu gestalten. | |
| **1.1 LFA: Körpernahe Unterstützung leisten** | |
| **1.2 LFA: Pflege in existentiellen Lebenssituationen** | |
| **1.2.3 Sterbende Pflegen** | |
| **Lernziele** | **Lerninhalte** |
| Sie haben einen Überblick über religiöse Bedürfnisse und Gebräuche im Zusammenhang mit Sterben und Tod. | Religiöse Bedürfnisse im Sterben<br>Religiöse Gebräuche bei der Versorgung von Verstorbenen |

Das erste Lernfeld beschäftigt sich mit dem Erkennen, Erfassen und Bewerten von Pflegesituationen bei Menschen aller Altersgruppen. Ein Wissen um religiöse Bedürfnisse Sterbender sowie die Kenntnis religiöser Bräuche bei der Versorgung von Gestorbenen ist seitens der Pflegenden zu beachten. Der Lehrplan verweist an dieser Stelle auch auf die entsprechenden Ziele und Inhalte des Lehrplans ‚Berufsethische Grundfragen'.

| **5 LF: Pflegehandeln personenbezogen ausrichten** |
|---|
| **Kompetenzbezogene allgemeine Lernziele:**<br>Die Schüler beziehen in ihr Pflegehandeln das soziale Umfeld der zu pflegenden Personen ein und können mit den veränderten Gegebenheiten angemessen umgehen. Sie beachten dabei ethnische, kulturelle und andere gruppenspezifische Aspekte, die prägend für die Lebenssituationen der zu Pflegenden sind. Die Schüler sind durch das Erkennen ethischer Werte und Normen bei der Entscheidungsfindung fähig, zu begründeten ethischen Urteilen zu kommen und diese als Handlungsorientierung zu nutzen. Auf dieser Grundlage berücksichtigen sie in ihrem Pflegehandeln die Würde und die Selbstbestimmung der zu pflegenden Person in der individuellen Situation. |

| **5.1 LFA: Pflegehandeln klientenzentriert ausrichten** | |
|---|---|
| **5.1.7 Menschen aus anderen Kulturen** | |
| **Pflege** | |
| **Lernziele** | **Lerninhalte** |
| Sie haben einen Überblick über andere Kulturen und Religionen und können Besonderheiten im Pflegehandeln berücksichtigen. | - Religionen<br>- Pflegemodell Leininger |
| | |
| **5.2 LFA: Pflegehandeln an ethischen Prinzipien ausrichten** | |
| **5.2.1 Sinn des Lebens und berufliche Motivation und Identifikation** | |
| **5.2.3 Grundlegende Einstellungen es Handelnden in den Pflegeberufen** | |

Lernfeld 5 fokussiert mit seinen kompetenzbezogenen allgemeinen Lernzielen dezidiert berufsethische Aspekte wie Werte, Normen und andere gruppenspezifische Momente sowie diverse Wege zur ethischen Urteilsfindung. Entsprechend der Individualität der anvertrauten Menschen sind die Pflegenden zur Achtung von Würde und Selbstbestimmung herausgefordert. Die Pflegenden setzen sich dabei u.a. mit der Pflege von Menschen aus anderen Kulturen und deren Lebensweise sowie unterschiedlichen Religionen auseinander. Als unterstützendes Pflegemodell wird in diesem Zusammenhang der inter- resp. transkulturelle Pflegeansatz von LEININGER angeführt.[60]

| **6 LF: Pflegehandeln an pflegewissenschaftlichen Erkenntnissen ausrichten** | |
|---|---|
| **Kompetenzbezogene allgemeine Lernziele:**<br>Auf der Grundlage pflegewissenschaftlicher Erkenntnisse sind die Schüler in der Lage, Pflegehandeln zu begründen und zu reflektieren. Sie begreifen pflegetheoretische Konzepte vor dem Hintergrund der Pflegepraxis. Die Schüler sind fähig, sich einen Zugang zu pflegewissenschaftlichen Fragestellungen und Methoden zu verschaffen. Sie können Forschungsergebnisse in ihr Pflegehandeln integrieren. Die Schüler gestalten den Pflegeprozess als Problemlösungs- und Beziehungsprozess professionell. Sie sind in der Lage, die Fachsprache gezielt in ihre Pflegehandeln einzubeziehen und exakt zu dokumentieren. | |
| **6.1 LFA: Pflegemodelle, Pflegetheorien und Pflegekonzepte** | |
| **Pflege** | |
| **Lernziele** | **Lerninhalte** |
| Sie haben einen Überblick über ausgewählte Pflegetheorien. | Pflegetheorien (Benner, Krohwinkel, Orem, Peplau, Roper, Rogers) |

Lernfeld 6 befasst sich mit der induktiven Erschließung pflegetheoretischer Ansätze vor dem Hintergrund der pflegerischen Praxis. Unter den gelisteten Pflegetheorien finden sich mit dem bedürfnisorientierten Modell von ROPER et al., der Theorie vom unitären Menschen von ROGERS sowie dem Ansatz von KROHWINKEL Konzeptionen, die spirituell-religiöse Elemente einschließen.[61]

60 Vgl. dazu auch Kapitel I 1.1.1.

61 Vgl. Ebd.

<table>
<tr><td colspan="2">10 LF: Berufliches Selbstverständnis entwickeln und lernen, berufliche Anforderungen zu bewältigen</td></tr>
<tr><td colspan="2">Kompetenzbezogene allgemeine Lernziele:<br><br>Auf der Grundlage ihres beruflichen Selbstverständnisses positionieren die Schüler sich im Kontext mit den anderen Gesundheitsfachberufen in ihrem Berufsfeld. Sie sind in der Lage, sich kritisch mit ihrer Profession auseinanderzusetzen. Die Schüler bewältigen schwierige berufliche Situationen im Bezug auf ihr eigenes Erleben und die Gestaltung der Pflegebeziehung angemessen. Sie setzen Bewältigungsstrategien zielgerichtet ein.</td></tr>
<tr><td colspan="2">10.1 LFA: Entwicklung eines beruflichen Selbstverständnisses</td></tr>
<tr><td colspan="2">10.1.1 Geschichte der Pflegeberufe</td></tr>
<tr><td colspan="2">Berufskunde</td></tr>
<tr><td>Lernziele</td><td>Lerninhalte</td></tr>
<tr><td>Sie besitzen einen Einblick in die Entwicklung der Krankenpflege im Christentum vom Beginn der Zeitrechnung bis zum späten Mittelalter.<br><br>Sie haben Einblick in die Entwicklung der Krankenpflege in der Neuzeit.</td><td>- Frühes Christentum<br>- Mittelalter: Klostermedizin<br>- Humanismus und Aufklärung (Hospital, Pflegegemeinschaften, erste Ausbildung von Pflegenden)<br>- 19. Jahrhundert (Erneuerung von Caritas und Diakonie)</td></tr>
</table>

Zur Entwicklung eines pflegeberuflichen Selbstverständnisses trägt die Auseinandersetzung mit der eigenen Berufsgeschichte bei. Dazu zählt in Lernfeld 10 die Beschäftigung mit der Entwicklung der Krankenpflege im Christentum, den konfessionell ausgerichteten Pflegegemeinschaften sowie der Rolle von Caritas und Diakonie im 19. Jahrhundert. Geistige Strömungen in Humanismus und Aufklärung sowie deren Einschätzung von Mensch, Gesellschaft und Welt stehen immer auch in einer gewissen Spannung zur Religion, da sie zeigen, dass Ethik auch ohne Religion auf der Basis menschlicher Vernunft gründen kann. Demgegenüber stehen religionsbezogene, ethische Rückbindungen der konfessionellen Ordensverbände.

#### *1.2.11.2 Ergebnis*

Der thüringische Lehrplan für die Gesundheits- und Krankenpflege strebt eine berufliche Handlungskompetenz an, die u.a. ein ganzheitliches Erfassen der beruflichen Wirklichkeit fördern will (z.B. medizinische, ethische, ökonomische, ökologische, rechtliche und soziale Aspekte).[62] Für die Auszubildenden wird die Entwicklung einer Pflegeethik angestrebt, „die eine ganzheitliche Wertorientierung sowohl für die individuelle Betreuung der Patienten als auch für die Pflegenden selbst zur Grundlage hat.“[63] Des Weiteren zielen die Lernabschnitte auf eine Befähigung der Auszubildenden zur Identifikation von

---

62 Vgl. THÜRINGER KULTUSMINISTERIUM (2007): Lehrplan Gesundheits- und Krankpflege, 3.

63 Ders. (2004): Thüringer Lehrplan für berufsbildende Schulen. Fachrichtungen: Krankenpflege, Kinderkrankenpflege, Entbindungspflege, Altenpflege, 1.

Pflegepotenzen.[64] In all dem berücksichtigen sie den jeweils aktuellen, wissenschaftlichen und gesellschaftlichen Erkenntnis- und Diskussionsstand.[65] Vor dem Hintergrund eines solchermaßen formulierten Selbstanspruchs zeigen sich im Blick auch die Beachtung spirituell-religiöser Lerninhalte etliche Leerstellen. Die spirituell-religiöse Dimension bleibt bei den exemplarisch genannten Momenten zur ganzheitlichen Wirklichkeitserfassung, der Identifikation von Pflegepotenzen oder der Berücksichtigung zeitgemäßer wissenschaftlicher Erkenntnisse außen vor. Implizit können spirituell-religiöse Komponenten im Zuge der Beschäftigung mit diversen Pflegetheorien thematisiert werden. Explizit kommen nur in der Auseinandersetzung mit der eigenen Berufsmotivation, in der Bedeutungszuschreibung von Krankheit und Leid sowie in den ethischen Konfliktfeldern des Lebensanfangs und Lebensendes religiöse Aspekte zum Tragen. Zwar werden im berufsübergreifenden 3. Lernabschnitt Einstellungen zu Krankheit und Schmerz reflektiert – Krankheit und Gesundheit jedoch nur als von der Gesellschaft definierte Zustände und als Ergebnis einer komplexen Wechselbeziehung von biologischen, psychischen und soziokulturellen Komponenten begriffen (Lernabschnitt 3.1). Dieser Befund wirft nicht nur die Frage nach dem im Lehrplan zugrunde gelegten generellen Verständnis von Lebensqualität und Wohlbefinden auf, sondern lässt das postulierte Ganzheitlichkeitsverständnis von Pflege fraglich erscheinen. Eine Herausarbeitung von Spiritualität und/oder Religion als Wirkelemente in der Gesundheitsförderung oder Krankheitsbewältigung bleibt ausgespart und findet – wie bereits erwähnt – bestenfalls implizit eine pflegetheoretische und pflegehistorische Würdigung.

## 1.3 Zusammenfassung der Analyseergebnisse

Die Analyse der Rahmenlehrpläne der Bundesländer hat gezeigt, dass ein Einbezug spiritueller und/oder religiöser Momente in den einzelnen Themenbereichen, Lernbereichen oder Lernmodulen sehr stark variiert. Versucht man die identifizierten Inhalte je nach Bundesland der Kategorie ‚Spiritualität/Religion' zu zuordnen, so ergibt sich folgende Gesamtschau:

| **Bundesland** | **Spirituelle und religiöse Lerninhalte** |
|---|---|
| **Baden-Württemberg** | - Spirituelles Wohlbefinden (Handlungsleitende Werte und Glaubensvorstellungen)<br>- Religiöse Selbstbestimmung |
| **Bayern** | - Besonderheiten in der Endphase des Lebens (religiöse Fragestellungen im Grenzbereich des Todes, aktive und passive Sterbehilfe, religiöse Bräuche im Zusammenhang mit dem Tod) |

64 Vgl. Ebd.
65 Vgl. Ebd.

| | |
|---|---|
| | - Sterbebegleitung in Abhängigkeit des kulturell-religiösen Hintergrundes sowie der Wünsche und Bedürfnisse der Pflegeempfänger und ihrer Angehörigen<br>- Kommunikation mit Sterbenden und den Angehörigen |
| **Berlin** | - Das Bundesland Berlin orientiert sich an den Ausbildungsrichtlinien des Landes Nordrhein-Westfalen |
| **Brandenburg** | - Religionen und deren Vorstellungen bzgl. Tod und Sterben<br>- Interaktion und Kommunikation mit Sterbenden<br>- Trauer-, Verabschiedungs- und Aufbahrungskultur<br>- Besonderheiten der Weltreligionen/Glaubensrichtungen (Christentum, Judentum, Islam, Hinduismus, Buddhismus) |
| **Bremen** | - Tod und Sterben in verschiedenen Gesellschaftsformen, kulturelle und religiöse Rituale des Sterbens und des Todes<br>- Physische, psychische, soziale und religiöse Bedürfnisse von Sterbenden und ihren Angehörigen – Modelle zur Deutung der Verläufe von Sterbeprozessen und in der Trauer<br>- Naturwissenschaftliche, philosophische und religiöse Konzepte von der Endlichkeit des Lebens |
| **Hamburg** | Es existiert kein Rahmenlehrplan für die Ausbildung in der Gesundheits- und Krankenpflege. |
| **Hessen** | - Bedeutung der Atmung in religiösen und kulturellen Zusammenhängen<br>- Umgang mit Sterben und Tod<br>- Sterbebegleitung<br>- Bedeutung von Glaube und Religiosität in verschiedenen Kulturen<br>- Beachtung religiöser Aspekte im Zhg. mit der Verabreichung von Transfusionen |
| **Mecklenburg-Vorpommern** | Das Bundesland Mecklenburg-Vorpommern orientiert sich an den Ausbildungsrichtlinien des Landes Nordrhein-Westfalen. |
| **Niedersachsen** | - Spezifische Lebenssituationen in denen Religion zum Tragen kommt<br>- Pflegerelevante Grundlagen in der Endphase des Lebens |
| **Nordrhein-Westfalen** | - Vorstellungen, Phantasien und Deutungen von Krankheit und Tod<br>- Pflege von Sterbenden mit unterschiedlichen religiös-kulturellen Überzeugungen und Bedürfnissen<br>- Sterben und Tod aus der Sicht verschiedener Weltreligionen<br>- Religiöse Fragen resp. Rechtslage im Zusammenhang mit der Sterbehilfe |

| | |
|---|---|
| | - Euthanasieauffassungen in Geschichte und Gegenwart<br>- Religiöse Vorstellungen und Traditionen, Riten und Gebräuche aus fremden Kulturen |
| **Rheinland-Pfalz** | - An der Gesundheitsversorgung beteiligte Berufsgruppen (u.a. Seelsorger); Aufgabenschwerpunkte und Leistungsangebote; Gespräche im interdisziplinären Team<br>- Grundkenntnisse verschiedener Religionen<br>- Berücksichtigung religiöser Gewohnheiten und Rituale im pflegerischen Handeln<br>- Unterstützung pflegebedürftiger Menschen in der Ausübung religiöser Gewohnheiten<br>- Gespräche mit sterbenden Menschen, Angehörigen und Bezugspersonen<br>- Verstorbene Menschen versorgen: Rituale |
| **Saarland** | - Maßnahmen und Methoden der Grundpflege unter Beachtung der religiösen Prägung der zu Pflegenden<br>- Anthropologische Grundfragen<br>- Begleitung Sterbender und ihrer Angehörigen |
| **Sachsen**[66] | - Begriffsbestimmung und Merkmale von Religion<br>- Funktionen von Religion<br>- Erscheinungsformen von Religion im Alltag<br>- Gemeinsamkeiten und Unterschiede in den Religionen<br>- Missbrauch von Religion |
| **Sachsen**[67] | - Rituale, Sitten, Bräuche, Sterbekultur<br>- Aktualität der 10 Gebote<br>- Bedeutung und Herkunft religiöser Symbole<br>- Goldene Regel |
| **Sachsen**[68] | - Religiöse Einflüsse auf das pflegerische Handeln |
| **Sachsen-Anhalt** | Das Bundesland Sachsen-Anhalt orientiert sich an den Ausbildungsrichtlinien des Landes Nordrhein-Westfalen. |
| **Schleswig-Holstein** | Es existiert kein Rahmenlehrplan für die Ausbildung in der Gesundheits- und Krankenpflege. |
| **Thüringen**[69] | - Die drei Ebenen der individuellen Entscheidung in ihrem Zusammenhang (Fundamentalentscheidung Haben oder Sein, atheistische oder religiöse Gebundenheit) (...)<br>- Pflegeberuf als Berufung, Auftrag, Job, als Dienst für die Gemeinschaft<br>- Schmerz, Krankheit und Leid in ihren individuellen und kollektiven Bedeutungszuschreibungen vor dem Hintergrund der Sinnsuche in der Krise (z.B. |

66 Inhalte des berufsübergreifenden Bereichs Ethik.
67 Inhalte aus den Wahlpflichtfächern.
68 Inhalte des berufsbezogenen Bereichs Gesundheits- und Krankenpflege.
69 Inhalte aus dem Lehrgebiet ‚Berufsethische Grundfragen'.

| | |
|---|---|
| | als Strafe, Lebensprüfung vom Schicksal, ‚Gericht Gottes', Warnsignal u.a.)<br>- Lebensanfang im Blick auf das Prinzip der Menschenwürde: Philosophische und theologische Begründungsversuche von Menschenwürde in ihrer Kompatibilität als Minimalkonsens<br>- Konfliktfall: Schwangerschaftsabbruch<br>- Konfliktfall: Embryonenforschung<br>- Lebensende im Blick auf das Prinzip Menschenwürde: Theodizee-Frage<br>- Konfliktfall: Sterbehilfe<br>- Die persönliche Orientierung in der Vielfalt der angebotenen Sichtweisen zu Lebensbeginn und Menschsein, Personsein; Schwangerschaftsabbruch, Embryonenforschung<br>- Eigene Positionen zu Alter und Altern, Sterben und Tod, Sterbehilfe<br>- Bedeutung der eigenen Positionsfindung in ihrer Auswirkung auf den Umgang mit den Patienten und Heimbewohnern |
| **Thüringen**[70] | - Religiöse Bedürfnisse im Sterben<br>- Religiöse Gebräuche bei der Versorgung von Verstorbenen<br>- Religionen<br>- Pflegemodell Leininger<br>- Pflegetheorien (Benner, Krohwinkel, Orem, Peplau, Roper, Rogers)<br>- Berufskunde: Frühes Christentum; Mittelalter: Klostermedizin; Humanismus und Aufklärung (Hospital, Pflegegemeinschaften, erste Ausbildung von Pflegenden); 19. Jahrhundert (Erneuerung von Caritas und Diakonie) |

Die Zusammenschau verdeutlicht, dass sich im Blick auf die Berücksichtigung spiritueller und/oder religiöser Bildungsinhalte fast durchgängig nur Lerninhalte mit religiösem Bezug finden. Alle analysierten Lehrpläne fordern die Anbahnung von Kenntnissen, Haltungen und Fertigkeiten zur Gewährleistung einer Pflege und Begleitung kranker Menschen in der Endphase ihres Lebens. Im Zuge einer solchen Begleitung spricht allein der rheinland-pfälzische Rahmenlehrplan von einer Beachtung spiritueller Aspekte – allerdings nicht im Rahmen der hier untersuchten theoretischen Ausbildungsinhalte, sondern im Kontext des Lernortes Praxis. Fünf Bundesländer fordern explizit eine Auseinandersetzung mit religiösen Vorstellungen, Traditionen, Riten und Gebräuchen aus fremden Kulturen oder befassen sich mit religiösen Deutungen von Krankheit und Tod. Eine generelle Berücksichtigung religiöser Gewohnheiten und Rituale im Pflegehandeln streben vier Bundesländer an. Ausgewählte Pflegemodelle mit spirituellen oder religiösen Komponenten werden von zwei

70 Inhalte aus dem Lehrplan ‚Gesundheits- und Krankenpflege'.

Bundesländern als Lerninhalte benannt. Alle übrigen Einbezüge religiöser Aspekte sind Einzelnennungen. Flächendeckend bleibt in den Lehrplänen das Thema ‚christliches Menschenbild' ausgespart. Im Blick auf den Einbezug spiritueller Lerninhalte im theoretischen Unterricht fordert lediglich das Land Baden-Württemberg eine Beachtung jener Werte und Glaubensüberzeugungen, die zu einem spirituellen Wohlbefinden des kranken Menschen beitragen. Detailliertere Erläuterungen zum Spiritiualitätskonzept oder zur spirtiuellen Begleitung schließt der baden-württembergische Lehrplan jedoch ebenfalls nicht ein. Auch in den übrigen Lehrplänen finden sich keine Angaben über die Vermittlung des Religions- oder Spiritualitätskonzeptes. Ebenso schweigen sich die Pläne über spezifische pflegerische Begleitungskompetenzen zur Gewährleistung religiöser und/oder spiritueller Fürsorge aus. Zwar sprechen die Lehrpläne in unterschiedlicher Weise von einer Aufarbeitung aktueller Kernprobleme, der Ermittlung des individuellen Pflegebdarfs oder der Anbahnung beruflicher Flexibilität im Blick auf die sich wandelnden Anforderungen, doch bleiben sie in ihren Formulierungen insgesamt zu unbestimmt.

Wenn jedoch die Ausbildung in der Gesundheits- und Krankenpflege nach einer Anbahnung erforderlicher Mindesqualifikationen strebt, müssen Lerninhalte mit erwiesener Pflegerelevanz samt Komptenzanbahnung – *und zwar bundesland- und trägerunabhängig* – Aufnahme in die Lehrpläne finden und curriculare Leerformeln vermieden werden. Schon einmal hat sich in Kapitel III gezeigt, dass ein Blick in die USA hinsichtlich der Studien über den Zusammenhang von spirtuellem und gesundheitlichen Wohlbefinden lohnt. Insofern soll im Folgenden ein erneuter Blick auf die USA geworfen werden, inwiefern sich aus den dortigen Entwicklungen innerhalb der Pflegedisziplin Einsichten und Impulse für die deutsche Ausbildung in der Gesundheits- und Krankenpflegeausbildung ausmachen lassen.

## 2. Keine Elfenbeinturmdiskussion: Spiritualität als Bildungsinhalt in der US-amerikanischen Krankenpflegeausbildung

Im Gegensatz zu Deutschland ist in den USA die Integration spiritueller Bildungsinhalte in den staatlicherseits verantworteten Ausbildungskanon für die Krankenpflege wesentlich weiter fortgeschritten. Bis dahin war es allerdings ein weiter Weg! Auch die US-amerikanische Krankenpflegeausbildung und Pflegeliteratur konzentrierten sich noch bis vor fünfzig Jahren auf rein religionsbezogene Lerninhalte, d.h. auf solche Themen, die sich primär auf die Befriedigung religiöser Bedürfnisse kranker Menschen erstreckten – besonders in der letzten Lebensphase. Erst mit der Zeit wich dieses religionsbezogene Verständnis einem breiter angelegten Spiritualitätskonzept, das zwar religionsbezogene Aspekte beinhalten kann, aber eben nicht muss. Ebenso reduzieren sich die pflegerischen Bemühungen nicht mehr auf die letzte Lebensphase, sondern nehmen die gesamte Lebensspanne in den Blick. Bis Pflegende den Einbezug spiritueller Aspekte und die Gewährleistung spiritueller Fürsorge als ihren pflegerischen Auftrag erkannten, war jedoch ein Wandel im US-amerikanischen Pflegeverständnis erforderlich, der im engen Zusammenhang mit der Akademisierung der Pflegedisziplin sowie der Pflegetheorieentwicklung gesehen werden muss und bis dato auch dort immer noch anhält.

## 2.1 Beiträge aus der Akademisierung des Pflegeberufs und der Pflegetheorieentwicklung

Im 19. Jahrhundert waren die beruflich Pflegenden in erster Linie damit beschäftigt, eine gute Pflege zu leisten. Viel Zeit zur systematischen Dokumentation oder Reflexion pflegerischer Erkenntnisse gab es dabei nicht.[71] Erst Jahrzehnte später versuchen Pflegetheoretikerinnen eine wissenschaftliche Erschließung dessen, was Pflege ausmacht. Dieser Prozess steht in einer engen Verbindung mit der Etablierung pflegespezifischer Studiengänge. Erstmalig bietet im Jahr 1899 das ‚Teachers College' der Columbia University in New York einen Masterstudiengang an, der Pflegende auf die Tätigkeit an Krankenpflegeschulen und im Krankenhausmanagement vorbereiten soll.[72] Einen weiteren Schub erhalten die pflegerischer Akademisierungsbemühungen mit der Etablierung der ‚University School of Nursing' der University of Minnesota im Jahr 1909, die damit beginnt, die Pflegegrundausbildung auf Universitätsniveau anzubieten.[73] Den Einstieg in die Promotion Pflegender wagt 1910 wiederum die Columbia University in New York mit der Errichtung einer eigenen Fakultät für Pflege und Gesundheit.[74] Tatsächlich erfolgt die erste pflegespezifische Promotion (Ed.D.) allerdings erst im Jahr 1932.[75] Im Jahr 1934 initiiert die New York University ihr erstes Promotionsprogramm (Ph.D.) für Krankenschwestern, obwohl dort noch keine eigenständige pflegewissenschaftliche Fakultät existiert.[76] Die Graduierung geschieht über die ‚School of Education'.[77] Da zwischen den Jahren 1934 bis 1954 landesweit keine weiteren pflegespezifschen Promotionsprogramme etabliert werden, bleibt auch die Absolventenzahl mit der Promotion

---

[71] Vgl. ALLIGOOD, M.R. ([6]2006): Introduction to nursing theory, 3.
[72] Vgl. ALLEN, J. (1990): Consumer's guide to doctoral degree programs in nursing, 16.
[73] Vgl. STEWART, I. (1944): The education of nurses, 175.
[74] Im Vergleich dazu: In Deutschland wurde das Promotionsprogramm einer eigenständigen pflegewissenschaftlichen Fakultät erst im Jahr 2008 an der Philosophisch-Theologischen Hochschule in Vallendar aufgenommen.
[75] Vgl. BLACK, B. ([7]2014): Professional nursing, 144.
[76] Vgl. ALLEN, J. (1990): Consumer's guide to doctoral degree programs in nursing, 17.
[77] Vgl. Ebd.

von insgesamt 36 Doktoranden relativ überschaubar.[78] Ihre Einsatzfelder begrenzen sich immer noch auf Lehre oder Management.[79] Damit stagniert zunächst der akademische Aufbruch der Pflege. Erst im Jahr 1954 beginnt die University of Pittsburgh wieder mir der Neueinrichtung eines Promotionsprogramms – jetzt erstmalig auch für den Bereich der klinischen Pflegeforschung.[80] Zu einer nochmaligen akademischen Wachstumsbeschleunigung kommt es zwischen den Jahren 1960-69 mit der Promotion von insgesamt 449 Pflegekräften.[81] Schließlich existieren im Jahr 2013 rund 290 Promotionsstudiengänge für Pflegekräfte in den USA.[82]

Mit der sukzessiven Akademisierung der Pflege wachsen die Notwendigkeit und das Bestreben zur Beschreibung eines originären theoretischen Bezugsrahmens, der den abstrakten Wissensbestand der Pflege als Grundlage für eine weitere wissenschaftliche Forschung und zur Anerkennung der Pflege als vollwertige Profession artikulieren soll. Obwohl in den verschiedenen Professionstheorien divergierende Auffassungen über die Charakteristika einer Profession diskutiert werden, besteht Einigkeit darin, dass ein spezifischer theoretischer Wissensbestand dazu zu gehören hat. Um langfristig als vollwertige Profession anerkannt zu werden, stellt sich die Pflege dieser Herausforderung.

Erste wichtige Beiträge zur Generierung pflegespezifischer Wissensbestände leisten in den 1940er und 1950er Jahren zunächst empirische Forschungsarbeiten.[83] Später entwickeln sich auf der Suche nach einem diese Einzelerkennentnisse übergreifenden Theorierahmen erste pflegetheoretische Annahmen, deren Genese und besonderer Charakter in Verbindung mit den Promotionsvorhaben und den provovierenden Fachdisziplinen Pflegender gesehen werden muss. Nicht wenige Pflegende werden trotz existierender pflegespezifischer Graduierungsprogramme nämlich über andere, zumeist geisteswissenschaftliche Fachdisziplinen promoviert[84], die ihrerseits auf die Perspektive der Forschungsarbeiten Einfluss nehmen.[85] In den 1970ziger Jahren mündet dieser Prozess sogar in einer Debatte darüber, ob sich wissenschaftliches Arbeiten innerhalb der Pflege generell an den Wissensbeständen anderer Sozialwissenschaften und/oder der Medizin zu orientieren habe – damit als anwendende Wissenschaftsdisziplin zu gelten hat – oder ob der Weg zur Etablierung einer eigenen Wissenschaftsdisziplin zu beschreiten sei.[86] Für die

[78] Vgl. Ebd. 19; Vgl. BLACK, B. (72014): Professional nursing, 144. Abweichend davon berichtet MURPHY im betreffenden Zeitraum über eine Absolventenzahl von 132 (Vgl. MURPHY, J.F. (1981): Doctoral education in, of, and for nursing, 645).

[79] Vgl. Ebd.

[80] Vgl. BLACK, B. (72014): Professional nursing, 144.

[81] Vgl. MURPHY, J.F. (1981): Doctoral education in, of, and for nursing, 645.

[82] Vgl. AMERICAN ASSOCIATION OF COLLEGES OF NURSING (2014).

[83] Vgl. ALLIGOOD, M.R. (22002): The nature of knowledge needed for nursing practice, 6.

[84] Zum Beispiel: Anthropologie, Biologie, Psychologie, Anatomie, Physiologie oder Soziologie (Vgl. LEININGER, M. (1976): Doctoral programs for nurses, 16).

[85] Vgl. JOHNSON, D.E. (1974): Development of theory, 374; Vgl. MELEIS, A.I. (1983): The evolving nursing scholarliness, 20ff.

[86] Vgl. ALLIGOOD, M.R. (22002): The nature of knowledge needed for nursing practice, 7.

zweite Option bestehen gute pflegetheoretische Voraussetzungen in Form von Entwicklungstheorien (z.B. PEPLAU (1952), Systemtheorien (z.B. ROY (1970), ROGERS (1970), JOHNSON (1968)) oder Interaktionstheorien (z.B. Orlando (1961)).[87] Diese pflegetheoretischen Zugänge werden mit empirischen Forschungsprojekten verknüpft und leisten auf diese Weise einen elementaren Beitrag zur Formulierung eines pflegespezifischen Wissensbestandes und damit zur Professionalisierung des Pflegeberufs insgesamt.[88] Mit der Entscheidung zugunsten des Aufbaus einer eigenständigen Pflegewissenschaftsdisziplin und getragen von der Überzeugung, dass der spezifische Wissenskorpus letztlich nur durch Pflegende generiert werden kann, die über pflegespezifische Studienprogramme qualifiziert wurden, kommt es Mitte der 1970er Jahre zur Etablierung weiterer pflegespezifischer Doktoratsprogramme und damit zu einem neuerlichen Anschub für die Pflegewissenschaft.[89] Ähnlich wie andere Wissenschaftsdisziplinen einst ihr spezifisches Forschungsgebiet abgrenzten, sucht die junge Pflegewissenschaft ihre komplexen, spezifischen Phänomene empirisch und theoretisch zu untermauern, um dadurch ein solides Fundament für ihre künftigen Forschungen, die Ausbildung und die Pflegepraxis zu legen.[90] Erst diese Doppelhelix[91], d.h. das Ineinandergreifen von Empirie und Theorieentwicklung innerhalb einer Forschungsdiziplin, vermag das Wesen der Pflege abzubilden. Darum setzt in den 1980er und 1990er Jahren eine neue Welle pflegerischer Theoriebildung ein, die den Grundstein für eine weitere, zukunftsträchtige Entwicklung der Pflegedisziplin legen will.[92] Dabei wird innerhalb der Pflegetheoriebildung auch ein Bestreben nach deren Anwendbarkeit erkennbar, wodurch sie nicht nur für die Pflegewissenschaft, sondern auch für die Pflegepraxis an Wert gewinnt.[93]

Insgesamt führt das wachsende Bewusstsein um die pflegespezifischen Wissensbestände zu einer Reform der Bachelor- und Masterstudiengänge sowie zur Einrichtung weiterer pflegespezifischer Promotionsprogramme. Pflegetheorien entwickeln sich zu curricularen Kerninhalten der Promotionsstudiengänge.[94] Ob spirituelle Fürsorge als Teil des Pflegephänomens zu betrachten ist, findet dabei in den pflegetheoretischen Entwürfen eine unterschiedliche Resonanz. Während die Pflegetheorien von PEPLAU (1952), ORLANDO (1961),

---

[87] Vgl. JOHNSON, D.E. (1974): Development of theory, 376.

[88] „If the person is conceptualized as a developmental process of some kind, and nursing's goal is seen as the maximization of development specific lines, then the research task is to identify and explain potential problems in that course of development and to develop the theoretical and technological means of preventing or controlling these problems or of otherwise fostering developmental progress. (…) If the person is conceptualized as some kind of system, and nursing's goal is seen to be the maximization of effective system operation, then the research task is to identify and explain potential problems in the functioning of the system and to develop relevant rationale and means of management" (Ebd.).

[89] Vgl. MURPHY, J.F. (1981): Doctoral education in, of, and for nursing, 646.

[90] Vgl. CARPER, B. (1978): Fundamental patterns of knowing in nursing, 13/23.

[91] Vgl. FAWCETT, J. (1978): The relationship between theory and research, 49f.

[92] Vgl. ALLIGOOD, M.R. ($^{2}$2002): The nature of knowledge needed for nursing practice, 8.

[93] Vgl. Ebd. 9.

[94] Vgl. MELEIS, A.I. ($^{4}$2007): Theoretical nursing, 98.

KING (1971) und OREM (1971) keine Aussagen über Spiritualität enthalten, schließen die Theorien von LEVINE (1967), JOHNSON (1980), ROY (1974), LEININGER (1977)[95] oder ROGERS (1970) Spiritualität in ihre Reflexionen ein.[96] Am stärksten ist das Ausmaß von Spiritualität in den pflegetheoretischen Überlegungen von NEUMAN (1972, 1980), NEWMAN (1979), RIZZO PARSE (1981) und WATSON (1979). Dort kommt der Spiritualität die Bedeutung eines zentralen Konzepts zu.[97] Die Beobachtung, dass spirituelle Momente erst gegen Ende der 1960er Jahre in pflegetheoretische Überlegungen langsam Einzug halten, zeigt dabei Parallelen zu den Vorgängen auf der gesellschaftspolitischen Ebene resp. dem sich erweiternden Verständnis von Lebensqualität und Wohlbefinden in den USA, denn auch dort war das Thema bis dato in den öffentlichen Debatten nicht präsent.[98]

Aus den Entwicklungslinien des Pflegeberufs zur eigenständigen Profession wird erkennbar, dass sich verändernde, berufliche Qualifizierungswege mit entsprechenden curricularen Reformen einhergehen. Die Professionalisierungs- und Akademisierungsbestrebungen sowie die Etablierung der Pflege als eigenständige akademische Disziplin erforderten die Erarbeitung eines spezifischen Wissenskorpus. Ausgehend von der konkreten Pflegepraxis ging die Bewegung über empirisch gewonnene Einsichten hin zur Formulierung übergreifender, pflegetheoretischer Überlegungen, um dann wieder auf die Ausbildungswege sowie die Pflegepraxis zurück zu wirken. Dieser Prozess betrifft auch die Rolle der Spiritualität in der US-amerikanischen Pflege.

## 2.2 Religiöse und spirituelle Fürsorge als Aufgabe professionell Pflegender

Aus den pflegespezifischen Publikationen der 1950er bis 1970er Jahre ist ein sukzessiver Wandel von einer rein religiösen zu einer weiter gedachten spirituellen Fürsorge Pflegender erkennbar. Schon früh plädiert WESTERG als einer der Pioniere in der Erforschung der Zusammenhänge zwischen Religion und Medizin aus der Perspektive der Krankenhausseelsorge für eine ganzheitliche Gesundheitsfürsorge und arbeitet die pflegerischen Verantwortlichkeiten für die Erfüllung spiritueller Bedürfnisse Kranker heraus.[99] Pflegerischerseits beschreibt HENDERSON in ihren ‚Grundregeln der Krankenpflege' den Aufgabenbereich der Pflege derart, dass die besondere Funktion der Schwester darin bestehe, den einzelnen, ob krank oder gesund, bei der Durchführung jener Handreichungen zu unterstützen, „die zur Gesundheit oder Genesung beitra-

95 Erste Vorlesungen zur transkulturellen Pflege hält LEININGER bereits 1966 und entwickelt in den 1970er und 1980er Jahren ihre Pflegetheorie, die allerdings erst 1991 in Buchform erscheint.

96 Vgl. MARTSOLF, D./MICKLEY, J. (1998): The concept of spirituality in nursing theories, 296ff.

97 Vgl. Ebd. 298ff.

98 Vgl. dazu: Kapitel III 2.1.1 dieser Arbeit.

99 Vgl. WESTBERG, G. (1955): Nurse, pastor, and patient.

gen (oder zu einem friedlichen Tod), welche der Kranke selbst ohne Unterstützung vornehmen würde, wenn er über die nötige Kraft, den Willen und das Wissen verfügte."[100] HENDERSON führt an dieser Stelle zwar nicht explizit die Befriedigung religiöser (oder gar spiritueller) Bedürfnisse als pflegerische Aufgabe an, versteht diese jedoch als gültige Bedürfnisse, die durch die Menschen auf unendlich verschiedene Art und Weise befriedigt werden können.[101] Die religiöse Betätigung der Kranken gelte es zu respektieren und zu unterstützen, weil solches Tun sowohl in Gesundheit als auch in Krankheit wesentlich zum Wohlbefinden beiträgt. Aus diesem Grund muss sich die Pflegekraft ein umfassendes Wissen über die Glaubensrichtungen aneignen und eine Haltung der Toleranz entwickeln.[102] Das hier zum Ausdruck kommende Pflegeverständnis einer Sorge um die religiöse Bedürfnisbefriedigung Kranker findet sein Pendent in US-amerikanischen Pflegelehrbüchern und Fachaufsätzen. Aber auch wenn dort stellenweise von Spiritualität und spiritueller Begleitung die Rede ist, wird darunter trotzdem bis Ende der 1970er Jahre eine ausschließlich religionsbezogene und eine der Seelsorge zuarbeitende, d.h. passiv-pflegerische Sorge verstanden.[103] Zugleich wird dabei immer wieder eine mangelnde Befähigung Pflegender zur aktiven religiösen Begleitung beklagt. Schließlich geht PIEPGRAS über eine solche religionsbezogene Engführung hinaus und argumentiert für eine Qualifizierung Pflegender zur Befriedigung spiritueller Bedürfnisse Kranker, denen die Pflegepraxis bisher kaum Aufmerksamkeit geschenkt hat.[104] Pflegende erleben sich als hilflos oder gar schuldig, wenn sie spüren, dass im Umgang mit unheilbar Kranken oder Sterbenden eine wichtige Dimension wie jene der spirituellen Unterstützung außen vor bleibt, weil sie sich zu deren Adressierung nicht befähigt fühlen.[105] Ein rein emotionaler Beistand helfe einem Kranken mit spirituellen Bedürfnissen nicht wirklich weiter, denn diese unterscheiden sich von ausschließlich Emotionalen.

Im Zuge des Aufkommens eines umfassenderen Gesundheitsverständnisses weitet sich das eher passiv-religionsbezogene pflegerische Rollenverständnisses in Richtung einer aktiv-spirituellen Unterstützung der Kranken bei der Sinnsuche, in der Krankheitsbewältigung und der Kontaktaufnahme mit dem Göttlichen.[106] Für VAILLOT folgen Leben und Tod nicht einfach irgendwelchen biologischen Naturgesetzen, sondern sind Phänomene die von

---

[100] HENDERSON, V. (1977): Grundregeln der Krankenpflege, 10.

[101] Vgl. Ebd. 12f.

[102] Vgl. Ebd. 43f.

[103] Vgl. KELLY, C.W. (1962): Dimensions of professional nursing; Vgl. HUBERT, M. (1963): Spiritual care for every patient, 9; Vgl. ENGEL, G. (1964): Grief and griefing, 93/98; Vgl. VANDEN BERGH, R. (1966): Let's talk about death, 71/73.

[104] Vgl. PIEPGRAS, R. (1968): The other dimension, 2610/2613.

[105] Vgl. Ebd. 2610f.

[106] Vgl. DAVIDSON, R. (1966): To give care in terminal illness, 74f; Vgl. VAILLOT, M.C. (1970): The spiritual factors in nursing, 30f; Vgl. LANE, J. (1987): The care of the human spirit, 332; Vgl. LEVINE, M. (1971): Holistic nursing, 253/264; Vgl. DICKINSON, C. (1975): The search for spiritual meaning, 1789ff.

spirituellen Faktoren beeinflusst werden. Spiritualität ist für VAILLOT die Qualität all jener Kräfte, „which activate us, o rare the essential principle influencing us. Spiritual, although it might, does not necessarily mean religious; it also includes the psychological. The spiritual is opposed to the biological and mechanical, whose laws it may modify."[107] VAILLOT weist mit ihrer Definition daraufhin, dass Spiritualität als eigenständige Größe zu verstehen und nicht einfach mit Religion gleich zu setzen ist. Des Weiteren lenkt sie den Blick auf die Bedeutung und Auswirkung von Spiritualität auf das physiologische und psychologische Wohlbefinden des kranken Menschen.[108] Die pflegerische Sorge hat sich VAILLIOT zufolge mit allen Dimensionen auseinanderzusetzen, die das Menschsein beeinflussen können.[109] Für DICKINSON erwächst eine spirituelle Begleitung Kranker unmittelbar aus dem alltäglichen Pflegekraft-Patient-Kontakt und ist zudem vor der Folie eines gesamtgesellschaftlichen Klimas unterschiedlichster Suchbewegungen nach Lebenssinn und erfülltem Leben zu betrachten.[110]

Erstmalig veröffentlichen im Jahr 1978 FISH/SHELLY mit ihrem Buch ‚Spiritual Care: The Nurse's Role' und einem begleitenden Arbeitsbuch eine profunde Einführung und Anleitung Pflegender zur Sorge um die spirituellen Bedürfnisse kranker Menschen, die sich nicht mehr auf rein religionsbezogene Belange reduziert.[111] Spirituelle Begleitung verstehen die Verfasserinnen als integralen Bestandteil von Pflege und als Hilfe zur Ermöglichung und/oder Pflege einer personalen Gottesbeziehung – wenngleich immer noch streng biblisch ausgelegt, d.h. von Gott her und auf Gott hin bezogen.[112] Eine harmonische Gottesbeziehung bildet die Voraussetzung für einen guten Kontakt zu sich selbst, zu anderen und zur Umwelt.[113] Diese dynamische und personale Gottesbeziehung stiftet (1) Bedeutung und Lebenssinn, (2) Liebes- und Beziehungsfähigkeit sowie (3) Versöhnung und eröffnet damit einen Neuanfang.[114] Aus diesen Bereichen erwachsen spirituelle Bedürfnisse, welche die Pflegekraft zu identifizieren und durch den (therapeutischen) Einsatz der eigenen Person, ein Gebet, die Auswahl geeigneter Schriftstellen oder die Hinzuziehung Seelsorgender zu befriedigen hat.[115] BRALLIER geht über den monothe-

---

[107] VAILLOT, M.C. (1970): The spiritual factors in nursing, 30.

[108] „We have witnessed how the spiritual can alter an apparently determined sequence of events. We all have heard of the actice, happy, useful gentleman who died shortly after he retired, of the husband or wife who died shortly after the death of his partner, and of the many, many elderly persons who enter the best of nursing homes only to deteriorate and die within a few weeks. We all have encountered desperately ill patients who recover against all expectations because they cannot afford to die just then; they have too much to live for" (Ebd.).

[109] Vgl. Ebd.

[110] Vgl. DICKINSON, C. (1975): The search for spiritual meaning, 1789.

[111] Vgl. FISH, S./SHELLY, J.A. (1978): Spiritual care: the nurse's role; Vgl. SHELLY, J.A. (1978): Spiritual care workbook.

[112] Vgl. FISH, S./SHELLY, J.A. (1978): Spiritual care: the nurse's role, 20.25ff.

[113] Vgl. Ebd. 38.

[114] Vgl. Ebd. 38f.

[115] Vgl. Ebd. 39ff.

istischen Ansatz von FISH/SHELLY hinaus, wenn sie Spiritualität in den Kontext eines ganzheitlichen Gesundheitsverständnisses stellt, das die individuellen Lebensauffassungen, Lebenskontexte und Weltanschauungen der kranken Menschen zu bedenken hat und deren Bedeutung für das spirituelle Wachstum und das persönliche Wohlbefinden reflektiert.[116] Pflegerischerseits ist der einzelne in diesen Prozessen zu begleiten und zu unterstützen.[117] Weiter fordert BRALLIER eine Abkehr von einer rein naturwissenschaftlich-medizinischen Betrachtungsweise des Kranken sowie den Erwerb von Kommunikations- und Begleitungskompetenzen für die professionell Pflegenden.[118]

Im Jahr 1979 erscheint die erste Auflage des Pflegelehrbuches ‚Fundamentals of Nursing' von KOZIER und ERB, das ein eigenes Kapitel zur spirituellen Begleitung vorhält.[119] Auch wenn der Text weiterhin Spiritualität und Religion punktuell synonym gebraucht, zeigt sich eine deutliche, inhaltliche Akzentverschiebung von einer eher religionsspezifischen Engführung zu einer spirituellen Weitung. Spiritualität und spirituelle Bedürfnisse müssen sich nicht zwingend auf Religion und religiöse Praktiken begrenzt bleiben. Neben grundlegenden Informationen über diverse religiöse Gruppen oder Aussagen zur Zusammenarbeit mit der Seelsorge, finden sich in dem Lehrbuch deutliche Hinweise auf einen eigenständigen pflegerischen Beitrag spiritueller Begleitung.[120] Die Befriedigung spiritueller Bedürfnisse wird hier nicht nur als Aufgabe der hauptamtlich Seelsorgenden verstanden.[121] Zugleich unterstreicht ein solcher Ansatz die Notwendigliet einer Befähigung Pflegender zur existentiellen Kommunikation und zur personenzentrierten Gesprächsführung.[122] Ähnliches beschreibt im gleichen Jahr STOLL in ihren Leitlinien zum spirituellen Assessment.[123]

Bis sich dieses veränderte Pflegeverständnis auch in der Pflegeausbildung und Praxis niederschlägt, ist es allerdings noch ein weiter Weg. Zwar halten in den Folgejahren die Themen Spiritualität und spirituelle Begleitung durch Pflegende verstärkt Einzug in US-amerikanische Pflegepublikationen[124], doch

---

116 Vgl. BRALLIER, L. (1978): The nurse as holistic health practitioner, 643/655.

117 Vgl. Ebd. 648.

118 Vgl. Ebd. 653f.

119 Vgl. KOZIER, B./ERB, G.L. (1979): Fundamentals of nursing, 778/788.

120 „Sometimes patients will ask directly for a visit from the hospital chaplain or their own clergyman. Others may want to discuss their concerns with the nurse and will ask about the nurse's beliefs as a way of looking for an understanding listener" (Ebd. 781).

121 „Ministering to the spiritual needs of patients and their families involves assisting them to see meaning in their lives. Through the nurse-patient and nurse-family relationships a nurse can assist people to accept reality and discover practical solutions to problems" (Ebd. 782).

122 Vgl. Ebd.

123 Vgl. STOLL, R. (1979): Guidelines for spiritual assessment, 1574/1577.

124 Vgl. dazu exemplarisch: Ebd. 1574/1577; HIGHFIELD, M./CASON, C. (1983): Spiritual needs of patients, 187/192; GRANSTROM, S. (1985): Spiritual nursing care for oncology patients, 39/45; SODESTROM, K./MARTINSON, I. (1987): Patients' spiritual coping strategies, 41/46; LABUNE, E. (1988): Spiritual care, 314/320; BURKHARDT, M. (1989): Spirituality: an analysis of the concept, 69/77; PILES, C. (1990): Providing spiritual care, 39; REED, P. (1992): An emerging paradigm for

konstatieren sowohl PILES im Jahr 1990 als auch über ein Jahrzehnt später MCEWEN (2004) eine immer noch schwache Berücksichtigung spiritualitätsbezogener Lerninhalte.[125] Für die grundständige Ausbildung zeigt MCEWEN, dass die Pflegelehrbücher zwar in einer eigenen Rubrik Inhalte zum Spiritualitätskonzept, den Erhebungsinstrumenten, zu den gesundheitlichen Auswirkungen von Spiritualität, den Einflussfaktoren auf die Spiritualität oder über spirituelles Wohlbefinden und Leiden vorhalten[126], die Pflegenden sich aber dennoch zur Gewährleistung spiritueller Fürsorge nicht ausreichend vorbereitet fühlen.[127] Darüber hinaus findet in den Fachdiskursen noch kaum ein thematischer Austausch über Inhalte und Methoden ausbildungsbezogener Vermittlung spiritueller Fürsorge statt.[128]

## 2.3 Auswirkungen der grundständigen Bachelorausbildung auf das pflegerische Verständnis spiritueller Fürsorge

Insgesamt zeichnet sich heute die Pflegeausbildung in den USA durch eine große Diversität zur Anbahnung beruflicher Qualifikationen und den damit verknüpften Verantwortlichkeiten aus. Die Voraussetzungen zur Tätigkeit als ‚Registered Nurse' (RN), deren Aufgaben der deutschen dreijährigen Ausbildung in der Gesundheits- und Krankenpflege wohl am nächsten kommen, können auf drei verschiedenen Wegen erfüllt werden: (1) Im Rahmen eines dreijährigen ‚Diploma Programs' an einer dem Krankenhaus angeschlossenen klassischen Krankenpflegeschule; (2) über den Erwerb eines ‚Associate Degrees' an einem krankenhausunabhängigen, zweijährigen ‚Community College' oder (3) über ein vierjähriges Bachelorstudium an einem College oder einer Universität. Sowohl das ‚Associate Degree' als auch der ‚Bachelor' gelten in den USA als akademischer Abschluss. Erfolgte seit den 1920er Jahren bis in die frühen 1970er Jahre die Qualifizierung von Pflegekräften mehrheitlich über die ‚Diploma Programs', zeichnet sich seit 1965 ein Trend zugunsten des ‚Associate Degrees' und des ‚Bachelors' ab.[129] Schließlich wird

the investigation of spirituality in nursing, 349/357; EMBLEN, J./HALSTEAD, L. (1993): Spiritual needs and interventions, 175/182.

125 Vgl. PILES, C. (1990): Providing spiritual care, 36/41; Vgl. MCEWEN, M. (2004): Analysis of spirituality content in nursing textbooks, 20/30.

126 Vgl. Ebd. 24.

127 Vgl. Ebd. 20.

128 Vgl. TAYLOR, E. et al. (2014): Teaching spiritual care to nursing students: an integrated model, 95.

129 Vgl. BERMAN, A. et al. (ed) ([8]2008): Fundamentals of nursing, 27; Vgl. zu den nachfolgenden statistischen Angaben: NATIONAL LEAGUE FOR NURSING (2012): Annual survey of schools of nursing.

seit den 1980ziger Jahren eine deutliche Verlagerung zugunsten der akademischen Pflegeausbildung insgesamt erkennbar.[130] Im Jahr 2003 gab es in den USA 1.444 Ausbildungsprogramme zum Erwerb einer Lizenz als ‚Registered Nurse': 69 Diploma programs, 529 Bachelorstudiengänge und 846 Associate Degree Colleges. Insgesamt wurden in den USA im Jahr 2008 96,8% der Absolventen akademisch qualifiziert.[131] Bis 2012 stieg nicht nur die Zahl der Ausbildungsprogramme auf 1.839 an, sondern es veränderte sich auch das quantitative Angebot der Ausbildungswege: 59 ‚Diploma programs' stehen 696 Bachelorstudiengängen und 1084 Associate Degree Colleges gegenüber. Während das Diploma program (- 1,5%) also wieter rückläufig ist und das Associate Degree (+ 0,36 %) relativ konstant bleibt, verzeichnen die Bachelorstudiengänge (+ 1,21 %) den stärksten Zuwachs.

Neben dem Umstand, dass nur ein Bachelorabschluss den Zugang zu weiterführenden Studiengängen (Master, Doktorat) sowie zur Übernahme verantwortungsvoller Arbeitsbereiche oder Leitungsfunktionen in der öffentlichen Gesundheitsfürsorge ermöglicht, ist eine Ausbildung auf Bachelorniveau durch besondere inhaltliche Akzentuierungen gekennzeichnet. Während ‚Diploma Programs' ihr Proprium primär im Erwerb klinisch-praktischer Qualifizierungen sehen, vermitteln Bachelorstudiengänge verstärkt Kenntnisse aus dem Bereich der ‚liberal arts'.[132] Eine solche curriculare Prägung findet sich bereits in den Anfängen universitärer Pflegeausbildung mit einem Creditpointanteil der ‚liberal arts' von wenigstens einem Drittel bis maximal fünfzig Prozent![133] Zudem wird seit Mitte der 1960er Jahre zur Gewährleistung einer ganzheitlichen Pflege für das Bachelorstudium eine Formation der ganzen Person durch ‚liberal education' propagiert[134], zu deren Bildungsinhalten nicht nur humanistische, philosophische und theologische Anteile zählen, sondern auch Spirituelle.[135] Diese inhaltlichen Akzentuierungen finden ihr Pendent in den Diskursen der Pflegefachliteratur, aus deren Beiträgen ebenfalls ein sich veränderndes Pflegeverständnis erkennbar wird. Eine rein religionsbezogene Unterstützung und Zuarbeit für die Seeelsorge weitet sich zur aktiveren Mitwirkung Pflegernder im Bereich der spirituellen Begleitung kranker Menschen und deren Bezugspersonen.

---

[130] Vgl. DIVISION OF HEALTH CARE SERVICES (INSTITUTE OF MEDICINE) (1983): Nursing and nursing education, 35.

[131] Im Akademischen Jahr 2007-2008 erwarben 36,5% der Absolventen ein ‚Baccalaureat' und ein 60,3% ein ‚Associate Degree' (Vgl. NATIONAL LEAGUE FOR NURSING (2014): Research and grants).

[132] Vgl. BLACK, B. ([7]2014): Professional nursing 135.

[133] Vgl. COMMITTEE FOR THE STUDY OF NURSING EDUCATION (1923): Nursing and nursing education in the United States, 494.

[134] Vgl. BROWN, E. (1965): Preparation for nursing, 70/73.

[135] Vgl. AMERICAN ASSOCIATION OF COLLEGES OF NURSING (2008): The essentials of baccalaureate education of professional nursing practice, 8.

## 2.4 Gesetzliche Rahmenbedingungen für die Pflegeausbildung in den USA

Inwiefern schlägt sich nun das oben beobachtete, veränderte Pflegeverständnis heute in den staatlichen Anforderungen an die Pflegeausbildung nieder? Die pflegerische Ausbildung und Praxis in den USA wird durch die Gesetzgebung der 50 Bundestaaten geregelt. Die Voraussetzung für diese bundesstaatliche Zuständigeit gründet im Rechtssystem der USA, das auf dem ‚English common law system' ruht; einem Rechtskreis, dem auch die Rechtssysteme anderer Länder (z.B. Australien, Indien oder Kanada) angehören.[136] An der Spitze der US-amerikanischen Normenpyramide steht die im Jahr 1788 in Kraft getretene Bundesverfassung mit ihren 27 Verfassungszusätzen.[137] Sie wird durch Bundesgesetze und vom Bund abgeschlossene internationale Verträge komplettiert. Wie in der Bundesrepublik Deutschland besteht ein Vorrang bundesstaatlicher Regelungen vor dem einzelstaatlichen Recht nur in der dem Bund zustehenden Rechtssetzungsbefugnis.[138] Der 10. Verfassungszusatz bestimmt, aus welchen Anlässen der Bundesgesetzgeber tätig werden kann.[139] In den nach Artikel I § 8 aufgeführten Rechtsgebieten hat der Bundesgesetzgeber teils ausschließliche, teils konkurrierende Gesetzgebungskompetenz – die Regulierung der Pflege zählt unter die Hoheit der Bundesstaaten.[140]

### *2.4.1 State Boards of Nursing*

In jedem Bundesstaat agiert das ‚State Board of Nursing' oder eine damit vergleichbare Regulierungsbehörde auf der Basis der jeweiligen einzelstaatlichen Rechtsordnung. In den besonderen Verantwortungsbereich dieser Behörde fällt die Festschreibung jener Qualitätsstandards, die sich auf die berufliche Qualifikation Pflegender, die Lizenzvergabe zur Berufsausübung, die Disziplinarverfahren sowie die Akkreditierung von Ausbildungseinrichtungen erstrecken.[141] Um eine Lizenz zu erhalten, muss die Kandidatin eine Ausbildung an einer staatlich anerkannten Ausbildungsstätte absolviert und das ‚National Council Licensure Examination for Registered Nurses' (NCLEX-RN) erfolgreich bestanden haben. In der Regel ist diese Lizenz an den jeweils prüfenden Bundesstaat gebunden, es sei denn, der lizenzvergebende Staat ist einem zwischenstaatlichen Abkommen (Nurse Licensure Compact) beigetreten und die Pflegekraft hat eine besondere Lizenz erworben, die sie dann zur Berufsaus-

---

136 Vgl. LINHART, K. (2007): Einführung in Recht und Gerichtsorganisation der USA, 218; Vgl. HAY, P. (⁴2008): US-Amerikanisches Recht, 1/5.

137 Vgl. Ebd. 15f.

138 Vgl. LINHART, K. (2007): Einführung in Recht und Gerichtsorganisation der USA, 218.

139 Vgl. HAY, P. (⁴2008): US-amerikanisches Recht, 313.

140 Vgl. Ebd. 305f.

141 Vgl. CARRUTH, A./BOOTH, D. (1999): Disciplinary actions against nurses, 55; Vgl. BRENT, N. (²2001): Nurses and the law, 305.

übung auch in weiteren Staaten ermächtigt.[142] Im Jahr 2008 waren 23 Staaten diesem Abkommen beigetreten. In allen anderen Fällen muss bei einem Wechsel des Bundesstaates eine neue Lizenz beantragt werden.

### *2.4.2 Nursing Practice Acts*

Als zuständige Behörde erlässt das ‚State Board of Nursing' einen so genannten ‚Nursing Practice Act', dessen Verordnungen Pflege nicht nur definiert, sondern auch die Pflegeausbildung, Lizenzierung sowie den Kompetenz- und Aufgabenbereich regeln. Der erste ‚Nursing Practice Act' wurde im Jahr 1903 im Bundesstaat North Carolina erlassen und bereits 1923 existierten in allen Bundesstaaten vergleichbare Vereinbarungen.[143] Dieses Instrument der Qualitätssicherung dient dem Schutz der Bevölkerung vor unsachgemäßer Pflege und will dem staatlichen Fürsorgeauftrag um das öffentliche Wohl und die bürgerliche Sicherheit nachzukommen.[144] Eine internetbasierte Analyse der ‚Nursing Practice Acts' aller 50 Bundesstaaten im Jahr 2014 zeigte, dass nur für ein Viertel (n = 12) die Erhebung spiritueller Bedürfnisse zur Bestimmung des Pflegebedarf zum Aufgabenbereich professionell Pflegender staatlicherseits dazu gehört.[145] Allerdings hat das ‚National State Board of Nursing' (Chicago) im Jahr 2009 eine Handreichung für die einzelnen Bundesstaaten zur Erarbeitung oder Revision ihrer jeweiligen ‚Nursing Practice Acts' herausgeben, in der die Erhebung spiritueller Aspekte ebenfalls als essentieller Bestandteil der Pflegeanamnese herausgestellt wird.[146]

### *2.4.3 Akkreditierung von Ausbildungsprogrammen*

Zur Ausbildungsqualitätssicherung existiert in den USA eine Pflichtakkreditierung der Ausbildungsstätten und ihrer Bildungsprogramme. Entweder geschieht diese Akkreditierung direkt anhand der jeweiligen bundesstaatlichen Kriterien oder über eine nationale, durch das ‚U.S. Departement of Education' anerkannte Akkreditierungsorganisation. Zur Akkreditierung einer Ausbildungsstätte durch Dritte bestehen mehrere Möglichkeiten. Bis zur Gründung der ‚Commission on Collegiate Nursing Education' (CCNE) im Jahr 1996 – ein selbständiger Zweig der ‚American Association of Colleges in Nursing' (AACN) – lag die Akkreditierung der Pflegeschulen allein in der Hand der ‚National League for Nursing' (NLN). Seit 1996 erfolgt die Akkreditierung der Bachelor-, Master- und Promotionsstudiengänge auch über die CCNE. Da-

---

142 Vgl. BERMAN, A. et al. (ed) ([8]2008): Fundamentals of nursing, 57.

143 Vgl. BRENT, N. ([2]2001): Nurses and the law, 302.

144 Vgl. CARRUTH, A./BOOTH, D. (1999): Disciplinary actions against nurses, 55.

145 Dazu zählen folgende Bundesstaaten: Delaware, Florida, Louisianna, Maryland, Montana, North Carlonia, North Dakota, Ohio, Oregon, Texas, Utah und Washington.

146 Vgl. NATIONAL STATE BOARD OF NURSING (2009): Model nursing practice act, Art. II.

neben steht weiterhin die ,National League of Nursing Accrediting Commission' (NLNAC)[147] als Akkreditierungsorganisation für Ausbildungs- und Aufbaubildungsgänge zur Verfügung. Es bleibt der Entscheidung der jeweiligen Bildungseinrichtung überlassen, ob und von welcher der Akkreditierungsorganisationen eine Anerkennung angestrebt wird. Bei einer Anerkennung einer Ausbildungsstätte durch eine externe Agentur handelt es sich jedoch lediglich um die Erfüllung einer notwendigen Voraussetzung, keinesfalls aber um den Ersatz einer bundesstaatlichen Genehmigung. Die Letztverantwortung für die Zulassung und damit auch für die Qualität der Ausbildungsstätte verbleibt beim jeweiligen Bundesstaat. Darüber hinaus behält sich das ,State Board of Nursing' eine periodische Evaluation aller akkreditierten Ausbildungsgänge vor und veröffentlicht den Zeitpunkt ihrer Letztakkreditierung. Diese duale Form des Qualitätsmanagements achtet einerseits die Eigenverantwortung und den Gestaltungsspielraum der Ausbildungsstätten und sichert andererseits das Qualitätsniveau der Ausbildungsprogramme.

Bei einer genaueren Untersuchung der CCNE-Akkreditierungsvorgaben für den Erwerb eines pflegerischen Bachelors zeigt sich, dass dort u.a. auf ,The Essentials of Baccalaureate Education for Professional Nursing Practice' der AACN verwiesen wird.[148] In diesem Dokument der AACN finden sich grundlegende Vorgaben zur inhaltlichen Ausgestaltung der Bachelorstudiengänge. Eine Auseinandersetzung mit dem Phänomen der ganzheitlichen Pflege und dem Thema Spiritualität zählt zum festen Bildungskanon der Studiengänge.[149] Darüber hinaus verweisen die CCNE-Richtlinien an anderer Stelle auf den ,Code of Ethics' der ,American Nurses Association' (ANA), der ebenfalls die Adressierung spiritueller Belange kranker Menschen einfordert.[150] Obwohl in der ANA nur 4,8% der insgesamt 3,1 Millionen ,Registered Nurses' organisiert sind[151], vertritt allein die ANA alle professionell Pflegenden der USA beim ,International Council of Nursing' (ICN); ein Umstand, der letztlich doch die Bedeutung der Denkschriften der ANA unterstreichen mag. Als Handreichungen für die Ausbildung und Praxis wollen die ANA-Publikationen professionell Pflegende ethisch sensibilisieren und stellen darüber hinaus gegenüber der Öffentlichkeit die besondere Sozial- und Wertorientierung des Pflegeberufs heraus.[152] Ähnliche Bedeutung kommt der ANA-Denkschrift ,Nursing: Scope Standards of Practice' zu, die von knapp fünfzig weiteren professionellen Pflegeorganisationen befürwortet wird und professionell Pflegende für die berufliche Praxis als Orientierung, Anleitung und Unterstützung

147 Seit 2013 umbenannt in: ACCREDITATION COMMISSION FOR EDUCATION IN NURSING (ACEN).

148 Vgl. AMERICAN ASSOCIATION OF COLLEGES OF NURSING (2008): The essentials of baccalaureate education of professional nursing practice.

149 Vgl. Ebd. 7f.25.30ff.

150 Vgl. Ebd. 26/29; Vgl. AMERICAN NURSES ASSOCIATION ($^{9}$2013): Code of ethics for nurses with interpretative statements, 11f.

151 Vgl. CENTER FOR UNION FACTS (2014).

152 Vgl. AMERICAN NURSES ASSOCIATION (2010): Nursing's social policy statement; Vgl. Dies. ($^{9}$2013): Code of ethics for nurses with interpretative statements.

dienen will.[153] Alle drei pflegerelevanten Publikation fordern die Achtung der Spiritualität der Pflegeempfänger ein und unterstreichen damit die besondere Rolle professionell Pflegender (RNs) im Blick auf die Identifizierung und Adressierung spiritueller Bedürfnisse Kranker und deren Bezugspersonen.[154]

Die zweite Akkreditierungsorganisation, die ‚Accreditation Commission for Education in Nursing' (ACEN), berücksichtigt im Vergleich zur CCNE nur indirekt spirituell-religiöse Inhalte in ihren Akkreditierungsanforderungen, indem sie auf Standards weiterer, national anerkannter Organisationen verweist (z.B. ‚The Essentials of Baccalaureate Education of Professional Nursing Practice' (AACN), ‚Nursing: Scope and Standards of Practice' (ANA)), die ihrerseits – wie bereits oben dargestellt – spirituell-religiöse Bildungsinhalte für die Pflegecurricula vorsehen.[155] Ebenso wird auf eine weitere, von der NLN verantwortete Denkschrift aufmerksam gemacht, die sich mit dem übergreifenden US-amerikanischen Bildungs- und Kompetenzprofil (i.S.v. Kenntnissen, Fertigkeiten und Haltungen) der diversen Pflegeausbildungen sowie den graduierenden und postgraduierenden Studiengängen auseinandersetzt.[156] Das dort propagierte NLN-Modell stellt nicht nur Gemeinsamkeiten und Unterschiede der einzelnen Bildungswege heraus, sondern zeigt, wie die einzelnen Programme auch aufeinander aufbauen können. Dabei reflektiert es die Pflegepraxis insgesamt und versucht die Kluft zwischen Theorie und Pflegepraxis zu überwinden.[157] Diese Veröffentlichung versteht sich also nicht als Akkreditierungs- oder Lizenzierungsmanual, sondern ist in erster Linie als Impulsgeber an die Verantwortlichen für die inhaltliche Konzeption von Bildungs- und Ausbildungsprogrammen gedacht. Unter den im pflegerischen Tun zum Tragen kommenden sieben Grundhaltungen findet sich das Paradigma des ‚Caring' als Sorge um den ganzen Menschen sowie das Konzept des ‚Holism', das den Menschen als komplexes, dynamisches und damit nicht auf Teilaspekte reduzierbares Wesen wahrnimmt und dadurch den Sorgecharakter des ‚Caring' noch einmal spezifiziert.[158] Der Holismus versteht den einzelnen als Resultat eines einmaligen Zusammenspiels vielfältiger Charakteristika, Werte und Verhaltensweisen, das durch die spezifische Umgebung, soziale Normen, kulturelle Werte, körperliche Eigenschaften, Erfahrungen, religiöse Auffassungen und Praktiken sowie moralische und ethische Konstruktionen beeinflusst wird.[159] Die Achtung vor der Verschiedenheit des einzelnen schließt den Respekt der Pflegekräfte vor den weltanschaulichen

---

[153] Vgl. Dies. ($^2$2010): Nursing: scope standards of practice.

[154] Vgl. Ebd. 32.36.41; Vgl. Dies. (2010): Nursing's social policy statement, 10.13.17.

[155] Vgl. ACCREDITATION COMMISSION FOR EDUCATION IN NURSING (2013): Accreditation manual section III: standards and criteria.

[156] Vgl. NATIONAL LEAGUE FOR NURSING (2010): Outcomes and competencies for graduates of practical/vocational, diploma, associate degree, baccalaureate, master's, practice doctorate, and research doctorate programs in nursing.

[157] Vgl. Ebd. 2f.

[158] Vgl. Ebd. 13f.

[159] Vgl. Ebd. 14.

Auffassungen der zu Pflegenden mit ein.[160] Unklar bleibt allerdings bei den beiden letztgenannten Haltungen eine klare Definition von ‚religious befiefs and practices' resp. die weltanschauliche Begrenzung auf das Religiöse – zumal später von den professionell Pflegenden unter der Kategorie ‚Wissen und Wissenschaft' ein Verständnis für und der Einbezug von spirituellen Momenten des Menschen eingefordert wird.[161]

Zuletzt sei im Blick auf die spirituelle Fürsorge als Teil professioneller Pflege auf die Zertifizierungsanforderungen für Krankenhäuser seitens der ‚Joint Commission on Accreditation of Healthcare Organizations' (JCAHO) aufmerksam gemacht. Die JCAHO fordert von den Gesundheiteinrichtungen, dass sie zumindest die Religionszugehörigkeit, die Glaubensüberzeugungen und mögliche spirituelle Praktiken des Patienten erheben. Diese Informationen dienen zur Einschätzung möglicher Auswirkungen der spirituellen Dimension auf den Behandlungsplan sowie zur Durchführung eines umfangreicheren spirituellen Assessments. Die Standards der JCAHO verlangen von den Gesundheitseinrichtungen, dass sie nicht nur Inhalt und Form der spirituellen Erhebungsinstrumente, sondern auch die Qualifikation jener Personen offenlegen, die diese Erhebungen durchführen.[162]

## 2.5 Spiritualität in der US-amerikanischen Pflege: Bildungsinhalt ohne Bildungsgehalt?

Trotz partiell-bundesstaatlicher Rezeption spiritueller Fürsorge als Teil professioneller Pflege, einer Aufnahme spiritualitätsbezogener Akkreditierungskriterien von CCNE und ACEN sowie der Implementierungsforderung spiritueller Fürsorge in die Praxis seitens der ANA, NLN und JCAHO schweigen sich die Dokumente hinsichtlich einer Konzeptionalisierung von Spiritualität als Grundlage einer spirituellen Begleitung durch Pflegekräfte aus.[163] Wenn aber Spiritualität so bedeutsam für das Mensch-Sein und die Pflege ist, stellt sich die Frage nach dem den Forderungen zugrunde liegenden Bildungsinhalt. Was wird also inhaltlich unter Spiritualität verstanden?

Der dünne Befund staatlicher Regularien sowie offizieller Verlautbarungen aus dem Lager der Pflege- und Akkreditierungsorganisationen steht in einer Spannung zu den unzähligen Ausdeutungsversuchen des Spiritualitätskonzepts in der US-amerikanischen Pflegeliteratur. Dort wird in den vergangenen drei Jahrzehnten Spiritualität als Teilbereich und Aufgabe ganzheitlicher Pflege ausgelegt und mögliche Komponenten eines Spiritualitätskonzepts als

160 Vgl. Ebd. 12.

161 Vgl. Ebd. 20.

162 Vgl. JOINT COMMISSION ON THE ACCREDITATION OF HEALTHCARE ORGANIZATIONS (2006): 2006 Comprehensive accreditation manual for healthcare organizations.

163 Vgl. HERMANN, C. (2007): The degree to which spiritual needs of patients near the end of life are met, 70.

Fundament spiritueller Begleitung durch Pflegende breit diskutiert. In den Annäherungen an das Spiritualitätskonzept wird dabei Gemeinsames und Unterscheidendes deutlich. Während eine traditionellere Sichtweise Spiritualität als Teilkonzept von Religion fasst[164], scheint eine modernere Einschätzung in der Spiritualität das breiter angelegte Konzept zu sehen, das nicht zwingend Bezüge zu (institutionalisierten) Religionsgemeinschaften und deren spezifisch-rituelle Praxis oder Traditionen aufweisen muss.[165] Wie bei der Religion so ist auch das Spiritualitätskonzept für den einzelnen mit einem Tranzendenzbezug, mit Glaubens- und Wertvorstellungen[166] sowie einer daraus resultierenden Lebenspraxis verknüpft – allerdings nicht institutionell überformt, sondern sehr individuell ausgestaltet.[167] Gemeinhin gilt Spiritualität als angeborene, universale Dimension des Menschen[168], die entweder mit anderen Facetten des Menschsein interagiert[169] oder als zentrale Kategorie die körperlichen, psychischen und sozialen Aspekte durchdringt.[170] In beiden Fällen wird der bewusste, spirituelle Kontakt mit sich selbst zum Ausgangspunkt für die vertikale (= höheres, transzendentes Sein) und horizontale (= Mitmensch, Welt) Beziehungsgestaltung.[171] Während es für einige Autoren um die Pflege einer Beziehung mit Gott oder allgemein mit einer transzendenten Größe geht[172],

---

164 Vgl. KOENIG, H. et al. ($^{2}$2012): Handbook of Religion and Health, 38ff.45f.

165 Vgl. VAILLOT, M.C. (1970): The spiritual factors in nursing, 30; Vgl. GRANSTROM, S. (1985): Spiritual nursing care for oncology patients, 41; Vgl. HUNGELMANN, J. et al. (1985): Spiritual well-being in older adults, 150f; Vgl. BURKHARDT, M./NAGAI-JACOBSON, M. (1985): Dealing with spiritual concerns of clients in the community, 192f; Vgl. LABUN, E. (1988): Spiritual care, 315; Vgl. TANYI, R. (2002): Towards clarification of the meaning of spirituality, 506. Vgl. DELGADO, C. (2005): A discussion of the concept of spirituality, 157f; Vgl. YOUNG, C./KOOPSEN, C. (2005): Spirituality, health, and healing, 4f; Vgl. BUCK, H. (2006): Spirituality, 289f; Vgl. CREEL, E./TILLMAN, K. (2008): The meaning of spirituality among nonreligious persons with chronic illness, 303.

166 Vgl. HUBERT, M. (1963): Spiritual care for every patient, 11; Vgl. GRANSTROM, S. (1985): Spiritual nursing care for oncology patients, 41; Vgl. BURKHARDT, M. (1989): Spirituality: an analysis of the concept, 74; Vgl. WALTON, J./ST. CLAIR, K. (2000): A beacon of light, 90; Vgl. DELGADO, C. (2005): A Discussion of the concept of spirituality, 159ff; Vgl. CREEL, E./ TILLMAN, K. (2008): The meaning of spirituality among nonreligious persons with chronic illness, 306.

167 Vgl. HUNGELMANN, J. et al. (1985): Spiritual well-being in older adults, 150f; Vgl. BURKHARDT, M./NAGAI-JACOBSON, M. (1985): Dealing with spiritual concerns of clients in the community, 193; Vgl. WALTON, J. (1999): Spirituality of patients recovering from an acute myocardial infarction, 44f; Vgl. TANYI, R. (2002): Towards clarification of the meaning of spirituality, 506; Vgl. CREEL, E./TILLMAN, K. (2008): The meaning of spirituality among nonreligious persons with chronic illness, 303.

168 Vgl. HIGHFIELD, M. (1992): Spiritual health of oncology patients, 2; Vgl. TAYLOR, E. (2002): Spiritual care, 4.

169 Vgl. DICKINSON, C. (1975): The search for spiritual meaning, 1789; Vgl. LABUN, E. (1988): Spiritual care, 314; Vgl. BURKHARDT, M. (1989): Spirituality: an analysis of the concept, 69.

170 Vgl. FITZGERALD, J. (1985): Assessment of loneliness and spiritual well-being in chronically ill and healthy adults, 80; Vgl. STOLL, R. (1989): The essence of spirituality, 9f; Vgl. TAYLOR, E. (2002): Spiritual care, 4f.

171 Vgl. Vgl. STOLL, R. (1989): The essence of spirituality, 7f; WALTON, J./ST. CLAIR, K. (2000): A beacon of light, 91.

172 Vgl. HUBERT, M. (1963): Spiritual care for every Patient, 11; Vgl. STOLL, R. (1979): Guidelines for spiritual assessment, 1574; Vgl. HUNGELMANN, J. et al. (1985): Spiritual well-being in older

verkörpert für andere Spiritualität ein immanentes Phänomen im Sinne einer prinzipielle Fähigkeit zur Selbsttranszendenz[173], die den Menschen Grenzen überschreiten und neue Perspektiven entdecken lässt.[174]Darüber hinaus spüren spirituelle Menschen eine Verbundenheit mit der Natur und werden sich der Auswirkungen von Umgebungsfaktoren auf ihr eigenes Leben bewusst.[175] In allen drei Fällen zeigen diese Prozesse intra-, inter- oder transpersonale Manifestationen.[176] Diese Entfaltungen schließen zwischenmenschliche Beziehungen[177] sowie das Bedürfnis nach Vertrauen[178] und Liebe[179] ein. Sie generieren

---

adults, 151; Vgl. GRANSTROM, S. (1985): Spiritual nursing care for oncology patients, 41; Vgl. SODESTROM, K./MARTINSON, I. (1987): Patients' spiritual coping strategies, 41; Vgl. LABUN, E. (1988): Spiritual care, 316; Vgl. EMBLEN, J./HALSTEAD, L. (1993): Spiritual needs and interventions, 179; Vgl. WALTON, J./ST. CLAIR, K. (2000): A beacon of light, 90; Vgl. ARNOLD, R. et al. (2002): Patient attitudes concerning the inclusion of spirituality into addiction treatment, 322;

173 Vgl. FITZGERALD, J. (1985): Assessment of loneliness and spiritual well-being in chronically ill and healthy adults, 80; Vgl. REED, P. (1991): Preferences for spirituality related nursing interventions among Terminally ill and nonterminally ill hospitalized adults and well adults, 122; Vgl. HIGHFIELD, M. (1992): Spiritual health of oncology patients, 2; Vgl. DELGADO, C. (2005): A discussion of the concept of spirituality, 159ff; Vgl. BUCK, H. (2006): Spirituality, 289f.

174 Vgl. REED, P. (1991): Preferences for spirituality related nursing interventions among terminally ill and nonterminally ill hospitalized adults and well adults, 122; Vgl. HIGHFIELD, M. (1992): Spiritual health of oncology patients, 2; Vgl. WALTON, J. (1999): Spirituality of patients recovering from an acute myocardial infarction, 39; Vgl. TANYI, R. (2002): Towards clarification of the meaning of spirituality, 503.506; Vgl. TAYLOR, E./MAMIER, I. (2005): Spiritual care nursing, 261; BUCK, H. (2006): Spirituality, 289f.

175 Vgl. HUNGELMANN, J. et al. (1985): Spiritual well-being in older adults, 151; Vgl. BURKHARDT, M. (1989): Spirituality, 74; Vgl. WALTON, J./ST. CLAIR, K. (2000): A beacon of light, 91; Vgl. BUCK, H. (2006): Spirituality, 289f; Vgl. CREEL, E./TILLMAN, K. (2008): The meaning of spirituality among nonreligious persons with chronic illness, 306.

176 Vgl. HIGHFIELD, M./CASON, C. (1983): Spiritual needs of patients, 187; Vgl. LABUN, E. (1988): Spiritual care, 315; Vgl. BURKHARDT, M. (1989): Spirituality, 74; Vgl. REED, P. (1991): Preferences for spirituality related nursing interventions among terminally ill and nonterminally ill hospitalized adults and well adults, 122; Vgl. HIGHFIELD, M. (1992): Spiritual health of oncology patients, 2; Vgl. REED, P. (1992): An emerging paradigm for the investigation of spirituality in nursing, 350; Vgl. TAYLOR, E. et al. (1994): Attitudes and beliefs regarding spiritual care, 483; Vgl. WALTON, J. (1999): Spirituality of patients recovering from an acute myocardial infarction, 39; Vgl. DELGADO, C. (2005): A discussion of the concept of spirituality, 159ff; Vgl. TAYLOR, E./MAMIER, I. (2005): Spiritual care nursing, 260; Vgl. HERMANN, C. (2007): The degree to which spiritual needs of patients near The end of life are met, 70; Vgl. CREEL, E./ TILLMAN, K. (2008): The meaning of spirituality among nonreligious persons with chronic illness, 303; Vgl. BURKHART, L./HOGAN, N. (2008): An experiential theory of spiritual care in nursing practice, 936.

177 Vgl. DICKINSON, C. (1975): The search for spiritual meaning, 1789; Vgl. HUNGELMANN, J. et al. (1985): Spiritual well-being in older adults, 151; Vgl. BURKHARDT, M. (1989): Spirituality, 74; Vgl. HIGHFIELD, M. (1992): Spiritual health of oncology patients, 2; Vgl. REED, P. (1992): An emerging paradigm for the investigation of spirituality in nursing, 354; Vgl. WALTON, J. (1999): Spirituality of patients recovering from an acute myocardial infarction, 39; Vgl. Ders./ ST. CLAIR, K. (2000): A beacon of light, 90; Vgl. BUCK, H. (2006): Spirituality, 289f; Vgl. CREEL, E./TILLMAN, K. (2008): The meaning of spirituality among nonreligious persons with chronic illness, 306.

178 Vgl. LABUN, E. (1988): Spiritual care, 315.

179 Vgl. HUBERT, M. (1963): Spiritual care for every patient, 11; Vgl. HIGHFIELD, M./CASON, C. (1983): Spiritual needs of patients, 188; Vgl. GRANSTROM, S (1985): Spiritual nursing care for oncology patients, 41; Vgl. HUNGELMANN, J. et al. (1985): Spiritual well-being in older adults, 151; Vgl. LABUN, E. (1988): Spiritual care, 315; Vgl. BURKHARDT, M. (1989): Spirituality, 74; Vgl. REED, P. (1992): An emerging paradigm for the investigation of spirituality in nursing, 354;

Sinnerfahrungen für den Alltag und für das Leben insgesamt.[180] Spiritualität zeigt sich als lebenslanger, sich wandelnder Prozess, der menschliche Erfahrungen reflektiert, Zukünftiges bedenkt und Schlußfolgerungen für das Hier und Jetzt ableitet.[181] Als ein besonderes Merkmal spiritueller Reife wird die Bereitschaft zur Vergebung gegenüber sich selbst und Dritten gesehen.[182] Spiritualität wirkt sich auf das physische und emotionale Wohlbefinden aus[183] und wird als Unterstützung im Prozess der Krankheits-[184] und Krisenbewälti-

---

Vgl. TAYLOR, E. et al. (1994): Attitudes and beliefs regarding spiritual care, 483; Vgl. WALTON, J./ST. CLAIR, K. (2000): A beacon of light, 91.

180 Vgl. DICKINSON, C. (1975): The search for spiritual meaning, 1789; Vgl. HIGHFIELD, M./CASON, C. (1983): Spiritual needs of patients, 187f; Vgl. GRANSTROM, S. (1985): Spiritual nursing care for oncology patients, 41; Vgl. FITZGERALD, J. (1985): Assessment of loneliness and spiritual well-being in chronically ill and healthy adults, 80; Vgl. BURKHARDT, M./NAGAI-JACOBSON, M. (1985): Dealing with spiritual concerns of clients in the community, 192; Vgl. LANE, J. (1987): The care of the human spirit, 332ff; Vgl. SODESTROM, K./MARTINSON, I. (1987): Patients' spiritual coping strategies, 41; Vgl. LABUN, E. (1988): Spiritual care, 315; Vgl. REED, P. (1992): An emerging paradigm for the investigation of spirituality in nursing, 350/354; Vgl. TAYLOR, E. et al. (1994): Attitudes and beliefs regarding spiritual care, 482; Vgl. WALTON, J./ST. CLAIR, K. (2000): A beacon of light, 90; Vgl. ARNOLD, Ruth et al. (2002): Patient attitudes concerning the inclusion of spirituality into addiction treatment, 322; Vgl. TANYI, R. (2002): Towards clarification of the meaning of spirituality, 506; Vgl. DELGADO, C. (2005): A discussion of the concept of spirituality, 159ff; Vgl. HERMANN, C. (2007): The degree to which spiritual needs of patients near the end of life are met, 70; Vgl. CREEL, E./TILLMAN, K. (2008): The meaning of spirituality among nonreligious persons with chronic illness, 303.306.

181 Vgl. DICKINSON, C. (1975): The search for spiritual meaning, 1791; Vgl. STOLL, R. (1979): Guidelines for spiritual assessment, 1574; Vgl. HIGHFIELD, M./CASON, C. (1983): Spiritual needs of patients, 188; Vgl. GRANSTROM, S. (1985): Spiritual nursing care for oncology patients, 41; Vgl. FITZGERALD, J. (1985): Assessment of loneliness and spiritual well-being in chronically ill and healthy adults, 80; Vgl. HUNGELMANN, J. et al. (1985): Spiritual well-being in older adults, 151; Vgl. LANE, J. (1987): The care of the human spirit, 332; Vgl. LABUN, E. (1988): Spiritual care, 315; Vgl. BURKHARDT, M. (1989): Spirituality 74; Vgl. REED, P. (1991): Preferences for spirituality related nursing interventions among terminally ill and nonterminally ill hospitalized adults and Well Adults, 122; Vgl. HIGHFIELD, M. (1992): Spiritual health of oncology patients, 2; Vgl. REED, P. (1992): An emerging paradigm for the investigation of spirituality in nursing, 354; Vgl. EMBLEN, J./HALSTEAD, L. (1993): Spiritual needs and interventions, 179; Vgl. TAYLOR, E. et al. (1994): Attitudes and beliefs regarding spiritual care, 482; Vgl. WALTON, J. (1999): Spirituality of patients recovering from an acute myocardial infarction, 39; Vgl. Ders./ST. CLAIR, K. (2000): A beacon of light, 90; Vgl. TANYI, R. (2002): Towards clarification of the meaning of spirituality, 506.

182 Vgl. HUNGELMANN, J. et al. (1985): Spiritual well-being in older adults, 151; Vgl. LABUN, E. (1988): Spiritual care, 315; Vgl. BURKHARDT, M. (1989): Spirituality, 74; Vgl. TANYI, R. (2002): Towards clarification of the meaning of spirituality. 506.

183 Vgl. FITZGERALD, J. (1985): Assessment of loneliness and spiritual well-being in chronically ill and healthy adults, 80; Vgl. BURKHARDT, M. (1989): Spirituality, 74; Vgl. REED, P. (1991): Preferences for spirituality related nursing interventions among terminally ill and nonterminally ill hospitalized adults and well adults, 123; Vgl. HIGHFIELD, M. (1992): Spiritual health of oncology patients, 2; Vgl. EMBLEN, J./HALSTEAD, L. (1993): Spiritual needs and interventions, 179; Vgl. TAYLOR, E. et al. (1994): Attitudes and beliefs regarding spiritual care, 482; Vgl. WALTON, J. (1999): Spirituality of patients recovering from an acute myocardial infarction, 39ff; Vgl. Dies./ST. CLAIR, K. (2000): A beacon of light, 90; Vgl. TANYI, R. (2002): Towards clarification of the meaning of spirituality, 506; Vgl. CREEL, E./TILLMAN, K. (2008): The meaning of spirituality among nonreligious persons with chronic illness, 304ff.

184 Vgl. HIGHFIELD, M./CASON, C. (1983): Spiritual needs of patients, 187; Vgl. GRANSTROM, S. (1985): Spiritual nursing care for oncology patients, 42; Vgl. FITZGERALD, J. (1985): Assessment

gung[185] erfahren. Spiritualität wirkt gesundheitlich stärkend-belebend[186], stressreduzierend und regenerierend auf den Menschen.[187] Spiritualität drückt sich in einer alltäglichen[188], religiösen oder spirituellen Praxis[189] aus und lässt den Menschen persönliches Wachstum[190], innere Freiheit[191], Dankbarkeit[192], inneren Frieden[193], Freude[194], Kreativität[195] und erfülltes Dasein[196] erleben.

---

of loneliness and spiritual well-being in chronically ill and healthy adults, 84; Vgl. BURKHARDT, M./NAGAI-JACOBSON, M. (1985): Dealing with spiritual concerns of clients in the community, 193; Vgl. SODESTROM, K./MARTINSON, I. (1987): Patients' spiritual coping strategies, 41; Vgl. LANE, J. (1987): The care of the human spirit, 334f; Vgl. REED, P. (1991): Preferences for spirituality related nursing interventions among terminally ill and nonterminally ill hospitalized adults and well adults, 122; Vgl. TAYLOR, E. et al. (1984): Attitudes and beliefs regarding spiritual care, 483; Vgl. WALTON, J. (1999): Spirituality of patients recovering from an acute myocardial infarction, 39; Vgl. Dies./ST. CLAIR, K. (2000): A beacon of light, 90; Vgl. CREEL, E./TILLMAN, K. (2008): The meaning of spirituality among nonreligious persons with chronic illness, 303f.

185 Vgl. LABUN, E. (1988): Spiritual care, 316; Vgl. BURKHARDT, M. (1989): Spirituality, 74; Vgl. WALTON, J. (1999): Spirituality of patients recovering from an acute myocardial infarction, 39; Vgl. CREEL, E./TILLMAN, K. (2008): The meaning of spirituality among nonreligious persons with chronic illness, 303f.

186 Vgl. LANE, J. (1987): The care of the human spirit, 332; Vgl. LABUN, E. (1988): Spiritual care, 315f; Vgl. BURKHARDT, M. (1989): Spirituality, 69; Vgl. ARNOLD, R. et al. (2002): Patient attitudes concerning the inclusion of spirituality into addiction treatment, 322.

187 Vgl. BRALLIER, L. (1978): The nurse as holistic health practitioner, 648ff; Vgl. GRANSTROM, S. (1985): Spiritual nursing care for oncology patients, 41; Vgl. SODESTROM, K./MARTINSON, I. (1987): Patients' spiritual coping strategies, 41; Vgl. WALTON, J. (1999): Spirituality of patients recovering from an acute myocardial infarction, 41.

188 Vgl. GRANSTROM, S. (1985): Spiritual nursing care for oncology patients, 41; Vgl. WALTON, J. (1999): Spirituality of patients recovering from an acute myocardial infarction, 48f.

189 Vgl. HUBERT, M. (1963): Spiritual care for every patient, 11; Vgl. STOLL, R. (1979): Guidelines for spiritual assessment, 1574; Vgl. HUNGELMANN, J. et al. (1985): Spiritual well-being in older adults, 151; Vgl. SODESTROM, K./MARTINSON, I. (1987): Patients' spiritual coping strategies, 41; Vgl. LABUN, E. (1988): Spiritual care, 315; Vgl. BURKHARDT, M. (1989): Spirituality, 74; Vgl. TAYLOR, E. et al. (1994): Attitudes and beliefs regarding spiritual care, 483; Vgl. WALTON, J. (1999): Spirituality of patients recovering from an acute myocardial infarction, 48f; Vgl. ARNOLD, R. et al. (2002): Patient attitudes concerning the inclusion of spirituality into addiction treatment, 322; Vgl. CREEL, E./TILLMAN, K. (2008): The meaning of spirituality among nonreligious persons with chronic illness, 307; Vgl. BURKHART, L./HOGAN, N. (2008): An experiential theory of spiritual care in nursing practice, 936.

190 Vgl. HUNGELMANN, J. et al. (1985): Spiritual well-being in older adults, 151; Vgl. LABUN, E. (1988): Spiritual care, 315; Vgl. BURKHARDT, M. (1989): Spirituality, 74.

191 Vgl. LANE, J. (1987): The care of the human spirit, 333.

192 Vgl. HUBERT, M. (1963): Spiritual care for every patient, 11; Vgl. LABUN, E. (1988): Spiritual care, 316.

193 Vgl. Ebd.; Vgl. BURKHARDT, M. (1989): Spirituality, 74; Vgl. EMBLEN, J./HALSTEAD, L. (1993): Spiritual needs and interventions, 179; Vgl. TAYLOR, E. et al. (1994): Attitudes and beliefs regarding spiritual care, 482; Vgl. WALTON, J. (1999): Spirituality of patients recovering from an acute myocardial infarction, 41; Vgl. TANYI, R. (2002): Towards clarification of the meaning of spirituality, 506; Vgl. CREEL, E./TILLMAN, K. (2008): The meaning of spirituality among nonreligious persons with chronic illness, 306.

194 Vgl. WALTON, J. (1999): Spirituality of patients recovering from an acute myocardial infarction, 48; TANYI, R. (2002): Towards clarification of the meaning of spirituality, 506; Vgl. CREEL, E./TILLMAN, K. (2008): The meaning of spirituality among nonreligious persons with chronic illness, 306.

195 Vgl. BURKHARDT, M. (1989): Spirituality, 74.

196 Vgl. Dies./NAGAI-JACOBSON, M. (1985): Dealing with spiritual concerns of clients in the community, 192; Vgl. TANYI, R. (2002): Towards clarification of the meaning of spirituality, 506.

Umgekehrt kann spiritueller Stress negative körperliche und psychische Resonanzen hervorrufen.[197]

Auch in aktuellen US-amerikanischen Lehrbüchern für die grundständige Pflegeausbildung finden sich Aussagen zum Spiritualitätskonzept.[198] Dazu hält der Themenkanon jeweils ein eigenes Kapitel vor, wobei sich in der Zusammenschau folgende Elemente eines Spiritualitätskonzepts identifizieren lassen:

| | **Elemente eines Spiritualitätskonzepts** | **Pflegelehrbuch** |
|---|---|---|
| 1. | Gegenwart einer Transzendenz (i.S. einer göttlichen, machtvollen oder kraftvollen Größe jenseits der materiell bestimmbaren Welt) | HARKREADER, H. et al. (³2007); DELAUNE, S./LADNER, P. (⁴2011); BERMAN, A./SNYDER, S. (⁹2012); CRAVEN, R. et al. (⁷2013); POTTER, P. et al. (⁸2013). |
| 2. | Glaubensauffassungen | HARKREADER, H. et al. (³2007); DELAUNE, S./LADNER, P. (⁴2011); BERMAN, A./SNYDER, S. (⁹2012); CRAVEN, R. et al. (⁷2013); POTTER, P. et al. (⁸2013). |
| 3. | Innere Kraft / Stärke | HARKREADER, H. et al. (³2007); DELAUNE, S./LADNER, P. (⁴2011); BERMAN, A./SNYDER, S. (⁹2012); CRAVEN, R. et al. (⁷2013); POTTER, P. et al. (⁸2013). |
| 4. | Lebenssinn / Lebenszweck | HARKREADER, H. et al. (³2007); DELAUNE, S./LADNER, P. (⁴2011); BERMAN, A./SNYDER, S. (⁹2012); CRAVEN, R. et al. (⁷2013); POTTER, P. et al. (⁸2013). |
| 5. | Rituelle Praxis / Bräuche / Symbole | HARKREADER, H. et al. (³2007); DELAUNE, S./LADNER, P. (⁴2011); BERMAN, A./SNYDER, S. (⁹2012); CRAVEN, R. et al. (⁷2013); POTTER, P. et al. (⁸2013). |
| 6. | Verbundenheit / Einheitserfahrung (mit sich selbst, mit anderen, der Natur und / oder einem höheren Sein) | HARKREADER, H. et al. (³2007); DELAUNE, S./LADNER, P. (⁴2011); BERMAN, A./SNYDER, S. (⁹2012); CRAVEN, R. et al. (⁷2013); POTTER, P. et al. (⁸2013). |
| 7. | Hoffnung | HARKREADER, H. et al. (³2007); DELAUNE, S./LADNER, P. (⁴2011); CRAVEN, R. et al. (⁷2013); POTTER, P. et al. (⁸2013). |
| 8. | Selbsttranszendenz | HARKREADER, H. et al. (³2007); BERMANN, A./SNYDER, S. (⁹2012); CRAVEN, R. et al. (⁷2013); POTTER, P. et al. (⁸2013). |
| 9. | Innerer Friede | HARKREADER, H. et al. (³2007); CRAVEN, R. et al. (⁷2013); POTTER, P. et al. (⁸2013). |

[197] Vgl. STOLL, R. (1979): Guidelines for spiritual assessment, 1574; Vgl. LABUN, E. (1988): Spiritual care, 315.

[198] Vgl. HARKREADER, H. et al. (³2007): Fundamentals of nursing, 1249/1270; Vgl. DELAUNE, S./LADNER, P. (⁴2011): Fundamentals of nursing, 463/473; Vgl. BERMAN, A./SNYDER, S. (⁹⁰2012): Kozier & Erb's fundamentals of nursing, 1058/1077; CRAVEN, R. et al. (⁷2013): Fundamentals of nursing, 1368/1391; Vgl. POTTER, P. et al. (⁸2013): Fundamentals of nursing, 691/707.

| | | |
|---|---|---|
| 10. | Liebe | HARKREADER, H. et al. ([3]2007); CRAVEN, R. et al. ([7]2013); POTTER, P. et al. ([8]2013). |
| 11. | Vergebung | HARKREADER, H. et al. ([3]2007); CRAVEN, R. et al. ([7]2013); POTTER, P. et al. ([8]2013). |
| 12. | Lebensstil / Lebenspraxis | HARKREADER, H. et al. ([3]2007); DELAUNE, S./ LADNER, P. ([4]2011). |
| 13. | Vertrauen | CRAVEN, R. et al. ([7]2013); POTTER, P. et al. ([8]2013). |
| 14. | Erleben von Sicherheit | CRAVEN, R. et al. ([7]2013). |
| 15. | Freude | HARKREADER, H. et al. ([3]2007). |
| 16. | Kreativität | CRAVEN, R. et al. ([7]2013). |
| 17. | Stiftung von Identität | CRAVEN, R. et al. ([7]2013). |
| 18. | Stiftung von Orientierung | CRAVEN, R. et al. ([7]2013). |

In den Lehrbüchern der pflegerischen Grundausbildung präsentiert sich Spiritualität als universales, facettenreiches, dynamisches und individuell geprägtes Phänomen, das nicht einfach mit Religion gleichsetzbar ist. Vielmehr geht das Spiritualitätskonzept über den religionsbezogenen Kontext hinaus und wird durch kulturelle und familiäre Hintergründe, die persönliche Entwicklungsgeschichte sowie die eigene Lebensphilosophie mitgeprägt. Die spirituelle Dimension des Menschen steht entweder gleichberechtigt neben der Körperlichen und Psychischen oder wird als beiden übergeordnet gefasst. Das essentielle Kernelement des Spiritualitätskonzepts ist die Vorstellung von einer höheren tranzendenten Macht als Kraftquelle für das menschliche Dasein. Weiterhin zählen zu den typischen Merkmalen eine Lebensgestaltung aus der Verbundenheit mit diesem transzendenten Sein heraus sowie ein guter Kontakt mit sich selbst, mit anderen und der Natur. Alle diese Verbindungen werden durch eine individuell-rituelle Praxis gepflegt, bilden die potentielle Basis zur Erschließung individuellen Lebenssinns oder Lebenszwecks und rüsten den einzelnen mit einer inneren Kraft zu. Mehrheitlich wird Spiritualität mit einer Fähigkeit zur Selbsttranszendenz und etlichen weiteren Wirkungen verknüpft: Hoffnung, innerer Friede, Liebe, Vegebung, ein spiritualitätsgemäßer Lebensstil, Vertrauen, das Erleben von Sicherheit, Freude, Kreativität oder die Stiftung von Identität und Orientierung. Unter Verweis auf empirische Studienergebnisse unterstreichen die analysierten Pflegelehrbücher die positive Bedeutung individuell gelebter sowie professionell gestützter Spiritualität für die Gesundheit, das Wohlbefinden und die Krankheitsbewältigung. Spiritualität rüstet den einzelnen mit der notwendigen Kraft zur Selbstentfaltung, Krisenbewältigung und Aufrechterhaltung oder Wiederherstellung von Gesundheit aus. Umgekehrt stellen mentale und physische Grenzerfahrungen spirituelle Herausforderungen dar, welche bisher tragende, individuelle Überzeugungen infrage stellen können.

Der Lehrbücherbefund und die zahlreichen, pflegespezifischen Publikationen der vergangenen Jahrzehnte belegen die wachsende Wahnehmung und Bedeutung des Themas Spiritualität in der US-amerikanischen Pflege. Dabei fällt neben der Masse an Veröffentlichungen vor allem das zugesprochene, weite Bedeutungsspektrum des Spiritualitätskonzepts auf, das innerhalb der Pflegedisziplin zu einer großen Verwirrung und Verunsicherung hinsichtlich seiner Eingrenzung und damit seinem ‚Handling' beiträgt.[199] Auch für Forschung, Lehre und Pflegepraxis ergeben sich aus diesem diffusen Sachverhalt eine ganze Reihe von Problemen. Doch bereits FAWCETT stellte 1978 die Notwendigkeit eindeutiger Konzepte zur soliden, pflegespezifischen Theoriebildung heraus.[200] Gleiches fordern in der Gegenwart KOENIG et al. für eine fehlerfreie, empirische Erforschung des Spiritualitätskonzepts.[201] Um keiner Tautologie zu erliegen, die eintritt, wenn man mentale oder physische Wirkungen von Spiritualität mit Variablen des spirituellen Kernkonzeptes gleichsetzt, misst und auswertet, ist eine klare Unterscheidung zwischen konzeptionellem Kernbestand und den mental-physischen Wirkungen von Spiritualität angezeigt. Im Blick auf Studium und Ausbildung birgt für Lehrende der Mangel konzeptioneller Klarheit eine hohe Verunsicherung für Art und Umfang der zu unterrichtenden spirituellen Bildunsginhalte.[202] Im beruflichen Handlungsfeld schrecken viele Pflegekräfte vor einer Gewährleistung spiritueller Fürsorge zurück, da sie sich aufgrund einer fehlenden persönlichen Auseinandersetzung mit dem Thema oder einer mangelnden fachlichen Qualifizierung solchen Situationen nicht gewachsen fühlen.[203] Sie können spirituelle Bedürfnisse kranker Menschen nicht identifizieren oder adressieren – sie verlaufen sich.[204] Für GRAHAM und BLESCH ist gerade das Fehlen eines klar umrissenen Spiritualitätskonzepts dafür verantwortlich, dass sich angehende Pflegekräfte nicht ausreichend auf eine Befriedigung spiritueller Bedürfnisse Kranker vorbereitet fühlen.[205] Wenn man nicht weiß, was unter Spiritualität zu verstehen ist und welche Kriterien spirituelle Bedürfnisse kennzeichnen, kann man sie weder identifizieren noch adressieren. Dagegen sind TAYLOR und TANYI der Überzeugung, dass die bestehenden Unsicherheiten durch geeignete Assessmentinstrumente zur Erhebung spiritueller Bedürfnisse aufgefangen werden könnten, da sie weder eine besondere Ausbildung noch viel Zeit beanspruchen würden.[206] Demgegenüber weist FITCHETT auf die unzureichende Evidenz spiritueller Assessmet- und Screeninginstrumente hin und stellt deren Praktikabilität insgesamt in Frage.[207]

---

199 Vgl. EIRE, C. (1990): Major problems in the definition of spirituality as an academic discipline, 53f; Vgl. TANYI, R. (2002): Towards clarification of the meaning of spirituality, 502.

200 Vgl. FAWCETT, J. (1978): The relationship between theory and research, 50f.

201 Vgl. KOENIG, H. et al. (²2012): Handbook of religion and health, 44.

202 Vgl. LOVANIO, K./WALLACE, M. (2007): Promoting spiritual knowledge and attitudes, 43.

203 Vgl. BURKHART, L./ SCHMIDT, W. (2012): Measuring effectiveness of a spiritual care pedagogy in nursing education, 315/321.

204 Vgl. HIGHFIELD, M. (1992): Spiritual health of oncology patients, 1/8; Vgl. CALLISTER, L. et al. (2004): Threading spirituality throughout nursing education, 160.

205 Vgl. GRAHAM, P. (2008): Nursing students' perception how prepared they are to asses patients' spiritual needs; Vgl. BLESCH, P. (2013): Spirituality in nursing education.

206 Vgl. HARRISON, R. (1997): Spirituality and hope, 12f; Vgl. TANYI, R. (2002): Towards clarification of the meaning of spirituality, 506.

207 Vgl. FITCHETT, G. (2014): Assessing spiritual needs in clinical setting, 9.

Gemäß CAVENDISH et al. scheint es Pflegekräften mit einer religiösen Zugehörigkeit wesentlich leichter zu fallen, spirituelle Bedürfnisse kranker Menschen zu adressieren, da sie ihr eigenes spirituell-religiöses Erfahrungswissen in der Praxis einsetzen könnten.[208] Dagegen vertritt LANE die Auffassung, dass Pflegende losgelöst von ihrer eigenen Weltanschauung oder dem Grad ihrer persönlich ausgeprägten Spiritualität spirituellen Beistand bereitstellen müssten.[209] Professionelle Fähigkeiten wie Ehrfurcht, Respekt oder die Gabe zum Aufbau einer vertrauensvollen Pflegekraft-Patient-Beziehung rangierten vor der Aneignung persönlicher Spiritualität oder dem Erwerb reinen Faktenwissens. Mittels Selbstreflexion sollten sich die Pflegenden ihrer eigenen Gefühle, Bedürfnisse und Begrenzungen bewußt werden, um vor diesem Hintergrund eine empathische Begleitung Dritter anzubieten.[210] Auch für TAYLOR und TAN et al. gehe es in erster Linie darum, daß sich die Pflegekraft aufgrund ihrer erworbenen Wahrnehmungs- und Empathiefähigkeiten in den entsprechenden Situationen als präsent und aktiv zuhörend erweist, sich auf ihre Gesprächspartner hin öffnet und so eine einladende Atmosphäre schafft. TAYLOR und TAN et al. gehen jedoch insofern über den Ansatz von LANE hinaus, da es sich für sie bei der Schaffung eines solchen vertrauensvollen Rahmens nur um einen ersten Schritt handelt, damit der kranke Mensch seine spirituellen Bedürfnisse artikulieren könne. Eine professionelle Pflege hat darüber hinaus fundierte, spirituelle Unterstützungsangebote vorzuhalten. [211]Eine professionelle spirituelle Begleitung durch Pflegekräfte erfordert m.E. ebenfalls mehr, als eine rein empathische Präsenz oder ein aktives Zuhören. Um nicht auf einer inhalts- oder bedeutungslosen Ebene stecken zu bleiben, sondern eine wirkliche Begleitung bieten zu können, die dem kranken Menschen in seiner spirituellen Bedürfnislage weiterhilft, bedarf es neben dem Erwerb psychosozialer Fähigkeiten weiterer spiritualitätsbezogener Kompetenzen. Hier besteht Forschungsbedarf!

## 2.6 Zusammenfassung

Es hat sich gezeigt, dass die Akademisierung der Pflege und die Pflegetheorieentwicklung das US-amerikanische Pflegeverständnis von einer rein passivzuarbeitenden Rolle in der religiösen Sorge um kranke Menschen hin zu einer aktiv-begleitenden spirituellen Fürsorge weiten. Die curriculare Ergänzung der Bachelorstudiengänge um humanistische, philosophische, theologische

---

208 Vgl. CAVENDISH, R. et al. (2004): Spiritual perspectives of nurses in the United States relevant for education and practice, 196/212.

209 Vgl. LANE, J. (1987): The care of the human spirit, 335.

210 Vgl. Ebd.

211 Vgl. TAYLOR, E. (2003): Nurses caring for the spirit, 585/590; TAN, H.M. et al. (2005): The impact of the hospice environment on patient spiritual expression, 1049/1055.

und spirituelle Bildungsinhalte verschafft nicht nur eine solide Allgemeinbildung, sondern fördert vor allem die Persönlichkeitsentwicklung und stärkt das pflegerische Selbstverständnis. In zahlreichen Pflegetheorien verkörpert Spiritualität entweder ein zentrales Konzept oder wird zumindest als eine pflegerelevante Komponente begriffen. Das neue Pflegeverständnis findet nicht nur seinen Widerhall in den Lehrbüchern für die Pflegeausbildung oder in der übrigen Fachliteratur, sondern lässt auch staatliche Behörden, Akkreditierungsorganisationen und professionelle Pflegeverbände eine Berücksichtigung der spirituellen Dimension des kranken Menschen im professionellen Handeln Pflegender einfordern. Trotz dieser Bestrebungen legen Untersuchungen nahe, dass Pflegende über wenig Kenntnisse und Sicherheiten in der Gewährleistung spiritueller Begleitung verfügen.[212] Als wesentliche Ursachen dafür wird nicht nur der bestehende Konsensmangel über ein einheitliches Spirtitualitätskonzept innerhalb der US-amerikanischen Forschung, Lehre und Pflegepraxis ausgemacht, sondern auch eine mangelnde inhaltliche und methodische Qualifikation der Lehrenden zur Vermittlung spiritueller Bildunsginhalte. Daneben steht der Anspruch einer umfassenden, professionellen Pflege. Darum haben sich Pflegekräfte damit auseinderzusetzen, inwiefern Krankheit, Leiden, Alter, Verlusterfahrungen oder Todesnähe auch Chancen zur Selbstaktualisierung oder zu neuen Sinnfindung einschließen. Sie können sich dabei nicht nur die psychosoziale und physische Ebene begrenzen, sondern müssen darüber hinaus – zumindest potentiell – spirituelle Einflussgrößen bedenken. Als Maßstab pflegerischen Handelns hat keine vermeintlich weltanschaulich-professionelle Neutralität, sondern die Gesundheitsförderung, das individuelle Wohlbefinden sowie der Einbezug der spirituellen Orientierung der kranken Menschen zu gelten – zumal wenn es sich um ein Durchleben existentieller Krisensituationen handelt. In einem profunden Dialog zwischen Pflegekraft, kranken Menschen und dessen Bezugspersonen sind die spirituellen Bedürfnisse zu identifizieren und zu adressieren, um auf diese Weise neue Energien sowie Quellen von Lebenssinn und Wohlbefinden zu erschließen.

Trotz der facettenreichen Auslegung von Spiritualität und der bestehenden Diffusität in Forschung, Lehre und Pflegepraxis lassen sich in den definitorischen Zugängen zum Spiritualitätskonzepts eine Reihe von Elementen ausmachen, die zusammengenommen als Ausgangspunkt einer spirituellen Qualifikation Pflegender dienen können. Die spirituelle Dimension wird als natürliche Potenzialität menschlichen Seins begriffen, d.h. als eine angeborene Möglichkeit, die zur Wirklichkeit werden kann. Mehrheitlich konzentriert sich Spiritualität auf eine individuelle Suche nach und die Kontaktpflege mit einer höheren transzendenten Macht – wie auch immer sie durch den einzelnen gefasst

---

212 Vgl. HIGHFIELD, M. (1992): Spiritual health of oncology patients, 1/8; Vgl. CALLISTER, L. et al. (2004): Threading spirituality throughout nursing education, 160; Vgl. GRAHAM, P. (2008): Nursing students' perception how prepared they are to asses patients' spiritual needs; Vgl. BURKHART, L./ SCHMIDT, W. (2012): Measuring effectiveness of a spiritual care pedagogy in nursing education, 315/321; Vgl. BLESCH, P. (2013): Spirituality in nursing education.

werden mag. Dieses Streben ist nicht auf den Rahmen traditioneller Religionen und Glaubensgemeinschaften begrenzt, d.h. Spiritualität kann dogmatische Restriktionen sowie tradierte Methoden überschreiten und im Blick auf Glaubensüberzeugungen und die spirituell-rituelle Praxis eine recht individuelle Gestalt annehmen. Die formale Zugehörigkeit zu einer Religionsgemeinschaft ist in diesem Sinne kein Garant für eine tatsächlich gelebte Spiritualität, genauso wie es spirituell lebende Menschen ohne Zugehörigkeit zu einer offiziellen Religionsgemeinschaft gibt. Ebenso wird der Spiritualitätsbegriff gelegentlich deckungsgleich – aber ohne Transzendenzbezug – für existentielle oder psychosoziale Bedürfnisse von Agnostikern oder Atheisten gebraucht.[213] Mit dem in dieser Arbeit vertretenen Spiritualitätsverständnis wären Menschen mit ausschließlich formaler Religionszugehörigkeit, als auch agnostischer oder atheistischer Überzeugung nicht als spirituell zu bezeichnen, sondern deren Bedürfnisse dem psychologischen Bereich zu zuordnen.

In seinem Kern scheint das Spiritualitätskonzept auf ein zentrales Element als Quelle psychischer, physischer und sozialer Wirkungen rückführbar: die individuelle Erfahrung von Transzendenz – verstanden als Suche nach und wechselseitiger Beziehung mit einem personalen Gott, einem göttlichen Sein oder einer außerweltlichen Kraft sowie damit verknüpften Glaubensvorstellungen und einer Praxis zur Kontaktaufnahme und Kontaktpflege. Diese vertikal-tranzendente Verbindung strahlt auf andere, horizontal-immanente Lebensbereiche aus. Mitmenschen, Mitwelt, Festzeiten oder kreativ-menschliches Tun u.v.m. verkörpern nicht nur potentielle Orte transzendenter Manifestationen oder eröffnen ihrerseits Zugänge zum transzendenten Sein, sondern werden neben der direkten Transzendenzerfahrung zu Medien zahlreicher psychischer (z.B. Freude, Liebe, Vertrauen, Hoffnung, Wohlbefinden, Vergebungsbereitschaft, Lebenssinn, Kontingenzbewältigung), psychosozialer (z.B. sinnstifende Beziehungen) oder physischer (z.B. Gesundheit, körperliche Widerstandskraft) Wirkungen. Dadurch erhalten auch innerwetliche Phänomene eine besondere, positive Qualität als spirituelle Ressourcen. Und umgekehrt manifestiert sich Spiritualität in einem achtsamen, spiritualitätskonformen Umgang mit sich selbst, der Mitwelt und dem höheren transzendenten Sein.

---

[213] Vgl. KOENIG, H. et al. ($^2$2012): Handbook of religion and health, 38/42.47.

# Schlusspostulate

Die vorliegende Arbeit hat gezeigt, dass Spiritualität für die deutsche Pflege bisher ein Nischendasein zu fristen scheint. Aber: Dieser blinde Fleck trägt auch seine Chancen in sich! Es gilt sie nur zu entdecken! Dieses Buch liefert dazu eine ganze Reihe von Anregungen. Insgesamt kann die Pflegewissenschaft im Blick auf den Stellenwert der Spiritualität für die Pflege von einem Dialog mit anderen Disziplinen wie beispielsweise der Theologie profitieren, so wie umgekehrt auch die Theologie von Erkenntnissen der Pflegewissenschaft ihren Nutzen zieht. Anhand von fünf Postulaten soll dies abschließend verdeutlicht werden:

## 1. Postulat: Spiritualität ist kein Koffer-Wort

Das Spiritualitätskonzept ist kein ‚Koffer-Wort', in das alles beliebig hineingepackt werden kann. Die etymologischen und biblischen Reflexionen haben gezeigt, dass der Spiritualitätsbegriff nicht nur älter als der Religionsbegriff ist, sondern auch eine größere Weite atmet. Die anthropologisch-theologischen Reflexionen und die präsentierten medizinisch-pflegerischen Studien konvergieren in der Überzeugung, dass es sich bei der spirituellen Dimension nicht um eine Art antrainierter, als säkular zu bezeichnende Spiritualität handelt, die nicht von intrinsischen Glaubensüberzeugungen gedeckt ist, sondern dass die Existenz eines höheren transzendenten Seins vom Einzelnen als wahre Realität und Quelle erfahrbarer Kraft bejaht und erfahren wird. Es wurde deutlich, dass das Wesen spirituellen Lebens essentiell auf der Erschließung, Aufrechterhaltung und Weiterentwicklung der Beziehung des Menschen zur Transzendenz beruht. Dieser Kontakt zeitigt Resonanzen im Einzelnen und in dessen unterschiedlichen Lebensbereichen. Wenn der Mensch als multidimensionale Einheit aus Körper, Psyche und Geist gedacht wird und sich Veränderungen in einem Bereich (z.B. körperliche Erkrankung) auf andere Bereiche (z.B. psychisches Stresserleben) auswirken, dann können umgekehrt Prozesse einer spirituellen Dimension (z.B. durch transzendente Verbundenheit) auch auf andere Dimensionen ausstrahlen. Hier konvergieren empirisch-pflegewissenschaftliche Erkenntnisse und theologisch-anthropologische Einsichten.

## 2. Postulat: Spiritualität als Bildungsinhalt staatlich verantworteter Rahmenlehrpläne

Im Blick auf die Pflegepraxis und Pflegeausbildung hat sich gezeigt, dass der Orientierung an der Krankheitslehre immer noch ein hoher Primat zukommt. Die Rahmenlehrpläne der Bundesländer atmen vorwiegend ein naturwissenschaftliches Menschenbild und es stellt sich die begründete Frage nach dem Einbezug weiterer bezugswissenschaftlicher Erkenntnisse, wie sie das KrPflG fordert, um eine umfassend-individuelle, professionelle Pflege zu gewährleisten. Gemäß der gesetzlichen Vorgaben des KrPflG dürfen der kranke Mensch und dessen Bezugspersonen eine Pflegepraxis erwarten, die sich nicht nur an (berufs-)ethischen Anforderungen orientiert, sondern auf der Grundlage pflegewissenschaftlicher und pflegerelevanter Erkenntnisse aus den Naturwissenschaften, der Anatomie und Physiologie, der Gerontologie, der allgemeinen und speziellen Krankheitslehre, der Arzneimittellehre, der Hygiene und medizinischen Mikrobiologie, der Ernährungslehre, der Sozialmedizin sowie der Geistes- und Sozialwissenschaften ruht.[1] Zur Gewährleistung einer solchen, theoriegeleiteten Pflege ist also die Erarbeitung eines Wissenskorpus erforderlich, der die Komponenten und inneren Zusammenhänge des Phänomens Pflege reflektiert, versteht und daraus Schlussfolgerungen für die professionellen Interventionen ableitet. Das in dieser Arbeit zugrunde gelegte Spiritualitätsverständnis und die damit verknüpften Folgen für die Pflege finden in der Anbahnung umfassender beruflicher Handlungskompetenz weder in der bundesweiten Ausbildungsregelung noch in den analysierten Rahmenlehrplänen der Bundesländer (Ausnahme: Baden-Württemberg) eine entsprechende Resonanz. In Kapitel II und III dieser Arbeit konnte begründet aufgewiesen werden, dass die spirituelle Dimension als Teil des Menschen zu begreifen ist, potentiell wirksam werden kann und ein signifikanter, d.h. empirisch belegter Zusammenhang zwischen dem Ausmaß einer Erfüllung spiritueller Bedürfnisse, der erfahrenen Lebensqualität und der aktiven Krankheitsbewältigung des Menschen besteht. Da also vor dem Hintergrund bezugswissenschaftlicher Erkenntnisse aus den Geisteswissenschaften und empirischer Belege aus den Gesundheitswissenschaften die Pflegerelevanz von Spiritualität als evident ausgewiesen wurde, ist der Gesetzgeber dazu aufgefordert, spiritualitätsbezogene Inhalte in eine Novellierung des KrPflG sowie in die verantworteten Rahmenlehrpläne der Bundesländer für die dreijährige Ausbildung in der Gesundheit- und Krankenpflege aufzunehmen, um dadurch eine zeitgemäße, berufliche, trägerübergreifende Qualifikationen angehender Pflegekräfte anzubahnen. Dabei sprechen die Studienergebnisse aus den USA und Deutschland eindeutig dafür, dass der Einbezug der spirituellen Dimension nicht auf die Phase des Lebensendes begrenzt werden darf, sondern dass Spiritualität während des

[1] Vgl. Anlage 1 KrPflAPrV zu § 1 Abs. 1.

Krankenhausaufenthaltes von chronisch und lebensbedrohlich Erkrankten, aber auch für Menschen mit anderen stationär behandlungsbedürftigen Krankheitsbildern zu unterschiedlichen Zeiten wirkmächtig wird. Auch wenn die psycho-physiologischen Zusammenhänge zwischen Spiritualität, erfahrener Lebensqualität und aktiver Krankheitsbewältigung noch nicht vollständig geklärt sind, so geben die empirischen Studien doch deutliche Hinweise darauf, dass Spiritualität für den einzelnen einen bedeutsamen Faktor darstellt.

Pflegeerfahrungen zeigen, dass sich der kranke Mensch seine Gesprächspartner über existentielle Belange selbst genau wählt. In den seltensten Fällen läuft der Erstkontakt dabei über die Seelsorge, sondern meistens über die Pflegkraft. Untersuchungen zeigen, dass der Weg bis zu einer aktiven spirituellen Begleitung des kranken Menschen folgende mögliche Stadien durchlaufen kann[2]: (1) Kontaktaufnahme, Schaffung von Vertrauen und Angstreduktion mittels einer authentischen, empathischen Pflegepraxis (z.B. durch Zuhören, Präsenz, Freundlichkeit, Anteilnahme, gewissenhafte Pflege, Fachkompetenz, Information, Zuverlässigkeit, Respekt, Körperkontakt); (2) Beziehungsaufnahme auf Augenhöhe (z.B. durch eine Signalisierung von Ansprechbarkeit, Gesprächsbereitschaft und Gesprächsfähigkeit); (3) Symbolische Kommunikation, aufgreifen spiritualitätsbezogener Gesprächsinhalte oder direkte Anregung eines Gesprächs über Spiritualität und Glaubensauffassungen und (4) Aktivierung spiritueller Ressourcen (z.B. durch ein Gespräch über spirituelle Themen, ein spirituelles Assessment, ein Gebet oder die Organisation von hauptamtlich Seelsorgender). Um solchen spirituellen Begleitungsanforderungen gerecht zu werden, sind evidenzbasierte Kompetenzen zu formulieren und eine handlungsorientierte Kompetenzanbahnung während der Ausbildung anzustreben. Notwendige kognitive, psychomotorische und affektive Fähigkeiten und Fertigkeiten können gezielt über Lerninhalte aus den Bereichen Wissen, Selbstwahrnehmung, Kommunikation oder ethisch-rechtliche Aspekte angebahnt werden. Zudem bieten bereits heute verschiedene Themen der staatlichen Rahmenlehrpläne ein weites Feld ‚spirituelle Anschlussmöglichkeiten'. Direkte Bezüge zur Spiritualität können mit Lerninhalten aus den Bereichen Wahrnehmung und Beobachtung, Kommunikation, Pflegeprozess, Begleitung in existenziellen Krisensituationen, Sinnfragen und Sinnfindung, Biographiearbeit, Pflegetheorie, Pflegediagnosen, Pflegeforschung, Pflegeleitbild, Pflegeverständnis, Gesundheitspräventionstheorien, kultursensible Pflege oder die Bedeutung von Gesundheit und Krankheit verknüpft werden. Ebenso bieten Lerninhalte mit einem mittelbaren Bezug zur Spiritualität Anknüpfungsmöglichkeiten im Unterricht (z.B. interdisziplinäre Zusammenarbeit, Kooperation mit anderen Berufsgruppen, Berufsmotivation und -geschichte oder Professionalisierung). Wichtig erscheint dabei vor allem die Anbahnung einer Sprachfähigkeit Pflegender, so dass sie in die Lage versetzt werden, das Spirituelle

---

[2] Vgl. dazu auch: TANYI, R. et al. (2006): Perceptions of incorporating spirituality into their care, 532/538; Vgl. WEIHER, E. ([3]2011): Das Geheimnis des Lebens berühren, 83/93.

mit ihren eigenen Worten zu erfragen, zu beschreiben und zu analysieren (z.B. im Zuge der Pflegeanamnese und der Ermittlung des Pflegebedarfs). Im Blick auf die Anbahnung zu erwerbender spiritueller Kompetenzen und die damit zu verknüpfenden Lerninhalte und Lernmethoden besteht weiterer Forschungsbedarf. Zudem ist mit der Aufnahme von Spiritualität als Bildungsinhalt in die theoretische Gesundheits- und Krankenpflegeausbildung zugleich eine entsprechende Qualifikation der Lehrenden erforderlich. Auch hier besteht Forschungs- und Handlungsbedarf!

Die pflegehistorischen Entwicklungen in den USA haben gezeigt, in welcher Weise eine pflegerische Grundausbildung auf Bachelorniveau zum Einbezug geisteswissenschaftlicher Bildungsinhalte geführt hat und inwiefern die fortschreitende Akademisierung der Pflegeprofession auch ein verändertes Pflege- und Rollenverständnis hinsichtlich der aktiven Gewährleistung spiritueller Sorge zeitigte. Die in Deutschland als Innovation gefeierten Kooperationen zwischen Krankenpflegeschulen und (Fach)Hochschulen zum parallelen Erwerb eines Bacherlorabschlusses im Fachbereich Pflege und einem staatlichen Examen in der Gesundheits- und Krankenpflege gehören seit den 1980er Jahren zum Regelangebot in der US-amerikanischen Ausbildungsszene. Ähnlich wie in den USA bestünde in Deutschland die Möglichkeit eines stärkeren Einbezug geisteswissenschaftlicher Bildungsinhalte auf (Fach)Hochschulebene, um damit einem umfassenderen Bildungsverständnis gerecht zu werden, das die Persönlichkeitsentwicklung und die Allgemeinbildung der Studierenden fördert und schließlich ebenfalls – wie in den USA – auf die Praxis zurückwirken wird.

## 3. Postulat: Wiederentdeckung wertorientierter Pflege

Ausgehend von ideellen Entwürfen und normativen Vorgaben des Pflegeberufs, den Pflegerealitäten deutscher Krankenhauswirklichkeiten sowie den Ansprüchen einer sich als ganzheitlich-professionell verstehenden Pflege, suchte der Durchgang durch die jüngere Geschichte aufzuzeigen, wie die spirituelle Dimension von der Leinwand pflegerischer Aufmerksamkeit in Deutschland verschwinden konnte. Auf der Grundlage eines Lebens gemäß der evangelischen Räte folgte die Ordens- und Diakonissenkrankenpflege eigenen Gesetzmäßigkeiten: dem religiösen Ruf nach Vollkommenheit und der Praxis biblischer Gottes- und Nächstenliebe. Aus berufspolitischen Gründen, einem medizinisch-naturwissenschaftlichen Berufsverständnis und einer falsch verstandenen professionell-weltanschaulichen Neutralität bleibt später eine aktiv spirituell-religiöse Sorge durch die freiberuflich Pflegenden offiziell außen vor oder bestenfalls dem Zufall überlassen, d.h. dem persönlichen Engagement einzelner Pflegekräfte. Sowohl Ordens- und Diakonissenpflege als auch die freiberuflich Pflegenden müssen sich angesichts eines modernen Professionsverständnisses fragen lassen, ob sie nicht stärker mit sich selbst, als mit der Sorge um die individuelle Bedürfnislage der kranken Menschen befasst waren – oder noch sind. Die vorliegende Arbeit hat gezeigt, dass eine sich als ganzheitlich-professionell verstehende Pflege nicht an ihren Eigeninteressen, sondern an der Bedürfnislage der Kranken zu orientieren hat. Um entscheiden zu können, ob und in welcher Weise eine Orientierung am ganzen Menschen individuell-konkret gelingen kann, wie die therapeutische Fähigkeit hermeneutischen Fallverstehens zu fördern ist und professionelles Handeln zum Handeln einer bestimmten Qualität wird, ist ein Bild vom Menschen erforderlich, das eine neue, wertorientierte Pflege ermöglicht. Das Kapitel I 2 hat dabei gezeigt, dass ein vermeidendes Pflegeverhalten nicht allein aufgrund limitierender struktureller oder personeller Faktoren zu erklären ist, sondern auch durch eine mangelnde Qualifikation. Im Blick auf die Gewährleistung spiritueller Sorge schließt sich hier der Kreis zur Begründung von Spiritualität als Bildungsinhalt in der Ausbildung zur Gesundheits- und Krankenpflege (2. Postulat) und verweist darüber hinaus auf ein notwendiges Bildungsangebot für die bereits Berufstätigen.

Wenn Pflege Dienst am Menschen ist, benötigt sie eine Auseinandersetzung über ihr Bild vom Menschen. Denn: Insofern der (kranke) Mensch für die Pflege *die* zentrale Grundkategorie repräsentiert und die biblisch-theologische Anthropologie Antworten auf Fragen nach den multidimensionalen Facetten des Mensch-Seins anbietet, können ihre Aussagen zu einem wertvollen Bezugs- und Analyseschema für die Pflege werden. Im philosophischen Kontext versteht man unter einem Menschenbild „keine explizite Abbildung eines Menschen, sondern eine Form der Re-Präsentation eines Typus (der Menschheit), der es (.) erlaubt, mehrere Eigenschaften dieses Typus zu erfassen, ohne die jeweiligen Vorkommnisse des Typus selbst fortdauernd wahrnehmen zu müssen. Die Form der Erfassung dieser Eigenschaften ist keine visuelle Wahrnehmung, sondern ein sprachlich-konzeptuelles Begreifen von enorm hoher Komplexität.“[3] Obwohl Menschenbilder typologische Vereinfachungen bleiben, d.h. ein Individuum dadurch wohl nie vollständig erfasst wird, scheint für die Pflege eine Verständigung darüber angeraten, was unter ‚dem Menschen' zu verstehen ist, denn: Wie will eine Pflegekraft einen Menschen umfassend unterstützen, wenn kein Konsens darüber besteht, was unter ‚Mensch-Sein' wenigstens ansatzweise zu verstehen ist und welche Berufspflichten aus einem solchen Anspruch erwachsen? Wenn über eine ‚gute Pflege' im Rahmen ethischer Reflexionen und pflegerischen Verhaltens nachgedacht wird, muss zumindest ansatzweise eine Verständigung darüber geschehen, was zu einer guten, umfassenden Pflege gehört. Dazu ist ein Minimalkonsens notwendig, der in die pflegerischen Entscheidungen einzufließen hat. „Etwas unter ‚Menschheit' zu verstehen heißt aber, ‚ein Menschenbild (vor Augen) zu haben': eine (hoffentlich: kritisch überprüfte) Auffassung darüber, was ein ‚Mensch' sei.“[4]

---

[3] KAPLOW, I. (2009): Über Faktizität und Geltung von Menschenbildern, 12.
[4] Ebd. 17.

In diesem Sinn können also anthropologische Aussagen in der Evaluation und zur Begründung normativ-praktischer Aussagen durchaus Bedeutung haben.

Für die professionelle Berufsrolle der Pflegenden ist ein Menschenbild anzunehmen, das den Menschen als körperliches, psychisches und spirituelles Bedürfniswesen in den Blick nimmt und die individuellen kulturellen, sozialen, zeitlichen und kontextuellen Momente mitbedenkt. Obwohl Mensch-Sein in seiner Fülle und Vielfalt letztlich nicht ausdeutbar ist, steht m.E. die Sinnhaftigkeit anthropologischer Deutungsversuche außer Frage. Menschenbilder besitzen eine Aussagekraft über das Wesen des Menschen. Sie bestimmen das individuelle und professionelle Wertesystem und drücken sich in Reaktions- und Verhaltensweisen aus. Die Anthropologie kann der Pflege dabei helfen, einen umfassenderen Blick auf den vulnerablen Menschen (wieder) zu entdecken sowie dessen Welterfahrung und Lebensentwurf in der pflegerischen Praxis wirkmächtig werden lassen. Eine solche anthropologische Auseinandersetzung kann zur Entwicklung einer Art (innerer) Matrix beitragen, d.h. ein Instrumentarium zur Wahrnehmung menschlicher Bedürfnisse bereitstellen, auf deren Grundlage eine wertorientierte Pflege bereitgestellt werden kann, die in der beruflichen Praxis auch die spirituelle Dimension des Menschen bedenkt. Ein solcher Ansatz verlässt eine bioethisch-szientistische Perspektive, die das Kriterium des Mensch-Seins und dessen Schutzwürdigkeit mit bestimmten (moralkonstitutiven) Eigenschaften des Personseins verknüpft, und fordert eine Anerkennung und Gleichbehandlung des Menschen qua seines Mensch-Seins mit seiner Bedürftigkeit. „Anerkennung ist im Sinne der Heilberufe so zu interpretieren und zu verstehen, dass Menschen aufgrund ihrer Vulnerabilität nicht von ethischer Wertschätzung ausgeschlossen werden, weil sie einem von der Ethik (meist unreflektiert vorausgesetzten) Ideal von Normalität und Gesundheit nicht entsprechen.“[5] Unabhängig von den Eigenschaften oder der (Arbeits-)Leistung wird ein Anderer dann als Anderer anerkannt – durch die Profession und Institution. Hier dürfen auch spirituelle Belange, die entweder im Prozess der Krankheitsbewältigung wirksam werden oder generell zum Wohlbefinden des (kranken) Menschen beitragen, in ihrem je kulturspezifischen Gepräge aus einem falsch verstandenen Neutralitätsprinzip nicht ausgeklammert bleiben. Dabei darf sich die Pflege aber nicht erneut als ‚Erfüllungsgehilfen' von Gesundheitsmedizin oder Krankenhausökonomie instrumentalisieren lassen, sondern hat sich in ihrem Handeln an solchen Kriterien zu orientieren, die der Würde der ganzen Person gerecht werden. Denn: Der Mensch ist *mehr* als ein Kostenfaktor! Eine wertorientierte Pflege orientiert sich am Menschen um seiner selbst willen! Zur Durchsetzung einer neuen Wertorientierung liefern die in dieser Arbeit vorgelegten Erkenntnisse aus Theologie, Pflege und Medizin bildungs- und berufspolitische sowie organisationsbezogene Argumentationsgrundlagen.

---

[5] SCHNELL, M. (2011): Anerkennung und Gerechtigkeit im Zeichen einer Ethik als Schutzbereich, 33.

# 4. Postulat: Transdisziplinäres Pflegeverständnis

Die Analyse der Lehrbücher zur Pflegewissenschaft haben gezeigt, dass die Bereitschaft zum Einbezug von Wissensquellen eng mit der eigenen wissenschaftstheoretischen Verortung korreliert. Pflege bedarf einer wissenschaftlichen Ausformung, die aus verschiedenen Wissensgebieten zusammengetragen wird. Über ein ausschließlich datengenerierendes, naturwissenschaftliches Verständnis hinaus können gerade geisteswissenschaftliche Impulse – auch aus der Theologie – der Pflegewissenschaft dort weiterhelfen, wo ihre rein empirische Forschung an ihre Grenzen stößt oder die Pflege im Zuge der Behandlungsmaßnahmen den Menschen aus dem Blick zu verlieren droht. Pflegewissenschaft muss sich als dialogfähig mit anderen Wissenschaftstheorien und Disziplinen erweisen, denn sie steht unter den gleichen Vorzeichen des wissenschaftlichen Diskurses wie alle andere Disziplinen auch und darf sich nicht in einem reinen Anwendbarkeitsdogma erschöpfen oder Erkenntnisquellen ausblenden, die ihr dabei helfen könnten, Forschungen zu betreiben, die eine adäquate Sorge um den (kranken) Menschen sicherstellen. Eine Forderung und Förderung von gesundheitlichem Wohlbefinden ließe sich als Wissensproduktion der ‚Modus 2-Wissenschaft' begreifen, da es nicht allein um die Wiederherstellung körperlicher Gesundheit geht, sondern auch um Fragen von Lebensqualität, Individualität, Wirtschaftlichkeit oder von Unterstützungssystemen. Davon werden nicht zuletzt auch Fragen zur Weltsicht sowie zum Bild des Menschen berührt.

Die gleiche Forderung richtet sich an die Konzeption von Pflegelehrbüchern für die grundständige Ausbildung in der Gesundheits- und Krankenpflege. Unübersehbar besteht ein logischer Bruch zwischen den postulierten pflegetheoretischen Rückbindungen und einer expliziten Ausklammerung der mit den Pflegetheorien verknüpften ‚Grundkategorie' Mensch. Obwohl sich Pflege und Anthropologie mit dem Menschen beschäftigen, pflegetheoretische Entwürfe Aussagen über den Menschen als eines der vier Metaparadigmen einschließen und beide Disziplinen durch ihre jeweiligen Erkenntnisse voneinander profitieren könnten, wurden anthropologische Lerninhalte sukzessiv aus den deutschen Pflegelehrbüchern herausgestrichen. Pflegerische Aufgaben werden durchdekliniert, ohne ein umfassendes Menschen- und Pflegeverständnis dem Handeln zugrunde zu legen und ihm dadurch eine wertorientierte Ausrichtung zu geben. Darüber hinaus können aus einer Reflexion über das Mensch-Sein hilfreiche Impulse für pflegeethische Entscheidungsfindungen gewonnen werden. Hier bieten wiederum die dargelegten biblisch-theologischen Reflexionen zur Würde des Menschen gute Anschlussmöglichkeiten.

# 5. Postulat: Entwicklung zukunftsfähiger Krankenhausseelsorgekonzepte

Menschen geraten als Einzelne oder mit ihren sozialen Bezugspersonen in akute Krisen. Krankheit oder das nahende Lebensende stellen das bisher stützende Orientierungskonzept in Frage. Das alles erleben die Menschen im Rahmen der Institution Krankenhaus, mit ihren Eigengesetzlichkeiten, die vieles verheißt – aber auch manches nimmt, fordert und zumutet. Seelsorge eröffnet in dieser Situation einen Raum, in dem Menschen das benennen können, was sie beschäftigt. Seelsorge nimmt in den Blick, wie Menschen darin unterstützt werden können, ihren Kohärenzsinn zu erhalten oder wiederzugewinnen. Seelsorge zeigt dort eine besondere Sensibilität für den kranken Menschen, wo personale Rechte angefragt werden oder zur Disposition stehen. Dabei handelt Seelsorge auf der Grundlage eines multidimensionalen Gottes- und Menschenbildes, das den Menschen in seiner körperlichen, psychischen und spirituellen Dimension würdigt und auch die Kontext- und Geschichtsdimension nicht außen vorlässt. Im Wesentlichen möchte Seelsorge den Einzelnen darin unterstützen, seine Kraft zum Mensch-Sein wiederzugewinnen.[6] Krankenhausseelsorge ist darum in vielen Einrichtungen zu einem wichtigen Beitrag geworden, weil sie sich elementar um das Wiedergewinnen dieser Kraft zum Mensch-Sein müht.

Sieht man sich allerdings den Personaleinsatz in der von den katholischen Diözesen Deutschlands getragenen Krankenhausseelsorge an, so liegt laut einer internen, nicht veröffentlichten Erhebung der DEUTSCHEN BISCHOFSKONFERENZ aus dem Jahr 2014 der Anteil des Seelsorgepersonals in der Krankenhausseelsorge bei durchschnittlich 7,3% des Seelsorgepersonals einer Diözese. Von den bundesweit ca. 1.100 pastoralen Mitarbeitern entfallen etwa 28,4% auf Priester, 8% auf Diakone, 35,7% auf Pastoralreferent(inn)en und 18% auf die Gruppe der Gemeindereferent(inn)en. Drei von 16 Diözesen geben an, dass sie Ordenspriester (17%) beschäftigen und einige wenige Ordensschwestern (10,5%). Sah der Personalplan der Erzdiözese Köln im Jahr 1985 noch 176 Stellen in der Krankenhausseelsorge vor, reduzierte sich diese Zahl im Personalplan von 2010 auf 121,5. Kleinere Diözesen haben schon heute generelle Schwierigkeiten mit der personellen Besetzung und setzen sich mit der Frage auseinander, die Krankenhausseelsorge ganz einzustellen. Insgesamt wird sich aufgrund des Nachwuchsmangels und zur Sicherung der Eucharistiefähigkeit der Ortsgemeinden der Anteil der Priester in der Krankenhausseelsorger weiter verringern. Zudem stellt sich angesichts schwindender Kirchenmitglieder die Frage, ob die Kirchen in Deutschland weiterhin ein pastorales Angebot für Menschen vorhalten sollten, die ihrer Gemeinschaft gar

[6] Vgl. BARTH, K. (1951): Die kirchliche Dogmatik, 405f.

nicht mehr angehören. Oder umgekehrt: Müsste das Feld der Krankenhausseelsorge angesichts der Tatsache, dass über 36% der Deutschen keiner der beiden großen Konfessionen angehören, aber 47% davon dennoch spirituelle Bedürfnisse haben, nicht ganz anders aufgestellt werden? Müssten die Kirchen um des Menschen Willen ihren Monopolanspruch in Sachen Krankenhausseelsorge nicht endlich fallen lassen?

Die beiden Kirchen wären gut beraten, ihren Personaleinsatz in der kategorialen Krankenhausseelsorge nicht zu reduzieren, sondern zu verstärken! Die kirchlich verantwortete Krankenhausseelsorge zeichnet sich durch eine hohe Professionalität und Qualitätssicherung in der Begleitung von Menschen in der Institution Krankenhaus aus. Im Krankenhaus trifft sie auf Menschen, die – empirisch belegt – spirituelle Bedürfnisse haben und sich aus unterschiedlichsten Gründen innerlich und/oder formal von den Kirchen verabschiedet haben, d.h. hier erreicht sie Menschen, die sie in der Gemeindepastoral längst nicht mehr erreichen kann. Zu diesen Menschen ist Kirche jedoch gesandt. Das Krankenhaus ist darum ein wichtiger Ort, an dem Gott von seiner Kirche zur Sprache gebracht werden kann, denn der Glaube soll die Menschen erreichen und von ihnen als wirkliche Hilfe für ihr Leben erfahren werden. Wer stattdessen von den Lebens- und Deutekontexten heutiger Menschen nichts versteht, versteht auch nichts von der Kirche in der Welt von heute. Zur Realisation einer zukunftsfähigen, professionellen Krankenhausseelsorge bedarf es weiterer Forschung und der Entwicklung neuer Konzepte, die auch eine stärkere Kooperation mit der Pflegeprofession bedenken.[7]

[7] Zur intensiveren Auseinandersetzung mit den gesamten Bereich und der Verhältnisbestimmung von ‚Spiritual Care' und Seelsorge siehe: NAUER, D. (2015): Spiritual Care statt Seelsorge?.

# Literaturverzeichnis


**ABHOLZ, Heinz-Harald** (1989): Problematische Auswirkungen von Ganzheitlichkeit in der Allgemeinmedizin, in: Ders. et al. (Hg) (1989): Der ganze Mensch in der Medizin. Hamburg, 129/147.

**ACCREDITATION COMMISSION FOR EDUCATION IN NURSING** (2013): Accreditation manual section III: Standards and criteria. Atlanta.

**AI, Amy et al.** (2007): The influence of prayer coping on mental health among cardiac surgery patients, in: *Journal of Health Psychology,* 4 (2007) 580/596.

**AI, Amy et al.** (2008): Spiritual and religious involvement relate end-of-life decision-making in patients undergoing coronary buypass graft surgery, in: *International Journal of Psychiatry in Medicine,* 1 (2008) 113/132.

**AL MUTAWALY, Sieglinde** (1996): Menschen islamischen Glaubens individuell pflegen. Hagen.

**ALBANI, Cornelia et al.** (2004): Religiosität und Spiritualität im Alter, in: *Zeitschrift für Gerontologie und Geriatrie,* 1 (2004) 43/50.

**ALBERTZ, Rainer/WESTERMANN, Claus** (2004): Art. Geist, in: *Theologisches Wörterbuch zum Alten Testament,* Bd. 2 (2004) 726/753.

**ALLEN, Judith** (1990): Consumer's guide to doctoral degree programs in nursing. New York.

**ALLIGOOD, Martha Raile** ([2]2002): The nature of knowledge needed for nursing practice, in: MARRINER-TOMEY, Ann/ALLIGOOD, Martha Raile (ed) ([2]2002): Nursing theory: utilization & application. St. Louis, 3/14.

**ALLIGOOD, Martha Raile** ([6]2006): Introduction to nursing theory: Its history, significance, and analysis, in: TOMEY, Ann Marriner/ALLIGOOD, Martha Raile (ed) ([6]2006): Nursing theorists and their work. St. Louis, 3/15.

**AMERICAN ASSOCIATION OF COLLEGES OF NURSING** (2008): The essentials of baccalaureate education of professional nursing practice. Washington DC.

**AMERICAN ASSOCIATION OF COLLEGES OF NURSING** (2014): http://www.aacn.nche.edu/research-data/doc.pdf (05.07.2014).

**AMERICAN NURSES ASSOCIATION** ([2]2010): Nursing: Scope standards of practice. Silver Spring.

**AMERICAN NURSES ASSOCIATION** (2010): Nursing's social policy statement. The essence of the profession. Silver Spring.

**AMERICAN NURSES ASSOCIATION** ([9]2013): Code of ethics for nurses with interpretative statements. Silver Spring.

**AMERICAN NURSES ASSOCIATION** (2014): www.nursingworld.org (06.05.2014).

**ANDRYKOWSKI, Michael et al.** (2005): Long-term health-related quality of life, growth, and spiritual well-being after hematopoietic stem-cell transplantation, in: *Journal of Clinical Oncology,* 3 (2005) 599/608.

**ANGERMEYER, Matthias et al.** (2000): WHOQOL-100 und WHOQOL-BREF. Handbuch für die deutschsprachige Version der WHO Instrumente zur Erfassung von Lebensqualität. Göttingen.

**ANTONOVSKY, Aaron** (1997): Salutogenese. Zur Entmystifizierung der Gesundheit. Tübingen.

**ANTWEILER, Christoph** (2010): Pankulturelle Universalien. Basis für einen inklusiven Humanismus?, in: RÜSEN, Jörn (Hg) (2010): Perspektiven der Humanität. Menschsein im Diskurs der Disziplinen. Bielefeld, 93/143.

**APPEL, Claudia et al.** (2010): Subjektive Belastung und Religiosität bei chronischen Schmerzen und Brustkrebs, in: *Der Schmerz,* 5 (2010) 449/457.

**ARBEITSGEMEINSCHAFT DEUTSCHER SCHWESTERNVERBÄNDE/DEUTSCHE SCHWESTERNSCHAFT E.V.** (1958): Die Pflege des Kranken Menschen. Lehrbuch für Krankenpflegeschulen. Stuttgart.

**ARBEITSGEMEINSCHAFT DEUTSCHER SCHWESTERNVERBÄNDE/DEUTSCHE SCHWESTERNSCHAFT E.V.** ([3]1962): Die Pflege des Kranken Menschen. Stuttgart.

**ARMSTRONG, David** (1995): The rise of surveillance medicine, in: *Sociology of Health and Illness,* 3 (1995) 393/404.

**ARNDT, Marianne** (1996): Ethik denken. Bern.

**ARNOLD, Ruth et al.** (2002): Patient attitudes concerning the inclusion of spirituality into addiction treatment, in: *Journal of Substance Abuse Treatment,* 4 (2002) 319/326.

**AUSBILDUNGS- UND PRÜFUNGSVERORDNUNG FÜR DIE BERUFE IN DER KRANKENPFLEGE (KrPflAPrV) vom 16. Oktober 1985** (1985), in: *Bundesgesetzblatt,* I (1985) 1973.

**AUSBILDUNGS- UND PRÜFUNGSVERORDNUNG FÜR DIE BERUFE IN DER KRANKENPFLEGE (KrPflAPrV) vom 10. November 2003** (2003), in: *Bundesgesetzblatt,* I (2003) 2263.

**AXMACHER, Dirk** (1991): Pflegewissenschaft – Heimatverlust der Krankenpflege?, in: RABE-KLEBERG, Ursula (Hg) (1991): Dienstleistungsberufe in Krankenpflege, Altenpflege und Kindererziehung: PRO Person. Bielefeld, 120/138.

**BACON, Francis** (1620): Of the advancement of learning, Book IV, in: SPEDDING, James et al. (ed) (1962): The works of Francis Bacon. Faksimile-Neudruck der Ausgabe von 1857-1874. Stuttgart.

**BADURA, Bernhard/PFAFF, Holger** (1989): Streß, ein Modernisierungsrisiko. Mikro- und Makroaspekte soziologischer Belastungsforschung im Übergang zur postindustriellen Zivilisation, in: *Kölner Zeitschrift für Soziologie und Sozialpsychologie,* 4 (1989) 644/668.

**BAIER, Karl** (2006): Spiritualitätsforschung heute, in: Ders. (Hg) (2006): Handbuch Spiritualität. Zugänge, Traditionen, interreligiöse Prozesse. Darmstadt, 11/45.

**BALY, Monica (ed)** (²1997): As Miss Nightingale said. London.

**BARBER, Bernhard** (1963): Some problems in the sociology of the professions, in: *Daedalus,* 4 (1963) 669/668.

**BARBOUR, Ian** (1990): Religion in an age of science. New York.

**BARNUM, Barbara** (2002): Spiritualität in der Pflege. Bern.

**BARRETT, Elizabeth** (1990): Rogers' science-based nursing practice, in: Dies. (ed) (1990): Visions of Rogers' science-based nursing. New York, 31/44.

**BARRETT, Elizabeth** (1990): The continuing revolution of Rogers' science-based nursing education, in: Dies. (ed) (1990): Visions of Rogers' science-based nursing. New York, 303/317.

**BARTH, Karl** (1951): Die kirchliche Dogmatik. Die Lehre von der Schöpfung, Bd. 3 (1951). Zürich.

**BARTHOLOMEYCZIK, Sabine** (1981): Krankenhausstruktur, Stress und Verhalten gegenüber den Patienten. Teil 2: Ergebnisse. Berlin.

**BARTHOLOMEYCZIK, Sabine** (2010): Zur Pflege im Krankenhaus: Ist-Situation und Sollvorstellungen, in: KLAUBER, Jürgen et al. (Hg) (2010): Krankenhaus-Report 2010. Stuttgart, 209/221.

**BARTHOLOMEYCZIK, Sabine et al.** (2008): Lexikon der Pflegeforschung. Begriffe aus Forschung und Theorie. München.

**BAUER, Gerhard** (2012): Halt doch einfach mal an! Impulse zum inneren Atemholen. München.

**BAUMANN, Klaus** (2009): Religiöser Glaube, persönliche Spiritualität und Gesundheit, in: *Zeitschrift für medizinische Ethik,* 2 (2009) 131/144.

**BAUMANN, Klaus** (2011): Vermessung des Glaubens und Geheimnis des Menschseins, in: BÜSSING, Arndt/KOHLS, Niko (Hg): Spiritualität transdisziplinär. Wissenschaftliche Grundlagen im Zusammenhang mit Gesundheit und Krankheit. Berlin, 67/74.

**BECKER, Wolfgang (Hg)** (2006): Ausbildung in den Pflegeberufen. Weichen Stellen für die Zukunft in Theorie und Praxis. B1. Bonn.

**BECKER, Wolfgang (Hg)** (2006): Ausbildung in den Pflegeberufen. Weichen Stellen für die Zukunft in Theorie und Praxis. Bd. 2. Bonn.

**BECKER, Wolfgang** (2006): Altenpflege und Gesundheits- und Krankenpflege: Die Lernsituationen, in: Ders. (Hg) (2006): Ausbildung in den Pflegeberufen. Weichen Stellen für die Zukunft in Theorie und Praxis. Bd. 2. Bonn, 65/69.

**BECKER, Wolfgang** (2006): Die Lernsituationen für die Gesundheits- und Krankenpflege – 1. Ausbildungsjahr, in: Ders. (Hg) (2006): Ausbildung in den Pflegeberufen. Weichen Stellen für die Zukunft in Theorie und Praxis. Bd. 2. Bonn, 103/132.

**BECKER, Wolfgang** (2006): Rahmenlehrplan für die schulische Ausbildung in der Gesundheits- und Krankenpflege, in: Ders. (Hg) (2006): Ausbildung in den Pflegeberufen. Weichen Stellen für die Zukunft in Theorie und Praxis. Bd. 2. Bonn, 49/64.

**BECKER, Wolfgang/BENNEKER,Gertrud** (2006): Die Erläuterungen zum Ausbildungsrahmenplan für die praktische Ausbildung in der Gesundheits- und Krankenpflege, in: BECKER, Wolfgang (Hg) (2006): Ausbildung in den Pflegeberufen. Weichen Stellen für die Zukunft in Theorie und Praxis. Bd. 2. Bonn, 255/293.

**BEHLA, Robert** (1911/1912): Die Arbeits- usw. Verhältnisse der in Heilanstalten des preussischen Staates im Krankendienste beschäftigten Personen nach dem Stande vom 15. August 1910, in: *Medizinalstatistische Nachrichten,* 4 (1911/1912) 601/628.

**BENKE, Christoph** (2004): Was ist (christliche) Spiritualität. Begriffsdefinitionen und theoretische Grundlagen, in: ZULEHNER, Paul (Hg) (2004): Spiritualität – mehr als ein Megatrend?. Ostfildern, 29/43.

**BERMAN, Audrey et al. (ed)** ([8]2008): Fundamentals of nursing: Concept, process, and practice. Upper Saddle River.
**BERMAN, Audrey/SNYDER, Shirlee** ([9]2012): Kozier & Erb's fundamentals of nursing. Concepts, process, and practice. Boston.
**BERMAN, Elisheva et al.** (2004): Religiosity in a hemodialysis population and its relationship to satisfaction with medical care, satisfaction with life, and adherence, in: *American Journal of Kidney Disease,* 3 (2004) 488/497.
**BERTELSMANN STIFTUNG** (2009): Religionsmonitor – Onlinebefragung (http://www.fundacionbertelsmann.org/cps/rde/xbcr/SID-5A1B473E-3D4798DA/bst/xcms_bst_dms_31934_31935_2.pdf (12.08.2014)).
**BERTELSMANN STIFTUNG (Hg)** (2009): Woran glaubt die Welt? Analysen und Kommentare zum Religionsmonitor 2008. Gütersloh.
**BERTELSMANN STIFTUNG (Hg)** (2013): Religionsmonitor: verstehen was verbindet. Religiosität und Zusammenhalt in Deutschland. Gütersloh.
**BESTER, Dörte/JANOWSKI, Bernd** (2009): Anthropologie des Alten Testaments. Ein forschungsgeschichtlicher Überblick, in: JANOWSKI, Bernd/LIESS, Kathrin (Hg) (2009): Der Mensch im Alten Israel. Neue Forschungen zur alttestamentlichen Anthropologie. Freiburg, 3/40.
**BIESER, Eugen** (2008): Von der Würde des Menschen: Gotteskindschaft. Vallendar.
**BINGENER, Reinhard** (2014): Zahl der Kirchenaustritte steigt dramatisch, in: *Frankfurter Allgemeine Zeitung* (07.08.2014) (http://www.faz.net/aktuell/politik/zahl-der-kirchenaustritte-steigt-dramatisch-13086521.html (04.09.2014)).
**BISCHOFF, Claudia** (1992): Frauen in der Krankenpflege. Zur Entwicklung von Frauenrolle und Frauenberufstätigkeit im 19. und 20. Jahrhundert. Frankfurt.
**BISCHOFF, Claudia** (1994): Ganzheitlichkeit in der Pflege. Anmerkungen zu einem strapazierten Begriff, in: *Mabuse,* August/September (1994) 37/41.
**BLACK, Beth** ([7]2014): Professional nursing. Concepts & challenges. St. Louis.
**BLEIBTREU-EHRENBERG, Gisela** (1991): Der Leib als Widersacher der Seele. Ursprünge dualistischer Seinskonzepte im Abendland, in: JÜTTEMANN, Gerd et al. (Hg) (1991): Die Seele. Ihre Geschichte im Abendland. Weinheim, 75/93.
**BLESCH, Pamala** (2013): Spirituality in nursing education: Preparing students to adress spiritual needs. Unveröffentlichte Dissertation. Capella University. Minneapolis.
**BLINDERMAN, Craig et al.** (2008): Symptom distress and quality of life in patients with advanced congestive heart failure, in: *Journal of Pain and Symptom Management,* 6 (2008) 594/603.
**BLUME, Michael** (2009): Neurotheologie – Hirnforscher erkunden den Glauben. Marburg.
**BOBBERT, Monika** (2002): Patientenautonomie und Pflege. Begründung und Anwendung eines moralischen Rechts. Frankfurt.
**BOCHINGER, Christoph** (2001): Was die Menschen fasziniert. Esoterik, Psychokultur und neue religiöse Bewegungen, in: HILPERT, Konrad (Hg) (2001): Wiederkehr des Religiösen? Metaphysische Sehnsucht, Christentum und Esoterik. Trier, 39/58.
**BÖGEMANN-GROßHEIM, Ellen** (2002): Die berufliche Ausbildung von Krankenpflegekräften. Kontinuitäten, Verunsicherungen, Reformansätze und Zukunftsrisiken einer Ausbildung besonderer Art. Frankfurt.
**BOYER, Pascal** (2004): Und Mensch schuf Gott. Stuttgart.
**BOWLBY, John** (1969): Attachment and loss: Vol. 1. New York.
**BRALLIER, Lynn** (1978): The nurse as holistic health practitioner, in: *Nursing Clinics of North America,* 4 (1978) 643/655.
**BRANDENBURG, Hermann** (2009): Was ist gute Pflege?, in: AUGUSTIN, George et al. (Hg) (2009): Christliches Ethos und Lebenskultur. Paderborn, 403/415.
**BRANDENBURG, Hermann** ([2]2013): Pflegewissenschaft zwischen Theorie und Praxis, in: Ders. et al. ([2]2013): Pflegewissenschaft 2. Lehr- und Arbeitsbuch zur Einführung in die Methoden der Pflegeforschung. Bern, 253/269.
**BRANDENBURG, Hermann/DORSCHNER, Stephan** (Hg) ([2]2008): Pflegewissenschaft 1. Lehr- und Arbeitsbuch zur Einführung in das wissenschaftliche Denken in der Pflege. Bern.
**BRANDENBURG, Hermann/WEIDNER, Frank** ([12]2012): Pflegewissenschaft und -forschung, in: SCHEWIOR-POPP, Susanne et al. (Hg) ([12]2012): Thiemes Pflege. Stuttgart, 54/72.
**BRANDENBURG, Hermann et al.** ([2]2013): Einleitung, in: Ders. et al. ([2]2013): Pflegewissenschaft 2. Lehr- und Arbeitsbuch zur Einführung in die Methoden der Pflegeforschung. Bern, 11/12.

**Braun, Bernard et al.** (2004): Gesundheitliche Belastungen, Arbeitsbedingungen und Erwerbsbiographien von Pflegekräften im Krankenhaus. Eine Untersuchung vor dem Hintergrund der DRG-Einführung. Schwäbisch-Gmünd.
**Braun, Bernhard et al.** (2009): Einfluss der DRGs auf Arbeitsbedingungen und Versorgungsqualität, in: Rau, Ferdinand et al. (Hg) (2009): Auswirkungen der DRG-Einführung in Deutschland. Standortbestimmung und Perspektiven. Stuttgart, 61/73.
**Bremmer, Jan** (2012): Die Karriere der Seele. Vom antiken Griechenland ins moderne Europa, in: Janowski, Bernd (Hg) (2012): Der ganze Mensch. Zur Anthropologie der Antike und ihrer europäischen Nachgeschichte. Berlin, 173/198.
**Brent, Nancy** ([2]2001): Nurses and the law: a guide to principles and applications. Philadelphia.
**Brown, Donald** (1991): Human universals. Boston.
**Brown, Esther** (1965): Preparation for nursing, in: *The American Journal of Nursing,* 9 (1965) 70/73.
**Bruder, Klaus-Jürgen** (1991): Zwischen Kant und Freud: Die Institutionalisierung der Psychologie als selbständige Wissenschaft, in: Jüttemann, Gerd et al. (Hg) (1991): Die Seele. Ihre Geschichte im Abendland. Weinheim, 319/339.
**Buber, Martin** ([11]1983): Ich und Du. Stuttgart.
**Bucher, Anton** (2007): Psychologie der Spiritualität. Weinheim.
**Buck, Harleah** (2006): Spirituality: concept analysis and model development, in: *Holistic Nursing Practice,* 6 (2006) 288/292.
**Büssing, Arndt** (2008): Spiritualität – inhaltliche Bestimmung und Messbarkeit, in: *Prävention,* 2 (2008) 35/37.
**Büssing, Arndt** (2011): Spiritualität/Religiosität als Ressource im Umgang mit chronischer Krankheit, in: Ders./Kohls, Niko (Hg) (2011): Spiritualität transdisziplinär. Wissenschaftliche Grundlagen im Zusammenhang mit Gesundheit und Krankheit. Berlin, 107/124.
**Büssing, Arndt/Fischer, Julia** (2009): Interpretation of illness in cancer survivors is associated with health-related variables and adaptive coping styles, in: *BMC Women's Health,* 9:2 (2009) 1/11.
**Büssing, Arndt/Kohls, Niko (Hg)** (2011): Spiritualität transdisziplinär. Wissenschaftliche Grundlagen im Zusammenhang mit Gesundheit und Krankheit. Berlin.
**Büssing, Arndt et al.** (2005): Engagement of patients in religious und spiritual practices: Confirmatory results with the SpREUK-P I.I questionnaire as a tool of quality of life research, in: *Health and Quality of Life Outcomes,* 3 (2005) 1/11.
**Büssing, Arndt et al.** (2005): Search for meaningful support and the meaning of illness in German cancer patients, in: *Anticancer Research,* 2B (2005) 1449/1456.
**Büssing, Arndt et al.** (2005): The role of religion and spirituality in medical patients in Germany, in: *Journal of Religion and Health,* 3 (2005) 321/340.
**Büssing, Arndt et al.** (Hg) (2006): Spiritualität, Krankheit und Heilung – Bedeutung und Ausdrucksformen der Spiritualität in der Medizin. Bad Homburg.
**Büssing, Arndt et al.** (2007): Relevance of religion and spirituality in German patients with chronic diseases, in: *International Journal Psychiatry in Medicine,* 1 (2007) 39/57
**Büssing, Arndt et al.** (2009), Reliance on God's help as a measure of intrinsic religiosity in healthy elderly and patients with chronic diseases. Correlations with health-related quality of life?, in: *Applied Research in Quality of Life*, 4 (2009) 77/90.
**Büssing, Arndt et al.** (2012): Zusammenhänge zwischen psychosozialen und spirituellen Bedürfnissen und Bewertung von Krankheit bei Patienten mit chronischen Erkrankungen, in: *Spiritual Care,* 1 (2012) 57/73.
**Büssing, Arndt et al.** (2012): Engagement of patients with chronic diseases in spiritual and secular forms of practice: Results with the shortened SpREUK-P SF17 Questionaire, in: *Integrative Medicine: A Clinician's Journal,* 1 (2012) 28/38.
**Büssing, Arndt et al.** (2013): Spiritual needs among patients with chronic pain diseases and cancer living in a secular society, in: *Pain Medicine,* 9 (2013) 1362/1372.
**Buhr, Petra/Klinke, Sebastian** (2006): Qualitative Folgen der DRG-Einführung für Arbeitsbedingungen und Versorgung im Krankenhaus unter Bedingungen fortgesetzter Budgetierung. Berlin.
**Burkhardt, Margaret** (1989): Spirituality: an analysis of the concept, in: *Holistic Nursing Practice,* 3 (1989) 69/77.
**Burkhardt, Margaret/Nagai-Jacobson, Mary** (1985): Dealing with spiritual concerns of clients in the community, in: *Journal of Community Health Nursing,* 4 (1985) 191/198.
**Burkhart, Lisa/Hogan, Nancy** (2008): An experiential theory of spiritual care in nursing practice, in: *Qualitative Health Research,* 7 (2008) 928/938.

**Burkhart, Lisa/Schmidt, William** (2012): Measuring effectiveness of a spiritual care pedagogy in nursing education, in: *Journal of Professional Nursing,* 5 (2012) 315/321.
**Buß, Franz Josef** (1847): Der Orden der barmherzigen Schwestern. Schaffhausen.
**Busse-Kenn, Marie-Luise** (1953): Arzt und Schwester im Krankenhaus, in: *Krankendienst,* 2 (1953) 29/34.
**Callister, Lynn et al.** (2004): Threading spirituality throughout nursing education, in: *Holistic Nursing Practice,* 3 (2004) 160/166.
**Canada, Andrea et al.** (2006): Active coping mediates the association between religion/spirituality and quality of life in ovarian cancer, in: *Gynecologic Oncology,* 1 (2006) 102/107.
**Carper, Barbara** (1978): Fundamental patterns of knowing in nursing, in: *Advances in Nursing Science,* 1 (1978) 13/23.
**Carruth, Ann/Booth, Donnie** (1999): Disciplinary actions against nurses: Who is at risk?, in: *Journal of Nursing Law,* 3 (1999) 55/62.
**Cavendish, Roberta et al.** (2000): Opportunities for enhanced spirituality relevant to well adults, in: *Nursing Diagnosis,* 4 (2000) 151/163.
**Cavendish, Roberta et al.** (2004): Spiritual perspectives of nurses in the United States relevant for education and practice, in: *Western Journal of Nursing Research,* 2 (2004) 196/212.
**Center for Union Facts** (2014): www.unionfacts.com (16.04.2014).
**Chethimattam, John** (1998): New religious movements and popular religiosity, in: Fuss, Michael (ed) (1998): Rethinking new religious movements. Rom, 631/644.
**Coleman, Christopher** (2003): Spirituality and sexual orientation: Relationship to mental well-being and functional health status, in: *Journal of Advanced Nursing,* 5 (2003) 457/464.
**Committee for the Study of Nursing Education** (1923): Nursing and nursing education in the United States. New York.
**Conradi, Elisabeth** (2001): Take Care. Grundlagen einer Ethik der Achtsamkeit. Frankfurt.
**Constitution of the World Health Organization** (1946). New York.
**Constitution of the World Health Organization** (2005). New York.
**Courcelle, Pierre** (1976): Art. Gefängnis (der Seele), in: *Reallexikon für Antike und Christentum,* Bd. 9 (1976) 294/318.
**Courcelle, Pierre** (1982): Art. Grab der Seele, in: *Reallexikon für Antike und Christentum,* Bd. 12 (1982) 455/467.
**Courcelle, Pierre** (2001): Art. Käfig der Seele, in: *Reallexikon für Antike und Christentum,* Bd. 19 (2001) 914/919.
**Craven, Ruth et al.** ([7]2013): Fundamentals of nursing. Human health and funktion. Philadelphia.
**Creel, Eileen/Tillman, Ken** (2008): The meaning of spirituality among nonreligious persons with chronic illness, in: *Holistic Nursing Practice,* 6 (2008) 303/311.
**Cyrulnik, Boris** (2007): Mit Leib und Seele. Wie wir Krisen bewältigen. Hamburg.
**Dahlgrün, Corinna** (2009): Christliche Spiritualität: Formen und Traditionen der Suche nach Gott. Berlin.
**DAK Forschung** (2011): DAK Gesundheitsreport 2011. Analyse der Arbeitsunfähigkeitsdaten. Hamburg.
**DAK Forschung** (2014): DAK Gesundheitsreport 2014. Analyse der Arbeitsunfähigkeitsdaten. Hamburg.
**Daugherty, Christopher et al.** (2005): Trusting god and medicine: Spirituality in advanced cancer patients volunteering for clinical trials of experimental agents, in: *Psycho-Oncology,* 2 (2005) 135/146.
**Dautzenberg, Gerhard** (1999): Art. Seele. IV. Neues Testament, in: *Theologische Realenzyklopädie,* Bd. 30 (1999) 744/748.
**Davidson, Ramona** (1966): To give care in terminal illness, in: *The American Journal of Nursing,* 1 (1966) 74f.
**Dawkins, Richard** ([10]2011): Der Gotteswahn. Berlin.
**Dederich, Markus/Schnell, Martin** (2011): Anerkennung und Gerechtigkeit im Kontext von Bildungs-, Heil- und Pflegeberufen, in: Dies. (Hg) (2011): Anerkennung und Gerechtigkeit in Heilpädagogik, Pflegewissenschaft und Medizin. Auf dem Weg zu einer nichtexklusiven Ethik. Bielefeld, 7/21.
**Deister, Tonja** (2000): Krankheitsverarbeitung und religiöse Einstellungen. Ein Vergleich zwischen onkologischen, kardiologischen und HIV-Patienten. Mainz.
**DeLaune, Sue/Ladner, Patricia** ([4]2011): Fundamentals of nursing. Standards & practice. New York.

**Delgado, Cheryl** (2005): A discussion of the concept of spirituality, in: *Nursing Science Quarterly,* 2 (2005) 157/162.
**Der Spiegel-Wissen** (2013): Mein Glaube. Auf der Suche nach einer höheren Wahrheit, 2 (2013).
**Descartes, René** ([3]1992): Meditationes de prima philosophia, hg. von Gäbe, Lüder ([3]1992). Hamburg.
**Descartes, René** (2003): Treatise of Man. Translation and commentary by Steele Hall, Thomas. New York.
**Deutsche Krankenhausgesellschaft** (1951): Zwei Empfehlungen der Deutschen Krankenhausgesellschaft, in: *Die Diakonieschwester,* 10 (1951) 154/155.
**Deutscher Pflegerat** (2011): Pflege Positionen. Der Newsletter des DPR, in: *Heilberufe,* 7 (2011) 55/58.
**Deutsches Krankenhaus Institut** (2008): Krankenhaus Barometer. Umfrage 2008. Düsseldorf.
**Diakonisches Werk der EKD et al.** (2010): Spiritualität in der Pflege. Neukirchen-Vluyn.
**Diakonisches Werk der EKD et al.** (2012): Geistesgegenwärtig pflegen. Existentielle Kommunikation und spirituelle Ressourcen im Pflegeberuf. Bd. 1: Grundlegungen und Werkstattberichte. Neukirchen-Vluyn.
**Diakonisches Werk der EKD et al.** (2013): Geistesgegenwärtig pflegen. Existentielle Kommunikation und spirituelle Ressourcen im Pflegeberuf. Bd. 2: Diakonie Care Curriculum, Forschungsergebnisse und Organisationsentwicklung. Neukirchen-Vluyn.
**Dickinson, Corita** (1975): The search for spiritual meaning, in: *The American Journal of Nursing,* 10 (1975) 1789/1799.
**Die Bibel** (2003): Altes und Neues Testament. Einheitsübersetzung. Freiburg.
**Dierse, Ulrich** (1992): Art. Religion. VI. 18. Jahrhundert, in: *Historisches Wörterbuch der Philosophie,* Bd. 8 (1992) 653/673.
**Dihle, Albrecht** (1973): Art. A. Ψυχή im Griechischen, in: *Theologisches Wörterbuch zum Neuen Testament,* Bd. IX (1973) 605/614.
**Dirscherl, Erwin** (2008): Über spannende Beziehungen nachdenken: Der Mensch als Geschöpf, als Ebenbild Gottes und seine Ambivalenz als Sünder, in: Ders. et al. (Hg) (2008): In Beziehung leben. Theologische Anthropologie. Freiburg, 46/89.
**Division of Health Care Services (Institute of Medicine)** (1983): Nursing and nursing education: Public policies and private actions. Washington DC, 24/50.
**Doblin, Rick** (2012): Pahnke's Good Friday experiment. A long-term follow-up and methodological critique, in: Roberts, Thomas (ed) (2012): Spiritual growth with entheogens. Psychoactive sacramentals and human transformation. Rochester, 84/93.
**Dohmen, Christoph** (2008): Zwischen Gott und Welt. Biblische Grundlagen der Anthropologie, in: Dirschel, Erwin et al. (2008): In Beziehung leben. Theologische Anthropologie. Freiburg, 7/45.
**Dröber, Angie et al. (Hg)** ([3]2004): Art. Pflegeleitbild, in: *Springer Lexikon Pflege* ([3]2004) 830.
**Duden, Barbara** (2010): Mit Kopf und Sinnen, mit Händen und Verstand. Ein Versuch zur Bedeutsamkeit der Pflegenden im modernen Medizinsystem, in: Kreutzer, Susanne (Hg) (2010): Transformationen pflegerischen Handelns. Institutionelle Kontexte und soziale Praxis vom 19. bis 21. Jahrhundert. Osnabrück, 19/31.
**Ebertz, Michael** (2007): Je älter, desto frömmer?, in: Bertelsmann Stiftung (Hg) (2007): Religionsmonitor 2008. Gütersloh, 54/63.
**Edmondson, Donald et al.** (2008): Deconstructing spiritual well-being: Existential well-being and HRQOL in cancer survivors, in: *Psycho-Oncology,* 2 (2008) 161/169.
**Eibach, Ulrich et al.** (2009): Medizin, Ökonomie und der kranke Mensch. Verlust des Menschen als Subjekt und der Auftrag kirchlicher Krankenhäuser. Freiburg.
**Eichhorn, Siegfried** (2007): Von der Krankenhausbetriebslehre zur Krankenhaus-Managementlehre, in: Schmidt-Rettig, Barbara/Eichhorn, Siegfried (Hg) (2007): Krankenhausmanagementlehre: Theorie und Praxis eines integrierten Konzepts. Stuttgart, 105/124.
**Eid, Michael** (2011): Stolz und Bescheidenheit, in: Bormans, Leo (Hg) (2011): Glück. The World Book of Happiness. Köln, 49.
**Eire, Carlos** (1990): Major problems in the definition of spirituality as an academic discipline, in: Hanson, Bradley (ed) (1990): Modern christian spirituality: Methodological and historical essays. Atlanta, 53/61.
**Elkeles, Thomas** (1988): Arbeitsorganisation in der Krankenpflege – Zur Kritik der Funktionspflege. Köln.

**ELKELES, Thomas** (1994): Arbeitsbedingungen und Taylorismus der Arbeitsorganisation im Krankenhaus – Ein unbewältigtes Problem, in: *WSI Mitteilungen,* 7 (1994) 438/445.

**EMBLEN, Julia/HALSTEAD, Lois** (1993): Spiritual needs and interventions: Comparing the views of patients, nurses, and chaplains, in: *Clinical Nurse Specialist,* 4 (1993) 175/182.

**ENGEL, George** (1964): Grief and griefing, in: *The American Journal of Nursing,* 9 (1964) 93/98.

**ENGELHARDT, H. Tristram/DELKESKAMP-HAYES, Corinna** (2009): Der Geist der Wahrheit und die „Legion" der Spiritualitäten. Ein orthodoxer Blick auf die Klinikseelsorge im religiösen Pluralismus, in: FRICK, Eckhard/ROSER, Traugott (Hg) (2009): Spiritualität und Medizin. Stuttgart, 72/79.

**ENGELHARDT, Karlheinz et al.** (1973): Kranke im Krankenhaus. Grenzen und Ergänzungsbedürftigkeit naturwissenschaftlicher Medizin. Stuttgart.

**ESTRYN-BEHAR, Madeleine et al.** (2005): Körperliche Belastungen beim Pflegepersonal, in: HASSELHORN, Hans-Martin et al. (Hg) (2005): Berufsausstieg bei Pflegepersonal. Arbeitsbedingungen und beabsichtigter Berufsausstieg bei Pflegepersonal in Deutschland und Europa. Dortmund, 101/108.

**ETZELMÜLLER, Gregor/WEISSENRIEDER, Annette (Hg)** (2010): Religion und Krankheit. Darmstadt.

**ETZINGER, Anton** (1859): Der Beruf und Lohn einer barmherzigen Schwester dargestellt in einer Predigt bei der Einkleidung von fünfzehn Jungfrauen und der Profeß von eilf Novizinen. München.

**FACHSPEZIFISCHE PRÜFUNGSORDNUNG FÜR DEN BACHELORSTUDIENGANG ‚PFLEGEWISSENSCHAFT (DUALES STUDIENPROGRAMM)' DER UNIVERSITÄT BREMEN** (2012), in: *Amstblatt der Freien Hansestadt Bremen,* Nr. 55 (2012) 379/381.

**FABRY, Heinz-Josef** (1993): Art. ruah, in: *Theologisches Wörterbuch zum Alten Testament,* Bd. VII (1993) 385/425.

**FAWCETT, Jacqueline** (1978): The relationship between theory and research: A double helix, in: *Advances in Nursing Science,* 1 (1978) 49/62.

**FECHTER, Friedrich/SUTTER REHMANN, Luzia** (2009): Art. Sexualität / Sexuelle Beziehung, in: *Sozialgeschichtliches Wörterbuch zur Bibel* (2009) 518/521.

**FIECHTER, Verena/MEIER, Martha** ([9]1993): Pflegeplanung. Eine Anleitung für die Praxis. Basel.

**FISCHER, Andreas/SCHAARSCHMIDT, Uwe** (2003): Beanspruchungsmuster im Pflegeberuf, in: ULICH, Eberhard (Hg) (2003): Arbeitspsychologie in Krankenhaus und Arztpraxis: Arbeitsbedingungen, Belastungen und Ressourcen. Bern, 169/194.

**FISCHER, Michael** (1924): Die deutsche Krankenpflege in der Neuzeit. Freiburg.

**FISCHER, Michael** (1932): Die Krankenpflege als Beruf. Freiburg.

**FISH, Sharon/SHELLY, Judith Allen** (1978): Spiritual Care: The nurse's role. Illinois.

**FITCHETT, George** (2014): Assessing spiritual needs in clinical setting, in: Eurpean conference on religion, spirituality and health. Unveröffentlichter Konkressband. Valletta, 9.

**FITZGERALD, Judith** (1985): Assessment of loneliness and spiritual well-being in chronically ill and healthy adults, in: *Journal of Professional Nursing,* 2 (1985) 79/85.

**FLASKERUD, Jacquelyn/HALLORAN, Edward** (1980): Areas of agreement in nursing theory development, in: *Advances in Nursing Science,* 1 (1980) 1/7.

**FLIEDNER, Theodor** (o.J.): Instruktionen für die erste Seelenpflege der Kranken, FSAK, Rep. II Fb 18.

**FLIEDNER, Theodor** (1837): Hausordnung und Dienstanweisung der Diakonissenanstalt 1837, in: STICKER, Anna (1960): Die Entstehung der neuzeitlichen Krankenpflege. Stuttgart, 245/258.

**FLORIN, Christiane** (2014): Was die Katholiken aus der Kirche treibt, in: *Die Zeit* (18.07.2014) (http://www.zeit.de/gesellschaft/zeitgeschehen/2014-07/kirchenaustritte-katholische-kirche (04.09.2014)).

**FOLKMAN, Susan** (1997): Positive psychological states and coping with severe stress, in: *Social Science and Medicine,* 8 (1997) 1207/1221.

**FOLKMAN, Susan/GREER, Steven** (2000): Promoting psychological well-being in the face of serious illness: When theory, research and practice inform each other, in: *Psycho-Oncology,* 9 (2000) 11/19.

**FORSCHUNGSGRUPPE WELTANSCHAUUNGEN IN DEUTSCHLAND** (2012): Religionszugehörigkeit Deutschland (http://fowid.de/fileadmin/datenarchiv/Religionszugehoerigkeit/Religionszugehoerigkeit_Bevoelkerung_2010_2013.pdf (04.09.2014)).

**FRANKL, Viktor E.** ([2]1978): Der Wille zum Sinn. Ausgewählte Vorträge über Logotherapie. Bern.

**FREVEL, Christian** (2003): Arbeit und Ruhe: Die Bestimmung des Menschen, in: Ders./ WISCHMEYER, Oda (2003): Menschsein. Perspektiven des Alten und Neuen Testaments. Würzburg, 49/56.

**FREVEL, Christian** (2003): Altes Testament, in: Ders./WISCHMEYER, Oda (2003): Menschsein. Perspektiven des Alten und Neuen Testaments. Würzburg, 121/125.

**FREVEL, Christian** (2003): Die Hoffnung des Menschen im Land der Lebenden, in: Ders./ WISCHMEYER, Oda (2003): Menschsein. Perspektiven des Alten und Neuen Testaments. Würzburg, 57/60.
**FREVEL, Christian** (2003): Mensch-Sein im Alten Testament, in: Ders./WISCHMEYER, Oda (2003): Menschsein. Perspektiven des Alten und Neuen Testaments. Würzburg, 26/48.
**FREVEL, Christian** (2003): Mensch-Werdung im Alten Testament, in: Ders./WISCHMEYER, Oda (2003): Menschsein. Perspektiven des Alten und Neuen Testaments. Würzburg, 12/19.
**FREVEL, Christian** (2004): Eine kleine Theologie der Menschenwürde. Ps 8 und seine Rezeption im Buch Ijob, in: HOSSFELD, Frank-Lothar/SCHWIENHORST-SCHÖNBERGER, Ludger (Hg) (2004): Das Mann fällt auch heute noch. Beiträge zur Geschichte und Theologie des Alten, Ersten Testaments. FS für Erich Zenger. Freiburg, 244/272.
**FREVEL, Christian** (2009): Gottesbildlichkeit und Menschenwürde. Freiheit, Geschöpflichkeit und Würde des Menschen nach dem Alten Testament, in: WAGNER, Andreas (Hg) (2009): Anthropologische Aufbrüche. Alttestamentliche und interdisziplinäre Zugänge zur historischen Anthropologie. Göttingen, 255/274.
**FREVEL, Christian** ([2]2009): Art. Krankheit/Heilung, in: *Handbuch thelogischer Grundbegriffe zum Alten Testament* ([2]2009) 284/288.
**FREVEL, Christian** ([2]2009): Art. Würde, in: *Handbuch theologischer Grundbegriffe zum Alten Testament* ([2]2009) 426/427.
**FRICK, Eckhard/ROSER, Traugott (Hg)** (2009): Spiritualität und Medizin. Gemeinsame Sorge für den kranken Menschen. Stuttgart.
**FRIESACHER, Heiner** (2011): Anerkennung und Leiblichkeit. Zwei konstitutive Elemente einer mehrdimensionalen Gerechtigkeitskonzeption in der Pflege, in: DEDERICH, Markus/SCHNELL, Martin (Hg) (2011): Anerkennung und Gerechtigkeit in Heilpädagogik, Pflegewissenschaft und Medizin. Auf dem Weg zu einer nichtexklusiven Ethik. Bielefeld, 77/105.
**FRIESACHER, Heiner** ([12]2012): Ethik – Herausforderungen und Entscheidungen, in: SCHEWIOR-POPP, Susanne et al. (Hg) ([12]2012): Thiemes Pflege. Stuttgart, 132/147.
**FROMM, Rainer/RICKELMANN, Richard** (2010): Ware Patient. Woran unsere medizinische Versorgung wirklich krankt. Frankfurt.
**FRY, Sara** (1995): Ethik in der Pflegepraxis. Eschborn.
**FUNKE, Dieter** (2006): Die dritte Haut. Psychoanalyse des Wohnens. Gießen.
**GABRIEL, Karl** (2009): Die Kirchen in Westdeutschland: Ein asymmetrischer religiöser Pluralismus, in: BERTELSMANN STIFTUNG (Hg) (2009): Woran glaubt die Welt? Analysen und Kommentare zum Religionsmonitor 2008. Bielefeld, 99/124.
**GÄDE, Gerhard** (2013): Art. Wille (katholisch), in: *Handwörterbuch Theologische Anthropologie* (2013) 627/632.
**GALATSCH, Michael et al.** (2007): Die Auswirkungen der DRG-Einführung aus Sicht der Pflege, in: *Pflegezeitschrift,* 5 (2007) 272/276.
**GALL, Terry** (2004): The role of religious coping in adjustment to prostate cancer, in: *Cancer Nursing,* 6 (2004) 454/461.
**GALLUP** (2012): In U.S., 77% identify as Christian, http://www.gallup.com/poll/159548/identify-christian.aspx (19.08.14).
**GALLUP** (2013): In U.S., four in 10 report attending church in last week (http://www.gallup.com/poll/166613/four-report-attending-church-last-week.aspx (04.09.2014).
**GALLUP** (2014): Mississippi most religious State, Vermont least religious (http://www.gallup.com/poll/167267/mississippi-religious-vermont-least-religious-state.aspx (19.08.14)).
**GATZ, Erwin** (1971). Kirche und Krankenpflege im 19. Jahrhundert. München.
**GEERTZ, Clifford** (1973): The impact of the concept of culture on the concept of man, in: Ders. (1973): The interpretation of cultures. New York, 33/54.
**GEIßNER, Ursula** ([9]2000): Menschenbild – ethische Dimension, in: KELLNHAUSER, Edith et al. (Hg) ([9]2000): Thiemes Pflege. Stuttgart, 4/25.
**GESETZ ÜBER DIE BERUFE IN DER KRANKENPFLEGE (KrPflG) VOM 16. JULI 2003 (2003)**, in: *Bundesgesetzblatt*, I. (2003) 1442.
**GEULEN, Dieter** (1995): Art. Sozialisation, in: *Pädagogische Grundbegriffe,* Bd. 2 (1995) 1409/1416.
**GIBBONS, Michael et al.** (1994): The new production of knowledge. The dynamics of science and research in contemporary societies. London.
**GIESE, Constanze** (2002): Die Patientenautonomie zwischen Paternalismus und Wirtschaftlichkeit. Das Modell des ‚Informed Consent' in der Diskussion. Münster.

**GIESEKE, Martin** (2006): Pflege – was ist das?, in: HEUWINKEL-OTTER, Annette et al. (Hg) (2006): Menschen pflegen, Bd. 1. Heidelberg, 3/31
**GILLMAYER-BUCHER, Susanne** (2010): Emotion und Kommunikation, in: FREVEL, Christian (Hg) (2010): Biblische Anthropologie. Neue Einsichten aus dem Alten Testament. Freiburg, 279/290.
**GOERDT, Wilhelm** (1974): Art. Holismus, in: *Historisches Wörterbuch der Philosophie,* Bd. 3 (1974) 1167f.
**GÖRRES, Stefan** (1996): Pflegewissenschaft: Herausforderung für die Forschung – Innovation für die Praxis, in: Ders. et al. (Hg) (1996): Pflegewissenschaft in der Bundesrepublik Deutschland. Bremen, 62/76.
**GOODE, William** (1957): Community within a community: The professions, in: *American Sociological Review,* 2 (1957) 194/200.
**GOODE, William** (1960): Encroachment, charlatanism, and the emerging profession: Psychology, sociology, and medicine, in: *American Sociological Review,* 6 (1960) 902/914.
**GORDON, Marjory** (1994): Pflegediagnosen. Wiesbaden.
**GOSEPATH, Stefan** (1998): Zu Begründungen sozialer Menschenrechte, in: Ders./LOHMANN, Georg (Hg) (1998): Philosophie der Menschenrechte. Frankfurt, 146/187.
**GRAHAM, Patricia** (2008): Nursing students' perception how prepared they are to asses patients' spiritual needs. Unveröffentlichte Dissertation. Graduate Program at College of Saint Mary (Omaha).
**GRANSTROM, Sandra** (1985): Spiritual nursing care for oncology patients, in: *Topics in clinical nursing,* 1 (1985) 39/45.
**GREENWOOD, Ernest** (1957): Attributes of a profession, in: *Social Work,* 3 (1957) 45/55.
**GREFE, Christiane/HARTMANN, Frauke** (1988): Fließband-Pflege, in: *Zeit online,* Nr. 42 (14.10.1988) 5ff.
**GRIFFITHS, Roland et al.** (2008): Mystical-type experience occasioned by psilocybin mediate the attribution of personal meaning and spiritual significance 14 months later, in: *Journal of Psychopharmacology,* 6 (2008) 621/632.
**GRIMSLEY, Linda** (2006): Spirituality and quality of life in HIV-positive persons, in: *Journal of Cultural Diversity,* 2 (2006) 113/118.
**GRÖSCHKE, Dieter** (2002): Leiblichkeit, Interpersonalität und Verantwortung – Perspektiven der Heilpädagogik, in: SCHNELL, Martin (Hg) (2002): Pflege und Philosophie. Interdisziplinäre Studien über den bedürftigen Menschen. Bern, 81/108.
**GROF, Stanislav** (2012): The potential of entheogens as catalysts of spiritual development, in: ROBERTS, Thomas (ed) (2012): Spiritual growth with entheogens. Psychoactive sacramentals and human transformation. Rochester, 31/56.
**GROM, Bernhard** ([3]2007): Religionspsychologie. München.
**GROM, Bernhard** (2009): Spiritualität – die Karriere eines Begriffs: Eine religionspsychologische Perspektive, in: FRICK, Eckhard/ROSER, Traugott (Hg) (2009): Spiritualität und Medizin. Stuttgart, 12/17.
**GROM, Bernhard** (2011): Wie gesund macht der Glaube?, in: *Stimmen der Zeit,* 2 (2011) 101/112.
**GROß, Walter** (2001): Gen 1,26.27; 9,6: Statue oder Ebenbild Gottes?, in: *Jahrbuch für Biblische Theologie (JBTh),* Bd. 15 (2001) 11/38.
**GROßKLAUS-SEIDEL, Marion** (2002): Ethik im Pflegealltag. Wie Pflegende ihr Handeln reflektieren und begründen können. Stuttgart.
**GRUBER, Franz** (2001): Im Haus des Lebens: Eine Theologie der Schöpfung. Regensburg.
**GRUBER, Franz** (2002): Was ist der Mensch? Theologische Anthropologie in biotechnischen Zeitalter, in: HOFER, Peter (Hg) (2002): Aufmerksame Solidarität. Festschrift für Bischof Maximilian Aichern. Regensburg, 55/73.
**GRUBER, Franz** (2003): Das entzauberte Geschöpf. Konturen des christlichen Menschenbildes. Regensburg.
**GRUBER, G.** ([6]1957): Einführung in den Krankenpflegeberuf, in: FISCHER, Ludolf et al. (Hg) ([6]1957): Hand- und Lehrbuch der Krankenpflege. Bd 2: Praktische Krankenpflege. Stuttgart, 9/19.
**GRUBER, Margareta/MICHEL, Andreas** (2009): Art. Körper, in: *Sozialgeschichtliches Wörterbuch zur Bibel* (2009) 307/312.
**GRÜMME, Bernhard** (2012): Menschen bilden? Eine religionspädagogische Anthropologie. Freiburg.
**GRÜN, Anselm** (2007): Spiritualität – Damit mein Leben gelingt. Münsterschwarzach.
**GRÜN, Anselm** (2009): Leben und Beruf – Eine spirituelle Herausforderung. München.
**GRÜN, Anselm** (2012): Lob der sieben Tröstungen. Was Leib und Seele gut tut. Freiburg.

**GRUND, Alexandra/JANOWSKI, Bernd** (2009): Solange die Erde steht. Zur Erfahrung von Raum und Zeit im alten Israel, in: JANOWSKI, Bernd/LIESS, Kathrin (Hg) (2009): Der Mensch im Alten Israel. Neuere Forschungen zur alttestamentlichen Anthropologie. Freiburg, 487/535.
**GUTBROD, Walter** (1934): Die paulinische Anthropologie. Stuttgart.
**HAGEN, Thomas et al.** (2011): Qualifizierungskurs Palliative Care für Seelsorgende. Curriculum und Einführung. Stuttgart.
**HAGEN,** Wilhelm et al. ([18]1951): Krankenpflege-Lehrbuch. Berlin.
**HAMER, Dean** (2006): Das Gottes Gen. Warum uns der Glaube im Blut liegt. München.
**HAMPTON, Diane et al.** (2007): Spiritual needs of persons with advanced cancer, in: *American Journal of Hospice and Palliative Medicine,* 1 (2007) 42/48.
**HAMRICK, Natalie/DIEFENBACH, Michael** (2006): Religion and spirituality among patients with localized prostate cancer, in: *Palliative and Supportive Care,* 4 (2006) 345/355.
**HANS-BÖCKLER-STIFTUNG (Hg)** (2014): Arbeitsreport Krankenhaus. Düsseldorf.
**HARKREADER, Helen et al.** ([3]2007): Fundamentals of nursing. Caring and clinical judgment. St. Louis.
**HARRIS, Erica/MCNAMARA, Patrick** (2008): Is religiousness biocultural adaption?, in: BULBULIA, Joseph et al. (ed) (2008): The evolution of religion. Santa Margarita, 79/85.
**HARRISON, Ruth** (1997): Spirituality and hope: nursing implications for people with HIV disease, in: *Holistic Nursing Practice,* 1 (1997) 9/16.
**HASENFRATZ, Hans-Peter** (1986): Die Seele. Einführung in ein religiöses Grundphänomen. Zürich.
**HASENFRATZ, Hans-Peter** (1986): Seelenvorstellungen bei den Germanen und ihre Übernahme und Umformung durch die christliche Mission, in: *Zeitschrift für Religions- und Geistesgeschichte,* 1 (1986) 19/31.
**HASENFRATZ, Hans-Peter** (2012): Was ist das: die Seele?, in: *Bibel heute,* 1 (2012) 8/10.
**HASLBECK, Jörg** (2008): Bewältigung komplexer Medikamentenregime aus der Sicht chronisch Kranker, in: *Pflege & Gesellschaft,* 1 (2008) 48/61.
**HASSELHORN, Hans-Martin et al.** (2005): Berufsausstieg bei Pflegepersonal. Arbeitsbedingungen und beabsichtigter Berufsausstieg bei Pflegepersonal in Deutschland und Europa. Dortmund.
**HASSELHORN, Hans-Martin et al.** (2005): Warum will Pflegepersonal in Europa die Pflege verlassen, in: Ders. et al. (Hg) (2005): Berufsausstieg bei Pflegepersonal. Arbeitsbedingungen und beabsichtigter Berufsausstieg bei Pflegepersonal in Deutschland und Europa. Dortmund, 124/134.
**HASSELHORN, Hans-Martin et al.** (2005): Wunsch nach Berufsausstieg bei Pflegepersonal in Deutschland, in: Ders. et al. (Hg) (2005): Berufsausstieg bei Pflegepersonal. Arbeitsbedingungen und beabsichtigter Berufsausstieg bei Pflegepersonal in Deutschland und Europa. Dortmund, 135/145.
**HAY, Peter** ([4]2008): US-Amerikanisches Recht. Ein Studienbuch. München.
**HAYNES, Donna/WATT, Paula** (2008): The lived experience of healthy behaviors in people with debilitating illness, in: *Holistic Nursing Practice,* 1 (2008) 44/53.
**HEFFELS, Wolfgang** ([6]2014): Menschenbilder und Ethik, in: LAUSTER, Martina et al. (Hg) ([6]2014): Pflege Heute. München, 1/18.
**HELLER, Birgit** ([2]2007): Bedeutung religiös-kultureller Unterschiede in der Palliative Care, in: CORNELIA KNIPPING (Hg) ([2]2007): Lehrbuch Palliative Care. Bern, 432/437.
**HELMERICHS, Jutta** (1992): Krankenpflege im Wandel (1890 bis 1933). Sozialwissenschaftliche Untersuchung zur Umgestaltung der Krankenpflege von einer christlichen Liebestätigkeit zum Beruf. Göttingen.
**HENDERSON, Virginia** (1966): The nature of nursing: A definition and its implications for practice, research, and education. New York.
**HENDERSON, Virginia** (1977): Basic principles of nursing care. Genf.
**HENDERSON, Virginia** (1977): Grundregeln der Krankenpflege, übersetzt von Edith Fischer. Genf.
**HERMANN, Carla** (2007): The degree to which spiritual needs of patients near the end of life are met, in: *Oncology Nursing Forum,* 1 (2007) 70/78.
**HESSE, Hans Albrecht** (1968): Berufe im Wandel. Ein Beitrag zum Problem der Professionalisierung. Stuttgart.
**HESSISCHES SOZIALMINISTERIUM** (2005): Rahmenlehrplan für die Gesundheits- und Krankenpflege und die Gesundheits- und Kinderkrankenpflege in Hessen auf der Basis der Ausbildungs- und Prüfungsverordnung für die Berufe der Krankenpflege (KrPflAPrV) vom 10. November 2003. Wiesbaden.
**HETZEL, Mechthild** (2011): Ob Du in Frage kommst? Zur praktischen Bedeutung und epistemischen Relevanz konstitutiver Offenheit, in: DEDERICH, Markus/SCHNELL, Martin (Hg) (2011): Anerkennung und Gerechtigkeit in Heilpädagogik, Pflegewissenschaft und Medizin. Auf dem Weg zu einer nichtexklusiven Ethik. Bielefeld, 129/142.

**HIGHFIELD, Martha** (1992): Spiritual health of oncology patients. Nurse and patient perspectives, in: *Cancer Nursing,* 1 (1992) 1/8.
**HIGHFIELD, Martha/CASON, Carolyn** (1983): Spiritual needs of patients: Are they recognized?, in: *Cancer Nursing,* 6 (1983) 187/192.
**HILBERATH, Bernd Jochen** (²2002): Gnadenlehre, in: SCHNEIDER, Theodor (Hg) (²2002): Handbuch der Dogmatik Bd. 2. Düsseldorf, 3/46.
**HILBERATH, Bernd Jochen** (²2002): Pneumatologie, in: SCHNEIDER, Theodor (Hg) (²2002): Handbuch der Dogmatik Bd. 1. Düsseldorf, 445/564.
**HILBRANDS, Walter** (2004): Du hast ihn wenig geringer gemacht als Gott. Zur hohen Anthropologie von Psalm 8, in: HILLE, Rolf/KLEMENT, Herbert (Hg) (2004): Der Mensch – Was ist das? Zur theologischen Anthropologie. Wuppertal, 89/105.
**HINSCHIUS, Paul** (1874): Die Orden und Kongregationen der Katholischen Kirche in Preussen. Ihre Verbreitung, ihre Organisation und ihre Zwecke. Berlin.
**HÖLLINGER, Franz** (2009): Die Erfahrung der Präsenz des Göttlichen: Religiöse Kultur in Brasilien, den USA und Westeuropa, in: BERTELSMANN STIFTUNG (Hg) (2009): Woran glaubt die Welt? Analysen und Kommentare zum Religionsmonitor 2008. Bielefeld, 453/480.
**HOFMANN, Albert** (2012): LSD as a spiritual aid, in: ROBERTS, Thomas (ed) (2012): Spiritual growth with entheogens. Psychoactive sacramentals and human transformation. Rochester, 140/143.
**HOHENBECKER-BELKE, Eva** (¹²2012): Der Pflegeprozess, in: SCHEWIOR-POPP, Susanne et al. (Hg) (¹²2012): Thiemes Pflege. Stuttgart, 75/82.
**HOHN, Wilhelm** (1899): Die Nancy-Trierer Borromäerinnen in Deutschland. Trier.
**HOHN, Wilhelm** (1900): Die sozialökonomischen Beziehungen charitativer Genossenschaften. Berlin.
**HOMER** (1997): Ilias. Frankfurt.
**HOOD, Ralph et al.** (⁴2009): The psychology of religion. An emprical approach. New York.
**HORST, Ulrich** (2006): Wege in die Nachfolge Christi. Die Theologie des Ordensstandes nach Thomas von Aquin. Berlin.
**HUBERT, Mary** (1963): Spiritual care for every patient, in: *Journal of Nursing Education,* 2 (1963) 9/11.29/31.
**HUMMEL, Eva** (1986): Krankenpflege im Umbruch (1876-1914). Freiburg.
**HUNDENBORN, Gertrud** (¹²2012): Gesundheits- und Krankenpflege – Ausbildung und Beruf, in: SCHEWIOR-POPP, Susanne et al. (Hg) (¹²2012): Thiemes Pflege, 4/23.
**HUNGELMANN, JoAnn et al.** (1985): Spiritual well-being in older adults: harmonious interconnectedness, in: *Journal of Religion and Health,* 2 (1985) 147/154.
**HUXEL, Kirsten** (2004): Art. Seele. II. Philosophisch und religionsphilosophisch, in: *RGG,* Bd. 7 (⁴2004) 1098f.
**IGNATIUS VON LOYOLA** (¹¹1993): Die Exerzitien. Einsiedeln.
**IRSINGER, Hubert** (1997): Die Frage nach dem Menschen in Psalm 8. Zu Bedeutung und Horizont eines kontroversen Menschenbildes im Alten Testament, in: Ders. (1997): Vom Adamssohn zum Immanuel. Gastvorträge in Pretoria 1996. St. Ottilien, 1/48.
**ISERINGHAUSEN, Olaf** (2010): Psychische Belastungen und gesundheitliches Wohlbefinden von Beschäftigten im Krankenhaus, in: BADURA, Bernhard (Hg) (2010): Fehlzeiten-Report 2009. Arbeit und Psyche: Belastungen reduzieren – Wohlbefinden fördern. Heidelberg, 117/127.
**ISFORT, Michael** (2003): Die Professionalität soll in der Praxis ankommen, in: *Pflege aktuell,* 6 (2003) 325/329.
**ISFORT, Michael/WEIDNER, Frank et al.** (2010): Pflege-Thermometer 2009. Eine bundesweite Befragung von Pflegekräften zur Situation der Pflege und Patientenversorgung im Krankenhaus. Köln.
**JACOB, Edmond** (1973): Art. Ψυχή B. Die Anthropologie des Alten Testaments, in: *Theologisches Wörterbuch zum Neuen Testament,* Bd. IX (1973) 614/629.
**JACOBS, Peter** (¹²2012): Wandel der Arbeitsprozesse und Entwicklung neuer Handlungsfelder, in: SCHEWIOR-POPP, Susanne et al. (Hg) (¹²2012): Thiemes Pflege. Stuttgart, 25/30.
**JACOBSOHN, Paul** (1900): Geistliche und weltliche Krankenpflege vom ärztlich-therapeutischen Standpunkt, in: *Deutsche Medizinische Wochenschrift,* Heft 26 (1900) 714f.730f..
**JANOWSKI, Bernd** (2003): Das biblische Menschenbild. Eine methodologische Skizze, in: Ders. (2003): Der Gott des Lebens. Beiträge zur Theologie des Alten Testaments, Bd. 3. Neukirchen-Vluyn, 3/26.
**JANOWSKI, Bernd** (2005): Der Mensch im Alten Israel. Grundfragen alttestamentlicher Anthropologie, in: *Zeitschrift für Theologie und Kirche,* 2 (2005) 143/175.

**JANOWSKI, Bernd** (2008): Der Gott Israels und die Toten. Eine religions- und theologiegeschichtliche Skizze, in: Ders. (2008): Die Welt als Schöpfung. Beiträge zur Theologie des Alten Testaments 4. Neukirchen-Vluyn, 266/304.
**JANOWSKI, Bernd** (2008): Die lebendige Statue Gottes. Zur Anthropologie der priesterlichen Urgeschichte, in: Ders. (2008): Die Welt als Schöpfung. Beiträge zur Theologie des Alten Testaments 4. Neukirchen-Vluyn, 140/171.
**JANOWSKI, Bernd** (2008): Jenseits des Alltags. Fest und Opfer als religiöse Kontrapunkte zur Alltagswelt im alten Israel, in: Ders. (2008): Die Welt als Schöpfung. Beiträge zur Theologie des Alten Testaments 4. Neukirchen-Vluyn, 39/78.
**JANOWSKI, Bernd** (2009): Anerkennung und Gegenseitigkeit. Zum konstellativen Personenbegriff des Alten Testaments, in: Ders./LIESS, Kathrin (Hg) (2009): Der Mensch im Alten Israel. Neuere Forschungen zur alttestamentlichen Anthropologie. Freiburg, 181/211.
**JANOWSKI, Bernd** (2009): Anthropologie des Alten Testaments. Versuch einer Grundlegung, in: WAGNER, Andreas (Hg) (2009): Anthropologische Aufbrüche. Alttestamentliche und interdisziplinäre Zugänge zur historischen Anthropologie. Göttingen, 13/41.
**JANOWSKI, Bernd** ([4]2013): Konfliktgespräche mit Gott. Eine Anthropologie der Psalmen. Neukirchen-Vluyn.
**JANSSEN, Claudia/KESSLER, Rainer** (2009): Art. Emotionen, in: *Sozialgeschichtliches Wörterbuch zur Bibel* (2009) 107/112.
**JERVELL, Jacob** (1980): Art. Bild Gottes I, in: *Theologishe Realenzyklopädie,* Bd. 6 (1980) 491/498.
**JIM, Heather et al.** (2006): Measuring meaning in life following cancer, in: *Quality of Life Research,* 8 (2006) 1355/1371.
**JOAS, Hans** (1984): Das Prinzip Verantwortung. Frankfurt.
**JOAS, Hans** (2009): Die religiöse Situation in den USA, in: BERTELSMANN STIFTUNG (Hg) (2009): Woran glaubt die Welt? Analysen und Kommentare zum Religionsmonitor 2008. Bielefeld, 329/347.
**JOHNSON, Dorothy E.** (1974): Development of theory: A requisite for nursing as a primary health profession, in: *Nursing Research,* 9/10 (1974) 372/377.
**JOHNSON, Lyndon B.** (1964): Remarks of Madison Square Garden (http://www.presidency.ucsb.edu/ws/print.php?pid=26700 (21.12.2008)).
**JOHNSON, Mary et al.** (2007): Measuring spiritual quality of life in patients with cancer, in: *The Journal of Supportive Oncology,* 9 (2007) 437/442.
**JOINT COMMISSION ON THE ACCREDITATION OF HEALTHCARE ORGANIZATIONS** (2006): 2006 Comprehensive accreditation manual for healthcare organizations: The official handbook. Chicago.
**JUCHLI, Liliane** (1973): Allgemeine und spezielle Krankenpflege. Ein Lehr- und Lernbuch. Stuttgart.
**JUCHLI, Liliane** ([6]1991): Krankenpflege. Praxis und Theorie der Gesundheitsförderung und Pflege Kranker. Stuttgart.
**JUCHLI, Liliane** ([8]1997): Pflege. Praxis und Theorie der Gesundheits- und Krankenpflege. Stuttgart.
**JUCHLI, Liliane** ([12]2012): Die ATL (Aktivitäten des täglichen Lebens) – eine Ordnungsstruktur im Kontext eines ganzheitlichen Menschenbildes, in: SCHEWIOR-POPP, Susanne et al. (Hg) ([12]2012): Thiemes Pflege. Stuttgart, IX/X.
**JUCHLI, Liliane/HÖGGER, Beda** (1971): Umfassende Krankenpflege. Stuttgart.
**KÄPPELI, Silvia** (2004): Vom Glaubenswerk zur Pflegewissenschaft. Geschichte des Mit-Leidens in der christlichen, jüdischen und freiberuflichen Krankenpflege. Bern.
**KÄßMANN, Margot** (2007): Mit Herzen, Mund und Händen. Spiritualität im Alltag leben. Gütersloh.
**KAISERLICHES STATISTISCHES AMT (Hg)** (1877): Die Aerzte und das medizinische Hülfspersonal, die Apotheken und die Heilanstalten, sowie die wissenschaftlichen medizinischen und pharmazeutischen Vereine im Deutschen Reiche, in: *Monatshefte zur Statistik des Deutschen Reichs,* 9 (1877) 10.
**KAISERLICHES STATISTISCHES AMT (Hg)** (1914): Statistisches Jahrbuch für das Deutsche Reich. Berlin.
**KAMLAH, Wilhelm** (1972): Philosophische Anthropologie. Sprachkritische Grundlegung und Ethik. Mannheim.
**KAMM-STEIGELMAN, Lucia et al.** (2006): Religion, relationships and mental health in midlife women following acute myocardial infarction, in: *Issues in Mental Health Nursing,* 2 (2006) 141/159.
**KANT, Immanuel** ([7]2011): Werke in sechs Bänden, Bd. II; hg. von WEISCHEDEL, Wilhelm. Darmstadt.
**KAPLOW, Ian** (2009): Über Faktizität und Geltung von Menschenbildern, in: Ders. (Hg) (2009), Mensch – Bild – Menschenbild. Weilerswist, 11/20.
**KARPP, Heinrich** (1950): Probleme altchristlicher Anthropologie. Biblische Anthropologie und philosophische Psychologie bei den Kirchenvätern des dritten Jahrhunderts. Gütersloh.

**KATECHISMUS DER KATHOLISCHEN KIRCHE** (2003): Neuübersetzung aufgrund der Editio typica Latina. München.
**KATHOLISCHER KRANKENHAUSVERBAND DEUTSCHLANDS (Hg)** (2001): Pflegequalität und Pflegeleistungen I. Zwischenbericht. Freiburg/Köln.
**KATSCHER, Liselotte** (1997): Krankenpflege 1945-1965. Reutlingen.
**KATSCHER, Liselotte** (2007): Die Krankenpflege, in: RÖPER, Ursula/JÜLLIG, Carola (Hg) (2007): Die Macht der Nächstenliebe: Einhundertfünfzig Jahre Innere Mission und Diakonie 1848-1998. Stuttgart.
**KEGLER, Jürgen/EISEN, Ute** (2009): Art. Arbeit/Lohnarbeit, in: *Sozialgeschichtliches Wörterbuch zur Bibel* (2009) 16/22.
**KELLNHAUSER, Edith** (1991): Die Bedeutung einer Pflegephilosophie für die Pflegepraxis. Erfahrungen aus den USA, in: *Die Schwester / Der Pfleger,* 12 (1991) 1098/1101.
**KELLNHAUSER, Edith** (1994): Krankenpflegekammern und Professionalisierung in der Pflege. Melsungen.
**KELLNHAUSER, Edith et al. (Hg)** ([9]2000): Thiemes Pflege. Stuttgart.
**KELLY, Cordelia W.** (1962): Dimensions of professional nursing. New York.
**KIM, Suzie Hesook** (1990): Zur Strukturierung pflegerischen Wissens – eine Typologie in vier Bereichen, in: *Pflege,* 2 (1990) 85/94.
**KIRCHNER, Baldur** (2004): Benedikt für Manager: Die geistlichen Grundlagen des Führens. Wiesbaden.
**KIRKPATRICK, Lee** (2005): Attachment, evolution, and the psychology of religion. New York.
**KIRKPATRICK, Lee** (2006): Religion is not an adaption, in: MCNAMARA, Patrick (ed) (2006): Where god and science meet. Volume 1: Evolution, genes, and the religious brain. Westport, 159/179.
**KLEIN, Constantin** (2011): Religion/Religiosität als grundlegendere Begriffe: in: Ders. et al. (Hg) (2011): Gesundheit – Religion – Spiritualität. Konzepte, Befunde und Erklärungsansätze. Weinheim, 35/45.
**KLEIN, Constantin/LEHR, Dirk** (2011): Religiöses Coping, in: KLEIN, Constantin et al. (Hg) (2011): Gesundheit – Religion – Spiritualität. Konzepte, Befunde und Erklärungsansätze. Weinheim, 333/359.
**KLEIN, Constantin et al. (Hg)** (2011): Gesundheit – Religion – Spiritualität. Konzepte, Befunde und Erklärungsansätze. Weinheim.
**KLESSMANN, Michael** (2008): Seelsorge. Ein Lehrbuch. Neukirchen-Vluyn.
**KLESSMANN, Michael** (Hg) ([3]2008): Handbuch der Krankenhausseelsorge. Göttingen.
**KLUCKHOHN, Clyde** (1954): Culture and behavior, in: LINDZEY, Gardner (ed) (1954): Handbook of social psychology, volume II. Cambridge (Mass.), 921/970.
**KLUGE, Friedrich** ([23]1995): Art. ganz, in: *Etymologisches Wörterbuch der deutschen Sprache.* Berlin, 298.
**KNAUF, Ernst/ZANGENBERG, Jürgen** ([2]2009): Art. Zeit, in: *Handbuch theologischer Grundbegriffe zum Alten und Neuen Testament* ([2]2009) 432/434.
**KOCH, Klaus** (2000): Imago Dei – Die Würde des Menschen im biblischen Text. Göttingen.
**KÖCHER, Renate** (2010): Schwere Zeiten für die Kirchen, in: *Frankfurter Allgemeine Zeitung* (23.16.2010) 5.
**KOENIG, Harold et al.** (2004): Religion, spirituality, and health in medically ill hospitalized older patients, in: *Journal of the American Geriatrics Society,* 4 (2004) 554/562.
**KOENIG, Harold et al.** ([2]2012): Handbook of religion and health. New York.
**KÖRTNER, Ulrich** (2011): Anerkennung, Rechtfertigung und Gerechtigkeit als Kernbegriffe Diakonischer Ethik, in: DEDERICH, Markus/SCHNELL, Martin (Hg) (2011): Anerkennung und Gerechtigkeit in Heilpädagogik, Pflegewissenschaft und Medizin. Bielefeld, 47/76.
**KOHLEN, Helen** (2006): Rezension zu: Rainer Wettreck (2001) „Am Bett ist alles anders" – Perspektiven professioneller Pflegeethik, in: *Ethik der Medizin,* 2 (2006) 201/205.
**KOHLEN, Helen** (2011): Care-Praxis und Gerechtigkeit. Der konkrete Andere in Medizin und Pflege, in: DEDERICH, Markus/SCHNELL, Martin (Hg) (2011): Anerkennung und Gerechtigkeit in Heilpädagogik, Pflegewissenschaft und Medizin. Auf dem Weg zu einer nichtexklusiven Ethik. Bielefeld, 217/231.
**KOHLER-SPIEGEL, Helga** (2006): Im Leib (zu Hause) sein. Überlegungen aus religionspädagogischer Sicht, in: RIEDEL-SPANGENBERGER, Ilona/ZENGER, Erich (Hg) (2006): „Gott bin ich, kein Mann". Beiträge zur Hermeneutik der biblischen Gottesrede. Festschrift für Helen Schüngel-Straumann zum 65. Geburtstag. Paderborn, 394/403.
**KONSTITUTIONEN DER SCHWESTERN VOM DRITTEN ORDEN DES HL. DOMINIKUS** (1890) Trier.

**KOZIER, Barbara/ERB, Glenora Lea** (1979): Fundamentals of nursing. Concepts and procedures. Menlo Park.
**KRACHT, Hans-Joachim** (2008): Margaretha Rosa Flesch – Leidenschaft für die Menschen, Bd. 3. Trier.
**KRÄNZLE, Susanne et al. (Hg)** ([3]2010): Palliative Care. Heidelberg.
**KRATZ, Reinhard** ([2]2009): Art. Kult, in: *Handbuch theologischer Grundbegriffe zum Alten und Neuen Testament* ([2]2009) 31/35.
**KRATZ, Reinhard** ([2]2009): Art. Ritus / Ritual, in: *Handbuch theologischer Grundbegriffe zum Alten und Neuen Testament* ([2]2009) 353f.
**KREINER, Armin** (2006): Das wahre Antlitz Gottes. Freiburg.
**KREUTZER, Siegfried/SCHOTTROFF, Luise** (2009): Art. Freundschaft, in: *Sozialgeschichtliches Wörterbuch zur Bibel* (2009) 167/170.
**KREUTZER, Susanne** (2005): Vom Liebesdienst zum modernen Frauenberuf. Die Reform der Krankenpflege nach 1945. Frankfurt.
**KREUTZER, Susanne/NOLTE, Karen** (2010): Seelsorgerin ‚im Kleinen' – Krankenseelsorge durch Diakonissen im 19. und 20. Jahrhundert, in: *Zeitschrift für medizinische Ethik*, Heft 1 (2010) 45/56.
**KROHWINKEL, Monika** (1993): Der Pflegeprozeß am Beispiel von Apoplexiekranken: Eine Studie zur Erfassung und Entwicklung ganzheitlich-rehabilitierender Prozeßpflege. Baden-Baden.
**KRÜGER, Thomas** (2009): Das ‚Herz' in der alttestamentlichen Anthropologie, in: WAGNER, Andreas (Hg) (2009): Anthropologische Aufbrüche. Alttestamentliche und interdisziplinäre Zugänge zur historischen Anthropologie. Göttingen, 103/118.
**KRUPSKI, Tracey et al.** (2006): Spirituality influences health related quality of life in men with prostate cancer, in: *Psycho-Oncology,* 2 (2006) 121/131.
**KULTUSMINISTERKONFERENZ** (2000): Handreichungen für die Erarbeitung von Rahmenlehrplänen der Kultusministerkonferenz (KMK) für den berufsbezogenen Unterricht in der Berufsschule und ihre Abstimmung mit den Ausbildungsordnungen des Bundes für anerkannte Ausbildungsberufe. Bonn.
**KUNZE-WÜNSCH, Elisabeth** ([3]2010): Seelsorge an Sterbenden und Angehörigen, in: KRÄNZLE, Susanne et al. (Hg) ([3]2010): Palliative Care. Handbuch für Pflege und Begleitung, 46f.
**KUSCHEL, Karl-Josef** (2010): Der Mensch – Abbild oder Statthalter Gottes? Konsequenzen für Juden, Christen und Muslime, in: SCHMIDINGER, Heinrich/SEDMAK, Clemens (Hg) (2010): Der Mensch – ein Abbild Gottes?. Darmstadt, 47/60.
**LABUNE, Evelyn** (1988): Spiritual care: An element in nursing care planning, in: *Journal of Advanced Nursing,* 3 (1988) 314/320.
**LAG BADEN-WÜRTTEMBERG E.V./SOZIALMINISTERIUM BADEN-WÜRTTEMBERG** (2004): Vorläufiger Landeslehrplan Baden-Württemberg für die Ausbildung zur Gesundheits- und Krankenpflegerin oder zum Gesundheits- und Krankenpfleger und zur Gesundheits- und Kinderkrankenpflegerin oder zum Gesundheits- und Kinderkrankenpfleger. o.O.A.
**LAMBERTY-ZIELINSKI, Hedwig** (1986): Art. nesamah, in: *Theologisches Wörterbuch zum Alten Testament,* Bd. V (1986) 669/673.
**LANE, Julia** (1987): The care of the human spirit, in: *Journal of Professional Nursing,* 3 (1987) 332/337.
**LANGEMEYER, Georg** (1995): Die theologische Anthropologie, in: BEINERT, Wolfgang (Hg) (1995): Glaubenszugänge. Lehrbuch der Katholischen Dogmatik Bd. 1. Paderborn, 499/622.
**LARSON, Magali Sarfatti** (1977): The rise of professionalism. A sociological analysis. Berkeley.
**LAUBMEIER, Kimberly** (2004): The role of spirituality in the psychological adjustment to cancer: A test of the transactional model of stress and coping, in: *International Journal of Behavioral Medicine,* 1 (2004) 48/55.
**LAUSTER, Martina et al.** (Hg) ([6]2014): Pflege Heute. Lehrbuch für Pflegeberufe. München.
**LAY, Reinhard** (2004): Ethik in der Pflege. Ein Lehrbuch für die Aus-, Fort- und Weiterbildung. Hannover.
**LAZARUS, Richard** (1993): Coping theory and research: Past, present, and future, in: *Psychosomatic Medicine,* 3 (1993) 234/247.
**LAZARUS, Richard/FOLKMAN, Susan** (1984): Stress, appraisal, and coping. New York.
**LEE, Eunmi** (2014): Religiosität bzw. Spiritualität in Psychiatrie und Psychotherapie. Würzburg.
**LEHMANN, Karl** (2009): Gibt es ein christliches Menschenbild?, in: VOSSENKUHL, Wilhelm et al. (Hg) (2009): Ecce Homo! Menschenbild – Menschenbilder. Stuttgart, 121/139.
**LEININGER, Madeleine** (1976): Doctoral programs for nurses: A survey of trends, issues, and projected developments, in: U.S. DEPARTEMENT OF HEALTH, EDUCATION, AND WELFARE (ed) (1976):

The doctorally prepared nurse. Report of two conferences on the demand for and education of nurses with doctoral degrees. Maryland, 3/38.

**LEININGER, Madeleine** (1985): Transcultural care diversity and universality: A theory of nursing, in: *Nursing and Health Care,* 4 (1985) 208/212.

**LEININGER, Madeleine** (1991): The theory of culture care diversity and universality, in: Dies. (ed) (1991): Culture care diversity and universality: A theory of nursing. New York, 5/68.

**LEININGER, Madeleine** (1994): Transcultural nursing: Concepts, theories and practices. Ohio.

**LEININGER, Madeleine** (²1995): Transcultural nursing: Concepts, theories, research & practices. New York.

**LEININGER, Madeleine** (1996): Culture care theory, research, and practice, in: *Nursing Science Quarterly,* 2 (1996) 71/78.

**LEININGER, Madeleine** (²2006): Culture care diversity and universality theory and evolution of the ethnonursing method, in: Dies./MCFARLAND, Marilyn (²2006): Culture care diversity and universality. A worldwide nursing theory. Boston, 1/41.

**LEVINE, Myra** (1971): Holistic nursing, in: *Nursing Clinics of North America,* 2 (1971) 253/264;

**LINHART, Karin** (2007): Einführung in Recht und Gerichtsorganisation der USA, in: *Zeitschrift für Europarecht, Internationales Privatrecht und Rechtsvergleichung,* 6 (2007) 217/225.

**LINK, Christian** (⁴2004): Art. Seele. III. Christentum: 3. Systematisch-theologisch, in: *Religion in Geschichte und Gegenwart,* Bd. 7 (⁴2004) 1103/1105.

**LITWINCZUK, Kathleen/GROH, Carla** (2007): The relationship between spirituality, pupose in life, and well-being in HIV-positive persons, in: *Journal of the Association of Nurses in AIDS Care,* 3 (2007) 13/22.

**LIU, Ben-Chieh** (1975): Quality of life: Concepts, measure and sesults, in: *The American Journal of Econimics and Sociology,* 1 (1975) 1/13.

**LÖHE, Wilhelm** (1856): Einleitende Sätze von der Seelsorge überhaupt und der Krankenseelsorge insonderheit, in: Ders. (Hg) (1856): Dr. Gottfried Olearius Anweisung zur Krankenseelsorge. Nürnberg, 1/17.

**LÖHE, Wilhelm** (Hg) (1856): Dr. Gottfried Olearius Anweisung zur Krankenseelsorge. Nürnberg.

**LÖNING, Karl/ZENGER, Erich** (1997): Als Anfang schuf Gott. Biblische Schöpfungstheologien. Düsseldorf.

**LOVANIO, Kathleen/WALLACE, Meredith** (2007): Promoting spiritual knowledge and attitudes, in: *Holistic Nursing Practice,* 1 (2007) 42/47.

**LUDERER, Christiane/BEHRENS, Johann** (2005): Aufklärungs- und Informationsgespräche im Krankenhaus, in: *Pflege,* 1 (2005) 15/23.

**LUDEWIG, Christel** (2008): Pflege und Spiritualität. Ein ABC mit Texten, Ritualen und kleinen Übungen. Gütersloh.

**MACCO, Katrin/SCHMIDT, Jana** (2010): Krankheitsbedingte Fehlzeiten in der deutschen Wirtschaft im Jahr 2008, in: BADURA, Bernhard et al. (Hg) (2010): Fehlzeiten-Report 2009. Arbeit und Psyche: Belastungen reduzieren – Wohlbefinden fördern. Heidelberg, 275/424.

**MAI, ANTON** (²1784): Unterricht für Krankenwärter zum Gebrauche öffentlicher Vorlesungen. Mannheim.

**MAIBERGER, P.** (1985): Art. napah, in: *Theologisches Wörterbuch zum Alten Testament,* Bd. V (1985) 519/521.

**MANNING-WALSH, Juanita** (2005): Spiritual struggle: Effect on quality of life and life satisfaction in women with breast cancer, in: *Journal of Holistic Nursing,* 2 (2005) 120/144.

**MARTSOLF, Donna/MICKLEY, Jacqueline** (1998): The concept of spirituality in nursing theories: Differing world views and extent of focus, in: *Journal of Advanced Nursing,* 2 (1998) 294/303.

**MASLACH, Christina/JACKSON, Susan** (1981): The measurement of experienced burnout, in: *Journal of occupational behavior,* 2 (1981) 99/113.

**MAYER, Hanna** (³2011): Pflegeforschung anwenden. Elemente und Basiswissen für Studium und Weiterbildung. Wien.

**MCCALL, Storrs** (1975): Quality of Life, in: *Social Indicators Research,* 2 (1975) 229/248.

**MCCLAIN-JACOBSON, Colleen et al.** (2004): Belief in an afterlife, spiritual well-being and end-of-life despair in patients with advanced cancer, in: *General Hospital Psychiatry,* 6 (2004) 484/486.

**MCEWEN, Melanie** (2004): Analysis of spirituality content in nursing textbooks, in: *Journal of Nursing Education,* 1 (2004) 20/30.

**McNamara, Patrick** (2006): The chemistry of religiosity: Evidence from patients with Parkinson's disease, in: Ders. (ed) (2006): Where god and science meet. Volume 2: The neurology of religious experience. Westport (CT), 1/14.
**McNamara, Patrick** (2006): The frontal lobes and the evolution of cooperation and religion, in: Ders. (ed) (2006): Where god and science meet. Volume 2: The neurology of religious experience. Westport (CT), 189/204.
**McNamara, Patrick** (2009): The neuroscience of religious experience. New York.
**McNamara, Patrick et al.** (2006): Religiosity in patients with Parkinson's disease, in: *Journal of Neuropsychiatric Disease and Treatment,* 2 (2006) 341/348.
**Medizinalabteilung des Ministeriums der geistlichen-, Unterrichts- und Medizinal-Angelegenheiten (Hg)** (1909): Krankenpflege-Lehrbuch. Berlin.
**Medizinal-statistische Mittheilungen aus dem Kaiserlichen Gesundheitsamte** (1901): Beihefte zu den Veröffentlichungen des Kaiserlichen Gesundheitsamtes. Berlin.
**Meier, Daniel Eduard** (1850): Die neue Krankenanstalt in Bremen. Bremen.
**Meiwes, Relinde** (2000): Arbeiterinnen des Herrn. Katholische Frauenkongregationen im 19. Jahrhundert. Frankfurt.
**Meleis, Afaf Ibrahim** (1983): The evolving nursing scholarliness, in: Chinn, Peggy (ed) (1983): Advances in nursing theory development. Rockville, 19/34.
**Meleis, Afaf Ibrahim** (⁴2007): Theoretical nursing. Development & progress. Philadelphia.
**Mieg, Harald** (2003): Problematik und Probleme der Professionssoziologie, in: Mieg, Harald/ Pfadenhauer, Michaela (Hg) (2003): Professionelle Leistung – Professional Performance. Konstanz, 11/46.
**Miller, Brigitte** (2005): Spiritual journey during and after cancer treatment, in: *Gynecologic Oncology,* 3 Suppl 1 (2005) 129f.
**Miner-Williams, Denise** (2006): Putting a puzzle together: Making spirituality meaningful for nursing using an evolving theoretical framework, in: *Journal of Clinical Nursing,* 7 (2006) 811/821.
**Ministerium für Arbeit, Gesundheit und Soziales des Landes Nordrhein-Westfalen** (2003): Richtlinie für die Ausbildung in der Gesundheits- und Krankenpflege sowie in der Gesundheits- und Kinderkrankenpflege. Düsseldorf.
**Ministerium für Arbeit, Soziales, Gesundheit und Familie des Landes Brandenburg** (2008): Rahmenplan für den theoretischen und praktischen Unterricht und die praktische Ausbildung zur Gesundheits- und Krankenpflegerin und zum Gesundheits- und Krankenpfleger sowie zur Gesundheits- und Kinderkrankenpflegerin und zum Gesundheits- und Kinderkrankenpfleger. Potsdam.
**Ministerium für Arbeit, Soziales, Familie und Gesundheit des Landes Rheinland-Pfalz** (2005): Rahmenlehrplan und Ausbildungsrahmenlehrplan in der Gesundheits- und Krankenpflege und Gesundheits- und Kinderkrankenpflege des Landes Rheinland-Pfalz. Mainz.
**Ministerium für Arbeit, Gesundheit und Soziales des Landes Nordrhein-Westfalen** (2003): Richtlinie für die Ausbildung in der Gesundheits- und Krankenpflege sowie in der Gesundheits- und Kinderkrankenpflege. Düsseldorf.
**Moberg, David** (1979): The development of social indicators of spiritual well-being for quality of life research, in: Ders. (ed) (1979): Spiritual well-being. Sociological perspectives. Washington DC, 1/14.
**Moberg, David/Brusek, Patricia** (1978): Spiritual well-being: A neglected subject in quality of life research, in: *Social Indicators,* 3 (1978) 303/323.
**Moers, Martin** (2000): Pflegewissenschaft: Nur Begleitwissenschaft oder auch Grundlage des Berufes?, in: *Pflege,* 1 (2000) 21/25.
**Moltmann-Wendel, Elisabeth** (1989): Wenn Gott und Körper sich begegnen. Gütersloh.
**Morgan, Phyllis** (2006): Spiritual well-being, religious coping, and the quality of life of African American breast cancer treatment: A pilot study, in: *The ABNF Journal,* 2 (2006) 73/77.
**Müller, Elke** (2001): Leitbilder in der Pflege. Eine Untersuchung individueller Pflegeauffassungen als Beitrag zu ihrer Präzisierung. Bern.
**Müller, Wunibald** (1992): Art. Psychologie/Psychotherapie, in: *Praktisches Lexikon der Spiritualität* (1992) 1018/1024.
**Müller, Wunibald** (2010): Trau deiner Seele. Kevelaer.
**Murdock, George Peter** (1945): Common denominator of cultures, in: Linton, Ralph (ed) (1945): Science of Man in the World Crises. New York, 123/142.
**Murphy, Juanita F.** (1981): Doctoral education in, of, and for nursing: An historical analysis, in: *Nursing Outlook,* 11 (1981) 645/649.

**MURKEN, Axel Hinrich** (1988): Vom Armenhospital zum Großklinikum. Die Geschichte des Krankenhauses vom 18. Jahrhundert bis zur Gegenwart. Köln.
**MURKEN, Sebastian et al.** (2010): Geschlechtsspezifische Unterschiede in der Bewältigung einer Darmkrebserkrankung – Empirische Befunde unter besonderer Berücksichtigung religiösen Copings, in: *Die Rehabilitation,* 2 (2010) 95/104.
**NATIONAL COUNCIL OF STATE BOARDS OF NURSING** (2009). Nurse licensure compact (https://www.ncsbn.org/158.htm (14.06.2009)).
**NATIONAL LEAGUE FOR NURSING** (2010): Outcomes and competencies for graduates of practical/vocational, diploma, associate degree, baccalaureate, master's, practice doctorate, and research doctorate programs in nursing. New York.
**NATIONAL LEAGUE FOR NURSING** (2012): Annual survey of schools of nursing (www.nln.org/research/slides/index.htm. (07.05.2014)).
**NATIONAL LEAGUE FOR NURSING** (2014): Research and grants (http://www.nln.org/researchgrants/slides/images/full_size/AS0708_T04.jpg (09.05.2014)).
**NATIONAL RETIRED TEACHERS ASSOCIATION** (1971): The 1971 White House Conference on aging: the end of a beginning? A progress report since the 1961 conference. Washington DC.
**NATIONAL STATE BOARD OF NURSING** (2009): Model nursing practice act. Chicago.
**NAUER, Doris** (2007): Seelsorge in der Caritas. Spirituelle Enklave oder Qualitätsplus. Freiburg.
**NAUER, Doris** ([2]2010): Seelsorge – Sorge um die Seele. Stuttgart.
**NAUER, Doris** ([3]2014): Seelsorge – Sorge um die Seele. Stuttgart.
**NAUER, Doris** (2015): Spiritual Care statt Seelsorge?. Stuttgart.
**NEUMANN-GORSOLKE, Ute** (2001): Mit Ehre und Hoheit hast Du ihn gekrönt (Ps 8,6b). Alttestamentliche Aspekte zum Thema Menschenwürde, in: *Jahrbuch für Biblische Theologie (JBTh),* Bd. 15 (2001) 39/65.
**NEUNER, Olga/SCHÄFER, Karl Friedrich** (1990): Krankenpflege und Weltreligionen. Basel.
**NEUNER, Peter** (2013): Art. Seele (katholisch), in: *Handwörterbuch Theologische Anthropologie* (2013) 92/97.
**NEWBERG, Andrew et al.** ([2]2003): Der gedachte Gott. Wie Glaube im Gehirn entsteht. München.
**NIEDERSÄCHSISCHES KULTUSMINISTERIUM** (2006): Rahmenrichtlinien für die Berufe in der Gesundheits- und Krankenpflege und in der Gesundheits- und Kinderkrankenpflege. Hannover.
**NIGHTINGALE, Florence** (1859): Notes on nursing: What it is, and what it is not. London.
**NOLTE, Karen** (2006): Vom Umgang mit Tod und Sterben in der klinischen und häuslichen Krankenpflege des 19. Jahrhunderts, in: BRAUNSCHWEIG, Sabine (Hg) (2006): Pflege – Räume, Macht und Alltag. Zürich, 165/174.
**NOLTE, Karen** (2010): Pflege von Sterbenden im 19. Jahrhundert. Eine ethikgeschichtliche Annäherung, in: KREUTZER, Susanne (Hg) (2010): Transformationen pflegerischen Handelns. Institutionelle Kontexte und soziale Praxis vom 19. bis 21. Jahrhundert. Osnabrück, 87/108.
**NORBERG, Astrid** (2002): Pflegeethik, in: RICHTER, Jörg et al. (Hg) (2002): Ethische Aspekte pflegerischen Handelns. Konfliktsituationen in der Alten- und Krankenpflege. Hannover, 22/31.
**NOTTINGHAM, Elizabeth** (1971): Religion. A sociological view. New York.
**O'DEA, Thomas** (1966): The sociology of religion. New York.
**OCHS, Johannes** ([2]1893): Art. Mönchthum, in: *Kirchenlexikon,* Bd. 8 ([2]1893) 1689/1702.
**OESTERDIECKHOFF, Georg** (2010): Die Humanisierung des Menschen. Anthropologische Grundlagen der Kulturgeschichte der Menschheit, in: RÜSEN, Jörn (Hg) (2010): Perspektiven der Humanität. Menschsein im Diskurs der Disziplinen. Bielefeld, 221/255.
**OEVERMANN, Ulrich** (1996): Theoretische Skizze einer revidierten Theorie professionellen Handelns, in: COMBE, Arno/HELSPER, Werner (Hg) (1996): Pädagogische Professionalität, Frankfurt, 70/182.
**OEVERMANN, Ulrich** (2002): Professionalisierungsbedürftigkeit und Professionalisiertheit pädagogischen Handelns, in: KRAUL, Margret et al. (Hg) (2002): Biographie und Profession. Bad Heilbrunn, 19/63.
**OSTNER, Ilona/BECK-GERNSHEIM, Elisabeth** (1979): Mitmenschlichkeit als Beruf. Eine Analyse des Alltags in der Krankenpflege. Frankfurt.
**PAGANINI, Simon** (2010): Krankheit als Element der alttestamentlichen Anthropologie, in: FREVEL, Christian (Hg) (2010) Biblische Anthropologie. Neue Einsichten aus dem Alten Testament. Freiburg, 291/299.
**PANNENBERG, Wolfhart** (1991): Systematische Theologie, Bd. 2. Göttingen.
**PARGAMENT, Kenneth et al.** (1988): Religion and the problem-solving process: three styles of coping, in: *Journal of the Scientific Study of Religion,* 1 (1988) 90/104.

**PARGAMENT, Kenneth** (1997): The psychology of religion and coping. New York.
**PARGAMENT, Kenneth** (1999): The psychology of religion and spirituality? Yes and no, in: *The International Journal für the Psychology of Religion,* 1 (1999) 3/16.
**PARGAMENT, Kenneth** (2007): Spiritually integrated psychotherapy. Understanding and adressing the sacred. New York.
**PARGAMENT, Kenneth et al.** (2005): The religious dimension of coping. Advances in theory, research, and practice, in: PALOUTZIAN, Raymond/PARK, Crystal (ed) (2005): Handbook of the psychology of religion and spirituality. New York, 478/495.
**PARSONS, Talcott** (1939): The professions and social structure, in: *Social Forces,* 4 (1939) 457/467.
**PEKRUN, Reinhard** (2000): Art. Bedürfnis/Bedürfnisethik, in: *Lexikon der Bioethik,* Bd. 1 (2000) 296/298.
**PEPLAU, Hildegard** (²1988): Interpersonal relations in nursing. Basingstoke.
**PESCH, Otto Herman** (2008): Katholische Dogmatik aus ökumenischer Erfahrung. Die Geschichte der Menschen mit Gott, Teilband 1/2. Mainz.
**PETZOLDT, Matthias** (2009): Zur religiösen Lage im Osten Deutschlands: Sozialwissenschaftliche und theologische Interpretationen, in: BERTELSMANN STIFTUNG (Hg) (2009): Woran glaubt die Welt? Analysen und Kommentare zum Religionsmonitor 2008. Bielefeld, 125/149.
**PEUKERT, Helmut** (²1988): Wissenschaftstheorie – Handlungstheorie – Fundamentale Theologie. Analysen zu Ansatz und Status theologischer Theoriebildung. Frankfurt.
**PFADENHAUER, Michaea** (2005): Die Definition des Problems aus der Verwaltung der Lösung, in: Dies. (Hg) (2005): Professionelles Handeln. Wiesbaden, 9/22.
**PFADENHAUER, Michaela/SANDER, Tobias** (2010): Professionssoziologie, in: KNEER, Georg/ SCHROER, Markus (Hg) (2010): Handbuch spezieller Soziologien. Wiesbaden, 361/378.
**PHILLIPS, Kenneth et al.** (2006): Spiritual well-being, sleep disturbance, and mental and physical health status in HIV-infected individuals, in: *Issues in Mental Health Nursing,* 2 (2006) 125/139.
**PIEPGRAS, Ruth** (1968): The other dimension: Spiritual help, in: *The American Journal of Nursing,* 12 (1968) 2610/2613.
**PILES, Carole** (1990): Providing spiritual care, in: *Nurse Educator,* 1 (1990) 36/41.
**PLATON** (1991): Phaidon, in: HÜLSER, Karlheinz (Hg) (1991): Platon. Sämtliche Werke IV. Frankfurt, 57a/118a.
**PLATON** (1991): Phaidros, in: HÜLSER, Karlheinz (Hg) (1991): Platon. Sämtliche Werke VI. Frankfurt, 227a/279c.
**PLATON** (1991): Politeia, in: HÜLSER, Karlheinz (Hg) (1991): Platon. Sämtliche Werke V. Frankfurt, 327a/621d.
**POHLMANN, Martin** (2006): Die Pflegende-Patient-Beziehungen. Ergebnisse einer Untersuchung zur Beziehung zwischen Patienten und beruflich Pflegenden im Krankenhaus, in: *Pflege, 3* (2006) 156/162.
**POTTER, Patricia et al.** (⁸2013): Fundamentals of nursing. St. Louis.
**PRAKKE, Heleen** (2007): Naturalistische Designs, in: BRANDENBURG, Hermann et al. (2007): Pflegewissenschaft 2. Lehr- und Arbeitsbuch zur Einführung in die Pflegeforschung. Bern, 55/67.
**PRÖLL, Ulrich/STREICH, Waldemar** (1984): Arbeitszeit und Arbeitsbedingungen im Krankenhaus. Dortmund.
**PROGNOS** (1989): Möglichkeiten für eine menschengerechte Gestaltung der Arbeitsbedingungen im Pflegebereich des Krankenhauses. Abschlußbericht zur schriftlichen Krankenhausbefragung. Köln.
**RABE, Marianne** (2009): Ethik in der Pflegeausbildung. Beiträge zur Theorie und Didaktik. Bern.
**RAFFELHÜSCHEN, Bernd/SCHÖPPNER, Klaus-Peter** (2012): Glücksatlas 2012. München.
**RAHNER, Karl** (¹⁷2008): Grundkurs des Glaubens. Einführung in den Begriff des Christentums. Freiburg.
**RAHNER, Karl/VORGRIMLER, Herbert (Hg)** (³²1966): Kleines Konzilskompendium. Freiburg.
**RATSCHOW, Carl-Heinz** (1992): Art. Religion. II. Antike und Alte Kirche, in: *Historisches Wörterbuch der Philosophie,* Bd. 8 (1992) 633/637.
**RECHTSPRECHUNG UND MEDIZINAL-GESETZGEBUNG** (1906), in: *Zeitschrift für Medizinal-Beamte,* 9 (5. Mai 1906) 62f.
**REED, Pamela** (1991): Preferences for spirituality related nursing interventions among terminally ill and nonterminally ill hospitalized adults and well adults, in: *Applied Nursing Research,* 3 (1991) 122/128.
**REED, Pamela** (1992): An emerging paradigm for the investigation of spirituality in nursing, in: *Research in Nursing & Health,* 5 (1992) 349/357.

**REHBOCK, Theda** (2005): Personsein in Grenzsituationen. Zur Kritik der Ethik medizinischen Handelns. Paderborn.
**REMMERS, Hartmut/FRIESACHER, Heiner** (1997): Wie man Ratlosigkeit in Denkverbote ummünzt, in: *Mabuse,* 7/8 (1997) 4/6.
**REPORTS OF THE WHITE HOUSE CONFERENCE ON YOUTH** (1971). Estes Park.
**RESCHER, Nicholas** (1972): Welfare. The social issues in philosophical perspective. Pittsburgh.
**RIPPENTROP, Anne Elizabeth et al.** (2005): The relationship between religion/spirituality and physical health, mental health, and pain in chronic pain population, in: *Pain,* 3 (2005) 311/321.
**RITZER, George/WALCZAK, David** ([3]1986): Working. Conflict and change. New Jersey.
**RIZZO PARSE, Rosemarie** (1981): Man-living-health. A theory of nursing. Pittsburgh.
**RIZZO PARSE, Rosemarie** (1992): Human becoming: Parse's theory of nursing, in: *Nursing Science Quarterly,* 1 (1992) 35/42.
**RÖSEL, Martin** (2009): Die Geburt der Seele in der Übersetzung. Von der hebräischen *näfäsch* über die *psyche* der LXX zur deutschen Seele, in: WAGNER, Andreas (Hg) (2009): Anthropologische Aufbrüche. Alttestamentliche und interdisziplinäre Zugänge zur historischen Anthropologie. Göttingen, 151/170.
**ROGERS, Martha** (1970): An introduction to the theoretical basis of nursing. Philadelphia.
**ROGERS, Martha** (1985): Nursing education: Preparing for the future, in: NATIONAL LEAGUE FOR NURSING (ed) (1985): Patterns in education: The unfolding of nursing. New York, 11/14.
**ROGERS, Martha** (1990): Nursing: Science of unitary, irreducible, human beings: Update 1990, in: BARRETT, Elizabeth (ed) (1990): Visions of Rogers' science-based nursing. New York, 5/11.
**ROGERS, Martha** (1992), Nursing science and the space age, in: *Nursing Science Quarterly*, 1 (1992) 27/34.
**ROMERO, Catherine et al.** (2006): Self-Forgiveness, spirituality, and psychological adjustment in women with breast cancer, in: *Journal of Behavioral Medicine,* 1 (2006) 29/36.
**ROPER, Nancy et al.** ([4]1993): Die Elemente der Krankenpflege. Ein Pflegemodell, das auf einem Lebensmodell beruht. Basel.
**ROPER, Nancy et al.** ([4]1996): The elements of nursing. A model for nursing based on a model of living. New York.
**ROSER, Traugott** (2007): Spiritual Care: Ethische, organisationale und spirituelle Aspekte der Krankenhausseelsorge. Ein praktisch-theologischer Zugang. Stuttgart.
**ROSER, Traugott** (2009): Vierte Säule im Gesundheitswesen? Dienstleistungen der Seelsorge im Kontext des Sterbens, in: THOMAS, Günter/KARLE, Isolde (Hg) (2009): Krankheitsdeutung in der postsäkularen Gesellschaft. Stuttgart, 580/592.
**RÜSCHEMEYER, Dietrich** (1980): Professionalisierung. Theoretische Probleme für die vergleichende Geschichtsforschung, in: *Geschichte und Gesellschaft,* 6 (1980) 311/325.
**RÜTHER, Bernhard** (1951): Wirksamere Berufswerbung, in: *Krankendienst,* 4 (1951) 85/87.
**RUWE, Andreas/STARNITZKE, Dirk** (2009): Art. Krankheit/Heilung, in: *Sozialgeschichtliches Wörterbuch zur Bibel* (2009) 315/320.
**SÄCHSISCHES STAATSMINISTERIUM FÜR KULTUS** (2009): Lehrplan Berufsschule/Berufsfachschule Ethik. Dresden.
**SÄCHSISCHES STAATSMINISTERIUM FÜR KULTUS** (2005): Lehrplan für die Berufsfachschule Gesundheits- und Krankenpflege / Gesundheits- und Kinderkrankenpflege. Dresden.
**SÄCHSISCHES STAATSMINISTERIUM FÜR KULTUS UND SPORT** (2011): Verordnung des Sächsischen Staatsministeriums für Kultus und Sport über die Berufsfachschule in Sachsen vom 27. April 2011 (http://www.goldschmidtschule-leipzig.de/wp/uload/BFSO-2011.pdf (15.04.2014)).
**SAVER, Jeffrey/RABIN, John** (1997): The neural substrates of religious experience, in: *Journal of Neuropsychiatry and Clinical Neurosciences,* 9 (1997) 498/510.
**SCHREMS, Berta** (2009): Wissensproduktion in der Pflege, in: MAYER, Hanna (Hg) (2009): Pflegewissenschaft – von der Ausnahme zur Normalität. Ein Beitrag zur inhaltlichen und methodischen Standortbestimmung. Wien, 47/71.
**SCHACHTER, Steven** (2006): Religion and the brain: Evidence from temporal lobe epilepsy, in: MCNAMARA, Patrick (ed) (2006): Where god and science meet. Volume 2: The neurology of religious experience. Westport, CT, 171/188.
**SCHAEFFER, Doris et al. (Hg)** (2008): Optimierung und Evidenzbasierung pflegerischen Handelns. Ergebnisse und Herausforderungen der Pflegeforschung. Weinheim.
**SCHEWIOR-POPP, Susanne et al. (Hg)** ([12]2012): Thiemes Pflege. Stuttgart.
**SCHMIDT, Josef** (2009): Evolution und Schöpfungsglaube, in: *Stimmen der Zeit,* 4 (2009) 245/256.

**SCHMIDT-LEUKEL, Perry** (2006): Der Einfluß der interreligiösen Begegnung auf die religiöse Identität, in: BAIER, Karl (Hg) (2006): Handbuch Spiritualität. Zugänge, Traditionen, interreligiöse Prozesse. Darmstadt, 329/344.

**SCHMITZ, Barbara** (2010): Freiheit als Thema alttestamentlicher Anthropologie, in: FREVEL, Christian (Hg) (2010): Biblische Anthropologie. Neue Einsichten aus dem Alten Testament. Freiburg, 190/215.

**SCHNELL, Martin** (2002): Ethik als Lebensentwurf und Schutzbereich. Einleitung zu einem Dialog zwischen Pflegewissenschaft und Philosophie, in: SCHNELL, Martin (Hg) (2002): Pflege und Philosophie. Interdisziplinäre Studien über den bedürftigen Menschen. Bern, 285/296.

**SCHNELL, Martin (Hg)** (2002): Pflege und Philosophie. Interdisziplinäre Studien über den bedürftigen Menschen. Bern.

**SCHNELL, Martin** (2008): Ethik als Schutzbereich. Kurzlehrbuch für Pflege, Medizin und Philosophie. Bern.

**SCHNELL, Martin** (2011): Anerkennung und Gerechtigkeit im Zeichen einer Ethik als Schutzbereich, in: DEDERICH, Markus/SCHNELL, Martin (Hg) (2011): Anerkennung und Gerechtigkeit in Heilpädagogik, Pflegewissenschaft und Medizin. Auf dem Weg zu einer nichtexklusiven Ethik. Bielefeld, 23/45.

**SCHOCKENHOFF, Eberhard** (2001): Krankheit – Gesundheit – Heilung. Wege zum Heil aus biblischer Sicht. Regensburg.

**SCHÖPFLIN, Karin** (1999): Art. Seele. II. Altes Testament, in: *Theologische Realenzyklopädie,* Bd. 30 (1999) 737/740.

**SCHRÖCK, Ruth** (1988): Forschung in der Krankenpflege: Methodologische Probleme, in: *Pflege,* 2 (1988) 84/93.

**SCHRÖCK, Ruth** (1997): Des Kaisers neue Kleider? Bedeutung der Pflegetheorien für die Entwicklung der Pflegewissenschaft, in: *Mabuse,* 5/6 (1997) 39/45.

**SCHROER, Silvia/KEEL, Othmar** (2009): Die numinose Wertung der Umwelt in der Hebräischen Bibel, in: JANOWSKI, Bernd/LIESS, Kathrin (Hg) (2009): Der Mensch im Alten Israel. Neuere Forschungen zur alttestamentlichen Anthropologie. Freiburg, 537/590.

**SCHROETER, Klaus** (2006): Das soziale Feld der Pflege. Eine Einführung in Strukturen, Deutungen und Handlungen. Weinheim.

**SCHÜLE, Andreas** (2009): Die Urgeschichte (Gen 1-11). Zürich.

**SCHWAGMEIER, Peter** (2012): Was steht da, wenn da Seele steht?, in: *Bibel heute,* 1 (2012) 11/13.

**SCHWARTZ, Carolyn et al.** (2003): Honing an advance care planning intervention using qualitative analysis: The living well interview, in: *Journal of Palliative Medicine,* 4 (2003) 593/603.

**SCHWEICKARDT, Christoph** (2006): Das preussische Krankenpflegeexamen von 1907, in: BRAUNSCHWEIG, Sabine (Hg) (2006): Pflege – Räume, Macht und Alltag. Beiträge zur Geschichte der Pflege. Zürich, 49/59.

**SCHWEIKARDT, Christoph** (2008): Die Entwicklung der Krankenpflege zur staatlich anerkannten Tätigkeit im 19. und frühen 20. Jahrhundert. München.

**SCHWEIZER, Eduard** (1973): Art. Ψυχή D. Neues Testament, in: *Theologisches Wörterbuch zum Neuen Testament,* Bd. IX (1973) 635/657.

**SEEBASS, Horst** (1986): Art. naepeas, in: *Theologisches Wörterbuch zum Alten Testament,* Bd. V (1986) 531/555.

**SEEBASS, Horst** (2004): Seele. Alter Orient und Altes Testament, in: *RGG,* Bd. 7 ($^{4}$2004) 1091/1092.

**SGB V – Recht des öffentlichen Gesundheitswesens** ($^{16}$2009) – Textausgabe mit ausführlichem Sachverzeichnis und einer Einführung von BECKER, Ulrich/KINGREEN, Thorsten (2009). Regensburg

**SHAHA, Maya** (2009): Heideggers Ontologie des Daseins in der Pflegeforschung und Theoriebildung, in: MAYER, Hanna (Hg) (2009): Pflegewissenschaft – von der Ausnahme zur Normalität. Ein Beitrag zur inhaltlichen und methodischen Standortbestimmung. Wien, 89/105.

**SHELDON, Eleanor Bernert/FREEMAN, Howard E.** ($^{6}$1972): Notes on social indicators: Promises and potential, in: WEISS, Carol (ed) ($^{6}$1972): Evaluating action programs. Readings in social actions and education. Boston, 166/173.

**SHELL DEUTSCHLAND HOLDING (Hg)** (2006): Jugend 2006. Eine pragmatische Generation unter Druck. Frankfurt.

**SHELLY, Judith Allen** (1978): Spiritual care workbook. Illinois.

**SIEGRIST, Johannes** (1978): Arbeit und Interaktion im Krankenhaus. Vergleichende medizinsoziologische Untersuchungen in Akutkrankenhäusern. Stuttgart.

**SIEP, Ludwig** (1996): Ethik und Anthropologie, in: BARKHAUS, Annette et al. (Hg) (1996): Identität, Leiblichkeit, Normativität. Frankfurt, 274/298

**Simon-Jödicke, Angela** ([6]2014): Pflege in der Endphase des Lebens, in: Lauster, Martina et al. (Hg) ([6]2014): Pflege Heute. München, 263/292.
**Singer, Wolf** (2003): Unser Menschenbild im Spannungsfeld zwischen Selbsterfahrung und neurobiologischer Fremdbestimmung, Münster.
**Slotala, Lukas/Bauer, Ullrich** (2009): Das sind bloß manchmal die fünf Minuten, die fehlen. Pflege zwischen Kostendruck, Gewinninteressen und Qualitätsstandards, in: *Pflege & Gesellschaft,* 1 (2009) 54/66.
**Slotala, Lukas et al.** (2008): Pflege unter Bedingungen des ökonomischen Wandels, in: Bonde, Ingo et al. (Hg) (2008): Medizin und Gewissen. Frankfurt. 383/396.
**Smith, Huston** (2012): Do drugs have religious import?, in: Roberts, Thomas (ed) (2012): Spiritual growth with entheogens. Psychoactive sacramentals and human transformation. Rochester, 16/23.
**Sodestrom, Kathy/Martinson, Ida** (1987): Patients' spiritual coping strategies: A study of nurse and patient perspectives, in: *Oncology Nursing Forum,* 2 (1987) 41/46.
**Solignac, Aimé** (1995): Art. Spiritualität, in: *Historisches Wörterbuch der Philosophie,* Bd. 9 (1995) 1415/1422.
**Staatsinstitut für Schulqualität und Bildungsforschung (Hg)** (2005): Lehrplanrichtlinien für die Berufsfachschule für Krankenpflege und für die Kinderkrankenpflege. München.
**Städtler-Mach, Barbara** (2007): Vorwort, in: Dies. (Hg) (2007): Ethik gestalten. Neue Aspekte zu ethischen Herausforderungen in der Pflege. Frankfurt, 7/9.
**Statistica** (2012): USA: Zugehörigkeit zu den Ethnien im Jahr 2012 und Prognose für 2060 (http://de.statista.com/statistik/daten/studie/166858/umfrage/ethnien-in-den-usa (03.09.2014)).
**Statistica** (2014): Religionszugehörigkeit der Deutschen nach Bundesländern im Jahr 2011 (http://de.statista.com/statistik/daten/studie/201622/umfrage/religionszugehoerigkeit-der-deutschen-nach-bundeslaendern/ (04.09.2014)).
**Statistica** (2014): USA: Religionszugehörigkeit im Jahr 2007 (http://de.statista.com/statistik/daten/studie/166855/umfrage/religionen-in-den-usa (04.09.2014)).
**Statistisches Bundesamt** (2006): Bevölkerung Deutschlands bis 2050. 11. koordinierte Bevölkerungsvorausberechnung. Wiesbaden.
**Statistisches Bundesamt** (2009): Bevölkerung Deutschlands bis 2060. 12. Koordinierte Bevölkerungsvorausberechnung. Wiesbaden.
**Statistisches Bundesamt** (2010): Gesundheit – Ausgaben 1995 bis 2008. Wiesbaden.
**Statistisches Bundesamt** (2011): Statistisches Jahrbuch 2011.Wiesbaden.
**Statistisches Bundesamt** (2012): Gesundheit: Todesursachen in Deutschland. Wiesbaden.
**Statistisches Bundesamt** (2013): Gesundheit. Grunddaten der Krankenhäuser 2012. Wiesbaden.
**Statistisches Bundesamt** (2014): Gesundheit – Ausgaben 2012. Wiesbaden.
**Statistisches Reichsamt (Hg)** (1929): Statistisches Jahrbuch für das Deutsche Reich 1929. Berlin.
**Statistisches Reichsamt (Hg)** (1942): Statistisches Jahrbuch für das Deutsche Reich 1941/42. Berlin.
**Statuten der Franciscaner-Tertiarier-Schwestern von Waldbreitbach** (1869) Linz am Rhein.
**Steinhauser, Karen et al.** (2006): Are you at peace?, in: *Archives of Internal Medicine,* 9 (2006) 101/105.
**Stemmer, Renate** (1999): Ganzheitlichkeit in der Pflege – unerreicht, da unerreichbar?, in: *Pflege & Gesellschaft,* 4 (1999) 86/91.
**Stemmer, Renate** (2001): Grenzkonflikte in der Pflege. Patientenorientierung zwischen Umsetzungs- und Legitimationsschwierigkeiten. Frankfurt.
**Stemmer, Renate** (2003): Zum Verständnis von professioneller Pflege und pflegerischer Sorge, in: DV Pflegewissenschaft (Hg) (2003): Das Originäre der Pflege entdecken. Pflege beschreiben, erfassen, begrenzen. Frankfurt. 43/62.
**Steppe, Hilde** ([8]1996): Krankenpflege bis 1933, in: Dies. (Hg) ([8]1996): Krankenpflege im Nationalsozialismus. Frankfurt, 33/56.
**Steppe, Hilde** (1997): „... den Kranken zum Troste und dem Judenthum zur Ehre...". Zur Geschichte der jüdischen Krankenpflege in Deutschland. Frankfurt.
**Steppe, Hilde** ([9]2001): Krankenpflege im Nationalsozialismus. Frankfurt.
**Stewart, Isabel** (1944): The education of nurses. Historical foundations and modern trends. New York.
**Sticker, Anna** (1960): Die Entstehung der neuzeitlichen Krankenpflege. Stuttgart.

**STICKER, Anna** (1983): Patientenorientierte Krankenpflege – eine Tradition?, in: *Deutsche Krankenpflegezeitschrift,* 5 (1983) 250/253.
**STOLL, Ruth** (1979): Guidelines for spiritual assessment, in: *American Journal of Nursing,* 9 (1979) 1574/1577.
**STOLL, Ruth** (1989): The essence of spirituality, in: CARSON, Verna Benner (ed) (1989): Spiritual dimensions of nursing practice. Philadelphia, 4/23.
**STÜRZBECHER, Manfred (Hg)** (1997): 125 Jahre Krankenhaus Moabit: 1872-1992. Berlin.
**SUDBRACK, Josef** (1969): Art. Spiritualität, in: *Sacramentum mundi,* Bd. 4 (1969) 674/691.
**SUDBRACK, Josef** (1973): Art. Spiritualität, in: *Herders Theologisches Taschenlexikon,* Bd. 7. Freiburg, 115/130.
**SWITEK, Günter** (1972): Discretio spiritum. Ein Beitrag zur Geschichte der Spiritualität, in: *Theologie und Philosophie,* 1 (1972) 36/76.
**TAN, Heather M. et al.** (2005), The impact of the hospice environment on patient spiritual expression, in: *Oncology Nursing Forum,* 32 (2005) 1049/1055.
**TANYI, Ruth** (2002): Towards clarification of the meaning of spirituality, in: *Journal of Advanced Nursing,* 5 (2002) 500/509.
**TANYI, Ruth/WERNER, Joan** (2007): Spirituality in African American and Caucasian women with end-stage renal disease on hemodialysis treatment, in: *Health Care for Women International,* 2 (2007) 141/154.
**TANYI, Ruth et al.** (2006): Perceptions of incorporating spirituality into their care: a phenomenological study of female patients on hemodialysis, in: *Nephrology Nursing Journal,* 5 (2006) 532/538.
**TARAKESHWAR, Nalini et al.** (2006): Religious coping is associated with the quality of life of patients with advanced cancer, in: *Journal of Palliative Medicine,* 3 (2006) 646/657.
**TAYLOR, Elizabeth** (2002): Spiritual care: nursing theory, research, and practice. Upper Saddle River.
**TAYLOR, Elizabeth** (2003): Nurses caring for the spirit: patients with cancer and family caregiver expectations, in: *Oncology Nursing Forum,* 4 (2003) 585/590
**TAYLOR, Elizabeth/MAMIER, Iris** (2005): Spiritual care nursing: What cancer patients and family caregivers want, in: *Journal of Advanced Nursing,* 3 (2005) 260/267.
**TAYLOR, Elizabeth et al.** (1994): Attitudes and beliefs regarding spiritual care. A survey of cancer nurses, in: *Cancer Nursing,* 6 (1994) 479/487.
**TAYLOR, Elizabeth et al.** (2014): Teaching spiritual care to nursing students: An integrated model, in: *Journal of Christian Nursing,* 2 (2014) 94/99.
**THE BANGKOK CHARTA FOR HEALTH PROMOTION IN A GLOBALIZED WORLD** (2009): 7.-11. August 2005, in: WHO (2009): Milestones in health promotion. Statements from global conferences. Genf, 24/28.
**THE OTTAWA CHARTA FOR HEALTH PROMOTION** (2009): First International conference in health promotion, Ottawa, 17.-21. November 1986, in: WHO (2009): Milestones in health promotion. Statements from global conferences. Genf, 1/5.
**THE WHOQOL GROUP** (1998): The World Health Organization quality of life assessment, in: *Social Science and Medicine,* 12 (1998) 1569/1585.
**THOMAS, Günter/KARLE, Isolde** (Hg) (2009): Krankheitsdeutung in der postsäkularen Gesellschaft. Stuttgart.
**THOMAS VON AQUIN** (1939ff): Summa theologica (Die Deutsche Thomas-Ausgabe), übers. Von Dominikanern und Benediktinern Deutschlands und Österreichs (1939ff). Salzburg u.a..
**THOMAS VON AQUIN** ($^2$1992): Summa contra gentiles, ALBERT, Karl/ENGELHARDT, Paulus (Hg) ($^2$1992). Darmstadt.
**THÜRINGER KULTUSMINISTERIUM** (2007): Lehrplan Gesundheits- und Krankpflege. Erfurt.
**THÜRINGER KULTUSMINISTERIUM** (2004): Thüringer Lehrplan für berufsbildende Schulen. Fachrichtungen: Krankenpflege, Kinderkrankenpflege, Entbindungspflege, Altenpflege. Erfurt.
**TRONTO, Joan** (2009): Moral bounderies. A political argument for an ethic of care. New York.
**UHLHORN, Gerhard** (1890): Die christliche Liebesthätigkeit, Bd. III: Die Liebesthätigkeit seit der Reformation. Stuttgart.
**UNIVERSITÄT BREMEN** (2014): http://www.fb11.uni-bremen.de/sixcms/detail.php?id=1549 (08.08.2014).
**UNTERRAINER, Human** (2007): Spiritualität und psychische Gesundheit. Glaube als Ressource in der Krankheitsverarbeitung. Saarbrücken.
**URBAN WALKER, Margret** ($^2$2007): Moral understandings. New York.

**U.S. DEPARTMENT OF HEALTH, EDUCATION AND WELFARE** (1969): Toward a social report. Washington DC.

**U.S. DEPARTMENT OF HEALTH & HUMAN SERVICES** (2012): National vital statistics reports, 4. Hyattsville.

**UTSCH, Michael/KLEIN, Constantin** (2011): Religion, Religiosität, Spiritualität. Bestimmungsversuche für komplexe Begriffe, in: KLEIN, Constantin et al. (Hg) (2011). Gesundheit – Religion – Spiritualität. Konzepte, Befunde und Erklärungsansätze. Weinheim, 25/45.

**VAAS, Rüdiger/BLUME, Michael** ([2]2009): Gott, Gene und Gehirn. Stuttgart.

**VAILLOT, Madeleine Clemence** (1970): The spiritual factors in nursing, in: *The Journal of Practical Nursing,* 20 (1970) 30f.

**VANDEN BERGH, Richard** (1966): Let's talk about death, in: *The American Journal of Nursing,* 1 (1966) 71/73.

**VEIT, Annegret** (2004): Professionelles Handeln als Mittel zur Bewältigung des Theorie-Praxis-Problems in der Krankenpflege. Bern.

**VIRCHOW, Rudolf** ([2]1869): Die berufsmäßige Ausbildung zur Krankenpflege auch außerhalb der bestehenden kirchlichen Organisationen, in: Die Berliner Frauen-Vereins-Conferenz am 5. und 6. November 1869. Berlin, 84/93.

**VON LÜPKE, Johannes** (2010): Ebenbild im Widerspruch, in: VAN OORSCHOT, Jürgen/IFF, Markus (Hg) (2010): Der Mensch als Thema theologischer Anthropologie. Neukirchen-Vluyn, 114/145.

**VRIEZEN, Theodorus** (1956): Theologie des Alten Testaments in Grundzügen. Neukirchen- Vluyn.

**WAGNER, Andreas** (Hg) (2009): Anthropologische Aufbrüche. Alttestamentliche und interdisziplinäre Zugänge zur historischen Anthropologie. Göttingen.

**WAGNER, Andreas** (2009): Wider die Reduktion des Lebendigen, in: Ders. (Hg) (2009): Anthropologische Aufbrüche. Alttestamentliche und interdisziplinäre Zugänge zur historischen Anthropologie. Göttingen, 183/199.

**WALSH, Roger** (2012): From state to trait. The challenge of transforming transient insights into enduring change, in: ROBERTS, Thomas (ed) (2012): Spiritual growth with entheogens. Psychoactive sacramentals and human transformation. Rochester, 24/30.

**WALTON, Joni** (1999): Spirituality of patients recovering from an acute myocardial infarction, in: *Journal of Holistic Nursing,* 1 (1999) 34/53.

**WALTON, Joni/ST. CLAIR, Kathy** (2000): A beacon of light. Spirituality in the heart transplant patient, in: *Critical Care Nursing Clinics of North America,* 1 (2000) 87/101.

**WASCHKE, Ernst-Joachim** (2009): Die Bedeutung der Königstheologie für die Vorstellung von der Gottesebenbildlichkeit des Menschen, in: WAGNER, Andreas (Hg) (2009): Anthropologische Aufbrüche. Alttestamentliche und interdisziplinäre Zugänge zur historischen Anthropologie. Göttingen, 235/252.

**WATSON, Jean** ([2]1985): Nursing: The philosophy and science of caring. Colorado.

**WATSON, Jean** (1988): New dimensions of human caring theory, in: *Nursing Science Quarterly,* 1 (1988) 175/181.

**WATSON, Jean** (1999): Postmodern nursing and beyond. Edinburgh.

**WATSON, Jean** (1999): Nursing: human science and human care: a theory of nursing. Boston.

**WATSON, Jean** ([2]2012): Human caring science: A theory for nursing. Sudbury.

**WEBER-REICH, Traudel** (1999): Pflegen und Heilen in Göttingen. Die Diakonissenanstalt Betlehem von 1866 bis 1966. Göttingen.

**WEIDNER, Frank** ([3]2004): Professionelle Pflegepraxis und Gesundheitsförderung. Eine empirische Untersuchung über Voraussetzungen und Perspektiven des beruflichen Handelns in der Krankenpflege. Frankfurt.

**WEIDNER, Frank** (2009): Zur Heilung berufen. Christliche Ethik und professionelle Pflege, in: AUGUSTIN, George et al. (Hg) (2009): Christliches Ethos und Lebenskultur. Paderborn, 389/402.

**WEIDNER, Frank** (2011): Grundlagen und Erfahrungen anwendungsorientierter Forschung in der Pflege, in: KÄPPELI, Silvia (Hg) (2011): Pflegewissenschaft in der Praxis. Eine kritische Reflexion. Bern, 260/280.

**WEIHER, Erhard** ([2]2007): Spirituelle Begleitung in der palliativen Betreuung, in: KNIPPING, Cornelia (Hg) ([2]2007): Lehrbuch Palliative Care. Bern, 438/453.

**WEIHER, Erhard** ([3]2011): Das Geheimnis des Lebens berühren – Spiritualität bei Krankheit, Sterben, Tod. Eine Grammatik für Helfende, Stuttgart.

**WEISMAYER, Josef** (1999): Art. Quietismus, in: *Lexikon für Theologie und Kirche*[3], Bd. 8 (1999) 772f.

**WESTBERG, Granger** (1955): Nurse, pastor, and patient. Rock Island.

**WETTRECK, Rainer** (2001): Am Bett ist alles anders – Perspektiven professioneller Pflegeethik. Münster.
**WHITE HOUSE CONFERENCE ON AGING** (1971): A report to the delegates from the conference sections and special concerns sessions. Washington DC.
**WHO** (2005): The Bangkok Charter for health promotion in a globalized world (11 August 2005) (http://www.who.int/healthpromotion/conferences/6gchp/bangkok_charter/en (08.09.2014)).
**WHO Chronicle** (1978): Is spiritual health important?, 3 (1978) 90.
**WHO Chronicle** (1979): Spiritual health is important, say our readers, 1 (1979) 29f.
**WIESING, Urban et al.** ([2]2000): Die Aufklärung von Tumorpatienten. Informationen und Empfehlungen für das betreuende Team. Tübingen.
**WILBER, Ken** (1998): Naturwissenschaft und Religion. Frankfurt.
**WINTER, Urs Christian** (2006): „Wohin soll ich mich wenden in meiner Not?" Die Rolle der Religiosität bei der Bewältigung kritischer Lebensereignisse sowie Impulse für eine pastorale Krisenintervention – eine pastoralpsychologische Studie. Berlin.
**WISCHMEYER, Oda** (2003): Wie verstehen die neutestamentlichen Schriften den Menschen?, in: FREVEL, Christian/WISCHMEYER, Oda (2003): Menschsein. Perspektiven des Alten und Neuen Testaments. Würzburg, 85/106.
**WITTNEBEN, Karin** ([5]2003): Pflegekonzepte in der Weiterbildung für Pflegelehrerinnen und Pflegelehrer. Leitlinien einer kritisch-konstruktiven Pflegelerndidaktik. Frankfurt.
**WOLFF, Hans Walter** (2010): Anthropologie des Alten Testaments. Mit zwei Anhängen neu herausgegeben von Bernd JANOWSKI. Gütersloh.
**YEGINER, Anna** (2000): Spirituelle Praxis als Hilfe zur Bewältigung einer Krebserkrankung, in: BELSCHNER, Wilfried / GOTTWALD, Peter (Hg) (2000): Gesundheit und Spiritualität. Oldenburg, 119/148.
**YINGER, John Milton** (1970): The scientific study of religion. New York.
**YOUNG, Caroline/KOOPSEN, Cyndie** (2005): Spiritualitity, health, and healing. Boston.
**ZEITSCHRIFT FÜR KRANKENANSTALTEN** (1920): Heft 51/52.
**ZIELKE-NADKARNI, Andrea** ([6]2014): Personenbezogene Interaktion, in: LAUSTER, Martina et al. (Hg) ([6]2014): Pflege Heute. München, 152/162.
**ZIMMER, Friedrich** (1901): Warum ‚Evangelischer Diakonieverein', in: *Neue Bahnen,* 4 (1901) 50/52.
**ZINTZEN, Clemens** (1991): Bemerkungen zur neuplatonischen Seelenlehre, in: JÜTTEMANN, Gerd et al. (Hg) (1991): Die Seele. Ihre Geschichte im Abendland. Weinheim, 43/58.
**ZIRKER, Hans** (1999): Art. Religion. I. Begriff, in: *Lexikon für Theologie und Kirche*[3], Bd. 8 (1999) 1034/36.
**ZULEHNER, Paul Maria/DENZ, Hermann** (1993: Wie Europa lebt und glaubt. Europäische Wertestudie. Düsseldorf.
**ZUMSTEIN, Jean** ([4]2004): Art. Seele. III. Christentum: 1. Neues Testament, in: Religion in Geschichte und Gegenwart, Bd. 7 ([4]2004) 1100/1101.
**ZWINGMANN, Christian et al.** (2006): Positive and negative religious coping in German breast cancer patients, in: *Journal of Behavioral Medicine,* 6 (2006) 533/547.